Antykomunizm socjalistów

Żonie Marcie
Dzieciom: Oleńce, Agatce, Szymonkowi, Anulce

Antykomunizm socjalistów

Polska Partia Socjalistyczna
wobec Komunistycznej Partii Robotniczej Polski/
Komunistycznej Partii Polski

Wypisy z prasy i dokumentów (1918–1938)

wstęp, wybór i opracowanie
Karol Sacewicz

Instytut Pamięci Narodowej
Oddział w Białymstoku
Delegatura w Olsztynie

OLSZTYN – BIAŁYSTOK – WARSZAWA 2019

Recenzenci:
prof. dr hab. Robert Litwiński
prof. dr hab. Włodzimierz Suleja

Projekt graficzny serii:
Krzysztof Findziński

Redakcja wydawnicza i korekta:
Maria Fafińska

Na pierwszej i czwartej stronie okładki wykorzystano grafiki
autorstwa Michała Hryniuka

Skład i łamanie:
Wydawnictwo LITTERA

Druk i oprawa:
Pasaż Sp. z o.o.
ul. Rydlówka 24, 30-363 Kraków

Seria wydawnicza Oddziału IPN w Białymstoku,
ul. Warsztatowa 1 A, 15-637 Białystok, tom 47

ISBN 978-83-8098-743-2

SPIS TREŚCI

Wstęp 15

Dokumenty 55

Nr 1. 1918 grudzień 23, Warszawa – Artykuł z „Chłopskiej Doli" pt. „Kilka słów o komunistach" 57

Nr 2. 1919 styczeń 5, Warszawa – Wystąpienie Zygmunta Zaremby w imieniu frakcji PPS podczas pierwszego plenarnego posiedzenia Warszawskiej Rady Delegatów Robotniczych 61

Nr 3. 1919 styczeń 8, Warszawa – Artykuł z „Robotnika" pt. „Taktyka komunistów w Warszawskiej Radzie Del[egatów] Robotniczych" 64

Nr 4. 1919 marzec 2, Warszawa – Artykuł z „Robotnika" pt. „Komunistyczna krytyka stanowiska PPS" 69

Nr 5. 1919 marzec 21, Warszawa – Stanowisko PPS wobec wniosku nagłego posłów Związku Ludowo-Narodowego „w sprawie zwalczania agitacji bolszewickiej i unicestwienia ośrodków bolszewizmu czynnego w Polsce" wyrażone przez Kazimierza Czapińskiego na posiedzeniu sejmowym 75

Nr 6. 1919 maj 18, Warszawa – Artykuł z „Chłopskiej Doli" pt. „Rozbijacze wszelakich organizacji" 78

Nr 7. 1919 maj 25, Warszawa – artykuł z „Chłopskiej Doli" pt. „Do czego komuniści zmierzają" 81

Nr 8. 1919 czerwiec 8, Warszawa – Artykuł z „Robotnika" pt. „Bolszewicy – komuniści i R[ady] D[elegatów] R[obotniczych] w Polsce" 83

Nr 9. 1919 czerwiec 15, Warszawa – Artykuł z „Robotnika" pt. „W sprawie kryzysu w Radach delegatów robotniczych" 88

Nr 10. 1919 czerwiec 18, Warszawa – Artykuł z „Robotnika" pt. „Kryzys w Radach Del[egatów] Rob[otniczych]" 95

Nr 11. 1919 czerwiec 25, Warszawa – Artykuł z „Robotnika" pt. „W walce z wichrzeniami komunistów" 100

Nr 12. 1919 październik 3, Warszawa – Artykuł z „Robotnika" pt. „Warcholstwo komunistyczne w Związkach Zawodowych" 104

Nr 13. 1919 listopad 29, Warszawa – Odezwa Warszawskiego Okręgowego Komitetu Robotniczego PPS 108

Nr 14. 1920 maj, Warszawa – Program PPS 112

Nr 15. 1920 czerwiec 27, Warszawa – Artykuł z „Robotnika" pt. „Warcholstwo komunistów w Związku włóknistym w Łodzi" 113

Nr 16. 1920 sierpień 10, Warszawa – Artykuł z „Robotnika" pt. „Ajenci rosyjscy jako »Rząd rewolucyjny«" 115

Nr 17. 1920 wrzesień 8, Warszawa – Artykuł z „Robotnika" pt. „Bankructwo komunizmu polskiego" 121

Nr 18. 1921 kwiecień 17, Lwów – Artykuł z „Dziennika Ludowego" pt. „Rada Naczelna PPS" 129

Nr 19. 1921 czerwiec 9, Warszawa – Artykuł z „Robotnika" pt. „Do wszystkich organizacji Polskiej Partii Socjalistycznej. Towarzysze i Towarzyszki!".. 131

Nr 20. 1921 czerwiec 11, Warszawa – Artykuł z „Robotnika" pt. „Jaczejki" 135

Nr 21. 1921 czerwiec 18, Warszawa – Artykuł z „Robotnika" pt. „Komunistyczna rdza" 141

Nr 22. 1921 lipiec 7, Kraków – Artykuł z „Naprzodu" pt. „Krecia robota komunistów" 149

Nr 23. 1921 sierpień 26, Warszawa – Artykuł z „Robotnika" pt. „O polskich komunistach" 155

Nr 24. 1921 sierpień 27, Warszawa – Artykuł z „Robotnika" pt. „O polskich komunistach" 159

Nr 25. 1921 wrzesień 18, Warszawa – Artykuł z „Robotnika" pt. „Komuniści w walce o Kasy Chorych" 163

Nr 26. 1921 listopad 6, Kraków – Artykuł z „Naprzodu" pt. „Komuniści a my. Komunistyczne manewry taktyczne. W kwestii naszych zadań organizacyjnych" 166

Nr 27. 1921 listopad 7, Kraków – Artykuł z „Naprzodu" pt. „Komuniści a my. Komunistyczne manewry taktyczne – W kwestii naszych zadań organizacyjnych (ciąg dalszy)" 168

Nr 28. 1921 listopad 8, Kraków – Artykuł z „Naprzodu" pt. „Komuniści a my komunistyczne manewry taktyczne. W kwestii naszych zadań organizacyjnych (dokończenie)" 171

6

Nr 29. 1921 listopad 13, Warszawa – Artykuł z „Robotnika"
pt. „Polska Partia Socjalistyczna. Do ludu pracującego miast i wsi.
Towarzysze! Robotnicy!" 174

Nr 30. 1921 listopad 15, Warszawa – Stanowisko PPS wobec rządowego
projektu ustawy w sprawie zwalczania „knowań przeciwpaństwowych"
wyrażone we wniosku sejmowym przedłożonym przez Feliksa Perla 179

Nr 31. 1922 maj 19, Kraków – Artykuł z „Naprzodu" pt. „Rada
Naczelna PPS" 180

Nr 32. 1922 czerwiec 25, Lwów – Artykuł z „Dziennika Ludowego"
pt. „Komuniści polscy o sobie" 184

Nr 33. 1922 czerwiec 29, Lwów – Artykuł z „Dziennika Ludowego"
pt. „Obłęd komunistyczny w Zagłębiu Dąbr[owskim]" 191

Nr 34. 1922 wrzesień 6, Kraków – Artykuł z „Naprzodu" pt. „Bankructwo
komunizmu w Polsce" 193

Nr 35. 1922 wrzesień, Warszawa – Odezwa Warszawskiego Okręgowego
Komitetu Robotniczego namawiająca do niegłosowania na komunistyczny
Związek Proletariatu Miast i Wsi 196

Nr 36. [1922] październik 1, Warszawa – Odezwa przedwyborcza Centralnego Komitetu Wykonawczego PPS 200

Nr 37. 1922 październik 22, Warszawa – Artykuł z „Chłopskiej Gazety"
pt. „O komunistach" 207

Nr 38. 1922 [listopad], Warszawa – Odezwa przedwyborcza Warszawskiego Okręgowego Komitetu Robotniczego PPS 209

Nr 39. 1923 kwiecień 11, Warszawa – Okólnik nr 54. W sprawie obchodu
święta 1 maja 212

Nr 40. 1923 listopad 4, Warszawa – Artykuł z „Robotnika" pt. „Odpowiedź
komunistom!" 213

Nr 41. 1923 listopad 21, Warszawa – Artykuł z „Robotnika" pt. „Najnowsze hasła komunistów polskich" 218

Nr 42. 1924 kwiecień 13, Kraków – Artykuł z „Naprzodu" pt. „Rada
Naczelna PPS" 222

Nr 43. 1924 maj 1, Warszawa – Pierwszomajowa odezwa Warszawskiego
Okręgowego Komitetu Robotniczego PPS 223

Nr 44. 1924 maj 2, Kraków – Artykuł z „Naprzodu" pt. „Jednolity front".... 225

Nr 45. 1924 lipiec 13, Warszawa – Artykuł z „Chłopskiej Prawdy"
pt. „Rezolucja" 230

Nr 46. 1924 lipca 24, Warszawa – Okólnik nr 16 w sprawie walki z komunistami wydany przez Sekretariat Generalny Centralnego Komitetu Wykonawczego PPS 231

Nr 47. 1924 sierpień 4, Warszawa – Odezwa Warszawskiego Okręgowego Komitetu Robotniczego PPS 238

Nr 48. 1924 sierpień 10, Warszawa – Artykuł z „Chłopskiej Prawdy" pt. „Polska Partia Socjalistyczna. Do ludu pracującego miast i wsi!" 241

Nr 49. 1924 sierpień 8, Kraków – Artykuł z „Naprzodu" pt. „Prowokatorzy komunistyczni" 245

Nr 50. 1925 kwiecień 25, Warszawa – artykuł z „Robotnika" pt. „III kongres komunistów polskich" 251

Nr 51. 1925 lipiec 8, Kraków – Artykuł z „Naprzodu" pt. „Rozpad komunizmu" ... 255

Nr 52. 1925 lipiec 31, Warszawa – Artykuł z „Robotnika" pt. „O walce z komunizmem" 261

Nr 53. 1925 lipiec 25, Kraków – Artykuł z „Naprzodu" pt. „Terroryści bolszewiccy" 266

Nr 54. 1925 sierpień 3, Kraków – Artykuł z „Naprzodu" pt. „W walce z komunizmem nie powinno się używać prowokacji" 272

Nr 55. 1925 sierpień 23, Kraków – Artykuł z „Naprzodu" pt. „Bojowcy komunistyczni" 274

Nr 56. 1925 sierpień 23, Warszawa – Artykuł z „Chłopskiej Prawdy" pt. „Nowe gromady agitatorów bolszewickich" 278

Nr 57. 1925 sierpień 23, Warszawa – Artykuł z „Chłopskiej Prawdy" pt. „O komunistycznych bojówkach!" 280

Nr 58. 1925 [wrzesień], Warszawa – Odezwa Warszawskiego Okręgowego Komitetu Robotniczego PPS 283

Nr 59. 1925 październik 21, Warszawa – Artykuł z „Robotnika" pt. „Nowy kryzys w Komunistycznej Partii Polski" 290

Nr 60. 1925 październik 22, Warszawa – Artykuł z „Robotnika" pt. „Nowy kryzys w Komunistycznej Partii Polski (dokończenie)" 298

Nr 61. 1926 styczeń 10, Warszawa – Artykuł z „Chłopskiej Prawdy" pt. „Dwudziesty Kongres PPS" 302

Nr 62. 1926 marzec 21, Warszawa – Artykuł z „Chłopskiej Prawdy" pt. „Rada Naczelna PPS" 303

Nr 63. 1926 maj 2, Warszawa – Artykuł z „Robotnika" pt. „Prowokacja komunistyczna. Tragiczne wypadki" 305

8

Nr 64. 1926 maj 6, Warszawa – Artykuł z „Robotnika" pt. „Odezwa Warszawskiego OKR PPS" 307

Nr 65. 1926 maj 14, Warszawa – Artykuł z „Robotnika" pt. „Zdradziecka robota komunistów" 313

Nr 66. 1926 maj 15, Warszawa – Artykuł z „Robotnika" pt. „Odprawa komunistów" 314

Nr 67. 1926 maj 15, Warszawa – Artykuł z „Robotnika" pt. „Precz z komunizmem" 317

Nr 68. 1926 maj 23, Warszawa – Artykuł z „Chłopskiej Prawdy" pt. „Precz z komunizmem!" 319

Nr 69. 1927 styczeń 23, Warszawa – Artykuł z „Robotnika" pt. „Walka z komunizmem" 321

Nr 70. 1927 luty, Warszawa – odezwa Centralnego Komitetu Wykonawczego ... 324

Nr 71. 1927 luty 12, Warszawa – Artykuł z „Chłopskiej Prawdy" pt. „Łajdacka robota komunistów" 329

Nr 72. 1927 luty 18, Kraków – Artykuł z „Naprzodu" pt. „Zatarg Kominternu z Komunistyczną Partią Polski" 331

Nr 73. 1927 [kwiecień], Warszawa – odezwa Warszawskiego Okręgowego Komitetu Robotniczego PPS... 333

Nr 74. 1927 kwiecień 27, Warszawa – Artykuł z „Chłopskiej Prawdy" pt. „Polska Partia Socjalistyczna. Do ludu pracującego na roli. Do robotników rolnych, do wszystkich małorolnych i bezrolnych" 338

Nr 75. 1927 wrzesień 24, Warszawa – Artykuł z „Robotnika" pt. „Prowokacja komunistyczna!" 340

Nr 76. 1927 październik 30, Warszawa – Artykuł z „Robotnika" pt. „Jeden z naszych frontów. PPS a komuniści. Cz. I" 342

Nr 77. 1927 listopad 1, Warszawa – Artykuł z „Robotnika" pt. „Jeden z naszych frontów. PPS a komuniści. Cz. II" 346

Nr 78. 1927 listopad 11, Kraków – Artykuł z „Naprzodu" pt. „Dalsze uchwały Rady Naczelnej PPS".. 349

Nr 79. 1928 styczeń 1, Warszawa – Odezwa Centralnego Komitetu Wykonawczego Polskiej Partii Socjalistycznej pt. „Polska Partia Socjalistyczna. Do ludu pracującego miast i wsi!"... 350

Nr 80. 1928 styczeń, Warszawa – Odezwa Centralnego Komitetu Wykonawczego Polskiej Partii Socjalistycznej pt. „Polska Partia Socjalistyczna. Do ludu pracującego na wsi!" 353

Nr 81. [1928 luty], bm. – Odezwa centralnego Komitetu Wykonawczego Polskiej Partii Socjalistycznej pt. „Polska Partia Socjalistyczna. Ani jednego głosu komunistycznym rozbijaczom. Towarzysze! Robotnicy!" 356

Nr 82. [1928] luty, Warszawa – Odezwa Centralnego Komitetu Wyborczego Polskiej Partii Socjalistycznej pt. „Polska Partia Socjalistyczna. Towarzysze! Robotnicy!" 361

Nr 83. 1928 [luty], Warszawa – Odezwa Warszawskiego Okręgowego Komitetu Robotniczego Polskiej Partii Robotniczej 363

Nr 84. 1928 kwiecień 24, Lwów – Artykuł z „Dziennika Ludowego" pt. „Polska Partia Socjalistyczna. Do ludu pracującego miast i wsi" 367

Nr 85. 1928 [kwiecień], Dąbrowa – Odezwa Okręgowego Komitetu Polskiej Partii Socjalistycznej Zagłębia Dąbrowskiego 369

Nr 86. 1928 maj 1, Warszawa – Odezwa Warszawskiego Okręgowego Komitetu Robotniczego Polskiej Partii Socjalistycznej pt. „Polska Partia Socjalistyczna. Do wszystkich robotników Warszawy!" 371

Nr 87. 1928 maj 1, Warszawa – Artykuł z „Chłopskiej Prawdy" pt. „Uchwały Rady Naczelnej PPS" 374

Nr 88. 1928 maj 4, Lwów – Artykuł z „Dziennika Ludowego" pt. „Komuniści" 375

Nr 89. 1928 maj 4, Kraków – Artykuł z „Naprzodu" pt. „Napad komunistów. Krwawy 1 Maj w Warszawie" 377

Nr 90. 1928 maj 4, Lwów – Artykuł z „Dziennika Ludowego" pt. „Krwawy posiew komunistyczny w Warszawie" 378

Nr 91. 1928 maj 7, Warszawa – Artykuł z „Dziennika Ludowego" pt. „Do walki z komunizmem!" 380

Nr 92. 1928 maj 7, Lwów – Artykuł z „Dziennika Ludowego" pt. „Klasa robotnicza Warszawy przystępuje do bezwzględnej walki z komunizmem. Uchwała konferencji międzydzielnicowej Warszawskiej organizacji PPS" .. 382

Nr 93. 1928 maj 27, Warszawa – Artykuł z „Chłopskiej Prawdy" pt. „CKW PPS o wypadkach pierwszomajowych w stolicy" 384

Nr 94. 1928 czerwiec 15, Warszawa – Artykuł z „Robotnika" pt. „Komuniści przy »pracy« parlamentarnej" 385

Nr 95. 1928 lipiec 23, Warszawa – Artykuł z „Robotnika" pt. „Rola komunistów w Polsce" 387

Nr 96. 1928 lipiec 31, Warszawa – Artykuł z „Robotnika" pt. „Spory i kłótnie wśród komunistów" 388

Nr 97. 1928 wrzesień 13, Warszawa – Artykuł z „Robotnika" pt. „Komunizm polski przed sądem »Kominternu«. Walki wewnętrzne"................. 390

Nr 98. 1928 wrzesień 19, Warszawa – Artykuł z „Robotnika" pt. „Komunizm przed sądem socjalizmu" 394

Nr 99. 1928 październik 2, Warszawa – Artykuł z „Robotnika" pt. „Stosunek do komunizmu. Po uchwałach VI Kongresu »Kominternu«"................. 395

Nr 100. 1928 listopad 6, Warszawa – Artykuł z „Robotnika" pt. „XXI Kongres PPS. Drugi dzień obrad" 397

Nr 101. 1928 listopad 7, Warszawa – Artykuł z „Robotnika" pt. „PPS a komuniści. Uchwała jednomyślna XXI Kongresu" 399

Nr 102. 1929 luty 10, Warszawa – Artykuł z „Robotnika" pt. „Nowe rozkazy dla komunistów w Polsce. Dyrektywy »Kominternu«" 401

Nr 103. 1929 luty 15, Warszawa – Artykuł z „Robotnika" pt. „Od komunizmu do nacjonalizmu. Rozłam wśród komunistów ukraińskich w Polsce" .. 406

Nr 104. 1929 maj 4, Lwów – Artykuł „Dziennika Ludowego" pt. „Krach komunistów" 411

Nr 105. 1929 maj 20, Lwów – Artykuł z „Dziennika Ludowego" pt. „Łajdacka robota komunistów" 412

Nr 106. 1930 lipiec 14, Lwów – Artykuł z „Dziennika Ludowego" pt. „Bankructwo komunizmu w Polsce" 413

Nr 107. 1929 sierpień 1, Warszawa – Artykuł z „Robotnika" pt. „Komunistyczny manifest" 416

Nr 108. 1930 sierpień 3, Lwów – Artykuł z „Dziennika Ludowego" pt. „Fiasko dnia komunistycznego w całym kraju" 418

Nr 109. 1930 wrzesień 10, Lwów – Artykuł z „Dziennik Ludowy" pt. „Demonstracje komunistyczne w Warszawie" 419

Nr 110. 1929 styczeń 11, Lwów – Artykuł z „Dziennika Ludowego" pt. „Niebezpieczeństwo komunizmu".................. 420

Nr 111. 1931 marzec 20, Lwów – Artykuł z „Dziennika Ludowego" pt. „Front komunistyczny przeciw PPS" 422

Nr 112. 1931 kwiecień 23, Warszawa – Artykuł z „Robotnika" pt. „Polska Partia Socjalistyczna. Tekst uchwały dla zgromadzeń 1-majowych"............. 425

Nr 113. 1931 maj 31, Kraków – Artykuł z „Naprzodu" pt. „Rezolucja polityczna PPS. Uchwalona przez XXII kongres partyjny" 426

Nr 114. 1931 lipiec 11, Kraków – Artykuł z „Naprzodu" pt. „Upiór komunizmu" 427

11

Nr 115. 1931 wrzesień 15, Kraków – Artykuł z „Naprzodu" pt. „Aresztowanie komitetu redakcyjnego partii komunistycznej w Warszawie" 431

Nr 116. 1931 wrzesień 20, Kraków – Artykuł z „Naprzodu" pt. „Z komunistami dyskutować nie można, życie ludzkie to »drobiazg« dla komunisty" .. 434

Nr 117. 1932 kwiecień 7, Kraków – Artykuł z „Naprzodu" pt. „Komunizm i faszyzm" 436

Nr 118. 1933 luty 16, Lwów – Artykuł z „Dziennika Ludowego" pt. „Rozłamy i »herezje« po VI Zjeździe Komunistycznej Partii Polski" 437

Nr 119. 1934 czerwiec 16, Warszawa – Artykuł z „Robotnika" pt. „Piętnaście lat komunizmu w Polsce. Smutny bilans" 441

Nr 120. 1934 sierpień 22, Warszawa – Okólnik Warszawskiego Okręgowego Komitetu Robotniczego Polskiej Partii Socjalistycznej 446

Nr 121. 1935 marca 7, Robotnik – Artykuł z „Robotnika" pt. „Manewry, manewry – bez końca… Rezolucja KPP" 449

Nr 122. 1935 maj 19, Warszawa – Artykuł z „Robotnika" pt. „Komuniści w przymierzu z Hitlerem" 452

Nr 123. 1935 maj 22, Warszawa – Artykuł z „Robotnika" pt. „Czy »Komintern« jeszcze istnieje?" 455

Nr 124. 1935 sierpień 9, Warszawa – Artykuł z „Robotnika" pt. „VII Kongres »Kominternu«. Dyskusja nad referatem Dymitrowa. Mowa Thoreza – Delegaci angielscy i niemieccy – Mowa Leńskiego" 458

Nr 125. 1935 październik 2, Warszawa – Okólnik Sekretariatu Generalnego Centralnego Komitetu Wykonawczego Polskiej Partii Socjalistycznej 460

Nr 126. 1936 listopad 12, Warszawa – Okólnik Sekretariatu Generalnego Centralnego Komitetu Wykonawczego Polskiej Partii Socjalistycznej 462

Nr 127. 1937 luty 4, Warszawa – Artykuł z „Robotnika" pt. „XXIV Kongres Polskiej Partii Socjalistycznej! Debata nad sprawozdaniem Centr[alnego] Komitetu Wykonawczego 464

Nr 128. 1937 luty 5, Warszawa – Artykuł z „Robotnika" pt. „XXIV Kongres PPS. Dokończenie debaty nad sprawozdaniami Centralnego Komitetu Wykonawczego" 466

Nr 129. 1937 luty 5, Warszawa – Artykuł z „Robotnika" pt. „XXIV Kongres PPS. Położenie wewnętrzne Polski i położenie międzynarodowe. Platforma polityczna" 468

Nr 130. 1937 maj 1, Warszawa – Artykuł z „Robotnika" pt. „Walka z komunizmem" 469

Nr 131. 1937 maj 4, Warszawa – Artykuł z „Robotnika" pt. „Bezdroża komunizmu w Polsce. Uchwały V-go Plenum Centr[alnego] Komitetu KPP" 474

Nr 132. 1937 maj 7, Warszawa – Artykuł z „Robotnika" pt. „Bezdroża polskiego komunizmu. Samokrytyka. Słabość »komuny«. Wewnętrzne przeobrażenia" 479

Nr 133. 1938 sierpień 20, Warszawa – Artykuł z „Robotnika" pt. „Polska Partia Socjalistyczna. Centralny Wydział Młodzieży PPS" 482

Nr 134. 1938 sierpień 31, Warszawa – Artykuł z „Robotnika" pt. „Co się stało z KPP?" 485

Nr 135. 1938 wrzesień 2, Warszawa – Artykuł z „Robotnika" pt. „Losy Kompartii Polski. Chaos i rozkład" 487

Bibliografia 491

Wykaz ważniejszych skrótów 507

Indeks osobowy 509

WSTĘP

W Polsce międzywojennej miał miejsce ważny i nadzwyczaj ostry konflikt pomiędzy środowiskami propaństwowymi a organizacjami komunistycznymi, który rozgrywał się w łonie ówczesnej lewicy. Po jednej stronie stała Polska Partia Socjalistyczna (PPS) – podmiot polityczny zorientowany na utrwalenie niepodległościowego bytu państwa polskiego, opowiadający się za reformami społeczno-gospodarczymi przeprowadzanymi w ramach istniejącego systemu parlamentarnego. Po drugiej stronie przysłowiowej barykady znajdowała się Komunistyczna Partia Robotnicza Polski (KPRP), późniejsza Komunistyczna Partia Polski (KPP). Była to formacja polityczna podporządkowana czynnikom sowieckim, nie tylko negująca, ale i zwalczająca ideę niepodległej oraz suwerennej Polski, zmierzająca przy tym wszelkimi sposobami do urealnienia idei dyktatury proletariatu. Tarcia te przybrały formę niewypowiedzianej wojny politycznej[1], w której komuniści uznali socjali-

---

[1] Szerzej zob. *Polska Partia Socjalistyczna wobec Komunistycznej Partii Robotniczej Polski/Komunistycznej Partii Polski. Wypisy z prasy i dokumentów*, t. 1: *1918– –1928*, oprac. K. Sacewicz, Olsztyn 2014, *passim*; K. Sacewicz, *Wojna na lewicy – pierwsze starcia. Walka o hegemonię w warszawskich radach delegatów robotniczych pomiędzy KPRP a PPS (1918–1919)* [w:] *Komuniści w międzywojennej Warszawie*, red. E. Kowalczyk, Warszawa 2014, s. 239–292; *idem, Kilka uwag na temat stosunku KPRP/KPP wobec PPS w międzywojennej Warszawie* [w:] *Komuniści w międzywojennej Warszawie*, s. 293–330; *idem, Razem czy osobno? Władze PPS i KPRP–KPP wobec obchodów święta 1-go maja w latach 1919–1928*, „Dzieje Najnowsze" 2015, nr 1, s. 3–32; *idem, Komunizm i antykomunizm w II Rzeczypospolitej. Państwo – społeczeństwo – partie*, Olsztyn 2016, s. 159–288; M. Przeniosło, *Partie polityczne II Rzeczypospolitej wobec komunistów polskich w latach 1918–1921*, „Czasy Nowożytne" 1999, t. 7, s. 87–100; *idem, Stosunki PPS–KPRP w pierwszych latach Drugiej Rzeczypospolitej na przykładzie województwa kieleckiego*, „Kieleckie Studia Historyczne" 1995, t. 13, s. 127–135; P. Kuligowski, *Jak nie postępować? Polscy socjaliści międzywojnia wobec fenomenu bolszewizmu*, „Ogrody Nauk i Sztuk" 2013, t. 3, s. 164–174.

15

stów za swoich największych wrogów, ci z kolei stali się jednym z filarów polskiego antykomunizmu[2].

Zmagania te nie były zjawiskiem nowym. Już w drugiej połowie XIX w. ujawniły się w polskim ruchu robotniczym istotne rozbieżności ideowo-programowe, które w dekadzie poprzedzającej wybuch Wielkiej Wojny, jak również podczas jej trwania stworzyły fundamenty pod późniejszy konflikt na lewicy[3]. Powstanie niepodległego państwa polskiego nie wygasiło sporu, wręcz przeciwnie, przybrał on na sile[4]. Było to naturalną konsekwencją wynikającą z faktu, że to właśnie zagadnienie odtworzenia i funkcjonowania Rzeczypospolitej, a przez to i stosunku do rewolucji bolszewickiej w Rosji oraz w ogóle do polityki prowadzonej przez Moskwę, stanowiło oś konfrontacji socjalistów z komunistami. Walkę zatem prowadzono na wielu płaszczyznach: od słownych przepychanek, połajanek i działań programowo-politycz-

---

[2] Na temat różnorodnych antykomunistycznych postaw Polaków szerzej zob. *Antykomunizm Polaków w XX wieku*, red. P. Kardela, K. Sacewicz, Białystok–Olsztyn––Warszawa 2019.

[3] Zob. J. Myśliński, *Swobody, fabryk i ziemi! Początki polskiego ruchu socjalistycznego pod zaborami* [w:] *Ruch robotniczy na ziemiach polskich*, red. S. Sierpowski, Warszawa 2002, s. 59–61, 65–70; H. Walecki, *Zły program (O programie tzw. „Frakcji Rewolucyjnej")*, „Myśl Socjalistyczna" 1907, czerwiec, nr 2; zob. też H. Walecki, *Wybór pism*, t. 1: *1905–1918*, red. J. Kancewicz, Warszawa 1967, s. 236–253; B. Radlak, *Socjaldemokracja Królestwa Polskiego i Litwy w latach 1893–1904*, Warszawa 1979, s. 57; A. Garlicki, *Józef Piłsudski 1867–1935*, Warszawa 1988, s. 117–118; J. Tomicki, *Polska Partia Socjalistyczna 1892–1948*, Warszawa 1983, s. 115–116; M. Cisek, *PPS przed rozłamem 1892–1921. Ustrój gospodarczy w programach*, Tyczyn 2002, s. 119–122; A. Żarnowska, *Geneza rozłamu w Polskiej Partii Socjalistycznej 1904–1906*, Warszawa 1965, *passim*.

[4] Trafnie zauważył Stanisław Michałowski, że to właśnie w pierwszych dniach odradzania się polskiej państwowości, pod koniec 1918 r. na XV Zjeździe PPS, dzięki przyjętej uchwale politycznej, „idea socjalizmu została praktycznie złączona z Polską niepodległą i demokratyczną" (*idem, Idea niepodległego państwa w myśli politycznej Polskiej Partii Socjalistycznej (1892–1923)*, „Rocznik Lubelski" 1991–1992, t. 33–34, s. 48). Tym samym dotychczasowa socjalistyczna irredenta, z jej apoteozowaniem idei niepodległości, została w nowych realiach politycznych przekonstruowana i skierowana na tory oficjalnej politycznej działalności niepodległościowej. Oznaczało to, że istniejące jeszcze nieliczne więzi ideowe między socjalistami a esdekami nieuchronnie się rozpadały.

nych toczonych na łamach prasy i w partyjnej publicystyce, aż po krwawe i zbierające śmiertelne żniwo siłowe starcia rozgrywające się na ulicach polskich miast. Były to następstwa programowo-politycznych sprzeczności istniejących pomiędzy PPS a KPRP/KPP, a nie ich siła sprawcza. Tą ostatnią, zarówno w przypadku socjalistów, jak i komunistów, były decyzje podejmowane na kolejnych zjazdach i kongresach partyjnych[5]. To na nich w znacznej mierze kształtowano myśl programową i polityczną polskich socjalistów, wyznaczano kurs i tematyczne obszary zainteresowania partyjnej publicystki, a podjęte na nich uchwały i rezolucje stanowiły najistotniejszy drogowskaz dla szeregowych działaczy i sympatyków socjalistycznej formacji. I to tam właśnie antykomunizm PPS był dekretowany i wdrażany w partyjne życie, co uzależnione było od wielu czynników, w tym od wewnątrzpartyjnych nastrojów i dominacji w danym okresie prawego lub lewego skrzydła PPS. Niemniej jednak to partyjne kongresy były i są ważnym kluczem do poznania i zrozumienia mechanizmów kształtowania się oraz rozwoju postaw przeciwkomunistycznych w partii socjalistycznej, mimo całej złożoności czynników warunkujących formowanie się w międzywojennych realiach myśli politycznej PPS[6].

Obradujący od 8 do 11 grudnia 1918 r. pierwszy niekonspiracyjny XV Zjazd PPS[7] potwierdził dotychczasową linię programową partii w kwestii walki o w pełni niepodległy byt państwa polskiego[8]. Niemal

---

[5] W dwudziestoleciu międzywojennym zjazdy PPS odbywały się w następujących terminach: 8–11 XII 1918 r. – XV Zjazd w Warszawie, 27–28 IV 1919 r. – XVI tzw. zjednoczeniowy Zjazd w Krakowie, 21–25 V 1920 r. – XVII Zjazd w Warszawie, 22–27 VII 1921 r. – XVIII Zjazd w Łodzi, grudzień 1923 r.–styczeń 1924 r. – XIX Zjazd w Krakowie, 31 XII 1925 r.–3 I 1926 r. – XX Zjazd w Warszawie, 1–4 XI 1928 r. – XXI Zjazd w Sosnowcu, 23–25 V 1931 r. – XXII Zjazd w Krakowie, 2–4 II 1934 r. – XXIII Zjazd w Warszawie, 31 I–2 II 1937 r. – XXIV Zjazd w Radomiu.
[6] S. Michałowski, *Myśl polityczna Polskiej Partii Socjalistycznej (1918–1939)*, Lublin 1994.
[7] Według obliczeń komisji mandatowej w zjeździe zorganizowanym w warszawskiej Sali Muzeum Przemysłu i Handlu uczestniczyło 326 delegatów, w tym 35 było z Galicji, dwóch z poznańskiego, trzech z Górnego Śląska, 269 z Królestwa Polskiego, po jednym z Rosji i Wiednia oraz 15 przedstawicieli Centralnego Komitetu Robotniczego (*XV Zjazd P.P.S.*, „Robotnik", 11 XII 1918, nr 314).
[8] W. Suleja, *Polska Partia Socjalistyczna 1892–1948. Zarys dziejów*, Warszawa 1988, s. 142; J. Tomicki, *Polska Partia Socjalistyczna...*, s. 205–208.

równolegle do przeprowadzonego w Warszawie socjalistycznego kongresu przebiegał proces finalizowania prac zjednoczeniowych pomiędzy SDKPiL a PPS-Lewicą, w wyniku których 16 grudnia 1918 r. w Warszawie odbył się pierwszy zjazd nowo utworzonej KPRP[9]. Organizacja ta, w kwestii stosunku do odbudowy niepodległego i suwerennego państwa polskiego, była kontynuatorką koncepcji reprezentowanych przez swe poprzedniczki. Oznaczało to, że KPRP programowo tkwiła na antypolskich pozycjach nakreślonych przez tzw. luksemburgizm[10]. Tym samym

---

[9] Zob. Archiwum Akt Nowych (AAN), Komunistyczna Partia Polski (KPP), 158/VI-1 pt. 1, Do proletariatu Polski, Warszawa, grudzień 1918 r., k. 1; *Do proletariatu Polski* „Gromada", grudzień 1918, nr 4; *Do proletariatu Polski*, „Sztandar Socjalizmu", 19 XII 1918, nr 1; *Zjednoczenie*, „Gromada", grudzień 1918, nr 4; *Zjednoczenie komunistyczne*, „Sztandar Socjalizmu", 19 XII 1918, nr 1; *KPP. Uchwały i rezolucje*, t. 1: *I–II Zjazd (1918–1923)*, oprac. F. Kalicka i in., Warszawa 1954, s. 33–34, 35, 46–47. Na czele partii stanął Komitet Centralny, w skład którego weszli: Stefan Królikowski, Adolf Warszawski, Maria Koszutska, Maksymilian Horwitz i Józef Ciszewski. Zjazd znalazł się w obszarze zainteresowania agend Ministerstwa Spraw Wewnętrznych (MSW), których raporty i analizy dają świadectwo, jak wówczas postrzegano kompartie od pierwszych chwil jej funkcjonowania (zob. AAN, MSW 1918–1939, 9/1188, O ruchu socjalistycznym w ogóle. Organizacje komunistyczne, 1930 r., k. 35; *ibidem*, 9/1189, Zarys historyczny i obecna działalność KPP, 1933 r., k. 1–2; *ibidem*, 9/1184, Ruch komunistyczny w Polsce, 1925 r., k. 1); zob. także *Organizacja i działalność ruchu komunistycznego w Polsce w latach 1918–1925 w świetle raportu Wydziału Bezpieczeństwa Ministerstwa Spraw Wewnętrznych*, oprac. K. Sacewicz, „Echa Przeszłości" 2009, t. 10, s. 370; K. Sacewicz, *Komunizm i antykomunizm…*, s. 200–202.

[10] Utworzona w lipcu 1893 r. Socjal-Demokracja Królestwa Polskiego (SDKP) od samego początku znajdowała się pod wpływem tzw. grupy zuryskiej tworzonej przez polskich socjaldemokratów studiujących w Szwajcarii. Jej liderem była Róża Luksemburg. W sierpniu 1893 r. na międzynarodowym kongresie socjalistycznym Luksemburg wygłosiła referat, w którym jednoznacznie negatywnie ustosunkowała się do kwestii odrodzenia niepodległego i suwerennego państwa polskiego, dając podstawy do wykształcenia się w pierwszym dziesięcioleciu XX w. antyniepodległościowej doktryny politycznej zwanej luksemburgizmem. Teoria ta w kwestii polskiej zdominowała stanowisko SDKP i późniejszej SDKPiL; zob. N. Michta, *Julian Marchlewski. Polska – Naród – Socjalizm*, Warszawa 1975, s. 32–33; B. Radlak, *Socjaldemokracja Królestwa Polskiego…*, s. 44, 96; A. Kochański, *SDKPiL w latach 1907–1918*, Warszawa 1971, *passim*; F. Tych, *Rok 1905* [w:] *Ruch robotniczy*

poparcie wyrażone dla haseł oraz działań niepodległościowych przez XV Kongres PPS[11] było jednoznacznym sygnałem dowodzącym istnienia zasadniczych różnic ideowo-programowych pomiędzy esdekami, komunistami a socjalistami. Uwidoczniły się one już w pierwszych dniach istnienia kompartii, m.in. w kwestii stosunku do rządu Jędrzeja Moraczewskiego oraz wyborów do Sejmu Ustawodawczego[12]. Sam zjazd nie koncentrował się bezpośrednio na problematyce stosunku do SDKPiL czy PPS-Lewicy. Przedmiotem dyskusji, a także i późniejszych ustaleń, było zagadnienie dotyczące określenia partyjnego stanowiska wobec ewolucji bolszewików[13]. Feliks Perl, referujący sytuację polityczną, przestrzegał przed jakąkolwiek akceptacją nowego „frazesu bolszewickiego" wzywającego do zniesienia granic państwowych, jak również przed wspieraniem bolszewickiej ofensywy na Zachód. Działania te uważał za zakamuflowaną realizację państwowego interesu rosyjskiego[14], któremu należało dać zdecydowany odpór.

na ziemiach polskich, cz. 3, red. S. Sierpowski, Warszawa 2002, s. 134–135, 266–267; R. Michalski, *Socjalizm a niepodległość w polskiej myśli socjalistycznej (1878–1918)*, Toruń 1988, s. 88–100, 128–139; K. Trembicka, *Problem autonomii Królestwa Polskiego w myśli politycznej Róży Luksemburg*, „Annales Universitatis Mariae Curie--Skłodowska. Sectio K. Politologia" 1998, t. 5, s. 45–62. Wpływ doktrynalno--politycznego stanowiska tzw. grupy zuryskiej na SDKP ujawnił się już podczas pierwszego zjazdu partii w marcu 1894 r. W przyjętej wówczas rezolucji czytamy: „Wniesienie do programu hasła odbudowy Polski jest w naszych warunkach zgubą dla ruchu politycznego i odchyleniem proletariatu od swoich celów ostatecznych i najbliższych" (*Socjaldemokracja Królestwa Polskiego i Litwy. Materiały i dokumenty*, t. 1, cz. 1, oprac. H. Buczek, F. Tych, Warszawa 1957, s. 187–188).
[11] W przyjętej przez aklamację rezolucji, dotyczącej idei zjednoczenia organizacji socjalistycznych w Polsce, podkreślano m.in., że „okupacji Polski przez kogokolwiek przeciwstawimy się w imię naszej niepodległości"; *XV Zjazd P.P.S.*, „Robotnik", 10 XII 1918, nr 312; *Z drugiego dnia zjazdu P.P.S.*, „Naprzód", 12 XII 1918, nr 277.
[12] K. Sacewicz, *Komunizm i antykomunizm…*, s. 161–162, 203–205.
[13] *Ibidem*, s. 162–163.
[14] Kreśląc stanowisko PPS w tej kwestii, Perl stwierdzał: „Rząd bolszewicki chce przeciwstawić się koalicji przy pomocy siły, chce Królestwo wciągnąć do tej walki. Bo cóż innego znaczą oddziały czerwonej gwardii frontu zachodniego. Temu musimy się przeciwstawić, aby nie być środkiem walki o państwowy interes rosyjski

Kolejny XVI Zjazd PPS – zwany też zjednoczeniowym – odbywał się już w innej atmosferze politycznej. W styczniu Tymczasowy Naczelnik Państwa Józef Piłsudski zdymisjonował gabinet Jędrzeja Moraczewskiego i jednocześnie powierzył stanowisko premiera prawicowemu politykowi Ignacemu Paderewskiemu, socjaliści ponieśli porażkę w wyborach parlamentarnych, a ponadto od kilku miesięcy trwała wojna polsko-bolszewicka. Zaostrzał się również spór tzw. fraków z komunistami w radach robotniczych[15]. Okoliczności te w sposób widoczny wpłynęły na decyzje programowo-polityczne kongresu. Znaczenie miała także obecność na zjeździe przedstawicieli wewnątrzpartyjnej lewicowej opozycji na czele z Tadeuszem Żarskim, która w kwestiach taktyki partyjnej, metod osiągania stawianych celów polityczno-programowych, zdefiniowania roli rad robotniczych, wysuwała projekty radykalizujące stanowisko PPS. Tym samym w odbiorze społecznym zbliżała partię do form aktywności kompartii[16]. Lewe skrzydło PPS w sposób ekspansywny propagowało ideę „nieubłaganej" rewolucji społecznej, która w konsekwencji prowadzić miałaby do utworzenia federacyjnego Związku Republik Socjalistycznych[17].

Prawica i centrum PPS wiedziały, że jakakolwiek akceptacja stanowiska lewicowej opozycji, w tym grupy Żarskiego, spowoduje uchylenie drzwi dla działań radykalnych, niemalże bolszewickich. Oznaczałoby to, że PPS zatraciłaby swój organizacyjny charakter, ideową odrębność i przyjęłaby profil polityczny KPRP. To z kolei uczyniłoby z partii socjalistycznej cel szeroko zakrojonych posunięć odwetowych ze strony rządzącego obozu centroprawicowego oraz aparatu państwowego przeciwdziałającego antypaństwowej i wywrotowej akcji komunistów. Rozgrywająca się podczas zjazdu krakowskiego walka, z reprezentowanymi przez lewicę partyjną dążeniami do realizacji społeczno-politycznych celów za pomocą radykalnych metod i równie

---

– o poddanie Polski pod wpływy rosyjskie" (*XV Zjazd P.P.S.*, „Robotnik", 9 XII 1918, nr 311).

[15] K. Sacewicz, *Wojna na lewicy...*, s. 262–286.

[16] *Idem, Komunizm i antykomunizm...*, s. 164.

[17] Zob. AAN, Polska Partia Socjalistyczna (PPS), 114/I-1, Projekty rezolucji na XVI zjazd PPS, [1919], k. 3.

radykalnych haseł, była w znacznej mierze starciem o faktyczne miejsce PPS lub też jego brak w oficjalnym nurcie polskiego życia politycznego. Chodziło o to, czy partia będzie uznawana za propaństwową siłę parlamentarną zdolną do politycznej współpracy, czy też przez to państwo będzie zwalczana jako organizacja wywrotowa i probolszewicka[18].

Bronisław Ziemięcki podczas porannego posiedzenia drugiego dnia obrad podkreślał, że polityka Centralnego Komitetu Robotniczego (CKR) pomiędzy XIV a XVI Zjazdem była konsekwencją oceny własnych możliwości i istniejącej wówczas sytuacji politycznej[19]. W związku z tym wybór i realizacja przez Komitet taktyki stopniowego przekształcania wewnętrznego ustroju państwa polskiego przez określone prawem instrumenty, takie jak sprawowanie władzy wykonawczej oraz współudział w ciele ustawodawczym, były merytorycznie usprawiedliwione[20]. Nie oznaczało to, że nie popełniono błędów, zwłaszcza że partia poddawana była różnym zewnętrznym naciskom, a nawet atakom. Do tych zaliczano m.in. działalność komunistów[21]. Podkreślano przy tym ich szczególną aktywność na rzecz przejęcia kontroli w radach delegatów robotniczych[22]. Dlatego też Ziemięcki kwestię określenia stosunku do KPRP uważał za jedno z najważniejszych zagadnień dla całościowej polityki PPS, wyrażając przy tym stanowisko CKR, odrzucał także jakąkolwiek współpracę z komunistami. Postrzegał ich jako siłę, która w imię interesu i w służbie imperializmu bolszewickiego dezorganizuje państwo polskie. Podkreślał zatem potrzebę jednoznacznego określenia przez zjazd taktyki partyjnej, zwłaszcza w kontekście jej stosunku do komunistów

---

[18] K. Sacewicz, *Komunizm i antykomunizm...*, s. 165.
[19] *Kongres Polskiej Partii Socjal*[istycznej] *w Krakowie. XVI Zjazd P.P.S.*, „Robotnik", 26 IV 1919, nr 168.
[20] Bronisław Ziemięcki podkreślał, że „zasadniczym stanowiskiem jest urzeczywistnienie socjalizmu w ramach niepodległego państwa demokratycznego" (*ibidem*).
[21] *Ibidem*.
[22] K. Sacewicz, *Wojna na lewicy...*, s. 241–293; idem, *Komunizm i antykomunizm...*, s. 166. Zob. też *Rady Delegatów Robotniczych w Polsce 1918–1919. Materiały i dokumenty*, t. 1: *Warszawska Rada Delegatów Robotniczych*, oprac. H. Buczek, Z. Szczygielski, Warszawa 1962, s. 47; AAN, Rady Delegatów Robotniczych (RDR), 167/VIII, t. 1, Protokoły posiedzeń warszawskiej RDR, cz. 1, k. 7–8.

i bolszewickiej rewolucji[23]. Apel o wypracowanie tej drogi został zrealizowany w rezolucji „w sprawie polityki partii" zgłoszonej przez CKR PPS[24]. Na podstawie zawartych tam zapisów to zjazd przyjmował do wiadomości sprawozdanie polityczne kierownictwa, aprobował jego dotychczasowe działania, realizowane za pomocą „rewolucyjnej walki klasowej", prowadzonej przez „rząd klasy robotniczej miast i wsi"[25], na rzecz utworzenia niepodległej i zjednoczonej Rzeczypospolitej socjalistycznej. Opozycja w odpowiedzi na tak sformułowane wytyczne przedstawiła swoją rezolucję, w której stwierdzano, że „przed proletariatem Polski stoi zadanie obalenia drogą rewolucji socjalnej rządów burżuazyjnych opartych o reakcyjny Sejm i ujęcie całej władzy w ręce wyłonionego z Rad Del[egatów] Rob[otniczych] rządu socjalistycznego, celem przebudowy Polski na Republikę Socjalistyczną"[26]. Jednocześnie Tadeusz Żarski, atakując linię polityczną władz PPS, podkreślał, że jedynie stosowanie instrumentów rewolucyjnych, bezwzględna bezkompromisowość wobec „burżuazji i drobnomieszczaństwa" oraz właściwe przygotowanie „proletariatu do chwili wybuchu" przynieść może uzyskanie pełni władzy[27].

Obrony linii politycznej CKR podjął się Zygmunt Zaremba[28], który podkreślał m.in., że znaczenie rad delegatów w akcji ruchu robotniczego zostało obniżone nie przez prosejmową politykę PPS, ale przez destabi-

---

[23] Zob. *Kongres Polskiej Partii Socjal[istycznej] w Krakowie. XVI Zjazd P.P.S.*, „Robotnik", 26 IV 1919, nr 168; K. Sacewicz, *Komunizm i antykomunizm...*, s. 166––167.

[24] *Kongres Polskiej Partii Socjal[istycznej] w Krakowie. XVI Zjazd P.P.S.*, „Robotnik", 26 IV 1919, nr 168.

[25] *Kongres Polskiej Partii Socjal[istycznej] w Krakowie. XVI Zjazd P.P.S.,* „Robotnik", 27 IV 1919, nr 169.

[26] *Ibidem*; K. Sacewicz, *Komunizm i antykomunizm...*, s. 167–168.

[27] *Kongres Polskiej Partii Socjal[istycznej] w Krakowie. XVI Zjazd P.P.S.,* „Robotnik", 27 IV 1919, nr 169. Stanowisku Żarskiego wtórował Adam Landy, głosząc, że „jedynie słuszną drogą jest droga dyktatury proletariatu" (*ibidem*). Zob. też K. Sacewicz, *Komunizm i antykomunizm...*, s. 168.

[28] *Kongres Polskiej Partii Socjal[istycznej] w Krakowie. XVI Zjazd P.P.S.,* „Robotnik", 27 IV 1919, nr 169.

lizującą jej działalność komunistów[29]. Tym samym wskazywał, że hasła Żarskiego, jako te popychające PPS w kierunku komunizmu, nie mogą uzyskać poparcia zjazdu[30]. Ważnym, zamykającym dyskusję[31] głosem było wystąpienie Feliksa Perla, który wskazywał na brak merytorycznych przesłanek lansowanej przez lewicową opozycję koncepcji rewolucyjnej, zarzucając jej bezkrytyczne naśladowanie metod bolszewickich, które unicestwiłyby polski socjalizm, czyniąc z niego „martwą formę bez treści społecznej"[32]. Dowodził także, że bolszewizm jest „owocem politycznego i ekonomicznego upadku, cofnięcia sił wytwórczych", jak również nieświadomym narzędziem odbudowywania imperialnej Rosji w „jej dawnych granicach"[33]. Poglądy te usztywniały negatywne wobec komunistów stanowisko CKR, który uważał, że instalowanie bolszewizmu w Polsce stało w całkowitej sprzeczności nie tylko z interesem państwa, ale także polskiego robotnika, a przez to i PPS. Ostatecznie zjazd poparł w głosowaniu stanowisko CKR[34].

Podczas trzeciego dnia obrad kongresowych PPS zaboru rosyjskiego debatowano również nad zagadnieniem stosunku do komunistów. I po raz kolejny, po wysłuchaniu wystąpienia Zaremby, większość partyjna sygnalizowała, że nie ma żadnych ani ideowych, ani tym bardziej taktycznych przesłanek umożliwiających jakąkolwiek współpracę z kompartią[35].

Dopełnieniem procesu jednoznacznego odgradzania się od komunizmu i komunistów było przyjęcie projektu programu PPS. Kluczowa

---

[29] Zob. AAN, RDR, 167/VIII, t. 1, Protokoły posiedzeń warszawskiej RDR, cz. 2, k. 125; K. Sacewicz, *Wojna na lewicy...*, s. 284–285; *idem, Komunizm i antykomunizm...*, s. 168.

[30] Podkreślał przy tym, że „Strachem mnie przenika chęć narzucenia P.P.S. haseł jej obcych, identycznych z hasłami komunistycznymi. Logika nowych opozycjonistów musi prowadzić do komunistów" (*Kongres Polskiej Partii Socjal*[istycznej] *w Krakowie. XVI Zjazd P.P.S.,* „Robotnik", 27 IV 1919, nr 169).

[31] Na temat innych wystąpień zob. K. Sacewicz, *Komunizm i antykomunizm...*, s. 168–169.

[32] *Kongres Polskiej Partii Socjal*[istycznej] *w Krakowie. XVI Zjazd P.P.S.,* „Robotnik", 27 IV 1919, nr 169.

[33] *Ibidem.*

[34] K. Sacewicz, *Komunizm i antykomunizm...*, s. 169.

[35] *Ibidem,* s. 169–170.

23

jednak w wypracowaniu tego stanowiska okazała się poprzedzająca ten akt dyskusja. Polemiki ideowo-programowe prowadzili m.in. z jednej strony Mieczysław Niedziałkowski oraz Feliks Perl, z drugiej – Tadeusz Żarski[36]. Na podstawie doniesień prasowych, odpowiadając na zarzuty lewicy, Niedziałkowski stwierdził: „Socjalizmu nie można oddzielić od wolności. [...] Nie chodzi o rewolucję dla rewolucji, chodzi o zwycięstwo. Socjalizm nie może się dźwigać na bagnetach i represjach. Ustrój sowiecki zbankrutował w Rosji, wykazał już swoją niezdolność do życia; w Rosji rządzą nie sowiety, ale komisarze. [...] Socjalizm [...] nie rozpocznie nowego okresu niewoli tylko dla innych tym razem ludzi. [...] W Rosji istnieje dyktatura nad proletariatem. Klasa robotnicza musi dojrzeć do sprawowania władzy. Niepodobna mówić poważnie o uspołecznieniu wszystkiego dookoła [...] Socjalizm musi mieć wielką siłę atrakcyjną"[37]. Podsumowaniem debaty było wystąpienie Perla, który podkreślał, że PPS idzie „rękę w rękę z europejskim socjalizmem"[38], jednoznacznie przeciwstawiając się komunizmowi oraz jego metodom działania. Dowodził ponadto, że dotychczasowa taktyka partii socjalistycznej była ukierunkowana na konstruktywną pracę, tworzenie niepodległej Polski, zaś projekty lewicowej mniejszości są jej całkowitym zaprzeczeniem, grożąc wręcz demontażem państwa[39]. Ostatecznie zdecydowaną większością głosów XVI Zjazd opowiedział się za projektem programu autorstwa Niedziałkowskiego[40]. Sukces tzw. większości został potwierdzony również podczas wyborów nowego składu Rady Naczelnej PPS[41].

Postanowienia kongresowe w kwestii politycznego opowiedzenia się PPS wobec ruchu komunistycznego i jego działalności niewątpliwie stanowiły mocny bodziec dla antykomunistycznych poczynań socjalistów w radach robotniczych. Na tym gruncie miało miejsce wyraźne zantagonizowanie i tak już niełatwych, wręcz wojennych stosunków pomię-

---

[36] *Dyskusja programowa na Kongresie P.P.S.*, „Robotnik", 29 IV 1919, nr 171.
[37] *Ibidem.*
[38] *Ibidem.*
[39] *Ibidem.*
[40] *Ibidem.*
[41] Zob. *Wybór Rady Naczelnej P.P.S.*, „Robotnik", 29 IV 1919, nr 171.

dzy obu stronami[42]. W konsekwencji doprowadzi to najpierw do rozbicia rady w Lublinie, a następnie w Warszawie[43]. Wykształcenie się odrębnych rad kontrolowanych przez PPS, z racji znaczących wpływów tej partii w masach robotniczych, oznaczało także drastyczne obniżenie możliwości konstruktywnego funkcjonowania rad współtworzonych przez KPRP i organizacje żydowskie. Utrwalanie się systemu parlamentarnego, a także brak tzw. wrzenia rewolucyjnego na ziemiach polskich również wpłynęły na marginalizację idei rad robotniczych, a w końcu na ich „naturalną" śmierć polityczną. Było to nie tylko organizacyjną, ale i ideową porażką kompartii w Polsce, za którą KPRP obwiniała PPS[44]. Ta z kolei odpowiedzialnością za uśmiercenie idei rad robotniczych obarczała komunistów[45].

Polska Partia Socjalistyczna, pomimo zdawałoby się ostatecznego określenia swojego stosunku do komunizmu i komunistów, będzie jednak zmuszona wielokrotnie powracać do tej kwestii w partyjnej publicystyce oraz w postanowieniach kolejnych zjazdów.

Pod koniec maja 1920 r. w Warszawie zorganizowano XVII Kongres partyjny, poprzedzony obradami komisji Centralnego Komitetu Wykonawczego (CKW). Przyjęto wówczas projekt programu PPS[46]. Komitet podkreślał, że partia stoi na gruncie „niepodległej

---

[42] Zob. dok. nr 6, 7, 8, 9, 10 i 11 w niniejszym tomie; także *Polska Partia Socjalistyczna...*, t. 1, s. 31–51; K. Sacewicz, *Wojna na lewicy...*, s. 286–290.

[43] *Z Lubelskiej Rady Delegatów Robotniczych. Zerwanie z komunistami*, „Robotnik", 22 V 1919, nr 194; *Oświadczenie Lubelskiej Rady Delegatów Robotniczych do Komisji Zjazdowej*, „Robotnik", 31 V 1919, nr 203; *Rady Delegatów Robotniczych w Polsce 1918–1919. Materiały i dokumenty*, t. 2, oprac. A. Tymieniecka, Warszawa 1965, s. 344–359; K. Sacewicz, *Wojna na lewicy...*, s. 290–294.

[44] Zob. AAN, RDR, 167/VIII, t. 2, Protokoły Kom[itetu] Wykonawczego Warsz[awskiej] RDR, cz. 2, k. 167–168; *Rozbicie RDR*, „Nowiny Krajowe i Zagraniczne", 24 VI 1919, nr 18.

[45] *Jak było, a jak być powinno! W sprawie RDR*, „Robotnik", 29 VI 1919, nr 231.

[46] *Projekt programu Polskiej Partii Socjalistycznej*, „Robotnik", 12 V 1920, nr 127; *Projekt programu Polskiej Partii Socjalistycznej*, „Dziennik Ludowy", 15 V 1920, nr 115; *Projekt programu Polskiej Partii Socjalistycznej (Dokończenie)*, „Dziennik Ludowy", 16 V 1920, nr 116; *Projekt programu Polskiej Partii Socjalistycznej*, „Naprzód", 18 V 1920, nr 118.

Republiki Polskiej", jednoznacznie opowiadając się za utrzymaniem systemu parlamentarnego. Istotnym elementem projektu było ustosunkowanie się do zagadnienia urealnienia idei socjalizmu. Eksponując istotę walki o jego wprowadzenie, stwierdzano, że niedopuszczalne jest narzucanie tej idei społeczeństwu siłą, jak również, że nie może to być sprawa oderwana od rzeczywistości, realiów czasu oraz miejsca[47]. To z kolei ukazywało diametralnie odmienny od KPRP stosunek PPS do zagadnienia rewolucji[48].

Kongres w znacznej mierze koncentrował się na innych problemach aniżeli kwestia polityki wobec komunistów[49]. Co nie znaczy, że zagadnienie to nie było w ogóle poruszane. W trakcie debaty kongresowej, m.in. Józef Biniszkiewicz miał stwierdzić, że „Komunizm jest płodem wojny, nędzy i rozpaczy robotniczej i gdy te przyczyny usuniemy, zniknie i komunizm"[50]. Zagadnienie stosunku do komunistów pojawiło się także podczas prezentowania sprawozdania z działalności CKW. Niemniej jednak były to nieliczne głosy odnoszące się do tego zagadnienia[51].

W nieco szerszym zakresie na problematykę tę zwrócono uwagę w rezolucji kongresowej w „sprawie stosunku PPS do międzynaro-

---

[47] *Projekt programu Polskiej Partii Socjalistycznej*, „Robotnik", 12 V 1920, nr 127. Rozwijając tę myśl CKW pisał: „nie można wprowadzać [socjalizmu – przyp. K.S.] za jednym zamachem ani narzucić go mechanicznie, gwałtem i terrorem". Słowa te z ostatecznej wersji programu przyjętego podczas obrad kongresowych zostały usunięte.

[48] Szerzej na temat działalności politycznej KPRP w latach 1919–1920 zob. K. Trembicka, *Środowisko komunistów wobec odzyskania niepodległości przez Polskę i wojny polsko-bolszewickiej* [w:] *Komuniści w międzywojennej Warszawie*, s. 43–66; eadem, *Między utopią a rzeczywistością. Myśl polityczna Komunistycznej Partii Polski (1918–1938)*, Lublin 2007, s. 93–101; J.A. Reguła, *Historia Komunistycznej Partii Polski w świetle faktów i dokumentów*, Toruń 1994, s. 25–80; H. Cimek, *Komuniści – Polska – Stalin 1918–1939*, Białystok 1990, s. 8–23; K. Sacewicz, *Ruch komunistyczny na ziemiach polskich w latach 1918–1923 w świetle materiałów operacyjnych i opracowań agend Ministerstwa Spraw Wewnętrznych II RP*, „Echa Przeszłości" 2012, t. 13, s. 245–254; *Organizacja i działalność ruchu...*, s. 369–371; K. Sacewicz, *Komunizm i antykomunizm...*, s. 199–218.

[49] Zob. K. Sacewicz, *Komunizm i antykomunizm...*, s. 172.

[50] *XVII Kongres P.P.S. Drugi dzień obrad. Dalszy ciąg dyskusji nad sprawozdaniami politycznymi*, „Robotnik", 25 V 1920, nr 139.

[51] *XVII Kongres P.P.S. (Drugi dzień obrad)*, „Robotnik", 23 V 1920, nr 138.

dówki". Czytamy w niej: „Zjazd stwierdza, że tzw. trzecia międzynaro-dówka jest na ogół jednostronną organizacją żywiołów komunistycznych i pokrewnych pod kierunkiem rosyjskiego bolszewizmu"[52]. Jednak naj-ważniejsze ustalenia warszawskiego kongresu, regulujące politykę par-tii w kwestii jej stosunku do komunistów i komunizmu, zostały zawarte w uchwalonym wówczas programie PPS. Ten, mający za podstawę pro-jekt wniesiony przez CKW, stwierdzał: „Socjalizm wymaga olbrzymich prac organizacyjnych i administracyjnych. Ustrój socjalistyczny nie może być urzeczywistniony wbrew większości społeczeństwa, musi tedy oprzeć się na zasadach demokratycznych"[53]. Ponadto, jak podkreślano w zapisach programowych: „Podnoszenie środków represji, a nawet ter-roru do godności trwałego systemu, zwłaszcza zaś opieranie przebu-dowy społecznej na bezwzględnych, dyktatorskich rządach mniejszości – niezgodne jest z charakterem socjalizmu i nie może prowadzić do wyzwolenia klasy robotniczej"[54]. W związku z tym PPS odrzucała tak pojmowaną i realizowaną dyktaturę proletariatu, opowiadając się jed-nocześnie za rządami większości, opartymi o demokratyczne zasady[55]. Zapisy te, mimo że nie wymieniono w nich z nazwy KPRP, uderzały wła-śnie w nią, tj. w formację, której myśl polityczno-programowa, ale także i działalność nie tylko negowały istnienie Rzeczypospolitej Polskiej jako suwerennego oraz niepodległego bytu, ale przede wszystkim zmie-rzały, wbrew woli zdecydowanej większości społeczeństwa, do przepro-wadzenia za wszelką cenę rewolucji klasowej, a następnie narzucenia

---

[52] *XVII-ty Kongres P.P.S.*, „Dziennik Ludowy", 28 V 1920, nr 126; *Uchwały kongresu P.P.S.*, „Dziennik Ludowy", 27 V 1920, nr 125; *XVII Kongres PPS*, „Łodzianin", 28 V 1920. W związku z tym PPS opowiadała się za powołaniem nowej socjalistycz-nej międzynarodówki.
[53] Zob. dok. nr 14 w niniejszym tomie; także AAN, PPS, 114/I-3, Program PPS, [1920], k. 8; *Program Polskiej Partii Socjalistycznej uchwalony na XVII Kongresie, 21 maja 1920* [w:] *Antologia polskiej myśli politycznej okresu dwudziestolecia mię-dzywojennego*, oprac. G. Radomski i in., Toruń 2015, s. 171–172.
[54] Zob. dok. nr 14 w niniejszym tomie.
[55] *Ibidem*; *XVII Kongres P.P.S. Dyskusja programowa*, „Robotnik", 27 V 1920, nr 141. Na temat stosunku PPS do dyktatury proletariatu wyrażonego podczas XVII Zjazdu, zob. *Polityka socjalistyczna w Polsce. Rozstrzygnięcia Zjazdu PPS*, „Naprzód", 28 V 1920, nr 128.

masom swoich dyktatorskich rządów. Duże znaczenie w podejmowaniu decyzji podczas obrad kongresu miał też fakt, że trwała wówczas wojna polsko-bolszewicka.

W diametralnie odmiennych okolicznościach odbywał się kolejny XVIII Kongres PPS – zorganizowany w lipcu 1921 r. w Łodzi. Nowe realia polityczne i gospodarcze stawiały przed partią trudne zadania. Podstawowym z nich było wypracowanie spójnej taktyki warunkującej jej stosunek do węzłowych zagadnień społeczno-politycznych[56].

Obrady zjazdowe zostały poprzedzone posiedzeniem CKW, podczas którego w sprawie taktyki partyjnej wypracowano dwie odrębne rezolucje[57]. Pierwszą z nich przedkładała tzw. większość CKW, której liderami byli Mieczysław Niedziałkowski, Bronisław Ziemięcki, Jędrzej Moraczewski oraz Feliks Perl. Drugi projekt zaproponowała tzw. mniejszość na czele z Zygmuntem Zarembą i Antonim Szczerkowskim. 22 lipca 1921 r. przewodniczący Rady Naczelnej PPS Jędrzej Moraczewski, otwierając w imieniu CKW obrady, mówił o istniejącym w ruchu robotniczym rozłamie. Odpowiedzialnością za taki stan obarczeni zostali komuniści dokładający „wszelkich starań, aby przez rozłamy osłabić socjalistyczny proletariat"[58]. W Łodzi doszło do wewnątrzorganizacyjnego starcia, w wyniku którego przyjęto wykładnię taktyki partyjnej oraz określony kierunek działań politycznych, m.in. w odniesieniu do rewolucji, bolszewików i komunizmu.

W imieniu większości w CKW głos zabrał Feliks Perl, który wiele miejsca poświęcił wskazaniu istotnych różnic pomiędzy myślą programową i taktyką PPS a komunistami. Kreśląc ideowe i społeczne fundamenty działalności swojej partii, stwierdzał: „zasadą naszego programu jest twórczość na gruncie wolności, a nie na gruncie czerwonego terroru, nie na gruncie panowania grupki ludzi, którzy dorwali się do władzy"[59].

---

[56] Zob. *O taktykę partii*, „Robotnik", 21 VII 1921, nr 193; W. Suleja, *Polska Partia Socjalistyczna...*, s. 156–157; J. Tomicki, *Polska Partia Socjalistyczna...*, s. 254 i n.
[57] Zob. *W sprawie taktyki partyjnej I*, „Naprzód", 22 VII 1921, nr 162; *W sprawie taktyki partyjnej II*, „Naprzód", 23 VII 1921, nr 163.
[58] *XVIII Kongres P.P.S.*, „Robotnik", 24 VII 1921, nr 196. Zob. też *O taktykę partii*, „Robotnik", 21 VII 1921, nr 193.
[59] *XVIII Kongres P.P.S.*, „Robotnik", 25 VII 1921, nr 197; *XVIII Kongres PPS*, „Naprzód", 28 VII 1921, nr 167.

Tak uformowany obraz socjalistów wyraźnie kontrastował z celami i aktywnością kompartii. Ta, według Perla, była nastawiona tylko i wyłącznie na „powiększenie zamętu", pogorszenie sytuacji społeczno-gospodarczej w imię wywołania wrzenia rewolucyjnego[60]. Ponadto Perl wskazywał, że rewolucja, szczególnie ta w wydaniu bolszewickim, nie stanowi żadnego antidotum na społeczne i gospodarcze bolączki robotników. Wręcz przeciwnie, miała być źródłem destrukcji sił produkcyjnych[61]. PPS zaś opowiadała się za budowaniem socjalizmu, ale nie przez zrywy rewolucyjne, wojnę wewnętrzną, całkowite niszczenie zastanego dorobku społeczno-gospodarczego, ale przez twórcze prace i stopniowe uspołecznienie środków produkcji[62]. Dodatkowo Perl w swym wystąpieniu zaprezentował czytelny podział na prorobotniczych i de facto antyrobotniczych działaczy, czyli tych dobrych i złych. Tymi pierwszymi w jego opinii byli socjaliści – twórcza siła lewicy, drugimi zaś komuniści – antydemokraci i społeczno-gospodarczy destruktorzy[63]. Podkreślał przy tym, że PPS w drodze dochodzenia do realizacji stawianych sobie zadań odrzuciła stosowanie taktyki rewolucyjnego buntu, wskazując na alternatywne instrumenty znajdujące się w dyspozycji partii i pozwalające jej dokonywać istotnych zmian ustrojowych zgodnych z własną myślą polityczno-programową oraz robotniczym oczekiwaniem.

Poglądy te nie były reprezentatywne dla całej partii. W opozycji do nich, zwłaszcza do wykładni stosunku do rewolucji, wystąpił m.in. przedstawiciel mniejszości Zygmunt Zaremba[64]. W swoim kontrreferacie określił stosowaną przez CKW taktykę mianem „zygzaków", jednocześnie opowiadając się za przyjęciem rezolucji przedstawionej przez mniejszość partyjną. Dowodził przy tym, że dopiero ona zagwarantować może skuteczne przeciwstawienie się „demagogii komunistycznej" korzystającej z rozbicia na lewicy[65]. Należy mieć przy tym na uwadze,

---

[60] *XVIII Kongres P.P.S.*, „Robotnik", 25 VII 1921, nr 197.
[61] K. Sacewicz, *Komunizm i antykomunizm...*, s. 176.
[62] *Ibidem*.
[63] *Ibidem*.
[64] *Drugi dzień obrad. Taktyka partii*, „Robotnik", 26 VII 1921, nr 198; *XVIII Kongres PPS*, „Naprzód", 29 VII 1921, nr 168.
[65] K. Sacewicz, *Komunizm i antykomunizm...*, s. 177.

że ówczesny głos zwolenników mniejszości nie był w kwestii oceny komunizmu i rewolucji jednolity. Jednej rewolucji przeciwstawiano bowiem koncepcję innej. Na przykład Antoni Szczerkowski – popierający Zarembę – w swoim polemicznym względem Perla wystąpieniu stwierdził: „tow. Perl mówił, że bolszewicy chcą zawładnąć całym światem i zmienić go w pustynię. Tak. Ale wyjściem z tego tragicznego położenia jest zajęcie wyraźnego rewolucyjnego stanowiska przez partię naszą i partie socjalistyczne innych krajów. Trzeba zwalczać bezwzględnie bolszewizm, ale także partie socjal-ugodowców"[66], po czym dodał: „niech PPS [...] wydźwignie sztandar walki rewolucyjnej"[67]. Nie dostrzegano jednak przy tym groźby dostarczenia formacjom prawicowym argumentów na rzecz tożsamego, zarówno w wymiarze retoryczno-propagandowym, ale i prawnym[68], postrzegania oraz traktowania socjalistów jak komunistów i uznawania ich za antypaństwowców oraz wywrotowców. Według zwolenników mniejszości rewolucja socjalistyczna – jako naczelne hasło partii – miała wyrwać z wpływów komunistów wciąż pragnące tej rewolucji masy, a jednocześnie odróżnić organizację socjalistyczną od prawicy robotniczej. Kolejne lata wojny na lewicy pokazywały, że nie było to zadanie możliwe do wykonania.

Z kolei Rajmund Jaworowski – przedstawiciel większości – odnosząc się do wystąpienia Zaremby, stwierdził: „Komuniści trzymają się pewnej arcymądrej metody: im bardziej opada fala rewolucyjna w masach robotniczych, tym więcej i tym głośniej wołają o rewolucji"[69]. W takim samym tonie utrzymane było wystąpienie Jana Kwapińskiego[70], jak również

---

[66] *Dyskusja nad sprawozdaniem w sprawie taktyki*, „Robotnik", 26 VII 1921, nr 198.
[67] *Ibidem*.
[68] Na temat projektów ustaw antykomunistycznych, potrzeby ich wprowadzenia w życie oraz wynikających z tego obaw środowisk lewicowych zob. K. Sacewicz, *Antykomunistyczne inicjatywy parlamentarne Związku Ludowo-Narodowego (1919– –1927). Zarys problemu* [w:] *Komuniści w II Rzeczypospolitej. Ludzie – struktura – działalność*, red. M. Bukała, M. Krzysztofiński, Rzeszów 2015, s. 523–543; idem, *Komunizm i antykomunizm...*, s. 119–130.
[69] *XVIII Kongres P.P.S. Dyskusja w sprawie taktyki*, „Robotnik", 27 VII 1921, nr 199; *XVIII Kongres PPS*, „Naprzód", 30 VII 1921, nr 169.
[70] Apelował on do zebranych: „przestańmy wygłaszać rewolucyjne mówki, a zabierzmy się do roboty organizacyjnej" (*XVIII Kongres P.P.S. Dyskusja w sprawie taktyki*, „Robotnik", 27 VII 1921, nr 199).

Ignacego Daszyńskiego[71]. Ostatecznie, po długiej i emocjonującej debacie, Zjazd udzielił poparcia rezolucji większości[72]. PPS usztywniła się na swoich antykomunistycznych pozycjach, co było także konsekwencją antysocjalistycznej działalności KPRP[73]. W przyjętej rezolucji PPS opowiadała się za „Rewolucją Socjalną"[74]. Ta była jednak przeciwieństwem koncepcji lansowanej zarówno przez bolszewików w Rosji, jak i przez kompartię w Polsce. Socjaliści uzależniali prowadzenie walki „o urzeczywistnienie reform społecznych" od sytuacji politycznej i potrzeb mas[75]. Tym samym, jak stwierdzano w punkcie drugim rezolucji, „partia socjalistyczna przeciwstawia się bezwzględnie »bolszewizmowi«, który ze zdobycia władzy czyni środek urzeczywistnienia reform socjalistycznych"[76] oraz którego działalność prowadzi do „dyktatury biurokratyczno-militarnej", do ruiny podstaw życia społecznego i społecznych sił wytwórczych[77]. Rezolucja wprost wskazywała, że destrukcyjna dla ruchu robotniczego działalność komunistów jest konsekwencją realizowania przez nich za pośrednictwem Kominternu wszelkich wytycznych Moskwy[78]. Notabene nie była to tylko opinia samego PPS, ale potwierdzały

---

[71] Ignacy Daszyński, w kwestii polityki PPS względem KPRP, podkreślał znaczenie pracy organizacyjnej, a nie rewolucyjnej. Pozytywnym przejawem tej pierwszej miało być m.in. odzyskanie przez socjalistów kontroli nad kilkoma związkami zawodowymi znajdującymi się dotychczas pod wpływami komunistycznymi (*ibidem*). Zob. też *II. Zjazd Związku robotniczych stowarzyszeń spółdzielczych. Klęska komunistów*, „Naprzód", 2 VII 1921, nr 145; K. Sacewicz, *Komunizm i antykomunizm...*, s. 178.

[72] Rezolucja większości otrzymała 161 głosów poparcia, zaś mniejszości 115 głosów (K. Sacewicz, *Komunizm i antykomunizm...*, s. 178).

[73] Zob. *Najbliższe zadania partii* [w:] *KPP. Uchwały...*, t. 1, s. 95; *Stosunek do PPS* [w:] *KPP. Uchwały...*, t. 1, s. 99–101.

[74] *XVIII Kongres P.P.S. (Dokończenie)*, „Robotnik", 30 VII 1921, nr 202.

[75] *Ibidem*.

[76] *Ibidem*.

[77] *Ibidem*.

[78] Szerzej zob. K. Sacewicz, *Komunizm i antykomunizm...*, s. 86–96 179; *idem*, *Ruch komunistyczny...*, s. 254–257.

31

ją ustalenia państwowych agend odpowiadających za bezpieczeństwo Rzeczypospolitej[79], jak i ówcześni politolodzy[80]. W związku z tym

---

[79] W poświęconych zagadnieniom komunizmu opracowaniach MSW kwestię podporządkowania KPRP/KPP Moskwie definiowano w sposób jednoznaczny. W jednym z dokumentów czytamy: „Ruch komunistyczny w Polsce, podobnie jak i w innych państwach traktować należy wyłącznie jako cząstkę międzynarodowego ruchu komunistycznego, kierowanego i podsycanego przez Moskwę. [...] Na gruncie polskim wykorzystuje Komintern dla swej akcji również i miejscowy element częściowo ideowy zaś w większości wypadków sprzedajny, który będąc suto opłacany ze środków Kominternu, wprowadza do życia społecznego w Polsce zamęt i destrukcyjne wywrotowe knowania" (AAN, MSW, 9/1188, O ruchu socjalistycznym w ogóle, organizacje komunistyczne, 1930 r., k. 34–35). Na temat ustaleń MSW, w ogóle polskich władz państwowych odnośnie do kwestii podporządkowania kompartii w Polsce Kominternowi zob. też ibidem, 9/1143, Instrukcja Komitetu Wykonawczego III Międzynarodówki Komunistycznej pt. Robota agitacyjna Kominternu za granicą. O utworzeniu jaczejek komu[nistycznych] i ugrupowań robot[niczych], [odpis], 1921 r., k. 1–10; ibidem, 9/1055 dopływ, Pismo poufne. Do PP. Wojewodów i Pana Komisarza Rządu na m.st. Warszawę, Warszawa, 25 IV 1936 r., k. 117; Komunikat Informacyjny nr 86. Warszawa dn. 26 VII 1929 r. [w:] Komunikaty Informacyjne Komisariatu Rządu na m.st. Warszawę, t. 4, z. 1: 3 lipca 1929–30 września 1929 r., Warszawa 1996, s. 89–94. Agendy państwowe podkreślały ponadto, że wywiad sowiecki wykorzystuje do swojej akcji kompartie. W jednym z pism Oddziału II Sztabu Generalnego WP skierowanym do MSZ czytamy: „wywiad sowiecki specjalnie akcję swą prowadzi przez członków partii komunistycznej. Członkowie ci służą przede wszystkim do werbowania ludzi, mogących pracować wywiadowczo, jakkolwiek oficjalnie rozporządzenie partii komunistycznej prowadzenia wywiadu zakazuje [...] Biura wywiadowcze poselstw zajmują się prowadzeniem wywiadu i agitacji komunistycznej [...] Zasadniczo biorąc wywiad i agitacja komunistyczna opiera swą działalność o partię komunistyczną, obce narodowości i emigrację rosyjską w Polsce" (AAN, 322/5286, Pismo kierownika samodzielnego wydziału w Oddziale II Sztabu Generalnego mjr. Tadeusza Tropszo do MSZ, Warszawa, 26 II 1924 r., k. 120–121). Na wykorzystywanie przez wywiad sowiecki partii komunistycznej w Polsce wskazywało m.in. MSW; zob. ibidem, 9/1055 dopływ, Do Urzędu Wojewódzkiego Oddział Informacji w Lublinie, Warszawa, 11 III 1924 r., k. 16.

[80] Ówczesna politolog Alicja Bełcikowska podkreślała, że podporządkowanie kompartii Kominternowi było doskonałym narzędziem używanym do realizacji polityki Moskwy. W jednej ze swych prac pisała: „Zaznaczyć wypada, że Międzynarodówka moskiewska posiada w stosunku do poszczególnych partii komunistycznych władzę dyktatorską, że uważać ją można za jedną partię, działającą w różnych krajach, a zarządzaną z ośrodka w Moskwie" (Komunizm wobec parlamentaryzmu.

w rezolucji nakazywano własnym ogniwom partyjnym, także tym funkcjonującym w ramach ruchu zawodowego, przeciwstawiać się wszelkim komunistycznym usiłowaniom wprowadzenia w szeregi związkowe „spaczenia, wykolejenia, rozłamu"[81].

W pierwszych latach dwudziestolecia międzywojennego polityczna rywalizacja pomiędzy socjalistami i komunistami w Polsce była już stałym, a przy tym coraz częściej charakteryzującym się brutalnością, elementem politycznej rzeczywistości. Ruch robotniczy na lewicy był podzielony, co prawda niesymetrycznie, gdyż większość opowiadała się za PPS, niemniej jednak jego rozbicie stało się faktem[82].

W grudniu 1923 r. w Krakowie rozpoczął obrady XIX Zjazd PPS[83]. Miejsce nie było przypadkowe. Stolica Małopolski po listopadowych wydarzeniach skupiała uwagę formacji lewicowych, walczących z obozem prawicy. To zaś, w sposób naturalny, spychało kwestie dotyczące ustosunkowania się do komunizmu i komunistów na plan dalszy, jednak w żadnym razie nie oznaczało wyrugowania tych spraw z kongresowych dyskusji, tym bardziej że sami komuniści nie pozwalali PPS o sobie zapomnieć.

Kwestii stosunku partii socjalistycznej do bolszewizmu i komunistów została poświęcona rezolucja, wniesiona przez Kazimierza Czapińskiego i jednogłośnie przyjęta przez XIX Kongres, „protestująca przeciw prześladowaniu socjalistów w Rosji sowieckiej i gnębieniu ich w więzieniach przez bolszewików", w której wprost nazywano rosyjskich bolszewików zbrodniarzami[84]. Z kolei w dziewiątym punkcie przyjętej rezolucji

---

Przyczynki i dokumenty do dziejów komunizmu międzynarodowego i polskiego, oprac. A. Bełcikowska, Warszawa [1922], s. 6. Zob. też K. Sacewicz, *Ruch komunistyczny na ziemiach polskich w latach 1918–1923...*, s. 235–260; idem, *Komunizm i antykomunizm...*, s. 96–97.

[81] *XVIII Kongres P.P.S. (Dokończenie)*, „Robotnik", 30 VII 1921, nr 202.

[82] Jednoznacznym świadectwem rozbicia polityczno-społecznego na lewicy były organizowane oddzielnie pochody pierwszomajowe (zob. szerzej K. Sacewicz, *Razem czy osobno...*, s. 16–22).

[83] Zob. *XIX Kongres P.P.S.*, „Robotnik", 31 XII 1923, nr 355; *I dzień. Otwarcie Zjazdu*, „Robotnik", 31 XII 1923, nr 355; *XIX Kongres PPS w Krakowie*, „Naprzód", 2 I 1924, nr 1; *XIX Kongres P.P.S.*, „Dziennik Ludowy", 3 I 1924, nr 2.

[84] Zob. *Kongres P.P.S.*, „Dziennik Ludowy", 6 I 1924, nr 4; *XIX Kongres PPS w Krakowie*, „Naprzód", 5 I 1924, nr 3.

„w sprawie sytuacji politycznej i taktyki" zapisano: „Kongres potępia szkodliwą, demagogiczną działalność Partii komunistycznej, rozbijającą klasowy ruch robotniczy i przynoszącej korzyść jedynie reakcji"[85]. Tym samym XIX Zjazd dowodził, że pomimo przesunięcia środka ciężkości zaangażowania partii na kwestie konfrontacji z prawicą, problematyka komunistyczna była wciąż obecna wśród jej węzłowych zagadnień programowo-taktycznych. Oznaczało to, że mimo upływu lat PPS nadal pozostaje na pozycjach przeciwkomunistycznych i że postawa ta jest wyrazem woli większości partyjnej, a nie dyktatem jednostek.

Nastawienie do KPRP nie uległo zmianie w kolejnych latach poprzedzających XX Kongres PPS, odbywający się na przełomie grudnia 1925 r. i stycznia 1926 r. w Warszawie. Podczas obrad, a przede wszystkim w dyskusji o polityce wewnętrznej, m.in. Perl, występując w imieniu większości CKW, jednoznacznie opowiadał się przeciwko możliwości wykorzystywania w pracy partyjnej, zwłaszcza w ówczesnej sytuacji gospodarczej[86], narzędzi rewolucyjnych oraz dążeniom PPS zmierzającym do ich użycia w Polsce. Podkreślał, że społeczeństwo potrzebuje twórczych działań mogących uzdrowić fatalną sytuację gospodarczą kraju oraz obywateli. Rewolucja zaś takich gwarancji nie dawała, co – polemizując z Zarembą – uzasadniał następująco: „Nie jesteśmy w obecnej chwili za rewolucją, bo rewolucja nie otworzy zamkniętych fabryk. Ustrój socjalistyczny można osiągnąć tylko przez wyrobienie mas. Jeżeli to jest oportunizm, to jesteśmy oportunistami razem z Marksem"[87]. XX Kongres partyjny, tak jak i poprzedni, przyjął rezolucję przeciw prześladowaniom socjalistów przez „komunistów w Rosji"[88]. Podczas debat podkreślano szczególną aktywność komunistów w Polsce na terenie ruchu związkowego[89]. Jednak najistotniejszym, z punktu

---

[85] *Rezolucja Kongresu P.P.S. w sprawie sytuacji politycznej i taktyki*, „Dziennik Ludowy", 7 I 1924, nr 5.

[86] Zob. K. Sacewicz, *Komunizm i antykomunizm…*, s. 182.

[87] Zob. *20-ty Kongres P.P.S.*, „Dziennik Ludowy", 2 I 1926, nr 2; *20-ty Kongres P.P.S.*, „Dziennik Ludowy", 4 I 1926, nr 3; *XX Kongres PPS. Czwartek – obrady popołudniowe*, „Naprzód", 6 I 1926, nr 4; *XX Kongres P.P.S. I-szy dzień obrad*, „Robotnik", 1 I 1926, nr 1.

[88] *20 Kongres P.P.S.*, „Dziennik Ludowy", 6 I 1926, nr 4.

[89] K. Sacewicz, *Komunizm i antykomunizm…*, s. 183.

widzenia całościowej polityki PPS wobec komunizmu, był końcowy fragment rezolucji w sprawie polityki wewnętrznej. Czytamy w nim: „Kongres wzywa wszystkie organizacje partyjne do bezwzględnej walki przeciwko propagandzie komunistycznej, rozbijającej jedność ducha robotniczego, szykującej teren dla faszyzmu, zagrażającej niepodległości kraju"[90]. Konsekwencją takiego stanu było m.in. negatywne stanowisko partii socjalistycznej wobec komunistycznych inicjatyw wspólnej organizacji obchodów pierwszomajowych[91]. Niewątpliwie uchwały zjazdowe warunkowały także stosunek PPS do komunistów i ich propozycji wysuwanych pod adresem socjalistów podczas trwania zamachu majowego[92].

Bunt Piłsudskiego w politycznych dziejach PPS stanowił bardzo ważne wydarzenie. Partia udzieliła marszałkowi wsparcia, bez którego nie udałoby się mu szybko zakończyć militarnego starcia[93]. Nie oznaczało to bezwarunkowego partycypowania PPS w rządach sanacyjnych[94]. Wręcz przeciwnie, z każdym kolejnym miesiącem partia coraz krytyczniej oceniała nową władzę. Doprowadziło to do rozłamu w samej organizacji socjalistycznej[95], a także do faktycznej i zadekretowanej przez kierownictwo partii opozycji względem rządzącego obozu sanacyjnego[96]. Tym samym PPS stała się obiektem politycznych ataków nie tylko ze strony formacji rządzącej, ale także aparatu państwowego.

---

[90] Zob. dok. nr 61 w niniejszym tomie; także AAN, PPS, 114/I-6, Rezolucja C.K.W. o polityce wewnętrznej partii na XX Kongres w Warszawie, [1926], k. 4; *Programowa rezolucja Kongresu P.P.S. Wytyczne w sprawie polityki wewnętrznej*, „Dziennik Ludowy", 7 I 1926, nr 5; *Rezolucja w sprawie polityki wewnętrznej*, „Naprzód", 9 I 1926, nr 6; *Dwudziesty Kongres P.P.S.*, „Chłopska Prawda", 10 I 1926, nr 1.

[91] K. Sacewicz, *Razem czy osobno...*, s. 22–24.

[92] Zob. AAN, KPP, 158/VI–9, pt. 4, Bracia Chłopi!, Warszawa, 14 V 1926 r., k. 7; *ibidem*, Robotnicy, baczność, 15 V 1926 r., k. 10; K. Sacewicz, *Komunizm i antykomunizm...*, s. 244–245. Zob. dok. nr 65, 66, 67 i 68 w niniejszym tomie.

[93] Zob. A. Garlicki, *Przewrót majowy*, Kraków 1987; *Zamach stanu Józefa Piłsudskiego 1926 roku*, red. M. Sioma, Lublin 2007, *passim*; W. Suleja, *Polska Partia Socjalistyczna...*, s. 169–171.

[94] W. Suleja, *Polska Partia Socjalistyczna...*, s. 171.

[95] Zob. A. Tymieniecka, *Warszawska organizacja PPS 1918–1939*, Warszawa 1982, s. 124–141; W. Suleja, *Polska Partia Socjalistyczna...*, s. 177–179.

[96] W. Suleja, *Polska Partia Socjalistyczna...*, s. 173–174.

Przedterminowe rozwiązanie Sejmu w 1927 r., rozpisanie nowych wyborów w 1928 r., przebieg kampanii wyborczej, a także jej wyniki dopełniały obraz sytuacji politycznej, w jakiej po 1926 r. znalazła się socjalistyczna partia[97]. Czynniki te w sposób naturalny wpłynęły na rozmiar jej zaangażowania na odcinku antykomunistycznym. Do rangi największego zagrożenia urastali bowiem niedawni polityczni sprzymierzeńcy, teraz funkcjonujący pod sztandarami Bezpartyjnego Bloku Współpracy z Rządem (BBWR). Błędem byłoby jednak uważać, że władze partyjne przestały dostrzegać i przeciwdziałać komunistycznemu niebezpieczeństwu, zwłaszcza że wciąż żywe były wspomnienia tragicznych wydarzeń 1 maja 1926 i 1928 r.[98]

Nad zagadnieniem stosunku do komunizmu dyskutowano także podczas obrad XXI Kongresu PPS zorganizowanego w Sosnowcu 1–4 listopada 1928 r.[99] Postawa PPS była w tym przypadku determinowana z jednej strony zajściami pierwszomajowymi, z drugiej – postanowieniami brukselskiego kongresu[100]. Nie bez znaczenia pozostawała kwestia wrogiego wobec socjalistów stosunku komunistów zadekretowanego podczas VI Kongresu Kominternu[101]. Tym samym o żadnym współdzia-

---

[97] *Ibidem*, s. 175–179.

[98] Zob. dok. nr 63, 64, 88, 89, 90, 91, 92 oraz 93 w niniejszym tomie; także K. Sacewicz, *Razem czy osobno...*, s. 29–31; *Polska Partia Socjalistyczna...*, t. 1, s. 246–253.

[99] Na temat przebiegu obrad zob. AAN, PPS, 114/I-7, Sprawozdanie Centralnego Komitetu Wykonawczego na XXI Kongres Polskiej Partii Socjalistycznej Dąbrowa Górnicza-Sosnowiec 1-go, 2-go, 3-go i 4-go listopada 1928 roku, Warszawa 1928 r., k. 4–19a; K. Sacewicz, *Komunizm i antykomunizm...*, s. 185.

[100] Obradujący w sierpniu 1928 r. w Brukseli III Kongres Socjalistycznej Międzynarodówki Robotniczej podjął uchwałę jednoznacznie krytykującą komunizm i działalność komunistów. Zob. dok. nr 98 w niniejszym tomie; także K. Sacewicz, *Komunizm i antykomunizm...*, s. 185, 252; *Polska Partia Socjalistyczna...*, t. 1, s. 263.

[101] Zob. *Tezy i rezolucje VI Kongresu Międzynarodówki Komunistycznej*, z. 1: *Manifest Kongresu i tezy o sytuacji międzynarodowej*, Moskwa 1929, s. 1–76; *Tezy i rezolucje VI Kongresu Międzynarodówki Komunistycznej*, z. 2: *Przeciw wojnom imperjalistycznym*, Moskwa 1929, s. 3–106; *Program i statut Międzynarodówki Komunistycznej*, Moskwa 1929, s. 104–116; także *Stenograficzeskij otczot VI Kongressa Kominterna*, w. 6: *Tezisy, rezolucii, postanowlienija, wozzwanija*, Moskwa––Leningrad 1929, s. 43–47; *Kommunisticzeskij Internacional w dokumentach. Reszenija, tezisy i wozzwanija kongressow Kominterna i plenumow IKKI 1919–1932*,

łaniu między obu partiami mowy być nie mogło. I nie było. Sosnowiecki zjazd nie dokonał tu żadnych przewartościowań. Z wielką konsekwencją przeprowadzono na nim nakreślone przez Radę Naczelną polityczno-ideowe oraz taktyczne uchwały antykomunistyczne[102].

Należy podkreślić, że dominująca wówczas w pepeesowskiej propagandzie walka z obozem sanacyjnym nie spowodowała politycznej amnezji w stosunku do komunistów. W propagowanych przez prasę socjalistyczną odezwach wprost wzywano aktyw organizacyjny do przeciwstawiania się komunizmowi[103] jako jednemu z dwóch – oprócz reakcji – głównych wrogów[104]. Przeciwkomunistyczne stanowisko władz partyjnych znalazło m.in. odzwierciedlenie w projekcie uchwały zasadniczej opracowanej przez Prezydium CKW, a przedłożonej na kongresie. W punkcie piątym stwierdzano, że PPS na swej drodze ku Polsce socjalistycznej zmagać się musi nie tylko z „reakcją", ale i siłami komunistycznymi, które stały się „w sposób zupełnie jaskrawy biernym narzędziem w rękach państwowej polityki rosyjskiej"[105], zaś „bezwzględna walka z nacjonalizmem i komunizmem pozostaje nadal nakazem

---

Moskwa 1933, s. 35–39; *Programma i ustav Kommunističeskogo Internacionala*, Moskwa 1937, s. 56–61; *The communist conspiracy. Strategy and tactics of world communism*, cz. 1: *Communism outside the United States*, section C: *The world congresses of the communist international*, Washington 1956, s. 216–220; *Dokumenty z historii III Międzynarodówki Komunistycznej*, Warszawa 1962, z. 1, s. 62–67; J. Ryng, *Program Międzynarodówki Komunistycznej*, „Nowy Przegląd" 1928, listopad–grudzień, nr 25, s. 46–58; B. Kolebacz, *Komunistyczna Partia Polski 1923– –1929. Problemy ideologiczne*, Warszawa 1984, s. 277–279; K. Sacewicz, *Komunizm i antykomunizm...*, s. 185, 252

[102] Zob. dok. nr 99 w niniejszym tomie; także *Polska Partia Socjalistyczna wobec Komunistycznej Partii Robotniczej Polski...*, t. 1, s. 264–265.

[103] *Do wszystkich organizacji Polskiej Partii Socjalistycznej*, „Robotnik", 19 X 1928, nr 292.

[104] Zob. dok. nr 100 w niniejszym tomie; także *Dyskusja ogólna nad sytuacją polityczną*, „Robotnik", 6 XI 1928, nr 313; *Polska Partia Socjalistyczna. Do ludu pracującego miast i wsi*, „Robotnik", 21 X 1928, nr 295.

[105] AAN, PPS, 114/I-7, XXI Kongres Polskiej Partii Socjalistycznej. Projekt uchwały zasadniczej, opracowany przez Prezydium C.K.W. w myśl wskazań Centralnego Komitetu Wykonawczego, [1928], k. 1a.

Kongresu dla wszystkich organizacji partyjnych"[106]. Zapisy te zostały jednogłośnie przyjęte[107]. Nie poprzestano jednak na tym. Zjazd w Sosnowcu w kwestii komunistycznej przyjął samodzielną uchwałę. Jej twórca Kazimierz Czapiński ostrzegał zebranych przed systematycznie rozrastającą się zarówno w formie, częstotliwości, jak i zakresie agitacją komunistyczną. Podkreślał, że „niebezpieczeństwo komunistyczne oparte jest na demagogii i interesie państwowym Rosji sowieckiej", a „komunistyczna partia polska jest wyrazicielką Rosji sowieckiej i jej państwowych potrzeb"[108]. Zwracał ponadto uwagę, że komunizm jako ideologia załamał się, a obecnie prowadzona przez Moskwę i propagowana przez ostatni kongres Kominternu polityka opiera się wyłącznie na dążeniu do wywołania „awantury wojennej"[109]. Ostateczne Czapiński w imieniu CKW złożył przed kongresem rezolucję wzywającą do walki z komunizmem[110]. Uchwała kongresowa w swoim ostatecznym kształcie negatywnie oceniała rolę i działalność Międzynarodówki Komunistycznej, którą wprost zdefiniowano jako „narzędzie państwowej polityki rosyjskiej i »czerwonego imperializmu«", natomiast współtworzące ją partie komunistyczne jako ślepe instrumenty dyplomacji i armii bolszewickiej[111]. Zdaniem autorów tejże rezolucji wrogi stosunek kompartii do PPS był przede wszystkim konsekwencją nienawiści Sowietów do niepodległego państwa polskiego, którego obrońcą była przecież organizacja socjalistyczna. To z kolei obligowało ją do dania bezwzględnego odporu wszelkim akcjom Kominternu oraz jego sekcji. Zjazd w Sosnowcu dowodził tym samym, że mimo narastającego konfliktu z obozem rządzącym oraz skierowania w tym kierunku znacznych sił propagandowo-informacyjnych, w II Rzeczypospolitej filarem antykomunizmu na lewicy nieprzerwanie pozostawała PPS. W 1928 r. ustami swoich liderów, m.in. Zygmunta Zaremby, mówiła: „Mamy dwu wrogów: komunizm

---

[106] *Ibidem.*
[107] K. Sacewicz, *Komunizm i antykomunizm...*, s. 186.
[108] Zob. dok. nr 100 w niniejszym tomie.
[109] *Ibidem.*
[110] K. Sacewicz, *Komunizm i antykomunizm...*, s. 186.
[111] Zob. dok. nr 101 w niniejszym tomie; także *Polska Partia Socjalistyczna wobec Komunistycznej Partii Robotniczej Polski...*, t. 1, s. 266.

i sanację"[112]. Tak jednoznaczna postawa nie była jednak elementem stałym w polityce kierownictwa PPS.

Następne lata przyniosły istotną zmianę. Zaostrzający się konflikt na linii opozycja – obóz rządzący nie mógł pozostać bez wpływu na założenia programowo-taktyczne PPS, a przede wszystkim na sprawę redefinicji głównego zagrożenia dla jej interesów. Zarówno w debatach przedzjazdowych, jak i w zjazdowych polemikach wrogiem numer jeden była sanacja[113]. Pomimo zogniskowania się głównie na tych aspektach obrad krakowskiego XXII Kongresu, stosunek do komunistów został ostatecznie zasygnalizowany w zjazdowych wytycznych. W przyjętej uchwale w sprawie położenia ogólnego stwierdzono, że partia socjalistyczna walcząca z dyktaturą nie tylko stanowczo przeciwstawia się wszelkim prądom reakcyjnym, ale także komunizmowi i jego zwolennikom[114].

Należy jednak podkreślić, że pomimo podjętych w 1928 i w 1931 r. uchwał, na dotychczasowym antykomunistycznym obliczu PPS zaczęły pojawiać się pewne rysy. Uwidoczniła to już przedkongresowa debata prasowa. Oto na łamach „Robotnika" Szczęsny Leliwa prezentował ZSRS jako pozytywny, wręcz wzorcowy przykład budowania nowego ustroju socjalistycznego[115]. Podkreślał przy tym potrzebę odrębnego traktowania komunistycznych organizacji zagranicznych i państwa sowieckiego. Stanowiło to całkowity regres w dotychczasowych pepeesowskich ocenach związków na linii Moskwa, Komintern – kompartia w Polsce. Leliwa apelował o konieczność rozszerzenia zapisów projektowanej przez CKW rezolucji w sprawach programowych o informacje podkreślające znaczenie budownictwa ustrojowego Rosji sowieckiej. Tezy te spotkały się z publicystyczną krytyką ze strony innych działaczy partyjnych[116]. Nie zostały one także w żaden sposób odzwierciedlone w postanowieniach kongresowych. Niemniej jednak sam fakt ich opu-

[112] *Dyskusja ogólna nad sytuacją polityczną*, „Robotnik", 6 XI 1928, nr 313.

[113] K. Sacewicz, *Komunizm i antykomunizm…*, s. 178–179.

[114] Zob. dok. nr 113 w niniejszym tomie. Stanowisko to było ideowo zbieżne z zapisami zawartymi w uchwale z sosnowieckiego zjazdu, zob. *P.P.S. a położenie ogólne Polski. Jednomyślna uchwała XXI Kongresu*, „Robotnik", 6 XI 1928, nr 314.

[115] K. Sacewicz, *Komunizm i antykomunizm…*, s. 188.

[116] *Ibidem*, s. 189.

blikowania na łamach najważniejszego partyjnego organu prasowego dowodził nie tyle o istniejącym w szeregach PPS pluralizmie, ile o coraz bardziej ujawniających się opcjach promoskiewskich. Stanowił również świadectwo zbliżających się zagrożeń dla ideowo-programowej jedności. Wzrost niebezpieczeństwa ze strony obozu sanacyjnego, operowanie straszakiem faszyzmu, powodowały, że dla pewnej grupy działaczy partii dopuszczalne było złagodzenie dotychczasowego kursu antykomunistycznego, a nawet częściowe go wypaczenie m.in. przez niedostrzeganie powiązań na linii Moskwa – KPP. Postanowienia krakowskiego zjazdu uchroniły jeszcze PPS przed tym niebezpieczeństwem, m.in. XXII Zjazd nakazywał swoim członkom przeciwdziałać groźbie interwencji wojskowej przeciw ZSRS[117]. Analizując jego następstwa, należy mieć na uwadze, że o ile w PPS ujawniały się po nim z coraz większą siłą nawoływania do rozszerzenia bazy politycznej na lewicy, w tym również do współdziałania z komunistami, o tyle w samym KPP wciąż utrzymywał się, zgodny z duchem VI Kongresu Kominternu, antysocjalistyczny kurs[118]. Wobec tego wszelka koncepcja zbliżenia na lewicy była postrzegana przez komunistów jako dywersja ideologiczna i z całą stanowczością zwalczana, chociaż zaczęły się pojawiać pewne wyjątki. W sierpniu 1934 r. KPP skierowała do PPS oraz Stronnictwa Ludowego (SL) „list otwarty" zawierający propozycję stworzenia jednolitego frontu. Nie były to jednak szczere postulaty, gdyż jak zauważa Krystyna Trembicka, komuniści równolegle inicjowali powstanie kierowanego przez siebie Tymczasowego Komitetu Opozycji Socjalistycznej (później-

---

[117] Zob. *Międzynarodowa sytuacja a polityka P.P.S. Referat tow. posła Czapińskiego wygłoszony na kongresie P.P.S.*, „Dziennik Ludowy", 29 V 1931, nr 120.
[118] Dowodziły tego zarówno uchwały III Plenum KC KPP z lipca 1931 r., VI Zjazdu kompartii z listopada 1932 r. czy też II Plenum KC KPP ze stycznia 1934 r.; zob. *Doświadczenia ostatnich walk ekonomicznych i zadania rewolucyjnego ruchu zawodowego* [w:] *KPP. Uchwały i rezolucje*, t. 3: *V–VI Zjazd (1929–1938)*, oprac. F. Kalicka i in., Warszawa 1956, s. 327, 330–332; *Projekt programu Komunistycznej Partii Polski sekcji Międzynarodówki Komunistycznej* [w:] *KPP. Uchwały...*, t. 3, s. 438–439; *O pracy w związkach zawodowych* [w:] *KPP. Uchwały...*, t. 1, s. 492––497; K. Sacewicz, *Kilka uwag...*, s. 323–324. K. Sacewicz, *Komunizm i antykomunizm...*, s. 262–278.

szej Robotniczej Partii Socjalistycznej w Polsce)[119]. Dopiero VII Kongres i wyrosłe z jego uchwał hasło „nie ma wroga na lewicy" zmieniło sytuację[120]. Ważnym dla rozwoju międzypartyjnych relacji okazało się

[119] K. Trembicka, *Między utopią a rzeczywistością...*, s. 144.
[120] Twórcą hasła był m.in. Georgi Dymitrow, który w swoim wystąpieniu na kominternowskim kongresie poddał analizie pojęcie „faszyzmu". Uznając go za największe zagrożenie dla mas robotniczych, podkreślał potrzebę szybkiego zunifikowania działań na lewicy w ramach frontów ludowych i antyfaszystowskich, jak również przyzwalał w imieniu Kominternu, aby partie komunistyczne – pod pewnymi warunkami – współtworzyły rządy jednolitego frontu. Zob. *Ofensywa faszyzmu i zadania Międzynarodówki Komunistycznej w walce o jedność klasy robotniczej przeciw faszyzmowi. Rezolucja do referatu tow. Dymitrowa przyjęta przez VII Kongres Międzynarodówki Komunistycznej dnia 20 sierpnia 1935 r.* [w:] *Rezolucje VII Światowego Kongresu Międzynarodówki Komunistycznej*, Warszawa 1935, s. 7–25; *Ofensywa faszyzmu i zadania Międzynarodówki Komunistycznej w walce o jedność klasy robotniczej przeciw faszyzmowi. (Referat t. Dymitrowa na VII Kongresie Światowym Międzynarodówki Komunistycznej 2 sierpnia 1935 r.)* [w:] J. Dymitrow, *Klasa robotnicza przeciw faszyzmowi*, Warszawa 1935, s. 14–28, 29, 32–36, 57–62, 66, 70–73. Na koniec Dymitrow stwierdził: „Jesteśmy za jednością klasy robotniczej! Dlatego jesteśmy gotowi jak najściślej współpracować z wszystkimi socjaldemokratami, którzy wypowiadają się za jednolitym frontem i szczerze popierają zjednoczenie na wymienionych zasadach. [...] Witamy rosnące dążenie wśród robotników socjaldemokratycznych do jednolitego frontu z komunistami. W fakcie tym widzimy wzrost ich świadomości rewolucyjnej i początek przezwyciężenia rozłamu w klasie robotniczej. Uważając, że jedność akcji jest bezwzględną koniecznością i najpewniejszą drogą, wiodącą również do stworzenia jedności politycznej proletariatu, oświadczamy, że Międzynarodówka Komunistyczna i jej sekcje gotowe są przystąpić do pertraktacji z II Międzynarodówką i jej sekcjami w sprawie stworzenia jedności klasy robotniczej w walce przeciwko ofensywie kapitału, przeciwko faszyzmowi i groźbie wojny imperialistycznej" (*ibidem*, s. 72–73). Zob. też *VII Kongres kommunisticzieskogo internacjonała i borba protiw faszyzma i wojny. Sbornik dokumentow*, red. K.K. Szirina, Moskwa 1975, *passim*; *Komintern protiw faszyzma. Dokumenty*, red. N.P. Komołow, Moskwa 1999, s. 402–411; *O jedność klasy robotniczej przeciw faszyzmowi. Słowo końcowe tow. Dymitrowa na VII Kongresie Światowym Międzynarodówki Komunistycznej 13 sierpnia 1935 r.* [w:] J. Dymitrow, *Klasa robotnicza...*, s. 75, 81–86, 100. Hasło „Nie ma wroga na lewicy..." udało się rozpowszechnić m.in. dzięki jednej z uchwał V Plenum KC z lutego 1937 r., jak również artykułowi Juliana Leszczyńskiego-Leńskiego pod tym właśnie tytułem, który ukazał się na łamach pierwszego numeru „Przeglądu" w styczniu–lutym 1937 r.

również stanowisko Biura Międzynarodówki Socjalistycznej w Zurychu z lutego 1933 r. wyrażone w manifeście „Do robotników całego świata", w którym to dopuszczano możliwość współdziałania z Kominternem w akcji antyfaszystowskiej[121].

Niezależnie od działalności KPP, wraz z utrwaleniem się sanacyjnych rządów w kraju, a także zmianami w polityce międzynarodowej, radykalizowały się nastroje w PPS[122]. Według MSW tendencje te były stymulowane przez KPP przez pozyskiwanie w szeregach PPS sympatyków idei jednolitofrontowej lub też wprowadzanie w szeregi organizacji socjalistycznej własnych działaczy – komunistów – w celu zwalczania dotychczasowej antykomunistycznej linii politycznej PPS[123]. W konsekwencji tego koncepcje budowy jednolitego frontu robotniczego, nie wyłączając z niego komunistów, uzyskiwały w kręgach socjalistycznych coraz liczniejsze poparcie. Wzrost popularności owych tendencji ujawnił się na XXIII Kongresie PPS, który odbywał się w Warszawie od 2 do 4 lutego 1934 r. Podczas obrad doszło do konfrontacji między zwolennikami walki o socjalizm metodami parlamentarnymi a działaczami opowiadającymi się za bezpośrednią walką o zdobycie władzy. Liderami pierwszej frakcji byli m.in. Mieczysław Niedziałkowski oraz Kazimierz Pużak, zaś głównymi mówcami reprezentującymi drugą grupę byli m.in. Norbert Barlicki, Stanisław Dubois oraz Adam

---

(zob. *Nie ma wroga na lewicy* [w:] *Julian Leński. O front ludowy w Polsce 1934– –1937. Publicystyka*, Warszawa 1956, s. 270–279). Na temat nowego stanowiska Dymitrowa i Kominternu zob. K. Sacewicz, *Komunizm i antykomunizm...*, s. 301– –302. H. Cimek, *Komuniści...*, s. 98.

[121] Zob. AAN, Ministerstwo Spraw Zagranicznych 1918–1939 (MSZ), 322/5287, Jednolity front robotniczy, Warszawa, 20 XI 1934 r., k. 3 i n.; *ibidem*, MSZ, 322/5288, Jednolity front komunistyczny, Warszawa, 23 XI 1936 r., k. 445–446; także *ibidem*, MSW, 9/1055 dopływ, k. 91–105; *ibidem*, 9/1192, k. 1–29; *Jednolitofrontowe koncepcje Komunistycznej Partii Robotniczej Polski/Komunistycznej Partii Polski w świetle dokumentu Ministerstwa Spraw Wewnętrznych (23 listopada 1936 r.)*, oprac. K. Sacewicz, „Echa Przeszłości" 2016, t. 17, s. 245–274).

[122] Zob. J. Tomicki, *Polska Partia Socjalistyczna...*, s. 328–344.

[123] AAN, 322/5287, Jednolity front robotniczy, Warszawa, 20 XI 1934 r., k. 6–7; *ibidem*, 322/5288, Jednolity front komunistyczny, Warszawa, 23 XI 1936 r., k. 448, 449–450. Zob. też K. Sacewicz, *Komunizm i antykomunizm...*, s. 190–191.

Próchnik, który to opowiadał się za szeroką unifikacją ruchu robotniczego. Tym samym z coraz większą śmiałością promowano ideę jednolitofrontową razem z komunistami. Z każdym dniem narastała przewaga lewicy partyjnej, dzięki czemu uzyskała ona zdolność do odrzucenia projektu rezolucji programowej prawicy PPS, a następnie doprowadziła do przyjęcia dokumentu, w którym akceptowano istnienie dyktatury proletariatu[124]. Co prawda wszystkie frakcje podkreślały, że celem partii jest budowa państwa demokratycznego, ale lansowanie przez lewicę haseł dyktatury proletariatu pchało organizację w kierunku skrajnie lewicowym, a nawet komunistycznym. XXIII Kongres nie ustanowił aktu podjęcia współpracy z KPP, ale niewątpliwie ukazał wzrost w PPS wpływów tych, którzy za nią optowali. Skwapliwie wykorzystywali to komuniści, kierując od 1934 r. pod adresem CKW PPS kolejne propozycje współpracy[125].

Stosunek PPS do komunistycznych haseł i propozycji był zróżnicowany. Z jednej strony Kazimierz Czapiński przestrzegał struktury partyjne przed zbliżeniem z KPP, uważając kolejne inicjatywy kompartii wyłącznie za manewr taktyczny[126]. Z drugiej strony na lewym skrzydle PPS coraz częściej słychać było głosy, wyrażane zwłaszcza pod wpływem przewartościowań politycznych na VII Kongresie Kominternu, o możliwości, a nawet potrzebie wypracowania płaszczyzny współpracy z komunistami[127]. Ponadto niektóre okręgowe komitety PPS samoczynnie

---

[124] *XXIII Kongres P.P.S. Uchwały Kongresu w sprawie zadań programowych i taktycznych Partii*, „Robotnik", 8 II 1934, nr 51.
[125] Zob. *Jednolitofrontowe koncepcje Komunistycznej Partii Robotniczej Polski...*, s. 257–261. Komunistyczną aktywność w tej materii obserwowały i analizowały m.in. społeczne instytucje antykomunistyczne, zob. K. Sacewicz, *Taktyka komunistycznego frontu ludowego i antyfaszystowskiego w świetle publicystyki Centralnego Porozumienia Organizacji Współdziałających w Zwalczaniu Komunizmu – przyczynek do rozważań nad zorganizowanymi społecznymi postawami antykomunistycznymi w międzywojennej Polsce*, „Echa Przeszłości" 2019, t. 20, s. 311–334.
[126] Zob. dok. nr 121 w niniejszym tomie; także AAN, MSZ, 322/5287, Jednolity front robotniczy, Warszawa, 20 XI 1934 r., k. 10.
[127] A. Tymieniecka, *Warszawska organizacja PPS...*, s. 202–203. Zob. też AAN, MSZ, 322/5288, Jednolity front komunistyczny, Warszawa, 23 XI 1936 r., k. 452; K. Sacewicz, *Komunizm i antykomunizm...*, s. 191–192.

nawiązywały kontakty z lokalnymi strukturami KPP. Z kolei RN postrzegała jednolitofrontowe propozycje komunistów w kategoriach „konia trojańskiego"[128]. KPP kontynuowała nachalną propagandę jednolitofrontową, co w końcu zaczęło przynosić efekt[129], zwłaszcza że sprzyjała temu ogólna sytuacja polityczna. Negatywna ocena konstytucji kwietniowej, a także forsowanej w Sejmie w czerwcu 1935 r. przez sanację nowej ordynacji wyborczej wyznaczały pewne wspólne obszary w działalności PPS i KPP, które w połączeniu z postanowieniami VII Kongresu – odrzucającego tezy o socjalfaszyzmie – wykorzystywali lewicowi działacze PPS w akcji na rzecz porozumienia z komunistami. Owocem ich nacisków na władze partyjne było zawarcie latem 1935 r. między CKW PPS a KC KPP umowy określanej mianem paktu o nieagresji[130]. PPS pojmowała ją jako pakt na rzecz niezaostrzania stosunków wewnątrz ruchu robotniczego[131]. Ustalenia MSW szły jeszcze dalej, dowodząc, że pakt dla kierownictwa PPS był tylko i wyłącznie narzędziem mającym zlikwidować zacięte walki polityczno-propagandowe i zagwarantować „niewkraczanie sobie w tereny pracy". Tym samym daleki był od jednolitofrontowej współpracy z komunistami[132]. Niemniej jednak był on faktem, który dewastował dotychczasową antykomunistyczną politykę PPS i to pomimo tego, że na jego podstawie obie partie dopuszczały przede wszystkim zaniechanie wzajemnych ataków prasowych i publicznych[133]. Pakt nie wywołał też natychmiastowej jednolitofrontowej współpracy kierownictw partii, do czego wciąż parli komuniści. W samym tylko 1936 r. sześciokrotnie słali oni do CKW PPS pisma z propozycjami współdziałania[134], które

---

[128] Zob. *Rada Naczelna Polskiej Partii Socjalistycznej. Uchwały o położeniu międzynarodowym i wewnętrznym kraju*, „Robotnik", 23 X 1934, nr 381; AAN, 322/5288, Jednolity front komunistyczny, Warszawa, 23 XI 1936 r., k. 452.

[129] K. Sacewicz, *Komunizm i antykomunizm…*, s. 192.

[130] W negocjacjach PPS reprezentowali m.in. Mieczysław Niedziałkowski, Kazimierz Czapiński, Jan Kwapiński i Zygmunt Żuławski, zaś KPP – Konstanty Graeser-Kalicki, Salomon Jaszuński i Jan Izydorczyk (*ibidem*).

[131] AAN, PPS, 114/III-17, Okólnik nr 49. Uchwały Rady Naczelnej, Warszawa, 15 V 1936 r., k. 8.

[132] AAN, MSW, 9/929, „Biuletyn Społeczno-Polityczny", 10 VI 1936, nr 11, k. 25.

[133] W. Suleja, *Polska Partia Socjalistyczna…*, s. 204–205.

[134] AAN, MSZ, 322/5288, Jednolity front komunistyczny, Warszawa, 23 XI 1936 r., k. 463–465.

jednak nie spotkały się z życzliwym przyjęciem. Było wręcz przeciwnie. Kierownictwo PPS, w którym prawica partyjna odzyskiwała swoją wcześniejszą pozycję, skierowało do niższych struktur organizacyjnych ostrzeżenie przed podejmowaniem jakichkolwiek samodzielnych, tj. bez akceptacji centralnych władz PPS, działań jednolitofrontowych[135].

Z miesiąca na miesiąc na tle oceny współpracy z komunistami, w kwestii taktyki jednolitofrontowej i jej kierunków uwidaczniał się coraz bardziej wewnątrzpartyjny rozdźwięk, szczególnie pomiędzy kierownictwem OKR PPS w Warszawie a CKW i Rady Naczelnej PPS, zdominowanymi po XXIII Kongresie partii przez lewicowych działaczy[136]. W połowie 1936 r. nie tylko w warszawskiej organizacji kierowanej przez Tomasza Arciszewskiego, lecz także w kierownictwie partii dało się zauważyć osłabienie tendencji opowiadających się za współdziałaniem z komunistami. Wskazywała na to m.in. postawa CKW PPS, który w marcu 1936 r., wypowiadając się w sprawie organizacji obchodów pierwszomajowych, nie wymieniał już jako swoich kooperantów komunistów[137]. Niewątpliwie spowodowane to było doniesieniami o wielkim terrorze w ZSRS, o realiach państwa sowieckiego, jak również oskarżeniami w procesie moskiewskim kierowanymi pod adresem Tadeusza Żarskiego, któremu stawiano zarzut dywersji w szeregach KPP na zlecenie polskiej defensywy i władz PPS[138]. W jego obronie na łamach prasy stanął Zygmunt Zaremba, przez co ściągnął na siebie oraz partię zaciekły atak kapepowskiej propagandy[139]. Ponadto zbytnie zbliżenie do kompartii utrudniało, a w pewnym momencie wręcz uniemożliwiało wypracowanie platformy współpracy ze Stronnictwem Ludowym, które obawiało się radykalizmu lewicowych działaczy PPS oraz zbytnich w niej wpływów komunistycznych, zarówno tych personalnych, jak i ideowo-programowych.

---

[135] Zob. dok. nr 125 w niniejszym tomie.
[136] K. Sacewicz, *Kilka uwag...*, s. 330.
[137] AAN, PPS, 117/III-17, Okólnik nr 45/W sprawie Święta 1-go Maja, Warszawa, 26 III 1936 r., k. 5–5a.
[138] Zob. K. Sacewicz, *Komunizm i antykomunizm...*, s. 193.
[139] W. Żytłowski, *U źródeł prowokacji peowiackiej*, „Nowy Przegląd", wrzesień––październik 1934, nr 5, s. 28 i n.

Wraz ze wzrostem wewnątrzpartyjnych sił krytykujących promowanie komunistycznych koncepcji jednolitofrontowych doszło do zmniejszenia wpływów lewicy we władzach PPS. Po części było to wywołane skutkami bojkotu wyborów parlamentarnych w 1935 r. i likwidacją Związku Parlamentarnego Polskich Socjalistów (ZPPS), tj. klubu poselskiego PPS, w którym lewica partyjna miała znaczne wpływy. Systematycznie też stan posiadania we władzach partyjnych, zarówno na poziomie okręgów, jak i w centralnych agendach partii odzyskiwała antykomunistycznie ustosunkowana partyjna prawica, której trzon oparty był o dawną większość z CKW.

W maju 1936 r. RN PPS zdecydowała, że nie może współpracować z KPP w ramach koncepcji jednolitofrontowej, wskazując, że „pakt" to i tak zbyt daleko idące rozwiązanie[140]. Kilka miesięcy później kolejna RN, oskarżając komunistów o kontynuowanie antypepeesowskich działań i o nieszczere intencje, uznała, że w przypadku kompartii jednolity front jest tylko narzędziem wykorzystywanym w celu infiltracji oraz rozbicia ruchu robotniczego[141]. Tym samym doszło do odrzucenia jakiejkolwiek współpracy z komunistami, czego symbolem stało się faktyczne zerwanie paktu o nieagresji[142]. PPS opowiedziała się za ideą frontu demokratycznego, tzn. bez partii komunistycznej, a współtworzonego z SL. Decyzję krajowych władz partyjnych poparła m.in. okręgowa konferencja warszawska obradująca 16–17 stycznia 1937 r.[143] Reakcja KPP była negatywna i emocjonalna[144].

Ostatecznie kwestia stosunku PPS do jakiejkolwiek formy uczestnictwa w jednolitofrontowej inicjatywie komunistów została uregulowana podczas XXIV Kongresu socjalistów w Radomiu (31 stycznia––2 lutego 1937 r.). Ostatni w dziejach II Rzeczypospolitej Polskiej Zjazd

---

[140] AAN, PPS, 114/III-17, Okólnik nr 49. Uchwały Rady Naczelnej, Warszawa, 15 V 1936 r., k. 8.

[141] Zob. dok. nr 126 w niniejszym tomie.

[142] *Położenie kraju i najbliższe zadania polskiego ruchu socjalistycznego. Uchwały Rady Naczelnej P.P.S.*, „Robotnik", 10 XI 1936, nr 346.

[143] *Doroczna Konferencja okręgowa P.P.S. w Warszawie*, „Robotnik", 28 I 1937, nr 29.

[144] Zob. *Oświadczenie KC KPP – „Jedność walki – wbrew stanowisku Rady Naczelnej PPS"* [w:] *Dokumenty Komunistycznej Partii Polski 1935–1938*, red. Z. Szczygielski, Warszawa 1968, s. 208–215.

PPS doprowadził do jej powrotu na zdecydowanie antykomunistyczne tory, mimo że podczas obrad centralnym zagadnieniem nie była kwestia stosunku do komunistów i komunizmu, czy też dyktatury proletariatu, ale do faszyzmu oraz hitleryzmu i konieczności organizacji obrony przed nimi. Kwestie te co prawda dawały asumpt jednolitofrontowym wystąpieniom, jak to miało miejsce w przypadku Norberta Barlickiego, który apelował – „niech zamilkną spory na lewicy" – nawołując tym samym do szerokiego porozumienia, także z komunistami, były to jednak głosy partyjnej mniejszości[145]. Zjazd zatem nie tylko nie rozważał możliwości współpracy z komunistami, ale kategorycznie i nieodwołalnie ją odrzucił[146]. Jednocześnie jednak wyrażono chęć współdziałania z ruchem chłopskim, którego najważniejszą afirmacją było wówczas Stronnictwo Ludowe[147]. Na przykład Józef Dzięgielewski w swoim wystąpieniu zarzucał komunistom obłudę w kwestii ich stosunku do niepodległości Polski, a także szkodliwą działalność w ruchu zawodowym[148]. Wtórował mu Artur Hauser nawołujący do walki z komunistami, zaś Stanisław Garlicki dowodził, że „komuniści jako kontrahenci są mniej warci, niż przypuszczamy" i że „ich niepodległość jest zwykłym manewrem"[149]. Najistotniejszą jednak decyzją radomskiego kongresu w kwestii komunistycznej było powielenie w przyjętej przez zjazd platformie politycznej partii zapisów rezolucji Rady Naczelnej PPS z listopada 1936 r. dotyczących stosunku do Kominternu[150]. W ciągu kilku miesięcy zapadły kolejne decyzje potwierdzające stanowisko władz kongresowych. Najpierw w październiku 1937 r. w Warszawie zaakceptowała je partyjna

---

[145] *XXIV Kongres Polskiej Partii Socjalistycznej. Debata nad sprawozdaniem Centralnego Komitetu Wykonawczego*, „Robotnik", 5 II 1937, nr 37. Zob. też *Norbert Barlicki. Muszą zamilknąć spory na lewicy. Wybór pism*, oprac. J. Tomicki, Warszawa 1980, s. 194–195; K. Piskała, *Ku Rzeczypospolitej Socjalistycznej. Studium z dziejów myśli politycznej PPS (1929–1939)*, mps rozprawy doktorskiej, Łódź 2017, s. 513–514.
[146] Zob. K. Piskała, *Ku Rzeczypospolitej Socjalistycznej...*, s. 514.
[147] *Odpowiedź kongresu*, „Robotnik", 4 II 1937, nr 36.
[148] Zob. dok. nr 127 w niniejszym tomie.
[149] *Ibidem.*
[150] Zob. dok. nr 129 w niniejszym tomie.

konferencja[151], a następnie, odrzucając możliwość jakiejkolwiek koope-
racji z komunistami, potwierdziła je listopadowa RN PPS[152]. Tym samym
wojna na lewicy pomiędzy PPS a KPP, pomimo upływu tylu lat, wciąż
była faktem. I tak jak w początkach II Rzeczypospolitej, tak i u progu
nowej wielkiej wojny światowej była to bardzo zacięta, niekiedy wręcz
bezpardonowa walka ideowo-polityczna rozgrywająca się między ideą
niepodległości a rewolucją, między dążeniami do przeprowadzania
zmian metodami demokratycznymi a parciem do wywołania za wszelką
cenę rewolucji, między krytyką dorobku rządów bolszewickich a lanso-
waniem ich jako antidotum na wszystkie problemy robotników, między
partią suwerenną w swoich założeniach ideowo-programowych a organizacją ideowo, finansowo oraz personalnie zależną, wręcz ubezwłasno-
wolnioną od zewnętrznego czynnika i to czynnika państwu polskiemu
nieprzyjaznego. Wojna prowadzona między partią legalnie działającą
w polskim systemie politycznym a formacją, która z racji realizacji antypaństwowych, często agenturalnych zadań i celów na rzecz zewnętrznego, sowieckiego ośrodka, mimo braku oficjalnej delegalizacji, zmuszona była egzystować w nielegalnej formule.

Zmagania te toczone były na wielu płaszczyznach i przy wykorzy-
staniu różnych metod oraz środków. Terenem ostrych walk stały się rady
delegatów robotniczych, kasy chorych, rady miejskie, polski parlament,
a także ruch związkowy. W tej konfrontacji najczęściej wykorzystywane
były instrumenty walki agitacyjno-propagandowej, wśród których domi-
nowała prasa i publicystyka partyjna oraz akcja ulotkowa. Niemniej jednak dochodziło także do siłowych konfrontacji partyjnych bojówek,
m.in. z użyciem broni palnej, w wyniku których byli zabici i ranni po obu
stronach. Charakter i zakres tych zmagań wyznaczały stanowiska władz
partyjnych nakreślane m.in. podczas kongresów. W latach dwudziestych
walki nie tylko przybierały na sile, ale także nie widziano realnej szansy
ich wygaszenia. Dopiero jednak koniunkturalna i taktyczna modyfikacja
polityki względem socjalistów na VII Kongresie Kominternu wytworzyła

[151] A. Tymieniecka, *Warszawska organizacja PPS...*, s. 234.
[152] AAN, PPS, 114/III-18, Okólnik nr 17. Uchwały Rady Naczelnej PPS, Warszawa,
17 XI 1937 r., k. 12.

niewielką, ale jednak odczuwalną płaszczyznę do współistnienia. Jednak wskutek zasadniczych rozbieżności ideowo-programowych, jak również z racji niezmiennych antypepeesowskich i promoskiewskich działań KPP w praktyce nie osiągnięto żadnego trwałego porozumienia. Tym samym w ostatnich latach niepodległej Polski partie nadal trwały w ostrym konflikcie, przerwanym dopiero decyzją KW MK z sierpnia 1938 r. o rozwiązaniu KPP[153]. Oficjalna likwidacja jej struktur nie wyeliminowała niechęci oraz narosłych sporów pomiędzy obydwoma środowiskami politycznymi. Nie wygasły one także w okresie wojny i okupacji, kiedy to konspiracyjna PPS wciąż była podmiotem antykomunistycznym, a podziemie komunistyczne dążyło do infiltracji jej struktur i przejęcia nad nimi kontroli wbrew jej kierownictwu[154].

***

Kwestie dotyczące stosunków panujących między socjalistami a komunistami w latach międzywojennych nie doczekały się całościowego i odrębnego opracowania w historiografii czasów Polski Ludowej, znajdując swoje miejsce jedynie jako wątek poboczny w monografiach lub wydawnictwach źródłowych poświęconych historii ruchu robotniczego. Te zaś często były aż nazbyt podporządkowane ahistorycznym „wizjom" komunistów i ich apologetów[155]. Natomiast po 1989 r. należy

---

[153] Na temat reakcji PPS na rozwiązanie KPP zob. dok. nr 134 i 135 w niniejszym tomie.
[154] Zob. K. Sacewicz, *Centralna prasa Polski Podziemnej wobec komunistów polskich 1939–1945*, Warszawa 2009, *passim*; J. Wrona, *Socjaliści wobec komunistów w okresie II wojny światowej* [w:] *Polska Partia Robotnicza – Gwardia Ludowa/Armia Ludowa na ziemiach polskich 1942–1944/1945*, red. K. Kaczmarski, M. Krzysztofiński, Rzeszów 2013, s. 236–261.
[155] Zob. m.in. *KPP. Uchwały...*, t. 1, *passim*; *KPP. Uchwały i rezolucje*, t. 2: *III–IV Zjazd (1924–1929)*, oprac. F. Kalicka i in., Warszawa 1955; *Rady Delegatów Robotniczych w Polsce w 1918–1919 r.*, red. H. Bicz, Moskwa 1934; *Rady Delegatów Robotniczych w Polsce*, t. 1, *passim*; *Rady Delegatów Robotniczych w Polsce 1918–1919. Materiały i dokumenty*, t. 2, *passim*; Z. Szczygielski, A. Tymieniecka, *Z dziejów Rad Robotniczych*, Warszawa 1960; A. Kałuża, S. Poprawska, *Rady Delegatów Robotniczych w Zagłębiu Dąbrowskim 1918–1919*, Katowice 1961;

odnotować znacznie mniejsze zainteresowanie badawcze tą tematyką, co w sposób naturalny rzutowało na ilość publikacji, w których poruszano problematykę wzajemnych relacji na linii PPS – tzw. polscy komuniści. Nie oznaczało to jednak całkowitego zamarcia badań nad tymi zagadnieniami, czego dowodem były publikacje m.in. Krystyny Trembickiej, Henryka Cimka, Józefa Ławnika, Marka Przeniosło, Włodzimierza Sulei, Stanisława Michałowskiego, Karola Sacewicza i innych badaczy[156]. Jak dotychczas nie ukazała się całościowa monografia traktująca o tych międzypartyjnych i międzyśrodowiskowych relacjach lat międzywojennych, aczkolwiek kilka publikacji wymienionych autorów stanowi dość wnikliwe ujęcie zagadnienia.

F. Kalicka, *Z zagadnień jednolitego frontu KPP i PPS w latach 1933–1934*, Warszawa 1967; E. Kołodziej, *Komunistyczna Partia Robotnicza Polski w ruchu zawodowym 1918–1923*, Warszawa 1978; A. Tymieniecka, *Warszawska organizacja PPS...*, *passim*.
[156] W obiegu naukowym pojawiło się zaledwie kilkanaście publikacji traktujących bezpośrednio lub pośrednio o wzajemnych stosunkach komunistów i socjalistów w międzywojennej Polsce, zob. m.in. K. Trembicka, *Między utopią a rzeczywistością...*, *passim*; eadem, *Poglądy Komunistycznej Partii Polski w kwestii władzy państwowej*, „Annales Universitatis Mariae Curie-Skłodowska. Sectio K. Politologia" 1995/1996, t. 2/3, s. 93–110; eadem, *Komuniści o II Rzeczypospolitej (1918–1938)*, „Res Historia" 2004, z. 16, s. 183–192; H. Cimek, *Komuniści...*; idem, *Koncepcje i problemy sojuszu robotniczo-chłopskiego w ruchu rewolucyjnym w Polsce (1918–1939)*, Warszawa 1980; J. Ławnik, *Działalność PPS w województwie kieleckim w latach 1918–1939. Część pierwsza 1918–1930*, Kielce 2003; W. Suleja, *Polska Partia Socjalistyczna...*, *passim*; M. Przeniosło, *Stosunki PPS–KPRP w pierwszych latach Drugiej Rzeczypospolitej...*, s. 127–135; idem, *Partie polityczne II Rzeczypospolitej wobec komunistów polskich w latach 1918–1921*, „Czasy Nowożytne" 1999, t. 7, s. 87–100; S. Michałowski, *Myśl polityczna...*; K. Sacewicz, *Ruch komunistyczny na ziemiach polskich w latach 1918–1923...*, s. 235–260; *Organizacja i działalność ruchu komunistycznego w Polsce w latach 1918–1925...*, s. 367–394; K. Sacewicz *Komuniści „polscy" wobec dzieci, młodzieży szkolnej i akademickiej w świetle materiałów MSW II RP (1918–1938). Zarys problemu* [w:] *Historia i pamięć. Studia z dziejów XX wieku*, red. W. Gieszczyński, W.B. Łach, K. Sacewicz, Warszawa 2011, s. 441–458; idem, *Wojna na lewicy...*, s. 241–294; idem, *Kilka uwag...*, s. 295–332; *Polska Partia Socjalistyczna wobec Komunistycznej Partii Robotniczej Polski...*, t. 1, *passim*; K. Sacewicz, *Komunizm i antykomunizm...*, s. 159–287; *Jednolitofrontowe koncepcje Komunistycznej Partii Robotniczej Polski...*, s. 245–274.

Niniejsza edycja źródłowa pt. *Antykomunizm socjalistów. Polska Partia Socjalistyczna wobec Komunistycznej Partii Robotniczej Polski/ Komunistycznej Partii Polski. Wypisy z prasy i dokumentów (1918–1938)* jest w pewnej części rozszerzoną oraz poprawioną wersją wydawnictwa źródłowego z 2014 r.[157] zawierającego materiał tylko z lat 1918–1928. Obecny zbiór obejmuje 135 wypisów z lat 1918–1938, dzięki czemu czytelnik ma możliwość przekrojowego i wieloaspektowego zapoznania się z istotą oraz formą relacji pomiędzy PPS a kompartią w międzywojennej Polsce. Ponadto zawartość prezentowanego tu wydawnictwa koresponduje z inną przygotowywaną edycją źródeł, traktującą z kolei o stosunku KPP do PPS – *Antysocjalizm komunistów. Komunistyczna Partia Robotniczej Polski/Komunistyczna Partia Polski wobec Polskiej Partii Socjalistycznej. Wypisy z prasy i dokumentów (1918–1938)*.

Zamieszczone w pracy wypisy pochodzą z artykułów prasowych opublikowanych na łamach centralnych organów prasowych PPS, a także z wystąpień sejmowych, druków ulotnych wytworzonych przez kierownicze struktury partii, a obrazujących jej stosunek do KPRP/KPP. Zdecydowana większość z tych materiałów nie była publikowana[158]. Przy ich wyborze kierowano się ich merytorycznym związkiem z problematyką dotyczącą działalności partii komunistycznej w Polsce. Dlatego też skoncentrowano się na tekstach – zdaniem autora – istotnych i przełomowych dla zobrazowania całości polityki centralnych władz PPS wobec komunistów. Zamieszczone w niniejszym wydawnictwie teksty dotyczą m.in. stosunku polskich socjalistów do partii komunistycznej w okresie funkcjonowania rad delegatów robotniczych, prezentują opinie na temat podporządkowania KPRP/KPP Kominternowi, jak również ukazują odniesienia do komunistycznych koncepcji i inicjatyw jednolitofrontowych. Postawy PPS względem polskiej sekcji III Międzynarodówki kształtowały również publikacje prasy socjalistycznej, choć nieodnoszące się bezpośrednio do KPP, ale analizujące kwestie nie tylko polskie – w szerszym kontekście – związane z komunizmem i komunistami. Autorzy tekstów starali się wyjaśniać i opisywać metody stoso-

---

[157] *Polska Partia Socjalistyczna wobec Komunistycznej Partii Robotniczej Polski…*, t. 1, *passim*.
[158] Nie dotyczy to wypisów zamieszczonych w wydawnictwie z 2014 r.; zob. *ibidem*.

wane przez kompartię, tak, by czytelnik mógł uzmysłowić sobie, że negatywna ocena komunistów oraz traktowanie ich jako realne zagrożenie dla wolności i niepodległości państw były powszechne w ówczesnym świecie[159]. W niniejszym zbiorze zawarto tylko część materiałów z ogromnej bazy, na którą składają się różnego rodzaju dokumenty, na podstawie których można prowadzić analizę dotyczącą relacji pomiędzy socjalistami a tzw. polskimi komunistami. Istnieje pewna dysproporcja pomiędzy ilością wypisów z poszczególnych lat. Wynika to z różnego natężenia występowania problematyki KPRP/KPP w informacyjno-propagandowej aktywności socjalistów. W 1918 r., przed powstaniem KPRP, publicystyka socjalistyczna w znacznej mierze koncentrowała się na zagadnieniu tworzenia rad delegatów robotniczych, w związku z tym pochylała się ona również nad kwestią stosunku do SDKPiL oraz PPS-Lewicy, jednak samo powstanie KPRP nie wywołało zbyt wielkiego zainteresowania w prasie, stąd i mniej ukazywało się artykułów odnoszących się do tych spraw. Intensyfikacja wzajemnych relacji, zwłaszcza na płaszczyźnie rad robotniczych i rozgrywający się w nich międzypartyjny konflikt zostały odnotowane niemal w porównywalnej ilości artykułów prasowych, odezw oraz druków ulotnych, ukazujących się w 1919 r. To z oczywistych względów – również w wymiarze ilościowym – zostało uwzględnione w prezentowanym wydawnictwie. Także wiele wypisów pochodzących z lat 1921, 1925, 1926–1928 jest wynikiem trwającej między organizacjami niewypowiedzianej wojny. W 1925 r. terrorystyczna aktywność bojówek komunistycznych spowodowała częstsze podejmowanie tego tematu na łamach pepeesowskiej prasy oraz w partyjnych opracowaniach. Krwawe starcia pierwszomajowe w 1926 oraz 1928 r. również przyczyniły się do zainteresowania agend PPS kwestią działalności KPP. Należy przy tym pamiętać, że w 1923 r. aktywność partii socjalistycznej w znacznej mierze koncentrowała się na opozycji do centroprawicowego gabinetu Wincentego Witosa, zaś po 1927 r. do rządów sanacyjnych. W kolejnych latach socjaliści w swojej publicystyce podejmowali przede wszystkim problematykę jednolitofrontową albo ją krytykując, albo częściowo akceptując,

---

[159] Zob. dok. nr 105, 116 i 117 w niniejszym tomie.

co doprowadziło do „paktu o nieagresji". W roku 1936 i 1937 ukazały się teksty analizujące stosunek PPS do komunistów, ale nie były liczne. Przyczyn niewielkiego zainteresowania należy upatrywać w rozwiązaniu KPP w sierpniu 1938 r. przez Komitet Wykonawczy Kominternu.

Wypisy zamieszczono w porządku chronologicznym: od końca 1918 do 1938 r. Pierwsza z dat związana jest z jednej strony z faktem wybicia się Polski na niepodległość, co umożliwiło jawne funkcjonowanie polskim organizacjom politycznym, w tym i PPS, ale także stanowi odniesienie do powstania KPRP. Z kolei drugą datę wyznaczyło formalne rozwiązanie KPP przez Komintern i ta właśnie decyzja zarówno w wymiarze *de iure*, jak i *de facto* przyniosła koniec wzajemnych, międzypartyjnych konfrontacji.

W zdecydowanej większości są to ujęcia całościowe. Niemniej względy merytoryczne, zwłaszcza np. poświęcenie tytułowej problematyce w danym tekście zaledwie kilku lub kilkunastu zdań, zmuszały do ograniczenia wypisu do najistotniejszych wniosków, zaleceń czy też analiz agend PPS. Tym samym w niniejszym zbiorze znajdują się także fragmenty wypisów.

W tekście głównym, jak i w tytułach dokumentów oraz w tytułach prasowych publikacji pisownia – zgodnie z instrukcją wydawniczą – została uwspółcześniona i poprawiona pod względem ortograficznym i gramatycznym. Teksty zostały opatrzone przypisami, w których m.in. zamieszczono noty dotyczące osób przywołanych w wypisach. Zawarto tu także informacje o wymienionych w tomie organach prasowych, instytucjach, partiach, jak również wydarzeniach politycznych. Każdy z wypisów został opatrzony nagłówkiem, na który składają się numer porządkowy, tytuł artykułu lub dokumentu, nazwa organu prasowego i data wydania pisma. W nawiasie zaznaczono, czy jest to fragment, czy też fragmenty wypisu, natomiast pod tekstem umieszczono informację bibliograficzną, wskazując źródło jego pochodzenia.

***

W tym miejscu pragnę podziękować wszystkim osobom, bez których pomocy i życzliwości niniejsza praca nie powstałaby. Szczególne ukłony ślę recenzentom wydawniczym prof. Włodzimierzowi Sulei oraz prof. Robertowi Litwińskiemu za ich cenne uwagi oraz wskazówki. Jednocześnie mam pełną świadomość, że ponoszę odpowiedzialność za jej ostateczny kształt i wszelkie potknięcia.

DOKUMENTY

Nr 1

1918 grudzień 23, Warszawa – Artykuł z „Chłopskiej Doli"[1] pt. „Kilka słów o komunistach"

Od kilkunastu lat istniała w Polsce partia zwąca się: „Socjalną Demokracją Królestwa Polskiego i Litwy"[2]. Głównym zadaniem tej partii była walka nie z caratem lub z burżuazją, ale z nami – z Polską Partią Socjalistyczną[3]. Owi socjaldemokraci ogromnie o sobie zawsze krzyczeli,

---

[1] „Chłopska Dola" – tygodnik, specjalistyczne pismo adresowane do mieszkańców wsi, wydawane przez Polską Partię Socjalistyczną (PPS) w Warszawie.

[2] W wyniku ideowo-programowych rozbieżności w polskim ruchu robotniczym doszło do rozłamu w PPS. 30 VII 1893 r. grupa Juliana Marchlewskiego ogłosiła komunikat na łamach „Sprawy Robotniczej" o utworzeniu Socjal-Demokracji Polskiej (SDKP), która w marcu 1894 r. zmieniła nazwę na Socjal-Demokracja Królestwa Polskiego. W 1900 r. partia przekształciła się w Socjal-Demokrację Królestwa Polskiego i Litwy (SDKPiL); zob. B. Radlak, *Socjaldemokracja Królestwa Polskiego i Litwy w latach 1893–1904*, Warszawa 1979, s. 57, 182. Partia od samego początku znajdowała się pod wpływem tzw. grupy zuryskiej utworzonej przez polskich socjaldemokratów studiujących w Szwajcarii, której jednym z liderów była Róża Luksemburg. Już w sierpniu 1893 r. na międzynarodowym kongresie socjalistycznym Luksemburg wygłosiła referat, w którym negatywnie ustosunkowała się do kwestii odrodzenia niepodległego i suwerennego państwa polskiego, dając podstawy do wykształcenia się w pierwszym dziesięcioleciu XX w. antyniepodległościowej doktryny politycznej zwanej luksemburgizmem. Teoria ta zdominowała stanowisko SDKPiL w kwestii polskiej (zob. N. Michta, *Julian Marchlewski. Polska – Naród – Socjalizm*, Warszawa 1975, s. 32–33; B. Radlak, *Socjaldemokracja Królestwa Polskiego i Litwy w latach 1893––1904*, Warszawa 1979, s. 44, 96; A. Kochański, *SDKPiL w latach 1907–1918*, Warszawa 1971, *passim*; F. Tych, *Rok 1905* [w:] *Ruch robotniczy na ziemiach polskich*, cz. 3, red. S. Sierpowski, Warszawa 2002, s. 134–135, 266–267; R. Michalski, *Socjalizm a niepodległość w polskiej myśli socjalistycznej (1878–1918)*, Toruń 1988, s. 88–100, 128–139). Wpływ doktrynalno-politycznego stanowiska grupy zuryskiej na SDKP ujawnił się podczas pierwszego zjazdu partii w marcu 1894 r. W przyjętej wówczas rezolucji czytamy: „Wniesienie do programu hasła odbudowy Polski jest w naszych warunkach zgubą dla ruchu politycznego i odchyleniem proletariatu od swoich celów ostatecznych i najbliższych" (*Socjaldemokracja Królestwa Polskiego i Litwy. Materiały i dokumenty*, t. 1, cz. 1, oprac. H. Buczek, F. Tych, Warszawa 1957, s. 187–188).

[3] W założeniach programowych SDKPiL wprost definiowała PPS jako głównego rywala politycznego. Z oskarżeniami o „rewizjonizm" współbrzmiały zawarte m.in. w projekcie uchwały V Zjazdu SDKPiL zapisy nawołujące do „unicestwienia wpływu PPS

że są rewolucjonistami, że świat do góry nogami wywrócą. Fakty jednak życiowe pokazały, że robili rewolucję jeno gębą i że najgłówniejszym punktem ich ataków była PPS. Oni rozumieli, że na awantury i kłócenie się z gudłajami[4] politycznymi nie mamy czasu, przez to bezkarnie będą mogli zadowolić swoją gębową rewolucyjność.

Jednak przy okazji tłumaczyliśmy im, iż nie są socjalistami, tylko anarchistami, a nawet gorzej – półgłówkami, którzy ani świata, ani życia nie rozumieją, a już co o polityce, to mają takie pojęcie jak owca o kiełbasie. Ci panowie przez cały czas wojny nie ogłosili programu politycznego, co by mógł być urzeczywistniony. Zawsze stawiają hasła, które gdzieś z wiatrem lecą i gdzieś bez śladu przepadają. Do dziś dnia nie uznają Polski Niepodległej – nie chcą Republiki Ludowej. A więc o co im idzie?

Chcą, aby Polska z powrotem była przyłączona do Rosji. Żeby w Polsce nie było Sejmu, żeby nie przedstawiciele ludu przez lud wybrani rządzili Polską, jeno kto ma lepszą pięść, choćby był najgłupszy pod słońcem.

Podobnie jak Narodowi Demokraci oczekujący na wojska koalicyjne, czyli Francuzów, Anglików i innych murzynów, tak samo i wczorajsi socjaldemokraci oczekują, że Lenin[5], przywódca bolszewików wraz Trockim[6] wydadzą rozkaz, by bolszewicka armia zalała całą Polskę; no a wtedy oni – niby S-Desy[7] rządzić będą.

---

na proletariat polski" oraz „najenergiczniejszego demaskowania dwoistości i obłudności jej programu, dążeń i istoty klasowej" (zob. *Protokoły V Zjazdu SDKPiL (1906 r.)* [w:] *Archiwum Ruchu Robotniczego*, t. 4, red. F. Tych, Warszawa 1981, s. 192).
[4] Gudłaj – według *Słownika języka polskiego* (red. J. Karłowicz i in., Warszawa 1901) słowo to oznacza niezdarę, gamonia. Może oznaczać również pejoratywne określenie Żyda.
[5] Włodzimierz Iljicz Lenin (właśc. Włodzimierz Iljicz Uljanow) (1870–1924) – działacz komunistyczny; założyciel partii bolszewickiej, w 1917 r. przywódca bolszewickiego przewrotu w Rosji; w latach 1917–1922 przywódca Rosji bolszewickiej; w 1919 r. założyciel Międzynarodówki Komunistycznej, natomiast w latach 1917––1924 – przewodniczący Rady Komisarzy Ludowych.
[6] Lew Trocki (właśc. Lejba Dawidowicz Bronsztejn) (1879–1940) – działacz komunistyczny, twórca oraz główny ideolog trockizmu, współorganizator Armii Czerwonej; członek Komitetu Centralnego Wszechzwiązkowej Komunistycznej Partii (bolszewików) (WKP(b)); główny oponent polityczny Stalina, w 1927 r. usunięty z partii, w 1929 r. wydalony z ZSRS; w 1938 r. założył IV Międzynarodówkę Komunistyczną; na polecenie Stalina został zamordowany w 1940 r. w Meksyku.
[7] Czytaj: socjaldemokraci.

Pomiędzy socjaldemokratami i narodowymi demokratami nie masz różnicy, jeśli idzie o sprowadzenie obcych wojsk na Polskę. Jedni i drudzy chcą powstającą Polskę Ludową zalać obcym żołdactwem, narazić ludność na nowe, a o wiele cięższe od poprzednich, rekwizycje i rabunek. Boć czym dłużej wojna by trwała – wojska byłyby coraz głodniejsze. Socjaldemokraci wydali dla włościan kilka numerów pisma zwanego „Gromada"[8].

W tym piśmie wymyślali jak zwykle na nas, twierdząc, że tylko oni są prawdziwymi socjalistami. Odpowiadaliśmy im: „Nie żartujcie fujary. Wy o socjalizmie tyle wiecie, co małe dziecko o tym, gdzie pieprz turecki rośnie. Odpisaliśmy im w książeczce pod tytułem: „Esdectwo w walce z socjalizmem naukowym"[9], że nie socjalistami są jeno anarchistami, to jest ludźmi szerzącymi zamęt na świecie. Tedy zaczęli się oni nad tym zastanawiać, a chcąc się o prawdziwości słów naszych przekonać, zwołali zjazd w bieżącym miesiącu[10], gdzie zrozumieli, że nie są socjalistami jeno anarchistami. Że zaś nieładnie nazywać się anarchistą, więc przyjęli nazwę komunistów – nazwę, którą nie każdy

---

[8] „Gromada" – organ prasowy SDKPiL, a następnie KPRP; pismo wydawane nieregularnie w latach 1930–1939, adresowane do mieszkańców wsi, redagowane przez Włodzimierza Dąbrowskiego i Franciszka Fiedlera we współpracy z Wydziałem Rolnym Komitetu Centralnego Komunistycznej Partii Robotniczej Polski/Komunistycznej Partii Polski (KC KPRP/KPP); ukazywało się w nakładzie od 3 do 5 tys. egzemplarzy.

[9] Zob. Res. [Feliks Perl], *Esdectwo w walce z socjalizmem naukowym*, Warszawa 1917, s. 1–16.

[10] Zjazd odbył się 16 XII 1918 r. w Warszawie. Był to ostatni etap procesu zjednoczenia dwóch formacji politycznych, tj. SDKPiL oraz PPS Lewicy, w jedną organizację partyjną – Komunistyczną Partię Robotniczą Polski; zob. Archiwum Akt Nowych w Warszawie (AAN), Komunistyczna Partia Polski (KPP), 158/VI–1, t. 1, *Do proletariatu Polski*, Warszawa, grudzień 1918 r., k. 1; *Do proletariatu Polski* „Gromada", grudzień 1918, nr 4; *Do proletariatu Polski*, „Sztandar Socjalizmu", 19 XII 1918, nr 1; *Zjednoczenie*, „Gromada", grudzień 1918, nr 4; *Zjednoczenie komunistyczne*, „Sztandar Socjalizmu", 19 XII 1918, nr 1; *KPP. Uchwały i rezolucje*, oprac. F. Kalicka, S. Zachariasz, t. 1: *I–II Zjazd (1918–1923)*, Warszawa 1954, s. 33–34, 35, 46–47. Na czele KPRP stanął Komitet Centralny (KC), w skład którego weszli: Stefan Królikowski, Adolf Warszawski, Maria Koszutska, Maksymilian Horwitz i Józef Ciszewski (zob. H. Malinowski, *Powstanie i pierwszy okres działalności KPP*, Warszawa 1958, s. 70–73).

zrozumie, a przez to prędzej nieświadomie da się wciągnąć, myśląc, że Bóg wie jaka ideowa partia siedzi za tym szyldzikiem. Więc nasze słowa – nasze twierdzenie, że socjaldemokraci nie byli nigdy socjalistami, sprawdziły się.

Trzeba jednak przyznać słuszność wczorajszym socjaldemokratom, że przynajmniej raz ich stać było na odwagę powiedzieć przed całym światem, czym są. Obecnie partia ta nazywa się Komunistyczna Robotnicza Partia Polski.

Po zjeździe wielu robotników, chcących dalej zostać socjalistami, odsunęło się od tej partii. Mają dosyć zawracania głowy!

Niech żyje socjalizm!

Źródło: „Chłopska Dola", 23 XII 1918, nr 5.

Nr 2

1919 styczeń 5, Warszawa – Wystąpienie Zygmunta Zaremby w imieniu frakcji PPS podczas pierwszego plenarnego posiedzenia Warszawskiej Rady Delegatów Robotniczych
(fragmenty)

Tow. Zaremba[1]: Mówię w imieniu PPS. Kiedy tutaj zastanawiamy się nad zamachem[2], który się nie udał, musimy zbadać przyczyny, skąd on powstał, na jakiej podstawie reakcja miała odwagę wystąpić przeciw Rządowi Ludowemu[3]. Trzeba odpowiedzieć na to pytanie z całą

---

[1] Zygmunt Zaremba (1895–1967) – działacz socjalistyczny; członek PPS; od 1918 r. jako zwolennik lewicowego skrzydła partii wszedł w skład Centralnego Komitetu Wykonawczego (CKW) PPS; jeden z liderów frakcji PPS w Warszawskiej Radzie Delegatów Robotniczych (WRDR); w latach 1919–1945 w składzie Rady Naczelnej (RN) oraz CKW PPS; poseł na Sejm RP I i II kadencji; redaktor m.in. socjalistycznej „Pobudki", „Robotnika", „Dziennika Ludowego"; w latach 1934––1939 wiceprzewodniczący warszawskiego Okręgowego Komitetu Robotniczego (OKR) PPS; zdecydowany przeciwnik współdziałania z KPP, od 1939 r. twórca i przywódca Polskiej Partii Socjalistycznej – Wolność, Równość, Niepodległość (PPS-WRN).

[2] Mowa o nieudanym zamachu przeprowadzonym w nocy z 4 na 5 I 1919 r. przez prawicowych działaczy pod przywództwem ks. Eustachego Sapiehy, płk. Mariana Januszajtisa, Jerzego Zdziechowskiego; szerzej zob. J.J. Chełstowski, *Styczniowy zamach stanu 1919 r.*, „Dzieje Najnowsze" 1975, nr 3, s. 89–98; J. Skrzypek, *Zamach stanu płk. Januszajtisa i ks. Sapiehy 4–5 stycznia 1919 r.*, Warszawa 1948; W. Suleja, *Mundur na nim szary... Rzecz o Józefie Piłsudskim (1867–1935)*, Warszawa 2018, s. 179––180. Tematyka zamachu stanu zaistniała w prasie organizacji politycznych skupionych w WRDR, zwłaszcza socjalistycznej i komunistycznej; zob. *Rada del[egatów] Robotniczych m. Warszawy*, „Robotnik", 7 I 1919, nr 8; *Zamach na Rząd Ludowy*, „Robotnik", 6 I 1919, dodatek nadzwyczajny; *Reakcyjny zamach stanu w Niepodległej Polsce*, „Robotnik", 8 I 1919, nr 9; *Warcholstwo polityczne*, „Robotnik", 12 I 1919, nr 17; *Porażka spiskowców endeckich – zwycięstwo endeckie*, „Sztandar Socjalizmu", 7 I 1919, nr 5, dodatek nadzwyczajny.

[3] Mowa o rządzie kierowanym od 18 XI 1918 do 16 I 1919 r. przez polityka PPS Jędrzeja Moraczewskiego. Z racji nieprzystąpienia do niego działaczy narodowej demokracji ani centroprawicowego Polskiego Stronnictwa Ludowego – Piast (PSL-Piast), rząd ten zdominowany przez polityków PPS i Polskiego Stronnic-

pewnością. Jeśli nie odkryjemy tych sprężyn, to nie można ich będzie złamać. Chciałbym zadać tutaj takie pytanie: co może w ogóle sprzyjać zamachowi ze strony burżuazji? Odpowiedź brzmi: rozdwojenie klasy robotniczej. Kiedy burżuazja widzi, że są niesnaski w łonie klasy robotniczej, zaczyna się jej buta. Dzisiaj miała być demonstracja komunistów[4], dzisiaj miało się okazać, kto jest siłą: PPS czy komuniści. Widzimy, że burżuazja bardzo skrzętnie badała ustosunkowanie sił, cieszyła się z mającego nastąpić starcia. Ja rozumiem, że komuniści działają świadomie na korzyść rewolucji, ale drogi ich prowadzą do tego, że pomagają i wzmacniają reakcję polską. Jeśli tylko ze spokojem spojrzymy na to, co się dzieje u nas, jeśli przejrzymy gazety burżuazyjne, to żadna wątpliwość nie będzie mogła pozostać w nas. Na tym tle trzeba zbadać sprawę ostatniego zamachu. Zamach się nie udał. I ten fakt komuniści wyzyskują przeciwko nam. Myśmy wiedzieli, że spisek się knuje, ale ocenialiśmy, że ta robota jest słaba, że nie zagraża nam [...].

I my nie jesteśmy zaślepieni przez rząd, ale my działamy zorganizowanie. To samo co dotknęło komunistów, dotknęło i nas. Ten zamach wstrząśnie tych, co myśleli, że można burżuazję brać przez rękawiczki (oklaski). Stajemy przed wami z całą otwartością. Nasza partia nie zawstydziła się nigdy swych czynów.

Utworzenie rządu ludowego jest dopiero pierwszym zwycięstwem. To będzie niepewne zwycięstwo, jeśli klasa robotnicza nie stanie w jego obronie. Idziemy do drugiego zwycięstwa – w Konstytuancie. Tutaj stajemy wobec metod myślenia naszych komunistów. Powiadają oni, że jedyny sposób zbawienia – dyktatura proletariatu. Czuję się w obowiązku zreferować stanowisko nasze w tej sprawie, stanowisko socjalizmu naukowego, marksistów. My dyktaturę proletariatu uznajemy jako dyktaturę większości nad mniejszością burżuazyjną. My jesteśmy tą partią, która w kurzawie wojny europejskiej potrafiła postawić na widowni dziejów sprawę Niepodległości naszej (oklaski).

---

twa Ludowego – Wyzwolenie (PSL-Wyzwolenie) określany był mianem rządu ludowego.
[4] Pierwsze posiedzenie WRDR – z powodu niezakończenia jeszcze wyborów do rady – miało być pierwszą czytelną demonstracją sił oraz prezentacją wielkości poszczególnych frakcji.

Gdzie się podziała krew naszych towarzyszy z bojówki, gdzie nasze długoletnie zmagania? Aby zrozumieć napaści na nas komunistów, trzeba sobie uświadomić fakt, że ci, którzy w Rosji rozklejali odezwy mieńszewickie, tutaj stają się bolszewikami, jak np. Ogrodniczek[5] (oklaski). Dlatego, że komuniści są członkami Rosyjskiej Partii Komunistycznej, nie uwzględniają oni naszych stosunków. My szukamy dróg politycznych w ukształtowaniu naszych stosunków. My mówimy, że są masy włościaństwa, które wygłodzą nas i to samo z drobnym mieszczaństwem. I wtedy jest tylko jedna droga rozstrzygnięcia kwestii – kulomiot. My tego nie chcemy! (oklaski). Nie chcemy, aby komuniści wystrzeliwali pepesowców i odwrotnie. My chcemy tej drogi zorganizowanej, po której będziemy mogli osiągnąć zwycięstwo. Nas jest większość, nas jest potęga. Ten kto wątpi w nas, wątpi w swój ideał [...].

Nieświadomymi współdziałaczami reakcji są komuniści. Pamiętajmy o tym [...].

Źródło: AAN, Rady Delegatów Robotniczych w Polsce (RDRwP), 167/VIII, t. 1, k. 25–29, mps.

---

[5] Stefan Królikowski (1881–1937) – działacz komunistyczny i socjalistyczny, najpierw w PPS, a od 1906 r. w PPS-Lewica; używał m.in. pseudonimu „Ogrodniczek"; w 1917 r. opowiadał się za mienszewikami przeciw bolszewikom; w latach 1922– –1925 poseł na Sejm I kadencji z ramienia komunistycznego Związku Proletariatu Miast i Wsi (ZPMiW). W charakterystykach i analizach MSW II RP przedstawiany jako „krzykacz wiecowy", „człowiek małej inteligencji", „rubaszny" i „ordynarny niechluj" (AAN, MSW, 9/1197, Charakterystyka leaderów komunistycznych polskich, Warszawa, 26 V 1919 r., k. 162).

Nr 3

1919 styczeń 8, Warszawa – Artykuł z „Robotnika"1 pt. „Taktyka komunistów w Warszawskiej Radzie Del[egatów] Robotniczych"[2]

Jasno i niedwuznacznie na tych pierwszych posiedzeniach warszawskiej Rady[3] robotniczej zarysowała się taktyka poszczególnych odłamów robotniczych.

Starły się tu przede wszystkim dwa światopoglądy i dwie na różnych zasadach oparte linie taktyczne: PPS z jednej strony i komuniści z drugiej. Komuniści od pierwszej chwili uwyraźnili swą taktykę. Zasadą jej jątrzenie stosunków międzypartyjnych, środkiem namiętna, oszczercza napaść na swoich przeciwników. Uwidoczniło się: komuniści nie chcą twórczej pracy w Radzie, chcą oni manifestacji, chcą agitacji na rzecz swojej partii.

Stosunek komunistów do Rady del[egatów] jest takim samym stosunkiem, jaki był socjalistów do parlamentów burżuazyjnych. Zgodne to [jest] z całą psychologią komunistów – ich ideologia jest przeżytkiem w socjalizmie, jest cofnięciem się w stosunku do naukowego socjalizmu, ich taktyka w Radach też opiera się na przestarzałym w danym wypadku pojmowaniu Rady del[egatów] robotniczych jako trybuny agitacji i propagandy. Ależ przecież Rady del[elegatów] nie są parlamentem burżu-

---

[1] „Robotnik" – centralny organ prasowy PPS, dziennik wydawany w Warszawie; w latach 1894–1918 ukazywał się jako pismo nielegalne, od listopada 1918 r. w jawnym dostępie. Redaktorem pisma od jego założenia do 1927 r. był Feliks Perl, jego następcą był Mieczysław Niedziałkowski. Nakład dziennika nie przekraczał kilku tysięcy egzemplarzy.

[2] Warszawska Rada Delegatów Robotniczych (WRDR) powstała na bazie istniejących od listopada 1918 r. komunistycznej Rady Delegatów Robotniczych miasta Warszawy (RDRW) i pepeesowskiej Rady Robotniczej Warszawy (RRW). W grudniu 1918 r. przeprowadzono wspólne wybory do zjednoczonej warszawskiej Rady Robotniczej (zob. K. Sacewicz, *Wojna na lewicy – pierwsze starcia. Walka o hegemonię w warszawskich radach delegatów robotniczych pomiędzy KPRP a PPS (1918–1919)* [w:] *Komuniści w międzywojennej Warszawie*, s. 243–261).

[3] Pierwsze posiedzenie zjednoczonej WRDR odbyło się 5–6 I 1919 r. w sali Konserwatorium Muzycznego. Wzięło w nim udział 712 delegatów (*ibidem*, s. 262; AAN, RDRwP, 167/VIII, t. 1, Protokoły posiedzeń warszawskiej RDR, cz. 1, k. 17–21).

azyjnym, mają się stać one i powinny zostać organami twórczości socjalistycznej!

Komuniści nie chcą zrozumieć tego, zresztą zgodne to [jest] również i z praktyką ich w Rosji, gdzie z jednej strony mówiło się o pełni władzy Rad delegatów robotniczych, a z drugiej – Rady te rozpędzało się krwawo, bardzo krwawo nieraz, lub zupełnie nie zwracało na nie uwagi i rządziło przy pomocy komisarzy bolszewickich[4]. To jest zasada: Rady i ich opanowanie mają być tylko środkiem do wprowadzenia jednostkowych, despotycznych komisarzy. Ale też to doświadczenie rosyjskie musi wpłynąć na ogół robotniczy i zrobienie tego eksperymentu z proletariatem polskim nie uda się na pewno. Frazes o władzy Rad fałszywą nutą brzmi dla robotnika polskiego, który widział sam lub ma z opowiadań świadków, jak był urzeczywistniany w Rosji.

Maski precz! Mówimy komunistom. Taktyka wasza zupełnie jest dla robotników przejrzysta.

Wy chcecie rządu waszej partii, robotnik polski chce rządu całego ludu pracującego.

Komuniści torują sobie drogę do władzy. Ale taktyka ich w tej dziedzinie jest tak naiwną, tak kopiowaną ze stosunków rosyjskich, tak niemającą nic wspólnego ze współczesnym życiem polskim, że najmniej uświadomiony robotnik poznaje się na sztuczności argumentów komunistycznych i na szkodzie, jaką ta ich taktyka przynosi ludowi pracującemu.

Komuniści atakują rząd. Ale nie tylko przez zbieg okoliczności, lecz na mocy trzeźwego obliczenia warunków dzień antyrządowych manifestacji komunistycznych wybrała reakcja na dzień swego zamachu na Rząd Ludowy.

To również musi zrozumieć i rozumie już każdy robotnik. Z jednej strony komuniści, z drugiej strony endecy wyolbrzymiający w swych „Wolnościach"[5] i „2 Groszach"[6] wpływy komunistów, aby zmniejszyć znaczenie PPS.

---

[4] Szerzej zob. R. Pipes, *Rewolucja rosyjska*, Warszawa 2006, s. 532–561 i n.
[5] „Wolność" – tygodnik, wydawany w Warszawie od grudnia 1918 r.; ukazywał się zaledwie przez kilka tygodni.
[6] „Gazeta Poranna 2 Grosze" – dziennik, organ prasowy Związku Ludowo-Narodowego (ZLN), wydawany przez Mieczysława Niklewicza w Warszawie, popularnie zwany „Dwugroszówką"; redaktorem naczelnym pisma był Antoni Sadzewicz.

Ataki komunistów na Rząd Ludowy[7] to woda na młyn reakcji polskiej. To jasne!

[7] Komunistyczna ocena gabinetu kierowanego przez Jędrzeja Moraczewskiego od początku jego funkcjonowania była negatywna. Stanowiła najbardziej czytelną wykładnię faktycznego stosunku SDKPiL, PPS-Lewicy, a następnie KPRP do samej PPS, jak również do istnienia niepodległego i suwerennego państwa polskiego. Propaganda komunistyczna oskarżała rząd ludowy m.in. o przeprowadzanie brutalnych represji wobec robotników (zob. *Przeciw gwałtom kontrrewolucji*, „Sztandar Socjalizmu", 22 XII 1918, nr 4; *Armaty przeciw robotnikom*, „Sztandar Socjalizmu", 25 XII 1918, nr 5), o wspieranie i „wysługiwanie się" burżuazji i kontrrewolucji (zob. *Komu służy ten rząd?*, „Sztandar Socjalizmu", 29 XII 1918, nr 8; w artykule tym socjalistycznych ministrów nazwano „pachołkami książąt, magnatów, kapitalistów"; zob. też *Rząd robotników i chłopów czy sługusów pańskich*, „Gromada", listopad–grudzień 1918, nr 3; *Zmiana rządu*, „Gromada", 2 II 1919, nr 5; AAN, KPP, 158//VI–1, t. 1, Do robotników całego kraju!, Warszawa, grudzień 1918 r., k. 2), o zwalczanie rad robotniczych, a co za tym idzie o niereprezentowanie interesu klasy robotniczej i partykularyzm polityczny (zob. *Rząd a Rada Del[egatów] Rob[otniczych]*, „Sztandar Socjalizmu", 12 I 1919, nr 10; *Kapitulacja*, „Sztandar Socjalizmu", 18 I 1919, nr 15), czy też o wspieranie imperialnych wojen „w obronie polskich magnatów i ich majątków ziemskich" (zob. AAN, KPP, 158/VI–1, t. 1, *Do proletariatu Polski*, Warszawa XII 1918 r., k. 1; „Gromada", grudzień 1918, nr 4; *KPP. Uchwały...*, t. 1, s. 47). Podczas Zjazdu Organizacyjnego KPRP, w przyjętej wówczas „Platformie politycznej", rząd Moraczewskiego określono jako „przykrywkę panowania burżuazji", którą należało odsunąć jak najszybciej od władzy; *ibidem*, s. 41–42. Płaszczyzną ostrych, bezwzględnych, często pozbawionych merytorycznych podstaw ataków na rząd ludowy stały się kontrolowane przez komunistów rady robotnicze. Na trzecim posiedzeniu RDRW 23 XI 1918 r. została przyjęta rezolucja o „stosunku do rządu Moraczewskiego", w której wzywano robotników do jego „najbezwzględniejszego" zwalczania, „do obalenia go" (AAN, RDRwP, 167/VIII, t. 1, Protokoły posiedzeń warszawskiej RDR, cz. 1, k. 11; *III-ie posiedzenie Rady Delegatów Robotniczych miasta Warszawy*, „Wiadomości Rady Delegatów Robotniczych m. Warszawy", 4 XII 1918, nr 1; *Rady Delegatów Robotniczych w Polsce w 1918–1919 r.*, red. H. Bicz, Moskwa 1934, s. 73). Działania te komuniści kontynuowali na forum zjednoczonych rad, w których posiadali swoje frakcje, jak np. w WRDR. Emocje wokół oceny rządu Moraczewskiego nie wygasły nawet z jego odwołaniem. Z perspektywy kilkunastu miesięcy Warski w artykule zamieszczonym na łamach „Czerwonego Sztandaru" wciąż ostro atakował rząd ludowy (zob. *Nasza taktyka*, „Czerwony Sztandar", 1920, nr 5; K. Sacewicz, *Wojna na lewicy...*, s. 252–253; *idem, Komunizm i antykomunizm w II Rzeczypospolitej. Państwo – społeczeństwo – partie*, Olsztyn 2016, s. 204–206).

Odsłonimy przypuszczalny przebieg zamachu reakcyjnego w wypadku, gdyby się udał i zrozumiemy do jakich to prowadzi skutków. Rząd aresztowany. Spiskowcy tryumfują. Sapieha[8] czy Januszajtis[9] ogłoszony dyktatorem, wojsko w jego ręku. Manifestacje narodowe na czele z białą gwardią spotykają manifestację komunistów. „Bij socjalistów i Żydów" – brzmi hasło reakcji. A wówczas więcej niż pewne zaczęłoby się krwawe prześladowanie wszystkich partii robotniczych. Czarna reakcja endecji opanowałaby całe społeczeństwo. Terror przeciwko robotnikom stałby się już nie wybrykiem tego lub owego kontrrewolucjonisty, lecz stałym rządowym systemem.

I o tych perspektywach komunista Rudnicki[10] mówi, iż go nie zastraszają[11]. Może, chętnie w to wierzymy, że ob[ywatel] Rudnicki jest nieustraszony, ale klasa robotnicza na długi czas byłaby pogrążona w stan[ie] niewoli i ucisku.

---

[8] Książę Eustachy Sapieha (1881–1963) – inżynier, polityk, dyplomata, prezes Rady Głównej Opiekuńczej w Warszawie; w 1918 r. przewodniczący Komitetu Obrony Kresów Wschodnich; w styczniu 1919 r. inicjator zamachu stanu w Warszawie; uczestnik wojny polsko-bolszewickiej; od 1919 r. poseł RP I klasy w Wielkiej Brytanii; w latach 1920–1921 minister spraw zagranicznych. Od 1926 do 1929 r. poseł na Sejm z listy Bezpartyjnego Bloku Współpracy z Rządem (BBWR). W 1939 r. został aresztowany przez Sowietów, więziony na Łubiance i skazany przez sowiecki sąd na karę śmierci, którą zamieniono na dziesięć lat łagrów. Zwolniony z obozu po zawarciu przez rząd RP układu z Sowietami (tzw. układ Sikorski–Majski).
[9] Marian Januszajtis (1889–1973) – inżynier rolnictwa, generał, komendant Armii Polskiej i Polskich Drużyn Strzeleckich, dowódca I Brygady Legionów Polskich; w styczniu 1919 r. jeden z organizatorów zamachu stanu, w późniejszym okresie m.in. jako dowódca 12 Dywizji Piechoty uczestnik wojny polsko-bolszewickiej; w latach 1924–1926 wojewoda nowogródzki; w 1929 r. w stopniu generała dywizji przeszedł w stan spoczynku. W 1939 r. walczył w obronie Lwowa, później więziony w siedzibie Ludowego Komisariatu Spraw Wewnętrznych (NKWD).
[10] Lucjan Rudnicki (1882–1968) – działacz komunistyczny; w latach 1905–1918 członek SDKPiL, w 1916 r. zastępca radnego miasta stołecznego Warszawa, od 1918 r. w KPRP; członek frakcji komunistycznej w WRDR.
[11] Zob. *Rady Delegatów Robotniczych w Polsce 1918–1919. Materiały i dokumenty*, t. 1: *Warszawska Rada Delegatów Robotniczych*, oprac. H. Buczek, Z. Szczygielski, Warszawa 1962, s. 134–135; AAN, RDRwP, 167/VIII t. 1, Protokoły posiedzeń warszawskiej RDR, cz. 1, k. 28–31.

Słowa te Rudnickiego i jego opinia też odsłaniają ciekawe momenty w taktyce komunistów. Ta ich gra na korzyść reakcji jest grą świadomą. Zamieszanie i zepchnięcie robotników na poziom niewolników – dałoby im możność nowych ataków na PPS i pchania robotników na tory anarchistycznych, niszczących wystąpień.

Ale nie tymi drogami postępować każe robotnikom świadomość klasowa proletariatu. Droga proletariatu – jest drogą twórczości socjalistycznej, a nie zniszczenie. Dzisiejsze stosunki pozwalają rozwinąć w całej pełni twórczą pracę klasy robotniczej. Jedynym warunkiem tego jest zorganizowanie się i wytworzenie ścisłego plany pracy. To dać winny Rady Del[egatów] Robotniczych. Takie stanowisko zajmuje w tej sprawie uświadomiony proletariat polski na czele z Polską Partią Socjalistyczną. Komuniści zamiast współdziałać, przeszkadzają. Czym się to skończy? To okaże przyszłość. Jedno już teraz należy stwierdzić, że jeśli dalej tę taktykę będą stosować komuniści, współpraca z nimi będzie niemożliwa, lecz [będą] ciągłe wzajemne kłótnie. W takich warunkach samo istnienie Rad Del[egatów] Robotniczych w dzisiejszej formie musiałoby być poddane przez proletariat rewizji.

Niech więc esdecy – dzisiejsi komuniści nie niszczą placówki robotniczej swą niszczycielską taktyką.

Stanęliśmy do współpracy, niech zachowanie się komunistów nie zniszczy w masie robotniczej przekonania o możności współpracy z nimi.

Z[ygmunt] Zaremba

Źródło: „Robotnik", 8 I 1919, nr 9.

Nr 4

1919 marzec 2, Warszawa – Artykuł z „Robotnika" pt. „Komunistyczna krytyka stanowiska PPS"

Jeszcze nie stworzyli komuniści swej władzy w Polsce, jeszcze nie ujawnili swej „czerezwyczajki" dla tępienia „kontrrewolucjonistów i robotników" – ale za to już mamy ten sposób mówienia o swych przeciwnikach ideowych, w jaki mówiła o nich bolszewicka prasa, mająca jako organ wykonawczy słynny Dzierżyńskiego[1] (naszego S[ocjal] D[emokracji] K[rólestwa] P[olskiego]) twór – „czerezwyczajnuju Komisju"[2]. Bo nasi komuniści wierzą, iż w bliższej czy dalszej przyszłości przyjdzie ich godzina i dlatego też trzeba im przygotować opinię czytelników dla należytej rozprawy z tymi „faryzeuszami, zbrodniarzami, heroldami kontrrewolucji, imperialistyczną grupą" – po cóż mnożyć przykłady – z tymi sabotażnikami – z Polskiej Partii Socjalistycznej.

Co się ukaże numer komunistycznego pisma, czytelnik ogłuszony jest wprost mnogością, doborem i soczystością wymyślań na PPS. Tylko szkoda, że nie ma „czerezwyczajki" byłby i rezultat na poczekaniu: – paru pepesowców pod ścianę i... skończone. Ale tymczasem, póki nam nici życia nie przerwała uprzejmość komunistycznej ochrany – pozwólcie, iż, pomijając obelgi, których śliczną kolekcyjkę warto byłoby zresztą zebrać dla uwiecznienia poziomu kultury komunistów naszych w XX stuleciu, zajmiemy się analizą konkretnych stawianych nam zarzutów.

---

[1] Feliks Dzierżyński (1877–1926) – działacz komunistyczny; członek władz SDKPiL, w 1907 r. członek KC Socjal-Demokratycznej Partii Robotniczej Rosji, w 1917 r. zastępca członka CKW Delegatów Rad Robotniczych i Żołnierskich; w latach 1918–1922 przewodniczący Wszechrosyjskiej Nadzwyczajnej Komisji do Spraw Walki z Kontrrewolucją i Sabotażem (WCzK), od lutego 1922 r. – Państwowego Zarządu Politycznego (GPU); w 1920 r. członek Tymczasowego Komitetu Rewolucyjnego Polski (TKRP).

[2] WCzK (Wsierossijskaja Czriezwyczajnaja Komissija po borbie s kontrriewolucyjej i sabotażom, a od 1918 r. Wsierossijskaja Czriezwyczajnaja Komissija po bor'bie s kontrriewolucyjej i sabotażom – Ogólnorosyjska Nadzwyczajna Komisja do Walki z Kontrrewolucją i Sabotażem, organ bezpieczeństwa powołany przez bolszewików w październiku 1917 r., w 1922 r. przemianowany na Państwowy Zarząd Polityczny (GPU – Gosudarstwiennoje Politiczeskoje Uprawlenije).

Chociaż, mówi chłopskie przysłowie, że próżno mówić do słupa, odpowiedzi nie doczekamy się – jednak musimy spełnić swój obowiązek publicystyczny i na stawiane nam, choć błahe i fałszywe zarzuty, odpowiedzieć:

Tak więc zacznijmy od klasycznego zarzutu SDKPiL dziś komunistów, o naszym udziale w wojnie imperialistycznej.

„Prowodyrzy PPS szli najpierw ręka w rękę z imperialistami niemieckimi, teraz z imperialistami koalicji..."[3].

O naszym wspólnym pochodzie z imperialistami niemieckimi daje powód mówić komunistom wystąpienie Piłsudskiego[4] i popieranie Legionów przez PPS. Walka legionów z caratem jest dla nich dowodem naszej spółki z imperialistami niemieckimi. Niech każdy dobrze to sobie zrozumie, boć przecież na takiej samej podstawie, ponieważ komuniści byli przeciwnikami oderwania Polski od Rosji, można powiedzieć, że komuniści byli sprzymierzeńcami carskiej Rosji.

I dziwny to ten nasz sojusz! – Kiedy carat został przez rewolucję obalony, legiony zostały wycofane z pola, kiedy Niemcy chcieli narzucić sojusz z nimi, legiony i Piłsudski poszli do więzień i niewoli, kiedy Beseler[5] zaciskał nad Polską swą żelazną łapę, od kul pepesowskich padali jego komisarze, szpicle i łapacze, a i on sam ledwo wyszedł cało, kiedy sadzano do więzień komunistów, jak i pepesowców, pepesowcy dostarczali nieraz komunistom fałszywych paszportów i ułatwiali ucieczkę!

Dziwny sojusz z imperializmem niemieckim?!

A co się tyczy imperializmu koalicji, to jeden chyba komuniści mogliby znaleźć argument, mówiący o sojuszu PPS z koalicją – nie wypowiedzieliśmy jej wojny!

To wypowiedzenie wojny koalicji, pozostawiamy komunistom!

---

[3] Zob. *Endecy pod maską socjalistów*, „Przełom", 16 II 1919, nr 3.
[4] Józef Klemens Piłsudski (1867–1935) – polski mąż stanu, działacz socjalistyczny, od 1906 r. przywódca PPS – Frakcja Rewolucyjna (FR); w 1914 r. założyciel Polskiej Organizacji Wojskowej, komendant I Brygady Legionów, od 1918 do 1919 r. Tymczasowy Naczelnik Państwa, następnie do 1922 r. Naczelnik Państwa, od 1920 r. Marszałek Polski, przywódca zamachu majowego w 1926 r.; w latach 1926–1928 i w 1930 r. premier rządu RP, od 1926 r. Główny Inspektor Sił Zbrojnych.
[5] Hans Hartwig von Beseler (1850–1921) – generał pułkownik armii niemieckiej, od 1915 do 1918 r. generał-gubernator okupowanej części Królestwa Polskiego.

Lecz oto gniewa komunistów, że rząd Moraczewskiego[6] z powodu strasznej zbrodni popełnionej na Misji Czerwonego Krzyża rosyjskiego[7], nie padł na kolana przed rządem Sowietów. Przyznajemy, że rząd był za słaby w stosunku do panoszącej się wtedy burżuazyjnej reakcji – ale zarzut, stawiany z tego powodu nam, jest wprost śmieszny. Szczególnie śmieszny jest on w ustach komunistów, którzy za zabójstwo Mirbacha[8] w Moskwie rozstrzelali stu kilkudziesięciu lewych eserowców[9], a Cziczerin[10], komisarz komunistyczny, słał o tym raport do Berlina do cesarza Wilhelma[11]! – I komuniści robią hałas o to, że ukazało się jedynie rządowe krótkie ubolewanie w oficjalnym komunikacie[12],

---

[6] Jędrzej Moraczewski (1870–1944) – działacz socjalistyczny; w 1918 r. członek Polskiej Komisji Likwidacyjnej w Krakowie (PKL), a także Tymczasowego Rządu Ludowego Republiki Polskiej w Lublinie; od listopada 1918 do stycznia 1919 r. premier rządu RP, po 1926 r. zwolennik Józefa Piłsudskiego, jeden z liderów PPS – dawnej FR; w latach 1926–1929 minister robót publicznych.

[7] Mowa o zamordowaniu w nocy z 3 na 4 I 1919 r. w pow. bielskim członków tzw. rosyjskiej delegacji Czerwonego Krzyża; szerzej zob. W. Materski, *Na widecie. II Rzeczpospolita wobec Sowietów 1918–1943*, Warszawa 2005, s. 34–37; K. Sacewicz, *Sprawa tzw. rosyjskiej delegacji Czerwonego Krzyża w świetle publikacji prasy komunistycznej w Polsce (1918–1919)*, „Przegląd Wschodnioeuropejski" 2014, t. 5, nr 1, s. 45–59.

[8] Wilhelm Graf von Mirbach-Harff (1871–1918) – niemiecki dyplomata; ambasador niemiecki w Rosji bolszewickiej, zamordowany w zamachu przez lewicowych eserowców.

[9] Mowa o represjach bolszewickich wobec lewicowych eserowców, będących odpowiedzią na zorganizowanie i przeprowadzenie przez nich 6–7 VII 1918 r. antybolszewickiego powstania. Po jego stłumieniu, przez łotewskich żołnierzy dowodzonych przez płk. Joakima Vacetisa, aresztowano w Moskwie, Piotrogrodzie i w innych miastach około 650 lewicowych eserowców. Kilka dni później prasa bolszewicka informowała o rozstrzelaniu ponad 200 więźniów, jednak zdaniem R. Pipesa, bolszewicy zamordowali jedynie kilkanaście osób (zob. *idem, Rewolucja...*, s. 673–678). Na temat ówczesnych stosunków eserowców i bolszewików zob. H. Zand, *Z dziejów wojny domowej w Rosji: mieńszewicy i eserowcy w latach 1917–1920*, Warszawa 1973, *passim*.

[10] Gieorgij Cziczerin (1872–1936) – członek partii bolszewickiej; dyplomata sowiecki; od 1918 do 1930 r. komisarz spraw zagranicznych Rosji bolszewickiej, a następnie ZSRS.

[11] Wilhelm II Hohenzollern (1859–1941) – ostatni cesarz Niemiec i król Prus.

[12] Mowa o nocie polskiego MSZ z 7 I 1919 r. (zob. *Z Ministerstwa Spraw Zewnętrznych*, „Monitor Polski. Dziennik Urzędowy Republiki Polskiej", 7 I 1919, nr 4).

oni, którzy z taką zimną krwią rozstrzeliwują niedawnych towarzyszy władzy! – Przy sposobności zapytamy: A co się dzieje z Marią Spirydonówną[13], przywódczynią lewych eserów – bo powracający z Rosji uporczywie twierdzą o jej śmierci tragicznej. A co się dzieje z Aleksandrowym[14]?!

Cóż, machnie ręką komunista, to byli kontrrewolucjoniści, sabotażniki, zapłacili za swój bunt przeciw władzy Lenina i Trockiego. Mogą tak mówić komuniści, ale nie powie tego klasa robotnicza.

Gdy czyta te słowa były esdek czy lewicowiec, przybrany w kiepsko – leżący na jego szczupłych ramionkach – płaszcz komunistyczny, uśmiecha się zapewne i myśli:

No, czyż nie [jest] widoczne sprzyjanie burżuazji ze strony PPS, przecież ona zohydza bolszewizm!

Tak jest, przypomnienie jakiegokolwiek faktu z krótkich czasów panowania komunistów w Rosji powoduje zohydzenie bolszewizmu, ale przyczyna tego leży w bolszewizmie, w komunizmie, nie zaś [w] PPS – i lepiej byście tow. tow[arzysze] komuniści starali się wyczyścić swoje zbrukane szaty, niż pouczać socjalistów. Bo i my socjaliści musimy za was ponosić odpowiedzialność, gdyż kiedyś nosiliście wspólną z nami nazwę.

Ale komuniści wolą być przepełnieni dumną pogardą dla jakiegoś tam „fraka" i tymczasem z głupia frant pytają:

O jaką to ziemię Wam chodzi? „Jaką to ziemię »naszą« chcą zagrabić bolszewicy – chłopską czy szlachecką? Dla kogo zagrabić"? Pytanie to ma nas zabić ostatecznie. Chłop małorolny i bezrolny ma się dowiedzieć o tym, że PPS wcale nie chce odebrać ziemi obszarnikom i oddać jej chłopom, lecz przeciwnie, chce jej bronić przed bolszewikami, aby po wieczne czasy była w rękach obywateli. – Ciekawe odkrycie!

---

[13] Maria Spiridonowa (1884–1941) – przywódczyni lewicowych eserowców; w 1918 r. uczestniczka antybolszewickiego buntu, pochwycona przez WCzK, sądzona w listopadzie 1918 r. i skazana na rok więzienia, z którego zbiegła; w latach trzydziestych ponownie więziona; w 1941 r. zamordowana przez NKWD.

[14] Piotr Aleksandrowicz Dmitrijewski (zm. 1918 r.) – działacz lewicowej frakcji eserowców, powszechnie znany jako Aleksandrowicz; funkcjonariusz WCzK, w której pełnił funkcję zastępcy Feliksa Dzierżyńskiego; organizator spisku lewicowych eserowców, uczestnik lipcowego buntu, pochwycony przez bolszewików i rozstrzelany.

Pozwolimy sobie jednak i tutaj zdjąć maskę z naiwnego oblicza naszych komunistów i przypomnieć im, jak to ich własne pisma krzyczą o konieczności wejścia na polskie ziemie wojsk bolszewickich... Ach, użyłem słowa – polskie ziemie... Czyje? Chłopskie czy szlacheckie? Cóż, powiedziało się – polskie ziemie... panowie komuniści, polskie, należące do Polaków, ziemie które chcemy, aby przeszły do rąk polskich chłopów małorolnych i bezrolnych, żeby na nich powstały ich gospodarstwa zamożne i szczęśliwe.

Co za nacjonalizm?! Komuniści inaczej, oni już w swym programie poznosili słupy graniczne między narodami. My jednak, członkowie PPS, uparty jesteśmy naród i dobrze nam porozumiewać się po polsku i czujemy się Polakami i Polakami zostać pragniemy, więc nie chcemy uznać nad Polską cudzej, nawet sowiecko-rosyjskiej władzy, nie chcemy tutaj zapoznawać się z jej „czerezwyczajką", chcemy sami u siebie rządzić.

„Ależ co wy mówicie, nie chcecie pomocy rewolucyjnej Rosji?"

Tak, nie chcemy, bo sama jej możliwość wzmacnia u nas reakcję, a przyjście jej pchnęłoby masy całkowicie w jej objęcia, bo lud polski dość ma obcych panów, i nawet czerwonego pana nie przyjmie. On wolności ufa tylko tej, którą sam zdobędzie, wywalczy.

A chcecie wiedzieć, panowie komuniści, co mogą nam zagrabić bolszewicy, co znaczy skupianie ich wojska na pograniczu Polski i jak gdyby szykowanie ich do wiosennego natarcia?

Dużo pomiędzy wami jest takich, którzy przyjechali z Rosji – oni wam powiedzą, dlaczego bolszewicy chcą tu iść i co chcą tu zagrabić. Szalona drożyzna wszystkiego, brak najniezbędniejszych produktów i środków spożywczych, nędza i niedostatek ostateczny pcha ich tutaj, by wziąć, co jest, ten ostatek niezarekwirowanego przez Niemców chleba, który będą mogli, mimo paskarstwa, kupować dwadzieścia razy taniej niż w Rosji – ten ostatek mięsa, które również u nas kilkanaście razy jest tańsze, niż u nich, ten ostatek skór, a wreszcie ten dobytek domowy, znajdujący się nie tylko w rękach burżuja, ale również i średniozamożnego chłopa, urzędnika, chłopa małorolnego i bezrobotnego, robotnika – i który mógłby się stać łupem czerwonej armii, umiejącej tak samo, jak czarna, kraść i rozbijać.

Oto są przyczyny bezpośrednie, pociągające i pchające do najazdu na nasz kraj bolszewików, wyczekiwanych przez komunistów naszych.

Że wraz z nimi wzrastałaby reakcja, rozumieją, sądzę, dobrze komuniści, więc też zamiast głupie zadawać pytania – razem z nami powinni powiedzieć: najazdu nie chcemy. Ale..., ale organiczne wcielenie do komunizmu rosyjskiego przeszkadza!

My wojny nie chcemy, nasze stanowisko wielokrotnie zaznaczaliśmy, ale na najazd trzeba odpowiedzieć siłą, tego postulatu nie odeprze żadne sofistyczne pytanie komunistów.

Z[ygmunt] Zaremba

Źródło: „Robotnik", 2 III 1919, nr 97.

Nr 5

1919 marzec 21, Warszawa – Stanowisko PPS wobec wniosku nagłego posłów Związku Ludowo-Narodowego „w sprawie zwalczania agitacji bolszewickiej i unicestwienia ośrodków bolszewizmu czynnego w Polsce"[1] wyrażone przez Kazimierza Czapińskiego na posiedzeniu sejmowym (fragmenty)

[...]

I dlatego powiadam, że jeżeli taki jest bolszewizm, jeśli jest takie

---

[1] 14 III 1919 r. na czternastym posiedzeniu Sejmu Ustawodawczego posłowie Związku Sejmowego Ludowo-Narodowego (ZLN) przedłożyli marszałkowi wniosek nagły „w sprawie zwalczania agitacji bolszewickiej unicestwienia ośrodków bolszewizmu czynnego w Polsce" (*Sprawozdanie stenograficzne z 14. posiedzenia Sejmu Ustawodawczego z dnia 14 marca 1919 r.*, s. 764). Jego autorzy zwracali uwagę na fakt szczególnej aktywizacji czynników komunistycznych na rzecz anarchizacji państwa polskiego, a tym samym osłabienia jego zdolności wojennych, co w konsekwencji miałoby skutkować załamaniem się frontu wschodniego. Podkreślali, że na terytorium Polski rozwija się – bez większych przeszkód – ruch komunistyczny, znajdując umocowanie w coraz stabilniejszych strukturach. Ponadto w ramach jego statutowej działalności wydawana jest prasa i publicystyka. Kształtują się także pewne formy władzy sowieckiej w Polsce w postaci rad delegatów robotniczych. ZLN w trybie wniosku nagłego, w związku z tak nakreśloną sytuacją, zwrócił się do Wysokiej Izby o przyjęcie uchwały następującej treści: „Sejm wzywa Rząd a w szczególności Ministrów Spraw Wewnętrznych i Wojny: 1) Do przedsięwzięcia niezwłocznie najenergiczniejszych kroków w celu wykrycia i obezwładnienia ośrodków agitacji bolszewickiej w Polsce; 2) Do uniemożliwienia drukowania i rozpowszechniania zbrodniczej literatury agitacyjnej komunistyczno-bolszewickiej [...]; 3) Do uniemożliwienia przekradania się do Polski agitatorów bolszewickich z Rosji i Niemiec oraz do wyłapania i ukarania dotąd ukrytych w kraju podobnych szkodników [...]; 4) Do uniemożliwienia przemycania do Polski potajemnej fabrykacji oraz wykradania z zapasów państwowych broni, amunicji i środków wybuchowych na użytek akcji bolszewickiej oraz przemycania pieniędzy na nią" (*ibidem*, s. 764–765); szerzej na temat parlamentarnych inicjatyw antykomunistycznych ZLN zob. K. Sacewicz, *Antykomunistyczne inicjatywy parlamentarne Związku Ludowo-Narodowego (1919––1927). Zarys problemu* [w:] *Komuniści w II Rzeczypospolitej. Ludzie – struktury – – działalność*, red. M. Bukała, M. Krzysztofiński, Rzeszów 2015, s. 523–544.

jego pochodzenie i jeśli takie są jego źródła, to nasza walka z bolszewizmem powinna kierować się ku temu, ażeby usunąć te źródła. Nie pomoże najbardziej wydoskonalony aparat policyjny, bo jak płomień kolosalny może wybuchnąć bolszewizm w całej Europie, tak jak wybuchł w Niemczech, jeśli celowa polityka socjalna, jeśli gruntowna reforma agrarna, jeśli polityka co do bezrobotnych, polityka aprowizacyjna itd. nie zażegnają tych dróg, po których kroczy zwycięski bolszewizm. I dlatego powiadam, że najlepszym sposobem zażegnania bolszewizmu u nas jest wzbudzenie w masach zaufania do metod demokratycznych, do Sejmu, do celowej działalności Sejmu, do reform socjalnych i rolnych, i innych, które przynieść musi i przypuszczam przyniesie pierwszy Sejm Ustawodawczy polski. (Brawa).

I otóż zachodzi teraz pytanie, co musimy uczynić, ażeby zatkać źródło bolszewizmu. Przede wszystkim należy położyć kres swawoli obszarników, swawoli kapitalistów, policji i żandarmerii i innych czynników, które głównie są czynnikami siejącymi bolszewizm w Polsce. Bo cóż się stanie, gdy odbierzemy ludowi wiarę w ten Sejm, ludowi, który już dzisiaj zaczyna zastanawiać się nad tym, czy istotnie metody demokratyczne i metody sejmowe osiągną to wszystko, co ludowi obiecywano! Jeśli chcemy bolszewizm zażegnać, to przede wszystkim musimy płodną i owocną pracą socjalną Sejmu wzbudzić zaufanie ludu do pierwszego Sejmu Ustawodawczego.

[...]

P[an] **Czapiński**[2]: Wszyscyśmy powinni stać na stanowisku wzbudzenia w ludzie jak największego szacunku, jak największego zaufania do płodności, do owocności pracy sejmowej i dlatego najlepszą odpowiedzią na agitację bolszewicką będzie, jeśli Sejm w jak najkrótszym, w jak

---

[2]Kazimierz Czapiński (1882–1941) – działacz socjalistyczny, publicysta; w latach 1904–1910 członek SDKPiL, następnie w Polskiej Partii Socjalno-Demokratycznej (PPSD); od 1914 r. redaktor krakowskiego organu socjalistycznego „Naprzód"; w 1919 r. został radnym Krakowa; w latach 1919–1935 poseł na Sejm Ustawodawczy oraz Sejmu I, II, III i IV kadencji. Ponadto zwolennik oddzielenia państwa od Kościoła, antyklerykalny publicysta i zagorzały antykomunista. Od 1920 r. w składzie RN PPS, a od 1921 r. w CKW PPS, w okresie okupacji związany z grupą polityczną Adama Próchnika. W 1940 r. aresztowany przez gestapo, zmarł w 1941 r. w niemieckim obozie koncentracyjnym Auschwitz.

najszybszym tempie przeprowadzi gruntowną reformę socjalną i gruntowną reformę rolną. Jeśli bezrolni i małorolni otrzymają ziemię, jeśli robotnik znajdzie pracę dobrze płatną, znajdzie odpowiednie zabezpieczenie swojej starości, swojej pracy itd., jeśli demokratyczna, naprawdę demokratyczna konstytucja zabezpieczy wszystkie prawa obywatelskie i ochroni przed nadużywaniem tych praw, to wtenczas, sądzę, źródło rozwoju bolszewizmu będzie musiało wyschnąć.

[...]

Sejm, nie zdziaławszy nic dla ludu, miałby występować przeciwko ludowi? To rzecz nie do pomyślenia. I dla tego powiadam, że dla całej demokracji sejmowej, dla całego ludu włościańskiego, dla Sejmu – jest wniosek ks. Lutosławskiego[3] nie do przyjęcia.

[...]

Źródło: Sprawozdanie stenograficzne z 17. posiedzenia Sejmu Ustawodawczego z dnia 21 marca 1919 r., s. 940–942, 948.

---

[3] Kazimierz Lutosławski (1880–1924) – ksiądz rzymskokatolicki, działacz polityczny i społeczny; poseł ZLN do Sejmu Ustawodawczego i Sejmu I kadencji; związany z polskim ruchem skautowym, m.in. twórca projektu krzyża harcerskiego, antykomunista.

Nr 6

1919 maj 18, Warszawa – Artykuł z „Chłopskiej Doli" pt. „Rozbijacze wszelakich organizacji"

Niemało człowiek się naczyta o rozbijaczach wszelakiej roboty organizacyjnej, wśród klasy robotniczej w miastach. I zdaje się człowiekowi, że tak jak na bydło pomór przychodzi albo na dojrzewające zboże zaraza, że tak samo i na coraz silniejszy ruch zawodowy miast i wsi od kilku miesięcy spadła zaraza, aby krzepnące na siłach organizacje robotnicze, zarazić i popsuć.

Szkodnikami owymi są „komuniści" jako mole po kątach legnący się i to co dobre i do użytku zdatne – psujący. Przecie w miastach robotnicy ciągle narzekają na owych szkodników.

Gdzie tylko jakiś związek zacznie pracować, a ludzisków przybywa – patrzysz, włazi komunista; nakręci na jury, wszystkich ze sobą skłóci, nic nie doradzi i w końcu organizacja upada, a taki szkodnik idzie dalej, aż czasami trafi na ludzi mocnych, co go precz, obszturgawszy, wypędzą. Niedawno przyjechała do naszej Polskiej Partii Socjalistycznej delegacja socjalistyczna z Wilna, która dopiero przywiozła wiadomości, jak to komuniści gospodarowali w Wilnie[1]. Rezultaty były takie, że rozbili wszystkie związki zawodowe, co już od kilkunastu lat istniały, pomoc swoim członkom dając. Bardzo dużo robotników, widząc i słysząc ciągłe użerania się na wspólnych zebraniach różnych robotników z komunistami, uciekli od tych kłótni i zgiełku. To już na nich czekali księża, którzy w obawie przed komunistami po kryjomu organizowali luzem chodzących robotników, jako też i tych, co z rozbitych związków uciekali, nie chcąc pracować z rozbijaczami, gdyż żadna współpraca była z nimi niemożliwa. To też księża, którzy przed gospodarką komunistów w Wilnie, prawie wcale nie mieli ludzi w swoich chrześcijańskich organizacjach, w czasie rządów i gospodarki komunistycznej zdobyli kilkanaście tysięcy członków. Cała „mądra" robota komunistyczna tylko księżom napędziła owieczek. Chłopstwo na Litwie też złe na komunistów,

---

[1] Wilno w tym czasie, tj. od 5 stycznia do 19 IV 1919 r., było pod okupacją bolszewicką.

bo im ziemię obiecywali, ale nic nie dali. Chłopi przypuszczali, że grunta rozparcelują i każdy swój zagon będzie orał, a oni tymczasem kazali im wspólnie pracować, nie dając nijakich wskazówek, zaś konie co tydzień niby dla wojska rekwirując, a żywność do Rosji wywożąc za ruble bolszewickie, niemające prawie żadnej wartości. Jedynymi rzeczami, jakie po komunistach zostały w Wilnie to drożyzna, głód i rozbicie wszelakich organizacji. Może niejeden komunista przeczytawszy te słowa powie, że przecież Rady Delegatów Robotn[iczych] pozakładali komuniści. A już ci prawda, że pozakładali swoje Rady, rozpędziwszy dawniejsze z wyborów, zaś naznaczając z góry komunistów przyjezdnych z Rosji na delegatów do nowych rad, miejscowych robotników (za wyjątkiem Żydów) prawie zupełnie od udziału w gospodarce miejskiej i państwowej usunęli.

Wszelkie wybory jeno komedią były, a kto protestował, to do kozy szedł albo mu śmiercią grożono. U nas w Polsce, w Radach Delegatów Robotniczych, po miastach będących, komuniści jeno swary czynią, niczego robotników pożytecznego nie ucząc. Dosyć zajść na jakiekolwiek zebranie, gdzie jest komunista, to jeno kłótnię usłyszysz, zaś żadnej pożytecznej roboty ani w ząb. Oto niedawno na zebranie Głównej Rady Związku robotników rolnych[2] wpakował się, niby jako delegat taki komunista, a po południu to ci aż i kolegę przyprowadził, niby gościa. I zaraz poszły swary, bo chcieli żeby Związek Robotn[ików] Rolnych poddał się pod rozkazy Rady Deleg[atów] Robotniczych, tylko nie wiedział pod której Rady rozkazy związek oddać. Czy tej co siedzi w Moskwie, czy tej co siedzi w Mińsku. Teraz dowiedzieli się komuniści, że na 8 czerwca ma być zjazd ogólny robotników rolnych, więc biegają po powiatach, aby jako delegaci wcisnąć się na zjazd, aby do porządnych i pożytecznych obrad nie dopuścić, kłótnie jeno wywołując. Trzeba, żeby robotnicy rolni pilnowali się dobrze, żeby żadnych komunistów na delegatów nie wybierali i w ogóle precz ich od siebie gnali.

[2] Związek Zawodowy Robotników Rolnych RP – utworzony w marcu 1919 r. w Warszawie, funkcjonował do 1939 r.; w 1919 r. skupiał w 72 oddziałach ponad 66 tys. członków, w 1921 osiągnął najwyższe stany osobowe (110 tys. członków); szerzej zob. L. Hass, *Organizacje zawodowe w Polsce 1918–1939. Informator*, Warszawa 1963, s. 517–521.

Przed robotnikami wsi i miast wielkie zadania stoją do spełnienia, bo nie tylko sprawa ziemi będzie teraz w Sejmie się rozstrzygać, ale w ogóle trzeba, aby cały lud robotniczy rolny był jak najprędzej zorganizowany, bo tylko w organizacji i jedności siła. Więc ludzi co nam swary, a nie jedność wnoszą, trza pędzić precz. Zaś na delegatów zjazdowych wybierać ludzi mądrych i rozważnych, aby umieli ku pożytkowi ludu rolnego radzić, bo jak wyżej powiedziałem, wielka robota leży przed nami do zrobienia.

Wojtek[3]

Źródło: „Chłopska Dola", 18 V 1919, nr 20.

---

[3] Marian Malinowski (1876–1948) – działacz socjalistyczny; członek Organizacji Bojowej PPS; w 1918 r. w składzie Tymczasowego Rządu Ludowego Republiki Polskiej w Lublinie, a następnie w rządzie Jędrzeja Moraczewskiego; poseł na Sejm Ustawodawczy oraz Sejm I, II i III kadencji, senator IV kadencji; od 1928 r. członek PPS – dawna FR; od 1931 r. w BBWR.

Nr 7

1919 maj 25, Warszawa – artykuł z „Chłopskiej Doli" pt. „Do czego komuniści zmierzają"

Komuniści postanowili za wszelką cenę nie tylko rozbić organizacje robotnicze, ale w kraju utrzymać ciągły niepokój. Kilka dni temu próbowali wywołać strajk kolejowy[1], ale im się nie udało, chociaż minister od kolejnictwa, p. Eberhardt[2], swoimi niemądrymi zarządzeniami, jak zamknięcie warsztatów kolejowych w Warszawie, wiele komunistycznej robocie sprzyjał. Na szczęście związek zawodowy kolejarzy nie dał się wywieść w pole komunistom ani sprowokować zarządzeniom pana ministra; w rezultacie nierozumny strajk został przerwany w porę. W tej chwili znów otrzymujemy wiadomość, że jacyś ludzie rozpuszczają pogłoski w powiatach błońskim i sochaczewskim wśród służby dworskiej, że lada dzień w całej Polsce ma być strajk jednodniowy służby dworskiej, jako protest. Już ci śledztwo wykazało znów, że to są wichrzenia komunistów. Prawda, że w kilku powiatach szykują się strajki rolne z powodu niedotrzymywania zobowiązań przez obszarników oraz że w wielu jeszcze miejscowościach wcale robotnikom nie podwyższono. Ale robić dziś strajk jednodniowy jako protest, a jeszcze nie wiedząc o co, to naprawdę jeno wariat może takie rzeczy głosić. Tam, gdzie trzeba było poważnie strajki przeprowadzać, komunistów nie było, ale gdzie trzeba zamęt czynić, to się na poczekaniu komunista znajdzie. Obecnie Niemcy poważnie się szykują do wojny z Polską o Górny Śląsk, tedy komunistom idzie o to, aby za wszelką cenę zamęt w kraju czynić, gwoli mniejszej odporności narodu. Bolszewiki w skórę w Rosji biorą. W Kijowie głośno się mówi o tym, że komuniści mają z Moskwy uciekać z papierami i rządem swoim do Kijowa. Po wsiach potworzyły się oddziały z chłopów, liczące

---

[1] Mowa o strajku warszawskich kolejarzy, który miał miejsce 16 V 1919 r. Nie uzyskał on poparcia większości pracowników kolei, Związku Kolejarzy ani PPS, jedynie komuniści podczas plenarnego posiedzenia WRDR dążyli do eskalacji akcji strajkowej (szerzej zob. K. Sacewicz, *Wojna na lewicy...*, s. 289–290).

[2] Julian Eberhardt (1866–1939) – inżynier kolejnictwa; w 1919 r. minister w resorcie kolei żelaznych w rządzie Ignacego Paderewskiego; w latach 1920–1926 podsekretarz stanu w Ministerstwie Kolei Żelaznych.

po kilkanaście tysięcy, którzy nazwali się bolszewikami, a mają za zadanie wytłuc komunistów. Niektóre oddziały posiadają nawet armaty.

Otóż komuniści doczekali się w Rosji za zamęt i represje, jakie czynili przeciw narodowi; ludność robotnicza i chłopi przeciw nim powstają, chcąc się komunistycznego jarzma pozbyć. Więc nasi komuniści chcą rosyjskim komunistom przyjść w pomoc – licząc, że jak wywołają strajki w kraju, to odciągną wojska polskie, stojące przeciw bolszewikom i przeciw Niemcom; odciągną niby wojska dla utrzymania porządku wewnątrz kraju, a tymczasem bolszewickie, czyli komunistyczne wojska rosyjskie odetchną.

Jeżeli nasi komuniści robią to na rozkaz z Rosji, jako że bolszewicy na nich pieniądze łożyli i jeszcze łożą. Gdyby zaś bolszewizm w Rosji przegrał, to i nasi komuniści stracą dopływ pieniędzy, a więc nie będzie za co agitacji prowadzić. Więc nie dobrem polskich robotników oni się powodują, ale swoimi wichrzycielskimi interesami.

Józwa[3]

Źródło: „Chłopska Dola", 25 V 1919, nr 21.

---

[3] Podpis niezidentyfikowany.

Nr 8

1919 czerwiec 8, Warszawa – Artykuł z „Robotnika" pt. „Bolszewicy – komuniści i R[ady] D[elegatów] R[obotniczych] w Polsce"

W nr. 205 „Robotnika" [z] 2 czerwca w artykule „Zza kulis bolszewizmu"[1] streszczono szereg dokumentów, które stwierdzałyby, że bolszewicy rosyjscy byli narzędziem reakcyjnego rządu pruskich junkrów w polityce międzynarodowej[2]. Co prawda w artykule tym autor zastrzega się, że dokumenty te mogą nie być prawdziwe, ja zaś chcę powiązać z tamtymi dokumentami niektóre fakty i wyprowadzić stąd odpowiedni wniosek. Już w r[oku] 1917 u nas w PPS wiadomo było, że w Sztokholmie siedzi znany Parvus (dr Helphand)[3], który przesyła za pomocą banków pieniądze w bardzo dużej ilości z Niemiec na rewolucję dla S-Deków rosyjskich. Mówił mi o tym tow. Kunowski[4] po powrocie ze Sztokholmu. Dziś się potwierdza, że pieniądze te były dawane przez rząd niemiecki. Dalsze dokumenty, streszczone w powyżej wymienionym artykule, w niektórych wypadkach ogromnie jaskrawo stwierdzają,

---

[1] Zob. *Zza kulis bolszewizmu*, „Robotnik", 2 VI 1919, nr 205.
[2] W 1919 r. w Warszawie ukazało się drukiem tłumaczenie ponadstustronicowej publikacji obrazującej ścisłe relacje polityczno-finansowe pomiędzy władzami niemieckimi a bolszewikami; zob. *Spisek niemiecko-bolszewicki. Dokumenty dotyczące związku bolszewików z niemieckim naczelnym dowództwem, wielkim przemysłem i firmami*, Warszawa 1919. Wydawnictwo to w drugiej połowie lat dwudziestych XX w. promował, jako rzetelny zbiór dokumentów, specjalistyczny miesięcznik antykomunistyczny „Walka z Bolszewizmem".
[3] Aleksander Izrael Helphand („Parvus") (1867–1924) – działacz socjalistyczny, agent niemieckiego wywiadu; w 1917 r. organizator przerzutu Lenina i Trockiego ze Szwajcarii do Rosji.
[4] Włodzimierz Ksawery Kunowski (1878–1917) – inżynier, chemik, publicysta, działacz socjalistyczny; członek PPS-Opozycja, od 1914 r. w strukturach PPS-FR; w latach 1914–1915 z polecenia kierownictwa partii prowadził akcję polityczną na terenie Królestwa Polskiego i Rosji; w 1915 r. przebywał w Szwecji, skąd powrócił do Królestwa Polskiego; w 1916 r. wybrany do Centralnego Komitetu Robotniczego (CKR) PPS; reprezentant partii socjalistycznej w Tymczasowej Radzie Stanu; w kwietniu 1917 r. ponownie przebywał w Szwecji, gdzie prowadził rozmowy z przedstawicielami polskich ugrupowań w Rosji.

np. dokumenty nr 32 z 6 lutego 1918 r. oraz nr 30 z 26 lutego 1918 r., że bolszewicy w myśl poleceń wywiadowczego biura niemieckiego czynili rzeczy przeciw ludowi rosyjskiemu – przeciw normalnemu rozwojowi społecznej i politycznej rewolucji w Rosji. Jakżeż nazwać wycofanie czerwonej armii z Finlandii, które ułatwiło reakcji finlandzkiej wymordowanie tysięcy rewolucjonistów fińskich. Jak nazwać cofnięcie generała Boncz-Brujewicza[5] z Estonii i Liwonii, którego Niemcy rozkazują wycofać bolszewikom dlatego, że za bardzo prześladował baronów niemieckich obszarników, katów ludu estońskiego z 1905 roku? Jak nazwać rozstrzelanie setek ludzi za zamach na niemieckiego generała Mirbacha w Moskwie[6]? Wszystkie te czyny bolszewików, robione z polecenia w one czasy reakcyjnych Niemiec, są niczym innym w stosunku do ludu rosyjskiego, do rewolucji, jak najzwyczajniejszą kontrrewolucją.

I dziś dla mnie jasnym jest, dlaczego bolszewicy odrzucili czynioną im w Moskwie przez tow. Arciszewskiego[7] propozycję dopomożenia powstaniu polskiemu przeciwko Niemcom. Bolszewicy nie mogli wystąpić przeciwko tym, z którymi się związali, którzy ich całkowicie opanowali.

A teraz fakty kontrrewolucyjnego działania w wewnętrznych sprawach Rosji. Władza zamiast w ręce ludu – przeszła w ręce jednostek – komisarzy oraz „czerezwyczajek", czyli band najbrutalniejszych katów własnego narodu. Nie dyktatura ludu roboczego Rosją rządziła, ale dyk-

---

[5] Michaił Boncz-Brujewicz (1870–1956) – generał armii carskiej, następnie w Armii Czerwonej; w 1917 r. pełnił funkcję szefa sztabu Stawki (Stawka Wierchownogo Gławnokomandujuszczego); w latach 1919–1923 szef Głównego Zarządu Geodezji Rosji Sowieckiej.

[6] Zob. przypisy 8 i 9, dok. nr 4.

[7] Tomasz Arciszewski (1877–1955) – działacz socjalistyczny; członek PPS-FR i Organizacji Bojowej PPS, od 1914 r. w Legionach Polskich, w 1918 r. pełnił funkcję ministra pracy i opieki społecznej w Tymczasowym Rządzie Ludowym Republiki Polskiej, następnie w rządzie Jędrzeja Moraczewskiego minister poczt i telegrafów; w latach 1919–1934 radny m.st. Warszawa; w latach 1920–1921 członek CKW PPS, a od 1922 do 1926 r. zastępca członka CKW, od 1928 r. ponownie w CKW, gdzie w latach 1931–1939 pełnił funkcję przewodniczącego prezydium; poseł Sejmu Ustawodawczego oraz Sejmu I, II i III kadencji; w okresie wojny i okupacji zaangażowany w pracach Polskiego Państwa Podziemnego (PPP); od listopada 1944 do lipca 1947 r. premier rządu RP na uchodźstwie.

tatura jednostek nad proletariatem. Ponieważ nie wierzono oddziałom czerwonej armii, złożonej z Rosjan, użyto Chińczyków – elementu najbardziej reakcyjnego, sprzedajnego – Chińczycy za pieniądze, otrzymywane jako żołd, gotowi byli mordować na prawo i lewo na rozkaz i bez rozkazu komisarzy, choćby dla zadowolenia nienawiści do Rosjan. Mordowano za najmniejszy opór robotników i włościan, których dla usprawiedliwienia krwawych rozpraw nazywano „kontrrewolucjonistami".

Bolszewickie upaństwowienie przemysłu[8] miało ten skutek, że przemysł zupełnie upadł[9], a w końcu kierownikami, czyli gospodarzami fabryk, jako „upełnomoczenyje" w większości wypadków zostali dawniejsi właściciele[10]. Robotnicy często, aby wypłacić tygodniówkę wyprzedawali maszyny, unieruchamiając w ten sposób na długi czas warsztat pracy. Żywność zdrożała w szalony, nieprawdopodobny sposób – paskarstwo wzmogło się straszliwie. Setki tysięcy robotników głoduje do dziś. Wskutek nierozwiązania, a tylko zanarchizowania kwestii rolnej – pola leżą odłogiem – walka trwa między miastem a wsią[11].

Nie ma wolnej prasy. Nie ma wolnego słowa, związki zawodowe całkowicie podlegają rządowi. Militaryzm w postaci czerwonej armii odżył na nowo z całą siłą.

Czyż taka działalność nie jest kontrrewolucją?

Ale przejdźmy do zagadnienia: Bolszewicy – Polska – Niemcy. W prasie angielskiej pisze się o tym, że do Rosji wyjechało mnóstwo oficerów w celu przygotowania armii bolszewickiej do napadu na Polskę. Wysłano bardzo dużo inżynierów, techników, mechaników i majstrów w celu zmontowania i uruchomienia zdemolowanych przez gospodarkę

---

[8] Nacjonalizacja przemysłu w Rosji bolszewickiej została przeprowadzona na podstawie dekretu z 28 VI 1918 r. Zakres upaństwowienia prywatnych środków produkcji został rozszerzony w listopadzie 1920 r. na podstawie dekretu uzupełniającego (zob. R. Pipes, *Rewolucja...*, s. 727–728).

[9] *Ibidem*, s. 705–721, 731–733.

[10] W połowie 1918 r. Trocki i Lenin dążyli do zarzucenia zasad syndykalistycznej polityki w przemyśle i podjęli działania na rzecz powrotu do metody jednoosobowego zarządzania oraz do wykorzystania w tym celu „burżuazyjnych specjalistów". Działania te napotkały opór ze strony lewego skrzydła partii bolszewickiej (szerzej *ibidem*, s. 730–731).

[11] Szerzej zob. *ibidem*, s. 749–781.

bolszewicką fabryk amunicji. Sojusz między Rosją a Niemcami staje się coraz wyraźniejszy. Charakterystyczne jest, że podczas, gdy niezależni socjaliści niemieccy są mimo wszystko za zawarciem pokoju z koalicją, komuniści są temu przeciwni, prawdopodobnie w porozumieniu z bolszewikami. Celem tego sojuszu niemiecko-rosyjskiego ma być zachowanie dawnych granic niemieckich od Wschodu, to jest pozostawienie przy Niemcach Poznańskiego, Górnego Śląska itd., a przy Rosji Litwy, Białorusi, Ukrainy, Łotwy itd., a może i części b[yłego] Królestwa Polskiego oraz Galicji.

A więc przeciw Niepodległości Państwa Polskiego, przeciw faktowi pozbycia się obcego najazdu, faktowi rewolucyjnemu proponuje się fakt najazdu, czyli kontrrewolucję. I bolszewicy i Niemcy w tym wypadku są dla nas tylko kontrrewolucjonistami, bo nam chcą odebrać wolność narodową i polityczną.

A cóż czynią nasi komuniści?

Cała dotychczasowa ich działalność sprowadza się do szerzenia w życiu robotniczym rozkładu, do odciągania robotników od właściwych ich zadań. Nie będę tu przytaczał dowodów i faktów – tow. robotnicy, należący do Rad Del[egatów] Robot[niczych], sami mogą stwierdzić, że komuniści do tych ogólnorobotniczych instytucji robotniczych, które powinny odegrać wielką społeczno-polityczną twórczą rolę w dobie obecnej, wnieśli demagogię, anarchię, wstręt do wszelkiej planowej pracy socjalistycznej.

Nieraz już zaznaczałem, że taka robota jeno na pożytek polskiej burżuazji wychodzi, a ku upadkowi jedności robotniczej oraz bojowych sił proletariatu prowadzi. To też dziś w Zagłębiu skutkiem właśnie działalności komunistyczno-rozkładowej dosyć poważnie powiększają się szeregi NZR[12]. W Wilnie wielka ilość robotników

---

[12] Narodowy Związek Robotniczy – powstał w 1905 r. na terenie zaboru rosyjskiego jako organizacja robotnicza odwołująca się do ideologii nacjonalistycznej. W maju 1920 r. w wyniku połączenia z Narodowym Stronnictwem Robotniczym (NSR) utworzona została Narodowa Partia Robotnicza (NPR); zob. *Stronnictwa, partie, unie, federacje, kluby polityczne na ziemiach polskich i ich programy w r*[oku] *1921. Na podstawie źródeł sejmowych, urzędniczych i prasowych*, oprac. J. Bełcikowski, Warszawa 1921, s. 24–25; *Charakterystyki i programy stronnictw politycznych na terenie Rzeczypospolitej Polskiej. Z uwzględnieniem stronnictw: żydowskich,*

- pod wpływem komunistów wstąpiła do związków i organizacji
- klerykalnych.

A więc znów działalność komunistów w Polsce, jako działalność kontrrewolucyjna, osłabia i rozbija proletariat. Lecz spójrzmy na tę działalność z punktu widzenia polityki europejskiej. Niemcy i bolszewicy pragną zniszczyć niepodległą Polskę. Cóż zaś czynią nasi komuniści? – z całą bezwzględnością i namiętnością występują przeciwko niepodległości. Nie tylko społecznie, lecz i politycznie robota komunistów jest dezorganizatorska. Jeżeli nie chcą państwa polskiego, a uznają państwo rosyjskie i niemieckie, to na czyją korzyść działają?

Jedyna walka polityczna, którą komuniści dziś prowadzą, to walka z PPS i pod tym względem są oni prawdziwą pociechą naszej reakcji endecko-klerykalnej.

A po tym wszystkim – zapytam, czy z taką grupą my możemy współpracować w Radach Robotniczych, czy nie należało położyć kresu temu wyzyskiwaniu Rad dla szkodliwej kontrrewolucyjnej działalności komunistów?

Marian Malinowski

Źródło: „Robotnik", 8 VI 1919, nr 211.

---

ukraińskich, niemieckich, litewskich, białoruskich i rosyjskich na ziemiach polskich. Przewodnik praktyczny dla obywatela, oprac. J. Bełcikowski, Warszawa 1923, s. 43–52; J. Holzer, *Mozaika polityczna drugiej Rzeczypospolitej*, Warszawa 1974, s. 194–207.

Nr 9

1919 czerwiec 15, Warszawa – Artykuł z „Robotnika" pt. „W sprawie kryzysu w Radach delegatów robotniczych"

W Radach Delegatów Robotniczych zapanowało u nas obecnie ostre przesilenie. Właściwie należy powiedzieć, że przesilenie istniało od początku ich istnienia, że nigdy nie było tam życia normalnego. Obecnie jednak nastąpił okres rozstrzygający tego przesilenia. Rady delegatów są – najogólniej rzecz określając – przedstawicielstwem klasy robotniczej. Ale składają się one z odrębnych grup partyjnych i wszystko zależy od tego, jak się ułożą stosunki między poszczególnymi grupami, należącymi do Rad. Rady delegatów nie mogą stworzyć sztucznej jedności, o ile tej jedności nie ma w życiu, o ile nie doszło się do niej na podstawie porozumienia. Do czego prowadzi chęć sztucznego stworzenia jedności, tego odstraszający przykład dają nam Rady rosyjskie: wybory do nich odbywają się pod grozą „czerezwyczajki", a mieńszewików[1] i eserów[2] wypędza się z nich bezwzględnie i brutalnie. Taki jest ideał naszych komunistów, którzy dziś niby to wszystkich socjalistów chcą widzieć w Radach i obłudnie prawią o jedności. Widzimy w Rosji, jak wygląda ta jedność, reżyserowana przez komunistów. Wiemy zresztą, że o jedności proletariatu w Radach krzyczą ci sami komuniści, którzy swymi partyjnymi związkami zawodowymi rozbijają jedność walki

---

[1] Mienszewicy – wewnątrzpartyjna frakcja w Socjaldemokratycznej Partii Robotniczej Rosji (SDPRR) opozycyjnie ustosunkowana wobec założeń taktyczno--programowych Lenina oraz jego zwolenników (bolszewików), wykształciła się w 1903 r. podczas II Zjazdu partii (szerzej zob. L. Bazylow, P. Wieczorkiewicz, *Historia Rosji*, Wrocław–Warszawa–Kraków 2006, s. 294–295; H. Zand, *Z dziejów wojny domowej...*, *passim*).

[2] Partia Socjalistów-Rewolucjonistów – lewicowa organizacja rosyjska powstała w 1901 r.; szerzej zob. L. Bazylow, P. Wieczorkiewicz, *Historia Rosji*, s. 295–296; H. Zand, *Z dziejów wojny domowej...*, *passim*; *Partiâ socialistov-revolûcionerov: dokumenty i materiały: 1900–1925 gg.*, oprac. N.D. Erofeev, t. 3, cz. 2: *Oktâbr' 1917–1925*, Moskwa 2000, *passim*; V.M. Lavrov, *Partiâ Spiridonovoj (Mariâ Spiridonova na levoèserovskih s'ezdah)*, Moskwa 2001.

ekonomicznej i którzy wszelkie propozycje PPS, dotyczące współdziałania w kwestiach istotnie wspólnych, zawsze bezwzględnie odrzucali.

Komunistom nie chodzi o jedność proletariatu, lecz o utrzymanie dzisiejszego niemożliwego stanu rzeczy w Radach, które służą im nie za teren twórczej pracy, lecz warcholskich, intryganckich i destrukcyjnych robót.

Jeżeli nie ma porozumienia co do charakteru i zakresu wspólnych zadań, to jakież może być współdziałanie? Zamiast współdziałać – będzie się tylko niszczyło te ważne organy walki robotniczej, jakimi są Rady delegatów.

Tu trzeba odróżnić udział w dwojakiego rodzaju instytucjach przedstawicielskich: państwowych i dobrowolnych. Do takich instytucji, jak Sejm, Rady miejskie, wchodzimy dlatego, że są to ciała obowiązujące, mające władzę niezależnie od tego, czy my do nich wchodzimy, czy nie. Nie wchodząc do takich instytucji, pozostawiamy je całkowicie przeciwnikom i wyrzekamy się tych korzyści, które przez nie zdobyć możemy dla klasy robotniczej.

Inaczej rzecz się ma z instytucjami, niemającymi urzędowego charakteru, jak dziś nasze Rady robotnicze. Są to instytucje dobrowolne, a więc wchodząc do nich, nie możemy pozwolić na to, aby je ciągnięto na manowce, aby paczono ich charakter, aby robiono z nich zamiast narzędzia współdziałania robotniczego, narzędzie rozstroju i rozterki wśród robotników.

Wprost przeciwnie postępują pp.[panowie] komuniści z cechującą ich przewrotną logiką. W Rosji, gdzie Rady są organami władzy, a więc instytucjami obowiązującymi wszystkich, wypędzają z nich socjalistów i robotników innych kierunków. Tam zaś, gdzie Rady są dobrowolne, używają pozoru jedności proletariatu do zamaskowania swoich destrukcyjnych planów.

PPS-owcy mogą współdziałać tylko wtedy, gdy jest wspólny grunt porozumienia. To, co komuniści chcą zrobić z Rad, uniemożliwia porozumienie.

Komuniści trzymają się taktyki, która przed wojną była właściwością anarchistów, a teraz przeszła w spadku na nich. Żyją oni tylko oczekiwaniem rewolucji socjalnej, odrzucają zaś wszelką pozytywną, twórczą działalność w warunkach, zakreślonych chwilą i miejscem. Dlatego odrzucają udział w Sejmie[3]

[3] Negatywny stosunek komunistów do systemu parlamentarnego w Polsce był konsekwencją ich antypaństwowego nastawienia, u którego podstaw leżało tkwienie kompartii w ideowych założeniach luksemburgizmu.

Na łamach „Sztandaru Socjalizmu" nowo powstała KPRP bezwzględnie atakowała nie tylko idee organizowania parlamentaryzmu w Polsce, lecz także pozytywny do niej stosunek PPS, której polityków obrażano zwrotami typu „bezmózgi frackie" (zob. *Strusia polityka*, „Sztandar Socjalizmu", 21 XII 1918, nr 3). W tym samym artykule KC KPRP jednoznacznie określił swój stosunek do sejmu i postawy w tej kwestii PPS. Czytamy: „Dziś namawiać robotników do akcji wyborczej, wpajać w nich zaufanie do »ogólnonarodowego« sejmu, znaczy zamykać im oczy na niebezpieczeństwo grożącej kontrrewolucji, znaczy rozbrajać ich w obliczu wroga klasowego. [...] Nie wybory do kontrrewolucyjnej konstytuanty są dzisiaj jej [tj. klasy robotniczej – przyp. K.S.] hasłem, lecz organizowanie rewolucji, napełnienie duchem rewolucyjnym Rad Delegatów Robotniczych, dążenie do objęcia przez nie władzy w kraju". Na łamach tego organu w artykule *Sejm czy Rady cz. I* pisano, że „Bezwzględnymi zwolennikami sejmu są jedynie najgłupsze niezdecydowane żywioły, które służąc nieświadomie sprawie kontrrewolucji, próbują wbić sobie i innym w głowę, że Sejm będzie rzetelnym wyrazem »woli ludu«" oraz że „to swobodnie wybrane przedstawicielstwo całego narodu wszystko rozstrzygnie" (*Sejm czy Rady cz. I*, „Sztandar Socjalizmu", 11 I 1918, nr 9; także AAN, KPP, 158/X–1, t. 5, k. 29; *ibidem*, t. 12, k. 28). KPRP postrzegała sejm jako narzędzie kontrrewolucyjnej akcji „burżuazji" – środek „tłumienia rewolucji" (zob. *Przed wyborami*, „Sztandar Socjalizmu", 18 I 1919, nr 15; także AAN, KPP, 158/X–1, t. 12, k. 7; *Sejm*, „Przełom", 9 II 1919, nr 1–2). Tym samym bezwzględnie występowała przeciw urealnieniu idei parlamentaryzmu w Polsce, a później po 26 stycznia przeciw funkcjonowaniu Sejmu Ustawodawczego. Ponadto istotnym czynnikiem negacji i zwalczania idei parlamentaryzmu w Polsce był fakt traktowania rad robotniczych jako realnej drogi wiodącej do urzeczywistnienia dyktatury proletariatu, a ta stała w zdecydowanej sprzeczności z rolą i zadaniami stawianymi przed parlamentem. W 1920 r. na łamach „Czerwonego Sztandaru" A. Warski następująco charakteryzował ówczesne stanowisko KPRP: „Demokracja albo dyktatura, sejm albo Rady, oto hasła bojowe dwóch walczących klas społecznych. W chwili gdy w całej Europie odbywa się walka o zwycięstwo jednej z dwóch zasad, w chwili gdy u nas ta walka weszła już na tory zmagania się dwóch instytucji – sejmu i Rad, z których jedna albo druga musi paść i chwilowo lub na zawsze ulec, w chwili tej jasne było, że miejsce komunistów było tylko w Radach, że wszystkie ich siły musiały zogniskować się i zestrzelić w walce o Rady. Niepodobne było komplikować w umysłach mas tego zagadnienia przez jednoczesny udział komunistów w Radach i w Radach miejskich[4], chociaż nic im nie umieją na dziś przeciwstawić. Co najzabawniejsze, odrzucają udział w Sejmie ci sami, którzy tak gorączkowo pchali się do Dumy carskiej[5]. Odrzucają udział w Radach miejskich ci, którzy podczas okupacji brali udział w kurialnych wyborach miejskich[6], przy których robotnicy mieli zupełnie znikomy wpływ.

---

i w sejmie" (*Nasza taktyka*, „Czerwony Sztandar", 1920, nr 5). Z kolei według analiz MSW z 1925 r. istniało kilka czynników natury taktycznej, które rzutowały na decyzję KPRP o bojkocie wyborów, tj. „1) idea bojkotu poczyniła duże postępy w masach, 2) zmiana stanowiska w partii wywołałaby zamęt ideowy, 3) nie wierzyła w legalną rewolucyjną akcję wyborczą ze względu na możliwe represje, 4) nie wierzyła w możliwość wyzyskania trybuny parlamentarnej dla celów rewolucyjnych i obawiała się, by w stosunku do posłów komunistycznych nie zastosowano niespodzianie ograniczenia nietykalności poselskiej" (AAN, MSW, 9/1184, Ruch komunistyczny w Polsce, [1925], k. 10; zob. też *ibidem*, 9/1189, Zarys historyczny i obecna działalność KPP, [1933], k. 6). Na temat tzw. zasadniczego bojkotu wyborów do Sejmu Ustawodawczego i stosunku wobec jego działalności zob. K. Trembicka, *Między utopią a rzeczywistością. Myśl polityczna Komunistycznej Partii Polski (1918–1938)*, Lublin 2007, s. 151–152; H. Lauer-Brand, *Komunizm w Polsce. Trzy lata na przodujących pozycjach* [w:] *Pisma i przemówienia*, Warszawa 1970, s. 35; T. Daniszewski, *Przedmowa* [w:] *Posłowie rewolucyjni w sejmie (lata 1920––1935). Wybór przemówień, interpelacji i wniosków*, red. T. Daniszewski i in., Warszawa 1961, s. 5; AAN, KPP, 158/VI–2, t. 2, Sejm wrogów i zdrajców ludu, Warszawa, luty 1919 r., k. 2; *O sejmie*, „Gromada", 2 II 1919, nr 5; *Sejm twierdzą reakcji*, „Sztandar Komunizmu", marzec–kwiecień 1919, nr 1.
[4] KC KPRP stał na stanowisku nadrzędności rad robotniczych nad wszelkimi instytucjami, tak państwowymi, jak i samorządowymi. Tym samym wybory do rad miejskich oceniał jako akt odciągania mas robotniczych od rad robotniczych, a przez to ich deprecjonowania (zob. AAN, KPP, 158/VI–2, pt. 2, Precz z burżuazyjnymi Radami Miejskimi, Warszawa, luty 1919 r., k. 3–4).
[5] SDKPiL, tak jak bolszewicy w Rosji, zbojkotowała wybory do I Dumy. Jednak już w 1907 r. socjaldemokraci przystąpili do wyborów do II Dumy. Nie odnieśli jednak żadnego sukcesu. Podczas wyborów w 1912 r. do IV Dumy PPS-Lewica (która negowała wcześniejsze wybory) oraz Bund wprowadziły wspólnego kandydata Eugeniusza Jagiełłę. Z kolei PPS-FR systematycznie bojkotowała wybory do kolejnych Dum (A. Bełcikowska, *Stronnictwa i związki polityczne w Polsce. Charakterystyki, dane historyczne, programy, rezolucje, organizacje partyjne, prasa, przywódcy*, Warszawa 1925, s. 347; F. Tych, *Rok 1905...*, s. 246, 275–276).
[6] Latem 1916 r. SDKPiL czynnie zaangażowała się w kampanię wyborczą do rad miejskich, m.in. w Warszawie, Łodzi czy Kaliszu. Wyniki wyborów nie były jednak

Dziś zaś, kiedy przy demokratycznej ordynacji wyborczej robotnicy mogliby mieć większość socjalistyczną w Radach miejskich, gdyby tylko „chcieli chcieć" – komuniści bojkotują wybory.

Działania komunistyczne mają dziś jeden tylko cel: podniecić nastrój, rozżarzyć namiętności, wprowadzić jak najwięcej zamętu, aby znaleźć jak najrychlej sposobność do „zrobienia" rewolucji. Jednym z najważniejszych motywów, który pcha ich w tym kierunku, jest chęć połączenia się z rewolucją bolszewicką w Rosji. Dla komunistów robotnicy polscy mają tylko znaczenie narzędzia rewolucji.

Komuniści traktują strajki jako „ćwiczenia rewolucyjne", nie zaś jako sposób polepszenia bytu. Dlatego też stosują odpowiednią taktykę strajkową, walcząc o rekord w stawianiu żądań, podkopując powagę i organizacyjną samodzielność związków zawodowych itd. Dlatego również pragnęliby ciągle wywoływać strajki powszechne.

Oczywistą jest rzeczą, że przy tego rodzaju taktyce Rady delegatów robotniczych skazane są na bezpłodność i jałowość, nie dają one nic robotnikowi polskiemu. Zamiast być kuźnią poważnej pracy, stają się areną jątrzącej dyskusji, rozwlekłej gadaniny, przeżuwania ciągle tych samych kwestii. Przy czym komuniści naturalnie robią sobie sport z prowokowania naszych tow[arzyszy], oświadczając w sążnistych rezolucjach na każdym bodaj posiedzeniu, że walka z PPS jest ich naczelnym zadaniem. I panowie ci myślą, że my przystaniemy na takie pojmowanie zadań Rad robotniczych, że będziemy tracili drogi czas na takie szermierki, że pozwolimy na takie karykaturowanie zadań Rad robotniczych.

Nie będziemy tu rozwodzili się nad przepastnymi różnicami, zachodzącymi pomiędzy socjalistami a komunistami, a właściwie bolszewikami. O tym już nieraz pisaliśmy i nieraz jeszcze pisać będziemy. Zwrócimy jednak uwagę na pewną sprawę, która przepaść tę czyni jeszcze głębszą niż w innych państwach.

W Rosji, w Niemczech itd., komuniści nie kwestionują samego istnienia państwa rosyjskiego, niemieckiego itd. Przeciwnie, zupełnie

---

satysfakcjonujące dla esdeków. W Warszawie zdobyli oni 2631 głosów (na ogólną liczbę 36 751 oddanych w mieście głosów), w Łodzi zaledwie 525, a w Kaliszu 254 głosy (zob. J. Kuncewicz, *SDKPiL wobec zagadnień wojny, rewolucji i niepodległości Polski w latach 1914–1917* [w:] *Ruch robotniczy i ludowy w Polsce w latach 1914–1923*, red. A. Kozłowski, Warszawa 1961, s. 139–141).

wyraźnie stoją na gruncie swego państwa i będąc u steru władzy, bronią jego niepodległości. Więcej nawet – u bolszewików rosyjskich nieraz już zaznaczaliśmy swego rodzaju imperializm państwowy, który świadomie czy bezwiednie nawiązuje do dawnej państwowości rosyjskiej. Pod tym względem niewielka jest różnica między Kołczakiem[7] a bolszewikami. Jeżeli chodzi o rząd Rad robotniczych na Węgrzech, to, jak wiadomo, rząd ten stał się wprost rządem obrony narodowej, ocalenia państwa węgierskiego. Jest rzeczą charakterystyczną, że hr. Kărolyi[8], przekazując władzę socjalistom, wprost zażądał, żeby do gabinetu ministerialnego weszło dwóch komunistów!

Tymczasem nasi komuniści wprost nie mogą spokojnie mówić o niepodległości i zwalczają niepodległe państwo polskie, nie tylko nie interesują się sprawą własnej organizacji politycznej narodu polskiego, ale bez ceremonii ją podkopują. A więc nie ma między nami a komunistami nawet tej elementarnej łączności, jaką wytwarza uznanie wspólnego gruntu państwowego, na którym się działa!

Czyż wobec tego wszystkiego dziwić się można, że nastąpiło ostre przesilenie? Raczej podziwiać należy cierpliwość naszych towarzyszów, którzy tak długo znosili te niemożliwe stosunki, wciąż licząc na to, że coś da się zrobić. Ale to tylko umacniało komunistów w ich przekonaniu, że swoją nieprzebierającą w środkach demagogią, korzystając z podniecenia mas, uda im się Rady opanować i pchnąć na drogę awanturniczej polityki. Z tym trzeba było raz skończyć. Gdyby taki stan rzeczy miał dłużej potrwać, to komuniści wprawdzie by Rad nie opanowali, ale Rady rozleciałyby się jedna po drugiej.

A więc do dawnych stosunków i dawnych „porządków" w Radach już nie wrócimy Rady nie mogą być terenem walki, intryg i dezorgani-

---

[7] Aleksander Wasiljewicz Kołczak (1874–1920) – rosyjski admirał; w latach 1916––1917 naczelny dowódca Floty Czarnomorskiej; w latach 1918–1920 prowadził wojnę przeciw bolszewikom, jednocześnie na kontrolowanych przez swoje wojska wschodnich obszarach Imperium Rosyjskiego sprawował dyktatorskie rządy jako „wielkorządca państwa rosyjskiego"; w 1920 r. pochwycony przez bolszewików i stracony w lutym tego samego roku.

[8] Mihăly Kărolyi (1875–1955) – polityk węgierski; w latach 1918–1919 premier oraz prezydent Węgier.

zacji. Jeżeli mają być terenem współdziałania, to widzimy jedną tylko formę możliwą: ograniczenie działania Rad do tych zadań, które będą istotnie wspólne, przystąpienie w tym zakresie do pracy pozytywnej, oparcie organizacji Rad na zasadzie porozumienia międzypartyjnego.

Jeżeli nastąpi pozytywna praca, zwłaszcza w dziedzinie społecznej, to bardzo być może, że po pewnym czasie zapanuje większa harmonia, która umożliwi rozstrzyganie wielu spraw większością głosów.

W zasadzie jednak Rady dziś powinny być zbudowane na podstawie federacyjnej – to znaczy, że tylko to, co jest wyrazem woli wszystkich grup może być przedmiotem roztrząsań i decyzji.

Tylko w formie federacji Rad partyjnych uczynimy zadość potrzebie realnego i pożytecznie pracującego przedstawicielstwa klasy robotniczej w obecnych warunkach. Rada sfederowana nie powinna być zwoływana zbyt często, ale wtedy, kiedy chodzi nie o demonstrowanie sporów i walk robotniczych, lecz przeciwnie o manifestowanie wspólności robotniczej w walce z obrońcami kapitalistycznego ustroju i wszelaką reakcją. Natomiast powinien istnieć stały Komitet wykonawczy jako pośrednik między Radami partyjnymi oraz komisje, w których byłby punkt ciężkości pozytywnej pracy dla dobra klasy robotniczej, które istotnie przyczyniłyby się do wzmocnienia sił klasy robotniczej w walce o władzę i przetworzenie ustroju społecznego.

Res.[9]

Źródło: „Robotnik", 15 VI 1919, nr 217.

---

[9] Feliks Perl (1871–1927) – działacz socjalistyczny; członek PPS; w latach 1915––1927 redaktor naczelny „Robotnika"; poseł PPS do Sejmu Ustawodawczego oraz I kadencji; w latach 1924–1926 przewodniczący CKW PPS.

Nr 10

1919 czerwiec 18, Warszawa – Artykuł z „Robotnika" pt. „Kryzys w Radach Del[egatów] Rob[otniczych]"

Rady Del[egatów] Robotniczych przeżywają dzisiaj ciężki kryzys wewnętrzny. Dotychczasowy stan i praca Rad nie może zadowalać klasy robotniczej. Dla proletariatu Rady są potrzebne jako instytucje walki o polepszenie swego bytu i organizacje zespalające, wzmacniające klasę robotniczą i przygotowujące ją do objęcia kierownictwa państwowym życiem.

Taktyka komunistów, polegająca na niedopuszczaniu wszelkimi środkami, raz jawnym sabotażem, kiedy indziej znów „zasadniczym" stawianiem sprawy i wytaczaniem całego arsenału waśni międzypartyjnych do poważnej pracy proletariatu, doprowadziła do tego, że zwykłą drogą zmienić położenia w R[adach] D[elegatów] R[obotniczych] nie sposób. Od kilku miesięcy twórcze żywioły skupiono w Radach, zwracają na to uwagę, że gdzie tylko znajdą się komuniści, tam już o pracy R[ad] D[elegatów] R[obotniczych] zupełnie nie może być mowy.

Od kilku miesięcy sprawa ta stoi na porządku dziennym, coraz bardziej zaogniając się. Teraz następuje już pęknięcie tego wrzodu. W Lublinie robotnicy postanowili przerwać ten stan tak szkodliwy dla proletariatu. Kilka tygodni temu usunęli oni komunistów, przeciwstawiających się tym razem walce R[ad] D[elegatów] R[obotniczych] z lichwą i spekulacją, z R[ady] D[elegatów] R[obotniczych] i ukonstytuowali się w Lubelskiej Radzie Del[egatów] Rob[otniczych][1].

Dzielną i owocną pracą L[ubelskiej] R[ady] D[elegatów] R[obotniczych] jak najlepiej udowodnią, iż gdy usunięci będą szkodnicy, parali-

---

[1] 17 V 1919 r., wskutek usunięcia przez PPS z lubelskiej Rady Delegatów Robotniczych działaczy komunistycznych, nastąpiło faktyczne rozbicie rady na mniejsze inicjatywy; szerzej zob. *Z Lubelskiej Rady Delegatów Robotniczych. Zerwanie z komunistami*, „Robotnik", 22 V 1919, nr 194; *Oświadczenie Lubelskiej Rady Delegatów Robotniczych do Komisji Zjazdowej*, „Robotnik", 31 V 1919, nr 203; *Rady Delegatów Robotniczych w Polsce 1918–1919. Materiały i dokumenty*, t. 2, oprac. A. Tymieniecka, Warszawa 1965, s. 344–359; K. Sacewicz, *Wojna na lewicy...*, s. 290–291.

żujący od wewnątrz wszelką pracę R[ad] D[elegatów] R[obotniczych], wówczas Rady staną się, czym być powinny: – ciałem wewnętrznie spoistym i zdolnym do pracy.

To, co stało się w Lublinie, pociąga za sobą daleko idące następstwa. Bezowocność, bezczynność Rad widoczna jest każdemu – R[ady] D[elegatów] R[obotniczych] wykazują swą działalność tam tylko, gdzie albo wcale nie ma komunistów, albo też gdzie[ś] są w znikomej ilości. Bo jasnym jest, że dla unieruchomienia organizacji niewielkiej grupy ludzi potrzeba. A unieruchomienie wszelkich organizacji robotniczych w Polsce, niebędących pod całkowitą batutą komunistów, jest dla nich tak konieczne, jak konieczne im było rozbicie związków zawodowych w Wilnie, w chwili gdy bolszewicy zdobyli tam władzę.

Klasa robotnicza czuje dziś w swej masie doskonale, iż trzeba ratować swe organizacje i wśród nich Rady D[elegatów] R[obotniczych], a drogą ku temu celowi jest jedynie usunięcie partyjniactwa komunistycznego, usunięcie ich wichrzeń, oparcie R[ad] D[elegatów] R[obotniczych] na zdrowych zasadach socjalistycznej ideologii. Jednym słowem, droga ta jest obrana przez proletariat Lublina. I jeśli dziś tu i ówdzie komunistom udaje się jeszcze bałamucić robotników, nazywając wydalenie wichrzących grup z R[ady] D[elegatów] R[obotniczych] – rozbrojeniem Rad – to w krótkim czasie wszyscy zrozumieją, jak obłudnym jest ten krzyk komunistów, którzy całą swą działalnością Rady do tej pory rozbijali, a dziś, gdy robotnicy z PPS, wespół z wszystkimi żywiołami twórczymi w klasie robotniczej, przystąpili do obrony Rad, krzyczą o ich rozbijaniu.

Idą dni wytężonej walki z burżuazją, gdzie wzmocnionym organizacjom klas posiadających muszą być przeciwstawione, zdecydowane, sprężyste organizacje uświadomionej klasy robotniczej. Rad[y] Del[egatów] Rob[otniczych] w tej walce zabraknąć nie może, toteż stan, kiedy sprzeczne ze sobą siły w łonie R[ad] D[elegatów] R[obotniczych] wzajem się paraliżują, musi być jak najrychlej przerwany. W celu możliwie najszybszego przekształcenia R[ad] D[elegatów] R[obotniczych] w organizm zdolny do walki z wrogiem, zażądała Partia nasza Narady R[ad] D[elegatów] R[obotniczych][2]. Ale komunistyczno-bundowska

---

[2] PPS z pracami Zjazdu Rad Robotniczych wiązała duże nadzieje na jednoznaczne określenie zasad funkcjonowania rad, co w przyszłości uniemożliwiłoby wykorzy-

większość komisji zjazdowej R[ad] D[elegatów] R[obotniczych] przez niedopuszczenie na Naradę Rady Lubelskiej i Włocławskiej[3], a jednocześnie uznanie mandatów zakwestionowanych przez nas, bo nieistniejących (jak Lubelska „gubernialna" R[ada] D[elegatów] R[obotniczych]), lub też nieprawidłowo, bezpodstawnie, jak w Żyrardowie, wybranych – od razu sfałszowała charakter Narady. Wreszcie niesłychany postępek dwóch członków Narady, którzy, mimo iż reprezentowali pepeesowską frakcję, przyłączyli się w całym szeregu spraw do komunistów – uniemożliwił rozpoczęcie obrad Narady. Odpowiednim oświadczeniem uznaliśmy Naradę za nieistniejącą. Wspólne zebranie komunistów, Verejnigte[4], Bundu[5] i Poalej-Syjonu[6] coś tam sobie uchwalało.

stywanie ich przez komunistów na potrzeby własnej akcji agitacyjno-propagandowej. Podkreślano również, że zjazd dzięki przyjęciu podstaw ideologii socjalistycznej zapewni „odrzucenie bredni komunistycznych" (*Przed zjazdem R.D.R.*, „Robotnik", 25 V 1919, nr 197; AAN, RDRwP, 167/VIII t. 1, Protokoły posiedzeń warszawskiej RDR, cz. 2, k. 186).

[3] Zob. AAN, RDRwP, 167/VIII t. 1, Protokoły posiedzeń warszawskiej RDR, cz. 2, k. 187.

[4] Żydowska Socjalistyczna Partia Robotnicza Zjednoczeni „Ferajnigte" – organizacja polityczna założona w 1918 r. przez niewielkie grupki syjonistów-socjalistów; zob. J. Holzer, *Mozaika polityczna...*, Warszawa 1974, s. 271–272; *Charakterystyki i programy stronnictw politycznych...*, s. 84–85.

[5] Ogólno-Żydowski Związek Robotniczy „Bund" w Polsce – organizacja powstała w 1897 r., początkowo związana z socjaldemokratami rosyjskimi. W 1920 r. podczas kongresu zjednoczeniowego Bundu partia poparła platformę polityczną III Międzynarodówki komunistycznej, niemniej jednak nie przyjęto kominternowskich „21 tez" i na tym tle doszło w 1921 r. do rozłamu i wykształcenia się secesyjnej organizacji pod nazwą „Kombud". W 1922 r. podczas II Kongresu Bundu odrzucono współpracę z Kominternem; szerzej zob. A. Bełcikowska, *Stronnictwa i związki polityczne w Polsce...*, s. 883–893; J. Holzer, *Mozaika polityczna...*, s. 271–274; *Charakterystyki i programy stronnictw politycznych...*, s. 86–88.

[6] Żydowska Socjalno-Demokratyczna Partia Robotnicza Robotnicy Syjonu (Poale-Syjon) – organizacja powstała w 1905 r., od 1907 r. stanowiła składowy element Wszechświatowego Socjalistycznego Związku Robotniczego Poale-Syjon, dążyła do utworzenia socjalistycznego państwa żydowskiego w Palestynie. Na ziemiach polskich starała się przez zainicjowanie walki klas zrealizować swój program; partia opozycyjnie ustosunkowana względem Bundu (A. Bełcikowska, *Stronnictwa i związki polityczne w Polsce...*, s. 875–880; J. Holzer, *Mozaika polityczna...*,

Niech sobie! – Teraz głos mają same Rady i w nich właśnie musi się dokonać uzdrowienie organizmu Rad.

Sprawa nie cierpi zwłoki. Rady Del[egatów] Robotniczych muszą w najbliższym czasie stać się organizacją sprężystą i dzielną bronią – muszą być zdolne do pracy w myśl hasła Polski Socjalistycznej.

Nasza frakcja uchwaliła w razie dojścia do skutku zebrania Narady – złożyć następujące wnioski: Wniosek w sprawie uwolnienia z Kremla tow[arzyszki] Marii Spirydonowej. Doszła nas radosna wieść o wyrwaniu z więzienia komunistycznego w Rosji Marii Spirydonowej więzionej za walkę z rządami Mirbacha, ambasadora niemieckiego w Moskwie, osadzonego tam po pokoju brzeskim i z komunistyczną dyktaturą nad proletariatem rosyjskim.

Wykradł ją oddział bojowców lewo-eserowskich i dziś zawiadamia CK lewych eserów cały proletariat, że ta zasłużona bojowniczka sprawy robotniczej znajduje się w miejscu bezpiecznym. Narada R[ad] D[elegatów] R[obotniczych] – z radością wita ten fakt i zasyła walczącym o wolność proletariatu rosyjskiego socjalistycznym partiom gorące pozdrowienia[7].

Wniosek w sprawie uporządkowania stanowiska w R[ad] D[elegatów] R[obotniczych].

Narada R[ad] D[elegatów] R[obotniczych] stwierdza, że proletariat polski stoi na stanowisku niepodległej i zjednoczonej polskiej Rzeczypospolitej socjalistycznej.

Proletariat polski potępia politykę komunistów jako szkodliwą dla walki rewolucyjnej proletariatu i sprzeczną z interesami i dążeniami robotników.

---

s. 271–273; *Charakterystyki i programy stronnictw politycznych...*, s. 84). Stosunek komunistów do organizacji Poale-Syjon, w tym także do lewicowego odłamu partii, stawał się z każdym rokiem bardziej krytyczny, wręcz negatywny. W sierpniu 1928 r. KC KPP, wkomponowując się w ideowo-taktyczne wytyczne VI Kongresu Kominternu, w jednej ze swych odezw określał lewicę Poale-Syjon mianem „agentury reakcyjnej burżuazji syjonistycznej" (AAN, KPP, 158/VI–11, pt. 7, Towarzysze! Żydowscy robotnicy i masy ludowe!, Warszawa, sierpień 1928 r., k. 4).

[7] Zob. przypis 13, dok. nr 4.

Współdziałanie żywiołów klasowych i socjalistycznych z grupami, które wnoszą demoralizację do szeregów robotniczych, których działalność prowadzi do upadku i rozkładu socjalizmu, jest niemożliwe i niecelowe. Wobec powyższego Narada wzywa wszystkie R[ady] D[elegatów] R[obotniczych], by usunęły ze swego łona niszczące klasę robotniczą wichrzenia komunistyczne, przystąpiły do energicznej pracy na podstawie socjalizmu i walki klasowej, i dążyły do urzeczywistnienia Niepodległej Polskiej Rzeczypospolitej Socjalistycznej.

Źródło: „Robotnik", 18 VI 1919, nr 220.

Nr 11

1919 czerwiec 25, Warszawa – Artykuł z „Robotnika" pt. „W walce z wichrzeniami komunistów"
(fragment)

Onegdaj, 23 czerwca[1], odbyło się posiedzenie byłego komitetu wykonawczego W[arszawskiej] R[ady] D[elegatów] R[obotniczych], poświęcone sprawie dalszych losów R[ad] D[elegatów] R[obotniczych]. Na tym posiedzeniu mieli komuniści odpowiedzieć na propozycję Polskiej Partii Socjalistycznej w sprawie utworzenia federacyjnego związku poszczególnych frakcji wchodzących w skład dawnej R[ady] D[elegatów] R[obotniczych][2].
Już przed posiedzeniem komunikowano sobie poufnie, **iż komuniści nie zgodzą się na federację.**
Na posiedzeniu złożyli oni sążnisty memoriał, obfitujący **w krytykę nieistniejącego jeszcze regulaminu** Rady federacyjnej[3].

[1] Posiedzenie KW WRDR miało miejsce 24 VI 1919 r. (AAN, RDRwP, 167/VIII t. 2, Protokoły Kom[itetu] Wykonawczego Warsz[awskiego] RDR, cz. 2, k. 164––165).

[2] Podczas posiedzenia KW WRDR 21 VI 1919 r. Rajmund Jaworowski zakomunikował decyzję Rady Naczelnej PPS o tworzeniu tam, gdzie nie ma innych ugrupowań, „wespół z bezpartyjnymi niepodległościowcami" rad robotniczych. Tam zaś, gdzie w radach funkcjonują już organizacje polityczne, PPS opowiadała się za przekształceniem je w rady federacyjne (AAN, RDRwP, 167/VIII, t. 2, Protokoły Kom[itetu] Wykonawczego Warsz[arszawskiego] RDR, cz. 2, k. 164, 169). Zob. też *Rada Naczelna PPS*, „Robotnik", 21 VI 1919, nr 223. Rezolucja Rady Naczelnej jednogłośnie została przyjęta przez frakcję PPS w WRDR; także *Zebranie frakcji PPS w WRDR*, „Robotnik", 21 VI 1919, nr 223. Dowodem na to, że PPS definitywnie postanowiła rozwiązać kwestię swego konfliktu z komunistami w radach robotniczych była odezwa CKW z 22 VI 1919 r., w której stwierdzano: „Rady Delegatów Robotniczych, wyznające program ideowy socjalizmu i niepodległości […] będą one wchodziły w razie potrzeby w porozumienie z podobnymi instytucjami innych kierunków, ale tylko na gruncie pracy i pożytecznego czynu! RDR kończą bezpłodny okres swego istnienia, w który wepchnęli je komuniści" (AAN, Polska Partia Socjalistyczna (PPS), 114/III–23, Polska Partia Socjalistyczna. Do wszystkich robotników polskich, Warszawa, 22 VI 1919 r., k. 1); także „Robotnik", 22 VI 1919, nr 224.

[3] Zob. AAN, RDRwP, 167/III–1, Odpowiedź grupy komunistycznej w Kom[itecie] Wyk[onawczym] Warszaw[skim] Rady Del[egatów] Rob[otniczych] na ultyma-

Spoza nierzeczowych argumentów przeciwko federacji wyzierała krótka odpowiedź: Frakcja komunistyczna nie zgadza się na federację na gruncie R[ad] D[elegatów] R[obotniczych].

Podobno co do treści oświadczenia również złożyły: Bund, Fereinigte oraz Poale-Syjon, cały orszak komunistów[4]. Humorystycznym momentem posiedzenia było złożenie „oświadczenia" przez ob. Leona[5] w imieniu PPS „opozycji"[6] przeciwko federacji – oświadczenie **co do treści zupełnie solidaryzujące się z komunistami**[7]. Towarzysz Jaworowski[8] w swojej odpowiedzi na oświadczenia

tywny wniosek PPS Frakcji, żądający przekształcenia Rady na Radę Federacyjną, Warszawa, czerwiec 1919 r., k. 19–20. Ponadto stanowisko komunistów w kwestii idei rad federacyjnych zostało określone w okólniku skierowanym przez KC do komitetów okręgowych partii (AAN, KPP, 158/V–2, t. 1, Okólnik do Komitetów Okręgowych, 1919 r., k. 6–6a).
[4] Zob. AAN, RDRwP, 167/VIII, t. 2, Protokoły Kom[itetu] Wykonawczego Warsz[awskiego] RDR, cz. 2, k. 165–166.
[5] Mowa o Tadeuszu Żarskim. Podczas prac w WRDR używał pseudonimów „Leon" lub „Florian".
[6] Organizacja założona w czerwcu 1919 r. przez Tadeusza Żarskiego i lewicowych- -prokomunistycznych działaczy PPS usuniętych z partii. W 1920 r. weszła w skład KPRP. O wydaleniu Żarskiego i jego zwolenników z szeregów PPS informowała specjalna odezwa CKW (zob. *Polska Partia Socjalistyczna. Do wszystkich towarzyszy*, „Robotnik", 3 VII 1919, nr 235). Na temat stosunku PPS do tzw. PPS-Opozycji zob. *Warcholstwo*, „Robotnik", 13 VII 1919, nr 245. Warto podkreślić, że działalność PPS-Opozycja była oceniana przez agendy MSW. Tę formację Żarskiego postrzegały one jako stojącą już „na stanowisku antypaństwowym i przeciwsejmowym", a także jako organizację korzystającą z finansowego wsparcia KPRP (AAN, MSW, 9/1197, Raport 108. MSW Wydział Informacji przy Naczelniku Policji Komunalnej m.st. Warszawa, Warszawa, 7 VII 1919 r., k. 366–367).
[7] AAN, RDRwP, 167/VIII, t. 2, Protokoły Kom[itetu] Wykonawczego Warsz[awskiego] RDR, cz. 2, k. 165.
[8] Rajmund Jaworowski (1885–1941) – działacz PPS; od 1918 do 1928 r. przewodniczący Okręgowego Komitetu Robotniczego (OKR) PPS w Warszawie; w latach 1917–1927 radny m.st. Warszawy, a od 1927 r. do 1931 r. przewodniczący Rady Miasta Warszawa; członek CKW oraz RN PPS; poseł na Sejm I i II kadencji; zwolennik Józefa Piłsudskiego; w 1928 r. jeden z twórców PPS – dawnej FR, w której stał na czele CKR i okręgowych struktur partii w Warszawie.

złożone, przede wszystkim zaprotestował przeciwko „oświadczeniu"
ob. Leona. Stwierdzając, iż ob. Leon, były członek frakcji PPS
w R[adach] D[elegatów] R[obotniczych] oddany pod sąd partyjny, mając
dawniej mandat od PPS był przez PPS odwołany z R[ad] D[elegatów]
R[obotniczych], żadnych więc oświadczeń jako członek K[omitetu]
W[ykonawczego] nie może składać[9].

W odpowiedzi komunistom i bundowcom zaproponował zwołanie posiedzenia na środę w celu ostatecznego omówienia sprawy R[ad]
D[elegatów] R[robotniczych]. Połączeni delegaci Komunistów, Bundu,
Fereinigte oraz Poale-Syjonu z ob. Leonem w doczepkę, zażądali dalszego załatwiania spraw bieżących, gwałtowną mając chęć przegłosować
tow. Jaworowskiego.
Wobec odmownej odpowiedzi komunistów i bundowców w sprawie
sfederowania się tow. Jaworowski złożył imieniem PPS oświadczenie,
iż tym samym, mocą uchwały najliczniejszej w R[ad] D[elegatów]
R[obotniczych], mającej absolutną większość wśród robotników polskich, frakcji PPS, stara Rada delegatów jako wspólna organizacja PPS,
komunistów, bundowców, fereinigte i Poale-Syjon przestaje istnieć.
Tow. zaś Jaworowski, jako przedstawiciel PPS, z zebrania wychodzi,
dając możność w swoim gronie zrzeszonym grupom komunistycznym
obradować nad czym im żywnie się podoba[10].
Komuniści jeszcze raz stwierdzili, o co im głównie chodziło
w R[adach] D[elegatów] R[obotniczych]. Odmawiając udziału w sfede-
rowanej Radzie wbrew opinii najpoważniejszej liczby polskich delegatów
dobitnie stwierdzili, iż nie o pracę i nie o jedność, lecz o waśń i wichrzenie im chodzi.
Będziemy mieli w Warszawie Radę Delegatów Robotniczych, stojącą na stanowisku niepodległości i socjalizmu i Radę komunistyczno-
-bundowską.
Która z nich będzie rzeczywiście reprezentowała robotnika polskiego,
wątpliwości być nie może. Wszak robotnik polski jeszcze się nie nauczył

---

[9]AAN, RDRwP, 167/VIII, t. 2, Protokoły Kom[itetu] Wykonawczego Warsz[aw-
skiego] RDR, cz. 2, k. 166.
[10]*Ibidem*, k. 166–167; K. Sacewicz, *Wojna na lewicy...*, s. 294.

poniewierać swojej niepodległości. I nie da się też kilku młodym inteligentom z PPS, niestojącym na gruncie zasad i taktyki partii – pchnąć do rozłamu. [...]

Źródło: „Robotnik", 25 VI 1919, nr 227.

Nr 12

1919 październik 3, Warszawa – Artykuł z „Robotnika" pt. „Warcholstwo komunistyczne w Związkach Zawodowych"

Sprawa stosunku związków zawodowych do partii politycznych była jedną z tych kwestii, które w ciągu szeregu lat różniły PPS od SDKPiL. Wówczas, gdy partia nasza dążyła do stworzenia potężnych organizacji zawodowych, opartych na podstawach klasowości i bezpartyjności ruchu zawodowego, SDKPiL wykorzystać chciała walkę ekonomiczną robotników dla swych ciasnych partyjnych celów.

PPS zjednoczyć chciała jak największe masy robotników do walki o byt, rozumiejąc, że tylko tą drogą można będzie zmusić fabrykantów do ustępstw. SDKPiL, z pogardą niemal patrząc na „drobne" zdobycze ekonomiczne w ramach ustroju kapitalistycznego, przenosiła spory partyjne na teren roboty związkowej.

Taktyka SDKPiL w stosunku do związków zawodowych została w zupełności przejęta przez Komunistyczną Partię Polski. Stanowisko mas robotniczych, kategorycznie domagających się zjednoczenia ruchu zawodowego, zmusiło jednak przywódców komunistycznych do pójścia na kompromis. Zasada „bezpartyjności" została przez nich przyjęta. Powstała zjednoczona Komisja Centralna klasowych związków zawodowych[1].

---

[1] Komisja Centralna Klasowych Związków Zawodowych (KC KZZ) została powołana w Warszawie 12–13 VII 1919 r. z siedzibą przy ul. Chłodnej 10 (L. Hass, *Organizacje zawodowe w Polsce...*, s. 31). Przewodniczącym komisji został Zygmunt Żuławski. W 1919 r. KPRP na 37 członków Komisji Centralnej uzyskała dziesięć miejsc, PPS sześć, ale liczba sympatyków dawała im w komisji nieznaczną przewagę. KC KZZ powstała na bazie istniejących już rad związkowych, tj. kontrolowanej przez PPS, istniejącej od listopada 1916 r. Komisji Centralnej Związków Zawodowych (KCZZ) z siedzibą w Warszawie przy ul. Leszno 53 oraz założonej 25 X 1915 r. przez SDKPiL oraz PPS-Lewicę Rady Związków Zawodowych (RZZ) z siedzibą w Warszawie przy ul. Orlej 12, a następnie przy ul. Świętokrzyskiej 12. Według ustaleń Ludwika Hassa KCZZ w marcu 1919 r. grupowała 121 związków zrzeszających ponad 61 tys. członków (*ibidem*, s. 51–52). Odmienne dane podaje Alicja Bełcikowska, według której socjaliści w Warszawie kontrolowali 26 fachowych związków zawodowych liczących 37 191 członków (A. Bełcikowska, *Stronnictwa i związki polityczne w Polsce...*, s. 395). Z kolei RZZ, na podstawie

Ten pierwszy krok w kierunku zjednoczenia organizacji zawodowych proletariatu powitaliśmy z uznaniem, przestrzegaliśmy jednocześnie robotników przed dążeniem komunistów do wykorzystania wspólnej organizacji dla partyjnej roboty politycznej. Przypuszczenia nasze się sprawdziły. Przed kilku tygodniami tow. Zaremba zwrócił uwagę na propagandę komunistyczną na terenie związkowym, obecnie mamy do zanotowania nowy fakt.

Wychodzi w Warszawie pismo „Robotnik Budowlany"[2], organ Związku zawodowego robotników i robotnic przemysłu budowlanego. Otóż w numerze 2-gim [drugim] tego pisma, który ukazał się już po zjednoczeniu związków, umieszczony został artykuł pt. „Pochód przeciw związkom"[3]. Rozpoczyna się on od stwierdzenia tego faktu, że „związki zawodowe były u nas dotychczas rozbite", że wygrywali na tym kapitaliści i ich pomocnicy, że „potrzeba stworzenia jednego frontu robotniczego od długiego czasu utrwala się w szeregach klasowo uświadomionych robotników".

W dalszym jednak ciągu tego artykułu czytamy, co następuje: „Centralna Komisja i rady związków, stały się faktycznymi kierownikami zorganizowanej klasy robotniczej w jej walce.

Oczywiście nie podoba się to różnym panom posłom i nie posłom, którzy przywykli żywotne interesy klasy robotniczej ubijać na targach w przedpokojach różnych ministrów bez wpływu i często wbrew woli

---

informacji zawartych w pracy Hassa, w 1919 r. skupiać miała od 22 do 33 tys. członków (L. Hass, *Organizacje zawodowe w Polsce...*, s. 59, 201–202, 214, 253–254, 263, 305, 306, 318, 322, 405, 507 Zbliżone dane podaje również Bełcikowska. Według ustaleń tej autorki w 1919 r. RZZ zrzeszała 15 związków zawodowych liczących 36 710 członków (A. Bełcikowska, *Stronnictwa i związki polityczne w Polsce...*, s. 394). W 1919 r. w całym kraju KC KZZ grupowała 67 związków zrzeszających około 255 tys. członków. Największe stany liczbowe Komisja Centralna osiągnęła w 1921 r., zrzeszając w skali kraju 42 związki zawodowe i ponad pół miliona członków (L. Hass, *Organizacje zawodowe w Polsce...*, s. 32).
[2] „Robotnik Budowlany" – organ socjaldemokratycznego Związku Zawodowego Robotników Przemysłu Budowlanego w Królestwie Polskim i na Litwie, wydawany w Warszawie od 1906 r. jako dwutygodnik.
[3] Zob. *Pochód przeciw Związkom*, „Robotnik Budowlany", 14 IX 1919, nr 2.

zainteresowanych robotników. I nawet parlamentarzyści albo kandydaci na parlamentarzystów z obozu tzw. socjalistycznego postanowili znowu rozbić zjednoczony obóz związkowy. Pan Jaworowski uwija się jak mucha w ukropie. Oderwał w Warszawie od związku metalowego gazowników i stworzył osobny związek gazowników, rozbił organizację robotników miejskich, zarzucił sidła na potężną organizację robotników z robót publicznych i stworzył organizację, w której robotnicy kontraktują się na akord do ziemnych robót. Organizacja ta szczególnie jest protegowana przez ministerium robót publicznych. W prowincjonalnych miastach robota p. Jaworowskiego znajduje już tu i ówdzie naśladowców. Wreszcie i naczelny organ PPS »Robotnik«, wysunął ciężkie działa przeciw zjednoczonym związkom. W jednym z ostatnich numerów »Robotnika« ukazała się prowokatorska odezwa »Koła piekarzy« PPS napadająca w najordynarniejszy sposób na związek robotników mącznych nawołująca enzeterowców[4] do stworzenia nowego związku. Fakt ten sam mówi za siebie! Wreszcie w n[ume]rze 301 »Robotnika« z 7 b[ieżącego] m[iesiąca] pojawił się artykuł pt. »Uwagi o naszym ruchu zawodowym«[5] (z powodu pisma »Związkowiec«[6]) podpisany przez Zarembę, nawołujący do otwartej walki przeciw zjednoczonym związkom.

Intrygancka robota p.p[anów] Jaworowskich, Zarembów itp. przeciw jedności związków zawodowych może mieć tylko jeden skutek: skompromitują do reszty w oczach mas robotniczych krzykliwych wodzirejów i ich obłudną politykę"[7].

Nie mamy zamiaru odpowiadać na napaści p. E[dward] P[róchnik][8], autora powyższego brudnego paszkwilu. Zapytujemy Komisję Centralną, co znaczyć mają podobne prowokacyjne, bezczelnie kłamliwe wystąpienia w organie związku, który do tej komisji należy?

---

[4] Potoczna nazwa działaczy NZR. Zob. przypis 12, dok. nr 8.
[5] Zob. *Uwagi o naszym ruchu zawodowym*, „Robotnik", 7 IX 1919, nr 301.
[6] „Związkowiec" – organ prasowy Komisji Centralnej Klasowych Związków Zawodowych, wydawany od 1918 r. w Warszawie przez Wydział Wykonawczy KC KZZ; pismo redagowane przez Antoniego Zdanowskiego ukazywało się dwa razy w miesiącu.
[7] *Pochód przeciw Związkom*, „Robotnik Budowlany", 14 IX 1919, nr 2.
[8] Edward Próchniak, zob. przypis 10, dok. nr 16.

Nie potrzebujemy chyba podkreślać, że takie popisy komunistycznych publicystów nie przyczyniają się do zjednoczenia klasy robotniczej na terenie zawodowym.

Proletariat polski pragnie jednolitych organizacji zawodowych i dlatego nie pozwoli na warcholską politykę komunistycznych polityków na terenie ruchu zawodowego.

J[erzy] Sochacki[9]

Źródło: „Robotnik", 3 X 1919, nr 326.

---

[9] Jerzy Czeszejko-Sochacki (1892–1933) – działacz socjalistyczny i komunistyczny; od 1919 do 1920 r. członek CKW PPS, w 1921 r. przeszedł do KPRP, tam w latach 1921–1925 członek KC, od 1928 do 1929 r. członek Biura Politycznego KC Komunistycznej Partii Zachodniej Ukrainy (KPZU); w 1926 r. poseł na Sejm I kadencji (zastąpił wówczas Stanisława Łańcuckiego) i w 1928 r. II kadencji (wówczas zastępca przewodniczącego Komunistycznej Frakcji Poselskiej); w 1927 r. na IV Zjeździe KPP wybrany do KC, od 1930 r. członek Biura Politycznego i KC KPP oraz przedstawiciel KPP w Kominternie; w latach 1932–1933 zastępca członka Prezydium Komitetu Wykonawczego Międzynarodówki Komunistycznej (KW MK) oraz zastępca członka Sekretariatu Politycznego KW MK.

Nr 13

1919 listopad 29, Warszawa – Odezwa Warszawskiego Okręgowego Komitetu Robotniczego PPS

Polska Partia Socjalistyczna. Towarzysze! Towarzyszki!

Wczoraj Warszawa robotnicza stała się widownią nowego prowokatorskiego wystąpienia warchołów komunistycznych[1]. Ci nędzni prowokatorzy, podli tchórze, gotowi są na wszystko, jeśli chodzi o kompromitację ruchu robotniczego.

Jeśli chodzi o zwykłe burdy, awantury nieodpowiedzialne, jak to miało miejsce wczoraj o niepotrzebny rozlew krwi robotniczej, jak to miało miejsce w dniu 3 lipca[2], wszędzie tam są krzykacze komunistyczni, którzy odziedziczywszy po esdectwie wszystkie jego nędzne metody, niegodne świadomego ruchu robotniczego, otrzymali w spadku, również jego warcholstwo i nikczemne prowokatorstwo.

Krzykacze esdeccy, a obecnie komunistyczni, każdą manifestację robotniczą, wszelki odruch robotniczy zawsze usiłują sprowokować, zamienić w burdę, w zwykłą awanturę uliczną.

Ale to, czego byliśmy świadkami wczoraj, na co patrzyła cała klasa robotnicza Warszawy, z czego cieszy się cała burżuazja i czarna reakcja, to, co się stało wczoraj, jest szczytem warcholstwa, przewrotności i dowodem, że działacze komunistyczni zatracili wszelkie poczucie odpowiedzialności za swoje czyny.

---

[1] Mowa o manifestacji zorganizowanej przez PPS 28 XI 1919 r. na pl. Teatralnym w Warszawie. Inicjatywa ta została oprotestowana przez polityczne i zawodowe środowiska prawicowe, m.in. przez Radę Okręgową Polskich Związków Zawodowych i Polskie Zjednoczenie Zawodowe Robotników Chrześcijańskich (zob. *Socjaliści wobec kryzysu*, „Gazeta Warszawska", 28 XI 1919, nr 325).

[2] 3 VII 1919 r. w Warszawie doszło do manifestacji robotniczej, będącej kulminacyjnym elementem strajku powszechnego robotników robót publicznych. Manifestujący zmierzający pod gmach sejmu zostali rozpędzeni przez policję, w wyniku czego śmierć poniosły trzy osoby, a dziesięć zostało rannych (zob. *Krwawe zajścia w Warszawie. Policja strzela do bezbronnego tłumu*, „Robotnik", 4 VII 1919, nr 236); także L. Kieszczyński, *Ruch strajkowy w Warszawie w latach 1918–1939* [w:] *Warszawa w polskim ruchu robotniczym*, red. J. Kazimierski, Warszawa 1976, s. 259).

Wczoraj klika komunistyczna zrzuciła maskę i klasie robotniczej okazała prawdziwe swoje nędzne oblicze.

Towarzysze i Towarzyszki!

Komuniści wczorajszym łobuzerskim swoim wystąpieniem w całej rozciągłości pokazali, że nie o dobro proletariatu im chodzi, że nie organizowanie szerokich mas robotniczych mają na sercu, że nie do wzmocnienia ruchu robotniczego dążą, lecz do jego rozbicia, dezorganizacji i osłabienia. Oto imponującą, wspaniałą, potężną manifestację proletariatu warszawskiego wymierzoną przeciwko wojnie na Wschodzie, przeciwko paskarstwu, nędzy i bezrobociu, manifestację skierowaną przeciwko rządom reakcyjnym i obszarniczym, **przeciwko niedołężnemu rządowi Paderewskiego[3], który za wszelką cenę przy władzy utrzymać się pragnie** – ten imponujący protest całego proletariatu stolicy; garstka warchołów anarchistyczno-komunistycznych zakończyła awanturą uliczną, obniżając powagę manifestacji i wysoce kompromitując całą klasę robotniczą w oczach jej wrogów.

Oto przy zbiegu Alei Jerozolimskich i Marszałkowskiej, kiedy pochód skierował się w stronę Ogrodu Saskiego, by udać się pod centralne instytucje państwowe, garstka zbirów komunistycznych, korzystając z chwilowego zamieszania i nieprzygotowania na burdy uliczne naszych Towarzyszy, wyłamując się z ogólnego pochodu i mając na celu rozbić potężną manifestację robotniczą rzuca się na sztandary i kierując się w stronę Mokotowa, siłą zmusza do pójścia w ich pochodzie tych Towarzyszy, którzy w ich grupie się znaleźli.

Nieliczna garstka ta z gapiami ulicznymi na czele dotarła do placu Zbawiciela.

Warchoły komunistyczne, terroryzując i szarpiąc przy pomocy swej bojówki bezbronnych naszych Towarzyszy, zmuszali ich do pójścia za swym pochodem.

---

[3] Ignacy Jan Paderewski (1860–1941) – światowej sławy pianista oraz kompozytor, polski mąż stanu, polityk i dyplomata; w 1917 r. przedstawiciel Komitetu Narodowego Polskiego (KNP) w Stanach Zjednoczonych Ameryki, od stycznia do grudnia 1919 r. premier i minister spraw zagranicznych rządu RP, w 1919 r. delegat pełnomocny RP podczas konferencji pokojowej w Wersalu; w 1935 r. współzałożyciel Frontu Morges; w latach 1940–1941 przewodniczący Rady Narodowej RP.

Ci, którzy zawsze tchórzyli wobec zaborców i okupantów, ci, którzy nigdy nie zdobyli się na żaden protest, wobec zbirów i siepaczy carskich, pruskich i austriackich, ci, którzy w krytycznym momencie zawsze umieją się schować za plecy oszukiwanych przez siebie robotników, okazali się wielkimi bohaterami wobec kilku bezbronnych robotników pepesowców. Ale bohaterstwo tych warchołów nie trwało długo. Odwaga ich wobec zdecydowanej postawy przybyłych kilku Towarzyszy pepesowców, prysła jak bańka.

Przykre to zajście, sprowokowane podczas wczorajszej manifestacji, wykazało dobitnie, że banda komunistyczna nie cofa się przed niczym, przed żadną najpodlejszą nawet prowokacją, że każdej chwili gotowi są narazić manifestujących robotników, sami zaś, jak podłe tchórze chować się za plecami robotnika, byle tylko wywołać chaos i zamieszanie.

Wczorajszą prowokacją komuniści oddali wielką przysługę reakcji. Plan wczorajszego posiewu komunistycznego klasa robotnicza zbiera już dziś. Oto pismaki burżuazyjne, służki międzynarodowego kapitału w rodzaju osławionej „Dwugroszówki", zacierają ręce i cieszą się z rozbicia manifestacji robotniczej. Pisma reakcyjne rozlegają się chichotem zadowolenia, że na pomoc zagrożonej reakcji idzie klika komunistyczna.

Towarzysze! Towarzyszki!

Dość mamy warcholstwa komunistycznego, dość tolerowania awantur i burd, prowokowanych przez bandę rozbijaczy ruchu robotniczego.

Klasa robotnicza silna, zorganizowana, świadoma swych zadań, jakie przed nią stoją, musi godnie odpowiedzieć na nieodpowiedzialną taktykę komunistyczną.

Towarzysze! Towarzyszki!

Wobec wczorajszych zajść wzywamy Was do wytężonej pracy, do tworzenia karnej organizacji, do wzmocnienia szeregów partyjnych, odpornych na rozbijanie ruchu robotniczego przez komunistów.

Ta garstka robotników, którzy się jeszcze łudzili, idąc za krzykaczami komunistycznymi, dzięki wczorajszej nauce, odwróci się od wichrzycielskich metod starego esdectwa pod nową występującego firmą.

Robotnik polski świadomy swych dążeń odwróci się od tych, którzy są przekleństwem ruchu robotniczego, którzy ruch ten rozbijają, którzy kompromitują święte hasła socjalizmu w oczach szerokich mas, którzy działając na rozkaz z Petersburga na rozkaz Trockiego, nie liczą się z potrzebami proletariatu polskiego, oddalając swymi metodami zwycięstwo czerwonego sztandaru robotniczego.

Precz z rozbijaczami i prowokatorami ruchu robotniczego! Precz z warcholską i anarchistyczną taktyką komunistów! Niech żyje Polska Partia Socjalistyczna.

Niech żyje międzynarodowa solidarność robotnicza! Niech żyje socjalizm!

Warszawski Okręgowy Komitet Robotniczy PPS[4]
Warszawa, 29 listopada 1919 r.

Źródło: AAN, PPS, 114/XIII–91, k. 6–6a, mps.

---

[4] W skład warszawskiego OKR PPS wchodzili m.in.: Rajmund Jaworowski (przewodniczący), Kazimierz Dobrowolski, Edmund Morawski, Adam Szczypiorski, Stefan Szulc, Czesław Wojciechowski, Jan Żerkowski (zob. A. Tymieniecka, *Warszawska organizacja PPS 1918–1939*, Warszawa 1982, s. 53).

Nr 14

1920 maj, Warszawa – Program PPS[1]
(fragment)

[...] Zdobycie władzy przez klasę robotniczą nie jest celem, lecz środkiem i akcja, do zdobycia władzy zmierzająca, winna podporządkować się celom wyzwolenia społecznego. Rewolucja socjalistyczna ma zadania wybitnie twórcze: urzeczywistnienie socjalizmu wymaga olbrzymich prac organizacyjnych i administracyjnych. Ustrój socjalistyczny nie może być urzeczywistniony wbrew większości społeczeństwa, musi tedy oprzeć się na zasadach demokratycznych. Rząd socjalistyczny – w jakikolwiek powstanie sposób, czy przez gwałtowny przewrót, czy też przez osiągnięcie większości w parlamencie – musi z całą bezwzględnością odpierać zamachy reakcji i usuwać z drogi przeszkody, stawiane przez klasy posiadające wyzwoleniu proletariatu. Są to jednak środki czasowe i przejściowe, właściwe każdemu przewrotowi politycznemu. Podnoszenie środków represji, a nawet terroru do godności trwałego systemu, zwłaszcza zaś opieranie przebudowy społecznej na bezwzględnych, dyktatorskich rządach mniejszości – niezgodne jest z charakterem socjalizmu i nie może prowadzić do wyzwolenia klasy robotniczej. Dlatego PPS odrzuca tak rozumianą i stosowaną „dyktaturę proletariatu", wysuwając natomiast dążenie do **rządów socjalistycznych, opartych na masach pracujących miast i wsi, zgodnych z wolą większości społeczeństwa – kontrolowanych przez ogół obywateli**. [...]

Warszawa [maj 1920]

Źródło: AAN, PPS, 114/I–2, k. 8, mps.

---

[1] Program przyjęty przez XVII Zjazd PPS, który obradował w Warszawie 21–25 V 1920 r.

Nr 15

1920 czerwiec 27, Warszawa – Artykuł z „Robotnika" pt. „Warcholstwo komunistów w Związku włóknistym w Łodzi"

Wbrew uchwale Zarządu Głównego Zw[iązku] Zaw[odowego] Rob[otników] Przem[ysłu] Włóknistego[1] o reorganizacji Oddziału łódzkiego i podzielenia go na oddziały dzielnicowe, komunistyczny Zarząd Oddziału łódzkiego zarządził zebranie Związku nie według dzielnic, a według liczby legitymacji. Na pierwszym z dwóch tych zebrań (od liczby 1 do 10 000) doszło do ostrego zatargu między komunistami a resztą zebrania, wskutek czego grupa bezpartyjnych i członków PPS w Związku złożyła oświadczenie, że w dalszych zebraniach udziału brać nie będzie.

Prócz tego grupa PPS zwróciła się do Zarządu Głównego z listem, w którym czytamy m.in.:

Stwierdzamy, że Zarząd Oddziału w swojej działalności łamie statut Związku, nie stosując się do uchwał Zjazdu i instrukcji i uchwał Zarządu Głównego, gdyż uważa za nieobowiązujące go uchwały Zarządu Głównego co do mianowania i zwalniania płatnych funkcjonariuszy związku.

W swojej działalności za najważniejsze swoje zadanie uważa walkę z Zarządem Głównym, czyli szkodzi Związkowi i działa wbrew § 12 statutu p[unkt] a, który mówi, że obowiązkiem nawet zwykłych członków jest „wystrzegać się wszelkiego rodzaju czynności, które by mogły mu (Związkowi) przynieść szkodę".

Bezprawnie wstrzymał zbieranie składki nadzwyczajnej na rzecz Zarządu Głównego, wydając jednocześnie wbrew Zarządowi Głównemu znaczki na składkę nadzwyczajną wyłącznie na rzecz Oddziału w Łodzi.

Rozmyślnie ignoruje uchwały Zarządu Głównego i Komitetu Wykonawczego, nie stosując się do okólników w sprawie nadsyłania przy

---

[1] Związek Zawodowy Robotników Przemysłu Włóknistego z siedzibą w Warszawie przy ul. Mirowskiej 13 został założony w sierpniu 1915 r. W 1919 r. przyłączył się do Związku Zawodowego Robotników i Robotnic Przemysłu Włóknistego w Polsce, który w 1927 r. zmienił nazwę na Związek Zawodowy Robotników i Robotnic Przemysłu Włókienniczego w Polsce z siedzibą w Łodzi przy ul. Narutowicza 50 (zob. L. Hass, *Organizacje zawodowe w Polsce...*, s. 188–193, 201).

sprawozdaniach miesięcznych wykazu członków opłacających składki, co uniemożliwia Zarządowi Głównemu prowadzenie ścisłej kontroli opłat; w sprawie nadsyłania odpisów z protokołów posiedzeń Z[arządu] Od[działu] łódzkiego; w sprawie rozpowszechniania statutu pomiędzy członkami Związku, Z[arząd] Od[działu] pozwala podpisywać korespondencję Związku osobom obcym.

Zarząd Od[działu] nie zastosował się do uchwały Z[arządu] G[łównego] w sprawie reorganizacji Od[działu] łódzkiego.

Nie stosuje się do § 33 st[atutu] i zwołuje przedwyborcze zebranie na Zjazd jednocześnie z Walnym Zgromadzeniem wbrew wyraźnej instrukcji Z[arządu] G[łównego].

Biorąc pod uwagę powyższe w imieniu członków Związku grupy bezpartyjnych i grupy PPS niniejszym wzywam Z[arząd] G[łówny] do zawieszenia Zarz[ądu] Od[działu] łódzk[iego] jako działającego na szkodę Związku.

Wobec tego, że rok sprawozdawczy nie jest skończony i książki kasowe przedstawiają jedną bezładną mieszaninę, że sprawozdanie Zarz[ądu] Od[działu] nasuwa wiele wątpliwości, a tym samym i podejrzeń, że stan kasy nie jest dokładnie skontrolowany, że podana została niewłaściwa ilość członków, z których tysiące figurują tylko na papierze, że stosowanie brutalnego terroru uniemożliwia wypowiedzenie się członków, gdyż grupa komunistyczna wprowadza na zebranie wiele osób z cudzymi książeczkami, oświadczamy, że w wyborach grupa bezpartyjnych i grupa PPS udziału nie bierze, wzywa Zarząd Główny do zreorganizowania Od[działu] łódzkiego na zasadach uchwał Zjazdu Ogólno-Zawodowego, tj. do podziału Związku łódzkiego na oddziały, jak również wzywa tych wszystkich, którym na sercu leży rozwój ruchu zawodowego, do bezwzględnego przeciwstawienia się wichrzycielom komunistycznym w Związkach Zawodowych.

W związku z tą sprawą wydana została odezwa do robotników, wyjaśniająca postępowanie komunistów i wzywająca do wstrzymania się od udziału w zebraniach, zwoływanych przez komunistów.

Źródło: „Robotnik", 27 VI 1920, nr 172.

114

Nr 16

1920 sierpień 10, Warszawa – Artykuł z „Robotnika" pt. „Ajenci rosyjscy jako »Rząd rewolucyjny«"

W początkach 1919 r., kiedy bolszewicy zajmowali Wilno i Mińsk, mieli oni całkiem gotową listę – swojej filii rządowej na Polskę. Bolszewicy są tak wspaniałomyślni i tak dbają o całą ludzkość, że mogliby z Moskwy dostarczyć rządów wszystkim krajom całej kuli ziemskiej. „Świat musi być rządzony z Moskwy" – oto wyznanie wiary tych następców Katarzyny[1] i Mikołaja[2]. Przede wszystkim zaś pp[anowie] bolszewicy myślą o obsadzeniu bolszewickimi rządami swoich najbliższych sąsiadów, aby nie tylko odbudować dawne granice Rosji, ale znacznie je rozszerzyć.

Nie udała się sztuczka z owym pierwszym rządem, którym bolszewicy chcieli obdarzyć „Priwislinskij Kraj". „Rząd" ten pozostał w dziedzinie niewykonanych projektów wobec tego, że bolszewików wypędzono z Wilna i Mińska[3]. Dziś bolszewicy wznawiają swój projekt i mają

---

[1] Katarzyna II (właśc. Zofia Augusta ks. Anhalt-Zerbst) (1729–1796) – od 1762 r. cesarzowa rosyjska, księżniczka Anhalt-Zerbst, żona Piotra III; zlikwidowała Sicz Zaporowską, zdobyła Krym, zainicjowała i przeprowadziła rozbiory Rzeczypospolitej.
[2] Mikołaj II Romanow (1868–1918) – cesarz Rosji; po rewolucji lutowej w 1917 r. zmuszony do abdykacji; w 1918 r. zamordowany wraz z rodziną przez bolszewików.
[3] Mowa o rządzie Litewsko-Białoruskiej Sowieckiej Republiki Socjalistycznej (tzw. Lit-Biel) proklamowanej 27 II 1919 r. W skład tego rządu wchodzili przedstawiciele Polrewwojensowietu oraz reprezentujący litewską partię bolszewicką i białoruską partię bolszewicką komuniści pochodzenia polskiego (szerzej zob. K. Zieliński, *O Polską Republikę Rad. Działalność polskich komunistów w Rosji Radzieckiej 1918–1922*, Lublin 2013, s. 74–75).

dla nas w pogotowiu „Rząd rewolucyjny"[4], który przy pomocy kozaków Budionnego[5] ma „organicznie wcielić" Polskę do Rosji. Tym razem bolszewicy nie kryją się już ze swymi planami. Moskiewska iskrówka urzędowa z trzeciego sierpnia ogłasza o utworzeniu się „Komitetu Rewolucyjnego" dla Polski. Do Komitetu tego wchodzą: Julian Marchlewski[6], jako przewodniczący, następnie Feliks Dzierżyński, Józef Unszlicht[7], Feliks Kon[8] i Edward Próchniak[9].

[4] Mowa o utworzonym przez bolszewików, w tym członków tzw. Polskiego Biura przy KC RKP(b), Tymczasowym Komitecie Rewolucyjnym Polskim (TKRP) w Białymstoku. W jego skład wchodzili: Feliks Dzierżyński, Julian Marchlewski, Jan Hanecki, Józef Unszlicht, Feliks Kon, Bernard Zaks, Stefan Heltman, Jadwiga Heltmanowa, Józef Józefowicz, Jakub Dolecki, Stanisław Pilawski, Adam Jabłoński, Tadeusz Radwański, Stanisław Feliks Bobiński (szerzej zob. T. Żenczykowski, *Dwa komitety 1920, 1944. Polska w planach Lenina i Stalina. Szkic historyczny*, Paryż 1983, 30–39); K. Zieliński, *O Polską Republikę Rad...*, s. 133–171).

[5] Siemion Michajłowicz Budionny (1883–1973) – do 1917 r. podoficer carskiej armii, w latach 1919–1923 dowódca 1 Armii Konnej.

[6] Julian Marchlewski (właśc. Julian Rückersfeldt) (1866–1925) – działacz i ideolog socjalistyczny, a następnie komunistyczny, publicysta; w 1893 r. założyciel Socjal-Demokracji Polskiej (od 1894 r. funkcjonowała pod nazwą Socjal-Demokracja Królestwa Polskiego); w ramach SDKP wyraziciel umiarkowano-opozycyjnej koncepcji politycznej w stosunku do antyniepodległościowych tez Róży Luksemburg; w 1919 r. jako jeden z pierwszych i nielicznych działaczy KPRP uznał odzyskanie przez Polskę niepodległości za niepodważalny i rzeczywisty fakt; w 1920 r. przewodniczący TKRP w Białymstoku.

[7] Józef Unszlicht (1879–1937) – działacz komunistyczny; od 1900 r. w SDKPiL, a od 1917 r. w Socjaldemokratycznej Partii Robotniczej Rosji (bolszewików) SDPRR(b); w latach 1917–1918 członek CKW grup SDKPiL w Rosji; organizator Armii Czerwonej; od 1917 r. członek naczelnego kolegium WCzK, a do kwietnia 1921 r. jeden z zastępców Dzierżyńskiego; w 1919 r. członek KC Komunistycznej Partii Litwy i Białorusi, jak również Komisarz Ludowy do Spraw Wojskowych Republiki Litewsko-Białoruskiej; w 1920 r. członek Biura Polskiego w KC RKP(b), a następnie członek TKRP; od 1923 r. pracownik wywiadu wojskowego i bliski współpracownik naczelnika Zarządu Wywiadowczego – Jana Karłowicza Bierzina.

[8] Feliks Kon (1864–1941) – działacz komunistyczny; członek I Proletariatu, od 1906 r. w PPS-Lewica; w 1919 r. członek Biura Politycznego oraz sekretarz KC KP(b) Ukrainy; oficer wywiadu Razwiedupr (Zarządu Wywiadowczego Sztabu Generalnego Armii Czerwonej); w 1920 r. członek TKRP, działacz III Międzynarodówki Komunistycznej; od 1922 r. w ZSRS.

[9] Edward Próchniak (1888–1937) – działacz komunistyczny; członek SDKPiL, od 1917 r. w RKP(b), od 1918 r. członek KPRP, w 1920 r. członek TKRP w Białymstoku.

Bolszewicy, idąc śladami dawnych rozbójników carskich, Suworowów[10] i Paskiewiczów[11], pragną jednak rzeczywisty charakter swego bandyckiego pochodu zamaskować kilkoma polskimi nazwiskami. Nikogo jednak nie złudzą i oszukają, i z piątki swoich ajentów, służalców Rosji, nie zrobią nawet pozoru rządu polskiego. Kto to są ci wyżej wymienieni panowie? Oprócz Feliksa Kona są to wszystko dawni esdecy polscy, zaciekli i przysięgli wrogowie niepodległej Polski, którzy zawsze Polskę traktowali jako prowincję rosyjską i uważali ją za przyczepkę do Rosji – wszystko jedno jakiej: carskiej, konstytucyjnej, republikańskiej czy sowieckiej. Nazwiska te zawsze oznaczały i dziś oznaczają: niewolnictwo polskiej klasy robotniczej w służbie rosyjskich interesów i rosyjskiej polityki, oznaczają posługiwanie się robotnikiem i chłopem polskim jako narzędziem potęgi Rosji.

Poza tymi czterema dawnymi esdekami jest w tym towarzystwie jeden jeszcze: Feliks Kon, który do esdecji nie należał, należał natomiast do tzw. lewicy PPS, która zresztą w stosunku do niepodległości Polski zajmowała tak samo wrogie stanowisko, jak i esdecy. Feliks Kon jest „komunistą" i „bolszewikiem" od niedawna dopiero: aż do wzięcia Charkowa przez bolszewików[12] był, jako mieńszewik, ich zaciekłym wrogiem. Ale Feliks Kon umie się szybko „przystosowywać". Będąc w zw[iąz-kowej] lewicy PPS umiał jednakże, kiedy nastręczało się odpowiednie audytorium, wygłaszać mówki niepodległościowe. A na początku wojny, porwany nastrojem, panującym w Galicji, popierał i wysławiał Legiony, aby je nieco później bezcześcić – w Szwajcarii, w otoczeniu emigrantów Rosjan.

Cała ta piątka – to członkowie rosyjskich władz sowieckich, ludzie całkowicie oddani interesom rosyjskim. Że z Polski pochodzą albo z Litwy, jak Dzierżyński, oczywiście nie zmienia to w niczym postaci

---

[10] Aleksander Suworow (1729–1800) – feldmarszałek armii rosyjskiej, teoretyk wojskowości; w 1794 r. dowodził oddziałami pacyfikującymi powstanie kościuszkowskie.

[11] Iwan Paskiewicz (1782–1856) – feldmarszałek armii rosyjskiej; w latach 1832––1856 namiestnik Królestwa Polskiego, dowodził wojskami rosyjskimi tłumiącymi powstanie listopadowe oraz powstanie węgierskie w 1849 r.

[12] Charków został zdobyty przez bolszewików w grudniu 1919 r.

rzeczy. Czyż carat nie posługiwał się takimi narzędziami? Czyż margrabia Wielopolski[13] przed powstaniem nie był u nas przedstawicielem władzy carsko-rosyjskiej? Owa piątka, z której zrobiono w Moskwie „Komitet rewolucyjny" dla Polski, pod wszystkimi względami jest narzędziem Rosji, narzędziem – rosyjskiego najazdu. Panowie ci i pod tym względem przypominają dawnych urzędników carskich, że przerzuca się ich z jednej miejscowości do drugiej, z jednego kraju do drugiego, stosownie do „potrzeb służby". Feliks Kon np. niedawno jeszcze był – w rządzie sowieckim... ukraińskim. A Feliks Dzierżyński był sowieckim ochrannikiem i katem w Rosji, obecnie podobne czynności ma pełnić w Polsce.

W stosunku naszym do Rosji, esdecy, a później komuniści, odgrywali haniebną rolę, szkodliwą dla proletariatu obu narodów. Nie tylko głaskali, ale wprost podjudzali zaborcze instynkty w rosyjskiej klasie robotniczej. Uznawali naród rosyjski za panujący i wmawiali w robotników rosyjskich, że oni są „solą ziemi", zakonodawcami socjalizmu i robotnicy krajów, zdobytych przez Rosję, mają ślepo wykonywać wolę robotników rosyjskich, a właściwie tych, którzy za ich rzeczników się podają. Oni systematycznie szczuli socjalistów rosyjskich przeciwko Polsce. Nawet gdy socjaliści rosyjscy uznali niepodległość Polski, oni nigdy z tym pogodzić się nie chcieli i nigdy nie porzucili zamiaru przywrócenia Polski do roli prowincji rosyjskiej.

Teraz jadą na podbój Polski z „czerezwyczajkami", kozakami Budionnego, carskimi generałami i programem „wcielenia" Polski do Rosji. Milutin[14], przysłany przez cara podczas powstania 1863 r. dla dokonania reformy włościańskiej, opowiada w swoich pamiętnikach, jak się cieszył, słysząc śpiewkę żołnierską: „pojdiom Polszu pokoriat" (pójdziemy Polskę uśmierzać)... Teraz jedzie owa piątka „rewolucjonistów" – i taka sama zapewne śpiewka sołdatów moskiewskich towarzyszy „komunistycznym" emisariuszom Moskwy...

---

[13] Aleksander Wielopolski (1803–1877) – polityk; w 1862 r. naczelnik rządu cywilnego Królestwa Polskiego; inicjator przeprowadzenia w 1862 r. branki do rosyjskiego wojska, przeciwnik politycznej i militarnej polskiej irredenty antyrosyjskiej.
[14] Nikołaj Aleksiejewicz Milutin (1818–1872) – carski urzędnik; w latach 1864–1866 sekretarz stanu do spraw Królestwa Polskiego; współtwórca reformy uwłaszczeniowej w Królestwie Polskim w 1864 r.

Wzorem wszystkich targowiczan[15], pragnęliby jakoś upiększyć swą haniebną, zdradziecką rolę, więc powiadają w swoim „Manifeście"[16] do ludu polskiego, że – przez pochód sowieckiej armii do Polski spełnia się dawne hasło polskie: „Za naszą i waszą wolność...". Czyż może być plugawsze bluźnierstwo? Głosić, że ci, którzy przychodzą odbierać niepodległość i wolność narodowi polskiemu, którzy pod płaszczykiem rewolucji społecznej niosą nam zniszczenie całego życia gospodarczego, a zwłaszcza zupełną ruinę przemysłu i potworny głód w miastach, że ci oto sołdaci, dowodzeni przez carskich generałów, spełniają testament rewolucjonistów polskich – jest to doprawdy szczyt bolszewickiego cynizmu.

Oto macie, robotnicy i włościanie, jakim rządem Moskwa chce was obdarzyć. Gdyby bolszewikom udał się ich szatański plan zapanowania w Polsce, to zupełnie bylibyście pozbawieni wpływu na rządy. Lenin i Trocki przysyłają wam z Moskwy wraz ze swymi sołdatami rząd, złożony z urzędników rosyjskich Sowietów. A kiedy armia rosyjska, jedyna siła zorganizowana w Rosji, przez zwycięstwo nad Polską całkowicie wrócona do swoich dawnych zadań zaborczych i ciemięzkich, obali rządy bolszewickie, to Moskwa jakichś innych panów i władców przyśle Polsce...

Tak będzie, jeżeliby lud polski nie wyrzucił z Polski najazdu, jeżeliby miał się urzeczywistnić plan bolszewickich następców Katarzyny II i ich pomocników, następców Targowicy.

---

[15] Mowa o sygnatariuszach aktu prorosyjskiej konfederacji generalnej koronnej, zawartej w maju 1792 r. w Targowicy, uznającej w cesarzowej Rosji Katarzynie II gwarantkę wolności szlacheckich, konfederacji *de facto* prowadzącej do polityczno-prawnego umocowania zbrojnej interwencji Rosji w Rzeczypospolitej. Należeli do niej m.in. wojewoda ruski Stanisław Szczęsny Potocki, marszałek konfederacji, jak również biskup inflancko-piltyński Józef Kazimierz Kossakowski, hetman wielki koronny Franciszek Ksawery Branicki, hetman polny koronny Seweryn Rzewuski (szerzej zob. W. Smoleński, *Konfederacya targowicka*, Kraków 1903, *passim*).
[16] Mowa o manifeście „Do polskiego ludu roboczego miast i wsi". Oficjalnie wydany w Białymstoku 30 VII 1920 r., jednak faktycznie członkowie TKRP pojawili się w mieście dopiero 2–3 VIII 1920 r. (zob. *Dokumenty i materiały do historii stosunków polsko-radzieckich*, t. 3: *kwiecień 1920 – marzec 1921*, oprac. W. Gostyńska i in., Warszawa 1964, s. 244–247; T. Żenczykowski, *Dwa komitety...*, s. 32; K. Zieliński, *O Polską Republikę Rad...*, s. 135–136, 140–141).

Lud polski nie dopuści do tej hańby i tej zatraty. Odpędzi precz od Warszawy niosących mu jarzmo sołdatów rosyjskich i z Moskwy przywiezionych ajentów sowieckich.

Źródło: „Robotnik", 10 VIII 1920, nr 216.

Nr 17

1920 wrzesień 8, Warszawa – Artykuł z „Robotnika" pt. „Bankructwo komunizmu polskiego"

W ostatnich miesiącach r[oku] 1918 została utworzona Komunistyczna Partia Robotnicza Polski[1]. Złożyły się na nią trzy odrębne prądy, nurtujące poprzednio w ruchu robotniczym: pierwszy stanowiła lewica PPS[2], drugie – tzw. Socjaldemokracja Królestwa Polskiego i Litwy,

---

[1] KPRP powstała 16 XII 1918 r. Zob. przypis 8, dok. nr 1.

[2] PPS-Lewica – organizacja polityczna powstała w wyniku rozłamu w PPS dokonanego na IX Zjeździe partii w Wiedniu, będącego konsekwencją wewnątrzorganizacyjnych tarć pomiędzy „starymi" i „młodymi", tj. Organizacją Bojową (OB) a ówczesnym CKW PPS. Te narastały już w okresie przedrewolucyjnym (pod koniec 1904 r.), aby ostatecznie doprowadzić do konfrontacji obu frakcji w 1905 r. podczas trwania, jak i pod wpływem rosyjskiej rewolucji. „Starzy" skupieni w OB oraz w tzw. technice skoncentrowali się w znacznej mierze na przeprowadzaniu akcji zbrojnych, „młodzi" zaś przejęli kontrolę nad kierownictwem partii i jej aktywnością agitacyjno-propagandową. Frakcja „młodych" sformułowała wówczas program autonomiczny, który nie tylko w wymiarze taktycznym, ale również pod względem głównego celu istnienia PPS różnił się od założeń ideowo-programowych prezentowanych przez „starych". O ile ci pierwsi opowiadali się za walką jedynie o autonomię Królestwa Polskiego, a tym samym przeciw idei niepodległościowej, o tyle Piłsudski i jego zwolenicy („starzy") uznawali, że nie ma wolności polskiego robotnika, nie ma prawdziwego socjalizmu bez niepodległości Polski. Konsekwencją tego podziału było usunięcie z PPS podczas wiedeńskiego zjazdu przez ówczesne kierownictwo partii członków OB, którzy to w 1907 r. w Wiedniu zorganizowali X Zjazd PPS, a zarazem I Zjazd nowo utworzonej proniepodległościowej PPS-FR. W odpowiedzi na działania Piłsudskiego „młodzi" utworzyli PPS-Lewicę (zob. F. Tych, *Rok 1905...,* s. 261–262; W. Suleja, *Polska Partia Socjalistyczna 1892–1948. Zarys dziejów,* Warszawa 1988, s. 75–90; A. Bełcikowska, *Stronnictwa i związki polityczne w Polsce...,* s. 346–348).

podzielona z kolei – mimo pozornej jedności organizacyjnej, osiągniętej w r[oku] 1917[3] – na frakcje „zarządowców"[4] i „rozłamowców"[5].

[3] Na przełomie października i listopada 1916 r. zorganizowano konferencję zjednoczeniową SDKPiL, która wyłoniła nowe władze partii, tym samym formalnie zakończono okres rozłamu w organizacji (szerzej zob. N. Michta, *Rozbieżności i rozłam w SDKPiL*, Warszawa 1987, s. 278–280).

[4] Tzw. frakcję zarządowców tworzyli emigracyjni działacze SDKPiL, którzy, wskutek wewnątrzpartyjnego „zamachu stanu" przeprowadzonego podczas konferencji berlińskiej, w sierpniu 1902 r. utworzyli Komitet Zagraniczny SDKPiL w celu „uporządkowania, powiększenia i możliwego ustalenia stosunków między zagranicą a krajem". Ponadto konferencja podjęła uchwałę w kwestii organizacji centralnych władz partii. Te miały się składać z oddzielnych komitetów centralnych dla Królestwa Polskiego i Litwy, które połączone tworzyłyby Zarząd Główny. Inicjatorami tych przekształceń byli Jan Tyszka i Róża Luksemburg. Decyzje berlińskie, jako podjęte bez zgody Stowarzyszenia Robotników SDKPiL Zagranicą, skrytykowała Cezaryna Wojnarowska, członkini Zarządu Centralnego stowarzyszenia oraz przedstawicielka SDKPiL w Międzynarodowym Biurze Socjalistycznym. Negatywnie wobec postanowień konferencji wypowiadał się także Julian Marchlewski (zob. *Socjaldemokracja Królestwa Polskiego i Litwy. Materiały i dokumenty*, t. 2: *1902–1903*, red. F. Tych, Warszawa 1962, s. 105––109, 11–114). Budowanie silnych, kierowniczych struktur partyjnych na emigracji prowadziło do powstania znaczących rozdźwięków na linii kraj – zagranica. Uwidoczniły się one szczególnie podczas V Zjazdu SDKPiL w 1906 r., kiedy to Zarząd Główny partii został całkowicie zdominowany przez działaczy emigracyjnych. W kolejnych miesiącach spór się nasilał, osiągając apogeum w latach 1911–1913. Frakcję zarządowców tworzyli członkowie Zarządu Głównego na czele z Janem Tyszką, Zdzisławem Lederem oraz Adolfem Warskim (N. Michta, *Rozbieżności i rozłam w SDKPiL*, Warszawa 1987, s. 78–79, 151––153, 179–180, 218– 262).

[5] Frakcję „rozłamowców" w SDKPiL tworzyli przeciwnicy zdominowanego przez działaczy emigracyjnych Zarządu Głównego. Przywódcą opozycji był Stanisław Trusiewicz-Zalewski, a po jego wystąpieniu z SDKPiL w 1911 r., przede wszystkim liderzy organizacji warszawskiej, tj. Józef Unszlicht, Edward Próchniak oraz Wincenty Matuszewski. Osią sporu w SDKPiL była m.in. kwestia stosunku partii do mienszewików i bolszewików, oceny możliwości połączenia się SDKPiL z PPS-Lewicą, oskarżano także Zarząd Główny o ideologiczno-programowe oderwanie się od zagadnień kraju. W kwestii pierwszej „rozłamowcy" opowiadali się za ścisłą współpracą z bolszewikami i za zwalczaniem w SDPRR wpływów mienszewickich (zob. N. Michta, *Rozbieżności i rozłam...*, s. 146–262).

Owa troistość pochodzenia była jedną z przyczyn słabości wewnętrznej nowego stronnictwa. Dawni „lewicowcy", wychowani w szkole mieńszewizmu rosyjskiego, odznaczali się zawsze niezdecydowaniem, skłonnością do codziennej, żmudnej pracy oświatowej i gospodarczej, niechętnym traktowaniem wszelkich pomysłów militarno-rewolucyjnych, powstańczych itp. „Socjaldemokraci – rozłamowcy", czyli zwolennicy Zarządu Krajowego SDKPiL w dobie słynnych zatargów z lat porewolucyjnych, stanowili grupę anarchizującą, kosmopolityczną, obcą najzupełniej polskiemu życiu narodowo-kulturalnemu. „Zarządowcy" wreszcie, stronnicy Zarządu Głównego, Tyszki[6] i Róży Luksemburg[7] we wspomnianej epoce burzy ideowej i osobistej w łonie partii „socjaldemokratycznej", reprezentowali do pewnego stopnia kierunek pośredni. Rzecz naturalna, każdy odłam wniósł ze sobą do wspólnej skarbnicy własne tradycje, własną psychologię i swoiste sposoby postępowania. I chociaż nastąpiło znaczne zbliżenie jednostek, różnice głębsze pozostały nadal w mocy.

Komuniści polscy nie wiedzieli nigdy, czego właściwie chcą. Czy niepodległej Rzeczypospolitej sowieckiej? Czy federacji z Rosją? Czy jakiegoś wszecheuropejskiego związku? Urzędowo przepowiadali rychłe nadejście rewolucji światowej. W praktyce liczyli na zwycięstwo wojsk Trockiego, ale jednocześnie zwalczali wojnę z Rosją Sowietów, jak każdą w ogóle wojnę ze stanowiska pacyfistycznego, nie czyniąc zresztą zgoła nic, by istotnie krwawym zapasom przeszkodzić. W rezultacie mieliśmy dziwaczną mieszaninę haseł, niepowiązanych niczym ze sobą, haseł, za którymi nie szedł żaden świadomy, konsekwentny wysiłek woli.

---

[6] Jan Tyszka (właśc. Leon Jogiches) (1867–1919) – działacz socjalistyczny i komunistyczny; współzałożyciel SDKP, a następnie SDKPiL; w latach 1906–1918 członek Zarządu Głównego SDKPiL, współorganizator Związku Spartakusa, następnie członek KC KPD.
[7] Róża Luksemburg (1871–1919) – działaczka socjalistyczna, a następnie komunistyczna; początkowo związana z PPS, w 1893 r. współzałożycielka SDKP, w 1914 r. współtworzyła Związek Spartakusa; w 1918 r. uczestniczyła w organizowaniu struktur Komunistycznej Partii Niemiec; zamordowana w 1919 r. przez członków Freikorpsu.

W tonie odezw znać było wpływ niepoczytalnej ideologii „rozłamowców", w wykonaniu wskazań przez siebie dawanych – wahania „lewicowców", wszystko razem nadawało działalności komunistycznej prawdziwie kameleonowe oblicze. Na jesieni 1918 r. ci przenikliwi ludzie wyobrazili sobie, iż rozwój wypadków w Polsce odbywać się ma ściśle według wzoru rosyjskiego. Rząd Ludowy odgrywał tu rolę gabinetu Kiereńskiego[8], operetka styczniowa panów posłów Dymowskiego[9] i Czerniewskiego[10] zastępowała zamach Korniłowa[11]. Konsekwentnie w lutym winna była wybić godzina bolszewickiego przewrotu. Toteż nasi komuniści z całą energią obalali do spółki z narodową demokracją tow. Moraczewskiego i zdumieli się bardzo, gdy w wyniku tej działalności nie p. Marchlewski zasiadł w Pałacu Namiestnikowskim, ale zgoła I[gnacy] J[an] Paderewski.

Pocieszono się myślą, że idzie o jakieś drobne odchylenie od prawowiernej drogi rozwoju. Istotnie, znaczenie komunizmu wśród robotników polskich w owym czasie niewątpliwie rosło. Socjaliści byli osłabieni wskutek niedawnej porażki politycznej. Wybory dały zwycięstwo żywiołom prawicowym[12]. Sejm zawiódł oczekiwania. Bojkotowa taktyka zda-

---

[8] Aleksander Kiereński (1881–1970) – polityk rosyjski; w 1917 r. premier Rządu Tymczasowego; po przewrocie bolszewickim przebywał na emigracji.

[9] Tadeusz Mścisław Dymowski (1885–1961) – działacz narodowy i chadecki; współorganizator próby zamachu stanu w styczniu 1919 r.; poseł Sejmu Ustawodawczego oraz Sejmu I kadencji.

[10] Artemiusz Ludmił Czerniewski (ur. 1883) – działacz narodowy i chadecki; poseł Sejmu Ustawodawczego oraz Sejmu I i II kadencji; w 1920 r. z ramienia Chrześcijańskiego Związku Robotniczego członek Rady Obrony Państwa (ROP).

[11] Ławr Gieorgijewicz Korniłow (1870–1918) – carski oficer; w 1917 r. mianowany przez premiera Kiereńskiego głównodowodzącym armii rosyjskiej, organizator i pierwszy dowódca Armii Ochotniczej; zginął w walce z bolszewikami.

[12] W przeprowadzonych 26 I 1919 r. wyborach do Sejmu Ustawodawczego najlepszy wynik uzyskała narodowa demokracja oraz jej sojusznicy – około 35% głosów. Listy prawicowe zwyciężyły m.in. w Warszawie (54% głosów). Wynik ten pozwolił Narodowemu Komitetowi Wyborczemu Stronnictw Demokratycznych wprowadzić do sejmu 116 posłów (zob. E. Maj, *Związek Ludowo-Narodowy 1919–1928. Studium z dziejów myśli politycznej*, Lublin 2000, s. 26, 27; A. Ajnenkiel, *Historia sejmu polskiego*, t. 2, cz. 2: *II Rzeczpospolita*, Warszawa 1989, s. 16–17, 21).

wała się tryumfować. W dodatku wewnątrz Polskiej Partii Socjalistycznej hulała propaganda komunizującej „opozycji". Wodzowie przyszłych polskich Sowietów zastosowali wtedy metodę „ćwiczeń rewolucyjnych". Ni stąd, ni zowąd proklamowano strajki generalne. Próbowano wywołać zaburzenia bezrobotnych. Rozpoczęto bezwzględną, nieprzebierającą w środkach walkę ze wszystkimi, kto nie wspierał tej zabójczej dla proletariatu polityki, niszczono ze spokojnym sumieniem resztki przemysłu Rzeczypospolitej. W marcu i kwietniu bezrobocia także miewały niekiedy częściowe powodzenie[13]. Poczynając od maja 1919 r., sytuacja zmienia się stanowczo na niekorzyść komunizmu. Kongres krakowski PPS[14] daje zwycięstwo zwolennikom socjalizmu demokratycznego[15]. „Opozycja" wychodzi z partii jako drobna garstka niezadowolonej młodzieży[16]. „Ćwiczenia" dokuczają masom robotniczym do żywego. Ostatecznie wszyscy się tak przyzwyczaili do periodycznych „strajków generalnych"[17], że sami

---

[13] Według przybliżonych ustaleń w czerwcu 1919 r. na terytorium Polski było 354 222 zarejestrowanych bezrobotnych (zob. J. Ławnik, *Bezrobocie w Warszawie w okresie międzywojennym (na tle bezrobocia w kraju)*, „Z Pola Walki" 1968, nr 2, s. 46). Przykładowo w Łodzi w 1919 r. było zarejestrowanych 150 049 bezrobotnych (*Bezrobocie w Łodzi*, „Gazeta Warszawska", 22 III 1919, nr 80).

[14] Mowa o zjeździe zjednoczeniowym PPS, który jako XVI Kongres partii odbył się 27–28 IV 1919 r. w Krakowie. Szerzej zob. *Wstęp* do niniejszego tomu.

[15] PPS opowiedziała się przeciw idei dyktatury proletariatu, uznając demokrację parlamentarną jako jedyną płaszczyznę ustrojową dla swojej aktywności polityczno--programowej. Przyjęty został projekt programu nakreślony przez Mieczysława Niedziałkowskiego, w którym rolę RDR ograniczono do bycia jednym z organów władzy socjalistycznej, nie zaś jedynym jej organem. Ponadto występujący na zjeździe Feliks Perl wprost wzywał do rozpoczęcia jawnej wojny z komunizmem. Krytyce poddano politykę bolszewików w Rosji, uznając jednocześnie próby zaszczepienia jej w Polsce za absurdalne i sprzeczne z polską racją stanu, a zwłaszcza z interesem polskiego robotnika (*Dyskusja programowa na kongresie P.P.S.*, „Robotnik", 29 IV 1919, nr 171; zob. też W. Suleja, *Polska Partia Socjalistyczna...*, s. 145–146).

[16] Zob. przypis 6, dok. nr 11.

[17] W 1919 r. komuniści za pośrednictwem rad robotniczych dążyli do wywołania strajków ogólnopaństwowych. Na temat wykorzystywania przez kompartię zjawiska strajku jako narzędzia stymulującego wrzenie rewolucyjne zob. A. Warski, *Od strajków masowych do powstania zbrojnego. Tendencje ruchu. Zadania partii,*

robotnicy-komuniści ani myślą porzucać pracy na wezwanie własnego Centralnego Komitetu.

W gruncie rzeczy w jednej tylko dziedzinie ta czcigodna instytucja zachowała konsekwentnie „imię": oto w zwalczaniu PPS-Odezwy, mowy, propaganda pokątna – wszystko było poświęcone wymyślaniu na „socjal--patriotów", wymyślaniu, które stało się z kolei, nieczyniącym najmniejszego wrażenia, chlebem powszednim równie dobrze, jak strajki.

Aż nadszedł dzień wielkiej ofensywy rosyjskiej... Codzienna porcja połajanek przestała wystarczać. Wypadki urosły na miarę olbrzymią, „godzina czynu" zapukała do wrót Polski.

Komuniści musieli zdecydować się na jasną drogę. Albo ktoś uważa, że armie Sowietów niosą na ostrzu swych lanc i bagnetów wyzwolenie społeczne, że są sprzymierzeńcem polskiej klasy robotniczej, a w takim razie należało wytężyć siły, by zapewnić im zwycięstwo, należało głośno wyprzeć się Ojczyzny, stanąć po stronie Rosji. Albo znowu, jeżeli sądzimy, iż najście obcych wojsk tylko zaszkodzi rewolucji, powinniśmy, jeżeli jesteśmy komunistami, używając motywów komunistycznych, przeciwko temu najściu się wypowiedzieć.

„Nowy Przegląd", grudzień 1923, nr 10, s. 495–500; K. Sacewicz, *Wojna na lewicy...*, s. 271 i n.; *idem, Kilka uwag na temat stosunku KPRP/KPP wobec PPS w międzywojennej Warszawie* [w:] *Komuniści w międzywojennej Warszawie*, s. 304–305. Nie wszystkie akcje strajkowe w II RP były wywołane i przeprowadzone przez czynniki komunistyczne. Strajk stanowił formę walki robotniczej, po którą często sięgały organizacje związkowe od prawicy po lewicę. Według obliczeń Lucjana Kieszczyńskiego od listopada 1918 do grudnia 1922 r. w samej tylko Warszawie miało miejsce 387 strajków, w których uczestniczyło łącznie 749 150 osób (L. Kieszczyński, *Ruch strajkowy...*, s. 257; także J. Ławnik, *Ruch strajkowy w Warszawie okresu międzywojennego w świetle statystyki*, „Kwartalnik Historii Ruchu Zawodowego" 1968, nr 1, s. 20–45; J. Kazimierski, *Ruch strajkowy w Warszawie w latach 1921–1939*, „Rocznik Warszawski" 1966, t. 7, s. 389–395). W skali całego kraju strajki były nader częstym zjawiskiem. Według danych zawartych w kwartalniku „Statystyka Pracy" w 1923 r. na terenie Rzeczypospolitej doszło w sumie do 1263 strajków, które ogarnęły 451 zakładów pracy, czynnie uczestniczyło w nich 849 051 robotników. W 1924 r. doszło do 915 strajków obejmujących 5400 zakładów i gromadzących 564 134 osób. W kolejnych latach sytuacja przedstawiała się następująco: 1925 r. – 532 strajki w 1910 zakładach – 148 527 uczestników; w 1926 r. – 454 strajki w około 2 tys. zakładów – około 112 tys. uczestników (zob. B. Balukiewicz, *Rynek pracy. Stan rynku pracy*, „Statystyka Pracy" 1927, z. 1, s. 10–11; *Mały rocznik statystyczny*, Warszawa 1931, s. 108).

Komunistyczna Partia Robotnicza Polski nie zdobyła się na uczciwe i męskie postawienie sprawy. Wysłano list do Moskwy z wezwaniem, by nie szła na Warszawę[18]; jednocześnie wszędzie na prowincji, w zajętych miejscowościach, wyciągnięto dłonie braterskie do „czerwonych" kozaków. Stanowisko naszych domorosłych zwolenników Lenina i kandydatów na Trockiego przeobraziło się w jakąś niekształtną mieszaninę tchórzostwa, „neutralności" wobec wojny, sympatii do „orłów" Tuchaczewskiego[19] i zwykłego, mieszczańskiego strachu przed nimi. Pp.[panowie] Marchlewski, Kon i Dzierżyński odgrywali w Białymstoku z powodzeniem rolę Targowicy, komuniści siedleccy, nasielscy agitowali za wstępowaniem do czerwonej armii, komuniści warszawscy trwali w grobowym milczeniu.

Na polach Radzymina rozstrzygały się losy „dyktatury komisarskiej" w Polsce, a może i na Zachodzie[20]. Bolszewizm europejski, zapomniawszy o wstydzie, marzył z tęsknotą o chwili, gdy tłumy baszkirów i kałmuków zaleją młodą niepodległość Polski. Komuniści Warszawy milczeli... Zdradzali sprawę komunizmu tak samo, jak poprzednio zdradzili Polskę. Wszak nie mieliśmy ani cienia próby jakiegoś zbrojnego wybuchu, ani nawet manifestacji ulicznej. W dniach przełomowych 15, 16, 17 sierp-

---

[18] Nie ma potwierdzenia tej informacji w zachowanych archiwaliach. Na podstawie dostępnych dokumentów można odczytać postawę kompartii w Polsce, w tym jej warszawskich aktywów, jako zgoła odmienną (zob. *Dokumenty i materiały do historii...*, t. 3, s. 261–262, 299–300; także K. Trembicka, *Środowiska komunistów wobec odzyskania niepodległości przez Polskę i wojny polsko-bolszewickiej* [w:] *Komuniści w międzywojennej Warszawie*, s. 57–61).

[19] Michaił Nikołajewicz Tuchaczewski (1893–1937) – w 1914 r. oficer armii carskiej; w latach 1915–1917 w niemieckiej niewoli, z której po kilku próbach zdołał zbiec, w 1918 r. wcielony do Armii Czerwonej; członek WKP(b); dowodził m.in. zwycięską ofensywą przeciw armii Kołczaka; w wojnie polsko-bolszewickiej w 1920 r. dowódca Frontu Zachodniego; w latach 1925–1928 szef Sztabu Generalnego Armii Czerwonej; w 1935 r. otrzymał stopień marszałka Związku Radzieckiego; w 1936 r. sprawował m.in. funkcję I zastępcy ministra obrony ZSRS.

[20] Trwająca od 14 VIII 1920 r. bitwa warszawska, poprzedzona toczącymi się od 12 sierpnia zaciętymi walkami pod Radzyminem, została uznana przez brytyjskiego dyplomatę lorda Edgara D'Abernona za osiemnastą, przełomową bitwę w historii świata (zob. E. D'Abernon, *Osiemnasta decydująca bitwa w dziejach świata*, Warszawa 1990).

nia komunistów jak gdyby nie było wcale. W tym tkwi ich śmiertelna klęska. Bo nie wystarczy tłumaczenie, że wielu przywódców zostało uwięzionych. To nie decyduje o ruchach mas. Nie wystarczy bojaźń poszczególnych jednostek jako sposób wyjaśnienia samego zjawiska. Nie! Rozstrzygnęło coś zupełnie innego: nastąpiło beznadziejne załamanie się całej ideologii.

Ta drobna zresztą garść robotników, która szła dotychczas za komunistami, opuściła ich w godzinie próby. Długoletnie wysiłki nie potrafiły wyrwać z serca komunisty-proletariusza uczuć patriotycznych i nienawiści do obcego najazdu. Bałagan programowy w samej partii dokonał reszty... Dzisiaj komunizm polski przestał być postrachem dla „pań z towarzystwa" i zaczęto nim pogardzać.

I dlatego bitwa pod Warszawą była jednocześnie bitwą o wartość moralną, o siłę ideową ruchu komunistycznego w Polsce. Bolszewizm rosyjski przegrał ofensywę militarną. Komunizm polski stracił zaufanie przyjaciół i szacunek wrogów.

M[ieczysław] Niedziałkowski[21]

Źródło: „Robotnik", 8 IX 1920, nr 245.

---

[21] Mieczysław Niedziałkowski (1893–1940) – działacz PPS; w 1918 r. naczelnik Wydziału Sejmowego MSW, od 1919 r. w składzie RN i CKW PPS, członek Sekretariatu Generalnego PPS; poseł na Sejm Ustawodawczy oraz na Sejm I, II i III kadencji; od 1927 r. redaktor „Robotnika"; w 1930 r. członek Tymczasowego Komitetu Wykonawczego Centrolewu; od 1939 r. działacz kształtującego się Polskiego Państwa Podziemnego.

Nr 18

1921 kwiecień 17, Lwów – Artykuł z „Dziennika Ludowego"[1] pt. „Rada Naczelna PPS"[2] (fragmenty)

W środę[3] odbyło się posiedzenie Rady Naczelnej PPS[4] [...]. W sprawie 1 maja, który w tym roku wypada w niedzielę, po referacie tow. Niedziałkowskiego i dyskusji, ustalono: [...] PPS organizuje święto majowe samodzielnie, przy czym pożądane jest współdziałanie z bezpartyjnymi klasowymi związkami zawodowymi. Współdziałanie, ewentualnie wspólne zgromadzenia i pochody z innymi partiami socjalistycznymi (żydowskie, niemieckie, ukraińskie) pozostawia się do uznania komitetów obwodowych i okręgowych.

---

[1] „Dziennik Ludowy" – organ prasowy PPS wydawany od grudnia 1918 r. we Lwowie.

[2] Zob. też „Robotnik", 14 IV 1921, nr 96.

[3] Tj. 9 IV 1921 r.

[4] Skład Rady Naczelnej PPS został ustalony podczas XVII Kongresu PPS obradującego od 21 do 25 V 1920 r. w Warszawie. Radę tworzyli: „Śniady (Pomorze), Porankiewicz (Poznań), Arciszewski (Zagł. Dąbr.), Całuń (Zagłębie Dąbr.), Niedziałkowski (Płock), Wierbiński (Gniezno), Dobrowolski (Warszawa podm.), Ziemięcki (Łódź), Kunicki (Śląsk Cieszyński), Żuławski (Zagł. Chrzanowskie), Kłuszyńska (Śląsk Cieszyński), Pająk (Biała Małop.), Czajor (Śląsk Górny), Perl (Warszawa), Gardecki (Warszawa), Grylowski (Kraków), Kuryłowicz (Lwów), Moraczewski (Zagł. Naftowe), Wittek (Śląsk Górny), Szałaśny (Stanisławów), Bobrowski (Kraków), Liebermann (Przemyśl), Misiołek (Jasło), Daszyński (Kraków), Praussowa (Lublin–Kielce), Napiórkowski (Łódź), Malinowski (Lublin), Szczerkowski (Pabianice), Diamand (Lwów), Rumpfeld (Śląsk Górny), Binikszkiewicz (Śląsk Górny), Kwapiński (Warszawa), Hausner (Lwów), Woszczyńska (Warszawa), Kantor (Śląsk Ciesz.), Zaremba (Warszawa), Stańczyk (Zagł. Dąbr.), Sochacki (Warszawa), Czapiński (Kraków)" (*XVII Kongres P.P.S. Piąty dzień obrad, „Robotnik"*, 26 V 1920, nr 140; *Rada Naczelna P.P.S.*, „Dziennik Ludowy", 28 V 1920, nr 126). Feliks Perl zrzekł się mandatu. W Radzie Naczelnej zastąpił go Norbert Barlicki.

Współdziałanie z partią komunistyczną jest bezwarunkowo wyłączone. [...]⁵.

Źródło: „Dziennik Ludowy", 17 IV 1921, nr 89.

---

⁵Na temat stosunku władz PPS wobec jakichkolwiek wspólnych z komunistami inicjatyw pierwszomajowych zob. AAN, RDRwP, 167/VIII t. 1, Protokoły posiedzeń warszawskiej RDR, cz. 2, k. 137; *Do wszystkich organizacji Polskiej Partii Socjalistycznej*, „Robotnik", 30 IV 1919, nr 172 (także „Robotnik", 30 IV 1919, nr 173.); AAN, PPS, 114/ III–2, Do wszystkich organizacji P.P.S., Warszawa, kwiecień 1920 r., k. 10; *ibidem*, 114/III–3, Okólnik nr 9, Warszawa, 14 IV 1921 r., k. 11; *Rada Naczelna P.P.S.*, „Robotnik", 14 IV 1921, nr 96; AAN, PPS, 114/III–3, Okólnik. Do wszystkich organizacji partyjnych. Szanowni Towarzysze, [kwiecień 1921], k. 15.

Nr 19

1921 czerwiec 9, Warszawa – Artykuł z „Robotnika" pt. „Do wszystkich organizacji Polskiej Partii Socjalistycznej. Towarzysze i Towarzyszki!"[1] (fragmenty)

Od dłuższego już czasu żywioły komunistyczne przystąpiły do systematycznej i wytężonej akcji w celu rozbicia naszej Partii. Codziennie niemal ukazują się odezwy i ulotki, podpisane w sposób rozmaity, a zmierzające do nadwyrężenia wewnętrznej spójni partyjnej za pomocą kłamstw i oszczerstw, szerzonych bądź o towarzyszach pojedynczych, bądź o całości kierowniczych ciał Partii. W szeregu miejscowości zaszły próby przekupywania członków organizacji z tym, by pozostawali oni pozornie w naszych szeregach, udzielając jednocześnie wszelkich wiadomości komunistom i spełniając ich polecenia.

Ta cała robota, prowadzona z rozkazu III Międzynarodówki i za jej pieniądze, dąży do powtórzenia w Polsce tego samego, co zostało dokonane z mniejszym lub większym powodzeniem w licznych krajach zachodniej Europy, do przygotowania sztucznego rozłamu w partii socjalistycznej, osłabienia jej i zdemoralizowania, a jednocześnie opanowania ruchu zawodowego i spółdzielczego. Rozłam miał być przeprowadzony na Kongresie najbliższym Polskiej Partii Socjalistycznej[2].

Menerzy komunistyczni nawiązali przede wszystkim stosunki z niektórymi członkami Partii, od niedawna do niej należącymi, i usiłowali utworzyć swoje „komórki" wewnątrz naszej organizacji. Centralny Komitet Wykonawczy – po otrzymaniu danych, stwierdzających powyższy stan rzeczy, widział się zmuszonym poczynić zarządzenia stanowcze, by przerwać pajęczynę haniebnej intrygi.

Kilka jednostek, które stały się narzędziem w rękach naszych wrogów, zostało oddanych pod sąd partyjny, bojąc się wszakże oczywistych skutków swego postępowania, wolało zawczasu Partię opuścić. Główną pośród nich rolę odgrywał p. Jerzy Sochacki[3]. Ludzie ci posu-

---

[1] Zob. też „Naprzód", 12 VI 1921, nr 129.

[2] Mowa o XVIII Kongresie PPS, który odbył się 22–27 VII 1921 r. w Łodzi.

[3] Jerzy Czeszejko-Sochacki oraz jego zwolennicy, tj. Stefan Baraniecki (przewodniczący siedleckiego OKR PPS) i J. Zieliński, odpowiadając na zarzuty wysuwane

131

wają się tak daleko, że będąc komunistami, używają w sposób podstępny i obłudny firmy socjalistycznej, kryją się pod nazwą „grupa członków PPS (lewica)", grupy, która nie istnieje, o której nic nie wie i z którą nic nie ma wspólnego nikt z członków jednej i jednolitej Polskiej Partii Socjalistycznej. Czynią tak, bo wiedzą, że gdyby wystąpili pod właściwą nazwą, nie mogliby liczyć na żadne powodzenie wśród szerokich mas robotniczych. W kilka tygodni później uczynił to samo poseł Łańcucki[4] pod naciskiem miejscowej (przemyskiej) organizacji partyjnej[5]. W chwili obecnej stanęliśmy wobec konieczności zlikwidowania ostatniej na większą skalę próby rozbijania polskiej pracy socjalistycznej.

Centralny Komitet Wykonawczy otrzymał kilkakrotnie szereg skarg towarzyszy poznańskich na działalność przewodniczącego miejscowego O[kręgowego] K[omitetu] R[obotniczego] Czesława Porankiewicza[6].

---

pod ich adresem przez władze PPS, skierowali oświadczenie do CKW, w którym przeciwstawili się formułowanym przez komitet oskarżeniom, zapowiadając jednocześnie podjęcie z nim politycznej walki (zob. *Oświadczenie. Do Centr*[alnego] *Kom*[itetu] *Wyk*[onawczego] *P.P.S.*, Warszawa, 8 III 1921 r.).

[4] Stanisław Łańcucki (1882–1937) – działacz socjalistyczny, następnie komunistyczny; w latach 1919–1921 poseł na Sejm z ramienia PPSD; w maju 1921 r. przeszedł do KPRP, natomiast w lipcu 1921 r. utworzył Frakcję Sejmową Posłów Komunistycznych; członek Komunistycznej Partii Galicji Wschodniej (KPGW); w 1922 r. poseł na Sejm I kadencji – członek Frakcji Sejmowej Związku Proletariatu Miast i Wsi; w 1924 r. pozbawiony przez sejm immunitetu i aresztowany; od 1929 r. w ZSRS.

[5] Za wykluczeniem z partii działaczy komunizujących opowiedziały się na naradzie partyjnej 9 V 1921 r. władze przemyskiego komitetu PPS. Wskutek ich nacisków z partii wystąpił m.in. Stanisław Łańcucki, o czym w liście z 11 V 1921 r. poinformował zarówno CKW PPS, jak i posłów zrzeszonych w ZPPS (S. Łańcucki, *Wspomnienia*, Warszawa 1957, s. 272–274; A. Andrusiewicz, *Stanisław Łańcucki,* Warszawa 1985, s. 134–135).

[6] Czesław Porankiewicz (1888–1956) – działacz socjalistyczny, następnie komunistyczny; w 1919 r. z polecenia CKW PPS organizował socjalistyczny ruch w Wielkopolsce i na Pomorzu; we wrześniu 1919 r. wszedł w skład RN PPS, kierował strukturami okręgowymi partii w województwie poznańskim; w 1921 r. opowiedział się po stronie lewicy partyjnej, w czerwcu tego roku wykluczony z PPS, w tym samym roku aresztowany pod zarzutem działania na szkodę państwa; po wymianie więźniów politycznych pomiędzy II RP a ZSRS w 1923 r. przebywał w Sowietach, tam zaan-

Została tedy wysłana specjalna Komisja w składzie tow. tow. [towarzyszy] R. Kunickiego[7] i St. Luksemburga dla zbadania sprawy. Komisja stwierdziła:

1. że zarówno Czesław Porankiewicz, jak i pozostali członkowie OKR Poznańskiego, utrzymywali stały przyjazny kontakt z ludźmi, usuniętymi z Partii, w szczególności z p. J. Sochackim, i z przedstawicielami stronnictw, wrogich PPS, odbierali od nich dyrektywy, urządzali dla nich w lokalu partyjnym odczyty tp.;
2. że w poznańskiej drukarni partyjnej były drukowane rzekomo dla zarobku, odezwy i broszury, wymierzone przeciwko PPS;
3. że Czesław Porankiewicz odmówił okazania tow. Luksemburgowi, członkowi wybranej przez Kongres Komisji Kontrolującej, rachunków i sprawozdań finansowych oraz ksiąg OKR, drukarni partyjnej i administracji „Tygodnika Ludowego"[8].

Ze wszystkich względów powyższych, [...] – Centralny Komitet Wykonawczy postanowił jednomyślnie na posiedzeniu z dn. 8 czerwca:

1. Okręgowy Komitet Robotniczy w Poznaniu rozwiązać, wszystkich jego członków zawiesić w prawach i czynnościach partyjnych, zakazać im dalszego prowadzenia jakichkolwiek agend partyjnych, oraz wstępu do lokalu partyjnego, i oddać ze względu na ważność sprawy pod centralny Sąd Partyjny zgodnie z punktem 2 rozdziału IV Tymczasowego Statutu Organizacyjnego PPS;
2. Czesława Porankiewicza zawiesić i oddać pod centralny Sąd Partyjny nie tylko, jako przewodniczącego OKR[9] Poznańskiego,

---

gażowany był w działalność agitacyjno-publicystyczną, pod koniec roku powrócił do Polski; do wybuchu II wojny światowej mieszkał na Pomorzu.

[7] Ryszard Kunicki (1873–1960) – działacz socjalistyczny, lekarz, redaktor i wydawca krakowskiego miesięcznika „Krytyka"; od 1899 r. na stałe mieszkał na Śląsku Cieszyńskim; od 1906 r. członek PPSD; w latach 1907–1911 zasiadał w Izbie Posłów Rady Państwa w Wiedniu; podczas I wojny światowej pełnił służbę w I Brygadzie Legionów; w 1919 r. poseł na Sejm Ustawodawczy; w 1920 r. wszedł w skład RN PPS, po 1923 r. działacz krakowskich struktur partii.

[8] „Tygodnik Ludowy" – organ prasowy poznańskiego Komitetu Obwodowego PPS, wydawany od października 1919 do czerwca 1921 r.; redaktorem naczelnym pisma był Czesław Porankiewicz.

[9] Zob. A. Bełcikowska, *Stronnictwa i związki polityczne w Polsce...*, s. 402.

ale i za świadomą działalność na szkodę Partii w związku z jej wrogami i z ich ramienia[10]. [...]

Towarzyszki i Towarzysze!
Nie mamy zamiaru najmniejszego krępować swobody poglądów i dyskusji wewnątrz organizacji partyjnej. Nie możemy jednak, wykonując mandat, powierzony nam przez Kongres, pozwolić, by komuniści prowadzili swą niecną, rozkładową robotę pod naszą firmą, pod naszymi niejako skrzydłami. Jesteśmy obowiązani usunąć precz „komórki" komunistyczne z żywego ciała PPS, musimy zdemaskować do końca metody walki z socjalizmem, jakich używa III Międzynarodówka.

Oddając metody te pod pręgierz świadomej opinii robotniczej, zwracamy się do wszystkich towarzyszek i towarzyszy z wezwaniem, by zwarli swe szeregi dokoła czerwonego sztandaru PPS.

Nie złamali nas wrogowie zewnętrzni, nie złamała reakcja, nie złamały obce najazdy. Potrafimy odeprzeć prowokację wewnętrzną, potrafimy ocalić Partię i socjalizm!

Precz z rozłamami!

Precz z agentami komunistycznymi! Niech żyje Polska Partia Socjalistyczna!

Centralny Komitet Wykonawczy Polskiej Partii Socjalistycznej[11]
Warszawa, 8 czerwca 1921.

Źródło: „Robotnik", 9 VI 1921, nr 151.

---

[10] Centralny Sąd Partyjny w składzie Tadeusz Hołówko, Tomasz Arciszewski i Kazimierz Pużak 18 VI 1921 r. wykluczył Porankiewicza z PPS pod zarzutem naruszenia norm statutowych (zob. M. Olszewski, *Porankiewicz Czesław* [w:] „Polski słownik biograficzny", t. 27, Wrocław–Warszawa–Kraków–Gdańsk–Łódź 1983, s. 636).
[11] Rada Naczelna PPS w czerwcu 1920 r. wybrała następujący skład CKW: Tomasz Arciszewski, Norbert Barlicki, Józef Biniszkiewicz, Kazimierz Czapiński, Ignacy Daszyński, Herman Diamand, Jan Kwapiński, Jędrzej Moraczewski, Aleksander Napiórkowski (zginął w bitwie pod Ciechanowem w sierpniu 1920 r.), Mieczysław Niedziałkowski, Zofia Prauss, Jerzy Sochacki (w marcu 1921 r. wystąpił z PPS), Antoni Szczerkowski, Bronisław Ziemięcki (zob. *Rada Naczelna P.P.S.*, „Robotnik", 13 VI 1920, nr 158).

Nr 20

1921 czerwiec 11, Warszawa – Artykuł z „Robotnika" pt. „Jaczejki"[1]

Tow. Niedziałkowski słusznie podniósł w swoim art. pt. „Odprawa"[2], że wykrywane obecnie i wycinane „komórki" komunistyczne w PPS są jednym z epizodów sowieckiego spisku przeciwko ruchowi socjalistycznemu na całym świecie. Z chwilą odepchnięcia bolszewickiego najazdu od granic Polski, rząd sowiecki przekonał się, że na ostrzach bagnetów nie poniesie, poprzez zduszoną Polskę, sowieckiej dyktatury do „zgniłej Europy". Rządowi sowieckiemu wydawało się, że maluczko – a z Warszawy będzie dyktował swoją wolę całej Europie i że w ten sposób „czerwoni" komisarze spełnią testament białych carów rosyjskich. Po odpływie żołdackiej fali bolszewickiej, trzeba było zmienić taktykę. Rzucono hasło: rozbijać wszędzie partie socjalistyczne, związki zawo-

---

[1] Według wskazań Kominternu „jaczejka" miała być narzędziem rewolucyjnym partii funkcjonującym m.in. w związkach zawodowych oraz w zakładach pracy. Tam miała przede wszystkim kontrolować sytuację, infiltrując już istniejące inicjatywy. W tej materii kominternowska instrukcja nakazywała: „z początku koniecznym jest stworzenie ogólnej frakcji opozycyjnej lub przyjąć udział w już istniejącej, dążąc przy tym do owładnięcia kierownictwa przy pomocy ukrytej jaczejki, następnie zaleca się poznać wszelkie niebezpieczeństwa i przewagę wrogów komunizmu przedtem, nim dana jaczejka ma się zdecydować na otwarte wystąpienie". Ponadto zalecano, aby robotnicy „nie wiedzieli, że służą idei komunistycznej, lub nawet tego, że w fabryce istnieje jaczejka komunistyczna". W kolejnych latach wytyczne w tej sprawie uszczegółowiano. Zagadnienie to precyzowały m.in. właściwe uchwały i rezolucje konferencji oraz zjazdów partyjnych (zob. AAN, MSW, 9/1143, Instrukcja Komitetu Wykonawczego III Międzynarodówki Komunistycznej pt. Robota agitacyjna Kominternu za granicą. O utworzeniu jaczejek komu[nistycznych] i ugrupowań robot[niczych], [odpis], 1921 r., k. 2, 4–5; także K. Sacewicz, *Komunizm i antykomunizm...*, s. 118). Na łamach „Walki z Bolszewizmem", tj. antykomunistycznego miesięcznika, „jaczejki" charakteryzowano jako zalążek – komórkę, będącą „podstawą wszystkich organizacji komunistycznych", która była zatwierdzana przez komitet okręgowy albo powiatowy i składać się miała z nie mniej niż trzech zakonspirowanych działaczy partyjnych (zob. *Organizacja „jaczejek" komunistycznych*, „Walka z Bolszewizmem", grudzień 1927, z. 7, s. 4–8).

[2] Zob. „Robotnik", 5 VI 1921, nr 147.

dowe, stowarzyszenia współdzielcze[3]. Wnosić zamęt jak największy do ruchu robotniczego, aby w ten sposób sztucznie powiększać siłę i wpływy partii komunistycznej, czyli Moskwy. Na europejski ruch robotniczy, rozwijający się prawidłowo, kierujący się własną polityką rewolucyjną, zgodną z warunkami czasu i miejsca, liczyć nie można. Trzeba ten ruch rozsadzić od wewnątrz – a wówczas dopiero wytworzy się żerowisko dla partii komunistycznej, czyli dla agencji sowieckich, nad którymi w każdym kraju czuwa „oko Moskwy". Doświadczenie uczyło, że partia komunistyczna w ogromnej większości krajów europejskich, o ile rozwijać się będzie o własnych siłach, na drodze normalnej propagandy i agitacji, nie zdobędzie przewagi w ruchu robotniczym. Agenci tedy sowieccy postanowili uciec się do innych sposobów: do podstępnej, zdradzieckiej pracy w łonie partii socjalistycznych i organizacji robotniczych, aby przez rozbicie ich dodać siły komunizmowi.

Taktyka – potworna ze stanowiska dobra klasy robotniczej, ze stanowiska moralności publicznej – gdyż wiadomo, jakimi środkami posługują się komuniści w tej walce przeciwko socjalizmowi – potworna również ze stanowiska rewolucji socjalistycznej, której takie metody na pewno nie przyśpieszą. Ale zrozumiała z punktu widzenia interesów rządu sowieckiego. Jedynym rządu tego celem jest utrzymanie się przy władzy. A jednym ze środków, na które rząd bolszewicki liczy, aby utrzymać się przy władzy – jest rozporządzanie w każdym kraju partią ślepo mu posłuszną, liczącą się nie z interesem robotników, lecz z wolą Moskwy. Bolszewicy np. doszli do wniosku, że we Włoszech istnieje „sytuacja rewolucyjna".

---

[3] Działania komunistycznych struktur partyjnych funkcjonujących na ziemiach polskich były uwarunkowane niesuwerennymi, programowo-ideowymi dążeniami kierownictwa KPRP, stanowiąc konsekwencję wypełniania wytycznych nadsyłanych z Kremla. Przykładowo, instrukcja Kominternu z 1921 r. wprost nakazywała aktywom komunistycznym w Polsce tworzenie w związkach zawodowych i w zakładach pracy zakonspirowanych „jaczejek", które miały być narzędziem rewolucyjnym partii (AAN, MSW, 9/1143, Wydział Bezpieczeństwa, odpis: instrukcji Komitetu Wykonawczego III Międzynarodówki Komunistycznej pt. Robota agitacyjna Kominternu za granicą. O utworzeniu jaczejek komu. i ugrupowań robot., 1921, k. 4). Na temat komunistycznej infiltracji związków zawodowych, a także struktur PPS w roku 1921 i w latach następnych, zob. K. Sacewicz, *Kilka uwag...*, s. 303 i n.

Dalejże więc pchać robotników włoskich do rewolucji. Skutek był ten, że przeważna część komunistów włoskich pod wodzą Serratiego[4], mająca poczucie rzeczywistości i odpowiedzialności wyłamała się spod rozkazów Moskwy. Natomiast kto inny wyzyskał sowiecką gadaninę o „sytuacji rewolucyjnej" – wstecznicy włoscy, komuniści, którzy krwawymi środkami pragnęli swoją dyktaturę zbudować. Że się tak nie stało, to zasługa robotników włoskich, którzy w masie swojej nie weszli na drogę, wskazywaną z Moskwy. Lecz niepowodzenia i osiąganie skutków wprost przeciwnych do zamierzonych nie zrażają rządu sowieckiego. On nie może postępować inaczej. On musi siać wszędzie zamęt i chaos, rozkład i zdziczenie, aby czuć się pewniejszym na swoim gruncie. On musi dążyć do rozbicia europejskiego ruchu robotniczego, aby robotników rosyjskich oszukiwać „triumfami" komunizmu w Europie. Taka mizerota, jak Łańcucki, na łamach pism bolszewickich urosła do jakiejś bohaterskiej wielkości... Działalność Łańcuckich potrzebna jest, gwałtownie potrzebna Sowietom, aby karmić Rosję złudzeniem, że jeżeli Polski nie udało się zawojować, to nie wszystko stracone: maluczko – a w Polsce zatriumfują „Sowiety", a wtedy już po gładkiej drodze będzie można wrócić do Polski, aby ją przyłączyć do rosyjsko-sowieckiej gospodarki...

I rzecz znamienna: im bardziej w samej Rosji komunizm bankrutuje, im bardziej bolszewicy zdradzają wszystkie zasady społeczno-gospodarcze, w imię których ustanowili swoją dyktaturę – tym gwałtowniejsza jest ich ofensywa przeciwko socjalizmowi europejskiemu, tym namiętniejsza ich chęć zbolszewizowania Europy w imię... najczystszych zasad komunistycznych. Na ruinie gospodarstwa społecznego w Rosji starają się znowu zasadzić drzewo kapitalizmu – a jednocześnie swój komunizm pragną narzucić proletariatowi europejskiemu jako wzór do naśladowania. Socjaliści, którzy rozumnie i konsekwentnie walczą o socjalizm, którzy zwalczają kapitalizm nie na to, aby – wschodnim wzorem – „nagi człowiek znalazł się na nagiej ziemi", którzy nie uganiają się za władzą dla władzy, bez względu na cele i następstwa – socjaliści to naturalnie

---

[4] Giacinto Menotti Serrati (1874–1926) – przywódca Włoskiej Partii Socjalistycznej, uczestnik drugiego kongresu III Międzynarodówki.

„zdrajcy". Natomiast pp[panowie] bolszewicy, którzy błagają Stinnesów[5], aby ze swymi kapitałami pośpieszyli do Rosji i czerpali tam nadwartość z pracy robotnika rosyjskiego, pp[panowie] bolszewicy, którzy zaprowadzają wolny handel i zamierzają wydzierżawiać „unarodowione" przedsiębiorstwa – to są ludzie, którzy mają być mistrzami i rozkazodawcami proletariatu europejskiego w sprawie socjalistycznej przebudowy...

Bolszewicy swoje bankructwo społeczne w Rosji pragną zamaskować rzekomo rewolucyjną polityką w Europie. Oto dlaczego z takim nakładem środków bolszewicy hodują swe jaczejki" w europejskim ruchu socjalistycznym. Znalazły się takie „jaczejki" i w PPS[6].

Ale odsłonięcie ich machinacji wywołało bezwzględny odpór w całej partii bez względu na odcienie i różnice w poglądach. Daremnie podszywają się pod nazwę „lewicy" PPS ludzie, którzy z PPS w ogóle nic wspólnego nie mają, którzy każdym swoim słowem, każdym swoim poglądem urągają wszystkim zasadniczym, programowym przesłankom PPS. Program nasz przeciwstawia się z całą jasnością i stanowczością bolszewizmowi – i kto przemyca bolszewizm do partii, kto uważa za swą ewangelię „21 warunków"[7] bolszewickich carzyków – ten jest zdrajcą partii.

---

[5] W lecie 1920 r. do Europy Zachodniej z polecenia Moskwy zostały wysłane misje handlowe w celu uzyskania kredytów oraz podpisania umów zezwalających na transfer do Rosji bolszewickiej nowych technologii. Doszło wówczas do spotkań sowieckich delegatów z przedstawicielami wielkiego kapitału, m.in. z Hugo Stinnesem – szefem Niemieckiego Związku Przemysłowców, który nie krył swego zainteresowania rosyjskim rynkiem oraz możliwościami współpracy gospodarczej z państwem bolszewików (zob. R. Pipes, *Rosja bolszewików*, Warszawa 2005, s. 229).

[6] Za takie uznawano zarówno frakcję Tadeusza Żarskiego, jak i tzw. lewicową opozycję w PPS na czele z Jerzym Czeszejko-Sochackim.

[7] Mowa o tzw. 21 tezach Zinowiewa–Apfelbauma, które wyznaczały wymogi przystąpienia i funkcjonowania danej organizacji komunistycznej w szeregach III Międzynarodówki; były one *de facto* zbiorem zasad określających zależność krajowych partii komunistycznych (w tym KPRP/KPP) od Kominternu. KPRP przyjęła je w lutym 1921 r. podczas II Konferencji Partyjnej. W ramach 21 tez zakładano: 1) całkowite podporządkowanie partii wszelkiej akcji agitacyjno-informacyjnej, programowi i uchwałom Kominternu, nadanie jej charakteru istotnie komunistycznego wyrażającego się w propagowaniu dyktatury proletariatu, przy jednoczesnym zwalczaniu burżuazji „i jej wspólników-reformistów", 2) bezwzględne usuwanie tychże reformistów oraz centrowców ze wszystkich stanowisk w ruchu robotniczym,

Wewnątrz partii nie będziemy z takimi ludźmi dyskutować, bo to są wrogowie programu naszego i partii naszej, którzy wślizgnęli się po to tylko,

_____

a następnie zastępowanie ich „wypróbowanymi komunistami", 3) równoległe tworzenie organizacji legalnych i nielegalnych, „które by w momencie decydującym dopomogły partii do spełnienia jej obowiązku wobec rewolucji", 4) prowadzenie energicznej propagandy komunistycznej w wojsku, 5) organizowanie tożsamej akcji na wsi, 6) walkę z „socjal-patriotyzmem" oraz „socjal-pacyfizmem", 7) całkowite odrzucenie przez kompartie jakiejkolwiek koncepcji politycznej reprezentowanej przez siły centrowe i tym samy usilne wspieranie działań na rzecz jednolitej akcji komunistycznej, 8) prowadzenie akcji antykolonialnej, 9) zwalczanie „socjal--patriotów" w ruchu związkowym, przejmowanie kontroli nad istniejącymi związkami zawodowymi lub też tworzenie nowych grup komunistycznych, 10) prowadzenie „zaciętej walki" z Międzynarodówką Zawodową z siedzibą w Amsterdamie, 11) nadanie czysto komunistycznego charakteru swoim frakcjom parlamentarnym, m.in. poprzez rugowanie z ich składu żywiołów ugodowych, 12) funkcjonowanie kompartii według zasad demokratycznego centralizmu, 13) systematyczne oczyszczanie swoich szeregów z „żywiołów drobnomieszczańskich", 14) bezapelacyjne wspieranie wszystkich republik sowieckich, przy jednoczesnym podejmowaniu wszelkich działań wobec „sił kontrrewolucyjnych", 15) uzgadnianie własnych programów partyjnych z władzami III Międzynarodówki, 16) uznawanie i wykonywanie wszystkich uchwał kongresów Kominternu oraz postanowień Komitetu Wykonawczego Międzynarodówki, 17) wraz z przynależnością do MK przekształcenie się każdej kompartii w sekcje Kominternu, 18) obowiązek publikowania w prasie partyjnej wytycznych, odezw, dokumentów Kominternu, 19) zorganizowanie specjalnych kongresów partyjnych w celu przedstawienia działaczom krajowym warunków przynależności do międzynarodówki, jak również zapoznania ich z uchwałami jej II Kongresu, 20) dominację komunistów (przynajmniej 2/3 ogółu członków) w partiach pragnących przystąpić do Kominternu, które nie były jeszcze w pełni skomunizowane, 21) wyrzucenie ze struktur organizacyjnych wszystkich, którzy kwestionują lub też odrzucają warunki i tezy uczestnictwa w międzynarodówce, zob. K. Sacewicz, *Komunizm i antykomunizm...*, s. 90–92; *idem, Komintern w świetle polskiej publicystyki przeciwkomunistycznej II Rzeczypospolitej. Przyczynek do badań nad polskim antykomunizmem*, „Komunizm. System – ludzie – dokumentacja" 2017, nr 6, s. 16–17; *idem, Ruch komunistyczny na ziemiach polskich w latach 1918–1923 w świetle materiałów operacyjnych i opracowań agend Ministerstwa Spraw Wewnętrznych II RP*, „Echa Przeszłości" 2012, t. 13, s. 254–257; *Komunizm wobec parlamentaryzmu. Przyczynki i dokumenty do dziejów komunizmu międzynarodowego i polskiego*, oprac. A. Bełcikowska, Warszawa [1922], s. 6–7; *Międzynarodówka Komunistyczna. Statut i rezolucje uchwalone na II Kongresie Międzynarodówki...*, s. 23–28; *Kommunističeskij Internacional w dokumentach...*, s. 100–104;

aby w partii wywołać rozstrój i zamęt na rzecz bolszewizmu. Z „jaczejkami" nie ma dyskusji – zdrowy organizm wyrzuca je precz.

Źródło: „Robotnik", 11 VI 1921, nr 153.

A. Gryff-Keller, *Komunizm*, Warszawa 1926, s. 161; J. Bach, *Zarys historyczny i obecna działalność Komunistycznej Partii Polski,* „Biuletyn Instytutu Naukowego Badania Komunizmu" 1932, z. 3 [dodatek], s. 6–7; A. Bełcikowska, *Stronnictwa i związki polityczne w Polsce...,* s. 399–400; S. Jankowski [H. Glass], *Metody ekspansji komunizmu. Dzieje ukształtowania systemu w latach 1919–1932,* Londyn 1982, s. 125–129; *Dokumenty z historii III Międzynarodówki Komunistycznej,* z. 2, Warszawa 1962, s. 280 i n.; *Międzynarodowy ruch robotniczy w świetle dokumentów 1918–1943,* red. A. Reiss, J. Teleszyński, Warszawa 1981, s. 59–69, 79–90; M. Leczyk, *Zarys historii III Międzynarodówki 1919–1943,* Warszawa 1971, s. 36–37. Zob. także AAN, MSW 9/1188, *O ruchu socjalistycznym w ogóle. Organizacje komunistyczne,* [1930], k. 15–17; *ibidem,* 9/1189, *Zarys historyczny i obecna działalność KPP,* [1933], k. 3. Przyjęcie „tez" przez KPRP oceniano jako jednoznaczny akt, będący wystarczającą podstawą do uznania jej „za partię niepolską i partię zdrady", a jej działaczy za agentów „obcej potęgi w naszym organizmie narodowym", zob. H. Glass, *Obrona Polski przed bolszewizmem,* Płock 1927, s. 10, 26; także *Związek Socjalistycznych Sowieckich Republik i Międzynarodówka Komunistyczna prowadzą wojnę zaczepną przeciwko Rzeczypospolitej Polskiej,* „Walka z Bolszewizmem" 1928, z. 14, s. 10.

Nr 21

1921 czerwiec 18, Warszawa – Artykuł z „Robotnika" pt. „Komunistyczna rdza"

Związek Górniczy w Zagłębiu Dąbrowskim[1] przystąpił do organizowania robotników w okresie istnienia u nas „Rady Delegatów Robotniczych". Już wtedy komuniści rzucili się z całą zajadłością ku uciesze reakcji do walki ze Związkiem, twierdząc, że tam, gdzie są R[ady] D[elegatów] R[robotniczych], związków nie potrzeba. Ogół robotników, mając jednak dosyć „dobrodziejstw" R[ad] D[elegatów] R[obotniczych], w postaci dzikich a częstych strajków (na rozkaz byle chłystka komunistycznego), kończących się zawsze klęską robotników, stanął twardo przy Związku.

Związek przez rozumną taktykę zawodową wywalczał dla robotników coraz to nowe zdobycze, więc robotnicy wbrew usilnej komunistycznej agitacji masowo wstępowali do Związku.

Komuniści, widząc, że w otwartej walce Związku nie rozbiją, chwycili się innej taktyki, – ogłosili uroczyście, że uznają bezpartyjność Związku i wstępują do organizacji, aby wspólnie pracować nad jej rozwojem. Był to manewr obliczony na wprowadzenie w błąd mało uświadomionej części robotników. Z początku zachowywali się dosyć wstrzemięźliwie, bojąc się zdradzić przedwcześnie swoje zamiary. Powoli jednak zaczęli siać niechęć wśród najciemniejszych robotników do kierowniczych ciał Związku.

Nie będziemy wyszczególniali wszystkich sposobów, jakimi komunistyczni agitatorzy posługiwali się w walce przeciw Związkowi Górniczemu. Kto ich zna, ten wie dobrze, do czego ci ludzie są zdolni i jaką się posługują bronią. Podamy dla ilustracji parę tylko faktów.

Jeżeli na kopalni zabrakło aprowizacji, komunistyczne warcholy szły do robotników, mówiąc, że temu wszystkiemu winien Związek,

---

[1] Centralny Związek Górników w Polsce – utworzony we wrześniu 1919 r., od 1922 r. funkcjonował pod nazwą Związku Robotników Przemysłu Górniczego i Naftowego w Polsce; w 1921 r. związek działał w 122 oddziałach zrzeszających ponad 39 tys. robotników; w latach 1921–1923 siedziba związku znajdowała się w Sosnowcu (zob. L. Hass *Organizacje zawodowe w Polsce...*, s. 108–110).

sekretarze Związku lub Komitety kopalniane. Gdy Związek przystępował do akcji w sprawie zaradzenia brakowi lub złej aprowizacji, to oni zwoływali tajne konferencje, na których obmyślali, jakby tę akcję Związkowi utrudnić.

Robotnicy jednak poza cząstką zupełnie nieuświadomionych stali niewzruszenie przy Związku. Jak daleko posunęli się komuniści w chęci rozbicia zawodowej organizacji naszej takie np. fakty.

Podczas wyborów do komitetów kopalnianych, kiedyśmy wystawili na każdej kopalni listę Związku Górniczego przeciwko liście związeczku N[arodowej] P[artii] R[obotniczej], komuniści wydali tajne hasło do swoich ludzi, aby głosowali za N[arodową] P[artię] R[obotniczą].

Zachowanie się komunistycznych agitatorów podczas wielkich strajków górn[iczych] o zawarcie umów, było wprost skandaliczne. W chwilach największego napięcia walki, kiedy cała reakcja z Pękosławskim[2] na czele rzuciła się do ataku na Związek, komuniści wydawali odezwy, nawołujące robotników do niepodporządkowania się uchwałom Związku. Były wypadki, że w jednym i tym samym dniu rozdawano odezwy robotnikom o jednakiej treści przeciw Związkowi i kierownikom tegoż, z tą tylko różnicą, że pod jednymi był podpis stronnictwa ks. Lutosławskiego, a pod drugimi partii komunistycznej.

Wszystko jednak zawodziło komunistycznych kombinatorów. Rozbicie Związku nie powiodło się, co więcej, część komitetów kopalnianych, stojących pod wpływami partii komunistycznej wyparła się swoich prowodyrów, stając w obronie Związku.

Kiedy komuniści stracili wszelką nadzieję użycia Związku do swoich partyjnych celów, wówczas przystąpili już jawnie, bez wszelkich osłonek do rozbicia.

Zaczęli agitację wśród robotników za niepłaceniem składek, rozpowszechniając oszczerstwa, że pieniądze związkowe kradną sekretarze okręgowi i kupują sobie za nie folwarki i kamienice.

---

[2] Jan Pękosławski (1877–1944) – inżynier-architekt, przedsiębiorca budowlany, założyciel i prezes tajnego stowarzyszenia – Pogotowie Patriotów Polskich; aresztowany przez policję w styczniu 1924 r., w 1926 r. skazany na cztery miesiące twierdzy z zaliczeniem w poczet kary aresztu prewencyjnego.

We wszystkich atakach na Związek mieli komuniści stałego sojusznika w miejscowych NPR-owcach, którym silny Związek klasowy również spać nie daje.

Zawsze największą obawą przejmowało komunistów i NPR-owców każde przeprowadzenie przez Związek klasowy akcji na korzyść robotników, gdyż to utrwalało wśród robotników coraz mocniej wpływy tegoż Związku.

Toteż i ostatnio, kiedy przemysłowcy wypowiedzieli Związkowi Górniczemu umowę, chcąc odebrać górnikom część już wywalczonych zdobyczy, komuniści wiedząc, że będzie to walka zasadnicza, od której wyniku przemysłowcy uzależniają swoją taktykę wobec proletariatu w Polsce, starali się pchnąć robotników do dzikiego strajku. A przecież była to chwila, kiedy Związek gorączkowo mobilizował swoje siły do zdecydowanego przeciwstawienia się atakowi przemysłowców, więc komuniści wytężyli wszystkie swoje siły, aby górników zdezorganizować i w chwili decydującej uczynić niezdolnymi do walki. W tym celu spotęgowali agitację przeciw Związkowi, wydając masowo odezwy, przywożone z Niemiec, w których roiło się od zwykłych brudnych oszczerstw przeciw Związkowi.

Odezwami jednak strajku wywołać się nie udało, trzeba było czekać na jakąś okazję spotęgowanego niezadowolenia wśród robotników i oto jakby deska ratunku dla komunistycznych naganiaczy zjawia się kwestia ściągania podatku od zarobków.

W dniu 15 kwietnia, kiedy robotnikom ściągnięto bez jakiegokolwiek uprzedzenia podatek od zarobków, komuniści, wykorzystując zrozumiałe rozgoryczenie, wywołali na paru kopalniach strajk przeciw podatkowi. Sekretariat Związku, widząc, że sprawy podatku w ten sposób załatwić się nie da i że komunistom wcale o podatek nie chodzi, lecz o rozbicie przygotowanej akcji o zawarcie nowej umowy, zwołał konferencję, na której uchwalono strajk zlikwidować, sprawę zaś obniżenia stopy podatkowej załatwić drogą układów z władzami.

Strajk rzeczywiście został zaraz zlikwidowany oświadczeniem, że sprawa podatku zostanie przez Sekretariat przedstawioną w Ministerium [ministerstwie] i w sejmowej komisji skarbowej.

Wskutek interwencji Sekretariatu, zaraz po 15 kwietnia zjechała do Zagłębia Komisja Skarbowa, która na wspólnej konferencji z przedstawicielami Związku ustaliła, że ściągany podatek jest za wysoki i że należy stopę podatkową obniżyć. Komisja wydała do robotników plakat, w którym ogłoszono, że podatek za rok 1920 zostaje skasowany, że minimum egzystencji wolne od podatku będzie podniesione i zostaną ustanowione komisje (w skład których wejdą przedstawiciele robotników) w celu kontroli wysokości potrąceń podatku od zarobku.

Plakaty zostały rozwieszone po kopalniach z podpisami: starosty, Urzędu Górniczego, przedstawiciela Ministerstwa Skarbu i inspektora pracy. Lecz, niestety, jak zawsze, tak i teraz przedstawiciele rządu wydali plakat i wyjechali, a sprawa podatku została po staremu.

Przyszedł 15 maja i wbrew ogłoszeniu wydanemu przez przedstawicieli rządu robotnikom ściągnięto z zarobku podatek w wysokości pierwotnej, a w niektórych wypadkach nawet w podwójnych ratach.

Na to tylko czekali komuniści i kiedy robotnicy rozgoryczeni wprowadzeniem ich w błąd przez władze rządowe, zaczęli się burzyć, zjawili się zawsze chętni komunistyczni agitatorzy i zaczęli wrzeszczeć: „Na przyszły miesiąc podatek będzie w większych jeszcze ratach ściągany. Związek oszukał robotników; nie Sejm, ale sekretarz Związku Stańczyk[3] (!) taką wysoką stopę podatkową oznaczył i taką umowę z rządem podpisał", i tym podobne świadome brednie.

Zaproponowali robotnikom strajk, naturalnie według starej komunistycznej recepty „aż do zwycięstwa"!

Związek widząc, że niedołężne władze sprawy podatkowej (może rozmyślnie) nie uregulowały i z uregulowaniem tejże nie śpieszą, nie mógł iść do robotników i znów strajk likwidować, gdyż to dałoby komunistycznym hienom materiał do dalszej agitacji przeciw Związkowi. Widząc jednak, że strajk podsycany przez komunistów zakończy się klęską robotników, Sekretariat Związku zwołał konferencję, na której po szczegółowej, wyczerpującej dyskusji wszyscy uczciwi delegaci,

---

[3] Jan Stańczyk (1886–1953) – działacz socjalistyczny i związkowy; członek PPSD oraz PPS, zasiadał również w składzie Centralnej Komisji Związków Zawodowych (CKZZ), z list PPS poseł na Sejm I i II kadencji; od 1937 r. członek CKW PPS; w okresie II wojny światowej na uchodźstwie; w latach 1945–1946 minister pracy i opieki społecznej w Tymczasowym Rządzie Jedności Narodowej, od 1948 r. w Polskiej Zjednoczonej Partii Robotniczej (PZPR).

nawet niektórzy zwolennicy komunistycznej partii (wobec bezcelowości strajku) przyjęli uchwałę polecającą robotnikom przystąpić do pracy.

Komuniści jednak starali się na konferencji przeforsować rezolucję, aby Związek proklamował strajk generalny i objął kierownictwo tegoż, a więc chcieli przez takie postawienie sprawy narzucić Związkowi prowadzenie z góry przegranej walki, aby zrobić Związek odpowiedzialnym wobec mas i przy tej sposobności nareszcie go rozbić. Rezolucja ta otrzymała na 95-[c]iu delegatów jeden głos. Konferencja zgodnie stanęła na stanowisku, zajętym przez Sekretariat, że jeżeli komunistyczna partia chce proklamować strajk, to może to zrobić, ale na własny rachunek. Związek, nie mogąc brać odpowiedzialności za wynik strajku, polecał robotnikom przystąpić do pracy, lecz, aby nie dać materiału do agitacji, tam, gdzie robotnicy do strajku przystąpią, nie będzie się przeciwstawiał.

Kiedy robotnicy dowiedzieli się o uchwale konferencji, na wielu kopalniach (gdzie strajk już wybuchł) zaczęli wracać do pracy, zaś na kopalniach, gdzie strajku nie było, bez przerwy pracowali.

Komuniści, widząc, że nie będą mogli na Związek zwalić porażki, rzucili się do zaciekłej agitacji za wywołaniem ogólnego strajku. Sprowadzili około 30 dobrze płatnych agitatorów, zorganizowali piekarzy, którzy chodzili pijani z kopalni na kopalnię, przemocą wypędzając pracujących robotników. Urządzali wiece, na których wymyślali najdziksze kłamstwa na kierowników Związku[4]. Z tow. Baranowskiego[5] zrobili szpicla policyjnego. Tow. Stańczyk ukradł dwa miliony marek i uciekł do Warszawy. Na Górnym Śląsku jest rewolucja komunistyczna. Aby jak największą liczbę robotników ściągnąć na wiece rozsiewali przed wiecami

---

[4] W latach 1921–1925 funkcję przewodniczącego Związku pełnił Franciszek Szpruch, wiceprzewodniczącymi byli Jan Papuga oraz Józef Suwała, skarbnikiem Jan Pytlik, zaś sekretarzem Związku Mieczysław Bobrowski (zob. L. Hass, *Organizacje zawodowe w Polsce...*, s. 110).

[5] Poprawne brzmienie nazwiska – Bobrowski. Mieczysław Bobrowski (1877–1945) – działacz socjalistyczny i związkowy; w 1898 r. w PPSD; w latach 1918–1919 sekretarz Organizacji Górników Solnych, następnie zaangażowany w pracach Centralnego Związku Górników w Polsce, w którym od 1921 do 1925 r. pełnił funkcję sekretarza; członek krakowskiego OKR PPS; w latach 1927–1935 wicedyrektor Kasy Chorych w Nadwornej w Małopolsce Wschodniej; w okresie wojny i okupacji zaangażowany w konspiracyjną działalność PPS-WRN w Krakowie.

kłamliwe wieści, że na wiecu będą przemawiali nasi posłowie, fałszując na zawiadomieniach podpisy sekretarza Związku tow. Baranowskiego. Kiedy robotnicy na wiec się zjawili i zapytywali: „gdzie są posłowie?", wtedy komuniści robili oburzone miny, wołając: „zdrajcy z PPS boją się pokazać masom".

Ostatecznie i kłamstwa zaczęły zawodzić. Robotnicy, słuchając zwykłych komunistycznych formułek, a jednocześnie widząc klęskę strajku, zaczęli wracać do pracy. Wówczas komuniści wymyślili nowe kłamstwo a mianowicie, w celu podtrzymania strajku, wybrali na wiecu (wołając ciągle „precz z rządem!") delegację, która w sprawie podatku miała się udać do tegoż rządu i ogłosili uroczyście, że strajk należy wszelkimi siłami podtrzymać aż do powrotu delegacji.

„Delegacja" przyjechała do Warszawy i zgłosiła się przede wszystkim do niżej podpisanego „zdrajcy", prosząc go, aby ją przedstawił ministrowi. Naturalnie spotkała ich odmowa, tym bardziej że sprawa podatku została przez Związek, łącznie z posłami PPS u marszałka Sejmu omówiona. „Energiczna delegacja" po czterech dniach zwiedzania osobliwości miasta wróciła do Dąbrowy, gdzie na wiecu (na którym znów sprowadzono robotników kłamliwą wieścią, że przemawiać będzie tow. Daszyński[6]) strasznie wymyślała na zdrajcę tow. Stańczyka, za to, że nie chciał z delegacją mówić, i dlatego... sprawy podatkowej nie załatwiono.

Robotnicy jednak ku zmartwieniu agentów komunistycznych nie chcieli strajkować i pomimo że komuniści na wiecach ciągle uchwalali rezolucje „strajk aż do zwycięstwa", po kilku dniach już 90% robotników pracowało.

Komuniści dalej zaczęli myśleć, jakby z tej głupiej sytuacji wybrnąć. W sobotę, dn. 28 maja ogłosili na wszystkich kopalniach, że Sekretariat okręgowy zwołuje na niedzielę rano do Dąbrowy Górniczej konferencję Związku, a na popołudnie wiec publiczny, na którym tow. Stańczyk będzie przemawiał, zdając sprawę z pertraktacji w Warszawie o nową umowę z przemysłowcami. Delegaci istotnie myśleli, że ogłoszenia

---

[6]Ignacy Edward Daszyński (1866–1936) – polski mąż stanu, działacz socjalistyczny, współzałożyciel PPSD, jeden z założycieli Centrolewu; w 1918 r. premier Tymczasowego Rządu Ludowego Republiki Polskiej; w latach 1928–1930 marszałek Sejmu RP.

są prawdziwe, zjawili się w Dąbrowie i tutaj zdumieni dowiedzieli się, że Sekretariat konferencji nie zwoływał, klnąc więc komunistów wrócili do domu. Trudniej było z wiecem. Robotnicy w nadziei, że Sekretariat okręgowy poinformuje ich o wyniku układów z przemysłowcami, zjawili się tłumnie ze wszystkich kopalń.

Mówca komunistyczny, zagajając wiec w przeświadczeniu, że tow. Stańczyk na wiec nie przyjdzie, zaraz wrzasnął, że Stańczyk zdrajca na wiec nie przyszedł, bo się boi. Głupio się zrobiło kłamcom--komunistom na duszy, kiedy tow. Stańczyk zjawił się na mównicy, aby oświadczyć robotnikom, że aczkolwiek wiecu nie zwoływał, to jednak na życzenie zebranych zda sprawę ze stanu układów. Robotnicy sprawozdania spokojnie wysłuchali. Kiedy komuniści zabrali głos do krytyki układów, tow. Stańczyk słusznie oświadczył, że do oceny działalności Związku są uprawnieni jedynie członkowie, a nie wiec, na którym są najrozmaitsi ludzie, i poszedł do domu.

Komuniści ponownie znaleźli się w głupim położeniu, gdyż nareszcie musieli przystąpić do formalnego likwidowania strajku, dawno już wygasającego.

Po parogodzinnym wymyślaniu na Związek postawili nareszcie rezolucję, w której obłudnie powiedzieli, że strajku nie kończą, ale go przerywają. Rezolucja jak zwykle kończyła się słowami: „Precz ze Związkiem, precz z delegatami, niech żyją Rady D [elegatów] R[obotniczych]". Cała ta farsa, niestety, skutkiem głupoty policji i prowokacji komunistycznych agentów skończyła się tragicznie śmiercią i ranami zupełnie niewinnych robotników.

Z całej taktyki prowokatorów komunistycznych widać było, że dążyli do wywołania krwawej burdy.

Krew i trupy robotników były im potrzebne, aby odwrócić uwagę robotników od klęski materialnej, wyrażającej się w stracie dziesięciodniowego zarobku, premii, węgli i aprowizacji, aby mieć pretekst do wywołania nowego strajku pod hasłem, że policja morduje robotników, zdobyć materiał agitacyjny na Górnym Śląsku przeciw przyłączeniu Śląska do Polski, w której policja strzela do robotników.

Że komuniści z góry liczyli na strzelaninę dowodzi i ten fakt, że kiedy nawoływali do pójścia pod więzienia, a robotnicy zaczęli formować pochód, prowokatorzy komunistyczni z wiecu przed strzelaniną uciekli, pozostawiając w tłumie garstkę zdezorientowanych robotników, którym polecili namawiać tłum do rozbrajania policji.

Robotnicy, którzy chwilowo dali się porwać kłamliwej demagogii komunistycznych hien-agentów i przystąpili do strajku, dziś przekonali się, że każda akcja, którą kierował Związek, przynosiła im korzyści, kiedy zaś komuniści wszczynają jaką akcję, kończą ją zawsze klęską i zbrodnią na robotnikach.

Stańczyk

Źródło: „Robotnik", 18 VI 1921, nr 160.

Nr 22

1921 lipiec 7, Kraków – Artykuł z „Naprzodu"[1] pt. „Krecia robota komunistów"

Do wiadomości towarzyszów naszych podajemy tu dziś dokument demaskujący zgubną robotę komunistów.

Dokumentem tym, który się dostał w nasze ręce, jest oficjalne sprawozdanie z odbytej w maju br. w Warszawie trzeciej rady partyjnej[2] „komunistycznej partii robotniczej Polski". Zawiera ono uchwalone przez tę radę „tezy", których mają się trzymać komuniści w swej działalności[3]. Oto najważniejsze punkty tych uchwał komunistycznych: **szafowanie cudzą krwią.**

Za cel swój uważają komuniści wywołanie zbrojnych ruchawek, a to bez względu na widoki powodzenia – niech się leje krew robotnicza, niech padają trupy robotnicze – choćby żadnych warunków zwycięstwa nie było, byle były jak najczęstsze ruchawki, bo cudza krew daremnie przelana i trupy robotnicze nie wzruszają komunistów...

Na dowód, że komuniści z takim zupełnym brakiem poczucia odpowiedzialności, z tak zbrodniczą niesumiennością lekceważą życie robotników, prosimy przeczytać dwie następujące ich „tezy", które brzmią dosłownie:

„10. Środki walki. W miarę rozrostu akcji masowej komuniści wzywają proletariat do coraz ostrzejszych form walki, do strajku powszechnego, do demonstracji ulicznych, do uzbrajania się i do rozbrajania burżuazji, do opanowywania gmachów rządowych, do przeciągania armii na swoją stronę, wzywając jednocześnie do organizowania rad delegatów robotniczych i ujęcia przez nie władzy. W chwili największego napięcia i szerokości walki klasowej komuniści winni powstania zbrojne organizować i przeprowadzać. Uważając fakt zdobycia władzy – choćby przej-

---

[1] „Naprzód" – organ prasowy PPS wydawany w Krakowie, wychodził sześć razy w tygodniu, redagowany przez Emila Hackera; nakład pisma do 1926 r. wahał się od 6 do 15 tys. egzemplarzy, po 1926 r. nie przekraczał 4 tys. egzemplarzy.
[2] Do II Zjazdu KPRP z 1923 r. Rady Partyjne były zwoływane trzykrotnie, tj. w lutym i we wrześniu 1919 r. oraz w maju 1921 r. (zob. *KPP. Uchwały...*, t. 1, s. 51).
[3] Zob. *Sprawozdanie z Rady Partyjnej. Maj 1921*, Warszawa 1921, s. 3–15.

ściowego – za przełomowy moment dla rozwoju świadomości proletariatu i za silny bodziec dla międzynarodowej rewolucji, partia powinna pchać masy w tym kierunku bez względu na to, czy ogólne położenie wewnętrzne i międzynarodowe zapewnia trwałość zdobytej dyktatury. (Błędna taktyka partii włoskiej we wrześniu 1920, Austria). W tym celu partia musi stale wszczepiać w proletariat świadomość, że zdobycie władzy może nastąpić jedynie przez zbrojne pokonanie klas posiadających. Rozpoczynającym się akcją masowym partia nie zakreśla z góry granicy, pchając je jak najdalej, powinna się jedynie wystrzegać wzywania do zbrojnych wystąpień, póki ruch masowy się jeszcze szeroko nie rozwinął i walka klasowa nie osiągnęła dużego napięcia[4]. 11. Likwidowanie akcji. W chwili, gdy akcja załamuje się, partia nie wzywa klasy robotniczej do odwrotu, lecz usiłuje do ostatniej chwili odwrót mas powstrzymać i do nowego ataku je poprowadzić, demaskując i piętnując ugodowców, którzy zalecają przerwanie walki. Gdy mimo tych wysiłków odwrót mas staje się faktem dokonanym, obowiązkiem partii jest przez uświadomienie masie przyczyn klęski wyzyskać porażkę dla przygotowania gruntu do nowej akcji"[5].

A więc do ostatniej chwili, nawet gdy już załamanie się ruchawki jest widoczne, nakazują komuniści podtrzymywać przelew krwi robotniczej, a tych ludzi, którzy w imię porządku i uczciwości starali się oszczędzić proletariatowi niepotrzebnych ofiar i tym straszliwszej klęski, przezywają „ugodowcami".

Taktyka komunistów widoczna jest z powyższych dwóch punktów: zacząć od demonstracji przez strajk powszechny doprowadzić do krwawych rozruchów, a po ich stłumieniu przygotowywać powtórzenie. Życie proletariatu ma się zatem wedle zamysłu komunistów składać z ciągłego szeregu krwawych tragedii...

Rozbijanie organizacji zawodowej
Część druga uchwał komunistycznych poświęcona jest wskazówkom co do intrygowania w związkach zawodowych[6]. Wskazówki te opiewają:

---

[4] *Ibidem*, s. 8.
[5] *Ibidem*, s. 9.
[6] Na temat komunistycznej taktyki wobec socjalistycznych związków zawodowych, szerzej zob. K. Sacewicz, *Kilka uwag...*, s. 295–332; *idem, Komunizm i anty-*

Zasady taktyki komunistycznej w ruchu zawodowym.
1. W każdym związku zawodowym, jak również w lokalnych, okręgowych i państwowych przedstawicielstwach i instytucjach międzyzwiązkowych tworzyć frakcję komunistyczną w celu akcji ideowej w łonie związku i utrzymania łączności organizacyjnej w razie nam narzuconemu rozłamu.
2. Związkowe i międzyzwiązkowe frakcje komunistyczne zarówno na terenie lokalnym, jak i państwowym, wyłaniają organy kierownicze dla scentralizowania i uzgodnienia swej działalności.
3. Międzynarodówka moskiewska Zw[iązków] Zaw[odowych][7] tworzy swoje sekretariaty również w krajach, gdzie jej oficjalne sekcje jeszcze nie istnieją.
4. Sekretariaty te działają legalnie lub nielegalnie, zależnie od warunków miejscowych i winny być dostosowane bądź do określonych kompleksów politycznych, bądź gospodarczych. Zadaniem sekretariatów jest utrzymać na terenie swej działalności stały kontakt z frakcjami komunistycznymi w organizacji zawodowej.
5. Frakcje komunistyczne w Zw[iązkach] Zaw[odowych] winny prowadzić zaciętą walkę ze zwolennikami amsterdamskiej międzynarodówki, korzystając ze wszelkiej sposobności z zebrań, prasy, konferencji i zjazdów związkowych, z każdej akcji strajkowej, jak i każdej kampanii politycznej.
6. Celem tej akcji powinno być przy tym głównie nie opanowanie kierownictwa organizacji związkowych, lecz podniesienie uświadomienia rewolucyjnego mas związkowych. Nie wolno komunistom czynić ustępstw ze swego zasadniczego stanowiska ideowego w celu zdobycia lub utrzymana kierownictwa organizacji związkowych.
7. Po opanowaniu poszczególnej organizacji związkowej przez komunistów ujawnia ona z całą wyrazistością w prasie, na zebra-

komunizm..., s. 213–215, 220–221; por. E. Kołodziej, Komunistyczna Partia Robotnicza Polski..., passim.
[7] Mowa o Profinternie – Międzynarodówce Związków Zawodowych.

niach i w codziennej działalności swoje komunistyczne oblicze, zastępując ugodowe metody działaniami rewolucyjnymi.

8. Wydawnictwa, korespondencje, sprawozdania muszą być natychmiast wysyłane III Międzynarodówce.

9. Zdobyty przez komunistów związek zaw[odowy] nie występuje ani z krajowego Związku Związków zawodowych, ani z międzynarodowej federacji swej gałęzi przemysłu, choćby to były jeszcze w danym momencie opanowane przez zwolenników amsterdamskiej międzynarodówki, lecz pozostając w nich, dąży do ich ideowego i organizacyjnego opanowania i przyłączenia do moskiewskiej międzynarodówki zawodowej[8].

Komuniści polecają tedy swoim agentom tworzyć w każdym związku zawodowym swoje ukryte „komórki" (po rosyjsku: „jaczejki") i konspiracyjnie dążyć do opanowania związku. Oczywiście te tajne spiski w związkach mają za zadanie ryć pod zarządami związków zawodowych, intrygować, podkopywać wypróbowanych kierowników organizacji, bałamucić członków, aby wygryźć dotychczasowych kierowników i zarząd pochwycić w swoje ręce. Dlatego uchwały, które tu przytaczamy, zalecają agentom komunistycznym po jezuicku unikać jawnych rozłamów, a działać, póki się da, w ukryciu – w łonie związków zawodowych – nawet za cenę oszukańczego maskowania się. Oto odnośna wskazówka komunistyczna:

Nasza taktyka wobec dążności rozłamowych:

Dla utrudnienia zamierzeń rozłamowych, leżących w interesie zwolenników Amsterdamu, dopuszczalne są z naszej strony ustępstwa formalne dla pozostawania w ramach starych związków.

Komuniści, biorący udział w ruchu związkowym, nie mogą się cofać przed rozłamami w organizacjach związkowych, jeżeli w celu uniknięcia rozłamu musieliby się zrzec pracy rewolucyjnej w Związkach i zaprzestać owych wysiłków do uczynienia z nich broni w walce rewolucyjnej.

A zatem dopiero w ostateczności, gdy udawanie i oszukiwanie nie da się już dłużej podtrzymać, gdy zostali należycie zdemaskowani i nie mogą mieć nadziei opanowania całego związku – wówczas mają komuniści rozsadzić związek. Albo opanować – albo rozbić – oto taktyka komu-

---

[8] Zob. *Sprawozdanie z Rady Partyjnej...*, s. 11–12.

nistów wobec związków zawodowych, taktyka, która musi doprowadzić do rozłamów w organizacjach zawodowych.

Celem tej taktyki jest rozbicie zarówno organizacji zawodowej w każdym kraju, jako też międzynarodówki związków zawodowych, mającej siedzibę w Amsterdamie[9].

Tak wyglądają kukułcze jaja, które komuniści składają w naszych związkach zawodowych.

Związki w obronie swego bytu muszą komunistycznych rozbijaczy z całą bezwzględnością wyrzucać.

Odpowiedź świadomych robotników

Ostatni numer wychodzącego w Warszawie „Metalowca"[10], organu Związku zawodowego metalowców, przytacza również kilka ważniejszych ustępów z powyższych jezuickich uchwał komunistów i daje na nie następującą odpowiedź:

„Oto są środki, którymi komuniści chcą rozbić czerwone, organizacje zawodowe. Podburzone, bezbronne masy chcą rzucić na bagnety policjantów i żołnierzy, sami zaś nie chcą służyć »przykładem«, wolą oni schować się w bezpieczne miejsce i stamtąd obserwować, jak się niewinne ofiary robotnicze krwawią i wiją z bólu przebijani kulami żołdaków.

Nasza taktyka, a przede wszystkim Komisji Centralnej, musi stanowczo ulec zmianie.

Zasada bezpartyjności szczególnie wśród robotników w Kongresówce jest zrozumiana tak, że aby nie kalać czystości tej zasady, nie należy z partią polityczną PPS wchodzić w żaden stosunek wzajemny. Ta sama z gruntu fałszywa interpretacja istnieje w Centralnej Komisji

---

[9] Międzynarodowa Federacja Związków Zawodowych – utworzona w lipcu 1919 r., zwalczana przez partie i związki komunistyczne; siedziba władz Federacji znajdowała się do 1940 r. w Amsterdamie, następnie w Londynie; od 1920 r. do Federacji przynależały polskie związki zawodowe związane z PPS (zob. *Międzynarodowy ruch robotniczy*, t. 1: *Wiek XIX–1945*, red. I. Koberdowa, Warszawa 1976, s. 406–407).

[10] „Metalowiec" – organ Związku Robotników Przemysłu Metalowego w Polsce, pismo redagowane przez Włodzimierza Cezara i Andrzeja Tellera, wydawane w Warszawie od 1919 r. jako dwutygodnik; od 1922 r. ukazywało się jako miesięcznik, aby od 1926 r. ponownie jako dwutygodnik.

Państwowej, ku wielkiej radości komunistów, którzy pilnie czuwają, aby tak pojęta bezpartyjność nie została naruszoną. Komunistom zaś ani się śniło stosować maksymę tę do siebie.

Trzeba organizacjom zawodowym jasno wytłumaczyć, że jako socjaliści mamy w zupełnie ścisłym kontakcie stać z PPS i jej zawodowymi sekcjami. Należy, aby tak Komisja Centralna, jak i okręgowe, niemniej Zarządy Oddziałów odbywały z Komitetami PPS w miarę potrzeby wspólne posiedzenia i konferencje, uzupełniały się w pracy i przedsięwzięciach, pomagały wzajemnie w walce z przeciwnikami i komunistami, jak i przy zdobywaniu członków.

PPS ma dosyć inteligentnych sił, należy je użyć do pracy oświatowo--kulturalnej w organizacjach zawodowych.

Tak jest w Małopolsce i na Śląsku, i dlatego komunistom nie najlepiej tam się powodzi, pomimo że chwytają się nawet takich ludzi, jak zarozumiałego głupca Łańcuckiego. Podobnych Łańcuckich możemy im darować więcej dla skompletowania galerii hipokrytów z rozmaitych obozów politycznych, ale nie możemy rzucić na łup rozszalałych agentów moskiewskich interesów polskiej klasy pracującej i ich organizacje zawodowe.

Przy dobrze obmyślanej współpracy z organami Polskiej Partii Socjalistycznej nie zajdzie obawa o los klasowych Związków zawodowych, stojących twardo na stanowisku czerwonej amsterdamskiej międzynarodówki związków zawodowych".

Źródło: „Naprzód", 7 VII 1921, nr 149.

Nr 23

1921 sierpień 26, Warszawa – Artykuł z „Robotnika" pt. „O polskich komunistach"

Nie mamy sposobności często zajmować się teoriami i poglądami polskich komunistów. A to z tej prostej przyczyny, że komunizm polski nie jest żadnym oryginalnym zjawiskiem na gruncie polskim, lecz tylko odbiciem najwulgarniejszego komunizmu innych krajów, najbardziej radykalnego odłamu tego komunizmu, to znaczy najbardziej prostolinijnego i najbezmyślniejszego. W jednym tylko punkcie komunizm polski jest na wskroś „oryginalny".

Wszystkie partie komunistyczne na Zachodzie powstały po wojnie dopiero na gruncie od dawna istniejących państw politycznie niepodległych. Partie te albo powstawały samodzielnie, albo też – w większości wypadków – były owocem rozbicia partii socjalistycznych pod nakazem Moskwy. Tak czy owak nowe te partie komunistyczne wyodrębniały się od reszty ruchu robotniczego wskutek różnic poglądów na taktykę w chwili obecnej, na demokrację i dyktaturę, na sposoby walki z kapitalizmem, na sprawę socjalizacji itp. Ale żadnej z tych partii nigdy nie przyszłoby na myśl kwestionować faktu czy potrzeby istnienia państwa niepodległego, choćby w postaci dzisiejszego państwa kapitalistycznego. Żaden komunista niemiecki, choćby był z najskrajniejszej lewicy, nie zdobędzie się na to, by zadrwić z niepodległych Niemiec. Gdyby się znalazł taki „rewolucjonista" – wyśmiano by go jako człowieka niepoczytalnego. Przeciwnie: w roku ubiegłym, gdy Polsce groził najazd bolszewicki i gdy wojska czerwone były już pod Warszawą, komuniści niemieccy w parlamencie berlińskim wyraźnie zastrzegli się przeciwko wkroczeniu bolszewików do Niemiec. Polsce życzyli z całego serca „wyzwolenia" przez marksistów Budionnego i Brusiłowa[1], ale sami stanęliby w jednym

---

[1] Aleksiej Aleksiejewicz Brusiłow (1853–1926) – generał kawalerii, w 1917 r. głównodowodzący armii rosyjskiej, od 1919 r. w Armii Czerwonej; w latach 1920––1923 komisarz obrony Armii Czerwonej, a następnie w latach od 1923 do 1924 r. inspektor kawalerii.

szeregu z Ludendorffem[2] i Kappem[3] w obronie granic swego kraju nawet przed nosicielami „rewolucji" społecznej.

Całkiem innego pokroju ludźmi są nasi komuniści. Ci nie są nowicjuszami w służbie Moskwy, jak inne partie Zachodu. Polscy komuniści od dwudziestu kilku lat wloką się w ogonie Moskwy, wiernie wypełniając jej rozkazy. Lenin, zanim zapanował w Moskwie, panował już był wszechwładnie nad duszyczkami naszych SDKPiL-owców. Ale nawet wszechwładza Lenina nie miała przystępu do jednego punktu, stanowiącego „święte świętych" dla naszych esdeko-komunistów, jedyną ich zdobycz i oryginalność, jedyny i wyłączny ich tytuł do smutnej sławy. Mowa, oczywiście, o stosunku do niepodległości Polski. Na tym punkcie są oni „pryncypialnie" nieustępliwi. Lenin, jak wiadomo, teoretycznie przynajmniej zawsze uznawał niepodległość Polski[4].

I tego nigdy esdecy nie mogli mu wybaczyć. „Niech on sobie uznaje niepodległość Polski – mawiali esdecy, a dziś jeszcze mówią komuniści – ale my jej nie uznajemy". Albo: „Lenin uznaje niepodległość Polski? Dobrze. My przecież też uznajemy niepodległość Rosji". W tym „nieuznawaniu" faktów, w tym maniackim uporze ludzi, którym życie splatało figla, obalając ich mozolnie wypracowane teorie o „organicznym wcieleniu"[5] Polski do Rosji – tkwi podstawowy fałsz całej tej partii. Komuniści polscy „nie uznają" niepodległej Polski, która mimo to istnieje, żyje,

[2] Erich Ludendorff (1865–1937) – niemiecki wojskowy i polityk; w okresie I wojny światowej m.in. szef sztabu 8 Armii i generalny kwatermistrz armii; w 1923 r. uczestnik puczu monachijskiego; deputowany do Reichstagu z ramienia NSDAP.

[3] Wolfgang Kapp (1858–1922) – niemiecki działacz prawicowy; w 1917 r. współzałożyciel Niemieckiej Partii Opozycyjnej, w 1918 r. razem z Erichem Ludendorffem założył Unię Narodową; od 1919 r. z ramienia monarchistów zasiadał w Reichstagu; w 1920 r. współorganizator nieudanego puczu w Berlinie.

[4] Lenin, lansując hasło prawa narodów do samostanowienia, krytycznie ustosunkowywał się do dominującej w SDKPiL koncepcji autorstwa Róży Luksemburg o „organicznym wcieleniu" Królestwa Polskiego do Rosji. Na temat teoretycznego stanowiska Lenina do kwestii niepodległości Polski zob. W.I. Lenin, *O społecznym i narodowym wyzwoleniu*, Warszawa 1987; idem, *O Polsce i polskim ruchu robotniczym*, Warszawa 1954; idem, *O prawie narodów do samookreślenia* [w:] *Dzieła*, t. 2, Warszawa 1951; W. Toporowicz, *Lenin a powstanie państw narodowych w latach 1918–1919*, Wrocław 1971.

[5] Zob. przypis 2, dok. nr 1; przypis 6, dok. nr 53.

walczy, rozwija się. Nie pozostaje im tedy nic innego, jak drwić z tej niepodległości, co też nieustannie czynią. Ale drwić z czegoś, nie znaczy jeszcze pokonać przedmiot drwin. Wytwarza się jedynie fałszywy, nieszczery, opaczny stosunek do rzeczywistości. Partia polityczna, chcąc działać w ramach narodu, którego państwa nie uznaje, wystawia się na pośmiewisko, przeobraża się w owego bohatera z poematu Chamisso[6], co to zgubił swój cień.

I nie pomogą tu żadne tłumaczenia ani wykręty, że komuniści, owszem uznają niepodległość Polski, ale nie taką jak obecnie, tylko inną, lepszą, komunistyczną. Są to czcze frazesy, albowiem żadne z istniejących państw (nie wyłączając sowieckiej Rosji) nie mają „socjalistycznej" niepodległości, ale z tego powodu żadnej partii komunistycznej nie przyszło jeszcze do głowy wyśmiewać niepodległość swego kraju lub „nie uznawać" tej niepodległości aż do czasu, gdy zapanują w niej Sowiety.

I oto ten pierworodny grzech komunizmu polskiego, odziedziczony po esdekach, mści się fatalnie na tej partii. Zemsta ta wyraża się w tym, że komuniści polscy wiszą w powietrzu, nie czując gruntu pod nogami, nie będąc zrośnięci z glebą krajową, z pracą pokoleń, zraszających tę glebę i użyźniających ją dla przyszłości. Komunizm polski żyje tylko nadziejami na katastrofy wewnętrzne i na zbawienie obce. Nie wierzy on w twórczą i samodzielną rolę proletariatu polskiego, gdyż proletariat ten jest dlań tylko przyczepką do Rosji i Niemiec, a jeżeli wmawia w towarzyszy swych w Moskwie, że w Polsce lada dzień wybuchnie rewolucja, to czyni to dla utrzymania kredytu (nie tylko moralnego) u ludzi, od których jest zależny, a jednocześnie dla podkreślenia swej pogardy dla klasy robotniczej w Polsce, którą uważa się za tak niewolniczą i niedojrzałą, że posądza się ją, iż istotnie „nie uzna" niepodległości swego kraju i że tęskni za „zbawcą" z zewnątrz.

Skutek takiego traktowania Polski i jej klasy robotniczej jest ten, że komuniści polscy są zawsze najbardziej „radykalni", chcąc przez ten „radykalizm" przyśpieszyć wyzwolenie Polski z oków „niepodległości", są też w radykalizmie swym ogromnie prostolinijni, a przez to głupi,

---

[6] A. von Chamisso, *Człowiek, który sprzedał swój cień*, tłum. S. Ogonowski, Boroszów 1925.

narażając się często na cięgi nawet ze strony protektorów moskiewskich, którzy od czasu do czasu doradzają swym pupilom, że nie zawadziłoby trochę myśleć samemu i zastanowić się nad działalnością własną, której wyniki są tak niesłychanie i tak opłakanie nikłe. Wyrazem takiej nagle obudzonej samowiedzy jest krytyka całej dotychczasowej polityki komunistów polskich, dokonana przez Waleckiego[7] w jego broszurze „O taktyce i o stosunku do parlamentaryzmu" (Warszawa 1921)[8]. Walecki uchodzi za najtęższą głowę w komunizmie polskim, niejako za Dmowskiego[9] komunistów. Przeszedł do komunistów z „lewicy" PPS, w której przed wojną głosił hasło „szerokiej autonomii" dla b[yłego] Królestwa (Dmowski domagał się zwykłej autonomii), a zawiedziony w swych zapowiedziach i teoriach, przylgnął do partii, w której mógł dać upust nagromadzonej w nim nienawiści, że życie nie usłuchało jego wskazówek i mści się na sobie samym używając sobie dowoli na „jaśnie niepodległej" Polsce.
O krytyce Waleckiego w numerze następnym.

J.M.B.[10]

Źródło: „Robotnik", 26 VIII 1921, nr 228.

---

[7] Maksymilian Horwitz-Walecki (1877–1937) – działacz socjalistyczny i komunistyczny, doktor nauk matematyczno-fizycznych; od 1906 r. członek CKP PPS-Lewica, od 1918 r. w KC KPRP; lider grupy „3W"; od 1921 r. oficjalny przedstawiciel KPRP w Komitecie Wykonawczym Międzynarodówki Komunistycznej; w 1925 r. – odsunięty od prac w KPP – działał w Kominternie.
[8] Zob. H. Walecki, *O taktyce i o stosunku do parlamentaryzmu* [w:] idem, *Wybór pism*, t. 2: *1918–1937*, Warszawa 1967, s. 5–46.
[9] Roman Dmowski (1864–1939) – polski mąż stanu, przywódca polskiego ruchu narodowego, wybitny publicysta; w latach 1917–1919 prezes Komitetu Narodowego Polskiego; w 1919 r. delegat pełnomocny RP na konferencji pokojowej w Wersalu; w 1923 r. minister spraw zagranicznych.
[10] Jan Maurycy Borski (właśc. Jan Maurycy Essigman) (1888–1940) – działacz socjalistyczny; od 1913 r. w PPS-Opozycja; w 1918 r. nawiązał współpracę z redakcją „Robotnika", w latach 1919–1939 członek składu redakcyjnego pisma, pełnił w nim funkcję kierownika działu zagranicznego, a okresowo także zastępcy redaktora naczelnego; w warszawskich strukturach PPS przeciwnik grupy Rajmunda Jaworskiego; w okresie wojny i okupacji związany z grupą „Barykada Wolności" kierowanej przez Stanisława Dubois; aresztowany i zakatowany przez gestapo podczas brutalnego śledztwa.

Nr 24

1921 sierpień 27, Warszawa – Artykuł z „Robotnika" pt. „O polskich komunistach"

Walecki rozpoczyna swą broszurę[1] od twierdzenia, że „jedną z najznamienniejszych cech Kom[unistycznej] Par[tii] Rob[otniczej] Polski jest jej zawartość i jednolitość" i że to jest „wielką jej siłą". Ale zaraz oświadcza, że ta jednomyślność ma w sobie „coś niepokojącego", że „stała, jakby automatyczna jednomyślność przy pobieraniu samych uchwał może być objawem tendencji do bezmyślności, do zabijania myśli, może się stać słabością, źródłem ciężkich błędów, może się dotkliwie mścić w przyszłości". Tyle we wstępie do broszury. Ale już w pierwszych zdaniach samej broszury czytamy, że owa „zwartość i jednolitość" partii, stanowiąca „wielką jej siłę" nie istnieje wcale, albowiem – jak stwierdza Walecki – już w r[oku] 1919 partia przeżywała ostry kryzys ideowy na tle różnicy zdań w sprawie akcji bojowych i terroru. „Miarą tego kryzysu ideowego wewnątrz partii był fakt, że na konferencji międzydzielnicowej jednego z większych okręgów znaczna bardzo mniejszość, bez mała połowa delegatów, opowiedziała się za „bojową" taktyką, a i w wielu innych organizacjach roiło się od podobnych pomysłów. Otóż pomysły te i te nastroje udało się przezwyciężyć drogą energicznej interwencji K[omitetu] C[entralnego] nakazów i zakazów, nawet chirurgicznych zabiegów natury organizacyjnej itd."

Ładna mi „zwartość i jednolitość", kiedy trzeba było uciekać się aż do „chirurgicznych zabiegów". Odpowiednią do tej „zwartości i jednolitości" jest też „wielka siła" partii.

Ale możemy się zgodzić z p. Waleckim, że po dokonywaniu od czasu do czasu owych zabiegów chirurgicznych, partia jego, nie będąc wielką siłą, dochodziła jednak do jednomyślności, która przeradzała się w bezmyślność i że ta bezmyślność słusznie zaczynała go niepokoić.

I oto p. Walecki kolejno wylicza najważniejsze fakty bezmyślności własnej partii i jej błędy. A więc: w sprawie akcji bojowych i terroru zaniechano systematycznego uświadamiania na zebraniach i w prasie

---

[1] Zob. przypis 8, dok. nr 23.

o złudzeniach bojowych i nie wykazywano różnicy między „putschami" a zbrojnym powstaniem.

W sprawie związków zawodowych uzależniono zjednoczenie od uznania Rady Del[egatów] Rob[otniczych] jako instancji zwierzchniej, co było „wówczas już zupełnie nierealnym postawieniem kwestii, bo Rady tylko z rewolucji zrodzone i będące organami rewolucji są rzeczywistą siłą", a „uganianiem się za papierową platformą postawiliśmy kwestię na zupełnie fałszywym gruncie".

W walce o pokój wiosną 1920 r. partia prowadziła taktykę „typowo nieudolną". Walecki przypomina odezwę swej partii z kwietnia 1920 r. wzywającą na wstępie do walki o pokój z Rosją sowiecką[2], by następnie na czterech stronach dowodzić, że pokoju nie będzie. Odezwa ta dowodziła naocznie, że autorzy jej nie tylko nie spodziewali się wcale walki mas o pokój, że przeciwnie, starali się sami masom wyperswadować, aby natychmiastowa walka o pokój mogła mieć jakiś sens bezpośredni i jakieś znaczenie, że masy wprost do walki tej zniechęcali". Walecki stara się tłumaczyć pobudkę tego antysowieckiego, wręcz endeckiego stanowiska komunistów „obawą przed pacyfistycznym hasłem, obawą szerzenia złudzeń pacyfistycznych w masach (tę samą obawę żywią, jak wiadomo i Foch[3], i Ludendorff), ale czuje całą śmieszność tej obrony i klnie na „taktykę wręcz fałszywą, ściślej na zrzeczenie się wszelkiej taktyki, wszelkiej akcji, wszelkiej walki".

Błąd, popełniony w walce o pokój, Walecki nazywa „typowym błędem taktycznym" i z całą słusznością, jak pierwszy lepszy „socjalpatriota" wytyka swym owieczkom, że „zamiast pomóc masom iść ku rewolucji, starali się, że tak powiemy, stojąc na miejscu, przekonać je, że nie powinny one zawracać sobie głowy mrzonkami o doraźnych zdobyczach, lecz raczej zrobić od razu całkowitą rewolucję".

Następnie Walecki całą drugą połowę swej broszury poświęca sprawie parlamentaryzmu i udziałowi komunistów w wyborach do parlamentu. I tu znowu zarzuca swej partii błąd popełniony przez to, że nie brała udziału w wyborach do pierwszego Sejmu i zdradza po raz wtóry,

---

[2] Zob. AAN, KPP, 158/VI–3, pt. 3, Do walki z imperializmem! Robotnicy!, Warszawa, 8 IV 1920 r., k. 3–4a.
[3] Ferdinad Foch (1851–1929) – francuski dowódca wojskowy, marszałek Francji, a od 1923 r. marszałek Polski.

że w partii wcale nie ma „zwartości i jednolitości" w tej sprawie, lecz są aż trzy kierunki (jak zresztą w innych partiach komunistycznych).

Walecki przyznaje, że jego partia w r[oku] 1919 łudziła się co do bliskości rewolucji, co do tego, że Sejm zostanie „rozpędzony i zmieciony", że mimo hasła bojkotu masy robotnicze brały udział w wyborach do Sejmu, że w przyszłych wyborach należy bezwzględnie brać udział itp. Że Walecki przy tym po komunistycznemu okłamuje masy, obiecując im, że oni, komuniści, jako „przedstawiciele ulicy(!)", będą wprowadzali w debaty sejmowe „tę ulicę", to znaczy „bezpośrednią akcję mas", że rozsadzą Sejm od wewnątrz i, Bóg wie, jakich jeszcze bohaterskich dokonają czynów – jest zrozumiałe ze strony partii, która chce przybrać pozory dziewiczości rewolucyjnej. Ale robotnicy wiedzą już, jak to komuniści Niemiec, Francji, Włoch itd., którzy również zapowiadali „rozsadzanie" parlamentu, nie tylko nie dotrzymali swej obietnicy, lecz przeciwnie, często swym zachowaniem się i głosowaniem razem ze skrajną prawicą rozsadzali jedynie jedność robotniczą, a zarazem spajali i wzmacniali reakcję w parlamencie.

Jak widać z powyższego pobieżnego streszczenia zarzutów, skierowanych przez Waleckiego pod adresem swej partii – działalność tejże składała się dotychczas z jednego pasma błędów i pomyłek. I inaczej być nie może w partii, której samo istnienie – jak wykazaliśmy w poprzednim artykule – polega na nieporozumieniu. Taktyka partii, której zasadniczy punkt programowy opiera się na fałszu i na zaprzeczaniu rzeczywistości, musi z konieczności być błędna i niedorzeczna. Taką była zawsze taktyka esdeków, taką też jest dziś taktyka komunistów polskich. I dlatego krytyka Waleckiego jest zupełnie bezpłodna i żadnych nie odniesie skutków. Krytyka ta ma na celu zwrócenie uwagi komunistów polskich na warunki miejscowe i konieczność uwzględnienia tych warunków i przystosowania się do nich w polityce codziennej. Krytyka ta posuwa się tak daleko, że odsuwa na dalszy plan „światoburcze" hasła Rad Rob[otniczych], dyktatury proletariatu itp., jako nieaktualne w chwili obecnej, a za najpilniejsze zadanie uważa „rewolucyjne" rozkołysanie mas, zdobywanie tychże mas dla komunizmu. Ale z jakimż bagażem ideowym zjawią się ci zbankrutowani „zdobywcy" przed oczy proletariatu? Jakim dorobkiem pochwalą się z okresu 3-letniego swego istnienia? Czy litanią błędów wytkniętych przez Waleckiego?

Czy swym popieraniem najazdu bolszewickiego w roku ubiegłym? Czy zwycięstwami Rosji sowieckiej na polu głodu, chłodu i zarazy? Nie! Oni wystąpią z „krytyką" PPS. O tej „krytyce" pełno, oczywiście, w broszurze Waleckiego. Traktować ją można tylko jako humorystykę. Albowiem czyż nie jest humorystyką, gdy Walecki, który wyraźnie zarzuca swej partii oszukiwanie mas w okresie walki o pokój z Rosją na wiosnę 1920 r., ma odwagę twierdzić, że PPS prowadziła obłudną walkę o pokój i że „najskuteczniejszym sposobem zdemaskowania obłudy PPS było właśnie pchanie mas do akcji we wszelkich formach pod hasłem natychmiastowego pokoju z Rosją sowiecką, aby akcję tę opanować i kierować w koryto rewolucyjne".

Otóż to właśnie. Należało pchać masy w „koryto rewolucyjne", a wyście, panowie komuniści, zamiast tego „masy wprost do walki zniechęcali" – jak stwierdza Walecki – czyli paraliżowaliście wysiłki PPS, pchaliście masy w koryto endeckie. I wy macie czoło zarzucać nam obłudną akcję w sprawie pokoju?

Albo czy nie zakrawa na kiepski żart kłamstwo Waleckiego, że PPS przez wyborami do pierwszego Sejmu obiecywała masom „złote góry". Kto w partii naszej obiecywał złote góry z działalności sejmowej? Natomiast wy, komuniści, zapowiadając „rozsadzanie" Sejmu od wewnątrz, wprowadzenie „ulicy" do debat itp. zapowiadacie – wprawdzie nie złote góry – ale psie figle, co do których jednak wiecie doskonale, że ich nie wykonacie.

Dość. Szkoda czasu na dalsze prostowanie „zarzutów" p. Waleckiego. Jeżeli cała działalność komunistów polskich jest jedną „komedią pomyłek" – to zarzuty, skierowane przeciwko nam są ordynarną farsą. Toć krytyka Waleckiego jest pośrednim zaświadczeniem słuszności naszej krytyki komunistów polskich, jest stwierdzeniem słuszności naszej taktyki socjalistycznej i potępieniem zboczeń komunistycznych. Jak tedy nie mścić się na PPS?

Broszura Waleckiego jest cennym przyczynkiem dla historii dziwotworu, jakim jest K[omunistyczna] P[artia] R[obotnicza] P[olski], której wódz „niepokoi się" z powodu bezmyślności jej członków...

J. M. B.

Źródło: „Robotnik", 27 VIII 1921, nr 229.

Nr 25

1921 wrzesień 18, Warszawa – Artykuł z „Robotnika" pt. „Komuniści w walce o Kasy Chorych"

Ku pamięci i nauce chcielibyśmy ogółowi socjalistów w Polsce przedstawić znamienny obrazek z walki wyborczej, jaką stoczyli komuniści z PPS o zdobycie Kasy Chorych w Przemyślu. Słyszeliście zapewne o Przemyślu. Dziura to, bo dziura, jednak ma do 60 000 mieszkańców i ruch socjalistyczny, dość wielkiego, jak na prowincji, natężenia, utrzymuje się tutaj od dwudziestu kilku lat. Mamy naprawdę wspaniały i monumentalny gmach „Domu Robotniczego", którego powstanie zawdzięczamy tow. d[yrekto]rowi Libermanowi[1]. I trzeba wam wiedzieć, że w tym naszym Domu Robotniczym mieszka sławetny poseł z Jarosławia, p. Łańcucki i to w trzech ładnych pokojach, płacąc wszystkiego coś 100 mk miesięcznie[2]. I żebyście temu p. posłowi ofiarowali złote góry, nie ruszyłby się z tego domu, mimo że wszyscy sąsiedzi patrzą na niego mocno spode łba i pragnęliby, by p. poseł wyjechał już raz do swojego Jarosławia.

Do walki wyborczej o zdobycie Kasy Chorych w Przemyślu tutejsi komuniści zabrali się z niesłychaną gwałtownością. Widocznie

---

[1] Herman Lieberman (1870–1941) – działacz socjalistyczny; od 1901 r. w PPSD, a od 1919 r. w PPS; doktor prawa, poseł do parlamentu Austro-Węgier, żołnierz Legionów Polskich, poseł na Sejm Ustawodawczy; w latach 1920–1939 członek RN PPS, a od 1931 do 1934 r. wiceprzewodniczący CKW partii; więzień brzeski; w 1941 r. minister sprawiedliwości w rządzie RP na uchodźstwie.

[2] Dla zobrazowania wielkości czynszu, jaki uiszczał według „Robotnika" Łańcucki, warto zwrócić uwagę na ówczesne ceny niektórych artykułów. Cena pojedynczego numeru pepeesowskich dzienników, takich jak „Robotnik", „Naprzód", „Dziennik Ludowy" czy też organu krakowskich konserwatystów „Czas" wynosiła 10 mk (zob. „Robotnik", 18 IX 1921, nr 251; „Naprzód", 17 IX 1921, nr 209; „Dziennik Ludowy", 18 IX 1921, nr 217; „Czas", 18 IX 1921, nr 214). Natomiast cena jednego egzemplarza warszawskiego organu prasowego ZLN wynosiła wówczas 20 mk („Gazeta Warszawska", 18 IX 1921, nr 255). W 1922 r. za 100 kg ziemniaków należało zapłacić 5,59 zł (według parytetu z 1927 r.), a za litr mleka 0,23 zł (szerzej zob. *Historia Polski w liczbach*, t. 2: *Gospodarka*, red. F. Kubiczek i in., oprac. A. Wyczański, Warszawa 2006, s. 345–346).

przyszedł rozkaz – zdobyć za wszelką cenę. Nie było też ceny, której by nie byli[by] rzucili na szalę. A więc pieniądze. Powódź afiszy, odezw, ulotek itd. Fachowcy obliczają, że druki te musiały kosztować z górą 100 000 mk. Agitatorzy, jak koty z pęcherzami, uganiali się po całym mieście i po całym powiecie. Podług autentycznie zebranych dat płacono tym agitatorom po 2000 mk dziennie. Agitacja od osoby do osoby. Zobowiązywano każdego słowem honoru, iż będzie głosował na listę komunistyczną (nazywali to „listą opozycji"). Rusinom mówiono, iż powinni głosować na listę 4, by wyrwać Kasę Chorych z rąk Polaków. To samo mówili Żydom, rozdmuchując fanatyzm religijno-rasowy. Polakom zaś mówili, że trzeba Kasę wyrwać z rąk żydowskich.

Przyznanie, że wszystko to dzieje się wiernie w myśl wskazówek Lenina, iż komunista winien być chytry, jak wąż i szczwany, jak lis. Następnie zawarli kompromis z NPR[3], odbyli wspólnie zgromadzenie i ustalili zgodną taktykę pod hasłem: precz z PPS. Nawiasem mówiąc, wywiedli naiwnych NPR-ów szpetnie w pole. Poczynili dalej wszelkie „wysiłki", by sobie pozyskać sympatię reprezentanta administracji. Puścili także w ruch maszynę terrorystyczną. To i owo indywiduum komunistyczne chodziło pomiędzy robotników, odgrażając się, że przebije nożem dyrektora Kasy Chorych (naszego tow[arzysza]), że „rozbije pysk" wszystkim PPS-owcom, którzy będą głosować na listę PPS itd. Ściągnięto specjalnych pałkarzy i hieny do głosowania z Borysławia, które jeszcze po dziś dzień przepijają grube ruble, jakie otrzymali za swoją „pracę". Okazało się, np. przy głosowaniu, że przychodziło na listę komunistyczną głosować mnóstwo indywiduów podstawionych, którym komisja udowadniała, że przyszli głosować na fałszywe legitymacje. Każdemu z głosujących na ich listę przyrzeczono dzienne wynagrodzenie za stratę czasu. W dniu głosowania posilano głosujących na listę komunistyczną obficie jadłem i napojem po wszystkich szynkach.

Przyznacie więc – wiernie wam to fotografuję – że niczym słynne amerykańskie machiny wyborcze wobec tych „ideowych" metod walki naszych komunistów.

Na jaki zaś grunt trafiła ta robota – chcecie wiedzieć zapewne? Szczuć Polaków przeciw Żydom, zaś Żydów i Rusinów przeciw

---

[3] NPR – Narodowa Partia Robotnicza; zob. przypis 12, dok. nr 8.

Polakom, to na naszym terenie rzecz bardzo popłatna i wdzięczna. Toteż Żydzi i Rusini głosowali przeważnie na „listę opozycji". Spomiędzy zaś Polaków zjednali sobie jednostki najciemniejsze, bardzo często szumowiny społeczne (lumpenproletariat). Powiecie, że przesadzam. Nie! Znamy swoich i przyznacie, że nietrudno nam wydać sąd o tych 251 ludziach (a tyle głosowało z całego powiatu na listę komunistyczną – ściśle 200 z miasta, a 51 z powiatu), którzy głosowali na listę opozycji. My, tu na prowincji, wiemy nawet, co u kogo w garnku gotuje się. A więc i wartość głosujących na komunistów dobrze nam jest znana. Ostatecznie było z góry do przewidzenia, że na listę komunistyczną będą głosować Żydzi (przewaga), Rusini (w większości) i lumpenproletariat. Tak też się stało.

Jaki zaś rezultat wyborów? Sromotna klęska komunistów! Jeżeli się zważy ten szalony aparat wyborczy, jaki puścili komuniści w ruch i podatność terenu, na którym działali, olbrzymie pieniądze, jakie rzucili dla „ideowej" propagandy – to wynik wyborów świadczy o kompletnym bankructwie „idei" komunistycznej, nawet na terenie jakby przez Opatrzność wybranym dla ich powodzenia. Uzyskali osiem delegatów, a mianowicie czterech Żydów, trzech Rusinów, jednego Polaka. Lista PPS uzyskała 20 delegatów, w tym trzech Żydów. Zawiedziona sromotnie przez komunistów NPR uzyskała wszystkiego 59 głosów.

Trzeba przyznać, że terror, rozwinięty przez komunistów, sprawił to, iż wielu towarzyszy i sympatyków PPS, ludzi spokojniejszych, bało się po prostu pójść do głosowania i tym tłumaczy się stosunkowo – jak na liczbę uprawnionych do głosowania – mała ilość głosujących. Komuniści zaś zmobilizowali wszystko, co mogli.

Ponieważ wy będziecie musieli wkrótce także odbyć takie wybory do Kasy Chorych, a będziecie mieli zapewne także zaciętą walkę z komunistami, przeto chciałem was poinformować o przebiegu i rezultacie wyborów w naszym mieście.

Wyborca

Źródło: „Robotnik", 18 IX 1921, nr 251.

Nr 26

*1921 listopad 6, Kraków – Artykuł z „Naprzodu" pt. „Komuniści a my.
Komunistyczne manewry taktyczne. W kwestii naszych zadań organizacyjnych"*
(fragmenty)

Musimy być sprawiedliwi wobec swoich przeciwników politycznych. Fakty świadczą, że komuniści w całej swej koncepcji i działalności gospodarczej, politycznej i kulturalnej są zupełnymi bankrutami
i zostali zmuszeni cały bieg życia rosyjskiego skierować w ostatnich
miesiącach na tory zupełnie odmienne od dotychczasowych i Lenin,
jak widzieliśmy, gorzko opłakuje swe „omyłki" i „porażki". Jednakowoż trzeba przyznać komunistom, że w swojej działalności agitacyjnej
i organizacyjnej tak w Rosji, jak zagranicą rozwijają działalność bardzo
żywą, nieraz pełną inicjatywy i energii, oraz umieją zastanawiać się nad
skomplikowanymi zagadnieniami psychologii i taktyki w pracy organizacyjnej i agitacyjnej.

Nie ulega wątpliwości, że te zagadnienia w naszej partii zajętej roz-
maitymi bieżącymi sprawami i walkami nie znajdują należytego zasta-
nowienia i oceny. Tymczasem komuniści wytężają wszystkie siły, i jak
zobaczymy niżej, opracowują najbardziej wyszukane jezuickie sposoby
i wybiegi, które w każdym razie powinniśmy znać dobrze, ażeby je należycie ocenić i należycie im przeciwdziałać.

Jeśli przyjrzymy się agitacyjnej pracy bolszewików w samej Rosji,
to i tu już zastanowi nas poważne studiowanie przez bolszewików zagadnień agitacyjnych, do których zabierają się, jak wiadomo, z ogromnym
nakładem pracy.
[...]
Ale spieszymy przejść do rzeczy bardziej bezpośrednio nas obcho-
dzących. Chodzi nam teraz o metody pracy komunistów za granicą,
to znaczy poza obrębem Rosji.

Z tymi metodami komunistycznymi stykamy się bezpośrednio
i należy je poznać.

Trzecia międzynarodówka, tzw. Komintern, wydał **„Tezy o budowie
i organizacyjnej pracy partii komunistycznych"** (rosyjskie wydanie,

Moskwa 1921)[1]. Cóż więc szanowny Komintern, który zresztą, jak wiadomo, jest organem państwowej polityki rosyjskich sowietów polecił zagranicznym partiom komunistycznym?

Przede wszystkim „Tezy" polecają, ażeby zaprząc do codziennej pracy **ogół członków partii** tak dalece, ażeby **uniknąć „dualizmu"** w partii, to znaczy podziału na biurokrację partyjną i na lud partyjny. Tezy powiadają:

„Pierwszym wymaganiem przy wprowadzaniu w życie programu komunistycznego jest przyciągnięcie wszystkich członków do nieprzerwanej pracy codziennej"[2].

Nie wolno, powiadają „tezy", ograniczać funkcji członków tylko do płacenia podatku partyjnego itd., lecz należy tak systematycznie rozłożyć pracę, ażeby faktycznie zapanowało coś w rodzaju codziennego „przymusu pracy"[3]:

„W legalnych partiach komunistycznych większość członków jeszcze obecnie nie przyjmuje w dostatecznym stopniu udziału w codziennej pracy partyjnej, jest to główny brak tych partii i źródło chwiejności ich rozwoju"[4].

(Ciąg dalszy nastąpi).

Kazimierz Czapiński

Źródło: „Naprzód", 6 XI 1921, nr 251.

---

[1] Zob. *Tezy o organizacyjnej budowie partii komunistycznych, o metodach i treści ich pracy przyjęte przez III-ci Kongres Międzynar*[odówki] *Komunistycz*[nej], Warszawa, październik 1921, s. 1–29.

[2] *Ibidem*, s. 4.

[3] *Ibidem*.

[4] *Ibidem*, s. 3.

Nr 27

1921 listopad 7, Kraków – Artykuł z „Naprzodu" pt. „Komuniści a my. Komunistyczne manewry taktyczne – W kwestii naszych zadań organizacyjnych (ciąg dalszy)"

Jeśli mamy powiedzieć prawdę, „tezy" w znacznym stopniu mają rację. Inna rzecz, że właśnie w Rosji w rosyjskiej partii komunistycznej jest właśnie taki „dualizm", taki podział pomiędzy „biurokracją" a „ludem" **jak nigdzie**; jak wiadomo, ten dualizm spowodował nawet poważny kryzys w rosyjskiej partii komunistycznej, a wybitny bolszewik Smilga[1] jeszcze obecnie w broszurze „Na poworotie" (1921 r.) występuje przeciwko demokratyzacji partii, dowodząc, że zasada wybieralności w partii itd. jest nonsensem. A więc u siebie w Rosji bolszewicy w partii zaprowadzili taki „dualizm", jakiego nigdzie nie ma – nigdzie w żadnej partii na świecie tak bezwzględnie nie rządzi komitet centralny, jak u bolszewików. Jednakowoż dla zagranicznej agitacji jest postawiona zasada zniesienia „dualizmu": ma to podwójny cel przed sobą, po 1) demagogiczną agitację przeciwko wodzom partii socjalistycznych, a po 2) wzmocnienie przywiązania szeregowców komunistycznych do partii. Przy tej sposobności zauważymy, iż ze swej strony musimy przeciwstawić tej bolszewickiej metodzie – metodę **jak najbardziej** żywej **współpracy kierowników partyjnych z podrzędniejszymi ciałami partyjnymi.**

Przyjrzyjmy się teraz, jakie konkretne zadania stawia partia komunistyczna wobec swoich członków; „tezy" bowiem dowodzą, iż systematycznie, z dnia na dzień, przed członkami-szeregowcami należy stawiać konkretne „zadania" organizacyjne i agitacyjne.

Pokazuje się, że **wszędzie należy tworzyć własne „jaczejki"**, tj. komórki organizacyjne, tak w fabrykach, jak [i] w wojsku, w związ-

---

[1] Ivar Tenisowicz Smilga (1892–1937) – działacz bolszewicki łotewskiego pochodzenia, jeden z organizatorów wystąpień rewolucyjnych w Finlandii; od 1918 r. przebywał na terenie Rosji; podczas wojny polsko-bolszewickiej członek Rady Wojskowo-Rewolucyjnej Frontu Zachodniego; w latach 1921–1928 wiceprzewodniczący Najwyższej Rady Gospodarczej; w 1929 r. usunięty z WKP(b).

kach zawodowych itd.[2] Jeśli liczba członków jest większa, to „jaczejka" przekształca **we frakcję**, którą kieruje jądro komunistyczne[3]. Oczywista ta „komjaczejka" **bynajmniej nie musi występować otwarcie** jako komunistyczna i może udawać po prostu opozycyjną frakcję: „Jeśli zachodzi konieczność zorganizowania frakcji opozycyjnej na podstawach szerokich i ogólnych albo brania udziału we frakcji już istniejącej, to komuniści winni dążyć **do uzyskania w niej roli kierowniczej** za pośrednictwem swej odrębnej jaczejki. **Czy zaś jaczejka komunistyczna ma działać otwarcie, czy pod sztandarem komunizmu – zależy w każdym oddzielnym wypadku od rezultatów starannego zbadania wszystkich niebezpieczeństw i zalet"**[4].

Zwracamy uwagą naszych towarzyszy partyjnych na ten ostatni ustęp polecający jaczejkom, ażeby bynajmniej nie występowały otwarcie, lecz **maskowały się**. I istotnie praktyka komunistów przy wyborach do kas chorych w organizacjach zawodowych, kooperatywach, na wiecach i nawet w naszych organizacjach wykazuje w ostatnich czasach, iż coraz częściej wysłane przez komunistów jaczejki występują pod maską „opozycyjnych grup", „czerwonych frakcji" itd.

Idziemy dalej. „Tezy" zwracają specjalną uwagę na to, ażeby organizacje komunistyczne stworzyły specjalne grupy dla **zbierania informacji**, dla utrzymania łączności, obserwacji itd.[5] Rezultat jest jasny – partie komunistyczne stają się **jednocześnie organizacjami szpiegowskimi Kominternu**, a co za tym idzie – rosyjskiej państwowej władzy sowieckiej[6]. Wszystko ma być zorganizowane na podstawie „referatów",

---

[2] *Tezy o organizacyjnej budowie partii…*, s. 5.
[3] *Ibidem*.
[4] *Ibidem*.
[5] *Ibidem*, s. 7–8.
[6] W marcu 1924 r. do urzędów wojewódzkich rozesłano kominternowską instrukcję z sierpnia 1923 r. w sprawie przeprowadzenia w Polsce akcji informacyjno-wywiadowczej (zob. AAN, MSW, 9/1055 dopływ, Do Urzędu Wojewódzkiego Oddz[iał] Informacyjny w Lublinie, Warszawa, 11 III 1924 r. W sprawie: Akcja informacyjno-wywiadowcza Egzekutywy Międzynarod[ówki] Komun[istycznej] w Polsce, k. 16–23; także M. Przeniosło, *KPP wobec poleceń III Międzynarodówki prowadzenia akcji wywiadowczej w Polsce*, „Kieleckie Studia Historyczne" 1995, t. 13, s. 231–238).

idących z dołu do góry, przy czym „osoba, przyjmująca referat (sprawozdanie) jest odpowiedzialna za to, ażeby te wiadomości, które nie podlegają publikowaniu, znajdowały się w miejscu bezpiecznym, ażeby także za to, by ważne sprawozdania były niezwłocznie przekazywane odpowiedniemu kierowniczemu organowi partyjnemu"[7].

(Ciąg dalszy nastąpi)

Źródło: „Naprzód", 7 XI 1921, nr 252.

---

[7] *Tezy o organizacyjnej budowie partii...*, s. 7.

Nr 28

1921 listopad 8, Kraków – Artykuł z „Naprzodu" pt. „Komuniści a my komunistyczne manewry taktyczne. W kwestii naszych zadań organizacyjnych (dokończenie)"

Oczywistą jest rzeczą, iż wśród tych ciekawych „obserwacji", które mają być dokonywane przez jaczejki, jedno z pierwszych miejsc zajmują „obserwacje" nad działalnością partii socjalistycznych:

„jaczejki winny dbać o to, ażeby poszczególni członkowie albo grupy członków regularnie prowadziły specjalną obserwację i składali sprawozdania **o działalności wrogich organizacji szczególnie drobnoburżuazyjnych** organizacji robotniczych, zaś przede wszystkim organizacji partii socjalistycznych"[1].

„Tezy" gorąco polecają, ażeby na pierwszym miejscu postawiono właśnie walkę z socjalistycznymi partiami i związkami zawodowymi, przy czym w pierwszym rzędzie **należy uderzać w wodzów**:
„Należy z całą wytrwałością zorganizować walkę przeciwko wodzom. Zwalczyć ich można skutecznie tylko w ten sposób, że się oderwie od nich ich zwolenników, **przekonując robotników, iż socjal-zdradzieccy wodzowie są w służbie lokajskiej u kapitalizmu"**[2].

Naturalnie każde przedsięwzięcie partii socjalistycznej winno znaleźć natychmiastowe przeciwdziałanie ze strony partii komunistycznych, które winny przygotować się jak najstaranniej do zgromadzeń socjalistycznych:

„Organizacje komunistyczne przez swe grupy agitatorskie winny **starannie się przygotowywać do wszystkich publicznych zgromadzeń robotniczych przedwyborczych**, demonstracji, obchodów politycznych itp. **zorganizowanych przez partie wrogie.** Tam, gdzie komuniści sami zwołują publiczne zgromadzenie robotnicze, tam **możliwie najliczniejsze grupy agitatorów winny działać zgodnie według planu jednolitego**, tak przed zgromadzeniem, jak podczas zgromadzenia, ażeby organizacyjnie całkowicie je wyzyskać"[3].

---

[1] *Tezy o organizacyjnej budowie partii...*, s. 7–8.
[2] *Ibidem*, s. 10–11.
[3] *Ibidem*, s. 13–14.

Sądzimy, iż nasi towarzysze w lokalnych organizacjach już spostrzegli rezultaty tych instrukcji Kominternu, które niezawodnie zostały celowo dopełnione jeszcze bardziej dokładnymi wskazówkami polskiej partii komunistycznej.

[...]

Weźmy jeszcze jeden przykład; chodzi o prenumeratę pism komunistycznych. Tezy każą komunistom, ażeby przez frakcje związków zawodowych:

„zdobyli szczegółowe spisy zawodowo-zorganizowanych robotników w celu werbowania prenumeratorów przez obchodzenie domów"[4].

Widzimy, że jaczejki nie tylko »obserwują«, »informują«, rozbijają zgromadzenia, oskarżają oszczerczo wodzów socjalistycznych itd., lecz w podstępny sposób mają także »wydobywać« dokumenty z organizacji zawodowych i politycznych.

Z ducha tych wszystkich instrukcji wynika, że przede wszystkim chodzi o **rozsadzanie jedności, całości**, dyscypliny w partiach socjalistycznych: jaczejki starają się wśród robotników **wzbudzić opozycję** względem szkalowanych wodzów itd., ale w obrębie samej partii komunistycznej musi panować najsroższa dyscyplina:

„Jeśli nawet jakiekolwiek postanowienie organizacji albo kierowniczego organu partyjnego według opinii innych członków partii komunistycznej jest niesłuszne, jednak ci towarzysze, w swych publicznych wystąpieniach nie powinni zapominać, iż osłabianie albo **rujnowanie ogólnej jedności frontu jest najgorszym naruszeniem dyscypliny i błędem w walce rewolucyjnej**... członkowie partii winni w swych publicznych wystąpieniach zawsze **działać, jak zdyscyplinowani członkowie organizacji bojowej**. W tych wypadkach, gdy istnieją różnice zdań tej lub innej kwestii, to różnice **winny być uregulowane w partyjnej organizacji** jeszcze **przed** wystąpieniem publicznym, a następnie należy postępować według uchwalonych decyzji".

U siebie komuniści umieją zachowywać dyscyplinę, ale w socjalistycznych organizacjach zakonspirowane jaczejki mają siać niezadowolenie i łamać jedność frontu! Ci naiwni z naszych organizacji, którzy

---

[4] *Ibidem*, s. 21–22.

poddają się celowym inspiracjom komunistycznym, może by zechcieli zastanowić się nad ostatnim zacytowanym przez nas ustępem „tez" i wprowadzić go w czyn w organizacjach socjalistycznych!

Tyle o „tezach" i innych podobnych komunistycznych instrukcjach, organizatorskich i agitatorskich. Cytowaliśmy „tezy" według wydania moskiewskiego 1921 r., wydanie Oddziału Druku w Kominternie – Tezisy o strojenji i organizacjennoj djejatielności komunisticzeskich partij.

Mamy więc do czynienia z robotą celową, umiejętną, obmyślaną, posługującą się całym ogromnym aparatem, na który n.b[notabene] pieniędzy się nie żałuje. Tak pracują komuniści poza granicą Bolszewii. Im bardziej w Bolszewii bankrutują, tym bardziej ze zrozumiałych względów starają się wydoskonalać swój aparat zagraniczny. – Zwłaszcza to dotyczy **Polski**, która ma dla bolszewików wyjątkowe znaczenie jako most do Niemiec i na zachód. Tu są skoncentrowane wszelkie możliwe środki.

Niech nasi organizatorzy, agitatorzy zastanowią się nad tymi „tezami", niech nasze organizacje kierownicze i lokalne **obmyślą co mają przeciwstawiać tej planowej intensywnej robocie** i tym wyrafinowanym metodom jezuickim, dla których żadna etyka nie istnieje.

Pozwolę sobie od siebie dodać, że czas już zerwać z dotychczasową naiwnością metod w naszych organizacjach; czas już zerwać z tą biernością organizacyjną, w którą fale bolszewickie umiejętnie kierowane uderzają coraz silniej. Należy wyrafinowanym coraz to ponawianym wysiłkom bankrutującego rosyjskiego bolszewizmu, pragnącego ratować się na zachodzie, przeciwstawić odnowioną, pogłębioną, umiejętnie zintensyfikowaną własną pracę organizacyjną.

Tę sprawę pierwszorzędnej wagi partia winna postawić obecnie na porządku dziennym.

Źródło: „Naprzód", 8 XI 1921, nr 253.

Nr 29

1921 listopad 13, Warszawa – Artykuł z „Robotnika" pt. „Polska Partia Socjalistyczna. Do ludu pracującego miast i wsi. Towarzysze! Robotnicy!"

Rok upłynął od chwili, gdy zamilkły działa na froncie wschodnim. Zjechały do Warszawy poselstwa i misje sowieckie, przywiozły z sobą złoto i brylanty. Wzmogła się znacznie rozkładowa działalność komunistów[1]. Uważamy tedy za swój obowiązek zerwać przed Wami maskę z oblicza ludzi, którzy prowadzić mogą polską klasę robotniczą tylko od hańby do hańby, od klęski do klęski.

Robotnicy! Robotnice! Przez trzy lata już agitują pośród Was komuniści. Przez trzy lata walczą kłamstwem, oszczerstwem, przekupstwem, niszcząc wszelkie uczucia szlachetne w duszach ludzkich, pełniąc rolę nikczemną płatnych agentów Sowietów.

Po wygnaniu precz okupantów stworzyliśmy Rząd Ludowy i Rady Delegatów Robotniczych, pragnęliśmy z nich uczynić oręż w rękach władzy ludowej przeciwko burżuazyjnej kontrrewolucji. Komuniści zawarli sojusz cichy z najskrajniejszą reakcją[2], swoją propagandą niepoczytalną przygotowali grunt dla rządu Paderewskiego, dla zwycięstwa klas posiadających, swoją demagogią nieszczerą i przewrotną odepchnęli szerokie masy robotnicze od Rad Delegatów, uniemożliwili samo ich istnienie, otwarli na oścież wrota przed nadchodzącą falą reakcyjną, czyniąc to wszystko niby w imię rewolucji społecznej.

---

[1] W latach 1919–1920 Ludowy Komisariat Spraw Zagranicznych (Narkomindieł) przesłał Stefanii Sempołowskiej 2 mln carskich rubli na działalność propagandowo-wydawniczą. Wysyłając do Polski miliony rubli w złocie, diamenty i inne kosztowności wspierano w ten sposób akcję propagandową i organizacyjną ruchu komunistycznego (zob. Rossijskij Gossudarstwiennyj Archiw Socjalno-Politiczeskoj Istorii (RGASPI), f. 495, op. 124, d. 11, Spis pieniędzy i kosztowności wysyłanych do Kraju i Berlina w czasie od 16/X-19 r. do 1/XI-20 r., k. 80).

[2] Informacja nieprawdziwa, wykorzystywana przez socjalistów w akcjach propagandowych skierowanych przeciwko komunistom oraz prawicy.

174

Na wiosnę r[oku] 1919 rozpoczęliśmy kampanię na rzecz pokoju z Rosją sowiecką[3]. Mieliśmy przeciwko sobie wszystkie stronnictwa burżuazyjne, wszystkie żywioły imperialistyczne i militarne. Komuniści nie uczynili nic, ażeby pokój przyśpieszyć, przeciwnie, wydali odezwę odrzucającą pokój. Kiedy bandy Trockiego dosięgły niemal wrót Warszawy, ukryli się tchórzliwie – podczas gdy ich towarzysze: Marchlewski, Dzierżyński, Unszlicht, Feliks Kon szli przeciwko Polsce pod osłoną armii carskiego generała Brusiłowa i carskiego kozaka Budionnego.

[3] PPS, stojąca na gruncie obrony niepodległości Rzeczypospolitej, co wyraźnie podkreślały postanowienia zjednoczeniowego XVI Kongresu partii, w kontekście oceny polskiej aktywności wojskowej na wschodzie przejawiała postawę antywojenną. Momentem zwrotnym w interpretacji działań na wschodzie i traktowania ich nie jako elementu realizacji koncepcji federalistycznej, ale rozpoczęcia polskiej, zewnętrznej interwencji zbrojnej, było zajęcie przez wojska polskie w sierpniu 1919 r. Mińska. Wyrazem stosunku PPS do wojny na wschodzie była przede wszystkim antywojenna retoryka pepeesowskiej publicystyki (zob. *Po co wojska polskie idą naprzód?*, „Robotnik", 19 VIII 1919, nr 282; *Kończmy wojnę*, „Robotnik", 18 IX 1919, nr 311). Ostatecznie stanowisko władz partyjnych wobec wojny na wschodzie zostało zawarte w rezolucjach Rady Naczelnej PPS, obradującej 18 IX 1921 r. w Warszawie. Stanowiły one dowód braku zrozumienia istoty systemu bolszewickiego i realności zagrożenia niepodległości Polski ze strony bolszewickiej Rosji, co wobec wielu dotychczasowych antykomunistycznych i antybolszewickich publikacji oraz wystąpień działaczy PPS wydaje się niezrozumiałe. We wspomnianych rezolucjach czytamy: „Rada Naczelna PPS, stojąc na stanowisku natychmiastowej likwidacji wojny, stwierdza, że likwidacja ta musi być oparta o zasadę samookreślenia narodów zamieszkujących ziemie wschodnie, o zasadę nieinterwencji Rzeczypospolitej Polskiej do stosunków wewnętrznych Rosji i niepopierania przez Polskę rosyjskich rządów i wojsk kontrrewolucyjnych", jak również, że „Rada Naczelna wzywa proletariat Polski do stanowczej akcji antywojennej" (*Rada Naczelna P.P.S.*, „Robotnik", 19 IX 1919, nr 312; zob. też W. Suleja, *Polska Partia Socjalistyczna...*, s. 147–152). Antywojenna retoryka PPS dla prawicowych formacji politycznych, w tym głównie ZLN, była uzewnętrznieniem nikłości ideowo-programowych różnic pomiędzy socjalistami a komunistami, jak również przejawem działań skorelowanych, a nawet wspomagających antywojenną akcję komunistów (zob. m.in. *Pod czerwonym sztandarem*, „Gazeta Warszawska", 27 VII 1919, nr 234; *Hasła antypaństwowe PPS*, „Gazeta Warszawska", 21 IX 1919, nr 258; *W służbie u komunistów*, „Gazeta Warszawska", 22 IX 1919, nr 259; *Socjaliści za bolszewikami*, „Gazeta Warszawska" 4 I 1920, nr 4; *Agitacja socjalistów za pokojem*, „Gazeta Warszawska", 11 II 1920, nr 41).

Gdy Polska – wbrew nadziejom i dążeniom komunistów polskich – byt swój ocaliła, gdy – znowu wbrew ich przepowiedniom – pokój zawarła[4] – wzięli się znowu do tym gorliwszej roboty rozbijania i demoralizowania ruchu robotniczego, podkopywania państwa polskiego. Walczymy o rzeczywistą demokrację w Polsce. Wychodziły na ulice tłumy proletariuszy, podnosiły głos przeciwko Senatowi, w obronie wolności strajków, przeciw militaryzacji kolei, w obronie 8-godzinnego dnia pracy. Komunistów nie było w szeregu, gdy strajkowała klasa robotnicza w marcu r[oku] 1921[5]. A jeśli kiedy indziej przyłączali się do naszych wystąpień, to w tym celu jedynie, by je rozbijać, by prowokować, by grać zawsze tę samą grę na korzyść planów reakcji.

W ciężkim trudzie zbudowaliśmy klasowe organizacje zawodowe. Potrafiły one przeprowadzić szereg akcji cennikowych, poprawić znacznie los robotnika, weszły w porozumienie z Międzynarodówką związków zawodowych, skupiły dokoła siebie pięćset tysięcy robotnic i robotników, zagroziły poważnie wszechwładzy kapitału w przemyśle, zadały cios średniowiecznym stosunkom w rolnictwie. Komuniści wytężyli siły, by zniszczyć ruch zawodowy. Próbowali rozbić Związek zawodowy pracowników rolnych, Związek kolejarzy, pozakładali „jaczejki", gdziekolwiek znaleźli paru zwolenników, szkalują działaczy zawodowych, urządzają „dzikie" strajki, wymierzone przede wszystkim przeciwko organizacji zawodowej.

---

[4] W Rydze 18 III 1921 r. Rzeczpospolita Polska oraz Rosyjska Socjalistyczna Federacyjna Republika Rad i Ukraińska Socjalistyczna Federacyjna Republika Rad podpisały traktat pokojowy (zob. *Dokumenty i materiały do historii…*, t. 3, s. 572–609).
[5] W obliczu groźby wprowadzenia dekretu o militaryzacji kolei doszło do ogłoszenia przez związki zawodowe strajku kolejarzy wyznaczonego na dzień 24 II 1921 r., a następnie ogłoszono, że strajk powszechny odbędzie się 28 lutego. Inicjatywy te zostały poparte przez CKW PPS. 1 III 1921 r. zostały przeprowadzone w wielu miastach w kraju (m.in. w Warszawie, Łodzi, Krakowie, Białymstoku, Siedlcach, Radomiu, Lublinie) strajki zorganizowane przez KCZZ w Polsce i poparte przez PPS. Akcja ta nie uzyskała poparcia kompartii, zwłaszcza że 2 III 1921 r. KCZZ ogłosiła zakończenie strajku wobec odstąpienia rządu od militaryzacji kolei (zob. *Strajk powszechny*, „Robotnik", 2 III 1921, nr 56; *Zakończenie strajku powszechnego. Do wszystkich robotników i robotnic w Polsce*, „Robotnik", 3 III 1921, nr 57; A. Tymieniecka, *Warszawska organizacja PPS…*, s. 69–70).

Robotnicy! Robotnice!

Cała działalność partii komunistycznej jest jedną wielką zbrodnią wobec Was. Dziś Rosja bolszewicka – to pustynia, w której nie ma ani władzy Rad, ani chleba. W Rosji rządzą biurokraci i kaci z „czerezwyczajek". Polityka zagraniczna Sowietów przerodziła się w cyniczny, zabójczy imperializm. Komuniści kłamią bezczelnie, gdy Wam opowiadają o Rosji Socjalistycznej. Bolszewicy rosyjscy, zniszczywszy swój kraj do szczętu, odbudowują dziś kapitalizm, zaprowadzając wolny handel, oddając fabryki w ręce osób prywatnych lub spółek, błagając zagranicznych kapitalistów, aby raczyli zaopiekować się bogactwami naturalnymi Rosji, uznając carskie długi, ustanawiając olbrzymie opłaty za bilety kolejowe, za tramwaj, za światło, za wodę – za wszystko, co daje państwo lub gmina.

Komuniści w swojej rozkładowej robocie spotykają na swej drodze – nieprzebytą przeszkodę – Polską Partię Socjalistyczną i klasowe związki zawodowe. Skierowali tedy całą swą energię, cały swój wysiłek przeciwko nim.

I oto jesteśmy świadkami kampanii tak nikczemnej, tak brudnej, jakiej nie znają dzieje socjalizmu. Niby złodziej nocny wkrada się agitator komunistyczny do duszy robotnika. Prowokatorzy wpełzają po cichu w szeregi naszej organizacji, wykradają marki partyjne, próbują przekupić poszczególnych towarzyszy, szerzą plotki i podłe oszczerstwa.

Komitet Centralny Komunistycznej Partii Robotniczej Polski w odezwach swych kłamie, kłamie bezczelnie z pełną świadomością kłamstwa. Panowie z Komitetu wiedzą doskonale, że idiotycznym oszczerstwem jest pomawianie PPS o stosunki z defensywą albo Daszyńskiego o to, że bił Dąbala. Rządzą się jednak zasadą: pluć, pluć, coś zawsze pozostanie. W obliczu całej opinii robotniczej protestujemy przeciwko tym bandyckim metodom walki partyjnej. Stawiamy pod pręgierz rozbijaczy i szkodników ruchu robotniczego, którzy nas chcą pogrążyć w odmęt sowieckiego zniszczenia.

Towarzysze! Towarzyszki!

Jesteśmy wrogami policyjnych ustaw wyjątkowych, skierowanych przeciw jakiemukolwiek kierunkowi – a więc i przeciwko komunizmowi. Zwalczamy bezwzględnie wszelkie tego rodzaju środki wyjątkowe, tak miłe zarówno reakcji, jak i bolszewikom.

177

Skuteczną walkę z komunizmem przeprowadzić może jedynie klasa robotnicza, bezwzględnie przeciwstawiając się jego podszeptom i jego rozkładowym wpływom. Już komunizm w Europie bankrutuje. III Międzynarodówka odepchnięta we Włoszech, gnijąca w Niemczech, słaba we Francji, bezsilna w Anglii nie znajdzie powodzenia wśród proletariatu polskiego. W ścisłej łączności z towarzyszami zachodnio-europejskimi rozpoczęliśmy prace nad odbudową jednej Międzynarodówki Socjalistycznej. Zwycięstwo przyjdzie pod znakiem Socjalizmu, nie przez histerię i wandalizm bolszewizmu.

Precz z trucizną myśli robotniczej! Niech żyje socjalizm!
Niech żyje Międzynarodówka socjalistyczna! Niech żyje Polska Partia Socjalistyczna!

Centralny Komitet Wykonawczy[6]
Polskiej Partii Socjalistycznej

Warszawa, w listopadzie 1921

Źródło: „Robotnik" 13 XI 1921, nr 307.

---

[6] Zob. przypis 11, dok. nr 19.

Nr 30

1921 listopad 15, Warszawa – Stanowisko PPS wobec rządowego projektu ustawy w sprawie zwalczania „knowań przeciwpaństwowych"[1] wyrażone we wniosku sejmowym przedłożonym przez Feliksa Perla

„Sejm odrzuca projekt ustawy w sprawie tymczasowych zarządzeń w przedmiocie zwalczania knowań przeciwpaństwowych, bez odsyłania go do Komisji"[2].

Źródło: Sprawozdanie stenograficzne z 260. posiedzenia Sejmu Ustawodawczego z dnia 15 listopada 1921 r.

---

[1] 4 XI 1921 r. minister spraw wewnętrznych Stanisław Józef Downarowicz na podstawie uchwały podjętej przez Radę Ministrów przedłożył sejmowi projekt ustawy „w sprawie tymczasowych zarządzeń w przedmiocie zwalczania knowań przeciwpaństwowych". Projekt przewidywał m.in. wprowadzenie zarządzeń umożliwiających tymczasowe aresztowanie, odseparowanie, zawieszenie w czynnościach służbowych osób podejrzanych o działalność komunistyczną; zob. Druk sejmowy nr 3074, 4 listopada 1921 r.; Załącznik do Nru 3074: Ustawa w sprawie tymczasowych zarządzeń w przedmiocie zwalczania knowań przeciwpaństwowych (projekt), s. 1–2; także W. Kozyra, *Polityka administracyjna ministrów spraw wewnętrznych Rzeczypospolitej Polskiej w latach 1918–1939*, Lublin 2009, s. 152.
[2] Wniosek F. Perla został w głosowaniu odrzucony, tym samym projekt skierowano do dalszych prac w Komisji Prawniczej i Administracyjnej (*Sprawozdanie stenograficzne z 260. posiedzenia Sejmu Ustawodawczego z dnia 15 listopada 1921 r.*, s. CCLX/39).

Nr 31

1922 maj 19, Kraków – Artykuł z „Naprzodu" pt. „Rada Naczelna PPS"[1]
(fragmenty)

Dn. 14 i 15 maja obradowała Rada Naczelna PPS.
[...] RN przeszła do rozważania sprawy Międzynarodówki i tzw. jednolitego frontu. Gruntowny referat w tej sprawie wygłosił tow. Czapiński, przedkładając odpowiednią rezolucję. W dyskusji przemawiali tow. tow. [towarzysze] Lieberman i Pragier[2], po czym – wobec spóźnionej pory – przyjęto wniosek wybrania dwóch mówców generalnych: za i przeciwko rezolucji. Za przemawiał tow. Perl, przeciwko tow. Zaremba, po czym 17 gł[osów] przeciwko 5-ciu przyjęto wniosek tow. Czapińskiego.

Rada Naczelna PPS stwierdza, że tak opłakany ekonomiczny stan Europy i bezrobocie, jak ofensywa kapitału i nowe alarmy wojenne wymagają więcej, niż kiedykolwiek solidarnej walki socjalistycznego proletariatu. Rozbicie Międzynarodówki fatalnie odbija się na sile, rozwoju i zdobyczach ruchu robotniczego, na losach socjalizmu.

Jednakowoż współdziałanie z III Międzynarodówką, która przez kilka lat celowo i systematycznie rozbijała jedność ruchu robotniczego, a obecnie stara się wykorzystać dla swych celów żywiołowe dążenie proletariatu do jedności – nie może być właściwą drogą do przywrócenia tej jedności. Albowiem sytuacja bankrutującego bolszewizmu i zamiary istotne III Międzynarodówki uniemożliwiają lojalną i owocną współpracę.

---

[1] Radę Naczelną wówczas tworzyli: „Adamek, Arciszewski, Barlicki, Biniszkiewicz, Czapiński, Daszyński, Diamand, Fijałkowski, Gardecki, Grylowski, Hausner, Hołówko, Jaroszewski, Jaworowski, Kwapiński, Liberman, Machej, Markowska, Malinowski, Niedziałkowski, Perl, Praussowa, Pragier, Pużak, Rapalski, Rosenzweig, Rzowski, Śniady, Stańczyk, Szałaśny, Szczerkowski, Szczypiorski, Wierbiński, Zaremba, Ziemięcki, Żuławski" (*Rada Naczelna PPS*, „Naprzód", 25 I 1922, nr 20).

[2] Adam Pragier (1886–1976) – działacz socjalistyczny; żołnierz legionów; poseł na Sejm I i II kadencji; w latach 1921–1937 członek RN PPS; od 1924 do 1925 r. w składzie CKW, oskarżony w procesie brzeskim, od 1942 r. członek Rady Narodowej; minister informacji i dokumentacji w gabinecie Tomasza Arciszewskiego.

III Międzynarodówka jest reprezentacją przede wszystkim państwowej polityki sowieckiej Rosji. Ponieważ bolszewizm wpadł na skutek swej nowej polityki ekonomicznej w sprzeczności bez wyjścia, będąc jednocześnie rządem „socjalistycznym", opiekunem zagranicznego i krajowego kapitału, oraz organizatorem robotników – ta tragiczna sytuacja musi pchać bolszewików do awanturniczej polityki zagranicznej, do spekulowania na konflikty wojenne. Stąd niemożliwość rzetelnego współdziałania z socjalistami.

Zamiary III Międzynarodówki są przejrzyste. Jedną z głównych pobudek bolszewików w ich agitacji demagogicznej za „jednym frontem" były potrzeby państwa rosyjskiego w związku z konferencją genueńską[3]. Poza tym bolszewicy chcą pod przykrywką tej agitacji – jak sami piszą – wzmocnić swoją III Międzynarodówkę oraz swoją odrębną międzynarodówkę zawodową[4], chcą zdobyć sobie dostęp do mas, osłabić krytykę socjalistyczną, odwrócić uwagę od rozkładu bolszewizmu, rozszerzyć swe „jaczejki" – czyli po prostu chcą spotęgować swoją akcję rozłamową, akcję rozproszkowania i osłabiania całości ruchu socjalistycznego. Oficjalny organ III Międzynarodówki „Komunistyczny Internacjonał"[5] w artykułach Lenina i Zinowiewa[6] nazywa do dziś dnia przy-

---

[3] Międzynarodowa konferencja w Genui została zorganizowana 10 IV–19 V 1922 r. Uczestniczyło w niej 29 państw europejskich (w tym Niemcy i bolszewicka Rosja) oraz pięć brytyjskich dominiów. Na czele delegacji sowieckiej stał ówczesny ludowy komisarz spraw zagranicznych Georgij Cziczerin. Obrady konferencji odbywały się w czterech komisjach, tj. politycznej, finansowej, ekonomicznej i transportowej. Na trzy dni przed zakończeniem konferencji, 16 IV 1922 r., w Rapallo doszło do podpisania przez Cziczerina oraz Walthera Rathenaua niemiecko-sowieckiego układu; zob. H. Batowski, *Między dwiema wojnami 1919–1939*, Kraków 2001, s. 105–108; R. Pipes, *Rosja...*, s. 453–463; H.A. Winkler, *Długa droga na Zachód. Dzieje Niemiec 1806–1933*, Wrocław 2007, s. 389–406; S. Mikulicz, *Od Genui do Rapallo*, Warszawa 1966.
[4] Mowa o utworzonej w lipcu 1920 r. Czerwonej Międzynarodówce Związków Zawodowych (Profesjonalnyj Internacjonał – „Profinternu"); szerzej zob. S. Jankowski (H. Glass), *Metody ekspanski komunizmu...*, s. 135–141.
[5] „Komunistyczny Internacjonał" – organ prasowy Kominternu wydawany w latach 1919–1943.
[6] Grigorij Zinowiew (właśc. Hirsz Apfelbaum; także Owsiej-Gerszen A. Radomyslski) (1883–1936) – w latach 1907–1917 najbliższy współpracownik

wódców II[7] i wiedeńskiej Międzynarodówki[8] „bandą lokajów kapitału"
i proklamuje jako cel hasła „jedności" – rozbicie amsterdamskiej Międzynarodówki zawodowej.

Wobec tego Rada Naczelna PPS odrzuca współdziałanie z III Międzynar[odówką] i partią komunistyczną – zwłaszcza że komuniści ujawnili swe prawdziwe oblicze w ruchu zawodowym, ogromnie utrudniając
walkę klasowych związków swą taktykę „jaczejek"[9] i demagogii.

Lenina; od 1917 do 1925 r. przewodniczący Rady Piotrogrodzkiej, od 1919 r.
na czele KW MK; w 1923 r. razem z Kamieniewem i Stalinem w składzie trium-
wiratu antytrockistowskiego, następnie sojusznik Trockiego; w 1927 r. wydalony
z partii, następnie ponownie do niej przyjęty i w 1933 r. kolejny raz z niej wydalony; w 1935 r., po zamordowaniu Kirowa, aresztowany i oskarżony o działalność
w Trockistowsko-Zinowiewskim Zjednoczonym Centrum; skazany na śmierć i stracony w sierpniu 1936 r.

[7] II Międzynarodówka – międzynarodowe stowarzyszenie organizacji socjalistycznych utworzone w Paryżu w 1889 r.; w okresie I wojny światowej jego działalność
de facto ustała (zob. *Międzynarodowy ruch robotniczy*, t. 1, s. 175–200, 219–221,
227–232, 280–285).

[8] Międzynarodowa Wspólnota Pracy Partii Socjalistycznych – organizacja powstała
w lutym 1921 r., w maju 1923 r. połączyła się z Międzynarodową Komisją Socjalistyczną, tworząc Socjalistyczną Międzynarodówkę Robotniczą istniejącą formalnie
do 1946 r. (*ibidem*, s. 433–436, 475–482).

[9] Zob. przypis 1, dok. nr 20. W kwietniu 1922 r. zagadnienie stosunku kompartii do niekomunistycznych związków zawodowych, w postaci przygotowanych
„Tez w sprawie Związków Zawodowych", znalazło się w porządku obradującej
wówczas w Gdańsku III Konferencji KPRP. Co prawda ze względu na ograniczenia
czasowe nie dyskutowano wówczas nad nimi, niemniej tezy te przedstawiały ówczesne stanowisko partii komunistycznej w tej materii. Podstawą do dalszej aktywności
było przeświadczenie, że związki zawodowe muszą być ściśle powiązane z „rewolucyjnym ruchem politycznym proletariatu" (*Tezy w sprawie związków zawodowych*
[w:] *KPP. Uchwały...*, t. 1, s. 168). Miało to warunkować możliwość realizacji zadań
ogólnych, tj. wykorzystywania wszelkich akcji ekonomicznych w celu pogłębiania
i propagowania świadomości komunistycznej mas czy popierania akcji politycznych zmierzających do osłabienia lub obalenia „ustroju kapitalistycznego", jak również powstawania komitetów fabrycznych, które według komunistów powinny być
narzędziem do kontroli środków produkcji. W kwestii stosunku do ruchu zawodowego KC KPRP wyznaczał swoim strukturom jako podstawowe zadanie dążenie
do jego opanowania. Podkreślano przy tym, że działania taktyczne nie powinny

Rada Naczelna PPS uważa, iż należy dążyć przede wszystkim do jedności ruchu socjalistycznego (bez bolszewików) do odbudowy jednej międzynarodówki socjalistycznej, złożonej z międzynarodówek II-ej i wiedeńskiej, oraz partii socjalistycznych, stojących poza Międzynarodówkami. To powinno być pierwszym krokiem na drodze do rzeczywistej jedności klasowego ruchu proletariackiego, tak koniecznej zwłaszcza w dobie obecnej. Łączenie się z bankrutującym komunizmem spowodowałoby zamącenie socjalistycznej świadomości mas oraz nowe rozłamy i starcia, a więc opóźniłoby utworzenie rzeczywistego jednego frontu walczącego proletariatu.

Następnie przyjęto wniosek tow. Niedziałkowskiego:

Rada Naczelna upoważnia CKW do poczynienia kroków potrzebnych do porozumienia się z partiami socjalistycznymi innych narodów, działającymi w Rzeczypospolitej Polskiej. [...]

Źródło: „Naprzód", 19 V 1922, nr 111.

polegać na budowaniu związków partyjnych czy też na rozbijaniu już istniejących organizacji, ale na zdobywaniu w nich wpływów dla czynników komunistycznych. Akcja ta – według konferencyjnych tez – winna koncentrować się na obronie jednolitości klasowego ruchu zawodowego, propagowaniu bezwzględnej walki z Międzynarodówką Amsterdamską, jednak nie poprzez dążenie do oderwania od niej pojedynczych związków i przyłączenia ich do Profinternu, ale przez poszerzanie wpływów komunistycznych w tych związkach. To z kolei miało umożliwić przekształcenie „ugodowej Komisji Centralnej Związków Zawodowych w Komisję Czerwoną" i dopiero wtedy miałoby nastąpić oderwanie jej od międzynarodówki socjalistycznej i połączenie się z Czerwoną Międzynarodówką. Aby osiągnąć ten cel, zamierzano rozbudowywać w każdym klasowym związku zawodowym tzw. frakcje czerwone, przy czym oficjalnie KPRP wskazywała na ich partyjną niezależność, jednak równolegle łączyła ją z kierowniczą, nadrzędną wobec frakcji rolą kompartii (*ibidem*, s. 168–171); szerzej zob. K. Sacewicz, *Kilka uwag...*, s. 303–306.

Nr 32

1922 czerwiec 25, Lwów – Artykuł z „Dziennika Ludowego" pt. „Komuniści polscy o sobie"

Nakładem międzynarodówki komunistycznej wyszła w Hamburgu broszura E. Branda[1] i Waleckiego pt. „Komunizm w Polsce". „Trzy lata walki na wysuniętej pozycji"[2]. W elukubracji tej pełnej autorskich fantazji i dowolności mieści się garść informacji, charakteryzujących metody, którymi posługuje się komunistyczna partia Polski.

W okresie głoszenia hasła jednolitego frontu i pozornej skruchy dotychczasowych rozbijaczy politycznego i zawodowego ruchu, nie zawadzi przytoczyć tego, co leaderzy [liderzy] komunistyczni piszą o swojej akcji na terenie ruchu zawodowego, informacje te brać należy z wielką dozą krytycyzmu. Miarodajnymi dla nas muszą być raczej intencje i zamiary, jak rzeczywiste wpływy komunistów, o których się tyle we wzmiankowanej broszurze mówi.

Ostatni kongres zawodowy wykazał niedwuznacznie[3], że wpływy te są znikome, a komunistyczna partia Polski stwarza fikcje na darmo. Na ich plewę nie da się schwytać robotnik polski, nie dadzą się już chyba

---

[1] Henryk Lauer (ps. „Ernest Brand") (1890–1939) – działacz komunistyczny; członek KPRP/KPP, w latach 1920–1922 w KC KPRP, uczestnik II Zjazdu KPRP oraz IV Konferencji KPRP; od 1923 r. w ZSRS; redaktor „Nowego Przeglądu"; w latach 1931–1937 członek Prezydium Państwowego Komitetu Planowania Rady Ministrów ZSRS.

[2] E. Brand, H. Walecki, *Der Kommunismus in Polen*, Hamburg 1922, *passim*; H. Lauer-Brand, *Komunizm w Polsce...*, s. 27–87.

[3] 25–27 V 1922 r. w Krakowie obradował II Zjazd Klasowych Związków Zawodowych w Polsce. Uczestniczyło w nim około 227 delegatów reprezentujących 47 klasowych związków zawodowych. Podczas obrad, zwłaszcza w czasie dyskusji nad sytuacją polityczną i ekonomiczną, mówcy wielokrotnie podkreślali destrukcyjny charakter działalności kompartii na odcinku związkowym, oświadczając m.in., że „moralnym obowiązkiem naszym jest walczyć z bolszewizmem", a także, że budowanie jednolitego frontu lewicowych organizacji związkowych i politycznych odbywać się będzie, ale bez udziału w nim komunistów (zob. *II Zjazd klasowych Związków zawodowych*, „Naprzód", 28 V 1922, nr 118; 29 V 1922, nr 119; 30 V 1922, nr 120).

184

wprowadzić w błąd i zagraniczni protektorzy komunistycznego ruchu w Polsce.

„Rządowi i socjalpatriotom udało się odciąć nam wiele dróg do mas robotniczych – biadają autorzy – jednak jednej pozycji nie mogli nam wyrwać, która nam zapewnia kontakt z najszerszymi masami, która nam pozwala walczyć o ich duszę, organizować je do czynu. Nie zdołali nas odciąć od związków zawodowych... **I dzisiaj walka w Związkach, o Związki i przez Związki jest jednym z głównych zadań partii"**[4].

Szczególnie podniecały apetyt komunistów Związki robotników rolnych, górników, tekstylnych i kolejarzy „i w tych Związkach rozgorzała najpierw walka pomiędzy nami i kompromisowcami. Na szczególną uwagę zasługuje walka, którą prowadziliśmy w Związku kolejarzy i rolnych". Walka ta, nawiasem powiedziawszy, skończyła się kompletną przegraną. Dalej chwalą się autorzy wpływami wśród metalowców, tkaczy i piekarzy. Szczególnie silne mają być te wpływy w Dąbrowie Górniczej.

Podobną działalność rozwija partia w kooperatywach. „Pewna liczba kooperatyw jest w ręku naszych towarzyszy i stanowi dobry punkt oparcia dla naszej agitacji".

W ostatnich czasach rozwinięto żywszą działalność w klubach robotniczych i instytucjach kulturalno-oświatowych.

Agitacja w wojsku

„Od chwili powstania partii zwracaliśmy naszą uwagę na agitację wśród żołnierzy[5]. Nasze nielegalne pismo dla żołnierzy dosta-

---

[4] *Tezy w sprawie związków zawodowych* [w:] *KPP. Uchwały...*, t. 1, s. 168–173.

[5] Prowadzenie agitacji komunistycznej wśród żołnierzy polskich odbywało się m.in. przez kolportaż prasy i druków ulotnych, stanowiąc fundament do przeprowadzenia działań infiltracyjnych struktur Wojska Polskiego przez KPRP/KPP, co zmuszało organa II RP do podejmowania prób powstrzymania tej działalności (zob. AAN, MSW, 9/1197, Komunistyczna Partia Robotnicza Polski. Do żołnierzy Armii Hallera, [kopia odezwy], Warszawa, maj 1919 r., k. 184–186); także A. Pepłoński, *MSZ, Oddział II oraz formacje ochrony granic wobec ruchu komunistycznego w Polsce (1918–1926)*, „Z Pola Walki" 1985, nr 1, s. 94–95; idem, *Zwalczanie działalności wywrotowej w wojsku polskim w latach 1918–1939*, „Przegląd Wschodni" 2000, t. 7, s. 257–272; idem, *Likwidacja organizacji komunistycznej w 16. Pułku Ułanów Wielkopolskich*, „Słupskie Studia Historyczne" 2001, nr 9,

wało się w dużej ilości do kasarni, nasze odezwy kolportowano nawet na froncie". Robota jednak zupełnie nie wiodła się – przyznają autorzy i dla pocieszenia tow. zagranicznych dodają – „w ostatnich czasach nasza agitacja wśród wojska poczyniła znowu postępy". Wiele miejsca poświęcają autorzy opisowi **akcji masowej** przez komunistów prowadzonej. Co prawda objawów tych niewiele. Szkoda zaiste tego doskonałego papieru i druku dla jezuicko-wykrętnych elukubracji, mających unaocznić „masową akcję" partii komunistycznej towarzyszom zagranicznym, którzy przecież muszą polegać na tym, co piszą autorzy bogato wydanej broszury i nie mają możności przekonać się, że ta „masowa akcja" przypomina dokładnie bajkę z żabą, która nastawia nogę tam, gdzie konia kują. Jeżeli ordynarne wymyślania pod adresem PPS, urządzającej prawdziwie masowe akcje proletariatu, zakłócanie powagi nastroju tych akcji, zamiary celem ich dezorganizowania można nazwać akcją masową, to ten sukces mieli komuniści polscy.

Posłuchajmy więc co sobie przypisują:

---

s. 317–323; I. Pawłowski, *Polityka i działalność wojskowa KPP 1918–1928*, Warszawa 1964, *passim*; P. Borek, *Działalność KPP w garnizonie siedleckim w latach 1927––1938*, „Szkice Podlaskie" 2007, z. 15, s. 46–60; *idem*, *Komunistyczna Partia Polski w garnizonie bielskim (1927–1938)*, „Podlaski Kwartalnik Kulturalny" 2005, nr 4, s. 22–33; M. Krzysztofiński, *Działalność Wydziałów Wojskowych Komunistycznej Partii Polski i Komunistycznej Partii Zachodniej Ukrainy na terenie Dowództwa Okręgu nr X w Przemyślu w latach 1924–1938*, „Glaukopis" 2007/2008, nr 9/10, s. 139––176; P. Gontarczyk, *Polska Partia Robotnicza. Droga do władzy 1941–1944*, Warszawa 2003, s. 33–37; K. Trembicka, *Między utopią a rzeczywistością...*, s. 166–169. Zob. AAN, MSW, 9/1187, Organizacje antypaństwowe, [1930], k. 16. Rozmiary i znaczenie dla partii komunistycznej tzw. roboty wojskowej ujawnia, przechwycona przez MSW podczas likwidacji Komitetu Warszawskiego Komunistycznego Związku Młodzieży Polskiej w Warszawie w sierpniu 1931 r., instrukcja Kominternu (*ibidem*, 9/1068, Konieczność i znaczenie roboty wśród armii, [1931], k. 2–12 v.; zob. też *ibidem*, 9/1201, Sprawozdanie z ruchu komunistycznego i anarchistycznego za czas od 1 września 1930 do 31 grudnia 1932 r., k. 87–103). W sprawozdaniu podkreślano, że „robota w wojsku" należy do najważniejszych zadań partii stawianych jej przez III Międzynarodówkę (*ibidem*, k. 90–91).

W pierwszym okresie „operowali" wśród jeńców powracających z niewoli, bezrobotnych, trochę wśród górników i robotników rolnych. Niedługo jednak to trwało. Jak przyznają wyraźnie autorzy, wkrótce jeno mała garstka robotników chciała słuchać podszeptów komunistów. Jako ostatnią, większych rozmiarów akcję z tego okresu, chwalą się demonstracją bezrobotnych z dnia 4 lipca 1919 r.[6] Wiadomo, że komuniści spowodowali wówczas celowo przelew krwi proletariatu, widocznie dla „podniesienia temperatury rewolucyjnej".
Podgrzewanie temperatury rewolucyjnej stanowiło stałą troskę partii. Upatrzono dobry materiał dla takiego podgrzewania w robotnikach rolnych. Jesienią 1919 r. proklamowali komuniści dziki strajk tychże robotników[7] i próbowali robotników miejskich podburzyć do solidar-

---

[6] W czwartek 3 VII 1919 r. w Warszawie została zorganizowana przez komunistów demonstracja bezrobotnych robotników. Nie uzyskała ona poparcia PPS. Manifestujących zatrzymała policja, która podczas pacyfikacji użyła broni palnej. W wyniku działań policji oraz wojska śmierć poniosło trzech demonstrantów, zaś kilkanaście osób zostało rannych. W odpowiedzi na postępowanie sił porządkowych CKW PPS ogłosił w dniu 4 lipca strajk protestacyjny w Warszawie, a posłowie ZPPS wnieśli interpelację, żądając wyjaśnienia okoliczności całego wydarzenia, a przede wszystkim określenia zasadności takich działań. Zajścia lipcowe władze PPS, abstrahując od oceny działań rządu Paderewskiego wyrażonych w postawie policji i wojska, postrzegały jako świadome antagonizowanie nastrojów społecznych przez KPRP w celu wywołania wrzenia rewolucyjnego i urealnienia idei dyktatury proletariatu. Tym samym prasa socjalistyczna za moralnych sprawców masakry czwartkowej uważała inicjatorów demonstracji – działaczy kompartii w Polsce (zob. *Krwawe zajścia w Warszawie. Policja strzela do bezbronnego tłumu*, „Robotnik", 4 VII 1919, nr 236; *Tylko pod sztandarem Polskiej Partii Socjalistycznej*, „Robotnik", 5 VII 1919, nr 237; *Polska Partia Socjalistyczna. Towarzysze i Towarzyszki!*, „Robotnik", 8 VII 1919, nr 240; *Echa sejmowe krwawych zajść. Przemówienie tow. Ziemięckiego*, „Robotnik", 12 VII 1919, nr 244). W wystąpieniu sejmowym ówczesny minister spraw wewnętrznych Stanisław Wojciechowski, niemal w podobnym tonie, jak w publicystyce PPS, oskarżył komunistów o sprowokowanie starć z policją, jednocześnie podkreślał zasadność postępowania sił porządkowych (*Sprawozdanie stenograficzne z 65. posiedzenia Sejmu Ustawodawczego z dnia 8 lipca 1919 r.*, s. LXV–35–LXV–41; zob. także W. Kozyra, *Polityka administracyjna...*, s. 242).
[7] Mowa o strajku robotników rolnych proklamowanym pod presją działaczy komunistycznych przez Radę Główną Związku Zawodowego Robotników Rolnych.

nego wystąpienia w obronie strajkujących rolnych. Jak wiadomo, strajk był jeno dowodem zbrodniczego lekceważenia życia i bytu robotników rolnych przez komunistów, którzy go wywołali, dla „zaostrzenia rewolucyjnej sytuacji" i skończył się krwawymi represjami.

Robotników miejskich, bardziej politycznie wyszkolonych, nie udało się porwać do podobnej imprezy. Wiadomo, że tylko PPS przez energiczne ujęcie kierownictwa w swoje ręce, zdołała uchronić robotników rolnych od dalszych straszliwych prześladowań.

Później w robocie komunistycznej nastała – zdaniem autorów – pauza, z powodu „białego terroru". Dopiero w październiku, z okazji strajku i demonstracji urządzonych przez PPS, przeciwko senatowi, postanowili komuniści „przyłączyć się" do tej akcji, dorzucając swoje biedne trzy grosze „precz z senatem i **sejmem**".

Poza tym chwalą się autorzy **stanowiskiem swej partii w okresie najazdu bolszewickiego**.

Czym byłaby Polska, gdyby hordom bolszewickim było się udało zalać ją w r[oku] 1920, nie ulega dzisiaj wątpliwości, jak wyglądałaby nasza niepodległość, nasza indywidualność narodowa, nasze samostanowienie – wystarczy spojrzeć na Gruzję, by wyrobić sobie sąd o tej sprawie. Wojna bolszewicka była typową wojną zaborczą, obliczoną na wcielenie „priwiślańskiej guberni" do imperium rosyjskiego. Mord, pożoga i zgliszcza znaczyły drogę posuwania się „wyzwoleńczej armii rewolucyjnej". Zrozumiała rzecz, że socjalista polski instynktownie chwytał wówczas za broń, by piersią własną odeprzeć zalew azjatyckiego barbarzyństwa.

Strajk trwał od 17 do 19 X 1919 r. Został wygaszony na mocy porozumienia się władz związku z rządem, zob. *W poniedziałek robotnicy rolni wracają do pracy. Związek Zawodowy Robotników Rolnych w Polsce*, „Robotnik", 19 X 1919, nr 343; *Z powodu zakończenia strajku*, „Robotnik", 19 X 1919, nr 343. Prasa ZLN ostro krytykowała nie tylko komunistycznych autorów strajku, ale także działaczy socjalistycznych, za ich współdziałanie z komunistami; zob. *Strajk rolny. Stanowisko rządu*, „Gazeta Warszawska", 17 X 1919, nr 284; *Przebieg strajku*, „Gazeta Warszawska", 18 X 1919, nr 285; *Kiereńszczyzna na raty*, „Gazeta Warszawska", 18 X 1919, nr 286; *Strajk rolny*, „Gazeta Warszawska", 19 X 1919, nr 286; *Koniec strajku*, „Gazeta Warszawska", 20 X 1919, nr 287.

Cóż robili tymczasem komuniści? **„Obrona sowieckiej Rosji stanowiła jądro naszej politycznej akcji, ogniskowy punkt naszej walki z rządem i rządowymi partiami"** (str. 41). „Wyzyskiwaliśmy każde zgromadzenie, każdą demonstrację, by organizować obronę sowieckiej Rosji". By odwrócić uwagę robotników od „dobra zagrożonej ojczyzny" starali się usilnie podtrzymywać ferment strajkowy, podsycając szczególnie wśród kolejarzy, tkaczy łódzkich i pracowników miejskich w Warszawie animusz strajkowy. Odwrót spod Kijowa[8] był tym szczególnie odpowiednim momentem, który komuniści zamierzali wyzyskać dla wywołania rewolucji w Polsce[9]. Zawezwali więc w Zagłębiu węglowym robotników do demonstracyjnego strajku. Sami jednak autorzy przyznają, iż „ledwo część kopalni usłuchała tego wezwania. Lecz oto Daszyński wstępuje do rządu. Naturalnie – zdaniem autorów – nie miał nic lepszego do roboty, jak wciągać naszych komunistów z mysich dziur" i „przy pomocy pracujących w defensywie członków PPS zamykać ich tysiącami do więzień". Pod koniec lipca gwiazda szczęścia zdawała się uśmiechać naszym komunistom. Już nawet utworzyli „prowizoryczny komitet rewolucyjny, który z czerwoną armią przyszedł do Białegostoku, a następnie pod Warszawę, by stanowić fundament do założenia polskiej republiki rad[10]. C[entralny] K[omitet] partii w Warszawie wzywał robotników, by wszę-

---

[8] W wyniku przerwania frontu polskiego przez 1 Armię Konną Siemiona Budionnego oraz kontrofensywy 12 Armii Robotniczo-Chłopskiej Armii Czerwonej (RKKA) na rozkaz Piłsudskiego 10 VI 1920 r. nastąpił odwrót z Kijowa.

[9] Zob. AAN, KPP, 158/VI–3, pt. 4, Robotnicy! Żołnierze!, Warszawa, 14 VI 1920 r., k. 1–1a; *ibidem*, 158/VI–3, pt. 5, Przeciw fali białego terroru. Robotnicy!, Warszawa, 7 VII 1920 r., k. 1–1a. W licznych odezwach kompartia nie tylko generowała i następnie podsycała antypaństwowe nastroje, ale także zapowiadała fizyczną likwidację czołowych polskich urzędników państwowych oraz polityków. W odezwie KC KPRP z lipca 1920 r. czytamy m.in.: „Za życie i za każdą krzywdę wyrządzoną naszym więźniom, życiem odpowiedzą: Naczelnik Państwa, Ministrowie, Generałowie, Rada Obrony Państwa, Prezydium Sejmu, Prezydium frakcji Sejmowych, Centralne Komitety wszystkich w Polsce partii kontrrewolucyjnych i wszyscy ich wybitniejsi działacze, a także bezpośredni winowajcy" (*ibidem*, 158/VI–3, pt. 5, Uwolnić więźniów politycznych, Warszawa, lipiec 1920 r., k. 4).

[10] Zob. przypis 4, dok. nr 16.

dzie powstali, połączyli się z czerwoną armią i walczyli o zwycięstwo polskiej republiki rad. – Polityczni komisarze armii rezerwowej pracowali ręka w rękę z naszymi lokalnymi organizacjami".

Z uznaniem wymieniają także autorzy nazwisko Tomasza Dąbala[11], posła na sejm, który zabiegom komunistycznym udzielił skutecznej pomocy, „wskazując chłopom i robotnikom na ich obowiązek obalenia „rządu wyzyskiwaczy".

Oto w głównych zarysach przedstawiony w broszurze plan trzyletniej działalności tej jedynie – zdaniem autorów – rewolucyjnej partii w Polsce.

Bezstronny czytelnik musi przyznać, że wynik tej roboty poza wzbogaceniem słownictwa odnośnie do oszczerstw i kalumnii rzucanych na PPS [jest] bardzo skromny. Zauważyć przy tym należy, że broszura, która wyszła drukiem w roku 1921, mówi właśnie o działalności tej partii w latach 1919 i 1920. Z chwilą, kiedy okres awantur wojennych i związanych z tym objawów nadużyć i dezorganizacji, począł się likwidować, skończył się okres popisu dla „rewolucyjnego" krzykactwa, klasa robotnicza bez wyjątku niemal wkroczyła na drogę systematycznej, planowej walki klasowej. Bezpośrednio potem oczyszczono organizacje zawodowe z elementu niepożądanego, a wobec partii socjalistycznych zmuszeni byli komuniści zejść na szary koniec. Istnieją tam z dala od życia robotniczego zakostnieli w swoim sekciarstwie i piszą na eksport zagraniczny broszury, w których w żaden sposób dopatrzyć się nie można ani prawdy, ani szczerości.

Źródło: „Dziennik Ludowy", 25 VI 1922, nr 140.

---

[11] Tomasz Dąbal (1890–1937) – działacz ludowy, a następnie komunistyczny; podczas I wojny światowej żołnierz armii austro-węgierskiej, później w Legionach Polskich; w 1918 r. z ramienia PKL powiatowy komendant żandarmerii; od 1909 r. członek PSL, a od 1913 r. w PSL-Piast; przywódca tzw. Republiki Tarnobrzeskiej; poseł na Sejm Ustawodawczy z ramienia PSL-Lewicy, od 1920 r. w KPRP; w 1922 r. skazany na sześć lat więzienia, rok później przekazany w ramach wymiany Sowietom; pracownik Komitetu Wykonawczego Międzynarodówki Komunistycznej, jeden z założycieli Międzynarodówki Chłopskiej.

Nr 33

1922 czerwiec 29, Lwów – Artykuł z „Dziennika Ludowego" pt. „Obłęd komunistyczny w Zagłębiu Dąbr[owskim]"

Zw[iązek] Zaw[odowy] Rob[otników] Przem[ysłu] Górn[iczego][1] wydał odezwę do ogółu robotników Zagł[ębia] Dąbrowskiego z racji ostatnich knowań zbrodniczych komunistów. Odezwa daje krótki zarys „działalności" komunistów od chwili powstania Polski, a następnie szeroko omawia próby wywołania „putschu" w związku ze strajkiem robotników huty „Bankowej"[2] i „Konstanty"[3].

Robotnicy z obu należeli do wspólnego Zw[iązku] metalowców[4], ale komunistom udało się oderwać robotników huty „Bankowej" i „Konstanty" od Związku i przyłączyć ich do moskiewskiej międzynarodówki. Po dokonaniu tego „dzieła" nikt robotnikami powyższych hut już się nie zajmował. Zw[iązek] Metalowców nie zawierał dla nich umów, bo przestali być jego członkami, komuniści zaś znowu w myśl swojej zasady: im robotnikom gorzej, tym prędzej będzie rewolucja, nic nie robili w kierunku polepszenia doli robotników. Kapitaliści hut, widząc rozbitych **i pozbawionych opieki Związku robotników, doprowadzili ich do najstraszniejszej nędzy.** Zrozpaczeni robotnicy postanowili strajkiem zmusić butnych panków francuskich do płacenia im lepszych zarobków. Lecz niestety kapitaliści zaraz znaleźli sprzymierzeńca w komunistycznej partii, która wbrew woli strajkujących do strajku się przyczepiła, ale nie po to, by robotnicy wyszli zwycięsko ze strajku, lecz jedynie w tym celu, by strajk ten wyzyskać na korzyść partii komunistycznej i zasłużyć na pochwałę Moskwy.

---

[1] Zob. przypis 1, dok. nr 21.

[2] Huta Bankowa – huta stali żelaza w Dąbrowie Górniczej, powstała w 1834 r., funkcjonuje do chwili obecnej.

[3] Huta Konstanty – huta cynku w Dąbrowie Górniczej, działała w latach 1815–1939.

[4] Związek Robotników Przemysłu Metalowego w Polsce utworzony w październiku 1920 r., działał do 1934 r.; siedziba związku znajdowała się w Warszawie przy ul. Leszno 53; w 1921 r. związek liczył 26 890 członków, w 1922 r. – 23 768, a w 1924 r. – 10 624 (szerzej zob. L. Hass, *Organizacje zawodowe w Polsce...*, s. 141–142; E. Kołodziej, *Komunistyczna Partia Robotnicza Polski...*, s. 58).

Strajk trwa już 6-ty tydzień. Robotnicy przymierają wraz z rodzinami głodem, a kapitaliści i komuniści drwią z ich nieszczęścia.

Związek górników, widząc, że strajk w hutach zaczyna się przedłużać i robotnicy bez wydatnej pomocy będą zmuszeni w końcu ulec, aczkolwiek strajkiem nie kieruje, postanowił **przyjść strajkującym z finansową pomocą**. Okręgowy sekretariat zwołał konferencję Kom[ietu] kop[alnianego], na której przedstawił wniosek o złożeniu przez robotników kopalń takiej sumy pieniężnej, która umożliwiłaby im prowadzenie długiego strajku. **Komuniści wniosek ten z całą zajadłością zaczęli zwalczać**, kiedy jednak wniosek o zbieraniu składek został większością głosów przyjęty, **komunistyczna partia wydaje szereg odezw, w których nawołuje robotników do powszechnego strajku, niezbierania pieniędzy!!!**

Kiedy na wiecu zwołanym przez PPS Okręgowy Sekretarz Związku Górników domagał się, aby komuniści przestali karmić strajkujących robotników odezwami i rezolucjami, a dopomogli do zebrania 2-ch dniówek na strajkujących, komuniści zrobili karczemną burdę.

I od tej chwili zaczęła się wstrętna kampania demagogii komunistycznej. Sprowadzono pos[ła] Łańcuckiego, który „dowodził", że **nie warto zbierać składek dla strajkujących**, ale należy ogłosić strajk powszechny w całej Polsce, a wówczas poprawił się los robotników z hut Bankowej i Konstanty!

Odezwa kończy się słowami: Towarzysze i Towarzyszki!

Tych kilka faktów z haniebnej roboty komunistycznej, niechaj będą dla Was przestrogą i otworzą oczy rzeszom robotniczym na nikczemną robotę światowych rozbijaczy jedności robotniczej, sojuszników kapitału i zdrajców sprawy robotniczej, żerujących na nędzy, głodzie i krwi robotniczej!

Źródło: „Dziennik Ludowy", sierpień 1922, nr 143.

Nr 34

1922 wrzesień 6, Kraków – Artykuł z „Naprzodu" pt. „Bankructwo komunizmu w Polsce"

Ostatnie wypadki stwierdzają zupełne bankructwo ideologii komunistycznej w szeregach robotniczych. Prawie każdy Zjazd poszczególnych grup zawodowych wykazuje nikłość zwolenników zasad bolszewickich. Komuniści w pewnych związkach zawodowych starali się sztucznie podtrzymywać nastrój, a na wiecach frazesami i zwyczajnymi bujdami podtrzymywali swe hasła, utrzymując niby-prestige [niby-prestiż] w masach. W miarę wydarzeń i posunięć taktycznych na forum międzynarodowym, a także ślepej i demagogicznej agitacji wewnątrz kraju, udowodnili, jakimi są „rzekomymi" obrońcami proletariatu. Komuniści wykazali w życiu praktycznym, w walce społecznej swą niemoc twórczą, a nawet okazali się wrogami interesów robotniczych. Niejednokrotnie dla zajęcia wrogiego stanowiska wobec PPS paraliżowali wszelką akcję, przychodząc z pomocą rozmaitym enperowcom i chadekom. Klasa robotnicza patrzyła na tę lisią grę i poczęła odwracać się od tych „zbawców" ludu pracującego.

Jeśli komunista łamie solidarność w walce strajkowej, jeśli dobiera sobie ludzi płatnych, pływających po arenie ruchu robotniczego jak po stawie, to niczym nie różnią się od chadeków wspomaganych finansowo przez kapitalistów, a w walce społecznej i politycznej idących ręka w rękę z burżuazją.

Zjazd kolejarzy w Nowym Sączu wykazał kolosalny zwrot w stosunku do komunistów. Delegaci z najdalszych zakątków kraju potępiali warcholstwo i kłamstwa agitatorów komunistycznych, używających równoznacznej broni z endekami przeciw osobom stojącym na czele Związku. Odprawa dana przez samych kolejarzy była świadectwem rozsądku i świadomości klasowej kolejarzy. Udowodniono jedną niezbitą prawdę, że komuniści posunęli się do wykradania pieczątek w miejscowych kołach kolejarzy, aby ściągnąć podstępnie swoich adherentów. Dalej stwierdzono całą obłudę w działaniu ich propagatorów ideowych, którzy przyczyniali się raczej do rozbijania Związku, do odpychania członków z wspólnej pracy, aniżeli budowania organizacji i solidarności robotniczej.

W ważniejszych sprawach chodziło bowiem o uwzględnienie postulatów ekonomicznych postawionych przez ogół pracowników kolejowych, głosowali komuniści „z pobudek ideowych" przeciwko wnioskom. Ale najcharakterystyczniejszym okazał się stosunek komunistów do Międzynarodówki. Mimo oświetlenia przez reprezentanta międzynarodówki transportowców, jaką rolę burzycielską odegrały żywioły uzależnione od Moskwy, głosowali oni za przystąpieniem do federacji. Rok temu w osobnej broszurze nazwali zwolenników międzynarodówki amsterdamskiej nie tylko zdrajcami proletariatu, ale po prostu agentami kapitalistów. A teraz ci „czyści" przedstawiciele proletariatu stoją na tej samej platformie co niedawni zdrajcy! Wszak to nie tyle tragedia, ile humoreska, co wyprawiają nasi niedorośli reprezentanci pewnej ideologii, skaczący jak wiewiórka z drzewka na drzewko. Przecież polityka nie jest trzęsawiskiem, na które schodzą się wszelkiego rodzaju zwierzyny. Od polityków musimy wymagać nieco sumienności i uczciwości. Nie wolno masom wpajać rzeczy niejednokrotnie brutalne, starać się z nich robić narzędzie swojskiej propagandy, skoro te masy mają stać się środkiem dla najprymitywniejszego wyzysku. Tę rolę spełniają doskonale chadecy używający robotników jako instrument do pokonywania tychże robotników, do łamania solidarności. A konto tego Zjazdu umieścił endecki „Goniec Krakowski"[1] notatkę godną zapisania w albumie, „że nie przysłało ministerstwo kolei swego przedstawiciela na Zjazd Polskiego Związku Kolejarzy, chociaż oni są lojalni i umyślnie łamali każdy strajk kolejarzy".

Tą szczerą i poczciwą prawdomówność winni zapamiętać i kolejarze, i ogół robotników. Tak więc na jednej platformie, „chociaż o biegunowo innych pojęciach walki społecznej", spotkali się bankrutujący zwolennicy moskiewscy i chadeckie służebki kapitalistyczne. Klasowo zorganizowany pracownik kolejowy, mimo rozszalałej i roznamiętnionej agitacji, wyszedł z przekonaniem, gdzie jego miejsce, gdzie tkwi

---

[1] „Goniec Krakowski" – w latach 1920–1921 krakowski organ PSL-Piast redagowany przez Józefa Rączkowskiego; w 1922 r. tytuł został wykupiony przez ZLN; początkowo redakcję prowadził Antoni Krzywy, później Władysław Świrski, a od 1925 r. Aleksander Błażejewski. Dziennik wydawany był w niskim nakładzie nieprzekraczającym 3 tys. egzemplarzy. W 1926 r. z przyczyn finansowych wydawnictwo zamknięto.

wiara w zwycięstwo. Socjalizm był podłożem walki klasowej, był pionierem ruchu wyzwoleńczego i ta myśl wcześniej czy później głęboko przeniknie warstwy proletariackie i stanie się wyłączną własnością człowieka pracy. Z sytuacji otoczonej mgłą i niepewnością, z walki o prawdziwe źródło demokracji wychodzi wzmocniony socjalizm. Proletariat zna swoje potrzeby i wie, kto potrafi go obronić.

Źródło: „Naprzód", 6 IX 1922, nr 200.

Nr 35

1922 wrzesień, Warszawa – Odezwa Warszawskiego Okręgowego Komitetu Robotniczego namawiająca do niegłosowania na komunistyczny Związek Proletariatu Miast i Wsi

Polska Partia Socjalistyczna. Towarzysze i Towarzyszki!

Ostrzegamy was przed rozbijaczami obozu socjalistycznego w Polsce, **przed robotą komunistycznych warchołów i demagogów**, grasujących wśród robotników. Obłudnie głosząc hasło: „proletariusze wszystkich krajów, łączcie się!", **usiłują** oni **jednocześnie** za wszelką cenę wprowadzić rozłam w robotnicze związki zawodowe, **rozbić naszą partyjną organizację**, osłabić polski proletariat w jego walce, wnieść zamęt do naszego ruchu i naszej pracy, przy czym nie cofają się przed bronią kłamstw, oszczerstw i podstępów.

Wiemy, o co im chodzi. Chcą oni doprowadzić Polskę do tego, do czego doprowadzili Rosję. Nie mogąc jednakże uzyskać wpływu na szersze masy robotnicze, nie mogąc ich sprowadzić z drogi planowej i wytrwałej walki, toczonej pod sztandarami **Polskiej Partii Socjalistycznej**, próbują masy te zdezorganizować, osłabić wpływy socjalistów i otworzyć na oścież wrota nowej na Polskę napaści armii Trockiego.

Gdy w roku 1920 szedł na nas najazd bolszewicki, z najazdem tym, na furgonach rosyjskich, jechali polscy komuniści, Dzierżyński, Kohn[1], Marchlewski, głosząc się rządem polskim w zajętym przez Rosjan Białymstoku[2]. Gdy Trocki w odezwach swoich wzywał **całą** Rosję do walki z Polską, gdy niósł nam zniszczenie i niewolę, komuniści rozwijali gorliwą działalność, by ułatwić mu nad Polską zwycięstwo, a na robotników, stających w obronie niepodległości miotali złorzeczenia i oszczerstwa. **Komuniści, zepchnąwszy Rosję w otchłań nędzy**, zdziesiątkowawszy ludność wsi i miast, z których w Petersburgu ilość mieszkańców zmniej-

---

[1] Zob. przypis 9, dok. nr 16. Tu błędnie podany zapis nazwiska – powinno być Kon.
[2] Zob. przypisy 4 i 17, dok. nr 16.

szyła się z 2 milionów do 450 tysięcy[3], zniszczywszy przemysł, który stanowi podstawę ruchu robotniczego w ten sposób, że na 100 wrzecion 5 zaledwie pozostało czynnych, a na 100 parowozów 7 tylko jest w ruchu, **doprowadziwszy ludność do nieznanego w dziejach zdziczenia, w którym matki z głodu pożerają swe dzieci, a karmienie się trupami stało się zwykłem zjawiskiem, uczyniwszy państwo swe państwem masowych mordów i niewoli, usiłują na Polskę przerzucić swą władzę, by wzmocnić poderwane swe rządy.** Konszachty ich z kapitalistami w Genui[4], zaprzedawanie proletariatu rosyjskiego w niewolę zachodniej burżuazji, mordowanie socjalistów-rewolucjonistów, zakucie Gruzji w kajdany[5], zaprowadzenie 12-godzinnego dnia pracy, rzucenie na ludność ciężaru utrzymania olbrzymiej armii przeznaczonej na nowy podbój krajów, oddanie tej ludności na łup uprzywilejowanej i dobrze się mającej bolszewickiej biurokracji, wzbudziły w całym świecie socjalistycznym protesty, krytykę i potępienie komunizmu. Komuniści widząc, że nieuchronnie zbliża się chwila ich upadku, pragną się ratować, a pierwszym krokiem na tej drodze ma być zdobycie Polski.

Robotnicy! Pamiętacie, jak komuniści bojkotowali poprzednie wybory do sejmu, jak napadali na Polską Partię Socjalistyczną za udział w wyborach, **twierdząc, że udział socjalistów w sejmie – to ich współpraca z burżuazją.** Dziś, gdy **Klub Polskich Posłów Socjalistycznych może się poszczycić całym szeregiem zdobyczy osiągniętych dla klasy pracującej**, gdy ma poza sobą długą i zaciętą walkę z polską reakcją, walkę, która niejednokrotnie skończyła się dla nas zwycięsko, **komuniści pod nazwą Związku Proletariatu Miast i Wsi**

---

[3] Prasa socjalistyczna już w 1920 r. donosiła o wyludnianiu się Petersburga. Według ustaleń krakowskiego dziennika w połowie 1920 r. ludność miasta szacowano na niespełna 800 tys., podczas gdy trzy lata wcześniej, wiosną 1917 r., odnotowywano 3 mln mieszkańców (zob. *Rządy bolszewickie w Rosji. Wyludnianie Petersburga*, „Naprzód", 17 VII 1920, nr 169).

[4] Zob. przypis 3, dok. nr 31.

[5] Na temat opanowania przez bolszewików Kaukazu, w tym Gruzji, zob. R. Pipes, *Rosja...*, s. 169–175; S. Kuruliszwili, *Gruzja pod jarzmem bolszewickim*, Warszawa 1922, s. 4–28.

postanowili przystąpić do akcji wyborczej. Chcą więc, by przed zwartym frontem idącej przeciwko nam burżuazji, stanęły rozbite siły robotników, chcą, by jak najmniej posłów robotniczych do sejmu przeszło, byśmy znaleźli się wobec naszych wrogów bezsilni i rozproszeni. Wówczas burżuazja łatwe odniesie nad nami zwycięstwo, a komuniści będą mieli ułatwione zadanie, przedstawiając robotnikowi, jak ciężkie stosunki panują w niepodległej Polsce. Nie po raz pierwszy występuje ta łączność pomiędzy burżuazją a komunistami, którzy od esdeków się u nas wywodzą. Przez lata występowali oni wspólnie z demokracją narodową przeciwko hasłu niepodległości, razem z nią zadowolić się chcieli tylko autonomią w ramach państwowości rosyjskiej, razem z nią obalali rząd towarzysza Moraczewskiego. Dziś idą z pomocą zjednoczonej reakcji, pracując nad tym, by socjaliści jak najmniej posłów w sejmie mieli.

Do tego dopuścić nam nie wolno. Porównajcie, robotnicy, położenie wasze z położeniem waszym w carskiej niewoli i z położeniem robotników w Rosji bolszewickiej.

Wiemy, że i w Polsce jest dużo do zrobienia. Wiemy, jak ciężką będzie walka z naszą burżuazją, z wyzyskiem i paskarstwem. Ale dlatego właśnie komunistów słuchać nie możemy, nie możemy na Rosji się wzorować.

Spytajcie się tych, co stamtąd przybywają, jakim jest tam los robotników, jak tysiącami tam giną oni z głodu, z tyfusu i z wyroków czerezwyczajki. Porównajcie to wszystko, a zrozumiecie, jak wielkim jest dzieło dokonane tutaj przez Polską Partię Socjalistyczną, która broni naszego kraju i was wszystkich od bolszewii, a jednocześnie czyni i rozszerza zdobycze na drodze wiodącej nas do ustroju socjalistycznego, jak wielką może być klęska, która ze strony komunistów grozi. Walka jeszcze nieskończona! Ale w tej walce nie możemy się osłabiać. **Musimy być coraz silniejsi.** I dlatego nie idźcie za wezwaniami tzw. Związku Proletariatu Miast i Wsi, nie słuchajcie nawoływań jego agitatorów, nie pozwalajcie na rozbijanie głosów robotniczych, ale ławą solidarni stańcie przy Polskiej Partii Socjalistycznej i razem z nią idźcie do boju.

Precz z rozbijaczami ruchu robotniczego! Niech żyje Polska Partia Socjalistyczna.

Precz z komunistami, idącymi na rękę burżuazji! Niech żyje socjalizm.

Warszawski Okręgowy Komitet Robotniczy
Polskiej Partii Socjalistycznej[6]

Warszawa. Wrzesień.

Źródło: AAN, PPS, 114/XIII–92, k. 7, mps.

---

[6] W skład OKR wchodzili m.in. Edward Fidziński, Zygmunt Gardecki, Rajmund Jaworowski, Sofroniusz Kowalew, Adam Szczypiorski, Czesław Wojciechowski, Wincenty Ziółkowski, Jan Żerkowski oraz 12 członków delegowanych przez dzielnice (zob. A. Tymieniecka, *Warszawska organizacja PPS...*, s. 69).

Nr 36

[1922] październik 1, Warszawa – Odezwa przedwyborcza Centralnego Komitetu Wykonawczego PPS

Polska Partia Socjalistyczna. Towarzysze i Towarzyszki!

Tym razem komuniści stają do wyborów[1].

---

[1] Na temat stosunku KPRP do wyborów do Sejmu Ustawodawczego w 1919 r. i w ogóle do systemu parlamentarnego w Polsce, zob. przypis 3, dok. nr 9. Na potrzebę zmiany stanowiska partii w kwestii udziału w wyborach parlamentarnych zwracał uwagę już w 1921 r. w swych pismach i przemówieniach Henryk Walecki. Podkreślał, że co prawda parlament jest formą demokracji burżuazyjnej, a rudymentarnym celem komunistów jest dążenie do tego, aby „drogą gwałtownej rewolucji złamać aparat burżuazyjnego państwa, znieść demokrację, rozpędzić parlamenty i na ich miejsce dźwignąć rządy dyktatury proletariackiej", to jednocześnie należy uwzględnić parlament jako narzędzie, które „pozwoli partii ogarnąć swą akcją większe masy" i pchnąć je w kierunku rewolucji. Tym samym Walecki odrzucał zasadę bojkotu „zasadniczego", będąc przekonanym, że taktyka ta jest „sprzeczna z podstawowymi zasadami taktycznymi rewolucyjnego komunizmu". Stwierdzał ponadto, że „Bojkot wyborów – był błędem, bo rewolucja sejmu nie zmiotła, przeto był on oparty na fałszywej ocenie sytuacji za granicą i w kraju, na fałszywym przewidywaniu. Był błędem, bo znaczna część klasy robotniczej, bo masy brały udział w wyborach". Opowiadał się tym samym za udziałem KPRP w wyborach parlamentarnych, tj. taktyki „wyzyskiwania wyborów oraz samych parlamentów dla celów akcji komunistyczno-rewolucyjnej". Wybory miały więc być szansą dla partii dotarcia do mas społecznych, szerzenia agitacji komunistycznej, a także „skutecznym środkiem podkopywania, niszczenia, zabijania w oczach masy i z jej czynnym udziałem samego parlamentaryzmu, burżuazyjnego państwa, kapitalistycznego ustroju" (H. Walecki, *O taktyce...*, s. 18–27, 31–32). Realizując uchwałę konferencji partyjnej KPRP oraz utrzymanej w tym samym duchu uchwały III Rady partyjnej z maja 1921 r., partia w lipcu tego roku utworzyła Frakcję Sejmową Posłów Komunistycznych, złożoną z posła Tomasza Dąbala i Stanisława Łańcuckiego, którzy porzucili szeregi swych macierzystych organizacji i wstąpili do KPRP (A. Andrusiewicz, *Stanisław Łańcucki*, s. 149, 162–163). W 1921 r. taktyczne przewartościowanie stosunku kompartii do instytucji parlamentaryzmu w Polsce nastąpiło nie tylko w wyniku wewnątrzorganizacyjnych sugestii taktyczno-programowych, ale przede wszystkim było efektem przyjęcia, a następnie realizacji

Próbowali to zrobić pod maską, występując jako „Związek proletariatu miast i wsi"[2]. Chcieli wprowadzić w błąd, oszukać wyborców, bo w tej nazwie nie ma nic specjalnie komunistycznego. Sztuczka się nie udała. Komuniści musieli przyznać się do tego, że są komunistami[3].

Ale chociaż przyznali się do nazwy, nie chcą wyborcom powiedzieć wyraźnie, po co biorą udział w wyborach, jaki [jest] ich rzeczywisty program wyborczy. Milczą o „dyktaturze proletariatu". Milczą o Sowietach. Nie zachwycają się Rosją sowiecką. Nie zapowiadają natychmiastowej Rewolucji.

---

tzw. 21 tez Zinowiewa, a zwłaszcza ich 11 punktu. Na jego podstawie, podczas II Konferencji partyjnej zorganizowanej w lutym 1921 r., przyjęto rezolucję „w sprawie parlamentaryzmu i wyborów do sejmu", która umożliwiła udział KPRP w wyborach do Sejmu I kadencji (*KPP. Uchwały...*, t. 1, s. 124–125; L. Ziaja, *Ewolucja założeń programowo-politycznych KPP (1918–1938)*, „Z Pola Walki" 1985, nr 3, s. 29; K. Trembicka, *Między utopią a rzeczywistością...*, s. 154; K. Sacewicz, *Ruch komunistyczny na ziemiach polskich w latach 1918–1923...*, s. 255–258).
[2] ZPMiW został powołany do życia w sierpniu 1922 r. w celu udziału KPRP w listopadowych wyborach parlamentarnych, tym samym stanowił legalną organizację wyborczą partii komunistycznej w Polsce. O zadaniach ZPMiW zob. *Związek Proletariatu Miast i Wsi* [w:] *II Zjazd Komunistycznej Partii Robotniczej Polski (19 IX –2 X 1923). Protokoły obrad i uchwał*, oprac. G. Iwański, H. Malinowski, F. Świetlikowa, Warszawa 1968, s. 548–549. Spośród członków tego związku został wyłoniony Centralny Komitet, który współtworzyli m.in. Stanisław Łańcucki, Szczepan Rybacki i Jakub Dutlinger (*Posłowie rewolucyjni w sejmie...*, s. 9; A. Andrusiewicz, *Stanisław Łańcucki*, s. 164; A. Bełcikowska, *Stronnictwa i związki polityczne w Polsce...*, s. 408–417).
[3] 19 IX 1922 r. Centralny Komitet Wyborczy ZPMiW złożył Generalnemu Komisarzowi Wyborczemu państwową listę kandydatów do Sejmu i Senatu. Decyzją Państwowej Komisji Wyborczej nazwa tej listy została zmieniona na „Komunistyczny Związek Proletariatu Miast i Wsi"; zob. *Organizacja i działalność ruchu komunistycznego w Polsce w latach 1918–1925 w świetle raportu Wydziału Bezpieczeństwa Ministerstwa Spraw Wewnętrznych*, oprac. K. Sacewicz, „Echa Przeszłości" 2009, t. 10, s. 387–388 (także AAN, MSW, 9/1184, k. 11); Z. Zaporowski, *Legalna działalność nielegalnej Komunistycznej Partii Polski w Warszawie* [w:] *Komuniści w międzywojennej Warszawie*, s. 206. Na temat ZPMiW szerzej zob. G. Iwański, *Powstanie i działalność Związku Proletariatu Miast i Wsi 1922–1925*, Warszawa 1974.

Nie domagają się połączenia Polski z Rosją. Nie mówią, że chcą obalić demokrację i Sejm na to, aby narzucić rządy komunistów.

Nie mówią tego wszystkiego, co stanowi rzeczywisty ich program, cel ich działalności. Ukrywają to starannie.

Wiadomo Wam, Towarzysze i Towarzyszki, że reakcja zataja właściwe swoje cele i stara się uchodzić za zupełnie coś innego, jak jest w rzeczywistości. Reakcja robi to, aby oszukać masy pracujące. Ale tak samo postępują komuniści: oni okłamują robotników, grają, przed nimi komedię, ukrywając rzeczywiste swoje cele.

Polska Partia Socjalistyczna podczas wyborów rozwija taki sam program, jak w całej swojej działalności. Praca PPS w Sejmie i poza Sejmem zgodna jest z jej programem.

A komuniści przychodzą do Was, wstydząc się swego programu, po jezuicku ukrywając swoje zamiary i dążenia, zupełnie, jak „Ch-je-na"[4]!

I nie darmo się wstydzą. Cały program, cała działalność komunistyczna, to jedna wielka kompromitacja.

Pamiętacie, Towarzysze i Towarzyszki, jak komuniści nawoływali do bojkotowania pierwszych wyborów do Sejmu, mówiąc, że udział w wyborach do Sejmu to „zdrada sprawy robotniczej" i że wolno wybierać tylko do Sowietów.

A obecnie – nic nie mówią o Sowietach, za to chcą dostać się do Sejmu.

Pamiętacie, jak nawoływali do tego, żeby zaraz zrobić Rewolucję, jak napadali na walkę o reformy i o polepszenie bytu.

Cała taktyka komunistów polegała na tym, żeby wnosić zamęt, żeby nie dopuszczać do zmian na lepsze, bo w ten sposób – mówili – prędzej zrobi się Rewolucję.

Komuniści zaszkodzili dużo ruchowi robotniczemu – to prawda, ale Rewolucji nie zrobili. Blagowali tylko o niej.

---

[4] Chrześcijański Związek Jedności Narodowej – koalicyjny związek – blok wyborczy stworzony w 1922 r. przez Chrześcijańsko-Narodowe Stronnictwo Pracy i Związek Ludowo-Narodowy. W maju 1923 r. – po podpisaniu porozumienia z partią Wincentego Witosa – powstała koalicja Chjeno-Piasta, która funkcjonowała do końca roku, ponownie odtworzona została w maju 1926 r. (J. Holzer, *Mozaika polityczna...*, s. 135–136, 174–177).

Ale z jakimż czołem będą się ubiegali o głosy robotników do Sejmu ludzie, którzy wmawiali w nich zawsze, że wybory – to zdrada, walka o reformy – to zdrada, a jedynym zbawieniem jest natychmiastowa Rewolucja?! Pamiętacie dalej, Towarzysze i Towarzyszki, jak komuniści wychwalali pod niebiosa Rosję sowiecką, jak wzywali robotników polskich do naśladowania Sowietów. Dziś milczą o Rosji sowieckiej. Bo Rosja sowiecka właśnie jaskrawo dowodzi, do jakich skutków przerażających prowadzi komunistyczna taktyka. W Rosji sowieckiej nie ma ani krzty socjalizmu. Jest nędza i ruina, i zwyrodnienie. Miliony ludzi wymarły z głodu[5]. Jak w najdzikszych, pierwotnych czasach, pojawiło się ludożerstwo. W Rosji sowieckiej nie ma nawet śladu wolności politycznej. Nie ma jej żadna klasa, nie mają i robotnicy. Krwawo i okrutnie, jak w żadnym państwie, bolszewicy rozprawiają się z robotnikami za strajki. Czerezwyczajka – teraz już pod inną nazwą[6] – dusi wszelką myśl o wolności, jak dawniej carat, tylko jeszcze okrutniej. Ale za to bolszewicy umizgają się do kapitalistów, błagają kapitał zagraniczny, aby raczył wrócić do Rosji i wyzyskiwać tam robotników. W szaleństwie swoim komuniści zniszczyli życie gospodarcze, a teraz – na ruinie – odbudowują kapitalizm[7].

---

[5] W latach 1921–1922 w wyniku katastrofalnych skutków komunizmu wojennego, pogłębionych dodatkowo przez suszę, doszło w Rosji do powszechnego głodu, który dotknął ponad 20% ludności kraju. W jego wyniku śmierć poniosło około 5 mln ludzi, ponad 10 mln zostało uratowanych dzięki zaangażowaniu Amerykańskiej Administracji Pomocy kierowanej przez Herberta Hoovera (szerzej zob. R. Pipes, *Rosja…*, s. 439–448; L. Bazylow, P. Wieczorkiewicz, *Historia Rosji*, s. 404).

[6] W lutym 1922 r. na bazie Czeki powołano do istnienia Państwowy Zarząd Polityczny (GPU) przy Ludowym Komisariacie Spraw Wewnętrznych Rosyjskiej Federacyjnej Socjalistycznej Republiki Radzieckiej, który pod tą nazwą funkcjonował do listopada 1923 r.

[7] W 1921 r. X Zjazd RKP(b) przyjął forsowane przez Lenina założenia Nowej Polityki Ekonomicznej (NEP), która w miejsce komunizmu wojennego wprowadzała system socjalistyczno-kapitalistyczny, zakładający przywrócenie praw ekonomicznych, w tym stosunków towarowo-pieniężnych oraz ograniczoną możliwość restytucji sektora prywatnego (zob. A. Starodworski, *Istota i cechy komunistycznej Polityki Ekonomicznej*, Warszawa 1927; R. Pipes, *Rosja…*, s. 395–396, 415–424;

Czyż tym będą chwalili się podczas wyborów nasi komuniści? A może pochwalą się tym, że kiedy bolszewicy szli na Warszawę, to wraz z żołnierzami Brusiłowa szli przeciwko Polsce zdrajcy Dzierżyński, Marchlewski, Feliks Kon i inni, aby na bagnetach rosyjskich oprzeć swoje rządy i przyłączyć Polskę do sowieckiej Rosji?

A może czym innym komuniści polscy zapragną się pochwalić? Może tym, że na Górnym Śląsku razem z komunistami niemieckimi głosowali za przyłączeniem tej dzielnicy do Niemiec[8]?! Nie, komuniści nie będą się tym chwalili. Wolą o tym milczeć.

Ale my to wszystko przypominamy proletariatowi miast i wsi, o którego głosy do Sejmu komuniści ośmielają się ubiegać!

My przypominamy, że komunizm to rozkład i gangrena. My przypominamy, że tam, gdzie komuniści dzierżą władzę, tam jest niewola i ruina. Gdzie zaś komuniści mieli chwilowo władzę, tam jest najgorsza reakcja, jak na Węgrzech[9] i w Bawarii[10]. Gdzie znowu komuniści w znaczniej-

L. Bazylow, P. Wieczorkiewicz, *Historia Rosji*, s. 404–409; W. Lenin, *Od pokoju brzeskiego poprzez komunizm wojenny do nowej polityki ekonomicznej (1918––1923)*, z. 1: *Komunizm wojenny i zwrot ku nowej polityce ekonomicznej*, przekł. z ros. i przypisy S. Borski, Moskwa 1927; C. Sikorski, *Cienie NEP-u: sprzeczności budownictwa socjalizmu w ZSRR w latach 1921–1929*, Warszawa 1986).

[8] KPRP oraz KPGŚ negatywnie ustosunkowały się do kwestii przyłączenia Górnego Śląska do Polski, a tym samym do powstań śląskich oraz plebiscytów (zob. H. Cimek, *Komuniści – Polska – Stalin 1918–1939*, Białystok 1990, s. 24–31). Także w późniejszym okresie, m.in. podczas II Zjazdu w 1923 r., KPRP opowiadała się za bezwzględnym oddaniem Górnego Śląska Niemcom w imię idei wzmocnienia wrzenia rewolucyjnego w Niemczech i tamtejszej partii komunistycznej (*Górny Śląsk a rewolucja niemiecka* [w:] *KPP. Uchwały...*, t. 1, s. 232–233).

[9] 21 III 1919 r. na Węgrzech została proklamowana Węgierska Republika Rad. Na czele Rady Komisarzy Ludowych stanął Béla Kuna. Przeprowadzona nacjonalizacja ziemi i przedsiębiorstw prywatnych, jak również terror komunistyczny doprowadziły do obalenia rządów komunistycznych. Béla Kuna zbiegł 4 VIII 1919 r. do Wiednia (zob. *Międzynarodowy ruch robotniczy*, t. 1, s. 383–386).

[10] Bawarskie Republiki Rad istniały od 3 kwietnia do 2 V 1919 r. Na czele drugiej Republiki (od 13 IV) stanął Euglen Levine. W odpowiedzi na czerwony terror komunistyczne rządy, przy niemalże powszechnej akceptacji mieszkańców Bawarii, zostały w sposób krwawy unicestwione przez wirtemberskie jednostki wojskowe, zob. H.A. Winkler, *Długa droga...*, s. 371–372; *Die Weimarer Republik 1918–1939*.

szej mierze opanowali ruch robotniczy, tam ten ruch jest słaby i rozbity, jak we Francji i we Włoszech.

Ale dziś już na całym świecie klasa robotnicza przekonała się, jakim nieszczęściem dla niej jest komunizm, z którego tylko reakcja korzysta. Klasa robotnicza wszędzie usuwa to zło, które sprawili komunistyczni agenci Moskwy, pracujący nie dla ruchu robotniczego, lecz dla rozszerzenia i wzmocnienia wpływów Państwa rosyjskiego i jego sowieckiego Rządu. U nas ostatnio na Górnym Śląsku komuniści ponieśli sromotną klęskę. Tam razem działali komuniści polscy i niemieccy, i uważali się za potężną siłę. Tymczasem nie otrzymali **ani jednego mandatu** do sejmu śląskiego[11]! Robotnicy śląscy zadali ogłuszający cios komunistom! Towarzysze i Towarzyszki! **Taki sam ogłuszający cios zadacie komunistom w dn. 5-ym listopada przy wyborach do Sejmu polskiego!**

Nie pozwolicie, aby robotników polskich reprezentowali ludzie, zwalczający niepodległość Polski, służący za narzędzie rosyjskiemu rządowi sowieckiemu, a z Was pragnący uczynić narzędzie swoich „dyktatorskich" zachcianek, ludzie, rozbijający najhaniebniejszymi sposobami ruch robotniczy, ludzie, z których działalności tylko reakcja korzysta!

W walce z reakcją klas posiadających, usuwając precz z drogi komunistycznych szkodników i rozbijaczy, trucicieli ruchu robotniczego – pójdziecie do urn wyborczych pod wypróbowanym w tylu walkach, niezłomnym, zwycięskim sztandarem PPS!

Niech żyje Socjalizm! Niech żyje lista Nr 2.

Politik – Wissenschaft – Gesellschaft, red. H.A. Jacobsen, Bonn 1987, s. 81–95 i n.; por. także *Międzynarodowy ruch robotniczy*, t. 1, s. 381–382.

[11] Podczas pierwszych powszechnych wyborów do autonomicznego Sejmu Śląskiego, które odbyły się 24 IX 1922 r. komuniści zdobyli zaledwie 2,2% głosów i nie wprowadzili do niego ani jednego posła. Najlepszy wynik osiągnął Blok Narodowy ZLN i chadecji – 33,8% głosów, PPS – 17% głosów oraz NPR – 14,3% głosów (zob. H. Rechowicz, *Sejm Śląski 1922–1939*, Katowice 1965, s. 46 i n.; A. Ajnenkiel, *Historia sejmu polskiego*, t. 2, s. 223–224).

Centralny Komitet Wykonawczy[12]
Polskiej Partii Socjalistycznej

Warszawa, dn. 1 października [1922]

Źródło: AAN, PPS, 114/III–26, k. 4, mps.

---

[12] W styczniu 1922 r. podczas posiedzenia RN PPS do CKW wybrano: Norberta Barlickiego, Józefa Biniszkiewicza, Ignacego Daszyńskiego, Hermana Diamanda, Kazimierza Dobrowolskiego, Rajmunda Jaworowskiego, Jan Kwapińskiego, Mieczysława Niedziałkowskiego, Feliksa Perla, Zofię Praussową, Kazimierza Pużaka, Zygmunta Zarembę, Bronisława Ziemięckiego, Antoniego Szczerkowskiego, Zygmunta Żuławskiego. Na zastępców członków CKW wybrano Tomasza Arciszewskiego, Mariana Malinowskiego i Kazimierza Czapińskiego (zob. *Rada Naczelna PPS. Drugi dzień obrad w niedzielę 22 stycznia*, „Naprzód", 27 I 1922, nr 22).

Nr 37

1922 październik 22, Warszawa – Artykuł z „Chłopskiej Gazety"[1] pt. „O komunistach"

W walce, jaką toczą robotnicy i małorolni chłopi z obszarnikami i kapitalistami trzeba jednoczyć w silnej organizacji jak największe siły – wtedy tylko zwycięstwo jest możliwe.

Są jednak ludzie, którzy tą jedność ludu roboczego chcą koniecznie rozbijać.

To komuniści. Idą do ludu roboczego miast i wsi z głośnymi hasłami, krzyczą o rewolucji i dyktaturze, napadają na Polską Partię Socjalistyczną, a cały skutek ich pracy jest ten, że organizacja robotnicza zostaje rozbita, a burżuazja osiąga zupełne zwycięstwo.

Komuniści rozbili partie socjalistyczne we Francji i we Włoszech. Rozbili i zniszczyli włoskie związki zawodowe. Jeszcze dwa lata temu włoska burżuazja i obszarnictwo drżało ze strachu przed organizacjami robotniczymi, bo była jedność i siła.

Dziś klasa robotnicza jest tam całkiem rozbita, rządzi samowolnie burżuazja przy pomocy faszystów, czyli bojówek organizowanych przez najemnych sługusów kapitalistycznych.

Żaden strajk robotniczy dzięki temu odbyć się nie może, a i wielu robotników zostało w zbójecki sposób zamordowanych.

To zwycięstwo reakcji jest winą komunistów, którzy rozbili organizacje robotnicze we Włoszech i uczynili je niezdolnymi do walki.

Bo umieli oni głośno krzyczeć, że są rewolucyjnymi, ale kiedy przyszło do walki to pochowali się po kątach, a robotnicy byli przez faszystów mordowani.

A jak wygląda praca komunistów, gdy dorwą się do władzy, widzimy najlepiej w Rosji, którą zniszczyli doszczętnie, a teraz zaprzedają w niewolę kapitalistom zagranicznym. Doprowadzili swymi głupimi zarządze-

---

[1] „Chłopska Gazeta" – organ prasowy PPS, pismo poświęcone sprawom małorolnych i robotników rolnych, redagowane przez Mariana Nowickiego, wydawane w Warszawie od 1922 r.; ukazywało się nieregularnie.

niami do tego, że cały przemysł w Rosji został zniszczony, ziemia nieobsiana, tak że w ogromnej części urodzajnych guberni rosyjskich panuje straszliwy głód, ludzie padają tysiącami i zdarzają się nawet wypadki ludożerstwa. A teraz odbierają ziemie chłopom i oddają obszarnikom i kapitalistom zagranicznym. W Rosji i na Ukrainie powstają znowu kapitalistyczne fabryki i pańskie dwory! Taka jest gospodarka komunistów.

U nas komuniści rozpoczęli agitację po wsiach i po miastach. Rząd rosyjski nie ma pieniędzy, by pomóc umierającym z głodu robotnikom i chłopom, w Rosji ma za to pieniądze na to, by w Polsce utrzymywać gromady agitatorów, których zadaniem jest rozbijać ruch robotniczy. Na kogo napadają głównie ci agitatorzy? Na burżuazję? Nie! Na partię robotników i małorolnych włościan.

Wspólnie z Chjeną walczą przeciwko Polskiej Partii Socjalistycznej. Ale robotnik i chłop małorolny poznał się na tej robocie. Nie chcemy, by burżuazja była panem naszego kraju, nie chcemy, by obszarnik i kapitalista rządził Polską, toteż nie damy rozbić naszych organizacji! Nic nie pomoże komunistom chowanie się pod maską Związku Proletariatu Miast i Wsi. Znają już ich masy pracujące. Agitatorów komunistycznych trzeba wypędzać precz, tak jak i chjenistów. Na ich listę nr 5 żaden świadomy robotnik ani włościanin głosować nie może tak samo jak na listę Nr 8[2].

Wszyscy solidarnie stanąć musimy pod czerwonym sztandarem PPS i głosować na listę **Nr 2**.

Źródło: „Chłopska Gazeta", 22 X 1922, nr 15.

---

[2] W ogólnopaństwowych wyborach parlamentarnych 1922 r. zgłoszonych zostało dziewiętnaście list wyborczych. Listę nr 8 tworzył blok wyborczy pod nazwą Chrześcijański Związek Jedności – zwany potocznie Chjeną.

Nr 38

1922 [listopad], Warszawa – Odezwa przedwyborcza Warszawskiego Okręgowego Komitetu Robotniczego PPS

Polska Partia Socjalistyczna
Do robotników polskich obałamuconych przez komunistów

Towarzysze! Komunistom udało się zdobyć w Warszawie jeden mandat do Sejmu[1]. Jak wynika jednak z głosów obliczonych w poszczególnych obwodach, mandat ten zdobyli w znacznej mierze wskutek poparcia, jakiego udzieliła im ludność żydowska. Za mandatem tym w gruncie rzeczy nie stoi siła zorganizowanego i uświadomionego proletariatu polskiego.

Niezależnie jednak od tego nie przestajemy twierdzić, że głosy wasze oddane na listę Komunistycznego Związku Proletariatu Miast i Wsi są głosami straconymi dla sprawy robotniczej. Osłabiły one tylko reprezentację socjalistyczną w Sejmie. Wzmocniły natomiast stanowisko reakcji.

Dwóch posłów komunistycznych w Sejmie nie odegra żadnej roli[2]. Tym bardziej że oświadczyli z góry, że w pracy tej udziału brać nie będą, że nie idą wcale do Sejmu po to, by tam pracować, by spraw robotniczych bronić.

Rychło więc przekonacie się, żeście padli ofiarą demagogii i własnej omyłki.

Towarzysze! Dnia 12 listopada odbędą się wybory do Senatu.

---

[1] Z listy komunistycznego ZPMiW posłem z Okręgu Wyborczego nr 1 na miasto Warszawę został Stefan Królikowski.

[2] ZPMiW wystawił 164 kandydatów na posłów na terenie 64 okręgów wyborczych. Na komunistyczne listy padło łącznie 121 448 głosów, co pozwoliło wprowadzić do Sejmu I kadencji dwóch posłów: Stefana Królikowskiego w Warszawie oraz Stanisława Łańcuckiego w Zagłębiu Dąbrowskim (*Statystyka wyborów do Sejmu i Senatu odbytych w dniu 5 i 12 listopada 1922 r.*, „Statystyka Polska" 1926, t. 8, s. XI–XIV; K. Trembicka, *Między utopią a rzeczywistością...*, s. 54).

Nie ma mowy o tym, aby Komunistyczny Związek Proletariatu Miast i Wsi mógł w Warszawie mandat do Senatu zdobyć[3]. Warszawa wybiera tylko 4 senatorów.

Prawo głosowania mają tylko ci, którzy od roku mieszkają w Warszawie i mają 30 lat skończone.

Ten niekorzystny dla robotników przepis ordynacji wyborczej powinien skupić wszystkie siły robotnicze i skłonić je do solidarnego wystąpienia.

Komuniści mandatu do Senatu nie zdobędą, nawet przy poparciu tych elementów żydowskich, które udzieliły im poparcia przy wyborach do Sejmu.

Zwracamy się więc do Was, byście przynajmniej teraz nie rozbijali obozu robotniczego, nie osłabiali solidarności zwartości klasy robotniczej, jeśli Wam o dobro sprawy robotniczej chodzi.

Walk w Warszawie o miejsca w Senacie rozegra się wyłącznie między 8[4] i 2[5].

Wszystkie inne listy, wystawione z kandydatami do Senatu, nie mają żadnych widoków powodzenia.

Wykazał to wynik wyborów do Sejmu.

Obowiązkiem więc Waszym jest głosować na listę robotniczą 2.

Głosowanie na listę 5[6] nie przyniesie Wam mandatu, natomiast wzmocni tylko stanowisko 8 wobec naszej listy.

Czy o to Wam chodzi? Czy zależy Wam na tym, by w Warszawie Chjena święciła triumf zupełny?

Pamiętajcie, Towarzysze, że senat reakcyjny stać się może dla sprawy robotniczej bardzo niebezpieczny.

Toteż nie słuchajcie dłużej demagogicznych frazesów dotychczasowych przywódców Waszych, którzy powtarzają Wam z Moskwy otrzymane rozkazy; lecz kierujcie się jedynie sumieniem własnym i rozumem, miejcie na względzie dobro robotnika w Polsce.

---

[3] W wyborach do Senatu z 12 XI 1922 r. ZPMiW nie zdobył żadnego mandatu, uzyskując zaledwie 51 094 głosy (*Statystyka wyborów do Sejmu i Senatu...*, s. XIV).
[4] Lista nr 8: Chrześcijański Związek Jedności Narodowej.
[5] Lista nr 2: Związek Polskiej Partii Socjalistycznej.
[6] Lista nr 5: Komunistyczny Związek Proletariatu Miast i Wsi.

Wówczas nie pozwolicie osłabić jego siły. Nie przyczynicie się do rozbicia solidarności robotniczej. Nie wzmocnicie swym stanowiskiem listy 8. Ławą, jak jeden mąż, pójdziecie głosować na listę 2. **Dnia 12 listopada lista 2 niech żyje! Niech żyje sprawa robotnicza! Niech żyje socjalizm!**

Warszawski Okręgowy Komitet Robotniczy[7]
Polskiej Partii Socjalistycznej

Źródło: AAN, PPS, 114/XIII-92, Warszawa [listopad] 1922 r., k. 27, mps.

---

[7] Zob. przypis 6, dok. nr 35.

Nr 39

1923 kwiecień 11, Warszawa – Okólnik nr 54. W sprawie obchodu święta 1 maja
(fragment)

Warszawa dn. 11-go kwietnia 1923 r.

Polska Partia Socjalistyczna Centralny Komitet Wykonawczy[1]
Sekretariat Generalny
Nr 3177

Do
Wszystkich Okręgowych (Obwodowych) Powiatowych, Miejscowych
(Dzielnicowych) Komitetów Robotniczych PPS
oraz do mężów zaufania PPS

Okólnik nr 54
(W sprawie obchodu święta 1 maja) Szanowni Towarzysze.

Podobnie jak w latach ubiegłych, tak i w roku bieżącym, obchód
święta 1 Maja urządzamy samodzielnie, pod naszymi sztandarami partyjnymi; udział innych partii socjalistycznych np. socjalistów niemieckich,
ukraińskich, białoruskich czy też żydowskich jest o tyle dopuszczalny,
o ile odnośne partie do naszych komitetów się zgłoszą, podporządko-
wując się całkowicie przepisom obowiązującym zarówno podczas zgromadzeń, jako też podczas pochodu, ustalonym przez niniejszy okólnik.
Udział komunistów jest niedopuszczalny.

Stosownie do naszego porozumienia się z Centralną Komisją Związków Zawodowych, wszystkie Związki Zawodowe biorą udział w obcho-
dach urządzanych przez naszą Partię. W razie, gdyby niektóre Związki,
opanowane przez komunistów, przyłączyły się ze sztandarem związkowym do pochodu komunistycznego lub w ogóle nie – PPS-owego,
wtenczas nasi towarzysze zawodowcy muszą bezwzględnie wycofać się
z takiego pochodu i przyłączyć się do pochodu PPS-wego. [...]

Źródło: AAN, PPS, 114/III–5, k. 7, mps.

---

[1] Skład CKW, zob. przypis 11, dok. nr 36.

Nr 40

1923 listopad 4, Warszawa – Artykuł z „Robotnika" pt. „Odpowiedź komunistom!"

Panowie!

Zwróciliście się do nas z propozycją utworzenia wspólnego „Komitetu Akcji"[1] pod waszymi demagogicznymi i przez Sowiety podyktowanymi hasłami. Propozycja Wasza ujęta została w formie listu otwartego „do Prezydium i delegatów na XIX Kongres[2] PPS"[3]. Jako uczestnik przy-

---

[1] Nowe kierownictwo KPRP, które przejęło władzę w partii po interwencji Kominternu podczas V Kongresu, w sprawie nowych zadań stawianych przed organizacją zakładało wykorzystanie kryzysu ekonomiczno-politycznego w Polsce w celu wywołania, a następnie pogłębienia stanu tzw. wrzenia rewolucyjnego. W tym zakresie nakazywano ideowo-taktyczną konsolidację organizacji, wyrażaną m.in. dominacją czynników komunistycznych podczas realizowania koncepcji jednolitego frontu robotniczego, który winien przybrać charakter inicjatywy oddolnej. To z kolei gwarantować miało eliminację, obejście lub też ograniczenie wpływów kierownictwa PPS na ruch związkowy. Ten cel zamierzano osiągnąć przez tworzenie sieci komitetów fabrycznych, komitetów bezrobotnych, a zwłaszcza komitetów akcji, które wśród robotników miały stanowić główny oręż ofensywy antypepeesowskiej. Powstać miały nowe organizmy robotnicze wolne od jakichkolwiek wpływów PPS i przede wszystkim wrogo do niej ustosunkowane (zob. *Deklaracja odnowionego kierownictwa KC KPRP po V Kongresie Międzynarodówki Komunistycznej. Najbliższe zadania KPRP* [w:] *KPP. Uchwały i rezolucje*, oprac. F. Kalicka, S. Zachariasz, J. Kowalski, t. 2: *III–IV Zjazd (1924–1929)*, Warszawa 1955, s. 64–65; *Zadania partii w walce z kapitalistyczną sanacją, kryzysem, bezrobociem i ofensywą kapitału* [w:] *KPP. Uchwały...*, t. 2, s. 73, 78; *Plenarne Posiedzenie Komitetu Centralnego*, „Głos Komunistyczny", 15 II 1924, nr 14; K. Sacewicz, *Kilka uwag...*, s. 307–309). Propaganda komunistyczna określała komitety akcji „najdoskonalszym organem jednolitego frontu" (zob. *Nauka ostatnich walk strajk*, „Głos Komunistyczny", listopad 1923, nr 5).

[2] Pierwotnie XIX Kongres miał odbyć się w Krakowie 1–4 XI 1923 r., jednak w konsekwencji tzw. wydarzeń krakowskich termin kongresu zmieniono. Ostatecznie do XIX Zjazdu partyjnego doszło w Krakowie na przełomie grudnia 1923 r. i stycznia 1924 r.

[3] Listy otwarte do władz, a także apele skierowane do działaczy PPS z propozycjami współpracy kompartia wystosowywała już wcześniej. Z tej metody prowadzenia

213

szłego Kongresu odpowiem na nią, wyrażając, jak sądzę, opinię całej Polskiej Partii Socjalistycznej.

Przede wszystkim wyrażę zdumienie, że zwracacie się z propozycją ścisłego współdziałania do tych, których stale nazywacie „zdrajcami proletariatu", „sługusami burżuazji", których obrzucacie ciągle oszczerstwami. Propozycja Wasza jest tedy obłudną. Przyczailiście się w tym „liście", aby wprowadzić w błąd robotników co do waszych rzeczywistych zamiarów. Cały Wasz list przesiąknięty jest tą obłudą. Zamilczacie o „dyktaturze", zamilczacie o swojej chęci uszczęśliwienia narodu polskiego wcieleniem do obszernej „ojczyzny rosyjsko-sowieckiej", zalecacie tylko – ot skromny „sojusz" z „Republikami Robotniczo-Włościańskimi" Wschodu (czy macie na myśli Rosję, kroczącą po drogach kapitalizmu i opisywanej ciekawie w „Izwiestjach"[4] bezkarnej, brutalnej spekulacji „nepmanów"[5]) i... Zachodu (zdaje mi się, że wkraczamy tu na grunt proroctw, w których nie jestem kompetentny), a nawet Wy, pogrobowcy SDKPiL, Wy, sprzymierzeńcy Budionnego i Brusiłowa, pragniecie w zapale patriotycznym... „ratować" Polskę.

Moi panowie! Żart został trochę zbyt daleko posunięty. Jak to? Czyżbyście wystąpili z III Międzynarodówki? Czyżby jej program i jej

akcji propagandowej będzie korzystała także w kolejnych latach; zob. AAN, KPP, 158/VI–6 pt. 2, List otwarty. Do Centralnego Komitetu Wykonawczego P.P.S., Warszawa, kwiecień 1923 r., k. 4; *O jednolity front robotniczy. Do CKW PPS,* „Nowy Przegląd", czerwiec 1923, nr 8, s. 382–383; H. Walecki, *O rząd robotniczo--chłopski,* „Nowy Przegląd", wrzesień 1923, nr 9, s. 390–396; AAN, KPP, 158/VI–6, pt. 7, Towarzysze, robotnicy!, Warszawa, listopad 1923 r., k. 5–5a; *ibidem,* 158/VI–9 pt. 3, List otwarty do robotników PPS, do Komitetów Centralnych Partii Niezależnych Socjalistów, Bundu, Poale Syjon, Niemieckiej Socjal-Demokratycznej Partii Pracy, do Komisji Centralnej Związków Zawodowych. Towarzysze!, Warszawa, kwiecień 1926 r., k. 7–7a.

[4] „Izwiestja Sowietow Dieputatow trudiaszczichsia SSSR" – dziennik wydawany w Piotrogrodzie od marca 1917 r. jako oficjalny organ bolszewików, następnie wydawany w Moskwie jako organ Prezydium Rady Najwyższej ZSRS.

[5] Potoczne określenie odnoszące się do osób, które prowadziły działalność gospodarczą i wzbogaciły się w okresie funkcjonowania w bolszewickiej Rosji, a następnie w ZSRS tzw. Nowej Ekonomicznej Polityki. Zapoczątkował ją Lenin w 1921 r. na X Zjeździe RKP(b), a zakończył Stalin w 1929 r., przeprowadzając kolektywizację.

statuty przestały Was już obowiązywać? Porozumiejmy się raz wreszcie co do istoty rzeczy. Socjalizm nie jest żadną łagodniejszą czy oportunistyczną formą komunizmu, ale czymś zgoła od komunizmu odrębnym. Ideał socjalistyczny, który porwał za sobą i rozpłomienił miliony serc robotniczych, ideał wolnego społeczeństwa zorganizowanej pracy – to zaprzeczenie zarówno „czerezwyczajek", masowego terroru, jak i spelunek, zalewanych szampanem, w których spędzają czas wesoło nowi burżuje sowieccy. Socjalizm, ofiarny strażnik wolności ludzkiej myśli, przyjaciel i opiekun wszelakiej twórczości – to zaprzeczenie Waszego marzenia o zakazie książek i dzieł sztuki, pozbawionych stempla urzędowej cenzury. Metoda walki socjalistycznej o przebudowę ustroju społecznego, o pełny rozwój sił wytwórczych, o jasną kulturę wyzwolonej pracy nie ma punktów stycznych z dziką sarabandą Waszych przyjaciół rosyjskich na zgliszczach i krwi, ani z Waszym własnym, tu w Polsce, demagogicznym spekulowaniem na nędzy, głodzie i ciemnocie.

Powiadacie, że nasza taktyka nie zdołała przeszkodzić powstaniu rządu Witosa[6] – Korfantego[7]. Mój Boże! nie same zwycięstwa leżą na drogach proletariatu. My jednak mamy wciąż możność walki i wiarę w powodzenie ostateczne. Ale odpowiedzcie, do czego doprowadziła Wasza, komunistyczna taktyka w Bawarii, na Węgrzech i we Włoszech! Doprawdy, niezbyt zachęcające rezultaty!

Widzicie więc, panowie, że ani cele nasze, ani drogi walki nie odpowiadają Waszym. A proponujecie jednak dążenie do wspólnego rządu. Właśnie przed paroma tygodniami socjalni – demokraci sascy uczynili

---

[6] Wincenty Witos (1874–1945) – działacz ludowy, współzałożyciel i prezes PSL-Piast, a w 1931 r. SL; w latach 1920–1921, 1923, 1926 premier rządu RP; współtwórca Centrolewu.

[7] Wojciech Korfanty (1873–1939) – działacz narodowy i chrześcijańsko-demokratyczny; w latach 1901–1908 członek Ligi Narodowej, redaktor „Górnoślązaka"; w latach 1903–1912 i w 1918 r. poseł do Reichstagu, a od 1903 do 1918 r. poseł do pruskiego Landtagu; w latach 1918–1919 członek Naczelnej Rady Ludowej; w 1920 r. polski Komisarz Plebiscytowy na Górnym Śląsku; inicjator III powstania śląskiego; w latach 1922–1930 poseł na sejm I i II kadencji, politycznie związany z Chrześcijańską Demokracją. W 1923 r. pełnił funkcję wicepremiera w gabinecie Wincentego Witosa; w 1930 r. aresztowany przez władze sanacyjne; współzałożyciel Frontu Morges i Stronnictwa Pracy.

raz jeszcze podobną próbę. I cóż? Weszli Wasi przyjaciele do gabinetu[8] i... urządzili strajk generalny (zresztą nieudały) przeciwko temuż gabinetowi[9]. W Hamburgu zaś równocześnie wywołali powstanie, powstanie bratobójcze, bo władze tego miasta są w rękach socjalistów, i robotnicy komunistyczni strzelali z karabinów maszynowych do robotników socjalistycznych[10]. Lojalność i uczciwość III Międzynarodówki złożyły ponownie egzamin dziejowy... na pałkę.

Jest między Wami a nami i ta różnica zasadnicza, że my reprezentujemy **polski** ruch robotniczy, jego dążenia i potrzeby, jego swoiste właściwości, a u Was, panowie, nigdy wiedzieć nie można, gdzie się kończy działacz ideowy i gdzie zaczyna agent rosyjskiego rządu. Przed laty, jako „socjaldemokraci Królestwa Polskiego i Litwy", zwalczaliście z największą wściekłością dążenie do niepodległości. Po zdobyciu niepodległej Polski przeciwstawiliście się jej bezwzględnie. Prowadziliście na własny kraj rosyjskie pułki kozackie. My zaś, jak mówi nasz program, „stoimy na gruncie Republiki Polskiej", **my Polski ani stratować, ani rozedrzeć pomiędzy sąsiadów nie damy**.

Nie, moi panowie, nie ma tu żadnej wspólnej drogi. Od chwili, gdyście zdradzili socjalizm, gdyście sztylet zatruty wepchnęli z tyłu w plecy walczącego robotnika, nie widzę już dla Was powrotu. Powrócą do nas, do socjalizmu, Wam jeszcze dziś ufające, grupy robotnicze. Ale Wy nie wrócicie... Zżarł Wam serca i mózgi trąd sekciarstwa, niepojęty zanik moralności społecznej, nawyk do ciągłych oszukaństw, rozbijań, rozłamów. Czyż my możemy traktować poważnie Waszą dzisiejszą propozycję? Czyż ktokolwiek pośród nas wątpi, że w naiwnej Waszej chytrości, którą uważacie za szczyt dyplomacji, w tej wyuczonej w Moskwie chytrości wschodniego człowieka pragniecie nas „zwabić" do jednolitego frontu, by stąd dla siebie czerpać soki żywotne. I dlatego propozycja Wasza nie spotka pośród nas przyjaznego przyjęcia. Stoimy w ogniu walki z reakcją. Skupiamy wszystkie siły. Szaleńcami bylibyśmy, biorąc

---

[8] W październiku 1923 r. komuniści weszli w skład saksońskiego rządu kierowanego przez Ericha Zeignera. KPD otrzymała w nim teki ministrów finansów oraz gospodarki (zob. H.A. Winkler, *Długa droga...*, s. 412).

[9] *Ibidem*, s. 412–413.

[10] *Ibidem*, s. 412.

za towarzyszy broni Was z Waszym programem, Waszą taktyką, Waszą psychologią, Waszą moralnością. My rozkazów z Moskwy nie odbieramy[11].

Widzicie, historia się nieraz powtarza, ale historia zawsze się mści. Wy już nie zdołacie, mówiąc słowami Ceretellego[12] w pierwszej Konstytuancie rosyjskiej[13], odkupić swoich zbrodni. Odrzucamy Waszą propozycję wspólnego „Komitetu akcji"[14].

Mieczysław Niedziałkowski

Źródło: „Robotnik", 4 XI 1923, nr 301.

---

[11] Mieczysław Niedziałkowski wyraził swój pogląd, jak i CKW, na realizację idei jednolitofrontowej z KPRP m.in. na łamach „Robotnika", pisząc: „A jeden front? Sadzę, że do tej sprawy powracać nie warto. Sojusz z komunistami – to koniec PPS, to pójście na służbę Rządu rosyjskiego. Kto ma ochotę – wolna droga. Ja – nie!" (*Odpowiedzialność Socjalizmu*, „Robotnik", 20 X 1923, nr 286).

[12] Iraklij Gieorgijewicz Cereteli (1881–1959) – działacz mienszewicki gruzińskiego pochodzenia; od 1903 r. w SDPRR; deputowany do Dumy II kadencji; w 1907 r. zesłany na katorgę. Od 1917 r. do 1918 r. minister poczt i telegrafu w rządach ks. Gieorgija Lwowa i Aleksandra Kiereńskiego; wybrany do rosyjskiej Konstytuanty; twórca Demokratycznej Republiki Gruzji; po 1921 r. na emigracji.

[13] W listopadzie 1917 r. przeprowadzono w Rosji wybory do Zgromadzenia Konstytucyjnego, w których m.in. socjaliści-rewolucjoniści uzyskali 40,4% głosów, bolszewicy 24%, mienszewicy 2,6%, konstytucyjni-demokraci 4,7%. Wyniki te dawały bolszewikom 175 na 715 mandatów w Zgromadzeniu, co jednoznacznie określiło ich negatywny stosunek do Konstytuanty. Podczas inauguracyjnego posiedzenia 5 I 1918 r. doprowadzili oni, pod presją użycia siły, do bezterminowego odroczenia obrad, *de facto* końca prac Zgromadzenia Konstytucyjnego (R. Pipes, *Rewolucja...*, s. 565–584).

[14] Do artykułu Niedziałkowskiego KC KPRP ustosunkował się na łamach „Głosu Komunistycznego" (zob. *Drodzy towarzysze!*, „Głos Komunistyczny", listopad 1923, nr 6).

Nr 41

1923 listopad 21, Warszawa – Artykuł z „Robotnika" pt. „Najnowsze hasła komunistów polskich"

Komuniści polscy zaświadczyli w ostatnich tygodniach o swym istnieniu zjazdem, odbytym w sierpniu r[oku]b[ieżącego][1]. O zjeździe tym wydali broszurkę, zawierającą uchwały zjazdowe[2], a następnie ulotkę z późniejszą datą wrześniową[3]. Cóż nowego mają do powiedzenia nasi dyktatorzy blagi rzekomo rewolucyjnej? Przede wszystkim powrócili do dawnej formy, porzuconej przed wyborami zeszłorocznymi do Sejmu. Nie ma już Związku Proletariatu Miast i Wsi, a jest Komunistyczna Partia Robotnicza Polski. Jak wiadomo, komuniści, ukrywając przez dłuższy czas swą prawdziwą nazwę, zawiesili jednocześnie na kołku cały swój komunizm. Wyrzekli się wówczas dyktatury proletariatu, pomijali sprawę sojuszu z Rosją sowiecką itd. Wysunęli w teorii żądania, zaczerpnięte z programu socjalistycznego, w praktyce zaś robili to samo, co zawsze, tj. rozbijali i demoralizowali ruch robotniczy, wołając jednocześnie o jednym froncie robotniczym.

---

[1] II Zjazd KPRP odbył się 19 IX–2 X 1923 r. w miejscowości Bołszewo (k. Moskwy); zob. A. Czubiński, *Komunistyczna Partia Polski (1918–1938)*, Warszawa 1988, s. 104; H. Cimek, *Komuniści…*, s. 36; J. Holzer, *Mozaika polityczna…*, s. 236; B. Kolebacz, *Komunistyczna Partia Polski 1923–1929. Problemy ideologiczne*, Warszawa 1984, s. 11. Nie tylko w prasie socjalistycznej, ale także w niektórych opracowaniach Wydziału Bezpieczeństwa MSW II RP powielana była błędna informacja o sierpniowo-wrześniowym terminie II Zjazdu KPRP (zob. AAN, MSW, 9/1183, Stan ruchu komunistycznego w obecnej chwili, i jego plany na najbliższą przyszłość, [1925], k. 2; *ibidem*, 9/1189, Zarys historyczny i obecna działalność KPP, [1933], k. 6). Natomiast na podstawie obszernego opracowania MSW z 1930 r. pt. *„O ruchu socjalistycznym w ogóle. Organizacje komunistyczne"* – II Zjazd odbył się nie w Rosji bolszewickiej, a w Polsce, w Warszawie pod koniec sierpnia 1923 r. (*ibidem*, 9/1188, k. 37).

[2] Zob. *Uchwały II-go Zjazdu Komunistycznej Partii Robotniczej Polski*, Warszawa, wrzesień 1923 r.

[3] Zob. AAN, KPP, 158/I–2 t. 12, Drugi Zjazd Komunistycznej Partii Robotniczej Polski do całego ludu pracującego, wrzesień 1923 r., k. 1–2v.

Czy wraz z powrotem do dawnej nazwy komuniści powrócili do swej pierwotnej „czystości" chociażby tylko w teorii? Otóż na to pytanie trudno odpowiedzieć, bo w komunizmie wszystko jest tak załgane, wykrętne i nieuczciwe, że nigdy nie należy brać serio słów komunistycznych. Wystarczy napiętnować kilka kłamstw i sprzeczności, by ze spokojnym sumieniem przejść do porządku dziennego nad wszystkimi wyznaniami i uchwałami komunistów.

Oto w broszurce, zawierającej uchwały zjazdu sierpniowego jest mowa o dyktaturze i konieczności powstania „Polskiej Republiki Rad Robotniczych i Chłopskich", przy czym wspomina się wyraźnie o dyktaturze komunistów, nie mas robotniczo-chłopskich. Ale w ulotce wrześniowej nie ma ani słówka o tej dyktaturze ani o radach robotniczo-chłopskich, wzywa się natomiast do utworzenia „rządu robotniczo-chłopskiego"[4]. W ciągu jednego miesiąca więc komuniści znowu zgubili swą „czystość" i jeszcze raz zapożyczyli sobie program Zw[iązek] Prolet[ariatu] Miast i Wsi.

Ale owa sierpniowa uchwała zjazdu jest czczą demagogią, bo oto na wstępie broszury znajduje się kategoryczne twierdzenie, że chłop nie otrzyma ziemi, dopóki drogą rewolucji jej nie zdobędzie, w drugiej połowie zaś broszury wypisany jest szczegółowy program w sprawie „przeprowadzenia reformy rolnej", zgodnie z „dzisiejszymi gwałtownymi potrzebami szerokich mas chłopskich".

Należy dążyć do „sprawiedliwego podziału gruntów dworskich" głosi pewien ustęp uchwały, gdy jednocześnie zapewnia się chłopów, że tylko rewolucja może im zapewnić grunt.

Uderza w ogóle to, że komuniści – od dawna zresztą – główną swą uwagę zwracają na wieś, na chłopów małorolnych i bezrolnych.

---

[4] Zob. *Odezwa w sprawie sojuszu robotników i chłopów* [w:] *KPP. Uchwały...*, t. 1, s. 224. Na temat komunistycznej koncepcji rządu robotniczo-chłopskiego zob. też H. Walecki, *O rząd robotniczo-chłopski*, „Nowy Przegląd", wrzesień 1923, nr 9, s. 390–396, także *idem, Wybór pism*, t. 2..., s. 72–83; K. Trembicka, *Między utopią a rzeczywistością...*, s. 190–194; H. Cimek, *Koncepcje i problemy sojuszu robotniczo-chłopskiego w ruchu rewolucyjnym w Polsce (1918–1939)*, Warszawa 1980; *idem, Sojusz robotniczo-chłopski*, Warszawa 1989. W drukach ulotnych KC KPRP wzywał do ustanowienia „rządu robotników i biednych chłopów" (zob. AAN, KPP, 158/VI–6, pt. 2, 1 maj 1923. Dzień walki o jedność frontu robotniczego, kwiecień 1923 r., k. 3a).

Jest to niewątpliwie w związku z faktem zdrady interesów chłopskich przez Witosa i jego partię i szerzącego się coraz bardziej wśród mas chłopskich niezadowolenia. Pakt chjeno-witosowy wyszedł więc na korzyść komunistów, rozszerzając ich pole działania.

Równie wykrętne i dwuznaczne jest stanowisko neokomunistów polskich w sprawie stosunku do mniejszości narodowych. Odnoga Rosji sowieckiej, która podpisała traktat ryski i którą przepisy tego traktatu obowiązują przecież, woła o „narodach gwałtem wcielonych do państwa polskiego" i szczodrą ręką zapewnia im „całkowite prawo do ziemi ich ojców, do połączenia się z ich braćmi po dawnej stronie słupów granicznych, wbitych w żywe ciało ich narodów". Gdy socjaliści polscy domagali się w czasie rokowań pokojowych od przedstawicieli Sowietów prawa samostanowienia dla tych narodów, bolszewicy odrzucili to żądanie i wcale się nie rozczulali tym, że wbijają słupy w żywe ciała Białorusi i Ukrainy. Radek[5] odzywał się nawet z pogardą o „błocie pińskim". Obecnie komuniści polscy, dbając o utrzymanie Polski niepodległej – nie śmiejcie się czytelnicy, ulotka komunistyczna gorącą przejęta jest troską o niepodległość Polski! – przyznają Białorusinom i Ukraińcom prawa połączenia się z braćmi z tamtej strony granicy[6]. Broń Boże, nie odwrotnie!

I ludzie ci zapewniają zarazem, że idzie im o utrzymanie pokoju, o walkę z dążnościami wojennymi reakcji polskiej i europejskiej. A przecież jasną jest rzeczą, że oderwanie kresów wschodnich od Polski w warunkach obecnych może dojść do skutku jedynie drogą wojny. Obłudne obietnice komunistyczne, niedające w rzeczywistości nic mniejszościom narodowym, mają więc jedynie na celu rozpalanie nastrojów wojennych.

Wprost humorystycznie brzmią kilkakrotne zapewnienia komunistów, że Niemcy są w przededniu rewolucji komunistycznej. Jeżeli

---

[5] Karol Radek (właśc. Karol Sobelsohn) (1885–1939) – działacz komunistyczny; członek SDKPiL, RKP(b) i WKP(b), a także lewicowej opozycji, zwolennik Trockiego; w 1927 wykluczony z WKP(b), po złożeniu samokrytyki i odcięciu się od trockizmu ponownie (w 1929 r.) przyjęty do partii; w 1936 r. aresztowany przez NKWD i skazany na 10 lat łagrów.
[6] Zob. *Za naszą i waszą wolność! Uchwała w sprawie narodowej* [w:] *KPP. Uchwały...*, t. 1, s. 228, 231.

w Niemczech nastąpi gwałtowny przewrót w całym państwie, to będzie to tylko przewrót reakcyjny. Byłoby wielkim szczęściem i historyczną zasługą niemieckiej klasy robotniczej, gdyby w warunkach obecnych zdołała obronić demokrację i republikę od gwałtownych ataków reakcji, gdyby przeprowadziła zwycięską defensywę przeciw zamachom kapitału na zdobycze społeczne robotników, o ofensywie zaś klasy robotniczej nie ma na razie mowy.

Ładnie by wyglądała Polska i jej klasa robotnicza, gdyby tak usłuchała wezwania komunistów „oparcia bytu Polski na bratnim sojuszu z rewolucją niemiecką i rosyjską", gdy Niemcom zagraża najstraszliwsza reakcja, a rewolucja bolszewicka stała się – ewolucją „nepmanów" (spekulantów i paskarzy).

Ale dla komunistów jedno kłamstwo mniej czy więcej nie odgrywa żadnej roli. Zresztą wzywali do „oparcia się" o Niemcy w sierpniu i wrześniu. A teraz mamy listopad.

Uchwały zjazdu komunistycznego mają charakter wyłącznie agitacyjny, przy czym hasła agitacyjne, jak widzieliśmy, są pełne sprzeczności i demagogii. Ale wiemy, jak komuniści w praktyce urzeczywistniają swe własne nawet hasła. Ostatni strajk powszechny i haniebne zachowanie się wobec niego komunistów są najlepszą ilustracją, czego można i należy się spodziewać po tych panach.

J.M.B.

Źródło: „Robotnik" 21 XI 1923, nr 318.

Nr 42

1924 kwiecień 13, Kraków – Artykuł z „Naprzodu" pt. „Rada Naczelna PPS"[1]
(fragment)

[...] **W sprawie stosunku do związków zawodowych**
Wszyscy PPS-owcy, należący do robotniczych Związków zawodowych, obowiązani są brać czynny udział w pracach Związków i sumiennie spełniać swoje obowiązki. Zaniedbywanie tych obowiązków uważane być musi za przestępstwo nie tylko wobec Związków, lecz i wobec partii. PPS-owcy zobowiązani są zwalczać wpływy komunistyczne w Związkach.
W wyborach do Kas Chorych PPS-owcy obowiązani są stosować się do wskazówek CKW PPS.

PPS-owcy obowiązani są baczyć, aby komisje agitacyjne i kulturalno-oświatowe Związków obsadzane były przez ludzi, dających pełną rękojmię właściwego kierunku pracy – i nie stawały się przybytkiem komunistycznej demagogii i komunistycznych wichrzeń.

PPS-owcy obowiązani są nie dopuszczać do tego, aby lokalne i okręgowe Rady Związków zawodowych stawały się terenem akcji politycznej, do czego prą komuniści. [...]

Źródło: „Naprzód", 13 IV 1924, nr 86.

---

[1] Podczas XIX Kongresu PPS w Krakowie wybrano następujący skład Rady Naczelnej: „Daszyński, Moraczewski, Perl, Diamand, Barlicki, Pużak, Żuławski, Niedziałkowski, Ziemięcki, Zaremba, Praussowa, Czapiński, Jaworowski, Szczerkowski, Malinowski, Hołówko, Pająk, Adamek, Pragier, Markowska, Kłuszyńska, Klemensiewicz, Kwapiński, Biniszkiewicz, Kossobudzki, Reger, Dewódzki, Szczypiorski, Bień, Stańczyk, Bobrowski, Jasiński, Kałużyński, Skalak, Ochman, Dobrowolski, Marek, Liberman, Śniady, Uziemiło, Arciszewski, Gardecki, Nowicki, Topinek, Kuryłowicz". Z kolei na zastępców członka RN zostali wybrani: „Pławski, Pluskowski, Szpotański, Grossfeld, Kiermas, Cupiał, Machej" (*Kongres PPS*, „Dziennik Ludowy", 4 I 1924, nr 4).

Nr 43

1924 maj 1, Warszawa – Pierwszomajowa odezwa Warszawskiego Okręgowego Komitetu Robotniczego PPS

Polska Partia Socjalistyczna. Towarzysze!

Rząd bolszewicki w Rosji ma groźną sytuację w polityce zagranicznej, głównie z powodu zatargu z Rumunią o Besarabię. Żywioły militarne w Rosji z Trockim na czele pchają do wojny. Sztab generalny i ambasady sowieckie gorączkowo pracują. Komuniści w Polsce otrzymali z Moskwy rozkaz wywołania za wszelką cenę bolszewickich rozruchów. **Na cel ten rząd rosyjski wypłacił komunistom 2 miliony franków[1].**

Za te judaszowe pieniądze sowieckie komuniści postanowili sprowokować awantury w pochodzie w dniu 1 maja.

Przełapane przez nas okólniki partii komunistycznej nakazują pchać się komunistom na czoło pochodów, nie cofając się przed żadną awanturą.

Robotnicy!

Nie dajmy się sprowokować płatnym szpiegom sowieckim.

Każdego w pochodzie, który będzie prowokował, traktujcie jak zdrajcę Judasza, płatnego szpicla moskiewskiego.

Polska Partia Socjalistyczna wzywa Was do bezwzględnego utrzymania karności i posłuchu wobec milicji majowej PPS oraz do utrzymania porządku na wiecu i w pochodzie majowym.

Tylko potężna, imponująca powagą manifestacja robotnicza może przed burżuazją wykazać siłę i spoistość klasy robotniczej.

Niech się święci 1-szy maj! Precz z reakcją!

---

[1] Informacja niepotwierdzona źródłowo.

Precz z prowokatorami bolszewickimi! Precz z płatnymi sowieckimi ajentami! Niech żyje socjalizm! Niech żyje PPS!

Warszawski Okręgowy Komitet Robotniczy PPS[2]

Warszawa, dn. 1-go maja 1924 r.

Źródło: AAN, PPS, 114/XIII–92, k. 57, mps.

---

[2] W skład OKR wchodzili m.in. Rajmund Jaworowski, Zygmunt Gardecki, Sofroniusz Kowalew (zob. „Robotnik", 6 VII 1923, nr 181; „Robotnik", 8 VII 1923, nr 183).

1924 maj 2, Kraków – Artykuł z „Naprzodu" pt. „Jednolity front"

Życie swą żelazną logiką praw obala nielitościwie wszystkie komunistyczne pomysły, wymyślane gwoli tumanienia mas robotniczych.

Działając jako partia bezprogramowego sformułowania swoich dążeń – zmuszeni są komuniści wykonywać rozkazy sowieckiego rządu, starającego się dostosować nastroje mas do potrzeb rządowej polityki Rosji i przez to wpadają z jednej sprzeczności w drugą. Z początku krzyczeli, aż do znudzenia: „niech żyje dyktatura proletariatu!", lecz kiedy zobaczyli, że życie idzie swoim torem i że nawet w Rosji hasło to z dyktatury proletariatu przemieniło się w dyktaturę komisarzy nad proletariatem, zaczęli dyskretny odwrót.

Dziś już nikt nie słyszy zachwalającego krykliwie towaru dyktatury. Drugim takim sakramentalnym hasłem demagogii komunistycznej było stałe powtarzanie: „cała władza radom delegatów robotniczych", a kiedy znowuż życie poszło w innym kierunku i hasło to zbankrutowało w sowieckiej Rosji, gdzie sam Lenin napisał mu mowę pogrzebową – komuniści, jak zniszczoną rękawiczkę hasło to zarzucili i przystąpili do wyborów do burżuazyjnego sejmu.

Można by przytoczyć całą litanię takich przykładów, gdzie komuniści wygłaszali pewne maksymy, jako coś niezłomnego, wynikającego z warunków i potrzeb życia, a każdego, kto nie chciał w to zaraz uwierzyć, traktowano jako „zdrajcę sprawy robotniczej". Później zaś sami te hasła porzucali, wynajdując sobie nowe formuły dla tumanienia mas robotniczych. Konieczność narkotyzowania mas zmusza komunistów do ciągłego szukania możliwie bardzo pieprznych haseł, które by drażniły nie tylko umysł, ale i wszystkie zmysły robotników. Niestety, hasła te w zetknięciu z realnym życiem wietrzeją bardzo prędko i muszą być nowymi zastępowane.

Toteż komuniści w poszukiwaniu za coraz to nowymi hasłami możliwie szumnymi, bo obliczonymi na efekt doszli do takiej specjalizacji jak zawodowi kieszonkowcy. Przewrotność komunistycznych demagogów jest tak wyspecjalizowaną, że nie tylko mało świadomi robotnicy, ale nawet przeciętnie uświadomieni nie mogą się czasem połapać na wartości tego, co im uroczyście komunistyczny krzykacz wygłasza i podaje za nieomylną prawdę. Przysłuchując się nieraz komunistycznemu agitatorowi, ma się wrażenie, że jest to dobrze wytresowany kuglarz, zamieniający w oczach widzów martwe przedmioty na żywe stworzenia, zbierający z powietrza dukaty itp. Poczciwy ludek patrzy zdumiony, wierząc niejednokrotnie w prawdziwość kuglarskich sztuczek.

Tresura komunistów w okłamywaniu mas poza zręcznością odznacza się także cynizmem. U nas wołają: „precz z wojną i wojskiem!", w Rosji natomiast wprowadzili najdłuższą służbę wojskową, utrzymują największą armię w świecie i stale grożą wszystkim wojną. Dawniej carscy generałowie, dziś komisarze czerwonej armii mają kulą i bagnetem zaprowadzić na całym świecie komunistyczny ład i porządek. Nie przeszkadza to komunistom wymyślać socjalistom od zdrajców, dlatego, że ci szczerze zwalczają wojnę i militaryzm we wszystkich krajach bez względu na to, pod jakim hasłem jest tworzony i w jakich zamiarach prowokuje się wojnę. U nas komuniści krzyczą: „wolność strajków", „niezależność prasy", „fabryki i kopalnie oddać ludowi", „precz z zamachami na prawa robotnicze!" i zarzucają socjalistom ofiarnie i wytrwale prowadzącym o te postulaty walkę, że są ugodowi, bo jeszcze ani kopalń, ani fabryk robotnikom nie oddali – natomiast sami w Rosji „sowieckiej" fabryki i kopalnie oddają kapitalistom, za strajki rozstrzeliwują robotników, za słowo krytyki komunistycznych rządów pakują każdego do kryminału, znieśli 8-godzinny dzień pracy, dając burżuazji pretekst i usprawiedliwienie za zamachy na prawa robotnicze w innych krajach tym, że przecież w Rosji, gdzie według twierdzenia komunistów wprowadzono ustrój socjalistyczny, zniesiono wszystko to, czego się robotnicy w burżuazyjnych państwach domagają i czego bronią. Każde komunistyczne hasło, gdy się mu bliżej przyjrzymy, okazuje się cynicznym kłamstwem, obliczonym na oddanie posługi rosyjskim komisarzom i zwalczanie w oczach mas robotniczych socjalistów i socjalizmu. Obecnie wymyślili komuniści nowe hasło które ma robotnikom zawrócić w głowie: propagują zawzięcie „jednolity front" oni, którzy rozbili i dalej rozbijają jedność klasy robotniczej, propagują „jednolity front"!

Jest to jeszcze jedna z tych kuglarskich sztuczek obliczona na to, aby masy robotnicze, słysząc nawoływanie do jednolitego frontu przed sceną nie miały czasu zorientować się, jak się ten „jednolity front" rozbija się za sceną. Przypatrzmy się bliżej realnej wartości tego hasła, którym chcą komuniści zahipnotyzować masy. Otóż, jak wszędzie, tak i tutaj nielitościwe życie niweczy i demaskuje komunistyczną obłudę. Przykład: stosunki na Górnym Śląsku. Klasa robotnicza, a raczej jej wodzowie stworzyli jeszcze przed komunistami „jednolity front". Założono tam kartel, w którym zasiedli w „jednolitym froncie" enpe[pe]rowcy, polscy i niemieccy chadecy, hirschdunkerowcy[1], socjaliści, no i komuniści. W praktyce okazało się, że „Jednolity front" tak długo istniał, dopóki nasi towarzysze, będąc w mniejszości, nie mogli się przeciwstawić zdradzieckiej polityce działających w „jednolitym froncie" żółtych organizacji. Dopiero, kiedy Centralny Związek Górników przez połączenie nabrał sił i zaczął wywierać na kartel nacisk w kierunku obrony interesów robotników, a nie kapitalistów, „jednolity front" zaczął trzeszczeć. A w chwili, kiedy kartel wyraził zgodę na zniesienie 8-godzinnego dnia pracy na Górnym Śląsku Centralny Związek Górników, nie chcąc w „jednolitym froncie" popełniać zdrady – wezwał robotników do walki – „jednolity front" prysł, jednolitofrontowcy stanęli w „jednolitym froncie" razem z kapitalistami przeciw Centralnemu Związkowi. Rezultat „Jednolitego frontu", tak zaciekle propagowanego przez komunistów, w życiu zastosowany okazał się taki, że strajkujący robotnicy mieli do zwalczenia nie tylko samych kapitalistów, ale i zjednoczonych z nimi w „jednolitym froncie" jednolitofrontowców, którzy począwszy od enpe[pe]rowców poprzez polskich i niemieckich chadeków, a skończywszy na komunistach, łamali jednolicie w braterskiej zgodzie strajk, walczyli zaciekle z nami za to, żeśmy jednolicie interesów klasy robotniczej nie zdradzili. Podczas strajku byliśmy świadkami humorystycznych wypadków, że ogłupieni manią „jednolitego frontu" komuniści występowali na wiecach z sążnistymi rezolucjami, kończącymi się okrzykiem: „Niech żyje jednolity front"! Zebrani odkrzyknęli z zapałem: „Niech żyje!" i poszli jednolicie do roboty, zostawiając strajkujących pepe[e]sowskich zdrajców. Nie mogło być inaczej, bo to leży w samej istocie rzeczy, z chadekiem i enpe[pe]rowcem można stworzyć „jedno-

---

[1] Zwolennicy socjaldemokratycznego polityka pruskiego, premiera Prus – Paula Hirscha (1869–1940).

lity front" w obronie kapitalisty i kapitalistycznego ustroju, gdyż chadek jest dlatego chadekiem, a enpe[pe]rowiec enpe[pe]rowcem, że godzi się na obecny ustrój i że zwalcza socjalistów właśnie za to, że dążą do przemiany obecnego ustroju. Dlatego ani chadek, ani enpe[pe]rowiec nie będzie walczył w „jednolitym froncie" z socjalistą, bo walczyłby przeciw swoim przekonaniom. Gdyby taki chadek, czy enpe[pe]rowiec przyszedł do przekonania, że socjaliści chcąc obalić obecny ustrój i znieść wyzysk, mają rację, to przestałby być chadekiem i enpe[pe]rowcem, stałby się socjalistą i wtedy zostałby stworzony „jednolity front" prawdziwy, bez komunistycznego fałszu. Przykład Górnego Śląska wykazał, że „jednolity front" wtedy będzie możliwy, gdy proletariat zostanie zorganizowany w klasowym związku i w jednej socjalistycznej partii, a przede wszystkim zostanie wychowany w ideologii socjalistycznej i zrozumie istotę socjalistycznego programu. Dlatego my socjaliści propagandzie kłamliwego i fałszywego pojęcia „Jednolitego frontu", propagowanego przez komunistów przeciwstawiamy jedyną zasadę, prowadzącą klasę robotniczą do zniesienia wyzysku kapitalistycznego i przebudowy obecnego ustroju wychowania proletariatu w duchu socjalistycznym. Zorganizowania go w socjalistycznej, zawodowej i politycznej organizacji.

Rozumiemy, że klasa robotnicza nie jest bezmyślną trzodą, jak to przypuszczają komuniści, że przez to, gdy się ją zapędzi na jedno podwórko, nie osiągniemy jednolitego sposobu ujmowania przyczyn jej nędzy, że wtedy dopiero stanie się ona bojową armią o lepsze jutro, jeżeli ją wyrwiemy spod wpływów burżuazyjnej i klerykalnej ideologii i nauczymy ją widzieć, w czym tkwi w dobie obecnej jej poniżenie i krzywda. Komuniści propagują na swój sposób pojęty „jednolity front", nie zdążają do uklasowienia mas robotniczych, ale do ich zdeklasowania. Wtedy i jedynie wtedy „jednolity front" będzie możliwy i złączona z nim klasa robotnicza mocna, jeżeli tworzony będzie z ludzi, którzy ukochali jedną ideę, wytknęli sobie jeden cel walki, słuchają jednego rozkazu, w którym zawarło się ich własne pragnienie. Socjalizm musi i pójdzie po tej drodze, nie zważając na krzyki komunistycznych krzykaczy, którzy sami bez idei gotowi handlować duszą i sumieniem całej klasy robotniczej. Niech sobie komuniści tworzą „jednolity front" z chadekami i enpe[p]erowcami tak, jak go stworzyli w Rosji z kapitalistami. My socjaliści będziemy dalej uświadamiać klasę robotniczą, wskazywać jej klasowe różnice obecnego społeczeństwa, będziemy ją uczyć socjalistycznego programu i konieczności walki, będziemy ją organizować w „jednolitym" związku i w Polskiej Partii Socjalistycznej! Czym prędzej pracę naszą wykonamy, tym wcześniej wzejdzie dzień wyzwolenia i dlatego wołamy: Precz z fałszywym komunistycznym „jednolitym frontem!"

Poseł Jan Stańczyk

Źródło: „Naprzód", 2 V 1924, nr 100.

Nr 45

1924 lipiec 13, Warszawa – Artykuł z „Chłopskiej Prawdy"[1]
pt. „Rezolucja"

Rezolucja:
Zebrani na wiecu (konferencji, zjeździe powiatowym) członkowie
i sympatycy PPS oświadczają gotowość niezłomnej walki – zgodnie
z programem i taktyką partii – przeciwko reakcji i wszelkim jej zamachom na prawa i zdobycze klasy robotniczej.

Zebrani zobowiązują się we wszystkich dziedzinach swojej pracy
publicznej, na wszystkich polach, na których działają, postępować w myśl
zasad partii i wskazań władz partyjnych.

Zebrani dołożą wszelkich wysiłków do rozszerzenia i wewnętrznego
wzmocnienia partii, do poparcia prasy partyjnej, zwłaszcza centralnego
organu „Robotnika".

Zebrani, niosąc w najszersze masy uświadomienie socjalistyczne,
zwalczać będą jak najbardziej stanowczo i konsekwentnie komunistyczny rozkład, wnoszony przez agentów Moskwy sowieckiej do ruchu
robotniczego.

Zebrani oświadczają, że solidarność ludu pracującego w mieście
i na wsi jest koniecznym warunkiem wspólnego wyzwolenia – dlatego
uważają za konieczne wzmocnienie i rozszerzenie pracy PPS na wsi,
w szczególności zaś uświadomienie wsi, jak szkodliwa jest działalność
stronnictw tzw. chłopskich, które w swojej działalności parlamentarnej
szkodzą w oburzający sposób interesom robotniczym.

Źródło: „Chłopska Prawda", 13 VII 1924, nr 8.

---

[1] „Chłopska Prawda" – organ prasowy PPS wydawany w Warszawie; tygodnik
redagowany przez Jana Kwapińskiego był adresowany do robotników rolnych;
pismo ukazywało się w nakładzie od 20 do 25 tys. egzemplarzy.

1924 lipca 24, Warszawa – Okólnik nr 16 w sprawie walki z komuni-
stami wydany przez Sekretariat Generalny Centralnego Komitetu Wyko-
nawczego PPS

Warszawa, dnia 24 lipca 1924 r.

Polska Partia Socjalistyczna
Centralny Komitet Wykonawczy
Sekretariat Generalny
Nr 396.

Do
Wszystkich Komitetów Okręgowych, Powiatowych, Miejscowych
(Dzielnicowych) oraz **mężów zaufania** PPS

Okólnik nr 16.

(w sprawie walki z komunistami)

Szanowni Towarzysze!
Wobec rosnącego kryzysu w przemyśle nastąpiło, jak spodziewać się
należało, wzmożeniepropagandy komunistycznej, połączone ze spotęgo-
waną akcją zamachową – szpiegowską na rzecz Rosji. W tym stanie rzeczy mamy obowiązek wobec klasy robotniczej i kraju bardziej energicz-
nego, niż dotąd przeciwdziałania.
Doświadczenie wykazało wielokrotnie, że taktyka kompromisowa
i ustępliwa w stosunku do partii komunistycznej nie prowadzi do celu.
Tam, gdzie nasze organizacje nie decydowały się na ostrą i bezwzględną
walkę, gdzie nie podkreślały z całym naciskiem, że między socjalizmem
a komunizmem nie ma punktów stycznych, zarówno pod względem programowym, jak i taktycznym – tam właśnie ruch komunistyczny nabie-
rał siły.
Dlatego też uważamy za niezbędne, by taktyka organizacji partyjnej w tej sprawie została ujednostajniona. Polecamy tedy wszystkim

Komitetom Okręgowym, Powiatowym, Dzielnicowym i Lokalnym oraz Towarzyszom kierownikom roboty zawodowej, a także wszystkim Towarzyszom należącym do organizacji zawodowej i współdzielczej – przestrzegać na przyszłość wskazówek następujących:

1. Taktyka w ruchu zawodowym

Obrona bezpartyjności klasowych Związków Zawodowych, obrona Związków przed komunistami i ich zgubną, rozbijającą akcją stanowi wspólne zadanie Partii i Zawodowej Komisji Centralnej.

Naszym zadaniem specjalnym, lecz w zupełności zgodnym z interesami ruchu zawodowego, jest wzmożenie wpływów socjalistycznych na masy, zorganizowane zawodowo i całkowite złamanie wpływów komunizmu. Polecamy więc: wszyscy członkowie Partii muszą bezwarunkowo należeć do odpowiednich Związków i na ich terenie przestrzegać, by były wykonywane okólniki i dyrektywy Komisji Centralnej, uchwały Międzynarodówki Zawodowej, by partia komunistyczna nie wykorzystywała instytucji Zawodowych, ich lokali itp. dla swoich celów politycznych.

a) Wszystkich członków Partii na terenie zawodowym obowiązuje bezwzględna solidarność; działalnością ich zbiorową kieruje Zarząd Związku lub Oddziałów, o ile jest w naszych rękach; o ile Zarządem owładnęli komuniści, towarzysze nasi muszą porozumiewać się ze sobą przed każdym ważniejszym zdarzeniem w życiu związkowym i ustalać solidarny sposób postępowania.

b) Należy zwalczać i tępić organizacje zawodowe pod nazwą „Opozycji Zawodowej" dalej Rady Zawodowe, które nie należą do Komisji Centralnej, oraz tzw. Komitety „Akcji" i całą robotę przygotowawczą komunistów, a dotyczącą zwołania jakiegoś Zjazdu robotniczego. Są to podstępne metody komunistów, zmierzające do stworzenia jakichś form ruchu pozazwiązkowego, co siłą rzeczy prowadzi do rozbicia organizacji zawodowej ku zadowoleniu wrogów klasy robotniczej, dla których robota komunistyczna jest bardzo na rękę. Już dziś fabrykanci wolą mówić podczas pertraktacji z tak zwanym „ogółem" fabrycznym, aniżeli z delegatami danego Związku Zawodowego. Dzisiaj więcej aniżeli kiedykolwiek widzi się tu wspólną robotę komunistyczną – kapitalistyczną, mającą na celu zdyskredytowanie w oczach robotników roli Związków Zawodowych.

Tym tedy próbom osłabienia, rozbicia czy też zastąpienia Związków Zawodowych przez „oszwabkę" komunistyczną w postaci „Komitetów Akcji" – należy się z całą stanowczością przeciwstawić.

c) W jednym i drugim wypadku należy stale i ciągle zwoływać konferencję towarzyszy według danych zawodów, jak np. konferencję PPS-owców tkaczy, PPS-owców Górników, Metalowców itd. Na tych konferencjach należy omawiać taktykę walki z komunistami oraz ustalać opinię w sprawach ogólnozawodowych, które wbrew komunistom należy przeforsowywać na Walnych Zebraniach Zawodowych – na Zjazdach Zawodowych ogólnokrajowych delegaci, należący do naszej Partii, muszą również postępować i głosować absolutnie solidarnie i w tym celu ustalać zawczasu wspólnie linię taktyczną.

Podczas wyborów do Zarządów Związków i Oddziałów towarzysze nasi mają dążyć do wprowadzenia na listy wybranych wyłącznie członków Partii lub bezpartyjnych sympatyków PPS, bez żadnych kompromisów z komunistami.

d) Towarzysze, wybrani do Zarządów Związkowych, winni bezwarunkowo usuwać funkcjonariuszy zawodowych – komunistów i zastępować ich przez socjalistów, sympatyków i w ogóle bezpartyjnych.

e) Dla ułatwienia tej akcji i w ogóle dla rozszerzenia wpływów PPS wśród mas, zorganizowanych zawodowo, należy w zawodach, w których jest to możliwe, tworzyć partyjne organizacje na prawach dzielnicy, a więc organizacje kolejarzy PPS, tramwajarzy, gazowników, pracowników pocztowo-telegraficznych, pracowników miejskich itp.

2. Taktyka w ruchu współdzielczym

W podobny sposób obowiązuje zasada bezwzględnej solidarności i ustalania zawczasu zbiorowej linii postępowania na zjazdach Związku Robotniczych Stowarzyszeń Spółdzielczych i na walnych zebraniach poszczególnych Spółdzielni. – Tu również zadaniem naszym jest w interesie socjalizmu, klasy robotniczej i robotniczego ruchu spółdzielczego usunięcie komunistów z Rad Nadzorczych, Zarządów i spośród funkcjonariuszy spółdzielczych.

3. Taktyka podczas wyborów do instytucji samorządowych i kas chorych

a) Podczas wyborów do rad miejskich, sejmików wojewódzkich, powiatowych i rad gminnych wspólne listy i bloki z komunistami są bezwzględnie wykluczo ne. We wszystkich tych instytucjach mają być utworzone niezwłocznie, o ile nie istnieją dotąd, frakcje PPS.

b) Przy wyborach do rad kas chorych, jeżeli listy kandydatów ustalają związki zawodowe, towarzysze nasi muszą dążyć do niewprowadzania na nie komunistów ani komunizujących.

c) Przy wyborach magistratu, burmistrzów, ławników, zarządów kas chorych itp. nie może być popierania przez naszych towarzyszy kandydatur komunistycznych. W wypadku, gdyby organizacja miejscowa uważała za konieczne w jakimkolwiek stopniu uchylić zasadę powyższą, musi bezwarunkowo uzyskać na to zgodę Centralnego Komitetu Wykonawczego.

4. Taktyka na zgromadzeniach

Na zgromadzeniach publicznych, na walnych zebraniach związków i spółdzielni musi ustać bierne wysłuchiwanie napaści i oszczerstw komunistycznych, miotanych na naszą partię. Nie tylko powinniśmy się bronić, nie pozwalać na oszczerstwa i obelgi, ale przeciwnie, być ciągle w ofensywie, być stroną atakującą, wyjaśniać masom, dlaczego walczymy z komunistami, oświetlać ich program, wymierzony przeciw Niepodległości Polski, ich taktykę rozbijającą i demoralizującą ruch robotniczy, ich związek z rządem rosyjskim, na co wskazuje wyraźnie niedoszły zamach na prochownię we Lwowie[1], skutki rządów bolszewickich w Rosji, gdy w samej Moskwie w myśl źródeł sowieckich liczba

---

[1] Zob. *Zamach na skład amunicji*, „Gazeta Warszawska", 7 VII 1924, nr 184; *Ujęcie zamachowców*, „Gazeta Warszawska", 9 VII 1924, nr 186.

bezrobotnych osiągnęła 450 000 osób, czyli 40% ogółu ludności miasta i bezrobotni ci nie otrzymują żadnych zapomóg[2].

Polecamy:

a) na zgromadzeniach publicznych atakować komunistów ostro i otwarcie;

b) urządzać częściej odczyty o komunizmie;

c) protestować głośno przeciw obelgom i oszczerstwom;

d) nie unikać publicznych zgromadzeń komunistycznych, lecz chodzić na nie, zabierać głos, stawiać zarzuty, krytykować.

---

[2] Według ustaleń Stanisława Grabskiego w 1913 r. w Rosji pracowało zawodowo 2 598 600 osób, podczas gdy w 1923 r. już tylko 1 452 100, co oznaczało, że pracę straciło ponad milion obywateli państwa rosyjskiego (zob. S. Grabski, *Prawdziwe oblicze bolszewików*, „Walka z Bolszewizmem", czerwiec 1927, z. 2, s. 4). Informator antykomunistyczny „Walka z Bolszewizmem", powołując się na publikacje bolszewickiej „Ekonomiczeskaj Żizni" z 22 X 1926 r., podawał, że pod koniec 1925 r. w ZSRS było 1 282 000 zarejestrowanych bezrobotnych. Podkreślano ponadto, że do tej liczby należy dodać około 5 mln szukających pracy, którzy wobec braku kwalifikacji byli pozbawieni prawa do rejestracji i zasiłku. Spośród zarejestrowanych bezrobotnych jedynie około 20% pobierało bardzo niski zasiłek wartości 5 rubli na osobę miesięcznie (*Błysk prawdy*, „Walka z Bolszewizmem", czerwiec 1927, z. 2, s. 31–32). Podczas obrad XV Kongresu WKP(b) opozycja trockistowska podawała liczbę 2,475 mln bezrobotnych na terenie ZSRS. Stalin zaś przekonywał zebranych, że prawdziwa liczba jest znacznie mniejsza i wynosi 1,048 mln osób. Obie strony wewnątrzpartyjnego konfliktu nie wspominały natomiast o ogromnych rzeszach niezarejestrowanych osób poszukujących pracy (*Los robotników w S.S.S.R. (Na podstawie oficjalnych publikacji bolszewickich)*, „Walka z Bolszewizmem" 1928, z. 3, s. 24–25). Przerażające rozmiary bezrobocia wśród inteligencji przedstawiał „Kalendarza Komunisty" za 1925 r. W styczniu 1923 r. w Sowietach bez pracy pozostawać miało 161 400 przedstawicieli tzw. inteligencji, a w kwietniu 1924 r. już 296 500 (*Gospodarka bolszewicka. Na podstawie oficjalnych publikacji S.S.S.R.*, „Walka z Bolszewizmem", lipiec–sierpień 1927, z. 3, s. 24–25). W kolejnych latach problem bezrobocia nie został rozwiązany. W październiku 1927 r. zarejestrowanych, należących do syndykatów, bezrobotnych robotników było około 1,5 mln, a w styczniu 1928 r. już ponad 2 mln. Zasiłek wypłacano dla 520 tys. osób (*Sytuacja gospodarcza Sowietów (W świetle cyfr i dokumentów)*, „Walka z Bolszewizmem", 1929, z 19, s. 59).

Powyższe zasady postępowania winny być, jak powiedzieliśmy, przestrzegane ściśle pod odpowiedzialnością Komitetów Partyjnych, które niezwłocznie zainicjują i przeprowadzą zwołanie konferencji PPS-owców i sympatyków według poszczególnych zawodów w danej miejscowości i na nich zaznajomią zebranych z niniejszym **Okólnikiem.**

O odbytych konferencjach należy niezwłocznie zawiadamiać Sekretariat Generalny.

Z socjalistycznym pozdrowieniem Centralny Komitet Wykonawczy. (–) N. Barlicki[3], J. Biniszkiewicz[4], K. Czapiński, H. Diamand[5], T. Hołówko[6], R. Jaworowski, J. Kwapiński[7], M. Niedziałkowski, F. Perl,

---

[3] Norbert Barlicki (1880–1941) – działacz socjalistyczny; członek PPS; wiceminister w rządzie Jędrzeja Moraczewskiego; w 1920 r. członek Rady Obrony Państwa; w 1926 r. minister robót publicznych w rządzie Aleksandra Skrzyńskiego; od 1919 r. członek RN i CKW PPS; w latach 1926–1931 przewodniczący CKW; z ramienia PPS poseł na Sejm Ustawodawczy oraz Sejm I, II i III kadencji; w latacj 1920–1926 prezes Związku Polskich Posłów Socjalistycznych; oskarżony w procesie brzeskim (skazany na 2,5 roku więzienia); w ramach RN zwolennik idei jednolitofrontowych. Podczas wojny i okupacji współorganizował lewicowe grupy socjalistyczne. W 1940 r. został aresztowany przez Niemców. Zginął w niemieckim obozie koncentracyjnym w Auschwitz.

[4] Józef Biniszkiewicz (1875–1940) – działacz PPS, uczestnik powstań śląskich; w latach 1922–1929 poseł i wicemarszałek Sejmu Śląskiego; od 1922 do 1928 r. poseł na Sejm I kadencji.

[5] Herman Diamand (1860–1931) – działacz socjalistyczny; członek PPSD, a następnie PPS, zasiadał we władzach II Międzynarodówki Socjalistycznej; w latach 1907–1918 poseł wiedeńskiej Rady Państwa; w 1918 r. w składzie Polskiej Komisji Likwidacyjnej; od 1919 do 1926 r. członek CKW PPS, a do 1930 r. wiceprzewodniczący i przewodniczący RN partii.

[6] Tadeusz Hołówko (1889–1931) – polityk, działacz socjalistyczny, członek PPS-FR; w 1914 r. współorganizował POW w Warszawie; na początku 1918 r. jako wysłannik PPS-FR przebywał w Moskwie, gdzie m.in. prowadził rozmowy z bolszewickimi przywódcami w kwestii niepodległości Polski; w odrodzonej Rzeczypospolitej działacz PPS, następnie w BBWR, w latach 1930–1931 z ramienia tej formacji poseł na sejm RP; zamordowany przez ukraińskich nacjonalistów.

[7] Jan Kwapiński (właśc. Piotr Edmund Chałupka) (1885–1964) – działacz PPS i OB PPS; więzień carski; poseł na Sejm I i II kadencji; organizator antysanacyjnych strajków rolnych; ostatni prezydent międzywojennej Łodzi; więzień NKWD, następnie na uchodźstwie, członek rządu RP.

A. Pragier, Z. Praussowa[8], K. Pużak[9], A. Szczerkowski[10], B. Ziemięcki[11], Z. Żuławski[12].

Źródło: AAN, PPS, 114/III–6, k. 18–19, mps.

[8] Zofia Prauss (1878–1945) – polityk PPS, następnie od 1928 r. w PPS – dawnej FR, jeszcze z ramienia PPS poseł na Sejm I i II kadencji; w latach 1920–1928 członkini CKW PPS.

[9] Kazimierz Pużak (1883–1950) – działacz socjalistyczny; więzień carski; w 1918 r. członek rządu Jędrzeja Moraczewskiego; od 1919 r. w składzie RN PPS; w latach 1921–1939 sekretarz generalny CKW PPS; poseł Sejmu Ustawodawczego oraz Sejmu I, II i III kadencji; we wrześniu 1939 r. uczestnik obrony Warszawy; podczas okupacji sekretarz generalny PPS WRN; w 1939 r. współtworzył konspiracyjną Główną Radę Polityczną, a następnie w 1940 r. wchodził w skład Politycznego Komitetu Porozumiewawczego przy KG ZWZ; w latach 1944–1945 przewodniczący Rady Jedności Narodowej; w marcu 1945 r. podstępnie uprowadzony przez NKWD; sądzony w procesie szesnastu i skazany na półtora roku więzienia; po powrocie do Polski – ofiara represji komunistycznych; aresztowany przez UB w 1947 r. i skazany na 10 lat pozbawienia wolności; zmarł w więzieniu.

[10] Antoni Szczerkowski (1881–1960) – działacz socjalistyczny i związkowy; od 1905 r. w PPS, członek władz centralnych partii, z ramienia PPS poseł na Sejm Ustawodawczy oraz Sejmu I, II i III kadencji.

[11] Bronisław Ziemięcki (1885–1944) – działacz socjalistyczny, polityk PPS; w 1918 r. minister Tymczasowego Rządu Ludowego Republiki Polskiej, następnie minister pracy i opieki społecznej w rządzie Jędrzeja Moraczewskiego; poseł na Sejm Ustawodawczy oraz Sejm I kadencji; od 1921 r. przewodniczący CKW PPS; w 1926 r. minister w rządzie Aleksandra Skrzyńskiego; w latach 1927–1933 prezydent Łodzi; prezes Powszechnych Zakładów Ubezpieczeń Wzajemnych; w okresie wojny i okupacji działacz Polskiego Państwa Podziemnego.

[12] Zygmunt Żuławski (1880–1949) – działacz socjalistyczny i związkowy; członek PPSD, a następnie PPS, w latach 1919–1939 we władzach partii; w II RP poseł na Sejm I i II kadencji, poseł do KRN, a w latach 1947–1949 poseł do Sejmu Ustawodawczego.

Nr 47

1924 sierpień 4, Warszawa – Odezwa Warszawskiego Okręgowego Komitetu Robotniczego PPS
(fragment)

Polska Partia Socjalistyczna. Pod pręgierz rozbijaczy Polskiego Ruchu Robotniczego. Pod pręgierz płatnych agentów Moskwy

Towarzysze! Towarzyszki! Robotnicy miasta Warszawy!

Na rozkaz Moskwy nasi „polscy" komuniści starają się za wszelką cenę rozbić polski niepodległościowy rewolucyjny ruch robotniczy. Moskwa wie, że Polska może być wolną jedynie przy silnej demokracji, przy silnym socjalizmie. **Kto chce zniszczyć Polskę, musi zniszczyć polski socjalizm.** Dla komunizmu moskiewskiego polska reakcja jest urodzonym sojusznikiem. Im gorzej w Polsce, tym lepiej dla moskiewskich imperialistów. Sojusznikiem Moskwy w Polsce jest bieda, nędza, bezrobocie, niweczenie reform socjalistycznych. Sojusznikiem Moskwy jest zamach na 8-godzinny dzień roboczy.

Kto chce rządów Moskwy, ten rozbija związki zawodowe, rozbija organizacje robotnicze, obniża kulturę robotnika polskiego, rozbija wiece robotnicze.

Śmieje się burżuazja i zaciera ręce, patrząc na zamęt na wiecu robotniczym.

Zaciera ręce ambasada rosyjska, patrząc, jak za judaszowe ruble rosyjskie agent moskiewski rozbija wiec PPS.

Musimy napiętnować publicznie taktykę komunistów. Na każdy Wiec Warszawskiej Rady Związków Zawodowych, na każdy Wiec Polskiej Partii Socjalistycznej Zjawia się banda rozbijaczy, gwiżdżąc i krzycząc, zrywając wiec.

W niedzielę 3 sierpnia zwołała PPS wiec protestacyjny przeciwko zamachowi na 8 godzin pracy na Górnym Śląsku.

Robotnicy!

Partia komunistyczna na wiec ten wysłała swoją **„bojówkę"**, swoje szumowiny, uzbrojone w noże i rewolwery, aby rozbić wiec.

Hańba łotrom!

Wiecu rozbić nie pozwoliliśmy.

Towarzysze nasi musieli w sposób ostry bronić wiecu. Komunista Biały[1] – przywódca bandy, jak ostatni łobuz rzuca się z nożem na naszych towarzyszy. Za jego przewodem banda płatnych opryszków dobywa noże na wiecu robotniczym. Jedynie zorganizowanym wysiłkiem robotnik polski nie pozwolił rozbić swego wiecu. Gdy zaś nożowców kijami wypędzono, **zorganizowana banda opryszków komunistycznych strzela z rewolwerów do PPS-owców, w zamęcie zabijając własnego przywódcę nożowca Białego, u którego w kieszeni znaleziono okrwawiony nóż**[2].

Robotnicy miasta Warszawy!

Oddając pod sąd opinii robotniczej haniebną robotę moskiewskich prowokatorów, jednocześnie wzywamy Was w imię socjalizmu, w imię Polski robotniczej, w imię wolności ludu polskiego – połóżcie kres komunistycznemu warcholstwu.

Niech zorganizowana opinia robotnicza położy kres podłej robocie zdrajców.

Za każde rozbicie wiecu czyńcie odpowiedzialnym każdego znanego Wam komunistę.

Za rozbijanie ruchu robotniczego wyrzucajcie zdrajców ze związków zawodowych.

Za osłabianie i rozbijanie ruchu robotniczego wyrzucajcie judaszy komunistycznych z fabryk i zakładów.

[...]

---

[1] Wiktor Biały (1889–1924) – działacz komunistyczny; od 1920 r. w KPRP, od 1923 r. członek Komitetu Wojewódzkiego KPRP w Warszawie, uczestnik II Zjazdu kompartii.

[2] Wersja rozpowszechniana przez warszawski OKR PPS w znacznym stopniu pokrywała się z ustaleniami m.in. „Gazety Warszawskiej", choć prasa prawicowa podkreślała, że agresywnie i prowokatorsko zachowujący się Wiktor Biały został zastrzelony przez bojówkę PPS (*Walka komunistów i socjalistów*, „Gazeta Warszawska", 4 VIII 1924, nr 212). Na temat komunistycznej wersji śmierci Białego zob. J. Sochacki, *Socjalfaszystowscy mordercy. O bojówkach PPS*, Warszawa 1928, s. 10–15; K. Sacewicz, *Kilka uwag...*, s. 327; idem, *Komunizm i antykomunizm...*, s. 237.

**Wszyscy pod Sztandar PPS! Do walki z reakcją polską!
Do walki z reakcją moskiewską! Niech żyje Czerwona Ludowa
Polska! Niech żyje socjalizm!**

**Warszawski Okr[ęgowy] Kom[itet] Rob[otniczy]
Polskiej Partii Socjalistycznej[3]**

Warszawa, dn. 4 VIII 1924 r.

Źródło: AAN, PPS, 114/XIII – 92, k. 61–61a, mps.

---

[3] Zob. przypis 2, dok. nr 43.

Nr 48

1924 sierpień 10, Warszawa – Artykuł z „Chłopskiej Prawdy" pt. „Polska Partia Socjalistyczna. Do ludu pracującego miast i wsi!"

Przeciwko zbrodniom komunistycznym! Przeciwko oszukiwaniu klasy robotniczej! W obronie socjalizmu, polski i wolności!

Towarzysze robotnicy!

W pierwszych dniach lipca wykryto we Lwowie spisek agentów rządu rosyjskiego, którzy chcieli wysadzić w powietrze składy amunicji we Lwowie[1], umieszczone w okolicy Kleparowa, Lewandówki, gródeckiego i janowskiego. Gdyby zamach się udał, **cała dzielnica robotnicza zostałaby zniszczona**. Dziesiątkom tysięcy proletariuszów, robotniczym żonom, robotniczym dzieciom groziły śmierć i kalectwo. Ten spisek był wymierzony przeciw życiu klasy robotniczej Lwowa.

Ci sami ludzie, którzy stoją na czele państwa Sowietów, którzy kierują szpiegostwem wojskowym, którzy za pieniądze kupują zbrodniarzy, ci sami ludzie rządzą Trzecią Międzynarodówką i wydają rozkazy „polskiej" partii komunistycznej. Robotników polskich, werbowanych na lep pięknych słówek o rewolucji, o lepszym życiu, czyni się narzędziem biernym, nieświadomym w rękach **obcego sztabu, awanturników wojowniczych** w rodzaju Trockiego, **rosyjskiej polityki państwowej**, który głosząc hasła wyzwoleńcze, sprzedaje krwawy trud własnego proletariusza kapitalistom Zachodu.

Robotnicy całej Polski!

Dosyć kłamstwa! Trzeba raz zerwać zasłonę haniebnej blagi, która pokrywa przed waszymi oczami działalność komunistów.

Mówią wam oni, że walczą z bezrobociem, że tylko „ugodowość" Komisji Centralnej Związków Zawodowych jest przyczyną waszej niedoli. Spytajcie tedy posłów komunistycznych, Łańcuckiego i Królikowskiego, spytajcie posłów bolszewizujących ukraińskich, dlaczego **nie było ich w sejmie**, gdy rozstrzygała się sprawa zapomóg dla bezrobotnych, gdy od jednego głosu zależało podwyższenie stawek zapomogowych. Spytajcie, jak pomagają pozbawionym pracy komisarze sowieccy. Wszak

---

[1] Zob. przypis 1, dok. nr 46.

w samej Moskwie urzędowa statystyka bolszewicka wykazuje 450 000 bezrobotnych, czyli 40% ogółu ludności, pozbawionych wszelkiej pomocy.

Leją łzy nad „białym terrorem" w Polsce, podpisują protesty wespół z nacjonalistami białoruskimi i ukraińskimi do burżuazyjnych polityków zagranicy, domagają się wolności prasy, słowa i zgromadzeń, rozdzierają szaty nad nadużyciami policji, nad niesprawiedliwością sądów. Spytajcie ich, ile tysięcy więźniów politycznych jęczy w kazamatach rosyjskich. Spytajcie, **ilu tam rozstrzelano socjalistów robotników i chłopów** za to, że śmieli krytykować rządy Sowietów. Spytajcie o tortury w podziemiach „czerezwyczajek", o los zakładniczek kobiet i zakładników dzieci, pędzonych na Sybir i na północ daleką przez zemstę za czyny niezłapanych ojców i mężów. I my podnosimy ostry głos protestu przeciw każdej krzywdzie, wyrządzonej komukolwiek w polskim więzieniu, przeciw każdemu pogwałceniu konstytucji, przeciw każdej niesprawiedliwości, **ale my mamy do tego prawo.** Na naszych rękach nie ma bratniej krwi, na sumieniu naszym nie ciąży płacz i przekleństwo zamęczonych przywódców rosyjskiego proletariatu, bojowników rosyjskiej rewolucji.

W ustach komunistów wszystkie wyrzekania, głosy oburzenia i skargi brzmią, jak obłuda bez granic, jak demagogia nikczemna cynicznych ludzi, którzy po cichu śmieją się z tego, nad czym głośno boleją.

Robotnicy!

Przez lata całe walczyliśmy, nie szczędząc krwi, o niepodległość kraju. Wiedzcie, że ci co przychodzą do Was dzisiaj z hasłem „Polskiej Republiki Sowieckiej", są w istocie **przedstawicielami Rosji**, sztabu, w którym zasiadają dawni **carscy generałowie**, członkowie „czerezwyczajek", obsadzonych przez **agentów dawnej „Ochrany"** i prowokatorów, służących równie wiernie, jak ongi pod Stołypinem[2], jak np. Sukiennik[3] i osławiony prokurator Warszawskiej Izby Sądowej

---

[2] Piotr Arkadiewicz Stołypin (1862–1911) – urzędnik carski; w latach 1906–1911 premier i minister spraw wewnętrznych Imperium Rosyjskiego; w latach 1905–1907 krwawo stłumił rewolucję. Postrzelony przez zamachowca, zmarł we wrześniu 1911 r. w wyniku odniesionych ran.

[3] A. Sukiennik – prowokator carskiej policji w strukturach PPS. W 1910 i 1911 r. doprowadził do fali aresztowań działaczy socjalistycznych na terenie Zagłębia Dąbrowskiego i Częstochowy.

– Żyżyn[4]. „Polska Republika Sowiecka" byłaby nowym „krajem przywiślańskim", prowincją rosyjską, zdaną na łaskę i niełaskę satrapów. Robotnicy!

Gdy przychodzą do Was komuniści i rzucają oszczerstwa kłamliwe na Waszą partię, na Polską Partię Socjalistyczną, na kierowników związków zawodowych, wiedzcie, iż czynią to nie w Waszym interesie. Spełniają rozkazy Moskwy. Służą jej polityce, a zarazem, rozbijając Waszą solidarność i Wasze organizacje, tworząc poza związkami zawodowymi tzw. komitety „akcji", **służą kapitalizmowi i reakcji**, stają się bronią w rękach fabrykantów i obszarników. Dosyć kłamstwa! Dosyć obłudy!

Każdy głos Wasz, oddany przy wyborach do rad miejskich, kas chorych, zarządów związkowych na listę komunistyczną, jest głosem **na rzecz wojny, nędzy i reakcji**, przeciw wyzwoleniu, przeciw klasie robotniczej, **przeciw Polsce socjalistycznej**.

Każdy głos Wasz, oddany za wnioskiem komunistycznym na zgromadzeniu, sprawia radość niezmierną Moskwie, osłabia Waszą siłę, szykuje cios śmiertelny Waszej przyszłości. Robotnicy! Robotnice!

Nie będziecie zdrajcami Socjalizmu, kraju i własnej sprawy! Odpowiadajcie zawsze i wszędzie ostro i głośno na kłamstwa i oszczerstwa. Przepędzajcie precz agentów moskiewskich. Nie dajcie się oszukiwać, nie dajcie się zwodzić i opętać.

W chwili ciężkiej i trudnej zwracamy się do Was. Szaleje bezrobocie[5]. Kapitał szykuje ofensywę na 8-[m]iogodzinny dzień pracy[6], nędza i głód zajrzały do Waszych domów.

---

[4] Władimir Żyżyn – zastępca prokuratora Warszawskiego Sądu Okręgowego; członek Komisji Czasowej do Zbierania, Przeglądu i Systematyzacji Ustaw KP.
[5] W Polsce w lipcu 1924 r. było około 138 tys. zarejestrowanych bezrobotnych. Według szacunkowych danych w latach 1921–1927 bezrobocie osiągnęło następujące rozmiary (stan na grudzień): 1921 r. – 205 tys., 1922 r. – 62 tys., 1923 r. – 62 tys., 1924 r. – 151 tys., 1925 r. – 252 tys., 1926 r. – 201 tys., styczeń 1927 r. – 236 tys. Najwięcej bezrobotnych odnotowano w lutym 1926 r. – 363 tys. osób (B. Balukiewicz, *Rynek pracy...*, s. 7; *Stan bezrobocia w Polsce*, „Naprzód", 30 III 1924, nr 74).
[6] W 1924 r. przedsiębiorcy, a przede wszystkim Centralny Związek Polskiego Przemysłu, Górnictwa, Handlu i Finansów, tzw. Lewiatan, dążyli do wprowadzenia dziesięciogodzinnego dnia pracy w całym kraju na wzór rozwiązań zastosowanych

243

Ratunek leży w organizacji i w solidarności robotniczej – w socjalizmie. Wszyscy pod sztandary Polskiej Partii Socjalistycznej! Wszyscy do szeregów klasowych związków zawodowych! Wtedy zwyciężymy. Dziś zwracamy się do Was w imię naszej trzydziestoletniej walki. Czerwony sztandar Socjalizmu prowadził masy robotnicze przeciw caratowi, przeciw okupacji, przeciw przemocy kapitału. Pod tym sztandarem staczaliście boje nieraz krwawe, zawsze ofiarne. Pozostaniecie mu wierni i teraz, gdy za kulisami komunizm i reakcja podają sobie dłoń, by złamać Waszą moc, by stworzyć swą nad Wami dyktaturę. Nie dyktaturę proletariatu, lecz dyktaturę nad proletariatem! Do walki o prawa zdobyte, do walki o pracę i znośne warunki życia, do walki o przyszłość lepszą i o dzień zwycięstwa!

Precz z komunistami! Precz ze zdrajcami sprawy robotniczej! Precz z agentami rządu rosyjskiego i mordercami rosyjskiego ludu! Precz z oszczerstwami i kłamstwem!

Niech żyje socjalizm!

Niech żyje Polska niepodległa Rzeczpospolita socjalistyczna!

Niech żyje PPS!

Centralny Komitet Wykonawczy Polskiej Partii Socjalistycznej[7]
Warszawa, w lipcu 1924 r.

Źródło: „Chłopska Prawda", 10 VIII 1924, nr 10.

---

na Górnym Śląsku. Sejm odrzucił te żądania (Z. Landau, J. Tomaszewski, *Zarys historii gospodarczej Polski 1918–1939*, Warszawa 1999, s. 112–114).
[7] Zob. dok. nr 46.

Nr 49

1924 sierpień 8, Kraków – Artykuł z „Naprzodu" pt. „Prowokatorzy komunistyczni"

Istna nawałnica odezw komunistycznych zalewa dziś Polskę. W związku z bezrobociem, z zamachami kapitału na podstawowe zdobycze robotników i z systematycznym pogarszaniem ich stopy życiowej – komuniści rozwijają gorączkową agitację wśród zbiedzonych i rozgoryczonych mas w nadziei, że głód i nędza przemogą głos rozsądku i sumienia, że niedola, będąc złym doradcą robotników, okaże się przyjacielem agentów Moskwy. Oczywiście w powodzi agitacyjnej blagi komunistycznej głównym tematem są oszczercze napaści na PPS. Jest to zupełnie w porządku: PPS jest jedynym, prawdziwie niebezpiecznym wrogiem komunizmu w Polsce, krzyżującym i udaremniającym jego plany i zamysły, toteż Moskwa nie skąpi grosza, a komuniści w Polsce – papieru i języka na zwalczanie partii naszej. Na nikczemne i głupie potwarze komunistów odpowiadać nie będziemy, byłoby to poniżej godności ludzi uczciwych. Jeżeli się zajmujemy obecną akcją komunistów, to jedynie z tego względu, że wysuwają oni demagogiczne hasła, które nie przyniosą robotnikom najmniejszej korzyści, a wyrządzić mogą dużo szkody.

Na czoło tych haseł wynoszą oni konieczność tworzenia tzw. komitetów akcji. Komitety te miałyby za zadanie kierować na danym terenie walką robotników o aktualne żądania i obroną zagrożonych praw i interesów. Komitety lokalne urządzałyby „powszechne" zjazdy robotników, by uzgodnić akcję na szerszym terenie lub nawet w całym państwie.

Jeżeli weźmiemy chwilę obecną, to cała uwaga robotników zwrócona jest na walkę z bezrobociem i zamachami na czas pracy i płace. W obu tych sprawach powołane są do walki i obrony interesów robotniczych w pierwszym rzędzie związki zawodowe, a następnie robotnicze partie polityczne. Ale komuniści domagają się „komitetów akcji", które by nie tylko były niezależne od związków zawodowych i partii politycznych, lecz przeciwstawiały się związkom i partiom „zdradzającym" interesy robotników. Czyli idzie im po prostu o stworzenie komunistycznego sztabu generalnego do szerzenia zamętu i „drażnienia" mas.

„Komitety akcji" mają powstawać żywiołowo spośród mas robotniczych, ale takie żywiołowe ciała, tworzone w chwilach podniecenia i z inicjatywy takiego rozkosznego żywiołu, jak komuniści, nie będą niczym innym, jak kiepskim naśladownictwem rad robotniczych, czyli siedliskiem demagogii i awanturnictwa komunistycznego.

Komuniści, spekulując na rozgoryczeniu mas, liczą na to, że pójdą one choćby z ciekawości na lep „nowości", pomimo że za nową nazwą kryje się stara zwietrzała treść.

Na czym polega akcja tych „komitetów akcji", mieliśmy już przykłady w Łodzi i na Górnym Śląsku. Jedynym ich programem jest prowokowanie zaburzeń i rozlewów krwi, wichrzenie stosunków robotniczych. Pod pozorem jedności frontu szczują oni partie robotnicze i związki zawodowe przeciwko sobie, podżegają masy przeciwko przywódcom robotniczym. A z całego tego zamętu i rozgardiaszu ma wyrosnąć – zwycięstwo robotników nad burżuazją! Co za głupota!

Zwłaszcza w chwili obecnej, gdy robotnicy toczą ciężką, niewymownie ciężką walkę przeciwko zakusom drapieżnego kapitału, gdy trzeba nadmiernych wysiłków, aby klęska bezrobocia dała się najmniej we znaki dotkniętym nią robotnikom, nieodpowiedzialne wyskoki „Komitetów akcji" mogą tylko pogorszyć sytuację.

Weźmy choćby sprawę bezrobocia. Rzecz oczywista, że sprawy tej nie rozwiąże się ani krzykiem, ani wymyślaniem. Robotnicy sami, z braku środków nie sprostają samemu tylko zadaniu pomocy bezrobotnym. Ale gdzie byli posłowie komunistyczni, gdy w Sejmie uchwalono projekt ubezpieczenia bezrobotnych? Świecili nieobecnością, ale na zebraniach ujadali na PPS, że nie dość radykalnie walczy o pomoc dla bezrobotnych.

Bezrobocie jest wynikiem kryzysu w przemyśle. Przemysł polski nie ma rynków zbytu. Ale dlaczego komuniści tak radykalnie kochający robotników polskich, nie wpłyną na swych przyjaciół i rozkazodawców moskiewskich, by zawarli z Polską układ handlowy. Wiadomo przecież, że Sowiety uchylają się od zawarcia układu z Polską[1], że mimo jak naj-

---

[1] W artykule XXI traktatu pokojowego zawartego w Rydze 18 III 1921 r. między Polską a Rosją i Ukrainą sowiecką czytamy: „Obie układające się strony zobowiązują się, nie później niż 6 tygodni od dnia ratyfikacji traktatu niniejszego, przystąpić do rokowań w sprawie umowy handlowej i umowy o kompensacji towarów [...]"

dalej idących ustępstw ze strony Polski, nie chcą podjąć normalnych stosunków handlowych z Polską, sądząc znać, że wywóz literatury komunistycznej jest dla nich popłatniejszym interesem i prędzej doprowadzi do zbolszewizowania Europy. A ta niechęć do zawarcia układu handlowego z Polską nie wypływa wcale z pobudek ideowych, nie jest niechęcią do burżuazyjnego państwa, ponieważ Sowiety zawarły układ handlowy z faszystowskimi Włochami, z Niemcami i innymi państwami burżuazyjnymi.

„Komitety akcji", mające rzekomo na celu obronę żywotnych interesów klasy robotniczej i walkę z zachłannością kapitału, są więc w istocie swej środkami dezorganizacji klasy robotniczej, osłabienia jej znaczenia i wpływów.

Nie ulega wątpliwości, że dla reakcji naszej byłoby rzeczą bardzo dogodną, gdyby miała do czynienia tylko z takimi „komitetami akcji". Postąpiłaby tak, jak z „komitetem 21"[2] na Górnym Śląsku, tj. aresztowałaby go[3], ale na szczęście masy robotnicze zdają sobie sprawę z humbugu

---

(*Dokumenty i materiały do historii...*, t. 3, s. 593). Niechęć władz sowieckich do jakiegokolwiek, politycznego, gospodarczego czy też wizerunkowego wzmacniania na arenie międzynarodowej Polski, warunkowała negatywną postawę Kremla wobec idei podpisania z Warszawą umowy handlowej. Sytuację tę ułatwiał Sowietom brak w traktacie zapisu dotyczącego procedur lub też mechanizmów arbitrażowych, weryfikujących wywiązywanie się każdej z umawiających się stron z realizacji postanowień porozumienia ryskiego. Umowa handlowa została podpisana dopiero w 1939 r. (zob. szerzej W. Materski, *Na widecie...*, s. 135–136, 511–520).
[2] 5 VI 1924 r. w Katowicach obradował Kongres Rad Załogowych, który wyłonił Centralny Komitet Akcji Górnego Śląska („Komitet 21"). Zadaniem komitetu było zwołanie ogólnopolskiego zjazdu rad i wyłonienie Centralnego Komitetu Akcji, który pokierowałby powszechnym strajkiem w Polsce (zob. *List otwarty C.K.A.G.Śl. do proletariatu całej Polski*, „Centralizacja Rad. Organ Centralnego Komitetu Akcji Górnego Śląska („Komitet 21")", 15 VI 1924, nr 1; *Sprawozdanie z kongresu rad załogowych odbytego dnia 5 czerwca 1924 r.*, „Centralizacja Rad. Organ Centralnego Komitetu Akcji Górnego Śląska („Komitet 21")", 15 VI 1924, nr 1).
[3] „Komitet 21" zapowiedział przeprowadzenie 4 VIII 1924 r. strajku powszechnego. Inicjatywa ta nie została zrealizowana w większych zakładach pracy, co wynikało ze słabości kompartii, jak również z powodu aresztowania kierownictwa komitetu przez policję, uniemożliwiając tym samym zorganizowanie III Kongresu Rad Zakładowych (zob. J. Kowalski, *Zarys historii polskiego ruchu robotniczego w latach*

komunistycznego i w walce swej dają posłuch organizacji zawodowej i partii socjalistycznej, które zdobyły sobie zaufanie mas robotniczych nie przez doraźne tworzenie komitetów akcji... na rzecz Rosji, lecz twardą pracą wychowawczą i walką o lepsze jutro robotników w ciągu długich dziesięcioleci.

***

W ubiegłą niedzielę na wiecu robotniczym w Warszawie komuniści sprowokowali krwawe bójki, której wynikiem było kilkunastu rannych z obu stron oraz jeden zabity spośród samych komunistów[4].
Prowokowanie socjalistów należy do naczelnych wskazań Kominternu. Moskwa i jej rozgałęzienia, węsząc najpodatniejszy w ich mniemaniu grunt pod „robotę" rzekomo rewolucyjną, napotykają największą przeszkodę w masach socjalistycznych. Komuniści o tyle – i tylko o tyle – mogą z powodzeniem zawracać głowę robotnikom, o ile socjaliści nie przeciwstawią im swej pracy uświadamiającej i organizatorskiej, swej żelaznej woli obronienia klasy robotniczej przed trującym czadem bolszewizmu, swej codziennej żmudnej walki socjalistycznej. Dążąc do „drażnienia" mas, do rozstroju i zamętu, komuniści muszą widzieć w socjalistach wrogów nieubłaganych, ponieważ socjalizm nie jest niszczycielstwem, lecz budowaniem.

Szczególną nienawiścią pałają komuniści ku PPS. Nienawiść to stara, odziedziczona po esdekach i dobrze zasłużona. Obecnie, gdy w Polsce jest kryzys gospodarczy, bezrobocie, a reakcja wyrywa robotnikom ich skromne zdobycze społeczne – komuniści ze zdwojoną pasją rzucają się na PPS za to, że partia nasza, świadoma swej odpowiedzialności wobec klasy robotniczej, nie dopuszcza do nieobmyślanych kroków, powstrzymuje masy od czynów rozpaczy, nie pozwala nadużywać robotników polskich do celów polityki Rosji sowieckiej.

Stąd ta niepohamowana wściekłość komunistów, wyrażająca się w setkach napastliwych odezw i – gdy oszczerstwa nie znajdują posłuchu w terrorze bojówek komunistycznych. Dlatego też komuniści nie nasy-

---

1918–1939, cz. 1: *1918–1928*, Warszawa 1962, s. 267–270; K. Trembicka, *Między utopią a rzeczywistością...*, s. 116).
[4] Zob. przypisy 1 i 2, dok. nr 47.

łają swych bojówek na wiece enpe[p]erowskie, czy chadeckie lub endeckie, lecz tylko PPS-owskie.

W tym prowokowaniu mas socjalistycznych najlepiej przejawia się kłamstwo tak zw[anego] jednolitego frontu. Komuniści głoszą, że prowadzą walkę z przywódcami socjalistycznymi, ale nie z masami, z którymi rzekomo chcą tworzyć jednolity front. Ale gdyby to było prawdą, to nie zjawialiby się na wiec socjalistyczny z bojówką na czele, bo wiec, to nie zebranie przywódców, lecz zgromadzenie tysięcy robotników. Komuniści jednak wiedzą, że argumentami nie tylko nie zyskają posłuchu wśród robotników socjalistycznych, lecz sami sobie zgotują klęskę, wzmacniając jeno w słuchaczach przekonanie o słuszności idei i polityki PPS. Dlatego jedynym ich „argumentem" jest awanturnictwo. Nie mogą pokonać partii naszej ideowo, więc uciekają się do pomocy noża i rewolweru.

Wiec niedzielny był zwołany w celu zaprotestowania przeciw zamachowi na 8-godzinny dzień pracy, bezczynności rządu i władz miejskich w sprawie bezrobocia. Zdawałoby się, że są to sprawy istotnie wspólne całej klasie pracującej, że w sprawach tych istotnie jest możliwy i konieczny jednolity front ludzi pracy. Ale komuniści, przychodząc na wiec PPS-owy, zamiast mówić o sprawach, będących na porządku dziennym, o bolączkach dnia robotników, wymyślają na PPS i spotwarzają ją. Czy to ma być wyrazem jednolitego frontu? Czy nie dowodzi to przeciwnie, że komuniści kpią sobie z niedoli mas robotniczych, a całą swą taktyką zmierzają do tego, by głód i nędzę mas wyzyskać do celów własnych, tj. moskiewskich?!

W niedzielę mieliśmy do czynienia z uplanowaną z góry prowokacją komunistów. Drogo ona ich kosztowała, gdyż ofiarą prowokacji padł jeden z ich własnych ludzi, ale nie trzeba się łudzić, by w przyszłości zaniechali prowokacji. Jest to ich żywioł i metoda „pracy", jedyna, jaka im pozostała. Kto nie ma nic do stracenia, staje się zatraceńcem. A taką kliką zatraceńców są komuniści dzisiejsi.

Może jednak komunistyczna prowokacja niedzielna otworzy oczy tym zbałamuconym robotnikom, którzy jeszcze w dobrej wierze biorą na serio obłudne frazesy komunistów, ufając ich rzekomo rewolucyjnym hasłom. Może ci robotnicy zwrócą uwagę na ten fakt, że wszędzie, gdzie tylko usłuchano komunistów, zwyciężała krańcowa reakcja: może uprzytomnią sobie, jakich niegodziwych środków chwytają się komuniści w walce nie o dobro robotnika polskiego, lecz o interesy rządu sowieckiego.

W każdym razie towarzysze nasi nadal muszą być przygotowani na prowokacje komunistów i czuwać.

Źródło: „Naprzód", 8 VIII 1924, nr 179.

Nr 50

1925 kwiecień 25, Warszawa – artykuł z „Robotnika" pt. „III kongres komunistów polskich"

„Inprekor"[1], tygodnik komunistyczny, wychodzący w Wiedniu, zawiera w ostatnim numerze artykuł o III zjeździe komunistów polskich, odbytym w Wiedniu w marcu r[oku] b[ieżącego][2].

Z artykułu tego dowiadujemy się, że cechą zjazdu „najbardziej bijącą w oczy" była walka z prawicą partyjną[3], która poniosła „ostateczną klęskę" na zjeździe[4]. Jaka tam mogła być walka z prawicą i jakim sposobem prawica mogła ponieść klęskę, skoro autor artykułu sam stwierdza, że nie było ani jednego delegata prawicy i żaden głos nie podniósł się w jej obronie[5] – trudno zrozumieć. Widocznie komuniści zawsze i wszędzie, nawet na własnych zjazdach muszą staczać jakieś walki niewidzialne i odnosić jakieś urojone zwycięstwa, by je składać u podnóżka tronu kremlińskiego. Dość, że prawicę uprzątnięto i oczyszczono drogę do zbolszewizowania partii. Pod wodzą prawicy – pisze autor artykułu – partia odznaczała się bolszewickimi hasłami a mieńszewicką prak-

---

[1] Międzynarodowa Korespondencja Prasowa (Internationale Presse Korespondenz „Inprekor") – czasopismo informacyjne Międzynarodówki Komunistycznej.
[2] III Zjazd KPRP/KPP rozpoczął się 14 stycznia i trwał do 5 II 1925 r. W zorganizowanym pod Moskwą zjeździe uczestniczyło 31 delegatów z głosem decydującym i 20 z głosem doradczym (*KPP. Uchwały...*, t. 2, s. 85). Natomiast informacja o Wiedniu jako miejscu zjazdu pojawiła się nie tylko na łamach prasy, ale także w dokumentach i opracowaniach MSW (zob. AAN, MSW, 9/979 dopływ, Do wszystkich wojewodów, Warszawa, 31 VII 1925 r., k. 135; *ibidem*, 9/1182, Artykuł z „Gazety Administracji P.P." pt. III Zjazd Komunistycznej Partii Polski, Warszawa [1925], k. 1).
[3] Za prawicę partyjną uważano tzw. grupę „3W", którą tworzyli Jerzy Warszawski (Adolf Warski), Maria Koszutska (Wera Kostrzewa) oraz Maksymilian Horwitz (Henryk Walecki), zob. B. Kolebacz, *Komunistyczna Partia Polski 1923–1929...*, s. 12–27; M. Korkuć, *W II Rzeczypospolitej* [w:] *Komunizm w Polsce. Zdrada, zbrodnie, zakłamanie, zniewolenie*, Kraków 2005, s. 62.
[4] Na temat walk frakcyjnych w okresie poprzedzającym zjazd, jak i w trakcie jego trwania, zob. B. Kolebacz, *Komunistyczna Partia Polski 1923–1929...*, s. 28–74.
[5] Na zjeździe obecny był zarówno Henryk Walecki, jak i Wera Kostrzewa.

tyką, obecnie zaś praktyka bolszewicka musi iść w parze z ideologią bolszewicką.

Jak tego dokonać? Autor widzi trudności, ale nie zraża się nimi, jak na komunistę przystało. Więc przede wszystkim **zmieniono nazwę partii** (już po raz trzeci od utworzenia partii komunistycznej w Polsce!)[6]. Poprzednio partia nazywała się Komunistyczną Partią **Robotniczą** Polski, ale zjazd wyrzucił składnik **robotniczy** do lamusa razem z prawicą partyjną i odtąd partia nazywać się będzie po prostu Komunistyczną Partią Polski[7].

Ten epokowy, bolszewicki czyn tłumaczą komuno-bolszewicy tym, że partia, w dążeniu do rewolucji społecznej, powinna uwzględniać nie tylko interesy robotników, ale też włościaństwa i mniejszości narodowych. Od razu rzuca się w oczy: przecież wśród mniejszości dużą rolę odgrywają elementy burżuazyjne i nacjonalistyczne wrogie nie tylko rewolucji społecznej, ale nawet reformom społecznym. Ale pisklętom Zinowjewa nie idzie, oczywiście, ani o rewolucję społeczną, ani o socjalizm, ani komunizm. Idzie im tylko o wichrzenie, o „zaostrzenie sytuacji", o sianie zamętu i rozstroju, a wszystko im jedno, jak i z kim dopną tego celu. Komunizm moskiewski ma charakter wyłącznie niszczycielski i dlatego trudno odeń żądać programu twórczego, etyki, uczciwości. Komuniści przekonali się, że wśród uświadomionych mas robotniczych nie znajdą posłuchu, więc główną swą uwagę zwracają na wieś i na mniejszości narodowe jako przypuszczalne źródła powodzenia komunizmu. Czyli liczą na reakcję polską jako dostawcę materiału do propagandy komunistycznej. Utrzymanie dawnej nazwy mogłoby

---

[6] W grudniu 1918 r. przyjęto nazwę KPRP, która w 1921 r. na II konferencji partyjnej rozszerzono o zapis – sekcja Kominternu. Trzecia zmiana nazwy na KPP nastąpiła na III Zjeździe w 1925 r.

[7] W uchwale III Zjazdu czytamy: „Dotychczasowa nazwa »Komunistyczna Partia Robotnicza Polski« nie odpowiada roli partii. Nazwa ta sprowadza rolę partii do organizowania jedynie klasy robotniczej, podczas gdy partia nasza jest partią rewolucji socjalistycznej i walczący pod jej kierownictwem proletariat prowadzi za sobą do szturmu na ustrój kapitalistyczny również i chłopstwo. III Zjazd uchwala, że nazwa partii brzmi odtąd »Komunistyczna Partia Polski (Sekcja Międzynarodówki Komunistycznej)«" (*O bolszewizacji partii* [w:] *KPP. Uchwały...*, t. 2, s. 139).

odstraszyć nową klientelę, po której komuniści najwięcej sobie obiecują. Stąd zmiana firmy.

Ale komuniści polscy do tego stopnia małpują niewolniczo Zinowjewa, że stwierdzając polepszenie sytuacji w Polsce w porównaniu z okresem inflacji, a przez to samo osłabienie „fali rewolucyjnej", mimo to – na przekór logice i zdrowemu rozsądkowi – „bolszewizują" swą taktykę. Na czymże ma polegać to bolszewizowanie? Odpowiedź na to pytanie wypadnie najlepiej w świetle krytyki przez obecnych kierowników partii[8] taktyki ich poprzedników. Oto zarzucają oni „prawicy", że dzięki fałszywemu zrozumieniu przez nią hasła „jednolitego frontu" doprowadziła ona partię do katastrofy[9]. A prawica pojęła jednolity front w ten sposób, że dążyła do zbliżenia z socjalistami, chłopami i mniejszościami narodowymi, by wywrzeć na nich nacisk i zmuszać ich do walki. Tak np. w pamiętnych dniach listopadowych, komuniści pod wodzą pra-

---

[8] Podczas III Zjazdu KPP wybrano nowe kierownictwo partii. Do KC weszli: Ludwik Stein-Domski, Stefan Wołyniec, Leon Purman, Józef Łohinowicz-Korczyk, Zofia Unszlicht, Franciszek Grzeszczak, Józef Lenartowski, Stefan Skulski oraz Tadeusz Żarski; zob. AAN, KPP, 158/I–3, t. 5, k. 82. Głównym krytykiem grupy „3W" była frakcja ultralewicowa skupiona wokół tzw. czwórki berlińskiej, której liderami byli: Julian Leszczyński-Leński, Henryk Stein-Domski, Zofia Unszlicht-Osińska oraz Ludwik Prentki-Damowski; zob. L. Ziaja, *Ewolucja założeń...*, s. 34; H. Cimek, *Komuniści...*, s. 42–43; B. Kolebacz, *Komunistyczna Partia Polski 1923–1929...*, s. 36; M. Korkuć, *W II Rzeczypospolitej...*, s. 63. Grupa ultralewicowa swoje niechętne stanowisko wobec tzw. prawicy partyjnej wyraziła w artykule *O kryzysie KPRP i najbliższych zadaniach partii. Tezy*; zob. „Głos Komunistyczny", 25 VI 1924, nr 25; także AAN, MSW, 9/1157, k. 40–47; H. Cimek, *Komuniści...*, s. 42–43; K. Trembicka, *Między utopią a rzeczywistością...*, s. 115. Ponadto, w swoim sporze taktyczno-ideowym oraz personalnym z grupą „3W", czwórka berlińska uzyskała wsparcie ze strony KW MK, co szczególnie uwidoczniło się podczas V Kongresu Kominternu; zob. *Do wszystkich organizacji Komunistycznej Partii Robotniczej Polski*, „Nowy Przegląd", sierpień 1924, nr 2, s. 581–584; *Rezolucja Komisji Polskiej na V Kongresie Kominternu*, „Nowy Przegląd", sierpień 1924, s. 609; także *KPP. Uchwały...*, t. 2, s. 59–60; H. Gruda, *Sprawa polska na V Kongresie Międzynarodówki Komunistycznej*, „Z Pola Walki" 1962, nr 4, s. 35–62.

[9] Zob. S. Skulski, *Z powodu kryzysu w kierownictwie i linii politycznej K.P.R.P*, „Nowy Przegląd", styczeń 1925, nr 1, s. 708–717; A. Krajewski, *O kryzysie w partii*, „Nowy Przegląd", styczeń 1925, nr 1, s. 745–767.

wicy zadowolili się tylko „naciskiem" (?) na PPS zamiast samemu pokierować akcją, wyzyskując rewolucyjny nastrój mas.

Przeciwstawieniem tej katastrofalnej taktyki może być tylko taktyka bezmyślnych puczów i nieodpowiedzialnego awanturnictwa, które oczywiście doprowadzić musi partię do prawdziwej katastrofy. Zjazd wiedeński istotnie nie nakreślił **żadnego programu politycznego ani społecznego**. Partia musi się bolszewizować, kształcąc się na katechizmie Lenina, ucząc się historii ruchu robotniczego i „sławnych" dziejów SDKPiL. Oto cały program polityczny bolszewizujących się komunistów polskich[10]! Dalej idą już tylko wskazania organizacyjne (cała organizacja partii oprzeć się winna na „komórkach załogowych"), nakaz opanowania związków zawodowych drogą wstępowania do nich, drogą rozszerzania akcji zawodowych na całe zawody i cały kraj (czyli każda walka ekonomiczna ma być wstępem i pretekstem do puczu politycznego), popieranie dążeń partyzanckich, bojkotu władz polskich i podatków na kresach![11]

Taki jest plan operacyjny, opracowany przez bolszewików moskiewskich dla Polski i z pokorą zatwierdzony przez ludzi, terminujących w służbie moskiewskiej, na zjeździe wiedeńskim. Plan ten potwierdza całkowite bankructwo ideowe komunizmu i jego anarchistyczno-reakcyjny charakter. Wszelkie próby urzeczywistnienia tego planu muszą się spotkać z jak najenergiczniejszym odparciem mas robotniczych i chłopskich.

Źródło: „Robotnik", 25 IV 1925, nr 113.

---

[10] Zob. *O bolszewizacji partii* [w:] *KPP. Uchwały…*, t. 2, s. 122–139.
[11] Zob. *Sytuacja polityczna i zadania partii* [w:] *KPP. Uchwały…*, t. 2, s. 120–121.

Nr 51

1925 lipiec 8, Kraków – Artykuł z „Naprzodu" pt. „Rozpad komunizmu"

Lwowski organ PPS „Dziennik Ludowy" opublikował „List otwarty do Centralnego Komitetu Związku Proletariatu Miast i Wsi"[1], nadesłany mu przez byłego sekretarza okręgowego tej organizacji komunistycznej dla zagłębia naftowego, p. Karola Leona Pasternaka, z Borysławia[2]. W liście tym motywuje autor swoje wystąpienie z partii komunistycznej. Dlatego znamienny ten list jest zajmujący dla robotników polskich. Podajemy z niego najważniejsze ustępy. Zaznaczamy, że autor, który dotychczas był znanym na Podkarpaciu agitatorem komunistycznym, używając w swym liście otwartym wyrażeń „partia", „zjazd partyjny", ma na myśli partię komunistyczną i zjazd komunistyczny. Pisze on tedy, co następuje:

Po dokładnym zaznajomieniu się z uchwałami i tezami niedawno odbytego zjazdu partyjnego, uważam za swój obowiązek wobec polskiej klasy pracującej, oświadczyć publicznie, co następuje:

1. Ocena sytuacji gospodarczej i politycznej przez zjazd, jako też proroctwa bliskich wstrząśnień rewolucyjnych w Polsce i w Europie, nie odpowiadają obiektywnym warunkom. Tezy te uchwalono wbrew lepszej wiedzy i zatajono przed proletariatem polskim nawet tę prawdę, na którą zdobył się nareszcie Zinowjew, stwierdzając na ostatnim plenum Egzekutywy Kominternu (marzec–kwiecień br.), że „kapitalizm się ustabilizował i bezpośredniej sytuacji rewolucyjnej w Europie nie ma".

2. Ostatni zjazd partyjny zlikwidował doszczętnie tradycje marksowskie byłej „SDKPiL" i „PPS-lewica" i oddał definitywnie – na rozkaz Zinowjewa – kierownictwo partyjne w ręce ludzi nieodpowiedzialnych, w ruchu robotniczym zupełnie niezna-

---

[1] „Dziennik Ludowy", 5 VII 1925, nr 150.

[2] Leon Pasternak (1910–1969) – działacz komunistyczny; w 1924 r. wystąpił z KPZU. Podczas okupacji sowieckiej ziem polskich w latach 1939–1941 zaangażował się w okupacyjną działalność propagandową, pracował w redakcji „Nowych Widnokręgów", od 1943 r. prowadził działalność agitacyjno-propagandową w Wojsku Polskim na Wschodzie.

nych. Skrzydło marksowskie w partii, od pierwszej chwili ujaw-
nienia się tych zboczeń lewicowych, zwalczało kandydatury
tych ludzi „na tron bolszewicki w Polsce", określając ich ideologię jako obcy kierunek w ruchu robotniczym.

Zapoczątkowana przez ostatni zjazd „bolszewizacja partii"
oznacza w praktyce turkestanizację partii, to znaczy ślepe i bezkrytyczne podporządkowanie się „ukazom" Griszki Zinowjewa
i jego wysłanników, a wewnątrz partii zdławienie głosu krytyki i samodzielnej myśli członków. „Bolszewizacja" pociągnie
za sobą niechybnie zwyrodnienie partii w nic niznaczżą sektę
spiskowców, uznających w teorii metody organizacyjne jako-
binizmu i blankizmu, a w praktyce działających w myśl
Pugaczewa[3] i Stienki Razina[4].

3. Orientacja zjazdu na nieuniknioną bliską wojnę między Polską
a Rosją, jak w ogóle rachuby na bliskie zatargi zbrojne na gruncie europejskim i azjatyckim, jest wodą na młyn militarystów
burżuazyjnych i wnosi zamęt w szeregi proletariatu, utrudniając
mu walkę z militaryzmem, faszyzmem, szowinizmem i niebezpieczeństwem wojny.

4. Ze złą wolą i pełną świadomością nieprawdy zjazd stanął na stanowisku rychłych wstrząśnień rewolucyjnych w Polsce. Stanowisko
to doprowadzić musi partię do puczyzmu i awanturnictwa.
Dowodem tego twierdzenia jest fakt, że zjazd zaleca zwrócić
uwagę na opanowanie punktów, które w decydującej chwili ode-
grają szczególnie ważną rolę, a więc fabryk broni i amunicji,
kolei itp., albo ustęp o powstaniu zbrojnym, który dosłownie
brzmi: „Idea powstania zbrojnego, jako jedynej i nieuniknionej
drogi do obalenia rządów burżuazji, musi przebiegać czerwoną
nicią przez całą propagandę i agitację i być ideą kierowniczą
całej organizacyjnej działalności partii". Albo też na koniec

---

[3] Jemieljan Iwanowicz Pugaczow (1742–1775) – doński kozak; przywódca
antyfeudalnego powstania, pochwycony i zgładzony na rozkaz Katarzyny II.
[4] Stiepan Razin (ok. 1630–1671) – kozak doński; przywódca powstania chłopsko-
-kozackiego Rosji w latach 1670–1671; w 1670 r. pokonany pod Symbirskiem, ranny
i wydany władzom carskim, został stracony w Moskwie.

ustępy o „pracy w armii", o oddziałach „samoobrony fabrycznej" itd., itd. Ze wszystkich tych ustępów wieje „duch" żywo przypominający Estonię i Bułgarię.

5. Uchwała zjazdu o pracy wśród chłopów jest chłopomanią najgorszego sortu, obliczoną na łapichłopstwo najmniej świadomych elementów wiejskich. Hasła: zniesienia wszelkich ciężarów podatkowych, bojkotu podatków, skasowania policji po wsiach, czynnego oporu przeciw sekwestrowi inwentarza itd. – mają na celu sprowokowanie elementów chłopskich, politycznie nieszkolonych do lekkomyślnych ruchawek, które wedle wszystkich danych – skończyć się muszą klęską i masakrą bezbronnych chłopów. Taktyka ta oznacza szukanie obiektu na wsi dla robienia rewolucji na zamówienie. (Import rewolucji!).

6. Zalecona przez zjazd „kooperacja" z Niezależną Partią Chłopską doprowadzić musi – ze względu na jej hurrarewolucyjność – do wzmożenia się wpływów reakcyjnych na wsi. Będzie to „polskie wydanie" doświadczenia, zrobionego przez „Krestintern"[5] z chorwacką partią chłopską i Stjepanem Radiczem[6], który wraz z całą partią, w okamgnieniu, z czerwonego republikanina stał się podporą monarchii i dynastii w Jugosławii.

7. Uchwała zjazdu o pracy wśród mniejszości narodowych jest krzewieniem nacjonal-bolszewizmu wśród mniejszości narodowych, przy równoczesnym negowaniu słusznych z klasowego punktu widzenia, narodowych interesów proletariatu polskiego.

Do czego doprowadzić musi proklamowane przez zjazd hasło naczelne: „oderwanie zachodniej Białorusi i zachodniej Ukrainy od Polski i przyłączenie ich do sąsiednich republik sowieckich"?

Czy z arsenału naukowego socjalizmu wzięte są metody walki, zalecane przez zjazd, jak: „zaostrzenie problemu językowego i szkolnego" lub tym podobne, czysto mechaniczne środki do „rozruszania mas"?

---

[5] Krestiner – Czerwona Międzynarodówka Chłopska.
[6] Stjepan Radić (1871–1928) – polityk chorwacki; przywódca Chorwackiego Stronnictwa Chłopskiego; 20 VI 1928 r. postrzelony w Belgradzie, zmarł kilka tygodni później (8 sierpnia) w wyniku odniesionych ran.

A stanowisko partii do tak zwanego ruchu partyzanckiego? A „zaprawianie" mas do bezpośredniej walki zbrojnej?

A do czego doprowadzi zalecona przez zjazd „organizacja obrony, opór zbrojny przed wyprawami karnymi, rozbrajanie osadników i policji, uzbrajanie rewolucyjnych chłopów itd.? Odpowiedź jest jasna! Ta taktyka, zapożyczona u Stieńki Razina, doprowadzić musi do bezcelowego przelewu krwi chłopskiej i do ugruntowania reakcyjnej dyktatury militarnej na kresach. W ten sposób nie można rozwiązać tak zawiłej kwestii społecznej, jaką jest kwestia narodowościowa w Polsce.

Uchwały zjazdowe przy pierwszej próbie wcielenia ich w czyn staną się krwawymi zbrodniami, nie wobec uciskających, ale wobec uciskanych chłopów białoruskich i ukraińskich.

A „aparat partyjny", powołany do „przeprowadzenia" tego „oderwania i przyłączenia" kresów, te „komitety centralne" KPZU i KPZB, zszyte z różnych łachmanów, ze zbankrutowanych za młodu Petlurowców[7], Petruszewiczów[8], Bałachowiczowców[9], Machnowców[10] itp., czyż nie są one niebezpieczeństwem – już same w sobie – dla walki wyzwoleńczej proletariatu?

---

[7] Semen Petlura (1879–1926) – polityk ukraiński; naczelny dowódca wojsk Ukraińskiej Republiki Ludowej (URL); w latach 1919–1926 prezydent URL.
[8] Jewhen Petruszewycz (1863–1940) – ukraiński działacz nacjonalistyczny, zwolennik i propagator antypolskiego kursu politycznego; w latach 1918–1919 prezydent Zachodnioukraińskiej Republiki Ludowej, po jej połączeniu z Ukraińską Republiką Ludową członek Dyrektoriatu URL.
[9] Stanisław Bułak-Bałachowicz (1883–1940) – białoruski wojskowy; dowodził ochotniczymi oddziałami białoruskimi walczącymi po stronie Polski w 1920 r. Po wojnie nie został przyjęty do Wojska Polskiego, a we wrześniu 1939 r. dowodził podczas obrony Warszawy zorganizowanym przez siebie oddziałem ochotniczym; Józef Bułak-Bałachowicz (1894–1923) – brat Stanisława; białoruski oficer, zastępca dowódcy białoruskich oddziałów ochotniczych walczących u boku Polski w 1920 r. przeciw bolszewikom, zamordowany w zamachu w 1923 r.
[10] Nestor Machno (1884–1934) – przywódca anarchistycznych wojsk na Ukrainie; walczył m.in. przeciwko bolszewikom.

Wobec powyższych argumentów, wobec ukończonej ewolucji partii od Marksa[11] i Engelsa[12] – do... Pugaczewa i Stieńki Razina, zgłaszam z dniem dzisiejszym wystąpienie z partii.

Rozumie się, że wyżej przytoczone stanowisko nie zrodziło się u mnie z wczoraj na dziś – jest to – jak wiecie – logiczna konsekwencja mego zasadniczego stanowiska, zajmowanego w ciągu ostatnich kilku lat walki z tak zwaną „lewicą", a w szczególności w okresie dyskusji partyjnej, po moim wyjściu z więzienia jesienią 1924 roku.

Istnieje uzasadniona obawa, że rozczarowanie i zniechęcenie do komunizmu, jakie ogarnia ostatnio masy robotnicze, może się przeistoczyć w powątpiewanie co do celowości i słuszności socjalizmu w ogóle. Ażeby temu zapobiec, wystąpię w większych ośrodkach proletariackich z publicznym odczytem, wyjaśniającym robotnikom na podstawie dokumentów, szczegółowo, dlaczego zerwałem z komunizmem i aby wykazać, że na skutek turkestanizacji tak pojętej taktyki komunistycznej jedynie taktyka socjalistyczna, oparta na osiemdziesięcioletnim doświadczeniu historycznym naukowego socjalizmu prowadzi do wyzwolenia społecznego.

W ten sposób zasygnalizuję masom robotniczym niebezpieczeństwo grożące im ze strony niecierpliwych „rewolucjonistów".

Nie znamy bliżej osoby autora powyższego listu otwartego. Wystarczy jednak fakt, że był on dotąd działaczem komunistycznym i że otworzyły mu się oczy na właściwy charakter roboty komunistycznej. To, co on nazywa „turkestanizacją" komunizmu, nie jest żadną nowością, lecz stanowi istotę akcji komunistycznej. Widzieliśmy to jasno od samego początku i nie mieliśmy w tym względzie żadnych złudzeń. Jeżeli teraz nawet w szeregach komunistów coraz liczniejsze jednostki uświada-

---

[11] Karol Marks (1818–1883) – niemiecki teoretyk i działacz rewolucyjny, twórca socjalizmu naukowego oraz podstaw materialistycznych; od 1847 r. członek Związku Komunistów; w 1848 r. współautor *Manifestu komunistycznego*; w 1864 r. organizator oraz przywódca I Międzynarodówki Komunistycznej.

[12] Fryderyk Engels (1820–1895) – niemiecki filozof i socjolog, twórca pojęcia materializmu dialektycznego; od 1844 r. współpracownik Karola Marksa; członek Związku Komunistycznego, współautor *Manifestu komunistycznego*, założyciel oraz członek I i II Międzynarodówki.

miają sobie destrukcyjny, szkodliwy dla ruchu robotniczego charakter roboty komunistycznej, to okoliczność ta potwierdza tylko spostrzeżenie, czynione już od niejakiego czasu, że fala komunizmu znajduje się w odpływie.

Źródło: „Naprzód", 8 VII 1925, nr 153.

Nr 52

1925 lipiec 31, Warszawa – Artykuł z „Robotnika" pt. „O walce z komunizmem"

W związku z krwawym zajściem w Warszawie[1], a następnie zabójstwem Cechnowskiego[2], prasa reakcyjna, a po części nawet tzw. postę-

---

[1] 17 VII 1925 r. w Warszawie członkowie tzw. wojskówki KPP, tj. Władysław Hibner, Władysław Kniewski oraz Henryk Rutkowski, podczas przeprowadzania akcji zlikwidowania rozpoznanego policyjnego wywiadowcy Józefa Cechnowskiego, zostali zatrzymani przez patrol policyjny w celu ich wylegitymowania. Doszło do wymiany ognia. Uciekający bojowcy ostrzeliwali się na warszawskich ulicach, w wyniku czego śmierć poniosły dwie osoby, w tym funkcjonariusz policji, a kilkanaście osób zostało rannych (zob. *Krwawa walka na ulicach Warszawy. 14 osób rannych 2 zabite*, „Robotnik", 18 VII 1925, nr 195; J. Ławnik, *Represje policyjne wobec ruchu robotniczego 1918–1939*, Warszawa 1979, s. 194).

[2] 28 VII 1925 r. Cechnowski został zamordowany przez działacza komunistycznego Izaaka Naftalego Botwina. Do morderstwa doszło we Lwowie, gdzie odbywał się proces „przeciwko Jaegerowi i towarzyszom o składanie fałszywych zeznań w sprawie Steigera o zamach na Prezydenta Rzeczypospolitej" – w tym wątku procesu Cechnowski występował w roli świadka. Po opuszczeniu gmachu sądu został zaatakowany przez śledzącego go Botwina. Zamachowiec oddał do ofiary trzy strzały w plecy, z czego dwie kule trafiły bezpośrednio w serce. Cechnowski zmarł na miejscu. Sprawcę morderstwa ujęli niemalże natychmiast lwowscy wywiadowcy policyjni. Wydarzenie to szeroko komentowała ówczesna prasa polityczno-informacyjna (zob. *Zamordowanie wywiadowcy policyjnego*, „Gazeta Warszawska", 29 VII 1925, nr 206; *Zamordowanie warszawskiego agenta policyjnego we Lwowie*, „Gazeta Poranna 2 Grosze", 29 VII 1925, nr 206; *Zamordowanie agenta policji politycznej Cechnowskiego*, „Naprzód", 31 VII 1925, nr 173; *Wzmożona ofensywa komunizmu*, „Naprzód", 31 VII 1925, nr 173; *Po zamordowaniu Cechnowskiego*, „Naprzód", 1 VIII 1925, nr 174; *Po mordzie lwowskim*, „Gazeta Warszawska", 1 VIII 1925, nr 209; *Proces lwowski*, „Gazeta Warszawska", 3 VIII 1925, nr 211; *Proces Jaegera*, „Gazeta Warszawska", 6 VIII 1925, nr 214; J. Ławnik, *Represje…*, s. 195). Na temat próby zamachu na życie prezydenta RP Stanisława Wojciechowskiego, przybywającego do Lwowa na otwarcie Targów Wschodnich, podjętej 5 IX 1924 r. zob. Z. Pawluczuk, *Konspirator i prezydent. Rzecz o Stanisławie Wojciechowskim*, Lublin 1993, s. 135; *Wyjazd Prezydenta na Targi Wschodnie*, „Gazeta Warszawska", 4 IX 1925, nr 242; *Proces lwowski*, „Gazeta Warszawska", 3 VIII 1925, nr 211; *Proces Steigera*, „Gazeta Poranna Warszawska", 21 X 1925, nr 290; *Proces Steigera*, „Gazeta Poranna Warszawska", 25 X 1925, nr 294.

powa, uderzyła gwałtownie na alarm z powodu niebezpieczeństwa komunistycznego. Posypały się różne projekty ratowania Polski od komunizmu, jeden niedorzeczniejszy od drugiego. Pewne pismo warszawskie żąda pociągnięcia do odpowiedzialności Rządu sowieckiego za zabójstwo Cechnowskiego[3], inne domaga się zastosowania systemu zakładników[4]. Obie propozycje byłyby jak najbardziej na rękę Moskwie i jej awanturniczo-zaczepnej polityce. Prasa ta zgodnie obstaje przy żądaniu obostrzonej walki z komunizmem, rozumiejąc pod tą walką: policję i sądy. Komuniści powinni by się cieszyć z tych głosów prasy burżuazyjnej. Człowiek, nieobeznany z naszymi stosunkami, mógłby pomyśleć, że Polska cała jest podminowana przez komunizm, który z podziemia kieruje jej losem według upodobania Moskwy. O chaosie, panującym w umysłach sfer „miarodajnych", świadczy chociażby owo żałosne i pełne rezy-

---

[3] Józef Cechnowski (zm. 1925 r.) – działacz warszawskich struktur KPRP. Jako robotnik w Warszawskiej Spółce Akcyjnej Budowy Parowozów prowadził tam wzmożoną agitację komunistyczną, w 1923 r. podjął współpracę z policją – informując ją o zamiarze wykonania przez grupę Wieczorkiewicza i Bagińskiego zamachu bombowego w Sosnowcu. Na potrzeby policji politycznej pracował także na terenie Częstochowy, zeznawał w sprawie Wieczorkiewicza i Bagińskiego. W 1925 r. przeniósł się do policji kryminalnej. W obawie o swoje życie, spodziewając się zamachu, przydzielono mu ochronę agentów policji; szerzej zob. *Józef Cechnowski*, „Gazeta Poranna 2 Grosze", 29 VII 1929, nr 206; *Wzmożona ofensywa komunizmu*, „Naprzód", 31 VII 1925, nr 173; M. Żuławnik, *Eksplozja w Cytadeli 13 X 1923 r. Przyczynek do działalności komunistów w garnizonie Warszawa* [w:] *Komuniści w międzywojennej Warszawie*, s. 158.

[4] „Gazeta Poranna 2 Grosze" po próbie zamachu na Cechnowskiego w Warszawie opublikowała tekst, w którym odpowiedzialnością za strzelaninę na ulicach stolicy obarczyła kremlowskich decydentów. Jednocześnie opowiadała się za natychmiastowym wycofaniem się przez stronę polską z procesu wymiany aresztowanych komunistów na Polaków przetrzymywanych w sowieckich więzieniach. Motywowano to tym, że większość wymienionych komunistów powraca nielegalnie do Polski i prowadzi tu ponownie działalność szpiegowską na rzecz Sowietów. Ponadto możliwość wymiany powodować miała wzrost aresztowań wśród ludności polskiej w Rosji, co z kolei zmuszało władze polskie do utrzymywania formuły wymian, aby tych więzionych Polaków ratować (*Odpowiedzialność za zbrodnie*, „Gazeta Poranna 2 Grosze", 23 VII 1925, nr 200; *Coraz zuchwalej!*, „Gazeta Poranna 2 Grosze", 29 VII 1925, nr 206).

gnacji oświadczenie czołowego organu endecji, że ruch komunistyczny istnieje wszędzie, więc nic dziwnego, że jest też w Polsce[5]. Wszystkie te histeryczne, nieobmyślone, trwożliwe, a zarazem napastliwe głosy dowodzą, że burżuazję oblatuje strach przy lada wystrzale komunistycznym, a strach ten ma swe źródło **w nieczystym sumieniu burżuazji.** Przede wszystkim sprowadźmy ostatnie zamachy do ich właściwej miary. Jeśli prawdą jest, że warszawska trójka komunistyczna chciała zabić Cechnowskiego, którego dosięgła kula komunisty we Lwowie, to mielibyśmy do czynienia z akcją terrorystyczną skierowaną przeciwko prowokatorom. Napiętnowaliśmy już przed kilku dniami obłudę komunistów, napadających na system prowokacji władz polskich, ponieważ oni sami działalnością swą tworzą grunt dla prowokacji, ponieważ sami karmią się prowokacją i hodują ją u innych. Ale nie znaczy to, byśmy mniej surowo osądzali system prowokacji władz naszych, zarówno z punktu widzenia politycznego, jak moralnego. Trudno i darmo: prowokator wzbudza zawsze u ludzi uczciwych odruch wstrętu. Dlatego też zabójstwo prowokatora nie wywołuje w uczciwej opinii uczucia żalu czy sympatii z zabitym. Można sądzić, że komuniści umyślnie wyzyskują ten moment, by tą drogą „zaświadczyć o sobie", a jednocześnie nie wywoływać oporu i nienawiści **przeciw sobie.**

Ale wśród głosów prasy burżuazyjnej nie było ani jednego, który by wystąpił przeciwko systemowi prowokacji w policji tajnej. Przeciwnie: były same hymny pochwalne na cześć Cechnowskiego, co w połączeniu z żądaniem zaostrzonej walki z komunizmem oznacza utrzymanie i rozszerzenie tego systemu. Gdyby tak istotnie miało być, wyszłoby to na dobre tylko komunistom, którzy swój terror zabarwiliby bladym odcieniem ideowości.

Bo czymże jest komunizm dzisiejszy? Jest to ruch anarchistyczny, niszczycielski, dążący do zburzenia pokoju między narodami i sprowadzenia walk społecznych na manowce dzikich puczów.

Ideowcami są w ruchu komunistycznym ci co – z tych czy innych względów – chcą gwałtem rozpętać nowe wojny międzynarodowe i domowe. Takich ideowców jest bardzo niewielu, reszta zaś to jednostki

---

[5] Zob. *Robota podziemna*, „Gazeta Warszawska", 29 VII 1925, nr 206.

niedowarzone lub wykolejeńcy i zatraceńcy, którzy dziś są komunistami, a jutro faszystami, wreszcie ofiary wojen i kryzysów gospodarczych. Są to elementy, ulegające łatwo propagandzie... rubli moskiewskich. Rzecz jasna, że **komunizm jako idea** nie może sobie zaskarbić wielu zwolenników. Jak przed wojną anarchizm przyciągał tylko jednostki, tak obecnie komunizm coraz więcej traci grunt pod nogami. Nie jest prawdą, co pisze gazeta endecka, że ruch komunistyczny jest wszędzie. Zapewne, że nie ma kraju, by nie było grupki komunistów. Ale o ruchu komunistycznym, który by miał charakter jako tako masowy, który by stanowił istotnie pewne niebezpieczeństwo dla kraju i jego rządów, może być mowa tylko w niewielu państwach. Weźmy kilka przykładów. W Austrii i Belgii komunizm nie odgrywa prawie żadnej roli. Ruch komunistyczny tych krajów jest martwy. Dlaczego? Są to przecież kraje wysoce przemysłowe, cierpiące obecnie na duże bezrobocie. Austria jest ponadto całkowicie uzależniona od kapitału obcego i pozbawiona samodzielności ekonomicznej. Jeżeli mimo to komunizm nie ma tu pola do działania, to jest to **wyłączną zasługą demokracji austriackiej i belgijskiej, ucieleśnionej w potężnych partiach socjalistycznych.**

Socjalizm jest tu jedyną i wystarczającą zaporą przeciwko komunizmowi, jak też jego pobratymcowi – faszyzmowi. Ciężka, niestrudzona, codzienna walka o utrzymanie ustroju demokratycznego, zdobyczy politycznych i społecznych klas pracujących, nieustająca troska o ich siłę organizacyjną, zdolność bojową, rozwój kulturalny – jednym słowem wszystko to, co się składa na mrówczą pracę socjalizmu dni naszych – opancerzyło Austrię, Belgię, Polskę i inne kraje przeciwko komunizmowi, jak też faszyzmowi.

I oto już mamy środek, jedyny niezawodny środek [do] **walki z komunizmem.** Komunizm czepia się tylko organizmów mało odpornych, punktów słabych, a łatwo zaraźliwych. Punktów takich jest wiele i w nich to komunizm tworzy swe ogniska. Należy do nich np. sprawa Maroka, Chin i w ogóle kolonii. Punktem takim jest walka narodowościowa w Polsce, wzbierający kryzys gospodarczy w Anglii. I jest rzeczą jasną, że wszystkie te zagadnienia albo będą rozstrzygane w myśl programu socjalistycznego, albo też, niby rany ropiejące, staną się rozsadnikami faszyzmu czy komunizmu.

Istnieje niewątpliwie wielka trudność w walce z komunizmem nawet dla demokracji i socjalizmu. Mowa tu o Rosji sowieckiej, która finansuje i zbroi komunizm na całym świecie, deprawuje umysły i serca swym systemem szpiegostwa, przekupstwa, nieprzebierającej w środkach propagandy. Rosja stworzyła już u siebie cały olbrzymi przemysł „komunizmu na wywóz", a jest to jedyny artykuł, którym Rosja zalewa rynki światowe. Ale walka z tym zalewem nie może iść inną drogą, jak demokracji i socjalizmu. Tylko tą drogą komunizm zostanie wyparty z rynków zagranicznych, a następnie zamrze w swej ojczyźnie.

Wszelkie zaś środki, zalecane przez prasę burżuazyjną nie odniosą celu. Podyktowała je krótkowzroczność i świadome omijanie istoty zagadnienia.

J. M. B.

Źródło: „Robotnik", 31 VII 1925, nr 208.

Nr 53

1925 lipiec 25, Kraków – Artykuł z „Naprzodu" pt. „Terroryści bolsze-wiccy"

„Komunistyczna Partia Polski" wydała ulotkę[1], w której potwierdza, że krwawe zajścia piątkowe w Warszawie były dziełem trzech komuni-stów[2], którzy zamierzali zgładzić prowokatora[3], lecz dostali się w ręce

---

[1] Zob. AAN, KPP, 158/VI–8, pt. 7, k. 1.

[2] Zob. przypis 1, dok. nr 52.

[3] KPP likwidacje prowokatorów podjęła w ramach tzw. indywidualnego terroru. Na potrzebę przeprowadzania samodzielnych działań bojowych podczas III Zjazdu KPP wskazywała nieformalna „grupa dwóch" (Ormowski i Bernard). Zjazd nie poparł tej koncepcji, ale też nie wydał w tej kwestii jednoznacznej rezolucji, dopuszczano przy tym tzw. terror obronny (zob. *III Zjazd KPP. Sprawozdanie z obrad*, Warszawa 1925, s. 381, 383; AAN, MSW, 9/1183, Stan ruchu komunistycznego w Polsce w obecnej chwili i jego plany na najbliższą przyszłość, [1925], k. 3; *ibidem*, 9/1182, Artykuł z „Gazety Administracji i Policji Państwowej" pt. III Zjazd Komunistycznej Partii Polski, Warszawa [1925], k. 1). Na faktyczne przyzwolenie władz kompartii (m.in. podczas III Zjazdu) w kwestii stosowania terroru indywidualnego wskazywał m.in. minister spraw wewnętrznych Władysław Raczkiewicz (*ibidem*, 9/979 dopływ, Do wszystkich wojewodów, Warszawa, 31 VII 1925 r., k. 135). Według opinii MSW z 1924 r. skłanianie się kompartii ku metodom terrorystyczno-bojowym było konsekwencją realizacji wytycznych nadsyłanych z Moskwy (*ibidem*, 9/1055 dopływ, Do wszystkich P.P. Starostów, P. Starosty Grodzkiego, P. Prezydenta Bydgoszczy i Okręgowego Urzędu Policji Politycznej, Poznań, 17 IX 1924 r., k. 32). Realizując założenia terroru indywidualnego kompartia wykorzystywała własne bojówki partyjne. W 1925 r. wykonały one kilka akcji likwidacyjnych. Do najgłośniejszych z nich należały następujące operacje: zabójstwo Edwarda Łuczaka w Łodzi. Józefa Cechnowskiego we Lwowie, nieudana próba likwidacji tego ostatniego przez grupę Władysława Hibnera, a także uliczna strzelanina z policją w Dąbrowie Górniczej 6 III 1925 r. po likwidacji prowokatora policyjnego Antoniego Kamińskiego przez Mieczysława Hajczyka i Franciszka Pilarczyka (zob. K. Trembicka, *Między utopią a rzeczywistością...*, s. 165–167; J. Ławnik, *Represje...*, s. 193–196; L. Krzemień, *Związek Młodzieży Komunistycznej w Polsce. Pierwsze dziesięciolecie (1918––1928)*, Warszawa 1972, s. 180–181; *Na froncie walki przeciw prowokacji. Pamięci tt. Hajczyka i Pilarczyka*, „Więzień Polityczny. Organ Komitetu Centralnego Czerwonej Pomocy w Polsce (MOPR)", maj–czerwiec 1925, nr 3–4).

policji. Ulotka pasuje tych trzech osobników na bohaterów[4], przemawia – oczywiście – w imieniu „klasy robotniczej" i każe drżeć burżuazji, „bo na miejsce tych trzech przyjdą tysiące i setki tysięcy, które wreszcie rozbiją tę twierdzę kapitalistycznej niewoli i na jej gruzach ugruntują władzę klasy robotniczej".

Ta fanfaronada komunistyczna nie przestraszy naturalnie najtchórzliwszego burżuja polskiego. Wie on bowiem dobrze, że metodami komunistycznymi nie rozbije się twierdzy kapitalistycznej niewoli, już choćby dlatego, że tysiące i setki tysięcy robotników ze wzgardą odrzucają te metody. Ale burżuazja wysnuje z tych metod pretekst do dalszego uprawiania systemu prowokacji, czyli **metody komunistyczne służą bezpośrednio utrwaleniu metod burżuazyjnych.**

Ulotka komunistyczna świadomie łże, twierdząc, że owi trzej komuniści byli wyrazicielami woli i pragnień klasy robotniczej. Jest to bezczelna obraza robotników polskich. Robotnik polski walczył z bronią w ręku, walczył na śmierć i życie z prowokacją carską, z policją i żandarmerią carską, stającą w obronie tej prowokacji. Ale w okresie niewoli politycznej i narodowej, w okresie najazdu moskiewskiego, był to jedyny możliwy środek walki z uciskiem władz zaborczych, jako też kapitału, kryjącego się pod skrzydła tych władz. Robotnicy nie mieli prawa tworzyć legalnych organizacji politycznych i zawodowych, więc z konieczności tworzyli nielegalne, a wróg docierał do nich za pomocą prowokacji, tej plagi każdej pracy konspiracyjnej.

PPS w ciągu 25 lat swej pracy w zaborze rosyjskim była partią nielegalną, a jako taka musiała wciąż toczyć walkę z prowokacją, która szczególnie dawała się we znaki po zamarciu ruchu rewolucyjnego 1905 r. Ale działalność terrorystyczna PPS, sławne dzieje organizacji bojowej

---

[4] Treść ulotki stanowiła m.in. merytoryczną podstawę pisma ówczesnego ministra spraw wewnętrznych Władysława Raczkiewicza do wojewodów, w którym nakazywał on wszcząć działania operacyjne wobec czynników komunistycznych, zwłaszcza ZMKwP i traktować te formacje „nie tylko jako partie wywrotowe, ale także jako organizacje spiskowo-terrorystyczne" (AAN, MSW, 9/979 dopływ, Do wszystkich wojewodów, Warszawa, 31 VII 1925 r., k. 135).

PPS, miały głębokie uzasadnienie moralne, polityczne, społeczne. Działalność ta budziła najlepsze siły narodu do walki o wyzwolenie narodowe, hartowała klasę robotniczą w zapasach codziennych z potężnym wrogiem, wyrabiała zastępy mężnych bojowników o niepodległość i socjalizm. Toteż sympatia szerokich mas społeczeństwa polskiego, nieznieprawionych jeszcze jadem ugody endeckiej, była po stronie PPS. Ale o dziwo! Nie tylko endecy i ugodowcy prawicowi byli zdecydowanymi wrogami działalności terrorystycznej PPS. Była nim także „Socjalna Demokracja Król.[estwa] Polsk.[iego] i Litwy", matka i wychowawczyni dzisiejszych komunistów. Piętnowała ona zamachy PPS na policję i żandarmerię carską[5], roniąc łzy nad tym proletariatem w mundurach carskich, będącym tylko ślepym narzędziem w ręku władz. „Dowodziła", że terror PPS-owy nie ma nic wspólnego z socjalizmem, że jest to czystej wody „drobnomieszczaństwo", że robotnicy polscy winni walczyć „wspólnie" z robotnikami rosyjskimi o... autonomię Królestwa w ramach Rosji[6].

By odciągnąć robotników polskich od walki o niepodległość, **komuniści przedwojenni zalecali taktykę ugody endeckiej z Moskwą.** Gdy jednak mimo wszystkich ich przepowiedni i dobrych chęci Pol-

---

[5] SDKPiL negowała, często też potępiała bojowe wystąpienia PPS, np. zbrojną demonstrację socjalistów na pl. Grzybowskim w Warszawie 13 XI 1904 r. (zob. F. Tych, *Rok 1905*, s. 155–156).
[6] SDKPiL podważała niepodległościową politykę PPS, opowiadając się co najwyżej za autonomią Królestwa Polskiego (zob. przypis 2, dok. nr 1). Na temat lansowanej przez Różę Luksemburg „teorii organicznego wcielenia", która określała założenia programowe SDKPiL w kwestii autonomii, zob. R. Luksemburg, *Czego chcemy?*, „Przegląd Robotniczy" 1904, nr 5, *eadem, Czego chcemy? Cz. II*, „Przegląd Robotniczy"1905, nr 6. Socjaldemokraci w kolejnych latach, aż do końca istnienia swojej organizacji, opowiadali się przeciw pełnej niepodległości, m.in. w grudniu 1908 r. VI Zjazd SDKPiL przyjął, bazującą na wnioskach zawartych w pracy Róży Luksemburg pt. *Kwestia narodowościowa i autonomia*, rezolucję w sprawie autonomii Królestwa Polskiego (zob. R. Luksemburg, *Kwestia narodowościowa i autonomia*, „Przegląd Socjaldemokratyczny", sierpień 1908, nr 6; R. Michalski, *Socjalizm a niepodległość...*, s. 135; N. Michta, *Rozbieżności...*, s. 180–181).

ska odzyskała niepodległość, dzisiejsi esdecy nie „uznają" tego faktu, który obrócił wniwecz wszystkie ich teorie i zamiary, a ponieważ drogą pokojową faktu tego usunąć nie można, więc są zwolennikami wszelkich puczów, zamachów, aktów terroru, konspiracji. Role odwróciły się: to co przed wojną było w PPS „drobnomieszczaństwem", dziś u komunistów jest szczytem rewolucyjności. Policjant polski nie jest już proletariuszem w mundurze Rzeczypospolitej Polskiej, lecz siepaczem i zbirem, a zabijanie policjanta jest bohaterstwem! Tak to esdeko-komuniści przewartościowali czyny i pojęcia w ciągu kilku lat. Gdy PPS krwawiła się w walce o Niepodległość, o wypędzenie najeźdźcy z Polski – esdecy bajali o „autonomii" i zohydzali istotnie rewolucyjną walkę PPS. Dziś w Polsce niepodległej **komuniści dążą wszelkimi środkami do podkopania bytu niepodległego Polski**, do ponownego wtrącenia Polski w ramy Rosji, a pracę tę nazywają – „rewolucyjną"!

Robotnik polski nie pójdzie na lep obłudnego frazesu komunistycznego, jakoby taktyka konspiracyjno-terrorystyczna miała na celu walkę z burżuazją polską, z kapitałem w Polsce. Jest to fałsz. Niech sobie dzisiejsi komuniści przypomną na chwilę nauki wczorajszych esdeków, głoszące, że walka robotników przeciwko kapitałowi winna być walką masową, walką zorganizowanych w związkach politycznych i zawodowych mas robotniczych, że taktyka terroru i gwałtu do celu nie prowadzi. W Polsce dzisiejszej robotnicy mogą organizować się i organizują w partiach politycznych, mogą tworzyć i tworzą związki zawodowe, spółdzielcze itp. Tą drogą robotnicy przygotowują wielką, karną, świadomą swych dróg i celów armię, która z jednej strony walczy o lepsze warunki pracy i bytowania we współczesnej, burżuazyjnej republice, broniąc zarazem uzyskanych już zdobyczy polityczno-społecznych przed zamachami reakcji, a z drugiej strony pracuje nad przeobrażeniem ustroju kapitalistycznego w ustrój socjalistyczny.

Któż będzie śmiał powiedzieć, że w Polsce dzisiejszej są takie same warunki polityczne, jak za caratu? Któż będzie śmiał twierdzić, że drogą „puczów" i krwawych awantur i gwałtu dokona się zmiany ustroju społecznego? Nie wierzą w to sami komuniści, bo też ich celem nie jest walka z kapitałem, lecz walka z niepodległym państwem polskim.

PPS, która najofiarniej walczyła o Polskę niepodległą, która dlatego najlepiej potrafi ocenić wartość i znaczenie niepodległości dla walki robotników o socjalizm, zdaje sobie też najdokładniej sprawę, ile w naszej Polsce dzisiejszej jest zła i niedomagań. Zdajemy sobie sprawę, ile trudu i mozołu potrzeba będzie, by pokierować Polskę na tory rozwoju nowoczesnego państwa, by zapewnić jej ostateczne zwycięstwo demokracji i przygotować grunt pod socjalizm. Cała nasza praca, cały wysiłek codzienny w tym idzie kierunku. Ale praca ta odbywa się w ramach państwowości polskiej, w stałej trosce o zachowanie i utrwalenie niepodległości jako niezbędnego warunku rozwoju i zwycięstwa klasy robotniczej.

Dlatego PPS ma prawo zwalczać metody prowokacji, stosowane przez władze wobec komunistów. PPS ostro zwalczała rząd w sprawie Engla[7],w sprawie Trojanowskiego[8], z okazji procesu[9]

[7] Samuel Engel (1904–1924) – działacz komunistyczny; od 1923 r. w ZMKwP. W łódzkim parku Źródlisko 28 IV 1925 r. zastrzelił, skazanego przez sąd partyjny na śmierć, policyjnego prowokatora Edwarda Łuczaka, ujęty przez policję, 16 V 1924 r. został skazany na karę śmierci. Wyrok wykonano następnego dnia. Engel został uznany za bohatera przez propagandę komunistyczną (H. Wasilewski, *Stracenie Engela*, Mińsk 1925, s. 9–31).
[8] Czesław Trojanowski – współpracownik policji politycznej. Jako prowokator infiltrował struktury Niezależnej Partii Chłopskiej. W maju 1925 r. miał przygotować bombę do zamachu, który miał być pretekstem dla władz do delegalizacji partii, jednak ładunek przedwcześnie eksplodował w redakcji „Trybuny Chłopskiej".
[9] Proces przed warszawskim Okręgowym Trybunałem Wojskowym rozpoczął się 20 listopada i trwał do 1 XII 1923 r. Oskarżonych oficerów Wojska Polskiego por. Walerego Bagińskiego oraz ppor. Antoniego Wieczorkiewicza skazano na karę śmierci za zorganizowanie 13 X 1923 r. zamachu bombowego w Cytadeli Warszawskiej. W wyniku eksplozji śmierć poniosło 28 osób, a kilkadziesiąt zostało rannych. Trybunał wydał dwa wyroki śmierci, które nie zostały wykonane. Prezydent RP Stanisław Wojciechowski na wniosek posłów lewicy, tj. Ignacego Daszyńskiego oraz Stanisława Thugutta skorzystał z prawa łaski, zamieniając karę śmierci na dożywotnie, ciężkie więzienie dla Walerego Bagińskiego i 15 lat więzienia dla Antoniego Wieczorkiewicza. Na początku 1925 r. skazani zostali wpisani na listę wymiany więźniów politycznych pomiędzy II RP a ZSRS. W marcu 1925 r. podczas wymiany w nadgranicznych Stołpcach obaj więźniowie zostali śmiertelnie postrzeleni przez starszego przodownika Policji Państwowej Józefa Muraszkę.

Baginskiego[10] i Wieczorkiewicza[11] itd. Ale jakiem prawem partia komunistyczna obrusza się na te metody prowokacyjne, skoro jak kret podkopuje się pod niepodległość Polski, skoro sama na rozkaz Moskwy i za jej pieniądze uprawia system przekupstwa, prowokacji, zamachów, „jaczejkowania" w organizacjach socjalistycznych?

Źródło: „Naprzód", 25 VII 1925, nr 168.

Sprawę szeroko komentowała ówczesna prasa (zob. *Wybuch prochowni w Cytadeli*, „Gazeta Warszawska", 13 X 1923, nr 280; *Wybuch w prochowni w Cytadeli Warszawskiej*, „Robotnik", 14 X 1923, nr 280; *Sprawa Baginskiego i Wieczorkiewicza*, „Gazeta Warszawska", 21 XI 1923, nr 319, 22 XI 1923, nr 320, 23 XI 1923, nr 321, 24 XI 1923, nr 322, 30 XI 1923, nr 328; *Skazanie por. Baginskiego i ppor. Wieczorkiewicza na śmierć przez rozstrzelanie*, „Robotnik", 1 XII 1923, nr 328; *Wyniki procesu zamachowców*, „Gazeta Warszawska", 2 XII 1923, nr 330; *Po zabójstwie Baginskiego i Wieczorkiewicza*, „Gazeta Warszawska", 31 III 1925, nr 90; M. Żuławnik, *Eksplozja w Cytadeli...*, s. 151–174; W. Materski, *Wymiana więźniów politycznych pomiędzy II Rzeczypospolitą a Sowietami w okresie międzywojennym (kontekst warszawski)* [w:] *Komuniści w międzywojennej Warszawie*, s. 198–199; idem, *Na widecie...*, s. 226, 268–270). Zabójca Baginskiego i Wieczorkiewicza został oskarżony o dokonanie morderstwa podczas pełnienia służby, za co groziła mu kara od 8 do 15 lat ciężkiego więzienia. 24 X 1925 r. Sąd Okręgowy w Nowogródku skazał 29-letniego Muraszkę na 2 lata poprawczaka z zaliczeniem 6 miesięcy aresztu prewencyjnego (zob. *Sprawa Muraszki*, „Gazeta Warszawska", 29 VII 1925, nr 206; *Proces Muraszki*, „Gazeta Warszawska", 29 VIII 1925, nr 236; *Proces Muraszki*, „Gazeta Poranna Warszawska", 24 X 1925, nr 293; *Wyrok w procesie Muraszki*, „Gazeta Poranna Warszawska", 25 X 1925, nr 294; M. Żuławnik, *Eksplozja w Cytadeli...*, s. 170).

[10] Walery Bagiński (1893–1925) – porucznik Wojska Polskiego, członek wojskówki KPRP; w 1923 r. aresztowany i sądzony za działalność komunistyczną oraz organizowanie zamachów bombowych.

[11] Antoni Wieczorkiewicz (1895–1925) – podporucznik Wojska Polskiego, członek wojskówki KPRP; w 1923 r. aresztowany i sądzony za działalność komunistyczną, a także organizowanie zamachów bombowych.

Nr 54

1925 sierpień 3, Kraków – Artykuł z „Naprzodu" pt. „W walce z komunizmem nie powinno się używać prowokacji"

Prowokacja jest systemem godnym potępienia z punktu widzenia moralnego i politycznego

Ostatni krwawy akt zemsty organizacji komunistycznej na tajnym agencie policji politycznej Cechnowskim wzmógł w sferach reakcyjnych żądania dalszych i to jak najostrzejszych represji przeciwko komunistom jako jedynego środka walki przeciwko wywrotowej robocie licznych wrogów państwowości polskiej. Posypały się różne projekty ratowania Polski od komunizmu, jeden niedorzeczniejszy od drugiego. Pewne pismo warszawskie żąda pociągnięcia do odpowiedzialności rządu sowieckiego za zabójstwo Cechnowskiego, inne domaga się zastosowania systemu zakładników. Obie propozycje byłyby jak najbardziej na rękę Moskwie i jej awanturniczo-zaczepnej polityce. Prasa ta zgodnie obstaje przy żądaniu obostrzonej walki z komunizmem, rozumiejąc pod tą walką: policję i sądy.

Cały ten tak gwałtownie wszczęty alarm reakcji i – jakże często przez reprezentantów „Boga i Ojczyzny" nadużywane – odgrażanie się sądem doraźnym i długoletnimi karami więzienia, nie są czym innym jak tylko dowodem **strachu**, który jak wiadomo „ma wielkie oczy" i dowodzą zupełnej **bezsiły** burżuazji jako klasy społecznej.

Zupełnie inaczej patrzy na tę sprawę proletariat polski, który mniej chętnie szafuje groźbami drakońskich kar, widząc i mając do dyspozycji inne środki ochrony.

Proletariat polski, poważna i uświadomiona klasa robotnicza nie odczuwa również uczucia strachu, który oblatuje burżuazję na byle pogróżkę Moskwy i stąd pochodzi to, że mamy inny punkt widzenia na całą tę sprawę. Co zaś do ostatniego zamachu komunisty Botwina[1]

---

[1] Izaak Naftali Botwin (1905–1925) – działacz komunistyczny; członek ZMK w Polsce oraz KPZU. 28 VII 1925 r. dokonał we Lwowie zamachu na policyjnym prowokatorze Cechnowskim; ujęty przez policję został skazany przez sąd na karę śmierci, wyrok wykonano 6 sierpnia.

272

to sprawa ta przede wszystkim sprowadza się do akcji przeciwko prowokatorom.

Stale piętnowaliśmy i piętnujemy obłudę komunistów, potępiających rzekomo z oburzeniem system prowokacji, stosowany przez władze polskie, ponieważ **oni sami wytwarzają działalnością swoją najodpowiedniejszy grunt dla niej**, z drugiej jednak strony musimy system ten odziedziczony po rosyjskiej ochranie stanowczo potępić tak ze względów **moralnych, jak też i politycznych**.

Na to nie da się nic poradzić. Prowokacja jest i pozostanie bronią podłą i demoralizującą. Co więcej – jest prowokacja na dłuższą metę bronią bezskuteczną, a czasem może przynieść władzy, która ją stosuje, więcej szkody niż pożytku.

Przede wszystkim bowiem system prowokacji budzi pośród prowokowanych reakcję, wreszcie doprowadzić może do kolizji tak tragicznych i niepożądanych, jak ostatni krwawy samosąd nad prowokatorem. Słusznie też zauważa „Robotnik", że można sądzić, iż komuniści umyślnie wyzyskują moment zabicia prowokatora, by tą drogą „zaświadczyć o sobie", a jednocześnie nie wywoływać oporu i nienawiści przeciw sobie.

Trudno bowiem i darmo: prowokator wzbudza zawsze u ludzi uczciwych uczucie wstrętu.

Dlatego też nawoływania prasy reakcyjnej do dalszych represji przy pomocy sądów i policji – a jak wiemy rzeczy takie nie obchodzą się niestety, bez... prowokatorów, są drogą błędną.

Źródło: „Naprzód", 3 VIII 1925, nr 176.

Nr 55

1925 sierpień 23, Kraków – Artykuł z „Naprzodu" pt. „Bojowcy komunistyczni"

W ostatnich czasach Komunistyczna Partia Polski wstąpiła na drogę akcji terrorystycznej[1]. Jest to tylko najnędzniejszy wykręt, jeśli komuniści „oficjalnie" temu przeczą i z cyniczną obłudą zapewniają, że to poszczególni „bohaterowie" na własną rękę i wbrew taktyce partii popełniają czyny terrorystyczne. Takie wypieranie się jest wprost ohydne: bojowcy komunistyczni sami zeznają, że popełniali zamachy z polecenia „partii". A tu partia kłamliwie odgradza się od ich postępowania i zapewnia, że ona uznaje tylko akcję masową i nie uznaje terroru[2]! Co za wstrętna metoda!

Zresztą komuniści stosują tę metodę wyłgiwania się nie tylko u nas, ale wszędzie, gdzie praktykują terror i zamachy, a jednocześnie uważają za rzecz dogodniejszą – nie przyznawać się do tego. Tak było w Bułgarii[3]. Tak było i gdzie indziej.

Czym się tłumaczą te nędzne wykręty? Komuniści pragną uchodzić za stronnictwo rewolucyjnej **akcji masowej**, za zadanie swoje uważają przygotowywanie tzw. dyktatury proletariatu. Więc nie chcą przyznać się do tego, że ich działalność stała się zupełnie sprzeczna z ich zasadami: komuniści żadnej masowej akcji rewolucyjnej nie prowadzą, natomiast rzucili się do czynów terrorystycznych, skierowanych przeciwko osobom, do akcji grup bojowych! Ale do tej zmiany taktyki komuniści „oficjalnie" przyznać się nie chcą.

---

[1] Zob. przypis 3, dok. nr 53.

[2] W sierpniu 1925 r. KC KPP przyjęła rezolucję *de facto* piętnującą terror indywidualny (*Rezolucja KC KPP w sprawie walki z prowokacją* [w:] *KPP. Uchwały...*, t. 2, s. 567–568).

[3] Po zamachu terrorystycznym na katedrę w Sofii (zob. przypis 41, dok. nr 59), w wyniku którego zginęło ponad 200 osób, władze bułgarskie w sposób bezwzględny rozprawiły się z kompartią, niemalże całkowicie eliminując jej struktury z przestrzeni publicznej.

Nikogo jednak nie oszukają swymi wykrętami. Obecna terrorystyczna działalność komunistów polskich jest skutkiem tego, że – na rozkaz Moskwy – zmienili swoje kierownictwo i poszli „na lewo". Moskwa była niezadowolona ze zbyt „umiarkowanej" działalności komunistów polskich, z tego, że olbrzymie środki, na działalność tę łożone, nie przynoszą procentów, które by Moskwę sowiecką uradować mogły. Narzucono tedy komunistom polskim nowych kierowników, już całkiem w guście Moskwy, i zażądano akcji rewolucyjnej. Cóż jednak komuniści mieli robić! Wpływy ich w masach nie tylko nie rosły, ale przeciwnie malały i kurczyły się w sposób wprost gwałtowny. Żadnej więc „rewolucyjnej" akcji masowej komuniści prowadzić nie mogą – chyba taką, jak w obecnym strajku metalowców, w którym sprzymierzyli się przeciwko Związkowi klasowemu z równie, jak oni, „rewolucyjnymi" chadekami i NPR-owcami! Otóż ten brak akcji masowej komuniści, powolni taktyce moskiewskiej, pragną zastąpić jaskrawymi czynami akcji terrorystycznej.

Ten zwrot terrorystyczny komunistów jest nowym dowodem ich rozkładu ideowego. W „Robotniku" już podniesiono, jak namiętnie, gwałtownie i bezwzględnie SD Królestwa Polskiego, z której narodzili się komuniści polscy, zwalczała **za caratu** wszelką akcję terrorystyczną i bojową. **Za caratu**, wobec najdzikszego despotyzmu i najazdu, SD z furią po prostu miotała się na akcję bojową. Wtedy, kiedy ta walka była najzupełniej usprawiedliwiona, kiedy akcja bojowa odbywała się na tle wielkiego ruchu rewolucyjnego, w gorączkowej atmosferze boju z caratem – wtedy Róża Luksemburg ośmieliła się nazwać bojowców PPS „paniczykami, rzucającymi bomby"…

Kiedy szło o walkę z caratem, dzisiejsi komuniści polscy „rozsądnie" unikali używania gwałtownych środków i potępiali stosowanie ich przez PPS. A dziś uciekają się do nich w republice demokratycznej i to na dobitkę wtedy, gdy ta ich akcja nic wspólnego nie ma z jakąkolwiek Rewolucją, a jest tylko dowodem bankructwa komunizmu jako ruchu masowego.

Bojowiec komunistyczny Hibner[4] w swoim ostatnim słowie przed sądem[5] mówił o swej przeszłości rewolucyjnej. Mówił, jak to – mając

---

[4] Władysław Hibner (1893–1925) – działacz komunistyczny, organizator Wydziału Wojskowego KW KPP.

[5] Proces Hibnera oraz dwójki pozostałych komunistów przeprowadzono w Warszawie w sierpniu 1925 r. Oskarżonych skazano na karę śmierci. Adwokaci, wśród nich

12 lat – okazywał usługi bojówce PPS[6]. Lecz już w 1907 roku „zrozumiał", że nie należy walczyć o Polskę, o republikę polską... Jaka okropna tragedia wykolejenia myśli politycznej, zwyrodnienia uczucia pod wpływem tych, którzy i wtedy, i dziś Polskę skazywali i skazują na służbę u Rosji! Hibner „zrozumiał", że nie należy prowadzić akcji bojowej przeciwko Rosji carskiej, bo ta walka odbywa się w imię wolności Polski. Ale za to uznaje terror – w republice polskiej. W republice tej panuje burżuazja. W republice tej panoszy się zło wszelkiego rodzaju. Ciężkie nad wyraz jest położenie klasy pracującej. Fatalna i złowroga jest gospodarka klas posiadających. Ale klasa robotnicza ma szerokie możliwości walki o lepsze jutro. Klasa robotnicza jest potężnym czynnikiem politycznym, który w miarę wzrostu swojej świadomości, swojej siły organizacyjnej, coraz większy wpływ wywiera. Klasa robotnicza, wraz z ludnością pracującą wsi, może na drodze legal-

---

m.in. Teodor Duracz, wnieśli do Prezydenta RP prośbę o ułaskawienie. Nie została ona przyjęta. Ponadto, mimo nalegań strony sowieckiej, władze polskie nie zgodziły się na wpisanie skazanych na listy wymienne. Wyrok wykonano na stokach warszawskiej Cytadeli 23 VIII 1925 r. (zob. *Proces komunistów terrorystów*, „Gazeta Warszawska", 19 VIII 1925, nr 226; *Proces terrorystów komunistycznych*, „Robotnik", 20 VIII 1925, nr 227; *Proces komunistów terrorystów*, „Gazeta Warszawska", 20 VIII 1925, nr 227; *Proces terrorystów komunistycznych. Skazani na śmierć*, „Robotnik", 21 VIII 1925, nr 228; *Sąd doraźny nad komunistami*, „Naprzód", 21 VIII 1925, nr 190; *Zakończenie procesu komunistów-terrorystów*, „Gazeta Warszawska", 21 VIII 1925, nr 228; *Rozstrzelanie trzech komunistów*, „Naprzód", 23 VIII 1925, nr 192; *Jak stracono 3 komunistów warszawskich*, „Naprzód", 24 VIII 1925, nr 193; W. Materski, *Wymiana więźniów politycznych...*, s. 199; J. Ławnik, *Represje...*, s. 194, 195, 454; L. Krzemień, *Związek Młodzieży Komunistycznej...*, s. 182–183, 187. Podczas trwania warszawskiego procesu komuniści francuscy i niemieccy wysłali do premiera Władysława Grabskiego telegramy z pogróżkami w przypadku zasądzenia dla oskarżonych kary śmierci; zob. *Groźby komunistyczne przeciwko premierowi*, „Gazeta Warszawska", 20 VIII 1925, nr 227; *Pogróżki pod adresem premiera Grabskiego*, „Gazeta Warszawska", 20 VIII 1925, nr 227; *Depesze komunistów do premiera Grabskiego*, „Naprzód", 23 VIII 1925, nr 192.
[6] Zob. też *Pamięci towarzyszy Hibnera, Kaniewskiego i Rutkowskiego*, „Więzień polityczny. Organ Komitetu Centralnego Czerwonej Pomocy w Polsce (MOPR)", sierpień–wrzesień 1925, nr 5–6.

nej zdobyć władzę w tym kraju, jeżeli będzie wytrwale, świadoma dróg i celów, o to walczyła. Jakimż więc obłędem jest zastępowanie tej walki dyrygowanymi z Moskwy „putschami" (sztucznie wywoływanymi rozruchami), zamachami itp.!

Bojowcy komunistyczni oświadczyli, że chcieli zemścić się za prowokację. Sprawę prowokacji podnosiliśmy już wielokrotnie. Z całym naciskiem wykazywaliśmy i przepowiadaliśmy, jaką gangrenę niesie system prowokacyjny. Wskazywaliśmy, że prowokacja i komunizm wzajemnie z siebie żyją. Ale zamachy nie wykorzenią prowokacji. Walkę z prowokacją można i należy prowadzić jako część walki o uzdrowienie naszych stosunków politycznych, o kontrolę publiczną, o odpowiedzialność urzędników, o reformę administracji. Taką właśnie walkę toczy PPS.

Natomiast komunizm i tu, jak wszędzie, przyczynia się tylko do uwstecznienia naszego ustroju politycznego. Jego taktyka, nic niemająca wspólnego z interesami ruchu robotniczego, taktyka szalona i bezmyślna, zawsze tylko zło rodzi.

Źródło: „Naprzód", 23 VIII 1925, nr 192.

Nr 56

1925 sierpień 23, Warszawa – Artykuł z „Chłopskiej Prawdy" pt. „Nowe gromady agitatorów bolszewickich"

W roku obecnym w Rosji sowieckiej w specjalnych szkołach wyuczono kilkuset młodych ludzi na bojowców, to znaczy na kierowników roboty bojowej w Polsce. Setka tych ludzi w miesiącu czerwcu w różnych miejscach przeszła przez Polską granicę i dziś po całym kraju, namawiając ludzi do rewolucji – do utworzenia Polski sowieckiej i połączenia jej z powrotem z Rosją[1]. Ponieważ owym bojowcom komunistycznym nie idzie dobrze w miastach, przerzucili się na wsie.

---

[1] Podobne informacje pojawiały się bardzo często w meldunkach MSW, m.in. w grudniu 1923 r. szef Służby Informacyjnej donosił, że źródła zagraniczne poinformowały polski MSZ o tym, że z ZSRS na terytorium II RP „niedawno" wysłano 2,5 tys. agentów i agitatorów (AAN, MSW, 9/1082 dopływ, Do Urzędu Wojewody. Oddział Informacyjny w Lublinie, 21 XII 1923 r., k. 10). MSW dysponowało również informacjami o rejestracji w ZSRS komunistów mówiących biegle po polsku, co wskazywać by mogło, że przygotowywane są kadry agitacyjno-wywiadowcze w celu przerzucenia ich na terytorium II RP (*ibidem*, 9/1055 dopływ, Do Urzędów Wojewody. Oddz[iał] Info[rmacyjny] w Lublinie, Warszawa, 15 IX 1923 r., k. 7; *ibidem*, Warszawa, 10 X 1923 r., k. 9). Polska granica na wschodzie do powstania Korpusu Ochrony Pogranicza w 1924 r. była niewystarczająco zabezpieczona, a chroniące ją Bataliony Celne okazywały się bezradne wobec natężenia akcji sabotażowo-dywersyjnych oraz skali infiltracji granicy przez czynniki sowieckie. Działalność KOP w sposób znaczący ograniczyła to zjawisko, m.in. od listopada 1924 do lutego 1925 r. zatrzymano podczas prób nielegalnego przekroczenia granicy 1246 osób, w tym 50 szpiegów i podejrzanych o szpiegostwo oraz 87 konfidentów i informatorów OGPU. W tej masie zapewne były też osoby wysłane do Polski na tzw. robotę partyjną (B. Rogowski, *Działalność KOP w świetle cyfr* [w:] *Korpus Ochrony Pogranicza w pierwszą rocznicę objęcia służby na wschodniej granicy Rzeczypospolitej*, Warszawa 1925, s. 8–9; zob. też „Ślady Pamięci. Jednodniówka" 2009, nr 3, s. 23). Skala wykrytych naruszeń terytorium II RP wskazuje, że możliwość skrytego przekroczenia „zielonej granicy" z ZSRS przez wskazaną w „Chłopskiej Prawdzie" grupę niekoniecznie musi być li tylko konfabulacją autora tekstu, ale odzwierciedla istotę zjawiska i w pewnym stopniu obrazuje skalę i rozmach informacyjno-wywiadowczej oraz agitacyjnej akcji Moskwy wymierzonej w II RP.

Na razie na wsi nie robią bojówek, jeno namawiają włościan mało-rolnych i robotników rolnych, aby się tajemnie organizowali, bo rewolu-cja będzie zaraz – a wtedy wszyscy dostaną darmo grunta – zaś ci wło-ścianie, którzy będą należeć do partii komunistycznej – ci dostaną same dworskie ośrodki.

Agitatorzy ci okrutnie wymyślają na naszą partię i naszych posłów za to, że głosowali za reformą rolną.

Źródło: „Chłopska Prawda", 23 VIII 1925, nr 16.

Nr 57

1925 sierpień 23, Warszawa – Artykuł z „Chłopskiej Prawdy"
pt. „O komunistycznych bojówkach!"
(fragmenty)

W ostatnich tygodniach komuniści postanowili zadziwić naród polski robotą swoich bojówek.

Robota ta, choć wiele hałasu i niepotrzebnych ofiar narobiła, to według pojęcia starych bojowców – rewolucjonistów została spartolona.

W połowie lipca 3-ch[trzech] komunistów[1] w Warszawie na ulicy Zgoda, tak się podejrzanie i nerwowo zachowywali, że to zwróciło uwagę 2-ch[dwóch] agentów policyjnych. Agenci zaprosili podejrzanych do bramy i zażądali paszportów.

Jużci komuniści mieli paszporty, ale fałszywe, źle podrobione, co od razu zwróciło uwagę agentów.

Zaprosili więc onych komunistów do policji. Komuniści widząc, że się wsypali, wyjęli rewolwery i zaczęli strzelać, uciekając. Było to przed samym południem, ludzi pełno na ulicach – więc uciekający komuniści nastrzelali kilkanaście osób – przeważnie ludzi nic niewinnych – zwyczajnych przechodniów[2].

W końcu policja bojowców, poranionych od strzałów policyjnych, aresztowała.

Drugi wypadek miał miejsce we Lwowie, gdzie zabity został przez niejakiego Botwina, komunistę, agent policyjny – dawniejszy komunista Cechnowski. Botwin tuż na miejscu został aresztowany. W rezultacie Botwina rozstrzelano[3].

---

[1] Patrz przypis 1, dok. nr 52.
[2] Zob. *Proces komunistów-terrorystów*, „Gazeta Warszawska", 20 VIII 1925, nr 227.
[3] Izaaka Naftalego Botwina sąd po procesie przeprowadzonym w trybie doraźnym skazał na śmierć. Wyrok wykonano 6 sierpnia o godzinie 1.10 na terenie lwowskich „Brygidek" (zob. *Proces mordercy Cechnowskiego*, „Gazeta Warszawska", 3 VIII 1925, nr 211; *Sąd nad mordercą Cechnowskiego*, „Gazeta Warszawska", 6 VIII 1925, nr 214; [Tow. Naftali Botwin – lat 20...], „Więzień polityczny. Organ Komitetu Centralnego Czerwonej Pomocy w Polsce (MOPR)", sierpień–wrzesień 1925, nr 5–6).

Ciekawe jest, dlaczego dopiero teraz komuniści zaczęli przejawiać swoją bojową działalność? Przede wszystkim, rosyjskim komunistom, czyli bolszewikom sprzykrzyło się już dawać darmo pieniądze komunistom polskim na robotę bojową w Polsce. Sześć lat prawie komuna polska obiecywała bolszewikom, że ino patrzeć, jak dokonają u nas rewolucji! Tymczasem robotnicy i chłopi polscy, za nielicznymi wyjątkami – nie poszli na obiecanki komunistyczne – tym bardziej że i w Rosji sowieckiej zamiast dobrobytu chłop i robotnik rosyjski znajduje się w nędzy, jakiej nigdzie nie ma. Bolszewicy, widząc tedy, że komuna polska pieniądze przysyłane na rewolucję jeno marnuje, powiedzieli: **„Jesteśta do niczego – grosza więcej nie damy”.**

Więc polscy komuniści podnieśli wielki lament, obiecując się poprawić.

Ale choć smarowali grubo groszem – amatorów do walki nie było widać.

Każdy w gębie to zuch, jeno do roboty niebezpiecznej z nadstawieniem własnego karku, nieskory.

Tedy rosyjscy bolszewicy zawezwali kilkudziesięciu odważniejszych komunistów polskich do Rosji i tam ich uczyli na bojowców; a po skończeniu szkoły i zdaniu egzaminu, wysłali z powrotem do Polski, zapowiedziawszy surowo, aby się nie lenili i do bojowej roboty natychmiast się wzięli, inaczej nie tylko grosza więcej nie dadzą, ale i do Rosji nie wpuszczą, jeśli się któremu z komunistów w Polsce noga podwinie. Tak nastraszeni przez bolszewików i nauczeni bojowcy komunistyczni próbowali wziąć się do roboty.

Ale od czego zacząć? Wśród komunistów rozwielmożnili się zdrajcy. Prawie co drugi komunista wydawał swoich kolegów, biorąc często gotówkę i od swojej partii i od policji. Więc polecono bojowcom zająć się najpierw owymi zdrajcami – wymordować ich.

W Warszawie gapom komunistycznym nic się nie udało, zaś we Lwowie ich bojowiec strzelał, ale jak osioł i niedołęga dał się złapać i został rozstrzelany.

Dzisiejsi komuniści nazywali się dawniej socjaldemokratami Polski i Litwy; i kiedy nasza Polska Partia Socjalistyczna prała, jak się patrzy carskie sługi: żandarmów i strażników, to oni, dzisiejsi komuniści w swoich gazetkach razem z polską burżuazją opluwali i z błotem mieszali naszych bojowców. Zaś dziś, spóźniwszy się o 20 lat z bojową robotą, jak niedołęgi jeno głupstwa robią.

Nasza partia, jak zrobiła kawałek bojowej roboty, to proszę siadać.

Na przykład taką „Krwawą środę" w sierpniu 1906 roku, gdzie jednego dnia w kilkunastu miastach uderzono na gmachy policyjne i policję, stojącą na ulicach[4].

[...] Wtedy, dzisiejsi komuniści siedzieli jak myszy pod miotłą, wypierając się wszelkiego udziału w onej wielkiej bojowej – naprawdę rewolucyjnej robocie.

Toteż i dziś im nie idzie – jeno partolą, udając rewolucjonistów ze strachu przed bolszewickim batem.

Carat minął – i dziś innymi drogami i sposobami w Niepodległej Polsce lud walkę o lepsze jutro, o poprawę swego bytu prowadzi – i każdy świadomy rzeczy robociarz czy włościanin jeno z politowaniem na robotę onych niby-bojowców komunistycznych patrzy, którzy się dopiero dziś z dawnego uśpienia obudzili szturgnięci bolszewicką gotówką i rozkazem z Moskwy.

Dawniej byli narzędziami swojej głupoty, zaś dziś są lokajami czerwonego bolszewickiego caratu.

Źródło: „Chłopska Prawda", 23 VIII 1925, nr 16.

---

[4] 15 VIII 1906 r. Organizacja Bojowa PPS przeprowadziła serie zamachów w kilku miastach Królestwa Polskiego, m.in. w Warszawie, Łodzi, Płocku, Włocławku, Łowiczu, Kutnie, Lublinie, Radomiu, Szydłowcu, Będzinie, w Dąbrowie Górniczej. W wyniku ponad stu akcji bojowych, w ciągu jednego dnia zlikwidowano ponad 80 osób. W samej Warszawie zabito 16, a raniono 17 policjantów, żandarmów i wojskowych (F. Tych, *Rok 1905...*, s. 256–257; W. Suleja, *Polska Partia Socjalistyczna...*, s. 86–87).

Nr 58

1925 [wrzesień], Warszawa – Odezwa Warszawskiego Okręgowego Komitetu Robotniczego PPS

Polska Partia Socjalistyczna
Warszawski Okręgowy Komitet Robotniczy
W sprawie terroru komunistycznego.
Do Proletariatu Warszawy!

Towarzysze Robotnicy!

Po organizowanych na rozkaz Moskwy napadach dywersyjnych na pociągi na Kresach[1] w ostatnich czasach Partia Komunistyczna przedsięwzięła szereg wystąpień terrorystycznych[2]. Polska Partia Socjalistyczna w okresie swej trzydziestoletniej walki niejednokrotnie występowała zbrojnie. Wystąpienia te miały miejsce w czasach obecnego najazdu na ziemie polskie. Stojąc pod sztan-

---

[1] Na wschodnich rubieżach II Rzeczypospolitej od marca 1921 r. do kwietnia 1924 r. doszło do 259 aktów działalności dywersyjnej, sabotażowej i rabunkowej inspirowanej przez Sowiety, w zdecydowanej większości wykonywanych przez grupy komunistyczne wywodzące się ze struktur KPZB i KPZU. W sierpniu 1923 r. dywersanci zaatakowali podróżnych na trasie Olecnowicze–Raków, zabijając pięciu policjantów, w kwietniu 1924 r. opanowali majątek Wereszczyn, w lipcu 1924 r. miasteczko Wiszniew oraz w sierpniu tego roku Stołpce. 25 IX 1924 r. komunistyczna banda zatrzymała i ograbiła pod Łunińcem-Łowczą pociąg osobowy, którym podróżował m.in. wojewoda poleski Stanisław Downarowicz, bp Zygmunt Łoziński i okręgowy komendant policji podinspektor Józef Mięsowicz. W listopadzie 1924 r. doszło do kolejnego napadu na pociąg, tym razem relacji Brześć–Baranowicze. Na temat komunistyczno-sowieckich akcji dywersyjnych na kresach II RP, a zwłaszcza napadu pod Łunińcem–Łowczą, jego przebiegu, postaw osób podróżujących oraz następstw politycznych i społecznych tego wydarzenia, zob. A. Ochał, *Tarcza II Rzeczypospolitej. Korpus Ochrony Pogranicza 1924–1939*, Warszawa 2018, s. 93–95; P. Cichoracki, *Stołpce–Łowcza Leśna 1924. II Rzeczpospolita wobec najpoważniejszych incydentów zbrojnych w województwach północno-wschodnich*, Łomianki 2012, s. 30–41, 138–228; W. Materski, *Na widecie...*, s. 259.

[2] Zob. przypisy 1 i 2, dok. nr 52 oraz przypis 3, dok. nr 53.

darem niepodległości i socjalizmu **PPS swą akcję terrorystyczną manifestowała wobec zaborców i całego świata dążenie proletariatu polskiego do zdobycia własnej Polskiej Niepodległej Rzeczypospolitej Demokratycznej.** Zdobycie własnego Niepodległego Państwa jest dla PPS otwarciem drogi do budowy ustroju socjalistycznego, do zwycięstwa socjalizmu.

W okresie ciężkich walk z zaborcą ówcześni socjaldemokraci polscy (dzisiejsi komuniści) odwodzili masy robotnicze od walki terrorystycznej. Zbrojnej walce PPS z najazdem komuniści wówczas zdecydowanie się przeciwstawiali. Będąc wrogiem własnego Państwa Polskiego, komuniści, podobnie jak Endecja, usiłowali w masach robotniczych szerzyć i utrwalać ideologię ścisłego związania byłej Kongresówki z państwem rosyjskim. Nie brakowało wówczas szumnych oświadczeń esdeckich, że **walka zbrojna PPS naraża życie robotników rosyjskich, ubranych w mundur policyjny czy wojskowy ("proletariuszy w mundurach").** Tymczasem obecnie w Niepodległym Państwie Polskim komuniści porzucają dawną swoją ideologię i wbrew temu, co ongiś mówili, usiłują utrwalić w masach robotniczych przekonanie o konieczności walki terrorystycznej.

Towarzysze Robotnicy!
Gdzie tkwi źródło tej nowej zmiany taktyki Partii Komunistycznej? Doszukać się go nietrudno! **Wbrew wierze i twierdzeniom komunistów wysiłkiem robotnika i chłopa polskiego powstała do życia Niepodległa Polska.** A na Wschodzie dawną dyktaturę caratu i carskiej "ochrany" zamieniono na dyktaturę garstki komisarzy bolszewickich i terror czerezwyczajki. I oto w zmienionych pozornie warunkach komuniści polscy w dalszym ciągu stoją na stanowisku złączenia w jedną całość państwa polskiego z państwem rosyjskim i zakopania w grobie krwawo zdobytej niepodległości.

Komuniści w Polsce zawsze głosili i głoszą to, co nakazywał im rząd rosyjski, mający na względzie przede wszystkim interes państwa rosyjskiego. Nie kto inny, tylko komuniści są inicjatorami na szeroką skalę zakrojonej akcji szpiegowskiej na rzecz rosyjskiego rządu i sztabu jeneralnego.

Na marcowym zjeździe Partii Komunistycznej na rozkaz rządu rosyjskiego odsunięto od władzy w partii wszystkich tych ludzi, którzy jakoby chcieli przystosować taktykę komunistów do sytuacji politycznej w Polsce[3]. Za polskiego nacjonalistę i patriotę uznano nawet Królikowskiego, za to, że w Sejmie Polskim postawił wniosek o zaprowadzeniu 6-ciomiesięcznej służby wojskowej[4] i za to zmuszono go do złożenia mandatu poselskiego[5]. Królikowskiego zrobiono socjal-patriotą, tego Królikowskiego, który nigdy nie uznawał Polski Niepodległej. I któż dzisiaj rządzi Partią Komunistyczną? Pozostało tam trochę renegatów socjalistycznych, a poza tym grupa byłych moskiewskich nacjonalistów i czarnosecińców,

---

[3]Zmiany w kierownictwie KPRP nastąpiły już w lipcu 1924 r. kiedy Komintren, a dokładniej Komisja Polska na wniosek Stalina zawiesił członków grupy „3 W", a władza w partii przeszła w ręce frakcji ultralewicowej, m.in. z Domskim, Skulskim i Leńskim na czele. Podczas III Zjazdu kompartii miano dokończyć wymianę składu KC partii i ukierunkować ją na działania zgodne z wytycznymi V Kongresu Międzynarodówki Komunistycznej (B. Kolebacz, *Komunistyczna Partia Polski 1923–1929...*, s. 51 i n.; H. Cimek, *Komuniści...*, s. 45). Zob. też przypis 8, dok. nr 50.

[4]*Sprawozdanie stenograficzne z 94 posiedzenia Sejmu Rzeczypospolitej z dnia 29 stycznia 1924 r.*, s. XCIV/31; *Posłowie rewolucyjni w Sejmie (lata 1920–1935). Wybór przemówień, interpelacji i wniosków*, red. T. Daniszewski, Warszawa 1961, s. 74.

[5]Królikowski za udział w debacie sejmowej i faktyczne opowiedzenie się w niej za utrzymaniem obowiązkowej służby wojskowej został poddany partyjnej krytyce. Obradująca podczas V Kongresu Kominternu Komisja Polska, kierowana przez Stalina, uderzając w grupę „3 W" wykorzystała sejmowe wystąpienie Królikowskiego jako jeden z argumentów potwierdzających słuszność oskarżeń o prawicowe odchylenie wysuwanych pod adresem ówczesnego kierownictwa partii. W konsekwencji 12 VII 1924 r. także i Królikowski został usunięty z władz KPRP. Na polecenie nowego kierownictwa kompartii wyjechał do ZSRS, gdzie od marca 1925 r. był członkiem WKP(b). W październiku 1925 r. Królikowski wysłał list do Sejmu, informując o zrzeczeniu się mandatu poselskiego. Jego mandat został wygaszony 25 XI 1925 r. (zob. szerzej A. Kochański, *Stefan Królikowski* [w:] *Słownik biograficzny działaczy polskiego ruchu robotniczego*, t. 3, red. F. Tych, Warszawa 1992, s. 458–459).

jak Skrzypa[6], Prystupa[7] i inni, byłych sługusów caratu, nic wspólnego nie mających z socjalizmem i walką rewolucyjną. I dziś Partia Komunistyczna całkowicie stanowi grupę ludzi, wyznających ideologię komunistyczną za pieniądze poselstwa rosyjskiego.

Towarzysze Robotnicy!

Czyż do walki o wyzwolenie socjalizmu może prowadzić polskie masy robotnicze partia będąca płatnym najemcą obcego rządu? Czyż może reprezentować ideę i samozaparcie się człowieka opłaconego za swoją lojalność. Zawsze pójdzie on z tym, kto więcej zaofiaruje mu judaszowych srebrników. Nic też dziwnego, że Partia Komunistyczna dotowana przez obcy rząd roi się od prowokatorów, od ludzi gotowych sprzedać się każdemu, kto więcej zapłaci – dziś Ambasadzie sowieckiej, I defensywie sowieckiej, jutro defensywie polskiej.

W takiej atmosferze szpiegostwa i płatnych usług, muszą się rodzić i powstawać takie typy prowokatorów, jak Cechnowski i jemu podobni.

Towarzysze!

Zwycięstwo tych ciemnych elementów w rządach Partii Komunistycznej doprowadziło do stosowania terroru przez komunistów. **Zapytujemy Was robotnicy, dlaczegóż to komuniści wylewali łzy, gdy PPS prowadziła walkę z żandarmerią i policją carską, a obecnie nie troszczą się o życie postrzelonych przechodniów.**

---

[6]Józef Skrzypa (1894–1929) – ukraiński działacz polityczny; poseł na Sejm RP I kadencji; od 1924 r. członek Komunistycznej Frakcji Poselskiej, a także KPP. W wyborach 1928 r. uzyskał status zastępcy posła z listy komunistycznej. W grudniu 1928 r. po wygaśnięciu mandatu Jerzego Czeszejko-Sochackiego to właśnie Skrzypa uzyskał mandat posła, jednak ostatecznie nie przyjął go ze względu na zły stan zdrowia.

[7]Tomasz Prystupa (1895–?) – działacz komunistyczny ukraińskiego pochodzenia; w 1920 r. członek Komunistycznej Partii Galicji Wschodniej, a następnie KPZU, w której od 1924 r. był członkiem Komitetu Centralnego. W sejmie pełnił m.in. funkcję sekretarza Komunistycznej Frakcji Poselskiej. Na początku 1927 r. wyjechał do ZSRS. Ofiara stalinowskich czystek.

Towarzysze!

Terror komunistyczny w Polsce nie ma nic wspólnego z walką polskiej klasy robotniczej. **Jest on dziełem płatnych ajentów bolszewickiej defensywy-czerezwyczajki, taj jak dywersje na kresach, zawczasu przez rząd moskiewski „obstalowanymi". Jest on czynem bankrutów politycznych, pragnących ratować w masach robotniczych swój zabłocony autorytet.**

Towarzysze!

W ostatnich czasach kilku wybitnych członków PPS otrzymało i nadal otrzymuje pogróżki i wyroki śmierci.

Gdyby akcja terrorystyczna komunistów skierowała się przeciwko robotnikom i działaczom PPS, to byłby to początek walk bratobójczych w szeregach robotniczych.

Ostatnie wystąpienia komunistów świadczą dobitnie, iż w swym zbrodniczym szale, na rozkaz i według wskazań Moskwy i bolszewickiej czerezwyczajki, gotowi są wepchnąć klasę robotniczą w odmęt walk bratobójczych, niszczących siłę i zdolność klasy robotniczej.

Towarzysze!

Trzydziestoletnia z górą historia PPS nie zna wypadku, abyśmy ustąpili przed gwałtem. Przeżyliśmy terror carski i rozpętane przez endecje walki bratobójcze w 1906 i [190]7 roku[8]. Nie zastraszy nas zorganizowany przez Moskwę terror pachołków sowieckiej defensywy.

Na skutek przysyłanych członkom PPS pogróżek i wyroków oświadczamy uroczyście, **iż w naszej Partii stanowczością i energią bronić będziemy naszych towarzyszy i nietykalności naszych zebrań, ale jednocześnie dołożymy wszelkich starań, aby nie dopuścić do przelewu krwi robotniczej.**

Robotnicy Warszawy!

Żyjemy dziś we własnym niepodległym Państwie, o ile walka o to Państwo, walka ze zbrojnym najazdem zaborcy musiała być czy-

---

[8] Zob. W. Muszyński, *Między geopolityką a ideologią Polski ruch narodowy w II Rzeczypospolitej wobec komunizmu i komunistów – zarys problematyki na przykładzie Warszawy* [w:] *Komuniści w międzywojennej Warszawie*, s. 335–340.

nem zbrojnym, o tyle innymi sposobami, inaczej we własnym państwie budować trzeba ustrój socjalistyczny. Socjalizm we własnym państwie może być zdobyty jedynie przez **wielki masowy ruch robotniczy**. Terror, wymagający ścisłej konspiracji, operowania małymi grupkami organizacyjnymi wyklucza masowość ruchu robotniczego, a tym samym możliwość zdobycia socjalizmu. **Socjalizm będzie wynikiem uświadomienia i ciężkiej codziennej pracy organizacyjnej**. Nie terror, nie putsche [pucze] i anarchistyczne wystąpienia, ale **codzienna znojna praca w związkach zawodowych, kooperatywach, instytucjach oświatowych i partii socjalistycznej jest tym fundamentem, na którym robotnik polski we własnym państwie wzniesie masowym wysiłkiem rewolucyjnym potężny gmach wyzwolenia i socjalizmu**. Dziś bardziej niż kiedykolwiek, w okresie kryzysu[9], bezrobocia[10], wyzy-

---

[9]Szerzej zob. Z. Landau, J. Tomaszewski, *Zarys historii gospodarczej Polski...*, s. 121–146.

[10]Pod koniec 1925 r. i w pierwszych tygodniach 1926 r., według doniesień prasowych, rozmiary bezrobocia w Polsce przedstawiały się następująco: grudzień 1925 r. – 302 253 osoby, styczeń 1926 r. – 341 378 osób (zob. *Wzrost bezrobocia*, „Robotnik", 10 I 1926, nr 10; *Wzrost bezrobocia*, „Robotnik", 24 I 1926, nr 24). W styczniu 1926 r. na terenie Warszawy według ustaleń „Robotnika" bez pracy pozostawać miało 11 250 osób (*Wzrost bezrobocia w Warszawie*, „Robotnik", 14 I 1926, nr 14). Zjawisko to stanowiło największy problem, z którym zmagały się kolejne gabinety II Rzeczypospolitej. Według szacunkowych danych w latach 1921—1927 bezrobocie w Polsce osiągnęło następujące rozmiary (stan na grudzień): 1921 r. – 205 tys., 1922 r. – 62 tys., 1923 r. – 62 tys., 1924 r. – 151 tys., 1925 r. – 252 tys., 1926 r. – 201 tys., styczeń 1927 r. – 236 tys. Najwięcej bezrobotnych było w lutym 1926 r. – 363 tys. osób (B. Balukiewicz, *Rynek pracy...*, s. 7; *Stan bezrobocia w Polsce*, „Naprzód", 30 III 1924, nr 74). Według danych Głównego Urzędu Statystycznego, którymi dysponowało MSW, liczba zarejestrowanych bezrobotnych w kraju w 1926 r. przedstawiała się następująco: marzec: 295,5 tys. osób, czerwiec: 243,3 tys., wrzesień: 185 tys., grudzień: 190,1 tys. (AAN, 9/1137, Sprawozdanie Wydziału Bezpieczeństwa MSW o stanie bezrobocia w Polsce, [1936], k. 34). Dokładniejsze dane ukazały się w kwartalniku „Statystyka Pracy". Według periodyku w marcu 1926 r. bez pracy pozostawało 295 529 osób zarejestrowanych w Państwowych Urzędach Pośrednictwa Pracy, w czerwcu: 243 302 osoby, we wrześniu: 185 207, w grudniu: 190 140. W styczniu i maju 1926 r. największe bezrobocie odnotowywano m.in. na terenie: miasta Łodzi (92 866; 69 869), m.st. Warszawy (13 736; 12 652), Kielc (37 696; 32 819), Sosnowca (25 045;

sku kapitalistycznego i spowodowanej przezeń nędzy, walka rewolucyjna klasy robotniczej o zdobycze społeczne wymaga nie terroru, nie wzajemnych walk w obozie robotniczym, lecz skoncentrowania wszystkich wysiłków w organizacjach klasowych, szerzących świadomość – tę najsilniejszą dźwignię wyzwolenia.

Precz z terrorem czerezwyczajek bolszewickich na ziemiach Polski!

Precz z przelewem krwi robotniczej w walkach bratobójczych!

Niech żyje solidarna, jednolita walka klasy robotniczej!

Niech żyje wolność i demokracja!

Niech żyje Polska Republika Socjalistyczna!

Niech żyje PPS!

Warszawski Okręgowy Komitet Robotniczy

Źrodło: AAN, 114/XIII-93, k. 9–9a, mps.

---

19 876), Krakowa (15 225; 12 054), województwa śląskiego (70 145; 69 552), Poznania (20 160; 15 701) (*Lista zarejestrowanych w Państwowych Urzędach Pośrednictwa Pracy (tabela)*, „Statystyka Pracy" 1927, z. 1, s. 32; zob. też *Bezrobocie w Polsce 1925–1936*, oprac. M. Drozdowski, „Najnowsze Dzieje Polski 1918–1936" 1961, t. 4, s. 232). Według Józefa Ławnika, powołującego się na dane zawarte w „Roczniku Statystycznym Warszawy", pod koniec lipca 1926 r. liczba zarejestrowanych bezrobotnych w stolicy wynosiła 18 900 osób (J. Ławnik, *Bezrobocie w Warszawie w okresie międzywojennym (na tle bezrobocia w kraju)*, „Z Pola Walki" 1968, nr 2, s. 47).

Nr 59

1925 październik 21, Warszawa – Artykuł z „Robotnika" pt. „Nowy kryzys w Komunistycznej Partii Polski"

Nie przebrzmiały jeszcze echa kryzysu „prawicowego" w Komunistycznej Partii Polski[1], gdy oto dojrzał nowy kryzys, tym razem – „lewicowcy". Jak wiadomo, kryzys prawicowy wywołali członkowie Kom[itetu] Centr[alnego]: Warski[2], Koszutska[3] i Horwic, i za to spotkał ich doraźny wyrok Egzekutywy Kominternu, usuwający z K[omitetu] C[entralnego] Kom[unistycznej] Partii Polski[4]. Wyrok ten poprzedziła wielka dyskusja w tak zwanej „Komisji Polskiej", wyłonionej przez

[1] Partyjne określenie okresu dominacji w KC KPRP grupy „3W".

[2] Adolf Warszawski-Warski (1868–1937) – działacz SDKPiL; wcześniej nie było informacji o wykształceniu? członek KC KPRP i KC KPP, lider i główny teoretyk grupy „3W", przeciwnik ultralewicowego kursu w KPRP i KPP; w latach 1926––1929 poseł na Sejm RP. W charakterystykach i analizach MSW II RP przedstawiany był jako „zdolny teoretyk polskiego komunizmu" oraz jako „człowiek uczciwy i ideowy" (zob. AAN, MSW, 9/1197, Charakterystyka leaderów komunistycznych polskich, Warszawa, 26 V 1919 r., k. 160).

[3] Maria Koszutska (właśc. Wera Kostrzewa) (1876–1939) – działaczka komunistyczna pochodzenia polskiego, członek PPS-Lewica, od 1918 r. w KPRP; liderka grupy „3W"; przeciwniczka ultralewicowego kursu w KPRP i KPP.

[4] 12 VII 1924 r. rozszerzone Plenum KW MK zatwierdziło rezolucję Komisji Polskiej, w której oskarżano i potępiano za oportunizm polityczny dotychczasowe kierownictwo kompartii w Polsce z grupą „3W" na czele. Rezolucja zakładała m.in. odnowienie składu KC i tymczasowe powołanie Biura Organizacyjnego, będącego *de facto* prowizorium KC, w skład którego weszli: Julian Leński, Stanisław Mertens, Władysław Krajewski, Leon Purman oraz Franciszek Grzeszczak-Grzegorzewski (*Rezolucja Komisji Polskiej na V Kongresie Kominternu*, „Nowy Przegląd", sierpień 1924, nr 2, s. 609; *KPP. Uchwały...*, t. 2, s. 59–60; H. Gruda, *Sprawa polska...*, s. 58–59; B. Kolebacz, *Komunistyczna Partia Polski 1923–1929...*, s. 51). Rezolucja Komisji Polskiej została też z uznaniem przyjęta przez „odpowiedzialnych komunistów Polaków m. Moskwy", którzy 10 lipca w swojej rezolucji gratulowali komisji za „potępienie prawicowego zboczenia w KPRP" i wyrażali jednocześnie przekonanie, że nowe władze kompartii w Polsce zacieśnią relacje z komunistami polskiego pochodzenia przebywającymi w ZSRS (zob. *Rezolucja uchwalona na zebraniu odpowiedzialnych komunistów Polaków m. Moskwy 10 VII 1924 r.*, „Nowy Przegląd", sierpień 1924, nr 2, s. 609).

Komintern[5], na której, opuszczeni przez swoich współkolegów, Warski, Koszutska i Horwic na próżno usiłowali bronić się przed zarzutami
„prawicowości"[6]. Komisja potępiła ich z całą stanowczością[7]. Oskarżeni,
oprócz Koszutskiej, w swoim „ostatnim" słowie przyznali się do „błędów"[8]. Wkrótce potem do tego stanowiska przyłączyła się także Koszutska, składając pisemną deklarację. Wskutek tego Egzekutywa Kominternu, zawieszając ich na 6 miesięcy w prawach członków K[omitetu]
C[entralnego] Kom.[unistycznej] Partii Polski, delegowała do K[omitetu]
C[entralnego] Leńskiego (Leszczyńskiego)[9], Domskiego[10] (?) i Skulskiego[11] (?), nakazując jednocześnie zwołanie Zjazdu Kom.[unistycznej]

---

[5] Podczas obrad V Kongresu MK dla rozwiązania kwestii kryzysu w KPRP została
powołana Komisja Polska, której przewodniczącym został Stalin. W jej skład
wchodzili z głosem doradczym wszyscy przedstawiciele polskiej delegacji, a ponadto
kilkanaście osób reprezentujących inne partie komunistyczne. Komisja obradowała
trzykrotnie (1–3 VII 1924 r.). Na temat pełnego składu komisji zob. H. Gruda, *Sprawa
polska...*, s. 52; B. Kolebacz, *Komunistyczna Partia Polski 1923–1929...*, s. 45–46.
[6] Zob. M. Koszutska, *Pisma i przemówienia*, t. 2: *1919–1925*, oprac. N. Gąsiorowska,
A. Zatorski, A. Żarnowska, Warszawa 1961, s. 285–291; H. Walecki, *Sprawa polska
na V Kongresie Międzynarodówki Komunistycznej* [w:] *idem, Wybór pism*, t. 2...,
s. 148–151.
[7] O oportunizm kierownictwo KPRP oskarżali m.in. Stalin, Unszlicht,
a także komuniści francuscy i niemieccy (zob. *Sprawa polska na V Kongresie
Międzynarodówki Komunistycznej*, b.m. i d.w., s. 43–45, 54, 63–65, 99).
[8] Zob. B. Kolebacz, *Komunistyczna Partia Polski 1923–1929...*, s. 51.
[9] Julian Leszczyński-Leński (1889–1937) – członek ultralewicowej frakcji w KPRP/
KPP tzw. czwórki berlińskiej, opozycyjnie ustosunkowany do postanowień II Zjazdu
KPRP z 1923 r. i IV Kongresu MK, od 1925 r. w KC KPP.
[10] Henryk Domski-Stein (1883–1937) – działacz komunistyczny; od 1904 r.
w SDKPiL, a od grudnia 1918 r. w KPRP; współtwórca i jeden z liderów
ultralewicowej frakcji w partii; w latach 1924–1925 stał na czele KPP. W 1926 r.
oskarżony o poglądy trockistowskie został odwołany do Moskwy, gdzie w 1937 r.
aresztowano go i zamordowano.
[11] Stefan Skulski (Stanisław Mertens) (1892–1937) – działacz komunistyczny;
od 1909 r. członek SDKPiL, od 1918 r. w strukturach RKP(b), funkcjonariusz
WCzK, w 1920 r. w składzie TKRP, w latach 1920–1922 we władzach Białoruskiej
Socjalistycznej Republiki Rad; od 1922 r. na nielegalnej robocie w Polsce;
współorganizator KPZB; członek KC KPRP/KPP. W 1925 r. został aresztowany
przez władze polskie, wymieniony na więźniów sowieckich, a po 1928 r. przebywał
na terenie ZSRS.

Partii Polski. Oczywista, że wkrótce odbyty Zjazd[12], w którym uczestniczył z ramienia Egzekutywy Kominternu Manuilskij[13], podporządkował się całkowicie uchwałom Kominternu.

Rozpoczęło się „czyszczenie" w Kom[unistycznej] Partii Polski, wywołujące długotrwały kryzys wewnętrzny, który zakończył się dopiero w pierwszych miesiącach b[ieżącego] r[oku]. Na tle tego kryzysu dojrzał fakt złożenia przez Królikowskiego mandatu poselskiego. Jednakże już w czerwcu br. zarysował się nowy kryzys. K[omitet] C[entralny] Kom[unistycznej] Partii Polski uchwalił[14] i rozesłał do całej organizacji, w związku z posunięciami taktycznymi Kom[unistycznej] Partii Niemiec, Francji i Bułgarii – ostrą rezolucję, potępiającą je za różne „przestępstwa". Komunistycznej] Partii Francji nasi komuniści zarzucają[15], że wycofała w ściślejszych wyborach komunalnych swoich kandydatów na rzecz kandydatów „Bloku lewicowego"[16]. Kom[unistycznej] Partii Niemiec rezolucja komunistów polskich zarzuca[17], że Kom[unistyczna] Partia Niemiec zaoferowała S[ocjal] D[emokracji] poparcie i pomoc przy tworzeniu rządu pruskiego[18] oraz zaniechała strajku gene-

---

[12] III Zjazd KPRP/KPP. Zob. przypis 2, dok. nr 50.
[13] Dimitrij Manuilski (właśc. Dmytro Manujilśkyj) (1883–1959) – działacz bolszewicki; od 1907 r. członek SDPRR; w latach 1919–1920 członek Wszechukraińskiego Komitetu Rewolucyjnego, od 1921 r. I sekretarz KP(b)U; w latach 1928–1943 sekretarz KW MK; od 1946 r. do 1953 r. wicepremier rządu Ukraińskiej Socjalistycznej Republiki Radzieckiej (USRR).
[14] Mowa o uchwale przyjętej jednogłośnie 3 VI 1925 r. przez Plenum KC KPP (*Uchwała Komitetu Centralnego KPP powzięta na posiedzeniu plenarnym w pierwszych dniach czerwca 1925 r.* [w:] *Materiały Egzekutywy Międzynarodówki Komunistycznej w sprawie KP polskiej*, [Moskwa 1925], s. 3–7).
[15] *Ibidem*, s. 5–6.
[16] Francuska Partia Komunistyczna w drugiej turze wyborów samorządowych, aby zapewnić zwycięstwo „kartelowi lewicy", z Paulem Painlevé na czele, nad „blokiem narodowym" Raymonda Poincaré, wycofała swoich kandydatów z większości okręgów wyborczych (zob. B. Kolebacz, *Komunistyczna Partia Polski 1923– –1929...*, s. 79).
[17] *Uchwała Komitetu Centralnego KPP powzięta na posiedzeniu plenarnym...*, s. 3–5.
[18] Zob. B. Kolebacz, *Komunistyczna Partia Polski 1923–1929...*, s. 79.

292

ralnego z okazji wjazdu Hindenburga[19] do Berlina. Wreszcie Bułgarską Kom[unistyczną] Partię spotkały zarzuty za chęć wejścia w kontakt z grupami demokratycznymi[20] w celu odciągnięcia ich od współpracy z gabinetem Cankowa[21].

Nie potrzeba chyba nadmieniać, jakiego rozgłosu nabrała powyższa rezolucja w Kom[unistycznej] Partii Niemiec, Francji i Bułgarii, jak też w samej Egzekutywie Kominternu[22]. Nastąpiły gorące protesty wymienionych partii, zwłaszcza niemieckiej, którą zaniepokoiła obecność Domskiego na posiedzeniu egzekutywy niemieckiej, na którym Domski całkowicie solidaryzował się z mniejszością lewicową Kom[unistycznej] Partii Niemiec.

Wskutek tych protestów Egzekutywa Kominternu powzięła specjalną rezolucję[23]. Rezolucja ta w wyjątkach brzmi:

---

[19] Paul von Hindenburg (1847–1934) – feldmarszałek, polityk, prezydent Republiki Weimarskiej oraz Rzeszy Niemieckiej.

[20] *Uchwała Komitetu Centralnego KPP powzięta na posiedzeniu plenarnym...*, s. 6–7.

[21] Aleksandyr Cołow Cankow (1879–1959) – bułgarski polityk i ekonomista; współtwórca Porozumienia Narodowego; w 1922 r. organizator zamachu stanu; w latach 1923–1926 premier Bułgarii; krwawo stłumił rewolty komunistyczne.

[22] Negacja działań Domskiego przez Komintern była kwestią naturalną, zwłaszcza w świetle postanowień V Rozszerzonego Plenum KW MK (17 luty–15 III 1925 r.), które dokonało rewizji ocen V Kongresu MK w sprawie możliwości podjęcia działań rewolucyjnych. Rozszerzone Plenum, stwierdzając częściową stabilizację kapitalizmu, dawało przyzwolenie dla partii komunistycznych (także w Niemczech i we Francji) na stosowanie taktyki jednolitego frontu z tzw. góry (zob. B. Kolebacz, *Komunistyczna Partia Polski 1923–1929...*, s. 78–79; K. Trembicka, *Między utopią a rzeczywistością...*, s. 118).

[23] 12 VI 1925 r. nad treścią uchwały Plenum KC KPP obradował KW MK. Podczas posiedzenia przyjęto rezolucję odrzucającą wszelkie tezy i oskarżenia ultralewicowego kierownictwa kompartii w Polsce (*Rezolucja Egzekutywy Międzynarodówki Komunistycznej. Z powodu rezolucji Komitetu Centralnego KPP, uchwalonej na początku czerwca roku 1925* [w:] *Materiały Egzekutywy Międzynarodówki Komunistycznej...*, s. 9–12). Komintern przedstawił swoje stanowisko członkom KPP w obszernym liście (zob. *List Komitetu Wykonawczego Międzynarodówki Komunistycznej do organizacji Komunistycznej Partii Polski (31 lipiec 1925 r.)* [w:] *KPP. Uchwały...*, t. 2, s. 223–247).

„Egzekutywa stwierdza, że rezolucja K[omitetu] C[entralnego] Kom[unistycznej] Partii Polski została uchwalona bez najmniejszej próby porozumienia się z Egzekutywą Kom[unistycznej] Międzynarodówki i z Kom[itetami] Centr[alnymi] odpowiednich partii.

»Krytyka« skierowana przeciw K[omunistycznej]] P[artii] Niemiec oparta jest po prostu na przekręcaniu faktów i rzeczywistości, jest próbą poparcia „ultralewicowej" grupy Szelma[24] – Kaca[25] – Rozenberga[26], której praktyka została potępiona przez przytłaczającą większość K[omunistycznej] P[artii] Niemiec, a niejednokrotnie była odrzucana przez cały Komintern jako karykatura bolszewizmu.

»Krytyka« skierowana przeciw K[omunistycznej] P[artii] Francji jest całkowicie niesłuszna, gdyż przy ściślejszych wyborach K[omunistycznej] P[artii] Francji w danej sytuacji powinna była zachować się tak, aby czarny blok Pinoczystów[27] nie mógł w żadnym wypadku zyskać na powtórnym obstawieniu komunistycznych kandydatów. Wszelkie inne postępowanie byłoby karykaturą komunizmu.

»Krytykę« zaś wymierzoną przeciw Bułgarii, Egzekutywa zmuszona jest zakwalifikować jako całkowicie niegodną. W chwili, gdy K[omunistyczna] P[artia] Bułgarii dosłownie tonie we własnej krwi, zarzucać jej, że jakoby chce »pozyskać partię, która popierała krwawą dyktaturę Cankowa«, to znaczy wbijać nóż w plecy bohaterskiego proletariatu Bułgarii i oddawać usługi międzynarodowej burżuazji, to znaczy popełnić taki sam błąd, jaki zrobił w czasie polsko-sowieckiej wojny jeden z »ultralewicowych« towarzyszy (Domski, przyp. autora), który poddał się wpływom socjal-oportunizmu.

---

[24] Wener Scholem (1895–1940) – ultralewicowy działacz komunistyczny, członek KPD, sympatyk i zwolennik trockizmu; redaktor niemieckiego „Czerwonego Sztandaru"; zamordowany w niemieckim obozie koncentracyjnym w Buchenwaldzie.
[25] Iwan Katz (1889–1956) – ultralewicowy działacz komunistyczny, członek KPD; po II wojnie światowej we władzach SED w NRD.
[26] Arthur Rosenberg (1889–1943) – ultralewicowy działacz komunistyczny, członek KPD; autor licznych opracowań na temat historii marksizmu i niemieckiego ruchu komunistycznego; zmarł na emigracji.
[27] „Blok narodowy" Raymonda Poincaré.

Egzekutywa uważa, że KC KPP został wprowadzony w taki błąd, jak w 1924 r., z tą różnicą, że wtedy wprowadzony był w błąd przez Warskiego na rzecz grupy prawicowej, a obecnie przez Domskiego na rzecz grupy »ultralewicowej«"[28].

„Egzekutywa proponuje KC KPP odłożyć wyznaczoną przezeń na 20 czerwca naradę partyjną i wydelegować do Moskwy dla pertraktacji t.t.[towarzyszy] Domskiego i Skulskiego"[29].

W związku z tą rezolucją odbyło się posiedzenie Prezydium Egzekutywy Kominternu w dniu 3-cim[trzecim] lipca 1925 r.[30], na które stawili się Domski i Skulski. Oprócz nich w posiedzeniu brali udział Semard[31] (francuska K[omunistyczna] P[artia]), Neuman[32]

[28] Rezolucja Egzekutywy Międzynarodówki Komunistycznej..., s. 12.
[29] Ibidem.
[30] Zob. Posiedzenie Prezydium Egzekutywy MK z d. 3 lipca 1925 r. [w:] Materiały Egzekutywy Międzynarodówki Komunistycznej..., s. 18–32.
[31] Pierre Semard (1887–1942) – francuski działacz związkowy i komunistyczny; członek i jeden z liderów Francuskiej Partii Komunistycznej, w latach 1924–1929 pełnił w niej funkcję sekretarza generalnego.
[32] Heinz Neuman (1902–1937) – niemiecki działacz komunistyczny, publicysta; od 1920 r. członek KPD – reprezentował ją w Kominternie. W 1927 r. był przedstawicielem III Międzynarodówki Komunistycznej w Chinach. Pod koniec lat dwudziestych stał się jednym z najważniejszych liderów w KPD. Pełnił funkcje redaktora naczelnego „Rote Fahne". Przewodził bojówkom KPD, sankcjonując prowadzony przez nich terror polityczny, m.in. w 1931 r. współorganizował zamach na Paula Anlaufa – kapitana berlińskiej policji powiązanego z SPD. W 1930 r. został z list KPD wybrany do Reichstagu; w 1932 r. ramach walk frakcyjnych pozbawiony funkcji partyjnych i mandatu w Reichstagu. W 1934 r. został „zesłany" do Hiszpanii jako przedstawiciel Kominternu. Zamieszkał bez pozwolenia w Szwajcarii, skąd został wydalony i trafił do ZSRS. W 1937 r. zamordowany w ramach Wielkiej Czystki.

(niemiecka K[omunistyczna] P[artia]), Bucharin[33], Bogucki[34], Zinowjew i Stalin[35].

Posiedzenie rozpoczęło się od przemówienia Domskiego, który zakomunikował tekst rezolucji KC KPP, będącej odpowiedzią na wspomnianą wyżej rezolucję Egzekutywy[36]. W rezolucji tej KC KPP broni się przed zarzutami Egzekutywy, podtrzymując w całości swoje stanowisko, wyrażone w swojej pierwotnej rezolucji z wyjątkiem stanowiska w sprawie bułgarskiej K[omunistycznej] P[artii][37], które zmienia w ten sposób, że godzi się na poddanie jej pod dyskusję całej organizacji polskiej K[omunistycznej] P[artii], na podstawie dostarczonego przez Egzekutywę materiału. Nadto Domski w swoim przemówieniu usiłował usprawiedliwić K[omitet] C[entralny][38], wysuwając np. takie szczegóły. A więc odnośnie do taktyki wyborczej K[omunistycznej] P[artii] Francji i K[omunistycznej] P[artii] Niemiec, zaznacza, że nie rozumie, dlaczego taktyka komunistów francuskich, popierająca blok lewicy – była słuszna, gdy jednocześnie komuniści niemieccy w takiej samej sytuacji, wiedząc z góry, że ich samodzielna kandydatura na pre-

---

[33] Nikołaj Iwanowicz Bucharin (1888–1938) – działacz bolszewicki; członek Biura Politycznego RKP(b) oraz WKP(b); w latach 1926–1929 przewodniczący Prezydium KW MK; wespół z Aleksijem Rykowem przeciwnik przymusowej kolektywizacji, jeden z liderów tzw. prawicowego odchylenia; w latach 1934–1936 redaktor naczelny „Izwiestii". W 1937 r. został aresztowany i oskarżony o udział w antysowieckim prawicowo-trockistowskim bloku, a następnie skazany na śmierć.
[34] Walery Bogucki (1884–1937) – działacz komunistyczny; od 1904 r. członek SDKPiL, po 1918 r. w strukturach KPRP/KPP, w 1920 r. zaangażowany w działalność TKRP; członek Prezydium CKW BSRR; w latach 1924–1926 przedstawiciel KPRP/KPP przy KW MK, zastępca członka KW MK, a także zastępca członka KC KPP.
[35] Józef Wissarionowicz Stalin (właśc. Dżugaszwili) (1879–1953) – marszałek ZSRR; w latach 1922–1953 sekretarz generalny WKP(b), a następnie KPZR; od 1941 r. do 1953 r. premier ZSRR; w latach 1941–1945 przewodniczący Państwowego Komitetu Obrony oraz naczelny dowódca sowieckich sił zbrojnych.
[36] Zob. przypis 23, dok. nr 59.
[37] *Posiedzenie Prezydium Egzekutywy MK z d. 3 lipca…*, s. 22–23.
[38] *Ibidem*, s. 19–22.

296

zydenta, podtrzymywana w ścisłym głosowaniu – prowadzi do zwycięstwa kandydatury Hindenburga[39] – nie głosowali za kandydatem republikańskim – Marksem[40].

Orientację zaś w sprawach bułgarskiej K[omunistycznej] P[artii] utrudniała deklaracja Egzekutywy Kominternu, odgradzająca się od zamachu w Sofii[41].

Źródło: „Robotnik", 21 X 1925, nr 289.

---

[39] W 1925 r. w wyborach prezydenckich Hindenburg uzyskał poparcie około 14,7 mln głosujących (48,3% ogółu oddanych w wyborach głosów) (H.A. Winkler, *Długa droga...*, s. 428).

[40] Wilhelm Marx (1863–1946) – niemiecki polityk, działacz i przywódca Partii Centrum; w latach 1923–1925 oraz 1926–1928 czterokrotny kanclerz Rzeszy; w 1925 r. w wyborach prezydenckich uzyskał 13,8 mln głosów, co w skali całych wyborów stanowiło poparcie na poziomie 45,3%.

[41] 16 IV 1925 r. w Sofii w cerkwi „Sweta nadelja" działacze Białoruskiej Partii Komunistycznej dokonali zamachu bombowego na uczestniczących w pogrzebie gen. Kosty Gieorgijewa przedstawicieli władz państwowych, wojska i parlamentu. Faktycznym celem zamachu był car Borys II, ten jednak przebywał wówczas poza cerkwią. W wyniku eksplozji ładunków wybuchowych oraz z powodu odniesionych ran śmierć poniosło ponad 200 osób, a około 500 zostało rannych. Część zamachowców ujęto i skazano na śmierć, rozpoczęto też fizyczne likwidowanie struktur komunistycznych w państwie (szerzej zob. G. Markow, *Zamachy, przemoc i polityka w Bułgarii 1887–1947*, Sofia 2003, s. 223–227).

Nr 60

1925 październik 22, Warszawa – Artykuł z „Robotnika" pt. „Nowy kryzys w Komunistycznej Partii Polski (dokończenie)"
(fragmenty)

Z dyskusji nad przemówieniem Domskiego, w której wszyscy mówcy wypowiadali się przeciwko niemu, należy przytoczyć ciekawy sąd Bucharina o Kom[unistycznej] Partii Polski. Bucharin mówił: „Uważamy kryzys ten za poważny. Mogę powiedzieć, że w Kominternie nie było jeszcze precedensu, aby cały K[omitet] C[entralny] jakiejkolwiek partii powziął podobną uchwałę przeciwko Kominternowi. Kiedy Międzynarodówka ostro na to reaguje – to mówi się: „może była tylko pomyłka co do tonu". Albo – albo. Jest to albo krok polityczny, wtedy oznacza to walkę frakcyjną, albo jest to **dziecinada**, ale K[omitet] C[entralny] partii nie powinien składać się z dzieci. **Dzieci powinny iść do pierwszej klasy szkoły, nie zaś siedzieć w K[omitecie] C[entralnym] partii**[1].

Obrady[2] zakończono uchwałą, powołującą specjalną dla tej sprawy komisję polską[3].

W obradach „komisji polskiej" brał udział także Dzierżyński. Charakterystyczną cechą tych obrad była tendencja zepchnięcia wszystkiego wyłącznie na Domskiego. Przebijało to np. z przemówienia Dzierżyńskiego. Dzierżyński mówił o D[omskim]: „Jeszcze wśród delegatów na V Kongresie wynikały wątpliwości, czy D[omski] da sobie radę w KC KPP z włożonymi na niego zadaniami. Przy mianowaniu D[omskiego] kierowaliśmy się tym, że był on jedynym literatem. To była jedyna pobudka wprowadzenia D[omskiego] do K[omitetu]C[entralnego]. Niejednokrotnie ostrzegaliśmy towarzyszy przed D[omskim] znając go nie od wczoraj; pamiętamy, w jaki sposób występował on, kiedy szliśmy na Warszawę i to nie tylko ja, ale i Unszlicht i inni towarzysze,

---

[1] *Posiedzenie Prezydium Egzekutywy MK z d. 3 lipca…*, s. 31.
[2] Posiedzenie KW MK odbyło się 3 VII 1925 r.
[3] Komisja Polska KW MK obradowała 4 VII 1925 r.

298

którzy lepiej ode mnie znają D[omskiego] Dlatego zupełnie umotywowane jest przypuszczenie, że moralnym winowajcą jest D[omski]"⁴.

Bucharin, stwierdzając winę Domskiego, zaproponował wycofanie D[omskiego] z KC KPP i „zatrzymanie" go w Moskwie. Stalin, popierając tę propozycję, wyraził się bardzo obrazowo. Mówił on: „Wniosek Bucharina jest za łagodny, należałoby uczynić go cokolwiek ostrzejszym. Ale poczekamy trochę, czasy się zmieniają. Po co się śpieszyć! Być może, naciśniemy mocniej"⁵.

Bucharin, omawiając swój wniosek pozostawienia D[omskiego] w Moskwie, powiedział: „Pozostawiamy D[omskiego] w Moskwie, ażeby wedle możności złagodzić szkodliwą stronę jego polityki, robimy ten krok, uważając, że D[omski] jest najjaskrawszą ekspozyturą ultralewicowości w Kom[unistycznej] Partii Polski. Powtarzam, dokonujemy nie operacji chirurgicznej, lecz translokacji geograficznej. Jest to minimum tego, co może być zaproponowane"⁶.

W wyniku obrad komisji polskiej przyjęto następującą rezolucję, zatwierdzoną następnie przez Prezydium Egzekutywy Kominternu.

„Egzekutywa stwierdza, że rezolucja, powzięta przez polski K[omitet] C[entralny], była po prostu próbą stworzenia frakcyjnego ośrodka ultralewicowego, zwróconego przeciwko obecnej linii i obecnemu kierownictwu Międzynarodówki Komunistycznej"⁷. Następnie idzie szczegółowy wykaz przestępstw Kom[unistycznej] P[artii] Polski, wreszcie następuje wyrok.

„Uznając, że podobne rozłamowe postępowanie ze strony KC KPP, jako całości, nie miało jeszcze precedensu w historii Międzynarodówki i że metody K[omitetu] C[entralnego] są radykalnie sprzeczne z organizacyjnymi zasadami bolszewizmu – Egzekutywa postanawia: 1) uznać wystąpienie KC KPP za krok frakcyjny i jako taki – potępić. 2) Uznać

---

⁴ *Posiedzenie Komisji Polskiej dn. 4 lipca 1925 r.* [w:] *Materiały Egzekutywy Międzynarodówki Komunistycznej...*, s. 35.
⁵ *Ibidem*, s. 35–36.
⁶ *Ibidem*, s. 43–45.
⁷ *Uchwała Komisji Polskiej zatwierdzona na posiedzeniu Prezydium z d. 4 lipca 1925 roku* [w:] *Materiały Egzekutywy Międzynarodówki Komunistycznej...*, s. 32.

za niemożliwe **pozostawienie w Polsce Domskiego i zaproponować** mu pozostanie w Moskwie w rozporządzeniu Egzekutywy.

Egzekutywa wyraża przekonanie, że członkowie KPP, którzy zawsze byli czołowym oddziałem Międzynarodówki Komunistycznej, zrobią wszystko, aby partia jak najrychlej przezwyciężyła obecny konflikt"[8].

W związku z powyższą rezolucją, Zinowjew, w imieniu Kominternu, wystosował do KPP obszerny list omawiający istotę konfliktu z KC KPP[9].

[...]

Przytoczyliśmy obszernie powyższe dane z sądu Zinowjewa nad Kom[unistyczną] P[artią] Polski, ponieważ jest to obrazek niezmiernie charakterystyczny. Okazuje się tu, do jakiego stopnia cała ta Kom[unistyczna] P[artia] Polski jest śmieszną kukłą w rękach Kominternu, a właściwie Zinowjewa i jego kliki. Nie podoba się Zinowjewowi „prawicowy" zarząd komunistów polskich – won! Po kilku miesiącach nie podoba mu się zarząd „lewicowy", który sam ustanowił. Chciałoby się ten zarząd przepędzić. No, ale kto w takim razie pozostanie. Więc wymyśla się niebywałą karę: najbardziej „lewicowego" Domskiego – **zatrzymuje się... na zesłaniu w Moskwie** i nie pozwala mu się wracać do Polski...

Czyli: **komuniści polscy są po prostu niewolnikami Moskwy, która ich przepędza z Komitetów albo trzyma na zesłaniu!**

Nawiasowo dodamy, że to „zatrzymanie" Domskiego w Moskwie świadczy, do jakiego stopnia Komintern jest tylko jedną z instytucji sowieckich. Tylko bowiem **władza sowiecka** może kogoś zatrzymać w Moskwie...!

Wreszcie podkreślmy, z jaką to w ogóle pogardą Zinowjewy traktują Kom[unistyczną] P[artię] Polski: całą ich akcję, całą taktykę ośmieszają, wydrwiwają, biczują... Tych samych ludzi, których narzucili jako przywódców oszukanej części proletariatu polskiego, traktują w swoim gronie jako głupców i smarkaczy, niemających pojęcia o zadaniach ruchu masowego!

---

[8] *Ibidem*, s. 33.

[9] *List Komitetu Wykonawczego Międzynarodówki Komunistycznej do organizacji Komu- nistycznej Partii Polski (31 lipiec 1925 r.)* [w:] *KPP. Uchwały...*, t. 2, s. 223–247; także *Materiały Egzekutywy Międzynarodówki Komunistycznej...*, s. 48–74).

Tak wgląda i Zinowjewowski Komintern i Kom[unistyczna] Partia Polski – bez maski.

K. P.[10]

Źródło: „Robotnik", 22 X 1925, nr 290.

---

[10] Kazimierz Pużak. Zob. przypis 9, dok. nr 46.

Nr 61

1926 styczeń 10, Warszawa – Artykuł z „Chłopskiej Prawdy" pt. „Dwudziesty Kongres PPS"[1]
(fragmenty)

[...]

Rezolucja w sprawie polityki wewnętrznej

I. Powojenny kryzys gospodarczy, który ogarnął wszystkie kraje Europy i, pomimo wszelkiego usiłowania, nie został dotychczas ani usunięty, ani nawet złagodzony, dowodzi z całą pewnością, że kapitalistyczny system gospodarki coraz mniej daje się pogodzić z interesami społeczeństw, z rozwojem cywilizacji, z utrzymaniem demokracji i wymaga gruntownej reformy jeszcze przed całkowitym zdobyciem władzy przez klasę robotniczą.

XX Kongres PPS oświadcza, iż proletariat polski będzie dążył do jak najściślejszego współdziałania z proletariatem całego świat organizowanym w Międzynarodówce Socjalistycznej i Zawodowej, w pracy nad zapewnieniem pokoju, przeprowadzeniem stopniowego rozbrojenia, ustanowieniem kontroli państwowej, z udziałem organizacji robotników i spożywców nad produkcją i podziałem dóbr, nad uspołecznieniem dojrzałych do tego gałęzi przemysłu.

[...]

VI. Kongres wzywa całą klasę pracującą, by w obecnym tak niesłychanie trudnym położeniu gospodarczym i politycznym, które wymaga największego wysiłku i największej solidarności wewnętrznej ruchu robotniczego, skupiła się dokoła Polskiej Partii Socjalistycznej dla walki o własne prawa, własne życie i przyszłość demokracji i socjalizmu. Kongres wzywa wszystkie organizacje partyjne do bezwzględnej walki przeciwko propagandzie komunistycznej, jawnej i zamaskowanej, rozbijającej jedność ruchu robotniczego, szykującej teren dla faszyzmu, zagrażającej niepodległości kraju.

[...]

Źródło: „Chłopska Prawda", 10 I 1926, nr 1.

---

[1] XX Kongres PPS obradował w Warszawie od 31 XII 1925 do 3 I 1926 r. (zob. szerzej W. Suleja, *Polska Partia Socjalistyczna...*, s. 167–169).

Nr 62

1926 marzec 21, Warszawa – Artykuł z „Chłopskiej Prawdy" pt. „Rada Naczelna PPS"[1] (fragmenty)

Dnia 14-go i 15-go marca obradowała w Warszawie Rada Naczelna PPS. Referat o sytuacji politycznej i gospodarczej kraju wygłosił tow. Daszyński, sprawy organizacyjne referował tow. Pużak.

1. Rezolucja w sprawie sytuacji politycznej i gospodarczej kraju

Rada Naczelna stwierdza, że Polska Partia Socjalistyczna weszła do rządu koalicyjnego w zrozumieniu niesłychanie ciężkiego położenia gospodarczego i politycznego kraju i w imię jasnego planu naprawy naszych stosunków państwowych.

[...]

Rada Naczelna, wyrażając pełne zaufanie CKW, ZPPS i ministrom socjalistycznym, oczekuje, iż kierownicze władze partyjne w sposób stanowczy oświadczą innym stronnictwom, należącym do koalicji rządowej, że klasy pracujące spełniły swój obowiązek i doszły do ostatecznych granic ofiar. R[ada] N[aczelna] oczekuje, że kierownicze władze partyjne doprowadzą zarazem do wyświetlenia – w oczach opinii publicznej – katastrofalnej sytuacji kraju, stosunku stronnictw do programu naprawy

---

[1] XX Kongres PPS wybrał następujący skład Rady Naczelnej: „Daszyński, Perl, Barlicki, Pużak, Niedziałkowski, Kwapiński, Żuławski, Topinek, Kuryłowicz, Szczerkowski, Ziemięcki, Diamand, Arciszewski, oraz z okręgów Śniady, Nehring (Poznań i Pomorze), Kossobudzki, Juchelek, Rumpfeld (Górny Śląsk), Pająk (Biała i Śląsk Cieszyński), Bobrowski, Janaszewski, Rosenzweig, Klemensiewicz (Zachodnia Małopolska), Lieberman (Przemyśl), Głowacki (Krosno), Hausner, Markowska, Tatarek, Skalak (Wschodnia Małopolska), Wolicki (Polesie), Stańczyk, Berger (Zagłębie), Dziuba (Częstochowa), Zaremba (Piotrków), Grzecznarowski (Radom), Malinowski (Lublin), Jaworowski, Szpotański, Dewódzki, Szczypiorski (Warszawa), Pragier, Dobrowolski (Warszawa podmiejska)". Na zastępców wybrano: „Nowickiego, Biniszkiewicza, Prejsa, Uziembłę, Hołówkę, Packana, Kłuszyńską, Bienia i Trutonia" (*XX Kongres PPS*, „Naprzód", 10 I 1926, nr 7). Ponadto Kongres podjął decyzję o powiększeniu składu Rady Naczelnej z 46 do 52 osób (*Zakończenie Kongresu*, „Naprzód", 6 I 1926, nr 4).

i kroków, które mają być niezwłocznie podjęte, a od których podjęcia i wykonania zależne być muszą dalsze losy koalicji rządowej, zgodnie z uchwałami XX Kongresu Partii.

Rada Naczelna stwierdza, że polityka Partii pozostanie nadal wierna dyrektywom Międzynarodówki Socjalistycznej, powziętym w uchwałach Kongresu Marsylskiego[2] i programowi pokojowemu. Rada Naczelna zwraca uwagę organizacji partyjnych na nową taktykę komunistów, polegającą na nieszczerym wysuwaniu haseł rzekomej obrony niepodległości i bloku wyborczego wszystkich organizacji robotniczych, włościańskich i drobnomieszczańskich. Rada Naczelna poleca podjęcie w myśl wskazówek CKW energicznej akcji, celem wyjaśnienia masom robotniczym istotnych dążeń i całej nieszczerości tej taktyki.

[...]

5) W sprawie Święta 1-go maja.

Rada Naczelna postanawia obchodzić dzień 1-go maja – za przykładem lat ubiegłych – powstrzymaniem się od pracy oraz publicznymi zgromadzeniami i demonstracjami.

PPS będzie organizowało zgromadzenia i demonstracje wspólnie ze związkami, skupionymi w Komisji Centralnej i wspólnie z partiami socjalistycznymi, stojącymi na gruncie programu i taktyki Międzynarodówki Socjalistycznej.

Rada Naczelna poleca CKW opracowanie haseł programowych na dzień 1 maja i danie organizacjom partyjnym dokładnych wskazówek praktycznych.

Rada Naczelna stwierdza, że wspólne zgromadzenia i demonstracje PPS z komunistami i grupą tzw. niezależnych socjalistów są bezwarunkowo niedopuszczalne. [...]

Źródło: „Chłopska Prawda", 21 III 1926, nr 6.

---

[2] II Kongres Socjalistycznej Międzynarodówki Robotniczej obradował w Marsylii 22–27 VIII 1925 r.

Nr 63

1926 maj 2, Warszawa – Artykuł z „Robotnika" pt. „Prowokacja komunistyczna. Tragiczne wypadki"

Pomimo prowokacyjnych pogróżek faszystowskich, które wywoływały wielki niepokój i nerwowe podniecenie wśród ludności – wczorajsze święto majowe przeszłoby spokojnie, gdyby nie prowokacje komunistów, które doprowadziły do tragicznych wypadków. Według z góry ustalonego planu, który znany był naszym władzom partyjnym – komuniści mieli wedrzeć się przemocą do naszych szeregów i w ten sposób opanować naszą manifestację. Nie mieli oni odwagi zorganizować własnej demonstracji, chociaż ciągle gardłują o walce rewolucyjnej. Nie śmieli zadzierać z policją – postanowili stoczyć walkę z PPS, aby rozbić nasz pochód i pokazać w ten sposób, jak to oni rozumieją „jednolity front". Poprzednie próby tego rodzaju nie udawały im się. Tym razem postanowili dopiąć swego za wszelką cenę. Wobec katastrofy gospodarczej, nędzy i bezrobocia, wobec przesilenia politycznego – postanowili zmierzyć się na ulicy z PPS, złamać nasze szeregi i tryumfalnie ogłosić swoje zwycięstwo. Święto 1-go maja było zawsze dumą PPS, jej wielką uroczystością, owocem jej żmudnej, wytężonej pracy. Tym większy tryumf dla komunistów, gdyby się udało rozbić manifestację, skompromitować PPS. Byłby to wprawdzie największy tryumf dla reakcji, ale czyż to kiedykolwiek wstrzymywało komunistów od ich akcji destrukcyjnej? Bolszewizm lewicowy zawsze idzie na rękę bolszewizmowi prawicowemu.

Nasza organizacja warszawska, znając zamiary komunistów, postanowiła jednak zrobić wszystko, aby nie dopuścić do zajść. Nie chcąc dać żadnego powodu do zatargów, przepuszczono i grupę drobnerowców[1] i grupę komunistów na plac Teatralny. Aby nie wywoływać niepokoju w wielkim tłumie, zgromadzonym na placu Teatralnym i uniknąć awantur, pozwolono i p. Krukowi[2] i pp.[panom] Warszawskiemu i Sochac-

---

[1] Mowa o działaczach Niezależnej Socjalistycznej Partii Pracy założonej i kierowanej przez Bolesława Drobnera; zob. przypis 1, dok. nr 70.
[2] Herman Kruk (Hersz) (1897–1944) – działacz komunistyczny; od 1915 r. w SDKPiL, następnie – od 1920 r. – członek Bundu, zasiadał w Radzie Krajowej młodzieżowej organizacji żydowskiej „Zukunft".

kiemu swobodnie przemawiać na placu. Aby uniknąć poważniejszych starć, nie rozpędzono komunistów, gdy uczepili się naszego pochodu w charakterze ogona. Cierpliwość i pobłażliwość posunięto z naszej strony do najdalszych granic. Komuniści jednak nie chcieli się pogodzić z tą rolą włóczących się w ogonie PPS. Bo w ten sposób niewiele mogli tylko zaszkodzić manifestacji i PPS. Zaczęło się więc ciągłe prowokowanie przez komunistów naszej milicji, ciągłe niepokojenie i denerwowanie ostatnich szeregów naszego pochodu, bojówka komunistyczna zaczęła strzelać z rewolwerów... Niżej czytelnicy znajdą opis tych krwawych zajść[3].

Komuniści – dla swego złowrogiego, nakazanego im przez Moskwę sowiecką celu wywoływania zamętu – krwawą plamę położyli na wczorajszym dniu. Dokonali nowej zbrodni przeciwko polskiemu ruchowi robotniczemu. Nie dopięli jednak swego celu, do którego dążyli tak usilnie wraz z faszystami: do rozbicia pochodu PPS, do złamania manifestacji.

Nie drgnął ani na chwilę nasz pochód, gdy rozlegały się strzały. Karnie, wytkniętą drogą szły żelazne szeregi demonstrantów pod sztandarem PPS i związków zawodowych.

Ten tłum olbrzymi, kilkadziesiąt tysięcy liczący, spojony jedną myślą i jednym uczuciem – był potężnym świadectwem, że bezsilne są wobec niego zamachy czy to komunistyczne, czy faszystów.

Hańba zawichrzenia i skrwawienia 1-go maja w Warszawie przez prowokacje komunistyczne niechaj będzie ostatecznym pohańbieniem komunistycznych służalców Moskwy, którzy tyle nieobliczalnych szkód wyrządzają ruchowi robotniczemu!

Źródło: „Robotnik", 2 V 1926, nr 120.

---

[3] Zob. *1 maj w Warszawie*, „Robotnik", 2 V 1926, nr 120.

Nr 64

1926 maj 6, Warszawa – Artykuł z „Robotnika" pt. „Odezwa Warszawskiego OKR PPS"
(fragmenty)

Towarzysze! Towarzyszki!

Z dumą i radością patrzeć mogli robotnicy na olbrzymie zastępy, które pod sztandarami **Polskiej Partii Socjalistycznej i pod znakami organizacji zawodowych** dnia 1-go maja wypełniły plac Teatralny. **Bezrobocie[1], niepewność jutra, głód i nędza nie złamały nas i nie rozbiły!** Zwiększyły się nasze szeregi, wpływy nasze się wzmogły. Spotężniała armia polskiego socjalizmu, coraz bliższym czyniąc nasze zwycięstwo!

[...]

Zdawali sobie sprawę z wielkiego znaczenia dnia tego przeciwnicy nasi. I nigdy nie padło tyle pogróżek, oszczerstw, ostrzeżeń pod naszym adresem, jak przed tegorocznym świętem majowym. Chciano ludność przestraszyć, nas sterroryzować. Ale robotnicy zrozumieli, że w chwili obecnej zwarte wystąpienie w dniu 1-[wsz]ym maja to wielka wygrana, że okazanie obojętności w takiej chwili dla sprawy i opieszałość byłyby klęską. To też zaroiły się tłumem robotniczym ulice i place miasta, wykwitły wszędzie nasze sztandary i nigdy jeszcze stolica nie widziała takiego morza głów, jak w roku bieżącym, przed warszawskim ratuszem.

Robotnicy! **Potęga nasza, wykazana sprawność organizacyjna polskiego proletariatu do szału wściekłości i nienawiści doprowadziła komunistów.** Bo nasz triumf – to ich upadek, nasze zwycięstwo – to ich koniec. Wiedzieli, że **cała reakcja czeka chciwie, by dzień 1 maja stał się dniem awantur i zamętu.** Wiedzieli, że niepowodzenie odbić się musi ujemnie na ruchu robotniczym. **Mimo to nie zawahali się uczynić próby rozbicia naszego pochodu, nie cofnęli się przed zbójeckim napadem na spokojnie manifestujących robotników!**

---

[1] Zob. przypis 10, dok. nr 58.

Bo tego wymaga polityka Moskwy, bo takie były rozkazy tych, którzy im płacą. Więc gdy nie udało się im w Warszawie wywołać krwawych rozruchów parę tygodni temu na tle bezrobocia, gdy robotnicy wtedy nie dali się sprowokować i pchnąć do bezmyślnych, Moskwie tylko potrzebnych, wystąpień, **postanowili teraz lepiej się popisać i wykazać, że nie** [na] **darmo pieniądze biorą.** Święto majowe miało im dać okazję do rozlewu krwi robotnika polskiego. W tym kierunku wszczęli akcję w całym kraju, głównym jednak punktem w tych planach była Warszawa!

Organizacja Polskiej Partii Socjalistycznej w Warszawie, przystępując do urządzania obchodu 1 maja, wzięła na siebie utrzymanie porządku i zażądała wycofania policji. Liczyliśmy na karność i na wyrobienie robotników warszawskich, na istniejące w masie poczucie godności i poczucie własnej siły, zdawaliśmy sobie sprawę, że robotnicy nie dadzą się pociągnąć na drogę niepotrzebnych awantur. To oczywiście nie w smak było komunistom. I gdy pochód nasz opuszczał pl. Teatralny dokonali na niego pierwszej napaści. Po przemówieniach pod filarami Warskiego, starego wroga niepodległości Polski, znanego z oszczerstw rzucanych na nasz ruch bojowy, po przemówieniu Sochackiego, prowokatora i szpicla bolszewickiego, nikczemnego zdrajcy, który przerzucił się do komunizmu w chwili, gdy armia bolszewicka pod Warszawą stała, zgraja komunistów, wśród których zresztą trudno było zauważyć robotników, rzuciła się z dzikim wrzaskiem, gwizdaniem i przekleństwami na nasze szeregi, obrzucać zaczęła nas kamieniami, wreszcie na Krakowskiem Przedmieściu zaczęły padać przeciwko nam strzały. Rezultatem byli ranni i zabici[2].

Rozpędzona na razie przez nas hałastra nie dała za wygraną, lecz, zebrawszy się, znowu zaczęła atakować koniec naszego pochodu.

---

[2] W trakcie starć socjalistów z komunistami 11 osób zostało rannych, a pięć poniosło śmierć, w tym działacz praskiej dzielnicy PPS Józef Woźniak (zob. *1 Maja w Warszawie*, „Robotnik", 2 V 1926, nr 120; [tow. Józef Woźniak...], „Robotnik", 6 V 1926, nr 124; *1. Maja w Warszawie. Zabici i ranni z powodu prowokacji komunistów*, „Naprzód", 5 V 1926, nr 101; *Święto Pracy. Robota rozbijacka faszystów i komunistów...*, „Chłopska Prawda", 16 V 1926, nr 10; A. Tymieniecka, *Warszawska organizacja PPS...*, s. 97).

Odpierani przez milicję ciągnęli za nami aż do Nowego Światu. Tam, niedaleko placu Trzech Krzyży, rzucili się na nas ponownie, przy czym w sposób podstępny i zbrodniczy zaczęli strzelać do oddziałów, zamykających nasz pochód, dopuszczając się morderstwa nad znajdującymi się tam robotnikami. Stwierdzamy, że atakujący nas tłum nie był tłumem robotników.

Był to tłum komunistów, ale składał się on z szumowin wszelkiego rodzaju, które komunizm pociągnął.

Robotnicy! Lała się krew nasza w walce z najazdem, przelewaliśmy ją podczas okupacji niemieckiej, popłynęła w obronie Rzeczypospolitej w starciu z mordercami Prezydenta Narutowicza[3], kiedyś przelewał ją w walkach bratobójczych z rozkazu Dmowskiego Narodowy Związek Robotniczy, dziś Narodową Partią Robotniczą się zwący. Teraz wreszcie przelana została przez partię komunistyczną.

Wiedzieliśmy **zawsze, że komuniści są szkodnikami w ruchu robotniczym. Krzycząc o froncie jednolitym, byli zawsze jego rozbijaczami. Nie o los robotników polskich im chodzi, lecz o interesy Moskwy i jej w Polsce zwolenników.** I dziś z nowym dorobkiem przed proletariatem polskim stoją.

Od dziś są w ruchu robotniczym krwawymi złoczyńcami i zbrodniarzami!

Są przestępcami wobec całej klasy robotniczej i jak przestępstwo komunizm wśród robotników traktować dalej należy.

Nazwa komunisty winna być teraz obelgą dla każdego uczciwego robotnika.

Należenie do partii komunistycznej winno być uważane za wyrzeczenie się łączności z polskim ruchem robotniczym i za zdradę jego sprawy.

Niech ostatnie wypadki otworzą oczy tym robotnikom, którzy ulegli demagogii i kłamstwom komunistów, niech fakty pouczą ich, kim są właściwie komuniści!

---

[3] Gabriel Narutowicz (1865–1922) – profesor politechniki w Zurychu, polski polityk; w latach 1920–1922 minister robót publicznych; w 1922 r. minister spraw zagranicznych, w grudniu tego roku wybrany przez Zgromadzenie Narodowe na Prezydenta RP, kilka dni później (16 grudnia) zamordowany przez Eligiusza Niewiadomskiego.

Niech każdy świadomy robotnik wypowie nieubłaganą walkę wpływom komunistycznym, niech tłumaczy zbałamuconym, **jaką hańbą jest dla polskiego robotnika iść pod komendę komunistów!** Polska Partia Socjalistyczna dalej zachowa swe kierownicze w polskim ruchu robotniczym stanowisko. Nie pozwolimy rozbić naszych sił i zniweczyć naszego wielkiego dorobku bandzie moskiewskich najmitów.

Stojąc na straży demokracji w Polsce, bronimy i bronić dalej będziemy wolności słowa, wolności zgromadzeń, wolności druku. Do tej pory złożyliśmy dowody, że stanowisko to zachować umiemy. Będąc najpotężniejszą organizacją robotniczą w Warszawie[4], mając siły ku temu,

---

[4] W 1919 r. OKR PPS w stolicy skupiał ponad 4 tys. członków, w 1920 r. liczba ta stopniała do 2970 działaczy, a w 1925 r. nieznacznie wzrosła do 3620 osób (A. Tymieniecka, *Warszawska organizacja PPS...*, s. 53, 107). Według sprawozdania CKW na XXI Kongres PPS stan i osiągnięcia OKR w Warszawie w okresie styczeń 1926–lipiec 1928 r. przedstawiały się następująco: liczba komitetów partyjnych – 23, zarejestrowanych członków – 3798, członków czynnych – 3490 (w tym: kobiet – 131, młodzieży partyjnej – 177), zorganizowanych zebrań komitetów – 50, ogólna liczba zorganizowanych zebrań – 3149, przeprowadzonych konferencji partyjnych – 58, zorganizowanych wieców – 499 (w tym 231 wieców z udziałem posłów). W 1926 r. dochód organizacji warszawskiej szacowano na 171 225 zł i 2 grosze, wydatki zaś na 164 939 zł. W pierwszej połowie 1928 r. dochód wyniósł 129 614 zł i 11 gr., a wydatki 127 858 zł i 92 gr. OKR nie generował strat finansowych. Ponadto PPS w Warszawie w omawianym okresie w wyborach do Rad Miejskich zdobyła 28 mandatów (w tym fotel prezesa Rady Miejskiej), a do Zarządu Miasta 4 mandaty, w sumie uzyskując w wyborach samorządowych 71 207 głosów. Do Rady Kasy Chorych PPS wprowadziła swoich 19 przedstawicieli, a do Zarządu Kas Chorych – 4, w sumie podczas wyborów zdobyła 9943 głosy (AAN, PPS, 114/ /I–7, Sprawozdanie Centralnego Komitetu Wykonawczego na XXI Kongres Polskiej Partii Socjalistycznej Dąbrowa Górnicza–Sosnowiec 1, 2, 3 i 4 XI 1928 r., Warszawa 1928 r., k. 15a–16; A. Tymieniecka, *Warszawska organizacja PPS...*, s. 112–113). Na tle PPS struktury stołecznej kompartii nie prezentowały się zbyt okazale. KW KPRP wykazywał istnienie 8 dzielnic partyjnych, na których terenie funkcjonować miało 28 kół, zrzeszających około 850 osób. Na Pradze działały tylko 2 koła, na Powiślu – 4, w tym tylko jedno fabryczne, na Mokotowie jedno czterdziestoosobowe, z kolei na tzw. Jerozolimie działać miały 3 koła, zaś na robotniczej Woli również 3 koła grupujące 70 osób, na Muranowie 8 kół o łącznych stanach wynoszących 250 osób, na Brudnie 2 koła liczące 65 osób. Dane te budziły ogromne

by nie dopuścić do żadnego wiecu naszych przeciwników, do żadnego pochodu, przestrzegaliśmy zupełnej jednak tolerancji. Niech się jednak nikt nie łudzi, byśmy bezkarnie pozwolili się prowokować. Nie po raz pierwszy czynią to w ostatnich czasach komuniści. Za słabi, by inaczej z nami walczyć, metodę prowokacji w stosunku do nas stosują. W dniu 1 maja uczynili to na większą skalę! Spotkał ich zawód. Nie udało się rozbić pochodu, aby nad tłumem rozbitym zapanować. Olbrzymia masa ciągnąca w naszych szeregach nie dała się porwać panice, nie pozwoliła się rozbić. Milicja PPS z zimną krwią utrzymała porządek. Jeszcze raz złożyliśmy dowód siły naszej organizacji! **Robotnicy! Niech 1 maja roku bież[ącego] będzie dla was wskazówką na przyszłość. Niech przemówi do was krew przelana na ulicach z winy komunistów. Niech wypadki, które zaszły, wzbudzą w was odrazę do partii komunistycznej.**

zastrzeżenia członka KC KPRP Edwarda Próchniaka. Zarzuty KC wobec KW KPRP dotyczyły zbyt dużej liczby członków w kołach partyjnych, co utrudniać miało pracę na stopie nielegalnej, zwłaszcza że proporcjonalnie liczba kół była niska w stosunku do liczby członków, szczególnie w dzielnicach robotniczych. Informacje komitetu warszawskiego traktowano jednoznacznie za „wyssane z palca", za akt fałszowania sytuacji kompartii w stolicy, którą nawet na podstawie tych danych uznawano za fatalną, m.in. ze względu na obecność komunistów w jedynie 28 warszawskich fabrykach (*Najpilniejsze zadania organizacyjne*, „Głos Komunistyczny", 20 II 1924, nr 15). W marcu na łamach „Głosu Komunistycznego" replikowała Egzekutywa KW KPRP. Dowodzono, że kompartia w stolicy w styczniu 1924 r. grupowała się w 48 kołach, w tym w 25 fabrycznych (*Odpowiedź Komitetu Warszawskiego*, „Głos Komunistyczny", 20 III 1924, nr 17). Na temat organizacji KW KPRP/ KPP w Warszawie zob. E. Kowalczyk, *Struktura Komitetu Warszawskiego KPRP/ KPP* [w:] *Komuniści w międzywojennej Warszawie*, s. 67–94. W kolejnych latach sytuacja się nie poprawiła. Raporty i sprawozdania MSW informowały m.in. o słabości struktur ZMK w Warszawie, które grupować miały około 240 członków (AAN, MSW, 9/1020 dopływ, Sprawozdanie z ruchu komunistycznego w III kwartale 1926 r., k. 19; *ibidem*, 9/1033, Sprawozdanie z ruchu komunistycznego i anarchistycznego za czas od 1 I do 31 V 1929 r., Warszawa, 4 VII 1929 r., k. 59; K. Sacewicz, *Kilka uwag ...*, s. 315).

Wasze miejsce pod sztandarami Polskiej Partii Socjalistycznej!

Waszą walką – walka o demokrację i socjalizm!

Niech żyje PPS!

Niech żyje lud pracujący!

Warszawski Okręgowy Komitet Robotniczy PPS[5]

Źródło: „Robotnik", 6 V 1926, nr 124.

[5] Do OKR wchodzili wówczas m.in.: Rajmund Jaworowski, Zygmunt Gardecki, Władysław Kompało, Konstanty Turek, Tadeusz Żurawski, Antoni Baryka, Medard Downarowicz, Stanisław Garlicki, Stefan Haupa, Marceli Piłacki, Adam Szczypiorski i Tadeusz Szpotański (zob. A. Tymieniecka, *Warszawska organizacja PPS...*, s. 103).

Nr 65

1926 maj 14, Warszawa – Artykuł z „Robotnika" pt. „Zdradziecka robota komunistów"

W dniu dzisiejszym komuniści rozpoczęli swą rozkładową robotę, starając się rozbić jednolity front robotniczy.

W wydanej odezwie[1] nawołują do samodzielnego uzbrojenia ludności i tworzenia odrębnych komitetów, czemu PPS przeciwstawia się całą siłą. **Ostrzegamy przed komunistami!**

Źródło: „Robotnik", 14 V 1926, Dodatek nadzwyczajny nr 1.

---

[1] AAN, KPP, 158/VI–9, pt. 4, Bracia Chłopi!, Warszawa, 14 V 1926 r., k. 7. W jednej z odezw KC KPP czytamy: „W tej chwili obowiązkiem wszystkich świadomych robotników i chłopów jest poprzeć **ze wszystkich sił obóz Piłsudskiego**" (*ibidem*, Towarzysze Robotnicy, Warszawa, 13 V 1926 r., k. 9; *ibidem*, Robotnicy, baczność, 15 V 1926 r., k. 10); zob. także J.A. Reguła, *Historia Komunistycznej Partii Polski w świetle faktów i dokumentów*, Toruń 1994, s. 149–150.

Nr 66

1926 maj 15, Warszawa – Artykuł z „Robotnika" pt. „Odprawa komunistów"

CKW PPS[1] otrzymał wczoraj następujący list: Do Komitetów Centralnych Polskiej Partii Socjalistycznej, Socjaldemokratycznej Partii Niemieckiej[2], Bundu, Niezależnej Socjalistycznej Partii Pracy, Poale-Syjon Lewicy.

Do Zarządów Głównych Stronnictwa Chłopskiego[3], Wyzwolenia[4], Niezależnej Partii Chłop-

---

[1] CKW tworzyli wówczas: Norbert Barlicki, Kazimierz Czapiński, Ignacy Daszyński, Rajmund Jaworowski, Mieczysław Niedziałkowski, Feliks Perl, Zofia Prauss, Kazimierz Pużak, Antoni Szczerkowski, Zygmunt Zaremba, Zygmunt Żuławski. Do Prezydium Komitetu weszli: Perl (przewodniczący), Jaworowski i Niedziałkowski. Sekretarzem Generalnym został Pużak (*XX Kongres PPS*, „Naprzód", 10 I 1926, nr 7). Kongres podjął decyzję o zmniejszeniu liczby członków CKW z 15 do 11 osób (*Zakończenie Kongresu*, „Naprzód", 6 I 1926, nr 4).

[2] Niemiecka Socjalno-Demokratyczna Partia w Polsce – powstała na terytorium Górnego Śląska w 1921 r., należała do tzw. Międzynarodówki Hamburskiej (A. Bełcikowska, *Stronnictwa i związki polityczne w Polsce...*, s. 593–600).

[3] Stronnictwo Chłopskie – organizacja polityczna powstała w 1926 r. w wyniku secesji z PSL-Wyzwolenie, w 1926 r. wzmocniona dzięki wejściu w jej struktury Związku Chłopskiego; Stronnictwo Chłopskie opowiadało się za zjednoczeniem ruchu ludowego. W 1931 r. w wyniku połączenia się z PSL-Piast i PSL-Wyzwolenie utworzyło Stronnictwo Ludowe (SL) (zob. J. Holzer, *Mozaika polityczna...*, s. 158–159, 453).

[4] Polskie Stronnictwo Ludowe – Wyzwolenie – centrolewicowa, chłopska organizacja polityczna powstała w 1915 r. na ziemiach Królestwa Polskiego; w latach 1918–1919 współtworzyła z socjalistami Tymczasowy Rząd Ludowy Republiki Polskiej, a następnie tzw. rząd ludowy Jędrzeja Moraczewskiego. Organem prasowym partii było „Wyzwolenie", partia opowiadała się za radykalnymi rozwiązaniami w kwestii reformy agrarnej, w listopadzie 1923 r. połączyła się z „Jednością Ludową", tworząc Związek Polskich Stronnictw Ludowych – Wyzwolenie i Jedność Ludowa. W maju 1926 r. poparła zamach stanu przeprowadzony przez Józefa Piłsudskiego, od 1927 r. w opozycji do rządów sanacyjnych, w 1929 r. współtworzyła Centrolew, w 1931 r. w wyniku połączenia się z PSL-Piast i Stronnictwem Chłopskim utworzyła SL (A. Bełcikowska, *Stronnictwa i związki polityczne w Polsce...*, s. 215–250;

skiej[5], Robotniczo-Włościańskiej Hromady Białoruskiej[6], Ukraińskiego Seljanskiego Sojuza[7].

Szanowni Towarzysze! Obywatele!

Rewolucyjne wojska pod komendą Józefa Piłsudskiego wystąpiły do walki przeciwko faszystowskiemu rządowi Chjeno-Piasta. Zadaniem wszystkich robotników i chłopów całej Polski jest walkę tę poprzeć. Konieczne jest stworzenie wspólnego frontu robotniczo-chłopskiego dla walki przeciwko faszystom, przeciw reakcji obszarniczo-kapitali-

---

J. Holzer, *Mozaika polityczna...*, s. 156–193, 453; J. Jachymek, *Myśl polityczna PSL Wyzwolenie 1918–1931*, Lublin 1983, *passim*).

[5] Niezależna Partia Chłopska – komunizująca organizacja chłopska powstała w listopadzie 1924 r. w wyniku secesji z PSL-Wyzwolenie i Jedności Ludowej, na jej czele stanął Sylwester Wojewódzki. Partia dążyła do utworzenia republiki robotniczo-chłopskiej, urealnienia idei dyktatury proletariatu, a także opowiadała się za prawem narodów ukraińskiego i białoruskiego do samookreślenia, organami prasowymi partii były m.in.: „Wyzwolenie Ludu", „Niezależny Chłop", „Lemiesz" i „Snop" NPCh swoją działalność polityczną prowadziła m.in. na forum parlamentu tworząc w Sejmie I kadencji własny klub poselski. W 1927 r. partia została rozwiązana na mocy decyzji organów państwowych (A. Bełcikowska, *Stronnictwa i związki polityczne w Polsce...*, s. 269–275; J. Holzer, *Mozaika polityczna...*, s. 159– –160; B. Dymek, *Niezależna Partia Chłopska 1924–1927*, Warszawa 1972, *passim*; S. Jarecka, *Niezależna Partia Chłopska*, Warszawa 1961, *passim*).

[6] Białorusko-Włościańsko-Robotnicza Hromada – lewicowa organizacja białoruska, powstała w czerwcu 1925 r. Organizacja opowiadała się za prawem narodów do samookreślenia, utrzymywała bliskie, ideowo-polityczne i personalne stosunki z kompartiami w Polsce. W 1927 r. nastąpiły masowe aresztowania działaczy i posłów Hromady oskarżanych o prowadzenie i inicjowanie działalności antypaństwowej. Ostatecznie w marcu tego roku władze państwowe podjęły decyzję o delegalizacji partii (J. Holzer, *Mozaika polityczna...*, s. 257–260; zob. też *B.W.R.K.P. jako agentura Kominternu*, Warszawa 1930, s. 3–109).

[7] Ukraińskie Zjednoczenie Socjalistyczne Związek Włościański (tzw. Sel-Sojuz) – ukraińska klasowa organizacja chłopska powstała w sierpniu 1924 r. Partia o charakterze antypolskim i antypaństwowym zajmowała stanowisko prosowieckie, w 1926 r. mocno związana z KPZU (A. Bełcikowska, *Stronnictwa i związki polityczne w Polsce...*, s. 543–547; J. Holzer, *Mozaika polityczna...*, s. 250–251; H. Cimek, *Sel-Rob na Lubelszczyźnie (1926–1932)*, „Echa Przeszłości" 2000, nr 1, s. 147–148; J. Radziejowski, *Komunistyczna Partia Zachodniej Ukrainy 1919–1929. Węzłowe problemy ideologiczne*, Kraków 1976, s. 116–123).

315

stycznej. W obliczu niebezpieczeństwa, grożącego masom robotniczym i chłopskim, w obliczu wspólnego wroga proponujemy Wam wyłonienie wspólnego komitetu robotniczo-chłopskiego do walki przeciw faszystom, przeciw rządowi Chjeno-Piasta.

Delegujemy oddawcę tego listu dla porozumienia się z Wami w sprawie terminu i miejsca konferencji.

Komitet Centralny[8]
Komunistycznej Partii Polski
Warszawa, dnia 14 maja 1926 r.

Na list ten Centralny Komitet Wykonawczy odpowiedział jednomyślnie kategoryczną odmową. Wierni ideom socjalizmu i Niepodległości nie pójdziemy na żadną formę współpracy z partią, która otrzymuje rozkazy z Moskwy, która całą taktykę swoją oparła o szkalowanie, rozbijanie i demoralizowanie ruchu socjalistycznego.

Ostrzegamy raz jeszcze wszystkie organizacje partyjne przed nieszczerymi umizgami komunistów[9].

Źródło: „Robotnik", 15 V 1926, nr 133.

---

[8] W skład KC KPP wchodzili m.in.: Gustaw Henrykowski, Łazarz Aronsztama, Kazimierz Cichowski, Aleksander Danieluk, Julian Leński, Józef Łohinowicz, Jan Paszyn, Edward Próchniak, Maria Koszutska, Wacław Kwiatkowski i Adolf Warski. Na zastępców członka KC zostali wybrani: Mieczysław Bernstein i Jan Lubliniecki. (F. Świetlikowa, *Centralne instancje partyjne KPP*, „Z Pola Walki" 1969, nr 4, s. 141).

[9] Pepeesowska ocena inicjatywy komunistów okazała się trafna, ponieważ pozytywne ustosunkowanie się KC KPP do zamachu majowego już w czerwcu 1926 r. podczas obrad Plenum KC KPP zostało przez ten sam komitet, a także przez KW MK poddane zdecydowanej krytyce i uznane za tzw. błąd majowy (zob. *Przewrót faszystowski w Polsce a KPP* [w:] *KPP. Uchwały...*, t. 2, s. 360–376); także „Nowy Przegląd", sierpień–wrzesień 1926, nr 6–7, s. 994–1002; AAN, MSW, 9/1158, k. 50–58; *Pismo izpolkoma Kominterna kommunicticzeskoj partji polszi, 7 abgusta 1926 g. Moskwa* [w:] *Komintern protiw faszizma. Dokumenty*, Moskwa 1994, s. 156–163; *Uchwały wrześniowego Plenum KC*, „Nowy Przegląd", sierpień–wrzesień 1926, nr 6–7, s. 1003–1015; *Błąd majowy, sytuacja i zadania partii. Uchwała Komitetu Centralnego z 12 czerwca*, „Nowy Przegląd", sierpień–wrzesień 1926, nr 6–7, s. 1096–1100; J.A. Reguła, *Historia Komunistycznej Partii Polski...*, s. 150–151.

316

Nr 67

1926 maj 15, Warszawa – Artykuł z „Robotnika" pt. „Precz z komunizmem"

Do wielkiego przełomu obecnej doby starają się wszelkimi siłami przyplątać komuniści. Oni, z głębi serca nienawidzący Piłsudskiego[1] jako zwycięzcę bolszewików, krzyczą teraz, że są za nim. Oni chcą niby to pomagać demokratycznej armii i obłudnie ofiarują swoje współpracownictwo Partii naszej[2]. Nasze stanowisko wobec komunistycznych zalecanek jest dobrze znane. Żadnego współdziałania z nimi być nie może. My pracujemy dla niepodległej Republiki polskiej – oni pracują dla Sowietów, na ich rozkaz i na ich służbie jako ich płatni ajenci. My chcemy reform demokratycznych i społecznych – oni chcą tylko zamętu i dezorganizacji. My jednoczymy klasę robotniczą – oni ją rozbijają.

Z przewrotem obecnym komuniści nie mają nic wspólnego. Komuniści nie mogą pomagać demokratycznej armii Piłsudskiego, bo oni jej **nienawidzą**. Komuniści uznają tylko sowiecką armię rosyjską, a polską zawsze zaciekle zwalczali. Komunistów nic nie obchodzą te realne zadania, które stoją obecnie na porządku dziennym: **utrwalenie zwycięstwa demokracji, utworzenie demokratycznego rządu, polepszenie bytu mas**. Oni chcą tylko korzystać z chwili przełomu, aby wywołać jak największy zamęt – oni by chcieli władzę wziąć w swoje ręce, aby Rosja sowiecka mogła nas zagarnąć.

Komuniści nie tylko nie pomagają w walce z reakcją, ale walce tej w najgorszy sposób szkodzą. Mamy jeszcze w świeżej pamięci ich niecne wystąpienia w dniu święta majowego!

Komuniści u nas chcieliby zgotować demokracji i socjalizmowi taki sam los, jak w Rosji. A tymczasem podle się umizgują, aby oszukać robotników!

---

[1] Na temat stosunku komunistów do Piłsudskiego, zob. K. Sacewicz, *Józef Piłsudski i jego działalność polityczna w świetle dokumentów i publicystyki KPRP/KPP w latach 1918–1935. Zarys problemu* [w:] *Józef Piłsudski: człowiek – żołnierz – – polityk*, red. Z. Girzyński, J. Kłaczkow, Toruń 2016, s. 366–381.
[2] Zob. dok. nr 65 i 66.

Ale PPS stoi na straży ruchu robotniczego. **Żadnego współdziałania z komunistami czy z „niezależnymi" ich pomocnikami i sojusznikami!**

Źródło: „Robotnik", 15 V 1926, nr 133.

Nr 68

1926 maj 23, Warszawa – Artykuł z „Chłopskiej Prawdy" pt. „Precz z komunizmem!"

Komuniści wraz z Niezależną Partią Chłopską (Wojewódzczaki)[1] i innymi niezależnymi grupami starają się wszelkimi siłami wcisnąć do przełomu obecnej doby.

Oni, co z głębi serca nienawidzą Piłsudskiego za rozgromienie najazdu bolszewickiego, co mają jeden jedyny cel – na rozkaz Moskwy wichrzyć i rozbijać szeregi zorganizowane ludu pracującego, by w ten sposób torować drogę bagnetom armii rosyjskiej, oni nagle zapałali wielką miłością dla Piłsudskiego i ofiarowali mu swoje usługi.

Jednocześnie zwrócili się oni[2] do PPS i partii lewicowych z propozycją, by wspólnie z nimi walczyć przeciw rządom Chjeno-piasto- -enpe[p]erowskim[3].

Dlaczego to zrobili? Bo pragną zamętu i dezorganizacji, pragną szkodzić, pragną wykorzystać „współpracę" dla rozbicia i zdemoralizowania ruchu wolnościowego i socjalistycznego. Strzelanie do pochodu robotniczego w dniu 1 maja najlepiej o nich świadczy.

Stanowisko PPS i lewicy wobec komunistów i ich pomocników jest dobrze znane: my pracujemy dla niepodległej Republiki ludu pracującego, oni – dla Sowietów, na rozkaz Rosji. Dlatego też zalecanki komunistów zostały bezwzględnie odrzucone, pomimo gróźb z ich strony, że oddadzą swe mizerne siły na pomoc reakcji, na pomoc wrogom klasy pracującej.

Nikczemnicy ci, którzy swą rozbijacką robotą stale wspomagają reakcję, mieli czelność z groźbą taką wystąpić.

Tym większą pogardę dla nich żywić musimy.

Dlatego ostrzegając przed umizgami komunistów, wzywamy Towarzyszów i Towarzyszki do wytężonej pracy w kierunku organizowania

---

[1] Zob. przypis 5, dok. nr 66.
[2] Zob. dok. nr 66. Nadawcą tej propozycji był tylko KC KPP.
[3] Mowa o trzecim gabinecie Wincentego Witosa utworzonym 10 V 1926 r. przez koalicję ZLN, SChN, chadecję, PSL-Piast oraz NPR.

szeregów PPS i Związków Zawodowych, traktując komunistów na równi z reakcją – jako największych wrogów ludu pracującego.

Źródło: „Chłopska Prawda", 23 V 1926, nr 11.

Nr 69

1927 styczeń 23, Warszawa – Artykuł z „Robotnika" pt. „Walka z komunizmem"

Aresztowania masowe sprzed kilku dni przeprowadzono pod hasłem „likwidacji spisku komunistycznego", przy tym dla uproszczenia zadania poplątano ze sobą w sposób raczej naiwny i komunistyczną Partię Polski, i Białoruską Robotniczo-Włościańską Hromadę, i Niezależną Partię Chłopską[1]. Wszystko to razem wzięte stanowi właśnie ów spisek i środki policyjno-represyjne wyczerpać mają całe zagadnienie komunizmu w Polsce.

Surowe kary, ostre zarządzenia władz są rzeczą zupełnie naturalną tam, gdzie chodzi o **szpiegostwo wojskowe** albo o ludzi, którzy wzięli na siebie niezaszczytną rolę agentów obcych sztabów i obcych mocarstw. Międzynarodówka komunistyczna swą bezprzykładnie cyniczną taktyką wciągania zwolenników politycznych w różnych krajach do służby dla Rządu Związku Republik Sowieckich i dla „czerwonej armii", wprowadziła wszędzie straszliwą demoralizację do szeregów robotniczych. Ale nie wynika stąd bynajmniej, by **ruch komunistyczny**, jako taki, można było uważać za dzieło „intrygi moskiewskiej" albo „Hromadę", czy NPCh za rezultat osobistych „machinacji" pp.[panów] Taraszkiewicza[2], Hołowacza[3]

---

[1] *Sprawozdanie stenograficzne z 311. posiedzenia Sejmu Rzeczypospolitej z dnia 25 stycznia 1927 r.*, s. CCCXI/3–CCCXI/10; zob. też *Aresztowanie spiskowców bolszewickich*, „Gazeta Warszawska Poranna", 16 I 1927, nr 15; *Rozbicie spisku antypaństwowego*, „Gazeta Warszawska Poranna", 17 I 1927, nr 16 i nr 17; *Sprawa wydania posłów w Sejmie*, „Gazeta Warszawska Poranna", 26 I 1927, nr 25.

[2] Bronisław Taraszkiewicz (1892–1938) – komunistyczny działacz polityczny białoruskiego pochodzenia; poseł na Sejm I kadencji; członek KPZB, założyciel i przywódca Białoruskiej Włościańsko-Robotniczej Hromady. W styczniu 1927 r. został aresztowany przez władze polskie za działalność antypaństwową, skazany na 12 lat, dwukrotnie więziony w Polsce, w 1933 r. przekazano go do ZSRS w ramach wymiany więźniów.

[3] Feliks Hołowacz (1886–1972) – polityczny działacz chłopski, najpierw w PSL-Wyzwolenie, następnie współtwórca NPCh; poseł na Sejm I kadencji. Na mocy decyzji Sejmu z 4 II 1927 r. aresztowany i wydany sądom „za udział w spisku na ustrój i całość Rzeczypospolitej", zwolniony bez wyroku sądowego. W okresie II wojny światowej aresztowany przez NKWD, a od 1943 r. działacz Związku Patriotów Polskich.

i Wojewódzkiego[4]. Komunizm jest w Europie wyrazem ciemnych, najmniej uświadomionych grup klasy pracującej w szerokim słowa znaczeniu. To nie przypadek, że ogrania on stosunkowo znacznie łatwiej robotników chwilowo zdeklasowanych, jak bezrobotni, zbiedniałych rzemieślników, drobnomieszczaństwo, zwłaszcza żydowskie, znacznie łatwiej niż proletariat wielkofabryczny. Komunizm operuje wulgarną demagogią, nie ma stałej ideologii, bo ideologię zmienia z dnia na dzień według rozkazów Kremla, nie żąda od swoich wyznawców trwałych wysiłków, nie żąda twórczości, nie uczy, nie kształci, nie przyzwyczaja do dumnej odwagi, która tkwi w zrozumieniu rzeczywistości. I dlatego nigdzie – z wyjątkiem Rosji – nie wyłonił z siebie ani wielkich myślicieli, ani wielkich polityków i organizatorów, ani nawet mówców z Bożej łaski.

Weźmy Polskę, kogo widzimy u steru naszej Partii komunistycznej? P. Warski? Poczciwy „esdek" przedwojenny, wpakowany ni stąd, ni zowąd w gąszcz rzekomo „rewolucyjnej" propagandy. P. Sochacki? Umysłowość tępego, zarozumiałego kleryka z prowincjonalnego seminarium. P. Łańcucki? Trochę mistyk, trochę tchórz. Gdyby pewnego dnia ujawniono, wypuszczono na światło dzienne cały sztab działaczy komunistycznych w Polsce, zoczylibyśmy miernotę, komiczne pretensje, w każdym razie nikt by nie zauważył czegoś „prometejskiego", przerażającego, buntowniczego.

„Hromada" reprezentuje ustroje rewolucyjno-nacjonalistyczne, urywki wszelakich idei i doktryn, pomieszane ze sobą bez ładu i składu. NPCh znowuż – to **ciemnota** polskiej, a poniekąd i białoruskiej wsi, zaprawiona jakimś „buntarstwem" w stylu Pugaczewa, wynikła z pogmatwania i zachwaszczenia reformy rolnej, u góry – nastrojowi „wieczni studenci", niekiedy intryganci i figury bardzo niemiłe, u dołu – wściekłość głucha na starostę, policjanta, wójta, sąsiedniego obszarnika. Ot, ani komunizm, ani socjalizm, taki sobie „chłopski bunt".

---

[4] Sylwester Wojewódzki (1892–1937) – działacz socjalistyczny, ludowy i komunistyczny; od 1913 r. w PPS; w latach 1915–1918 członek Polskiej Organizacji Wojskowej; od 1919 r. do 1923 r. pracownik Oddziału II Sztabu Generalnego WP, od 1922 r. działacz PSL-Wyzwolenie; w latach 1922–1927 poseł na Sejm; w 1924 r. współzałożyciel NPCh, w której pełnił funkcję m.in. wiceprzewodniczącego Zarządu Głównego; od 1925 r. przynależał do KPP, a od 1931 r. przebywał na terytorium ZSRS.

Legendę tego wszystkiego „robi" policja, robi polityka różnych rządów. Legenda pociąga młodzież. Legenda porywa, interesuje tłumy. Trudno oddać większą usługę – osobom zainteresowanym. Nie jesteśmy „rozlazłymi liberałami". Zresztą liberalizm w ogóle nie ma tu nic do rzeczy. **Socjalizm** – dla siebie samego, dla lepszej przyszłości świata – **musi** przezwyciężyć, przełamać demagogię komunistyczną. W Austrii uczynił to w warunkach **zupełnej legalności** dla komunistów. W Danii – tak samo. W Anglii – również. Na ruchy społeczne, choćby najbardziej prymitywne, zdemoralizowane, wsteczne umysłowo i kulturalnie, nie masz innego sposobu, jak zmiana warunków społeczno-gospodarczych, jak organizacja i wzrost uświadomienia.

Socjalizm w walce otwartej z komunizmem zawsze, prędzej czy później, odniesie zwycięstwo. Policja – nigdy.

Źródło: „Robotnik", 23 I 1927, nr 22.

Nr 70

1927 luty, Warszawa – odezwa Centralnego Komitetu Wykonawczego

„Proletariusze wszystkich krajów łączcie się!" Polska Partia Socjalistyczna. W obronie honoru klasy robotniczej! Przeciwko prowokacji wewnątrz ruchu robotniczego!

Komuniści przyznają, że przez „delegowanych specjalnie" ludzi tworzą „jaczejki" w szeregach PPS. Komuniści przyznają, że „niezależna partia" Drobnera[1] – to zabawka w ich rękach! Komuniści przyznają, że p. Czuma[2] razem ze swoją tak zwaną „PPS-Lewicą"[3] – to parawanik dla ich roboty!

Towarzysze! Robotnicy!

„Robotnik" z piątku 28 stycznia ogłosił „okólnik" Centralnego Komitetu **Komunistycznej Partii Polski**[4] o tak zw[anej] „PPS-Lewicy"

---

[1] Bolesław Drobner (1883–1969) – działacz lewicowy, w PPS jeden z liderów lewicowej frakcji; w 1922 r. twórca i przywódca Niezależnej Socjalistycznej Partii Pracy; w 1928 r. ponownie członek PPS; w latach 1934–1936 w składzie RN PPS; zwolennik idei jednolitofrontowej i współpracy z komunistami; w 1936 r. decyzją CKW PPS usunięty z partii.

[2] Andrzej Czuma (1893–1937) – działacz socjalistyczny i związkowy; w 1921 r. zastępca przewodniczącego OKR PPS Śląska Cieszyńskiego- od 1922 r. w składzie Centralnej Komisji Związków Zawodowych, w 1926 r. założyciel i sekretarz generalny PPS-Lewicy.

[3] PPS-Lewica – organizacja polityczna powstała w czerwcu 1926 r. w wyniku rozłamu w PPS, na jej czele stanął działacz lewego skrzydła PPS Andrzej Czuma. Po jego aresztowaniu w 1929 r. kierownictwo nad organizacją przejęli komuniści i w konsekwencji tego w 1931 r. została ona decyzją władz państwowych rozwiązana (zob. *PPS Lewica 1926–1931. Materiały źródłowe*, oprac. L. Hass, Warszawa 1963, *passim*).

[4] Zob. *Komunistyczny system prowokacji wewnątrz zorganizowanego ruchu robotniczego*, „Robotnik", 28 I 1927, nr 27. W artykule zamieszczono treść okólnika KC KPP pt. „W sprawie PPS. Lewicy i NSP".

p. Czumy i Rosencwejg-Różyckiego[5] i o „niezależnych" Drobnera. Tekst „okólnika" brzmi:

W rozwinięciu uchwały sekretariatu dla Krajów bałtyckich M-[iędzynarodów]ki komunistycznej w sprawie stworzenia legalnej partii robotniczej – K[omitet] C[entralny] uchwala: Dążyć do rozbudowy PPS-Lewicy w wielką masową partię, która by obejmowała opozycyjnych członków PPS, jako też tych, co z PPS wystąpili i bezpartyjnych, którzy chcą szczerze walczyć przeciw zdradzieckim wodzom ugody robotniczej, o codzienne potrzeby mas pracujących, o jedność ruchu zawodowego i przeciw dyktaturze kapitalistycznej Piłsudskiego.

W rozbudowie PPS-Lewicy w taką masową partię robotniczą – partia nasza winna wziąć jak najenergiczniejszy udział. Organizacje nasze przez wydelegowanie specjalnie w tym celu wyznaczonych towarzyszy – winny pomagać żywiołom opozycyjnym, pozostającym w oficjalnej PPS lub też tym, którzy już z PPS wystąpili, w tworzeniu organizacji PPS-Lewicy.

Ilościowy udział komunistów w PPS-Lewicy winien zależeć od potrzeb, warunków itd. Okręgi winny dbać o to, aby komuniści byli także w dołach, w masie członkowskiej lewicy.

W ten sposób, jak również przez zewnętrzną krytykę, partia nasza będzie mogła wpłynąć na rozwój ideologiczny PPS-Lewicy, podnosić jej członków na wyższy stopień świadomości rewolucyjnej i wychowywać masy, idące za tą partią w kierunku rewolucji proletariackiej.

---

[5] Albin Różycki-Rosenzweig (1901–1948) – w latach 1919–1922 działacz akademickiego Związku Polskiej Młodzieży Socjalistycznej „Życie" we Lwowie; od 1923 r. w PPS; w latach 1923–1925 pełnił funkcję sekretarza Okręgowej Komisji Związków Zawodowych w Krakowie, a od 1924 r. także przewodniczącego Rady Związków Zawodowych w Krakowie; jeden z liderów lewicowej opozycji wewnątrz PPS, w 1925 r. wykluczony z partii, w czerwcu 1926 r. współtwórca PPS-Lewicy, członek jej KW; redaktor pism partyjnych – „Robociarza" i „Głosu Pracy"; w 1929 r. oponował przeciwko systematycznemu przejmowaniu kontroli nad PPS-Lewicą przez komunistów; w latach trzydziestych ponownie w strukturach PPS.

Aby zjednoczyć wszystkie elementy opozycyjne w klasie robotniczej, partia nasza winna dążyć do zjednoczenia istniejącej Niezależnej Socjalistycznej Partii Pracy z PPS-Lewicą.

W tym kierunku należy przygotować grunt na terenie NSPP, organizować lewicowe grupy, które by starały się opanować od wewnątrz i które by popularyzowały połączenie z PPS-Lewicą. Równocześnie jednak PPS-Lewica winna rozszerzać i utrwalać swoją organizację, aby w chwili, gdy zjednoczy się z NSPP kierownictwo zjednoczoną partią pozostało w rękach żywiołów rewolucyjnych.

Organizację PPS-Lewicy należy tworzyć na terenie całego państwa. Tam, gdzie lewicy stworzyć nie możemy – możemy, po opanowaniu danej organizacji NSPP, rozbudować tę organizację, aby mieć silne masowe oparcie w przyszłej i zjednoczonej partii.

Komuniści winni, zależnie od potrzeby, organizować na terenie PPS-Lewicy grupy sympatyków, poprzez które partia nasza będzie mogła wpływać na linię polityczną PPS-Lewicy i wychować rewolucyjne kadry jej członków.

Komuniści, członkowie partii, należący do lewicy, tworzą frakcje komunistyczne, podległe odpowiednim terytorialnym instancjom partyjnym. K[omitet] C[entralny] poleca sekretariatowi opracowanie form organizacyjnych tych frakcji.

Rozbudowanie PPS-Lewicy w masową organizacje robotniczą nie powinno przerwać dotychczasowej naszej pracy nad rozkładaniem PPS także od wewnątrz (tworzenie nowych grup opozycyjnych).

W związku z rozwiewaniem się złudzeń w masach robotniczych w stosunku do Piłsudskiego i nieuniknionego fermentu w PPS – partia nasza musi na to zwrócić bardzo baczną uwagę.

W organizacjach lewicy należy przygotowywać grunt w tym kierunku, aby masowa partia, w którą się PPS-Lewica rozwinie, objęła robotników wszystkich narodowości. W tym celu należy prowadzić energiczną walkę przeciw szowinizmowi narodowemu o prawo pobitych narodów do samostanowienia aż do oderwania, o równouprawnienie mniejszości narodowych.

Przez energiczną, wzmożoną pracę nad dalszą rozbudową i wzmocnieniem naszej nielegalnej organizacji – przez wzmożoną pracę ideologiczną, pogłębianiem i uświadamianiem członków partii leninowskich zasad organizacyjnych – partia winna przeciwdziałać nastrojom likwidatorskim, które mogą powstać w naszych szeregach, w związku z wzrostem legalnej masowej partii robotniczej[6].

Towarzysze! Robotnicy!
Ten okólnik – to dokument haniebny!

Komuniści wprowadzają świadomie, celowo **prowokację** do szeregów proletariackich. Chcą zakładać „jaczejki" wewnątrz **Polskiej Partii Socjalistycznej**, chcą nasyłać do niej – niby jakaś defensywa albo czerezwyczajka – swoich „agentów", „konfidentów" i prowokatorów, aby wywoływać „opozycję" i rozłamy, aby rozbijać w najcięższych chwilach walki robotniczej potężną i zwartą, jedyną silną organizację socjalistyczną.

Przez takich samych „**konfidentów**" i **prowokatorów** komuniści zamierzają kierować polityką niemądrej, naiwnej „partii niezależnych", robiąc z niej marionetkę, używaną dla własnych celów.

I teraz dopiero staje jasno przed naszymi oczyma **zbrodnia** popełniana przez **Czumę** i całą jego bandę.

Robotnice! Robotnicy!

Przychodzą do Was ci ludzie w imię rzekomo „rewolucyjnego socjalizmu" po to, byście, sami o tym nie wiedząc, służyli rozkazom komunistów. Każde ich słowo, każde hasło
jest kłamstwem i oszukaństwem,
a nikt nie wie, kto stoi za nimi: **Komunistyczna Międzynarodówka, Rząd rosyjski czy policyjna defensywa?**

Gdy **świadomy komunista** pracuje dla komunizmu, to jest jego prawo! Gdy jednak się wciąga do roboty komunistycznej masy ludzi pod **cudzą firmą**, w imię **cudzych haseł**, oszukując, demoralizując – to jest już łajdactwo!

Zbrodniarzami są ci, którzy to robią – **komuniści! Łajdakami** – ci, którzy wykonują – **Czuma i „czumowcy"!**

---

[6] Zob. *Uchwała KC KPP w sprawie rozbudowy organizacyjnej PPS Lewicy (1926 r. wrzesień)* [w:] *PPS Lewica 1926–1931. Materiały...*, s. 355–357.

Towarzysze! Robotnicy!

Pędźcie precz od siebie **kłamców i prowokatorów!** Może zrozumieją wreszcie „**drobnerczycy**", jaką smutną grają dzisiaj rolę. **Socjalizm** nie potrzebuje **nikczemnych sposobów** walki! Brońcie honoru klasy robotniczej! Brońcie organizacji i przyszłości swojej! Bo korzyść największą odniesie z tych oszukaństw i metod zdradzieckich, nikt inny, jeno

kapitał i reakcja!

Robotnicy!

Wzywamy was do pracy dla Socjalizmu, dla **Polski ludowej,** dla **jutra lepszego!** Wzywamy was do pracy

w pełnym świetle dnia,

bez prowokacji, bez haniebnej zdrady, bez przekupstwa i kłamstwa!

Precz z komunistami!
Precz z prowokacją!
Precz z tzw. lewicą!
Niech żyje PPS!
Niech żyje socjalizm!

Centralny Komitet Wykonawczy
Polskiej Partii Socjalistycznej[7]

Warszawa, w lutym, 1927 r.

Źródło: AAN, PPS, 114/III –31 k. 1–1a, mps.

---

[7] Skład CKW zob. przypis 1, dok. nr 66.

Nr 71

1927 luty 12, Warszawa – Artykuł z „Chłopskiej Prawdy" pt. „Łajdacka robota komunistów"

(fragment)

Wiadomo jest powszechnie, że w jedności jest siła, że zarówno włościaństwo na wsi, jak i robotnicy w mieście, jeśli chcą walczyć o swoje prawa i zwyciężać – muszą się jednoczyć w silne organizacje.

Ale jedność robotników, jak i włościan jest solą w oku nie tylko obszarników i burżuazji w ogóle, lecz także przeszkadza komunistom w ich robocie na korzyść Rosji sowieckiej.

Oto w ostatnich czasach Centralny Komitet Partii Komunistycznej wysłał do wszystkich swoich członków – komunistów – sekretne polecenie, aby jak najenergiczniej wzięli się do rozbijania organizacji robotniczych i włościańskich PPS, która ma wielki posłuch zarówno na wsi, jak i w mieście[1].

Komuniści już od kilku lat próbują PPS rozbić, ale to się im wciąż nie udaje, więc teraz wysyłają ostry nakaz do swoich warchołów, aby się zaraz do rozbijackiej roboty wzięli.

Komuniści w tym swoim rozporządzeniu wyraźnie mówią, że bolszewicy rosyjscy, komuniści polscy, niezależna partia chłopska i niezależni socjaliści, to jest jedno – bo do jednego dążą i dlatego nakazują komunistom, by wstępowali do grup rozbijackich i by tymi grupami kierowali.

A więc przekonaliśmy się teraz naocznie, że różne niezależne mydłki, gonione z PPS, to sługusy komunistów, którzy służą nie sprawom ludu pracującego, lecz zaborczym interesom Rosji[2].

Zadajmy sobie teraz pytania: jak nazwać człowieka, który wkręca się do jakiejś organizacji, udaje wyznawcę idei, w którą nie wierzy, a ma jeno na myśli rozbijanie organizacji robotniczej i chłopskiej? Taki człowiek nazywa się prowokatorem, szpiclem, jednym słowem łajdakiem.

---

[1] Zob. *Rezolucja polityczna. Najbliższe zadania partii* [w:] *KPP. Uchwały...*, t. 2, s. 352–359.

[2] „Chłopska Prawda" zgoła odmiennie postrzegała rolę i działalność Hromady, aniżeli czyniła to redakcja „Robotnika" (zob. dok. nr 69).

Takich to łajdackich sposobów chwytają się komuniści w walce przeciw PPS, w walce przeciw ludowi pracującemu, by tą drogą bronić interesów Rosji. Ale nawet tak ohydna broń nie pomoże komunistom i ich grupom, zwącym się niezależnymi, bo na robocie tej zarówno robotnik, jak i chłop poznali się dobrze. [...]

Le-ka[3]

Źródło: „Chłopska Prawda", 13 II 1927, nr 3.

---

[3] Podpis niezidentyfikowany.

Nr 72

1927 luty 18, Kraków – Artykuł z „Naprzodu" pt. „Zatarg Kominternu z Komunistyczną Partią Polski"

Bundowska „Naje Folkscajtung"[1] z dn. 11 bm. przedstawia zatarg, jaki wynikł między Kominternem (Międzynarodówką komunistyczną) a Komunistyczną Partią Polski na tle ustosunkowania się tej partii do przewrotu majowego w Polsce[2]. Wówczas centralny komitet partii uznał bataliony marszałka Piłsudskiego za „armię rewolucyjną", od której oczekiwał wielkich korzyści dla mas robotniczych. Komitet centralny w pewnych warunkach był nawet gotów współpracować z rządem majowym. To stanowisko komunistów polskich, które w maju było jednogłośne, wywołało natychmiast ostrą krytykę ze strony Kominternu. Egzekutywa Kominternu wystosowała do Polski swoje tezy z oceną sytuacji w kraju. Zwycięstwo marszałka Piłsudskiego oceniono tam natychmiast jako zwycięstwo „jawnego faszyzmu", a komitet centralny w Polsce został wezwany do przeprowadzenia gruntownej dyskusji na temat „historycznego błędu majowego". W piśmie do partii polskiej Komintern domaga się intensywnej pracy, mającej na celu wyjaśnienie konsekwencji popełnionego błędu[3]. List Kominternu był podstawą do dyskusji w centralnym komitecie. Dyskusja ta nie jest dotychczas zakończona. Zwalczające się strony[4] przygotowują się do wystąpień na najbliższej konferencji partyjnej. Czterech członków[5] C[entralnego] K[omitetu] ogłosiło

---

[1] „Unser Volkszeitung" – bundowski dziennik wydawany w Warszawie.
[2] Na temat stosunku KPP do zamachu majowego zob. przypis 1, dok. nr 65 oraz przypis 9, dok. nr 66.
[3] Na temat stanowiska KW MK zob. *Przewrót faszystowski w Polsce*, „Nowy Przegląd", sierpień–wrzesień 1926, nr 6–7, s. 994–1002; *Uchwały wrześniowego Plenum KC*, „Nowy Przegląd", sierpień–wrzesień 1926, nr 6–7, s. 1007–1008.
[4] Od drugiej połowy 1926 r., tj. od plenum sierpniowo-wrześniowego, w KC KPP – m.in. na tle oceny stosunku wobec tzw. błędu majowego – wykształciły się dwie zwalczające się frakcje: tzw. większości (Koszutska, Warski, Danieluk, Próchniak) oraz tzw. mniejszości (Leński, Paszyn, Henrykowski, Łohinowicz); zob. B. Kolebacz, *Komunistyczna Partia Polski 1923–1929…*, s. 181 i n.
[5] Tj. Julian Leszczyński-Leński, Jan Paszyn, Gustaw Henrykowski – Saul Amsterdam oraz Józef Łohinowicz.

331

11 października deklarację, w której wzywają partię do obalenia dotychczasowego kierownictwa, które jest nastawione zbyt prawicowo[6]. Domagają się oni „przeciwstawienia się procesowi opanowywania kierownictwa partią przez prawicę oraz wysunięcia na czoło partii kierownictwa, które byłoby zdolne do przeprowadzenia linii bolszewickiej w partii". Deklaracja ta wywołała wielkie wrażenie w kołach komunistycznych, a komitet centralny ogłosił w grudniu broszurę p.t.: „List CK komunistycznej partii w Polsce do wszystkich członków partii"[7]. List ten jest skierowany przeciwko deklaracji wyżej wymienionej. Autorom deklaracji zarzuca się uprawianie frakcjonizmu[8].

Źródło: „Naprzód", 18 II 1927, nr 39.

---

[6] *Oświadczenie mniejszości KC. W sprawie uchwał wrześniowych*, „Nowy Przegląd", grudzień 1926, nr 8, s. 1141–1144. Działacze tej frakcji swoje krytyczne względem kierownictwa kompartii tezy, m.in. za dopuszczenie do tzw. błędu majowego, prezentowali podczas obrad czerwcowego plenum KC (*Tezy „czwórki"*, „Nowy Przegląd", sierpień–wrzesień 1926, nr 6–7, s. 1102–1104).

[7] *Do wszystkich członków KPP*, „Nowy Przegląd", grudzień 1926, nr 8, s. 1131–1140.

[8] W liście KC KPP czytamy m.in.: „KC wzywa opozycję by porzuciła frakcyjne metody działania, żąda od niej współpracy [...]. KC wzywa wszystkich członków partii, by wraz z nim położyli kres walce frakcyjnej, w celu przywrócenia współpracy i dyscypliny partyjnej" (*ibidem*, s. 1140).

Nr 73

1927 [kwiecień], Warszawa – odezwa Warszawskiego Okręgowego Komitetu Robotniczego PPS

Precz z demagogią komunistyczną!
Precz z warcholstwem komunistycznym!
Wszyscy pod sztandary socjalizmu!

Towarzysze! Towarzyszki!

W masach robotniczych całego świata odbywa się walka pomiędzy komunizmem a socjalizmem.

Szermując hasłami demagogii, pracując metodami kłamstw i oszczerstw, tu i owdzie potrafił komunizm na pewien czas otumanić nieświadome rzesze robotnicze. Głód i nędza wśród klasy robotniczej niejednokrotnie ułatwiały robotę komunistom, którzy nie szczędzili wysiłków, aby rozbić partie socjalistyczne, zniszczyć związki zawodowe i doprowadzić do głoszonej przez się zasady **„im gorzej, tym lepiej"**.

Broń, którą najczęściej komuniści stosują przeciw partiom socjalistycznym, to hasło **„jednolitego frontu"**.

Hasło to wysuwali wszędzie, we wszystkich krajach, a między innymi i w Polsce. Nie wysuwają go i nie stosują tam, gdzie sprawują niepodzielną władzę, nie stosują go w Rosji. W Rosji sowieckiej nadal panuje i szerzy się krwawy terror wobec partii robotniczych, wobec socjalistów-rewolucjonistów i mieńszewików, których tysiące ginie w więzieniach władzy sowieckiej.

W innych krajach komunizm łatwo doprowadził pod hasłem „jednolitego frontu" do rozbicia szeregów klasy robotniczej.
[...]
Przeszedłszy przez ciężkie doświadczenia komunistycznej demagogii i warcholstwa, **wszędzie proletariat wraca pod sztandary socjalistyczne.** Eksperyment sowiecki zbankrutował całkowicie. W Rosji gwałtowne cofanie się, szybki nawrót do kapitalizmu i rządów bogatego chłopstwa – kułaków. **Wszystkie wybory, przeprowadzone** w ostatnich czasach **do rosyjskich sowietów, przynoszą komunistom jedną klęskę za drugą.**

Rezultaty tych wyborów są wyrazem masowego niezadowolenia, jakie szerzy się w szeregach rosyjskiego proletariatu. W partii komunistycznej, rządzącej w Rosji, istnieje rozłam na 3 grupy[1], zwalczające się wzajemnie i w walce tej przeciwko sobie używające niejednokrotnie terroru.

[...]

A wszędzie, gdzie tylko komunizm wzmocnił swe wpływy na masy, nastąpiło pogorszenie się sytuacji klasy robotniczej: osłabienie sił, rozbicie, wzmożenie ataków kapitału i likwidacja dotychczasowych zdobyczy. Nie inaczej wygląda sytuacja w Polsce. Te związki, które zostały opanowane przez wpływy komunistyczne, wiodą nędzny żywot, a proletariat w nich zorganizowany nie ma z ich strony żadnej pomocy i obrony (np. Zw[iązki] drzewny, budowlany itd.). **Wszędzie tam, gdzie wpływy komunistyczne usunięto i zlikwidowano, robotnicy mają mocną organizację, zdolną do walki i oporu przeciw zamachom przedsiębiorców.** Zlikwidowanie wpływów komunistycznych na terenie instytucji miejskich wzmocniło organizacje robotnicze: Związek prac[owników] gazowni, Związek prac[owników] miejskich, Związek prac[owników] teatralnych mają wpływ i znaczenie, bo wolne są od warcholstwa komunistycznego.

A jak wyglądają stosunki po fabrykach?

Wszędzie, gdzie istnieje delegacja komunistyczna, robotnicy nie mają żadnej obrony, nie należą do żadnego związku, są strasznie wyzyskiwani, a nikt z pyskaczy komunistycznych nie znajdzie dla nich rady i środków walki prócz pełnej gęby frazesów.

Do niedawna na terenie Zbrojowni na Pradze rządziła delegacja pyskaczy. Cała ich akcja redukowała się do walki z PPS. Całe ich zajęcie polegało na tym, aby coraz to nowe oszczerstwa stwarzać i rzucać na PPS. Lecz robotnicy mieli dość pyskowania, warcholstwa i demagogii.

Zapragnęli realnej pracy. Wybrali delegację złożoną z pepesowców. Po kilku tygodniach pracy tej delegacji powiększyły się szeregi PPS,

---

[1] Do najważniejszych frakcji w WKP(b) należały: 1) grupa zwolenników Trockiego (tzw. lewicowa opozycja), do której stalinowscy oponenci propagandowo zaklasyfikowali również Zinowiewa oraz Kamieniewa, 2) grupa określana jako opozycja prawicowa z Bucharinem, Rykowem oraz Tomskim, 3) frakcja skupiona wokół Stalina.

powiększył się Związek zawodowy, a jednocześnie robotnicy uzyskali powiększenie dni pracy (z 4-[e]ch dni w tygodniu do 5-ciu) oraz prowadzą akcję o uzyskanie miesięcznej pożyczki.

A porównajcie, towarzysze, stosunki na terenie np. Budowy Parowozów i Lilpopa ze stosunkami w fabryce Gerlacha? W Budowie Parowozów i u Lilpopa święci triumfy demagogia i blaga komunistyczna, a robotnicy bezradnie oczekują jakiejś akcji, w fabryce „Gerlach" każdy delegat pepesowski pracuje zgodnie z potrzebami ogółu robotników. W dniach listopadowych podczas wyborów do Rady Kasy Chorych robotnicy Warszawy swe liczne głosy oddali na komunistów. Komuniści zdobyli 21 mandatów[2]. I jakie są dzisiaj tego rezultaty?

Rola komunistów w Kasie Chorych sprowadza się do składania demagogicznych tasiemcowych oświadczeń i rezolucji, z których proletariat żadnej nie ma korzyści. A realna ciężka praca spoczywa na barkach PPS.

PPS musi czuwać, aby demagogia komunistyczna nie rozbiła samorządu robotniczego w Kasie Chorych, PPS się troszczy, aby warcholstwo komunistyczne nie sprowadziło rządów komisarskich, jak przed kilku laty[3], PPS wreszcie zabiega o to, aby zamiast słów i demagogii przystąpiono do budowy ambulatorium na Woli, aby rozbudowano sanatoria, aby stopniowo podniesiono świadczenia.

Ale komuniści za to nie żałują pieniędzy na drukowanie sążnistych biuletynów, pełnych napaści i oszczerstw na PPS, za jej działalność na terenie Kasy Chorych. Troszczą się o to, aby konkurować z partią robot-

---

[2] W wyborach do Rady Kas Chorych w listopadzie 1926 r. komuniści, występujący na liście nr 6, tj. Lewicy Robotniczej, uzyskali 12 544 głosy, co dawało im 21 mandatów w radzie, zaś PPS zdobyła 9948 głosów, co pozwoliło jej wprowadzić do Rady 16 swoich przedstawicieli. Oznaczało to, że komuniści, w stosunku do ostatnich wyborów, poprawili swój wynik o 5 mandatów, zaś socjaliści odnotowali utratę jednego mandatu (AAN, MSW, 9/1020 dopływ, Sprawozdanie z ruchu wywrotowego za IV kwartał 1926 r., k. 31a; A. Tymieniecka, *Warszawska organizacja PPS...*, s. 106; K. Sacewicz, *Kilka uwag...*, s. 302–303).

[3] Zob. K. Sacewicz, *Kilka uwag...*, s. 302; A. Tymieniecka, *Warszawska organizacja PPS...*, s. 73.

ników żydowskich „Bundem" i szybciej od niej zgłosić demagogiczny wniosek **o dopuszczenie do obrad języka żydowskiego, o przyjmowaniu na posady do Kasy Chorych urzędników, mówiących po żydowsku lub też wprowadzenia w Kasie druków i wydawnictw w języku żydowskim.** Te wystąpienia komunistów na terenie Rady Kasy Chorych są znamienne.

Świadczą one, że komuniści tracą wpływy w masach proletariatu polskiego i stąd na gwałt występują jako przeciwnik i konkurent „Bundu", aby pozyskać głosy robotników żydowskich.

Nic dziwnego, że tak szybko komunizm bankrutuje. Proletariatowi nic prócz frazesów nie daje, a sam jest rozbity **moralnie.**

Od dawna partia komunistyczna jest przeżarta przez prowokację. Nigdy robotnik nie wie, gdzie się kończy prowokator, a zaczyna komunista.

[...]

Towarzysze! **Prowokacja, demagogia i warcholstwo są największymi wrogami proletariatu.** Niszczą one organizacje robotnicze, podrywają wiarę i zaufanie, wprowadzają rozbicie i dezorganizację. A dziś bardziej niż kiedykolwiek proletariat potrzebuje siły, zdolności do walki i wiary w zwycięstwo.

Klasa robotnicza znajduje się w ciężkiej walce o byt, o prawo do istnienia. Reakcja ani na chwilę nie osłabła i z dniem każdym czyni wysiłki, aby robotnika pozbawić jego zdobyczy, uczynić zeń powolne narzędzie swego wyzysku.

Ataki reakcji i jej zamachy muszą być odparte.

Ale do tego potrzeba silnych organizacji robotniczych, potrzeba solidarności w szeregach robotniczych.

Nie buduje organizacji ten, kto szermuje kłamstwem i demagogią, kto masy robotnicze oszukuje frazesem, kto z hasłem jednolitego frontu na ustach rozbija klasę robotniczą, kto niszczy organizacje robotnicze za pomocą prowokacji.

Siła i zwycięstwo klasy robotniczej leżą w organizacjach zawodowych i w partii socjalistycznej.

Towarzysze! W obliczu zbliżającego się 1-szego maja, w obliczu święta solidarności robotniczej, wzywamy Was pod sztandary socjalistyczne, pod sztandary PPS.

Niech żyje jednolity front robotniczy pod sztandarami PPS!
Precz z demagogią komunistyczną!
Precz z bankrutującą ideologią komunizmu!
Niech żyje socjalizm!
Niech żyje PPS!

Warszawski Okręgowy Komitet Robotniczy[4]

Warszawa, w kwietniu 1927 r.

Źródło: AAN, PPS, 114/XIII–93, k. 27–27a, mps.

---

[4] Obradująca 9 IV 1927 r. warszawska konferencja PPS wyłoniła następujący skład OKR: Antoni Baryka, Bolesław Berger, Bolesław Czarkowski, Edward Dąbrowski, Piotr Dewódzki, Medard Downarowicz, Edward Fidziński, Stefania Gliszczyńska, Rajmund Jaworowski, Jan Klempiński, Władysław Kompało, S. Konopacki, Sofroniusz Kowalew, Kazimierz Kowalski, Wacław Lenga, Franciszek Łagowski, Józef Łokietek, Edmund Morawski, Marceli Piłacki, Antoni Podniesiński, Wacław Preis, Łukasz Siemiątkowski, Adam Szczypiorski, Tadeusz Szpotański, Stefan Szulc, Wincenty Ziółkowski, Władysław Żuchowski stanowiący tzw. grupę Jaworowskiego oraz zwolennicy CKW PPS – Stanisław Garlicki, Bolesław Gruszko, Tadeusz Hartelb, Józef Odrobina, Stanisława Woszczyńska, Władysław Wysocki i Edward Zawadzki (zob. A. Tymieniecka, *Warszawska organizacja PPS...*, s. 111).

Nr 74

1927 kwiecień 27, Warszawa – Artykuł z „Chłopskiej Prawdy" pt. „Polska Partia Socjalistyczna. Do ludu pracującego na roli. Do robotników rolnych, do wszystkich małorolnych i bezrolnych"
(fragmenty)

Towarzysze! Towarzyszki!

Przed trzydziestu ośmiu laty **Międzynarodowy Kongres Socjalistyczny** w Paryżu[1], zjazd socjalistów wszystkich narodów i krajów, ustanowił jeden dzień w roku, dzień **1 Maja** jako wspólne święto całej ludzkiej pracy, jako dzień manifestacji ogromnej **o pokój powszechny, o prawa ludowe, o lepsze jutro dla świata.**

I odtąd, jak ziemia długa i szeroka, ustaje w tym jednym dniu wszędzie praca, wychodzą na ulice pochody robotnicze, padają hasła walki z wyzyskiem i krzywdą, grzmią dumnie słowa nadziei i wiary, że socjalizm obali ucisk, zniesie niedolę, dokona dzieła wyzwolenia pracujących.

Czyż wyzysk i krzywda istnieją tylko w miastach? Czy nie ma nędzy po wsiach, po chałupach folwarcznych? Czyż serce chłopskie tak samo, jak robotnicze, nie bije żywiej na wieść, że nadejdzie godzina, gdy nastanie wreszcie **Sprawiedliwość?**

Robotnicy rolni, fornale, służba dworska od dawna zrozumieli, dlaczego siła ludu tkwi w jego **organizacji.** Stworzyli potężny **Związek Zawodowy Robotników Rolnych**[2] i w dniu 1 Maja pójdą ramię przy

---

[1] W lipcu 1889 r., podczas założycielskiego, pierwszego Kongresu II Międzynarodówki Socjalistycznej ustanowiono 1 maja Międzynarodowym Dniem Solidarności Ludzi Pracy (zob. *Historia Drugiej Międzynarodówki*, t. 1, Warszawa 1978, s. 193–194; *Międzynarodowy ruch robotniczy*, t. 1, s. 181–182).

[2] Związek Zawodowy Robotników Rolnych RP – utworzony w marcu 1919 r. Siedziba związku znajdowała się w Warszawie. W szczytowym okresie rozwoju, tj. w 1921 r., związek skupiał 110 532 członków (składki uiszczało 95 526 osób) zgrupowanych w 80 oddziałach; w 1927 r. w związku zarejestrowanych było ponad 59 tys., w latach trzydziestych liczba zarejestrowanych działaczy nie spadła poniżej 32 tys., a płacących składki poniżej 14 tys. (L. Hass, *Organizacje zawodowe w Polsce...*, s. 518).

ramieniu obok mas robotniczych miast i miasteczek pod jednym czerwonym sztandarem, z jedną pieśnią zwycięstwa na ustach.

Małorolni i bezrolni włościanie!

Do Was zwracamy się dzisiaj. Niech Was nie zbraknie w tym roku w karnych i zwartych naszych szeregach, tylko solidarny wysiłek wszystkich pracujących przyniesie ze sobą wyzwolenie. Trzeba, by ci, co mają władzę w Państwie, by ci, co mają bogactwa, dowiedzieli się o Waszych żądaniach, poznali Waszą moc.

[...]

Towarzysze! Chłopi!

Nie słuchajcie tych, co Was namawiają, byście trzymali się z daleka od klasy robotniczej. Stronnictwa ludowe, pokłócone wciąż pomiędzy sobą, niewiele dla Was zdziałały. Komuniści i różne inne warcholy rozbić i osłabić chcą Wasze szeregi, a więc gotują Wam klęskę, a Polsce obce panowanie. Zwracamy się do Was z wezwaniem!

W dniu 1 Maja chodźcie z nami, stańcie obok proletariusza z fabryki, obok pracowników umysłowych, obok robotników folwarcznych.

[...]

Centralny Komitet Wykonawczy
Polskiej Partii Socjalistycznej[3]

Źródło: „Chłopska Prawda", 27 IV 1927, nr 8.

---

[3] Skład CKW zob. przypis 1, dok. nr 66.

Nr 75

1927 wrzesień 24, Warszawa – Artykuł z „Robotnika" pt. „Prowokacja komunistyczna!"

Onegdaj rozrzucili komuniści wśród kolejarzy warszawskich ulotki, wzywające kolejarzy na „wiec" pod gmachem ZZK[1] w niedzielę, akurat na czas, gdy wewnątrz odbywać się będzie uroczystość otwarcia domu ZZK.

Warto z komunistycznej ulotki przytoczyć parę zdań, gdyż oświetlą one najlepiej zarówno „powagę" tego „wiecu", jak i właściwy cel, który intrygantom komunistycznym tu przyświeca.

Odezwa brzmi:
„Towarzysze! 25 września odbywa się (!) zjazd ZZK. Masy kolejarzy żądają od zjazdu zorganizowania walki z komercjalizacją (!!), przygotowania strajku powszechnego w odpowiedzi na ataki Rządu. Aby poprzeć tych delegatów, którzy domagać się będą walki o Wasze żądania, przyjdźcie na wiec, zwołany przez lewicę ZZK (!) pod gmach ZZK, gdzie zjazd odbywać się będzie. Niech każdy kolejarz, przychodząc (!) na wiec, wzywa innych robotników do poparcia walki kolejarzy, do udziału w wiecu. Wszyscy na wiec! Precz z komercjalizacją! Precz z faszystowskimi dekretami uposażeniowymi (?!)... itd.

Autorzy tej pokaleczoną polszczyzną napisanej „odezwy" nie sili się – jak widać – nawet na to, by cel tego „wiecu" jakoś mądrzej uzasadnić, a podają motywy, wyglądające po prostu na kpiny z kolejarzy!... „Komercjalizacja" bowiem, przeciw której p.p.[panowie] komuniści żądają – dziś dopiero! – zorganizowania „strajku powszechnego", została zaniechana skutkiem akcji, przeprowadzonej właśnie przez ZZK jeszcze przed paru miesiącami. Komuniści przychodzą więc z przysłowiową musztardą po obiedzie... Co zaś do jakiegoś „dekretu uposażeniowego", to żaden podobny dekret w ogóle nie istnieje!...

Ale odezwa komunistów, mimo swej idiotycznej treści, ma przecież swój cel... Mianowicie spekulują oni na to, że uda im się w ten

---
[1] ZZK – Związek Zawodowy Kolejarzy.

sposób spędzić pod dom ZZK trochę ciemnych, obałamuconych przez siebie ludzi, którzy imitować będą „kolejarzy" (bo przecież żaden kolejarz na te bałamuctwa wziąć się nie da) i że policja „wiec" ten, oczywiście, rozpędzi, co akurat w czasie uroczystości wywołać może uliczną awanturę, a komunistycznym warchołom dać okazję do wypisywania w swych świstkach, że zjazd ZZK odbywał się „pod ochroną policji".

Należy tedy z góry ostrzec, że te łajdackie próby zamącenia uroczystości, w ruchu robotniczym tak niezwykłej, i zohydzenia jej w oczach opinii burdą uliczną, spotkają się ze strony samych kolejarzy – bez pomocy policji! – z taką odpowiedzią, która warchołom z „lewicy ZZK" na bardzo długo pozostanie w pamięci!...

Kol.[2]

Źródło: „Robotnik", 24 IX 1927, nr 262.

---

[2] Podpis niezidentyfikowany.

Nr 76

1927 październik 30, Warszawa – Artykuł z „Robotnika" pt. „Jeden z naszych frontów. PPS a komuniści. Cz. I"

W obliczu zbliżających się wyborów[1] chcielibyśmy raz jeszcze określić nasz stosunek zasadniczy do ideologii i do polityki **Komunistycznej Partii Polski.** Czynimy to z dwóch powodów.

W niektórych kołach społeczeństwa kołacze się jeszcze przekonanie, podsycane złośliwie przez prasę nacjonalistyczną, jakoby komunizm stanowił po prostu „lewicowe" skrzydło obozu socjalistycznego, jakoby jedyna istotna różnica polegać miała na **skrajności** u komunistów **tych samych w zasadzie haseł.** Skądinąd twierdzono niekiedy, że chodzi właściwie **tylko** o zagadnienie dyktatury; gdyby tu nastąpiło uzgodnienie, wszystko inne byłoby zarazem uzgodnione.

Sądzimy, że sprzeczności pomiędzy socjalizmem a komunizmem są **jeszcze** głębsze; niepodobna ich sprowadzić ani do mniej czy więcej „skrajnych" nastrojów, ani też do jakiejś jednej – choćby bardzo ważnej – sprawy.

Spróbujmy ująć pokrótce punkty naprawdę główne. Przede wszystkim – zasada **demokracji.**

Dla nas, dla socjalistów, **demokracja,** tj. rządy ludowe w Państwie, głosowanie powszechne, wolność polityczna obywateli jako sposób rządzenia, nie oznacza manewru taktycznego, nie oznacza chwilowego kompromisu z klasami posiadającymi. **Wolność** – to niezbędna część

---

[1] We wrześniu 1927 r., w związku z odroczeniem przez prezydenta RP sesji sejmu na 30 dni, w wielu środowiskach politycznych, w tym także opozycyjnych, utwierdziło się dość mocne przeświadczenie o możliwości przeprowadzenia przez ówczesne władze przedwczesnych wyborów parlamentarnych. 31 X 1927 r., po otwarciu 340. posiedzenia sejmu, zostało ono, na mocy rozporządzenia prezydenta Mościckiego, odroczone. Następnie w listopadzie kolejne prezydenckie rozporządzenie rozwiązywało Sejm i Senat I kadencji i wyznaczało termin wyborów parlamentarnych na marzec 1928 r. (A. Ajnenkiel, *Długa droga...*, s. 128–129; W. Roszkowski, *Najnowsza historia Polski 1914–1939*, Warszawa 2011, s. 225, 235).

składowa samej idei **Socjalizmu**. Socjalizm bez wolności obywatelskich
byłby czymś połowicznym, niepełnym, nadwyrężonym. Rozumiemy
budowę nowego ustroju społeczno-gospodarczego i kulturalnego jako
bardzo trudne i najeżone przeszkodami zadanie dziejowe klasy robotniczej. Pośród innych form organizacji prawno-politycznej społeczeństwa
demokracja polityczna, w szczególności **demokracja parlamentarna**,
daje stosunkowo najwięcej szans zwycięstwa. Jesteśmy za demokracją
i na skutek istoty naszej ideologii, naszego światopoglądu, i na skutek
również realnej oceny rzeczywistości, która nam mówi, że tu – **i tylko tu**
– znajdujemy właściwą drogę, wiodącą ku socjalistycznemu przeobraże-
niu gospodarki społecznej i kultury narodowej. Program PPS formułuje
następująco poruszone w artykule niniejszym problemy:
„Ustrój socjalistyczny nie może być urzeczywistniony wbrew większości społeczeństwa, musi tedy oprzeć się na zasadach demokratycznych. Rząd socjalistyczny – w jakikolwiek powstanie sposób czy przez
gwałtowny przewrót czy też przez osiągnięcie większości w parlamencie,
musi z całą bezwzględnością odpierać zamachy reakcji i usunąć z drogi
przeszkody stawiane przez klasy posiadające, wyzwoleniu proletariatu...
Podnoszenie środków represji, a nawet terroru, do godności trwałego systemu, a zwłaszcza opieranie przebudowy społecznej na bezwzględnych
dyktatorskich rządach mniejszości, niezgodne jest z istotą socjalizmu
i nie może prowadzić do wyzwolenia klasy robotniczej.
Dlatego PPS odrzuca tak rozumianą i stosowaną „dyktaturę proletariatu", wysuwając natomiast dążenie do rządów socjalistycznych, opartych na masach pracujących miast i wsi, zgodnych z wolą większości
społeczeństwa i kontrolowanych przez ogół obywateli"[2].
Innymi słowy, PPS przewiduje – pomiędzy innymi możliwościami
– także możliwość przejścia władzy do rąk proletariatu w drodze przewrotu. PPS traktowałaby – zgodnie z programem – taką formę rządów
socjalistycznych czy robotniczo-włościańskich jako **potrzebę przej-
ściową**; dążyłaby świadomie do jak najszybszego **nawrotu do demo-**

---

[2] Zob. dok. nr 14; AAN, PPS, 114/I–2, Program PPS, [maj 1920], k. 8;
Program Polskiej Partii Socjalistycznej 21–25 maj 1920 r., [online],
http://polskapartiasocjalistycznawroclaw.wordpress.com/historia–pps/deklaracja–
programowa–pps/przed rokiem–1948/program–z–1920 (dostęp 6 V 2014).

kracji. W podobnym położeniu znaleźli się socjaliści **polscy**, niemieccy, austriaccy, czescy w listopadzie i grudniu 1918 r. I tak, jak napisaliśmy przed chwilą, postąpili. Postępowanie ich zostało poparte przez **teoretyków** socjalizmu z Karolem **Kautskym**[3] na czele.

Kiedy i w jakich warunkach **rewolucyjna** walka o rząd socjalistyczny staje się koniecznością nieuniknioną? Albo po wojnie i w wyniku wojny, albo też w kraju, który zlikwidował u siebie demokrację bądź też likwiduje ją – że tak powiem – publicznie, jaskrawo, w świetle dnia. Pierwszy wypadek zachodził w r[oku] 1918, drugi zachodzi dzisiaj we Włoszech, w Hiszpanii, na Litwie, **zachodziłby w Polsce w razie zwycięstwa Obozu Wielkiej Polski**[4] **bądź innych prądów faszystowskich, bądź bojowo-monarchistycznych typu zwolenników „Słowa"**[5] **wileńskiego.**

Socjaliści włoscy i litewscy dążą do zbrojnego obalenia dyktatury reakcyjnej w swoich ojczyznach. Jeżeli odniosą triumf, obejmą **pełnię władzy.** Co uczynią. Odpowiedź brzmi wyraźnie: **skierują w miarę sił i możności rozwój wypadków z powrotem ku demokracji.** Dlaczego? Przez „oportunizm"? Nic podobnego. Dla tej prostej przyczyny, że bez wolności nie ma socjalizmu, że bez demokracji urzeczywistnienie socjalizmu staje się zadaniem ponad siły ludzkie.

A teraz pytanie: co to jest taka „pełnia władzy" w dłoniach proletariatu? Czy to **dyktatura?**

Tu porozumieć się trzeba co do znaczenia słów.

---

[3] Karl Kautsky (1854–1938) – niemiecki działacz socjalistyczny, publicysta; jeden z liderów II Międzynarodówki, przeciwnik idei rewolucji i dyktatury proletariatu.
[4] Obóz Wielkiej Polski – organizacja polityczna obozu narodowego powołana w grudniu 1926 r. przez działaczy ZLN oraz innych prawicowych stronnictw; zob. E. Maj, *Związek Ludowo-Narodowy...*, s. 99–105; *eadem, Upadek partii politycznej na przykładzie Związku Ludowo-Narodowego (1919–1928)*, „Annales Universitatis Mariae Curie-Skłodowska" 1995/1996, sec. K, s. 243–262; Z. Kaczmarek, *Obóz Wielkiej Polski – geneza i działalność społeczno-polityczna*, Poznań 1980; J. Trochimiak, *Obóz Wielkiej Polski*, Warszawa 1997; A. Tyszkiewicz, *Obóz Wielkiej Polski w Małopolsce 1926–1933*, Kraków 2004.
[5] „Słowo" – dziennik, organ prasowy wileńskich konserwatystów powstały w 1922 r. i redagowany przez Stanisława Mackiewicza, publikującego pod pseudonimem „Cat"; w pierwszych latach nakład pisma nie przekraczał 3 tys. egzemplarzy.

Jeżeli pod „dyktaturą proletariatu" rozumieć „trwały system" represji, terroru itp., **socjalizm odrzuca ją zawsze i w każdej sytuacji.** Jeżeli nazwiemy „dyktaturą" każdy rząd bez większości parlamentarnej, „dyktatorskim" był również Rząd Ludowy w Polsce z r[oku] 1918. Według **Marksa** dyktatura proletariatu oznacza okres dziejowy likwidacji kapitalizmu i budowy socjalizmu. Według **Engelsa** właściwą formą dyktatury robotniczej ma być **Rzeczpospolita demokratyczna.** Wydaje mi się, że toczylibyśmy spór nie o treść, lecz o **słowo.**

Co mówią o tym wszystkim komuniści? Komuniści przekreślili w ogóle ideę **wolności.** Nie potrzebują jej. Uważają wolność polityczną za „drobnomieszczański sentymentalizm". Komuniści przypuszczają, że **przemoc** zdoła zmienić podstawy gospodarki społecznej i życia kulturalnego. Dla komunistów represje, terror, pozbawienie praw wyborczych, „wszechwładza Rządu" – to właśnie „trwały system" rządzenia. Wróćmy tedy do punktu wyjścia.

Zagadnienie demokracji nie stanowi, jak widzimy, kłótni taktycznej pomiędzy socjalistami a komunistami. Jest to – przeciwnie – **różnica zasady, różnica idei.** I dlatego nie ma tu miejsca na „kompromisy", na „uzgadniania"...

Trzeba wybierać: jedno albo drugie.

Klasa robotnicza wybiera wszędzie – **socjalizm.**

Mieczysław Niedziałkowski

Źródło: „Robotnik", 30 X 1927, nr 298.

Nr 77

1927 listopad 1, Warszawa – Artykuł z „Robotnika" pt. „Jeden z naszych frontów. PPS a komuniści. Cz. II"

W artykule niedzielnym starałem się wykazać, że różnica pomiędzy nami a komunistami w dziedzinie pojmowania **przyszłego ustroju społecznego** i dróg do niego wiodących, w dziedzinie zasadniczego stosunku do demokracji i w ogóle idei wolności politycznej nie jest żadną różnicą „taktyczną", ale – odwrotnie – całkiem podstawową. Słowo **socjalizm** oznacza dla nas rzecz zgoła odmienną niż dla komunistów. Walka socjalizmu z komunizmem nie stanowi walki dwóch **taktyk**, jeno dwóch światopoglądów, dwóch **ideałów**, dwóch **programów**.

Istnieje wszakże jeszcze jeden punkt rozbieżny o znaczeniu również ogromnym – to sprawa **niepodległości Polski.**

Czym było hasło niepodległości w programie przedwojennym PPS, nie potrzeba chyba przypominać. Dzisiejszy nasz program zawiera w zagadnieniu narodowo-polskim wyraźne i jasne wskazania.

Przede wszystkim – cel zasadniczy:

„PPS dąży do utworzenia Polskiej Republiki Socjalistycznej, z wszystkich ziem polskich złożonej, a z innymi Republikami Socjalistycznymi połączonej węzłami stałego pokoju i braterskiego współdziałania"[1].

A dalej – stanowisko „na dziś":

„PP. stoi na gruncie Republiki polskiej, o którą przez długie walczyła lata... Utrwalenie niepodległości Polski jest jednym z najważniejszych zadań polskiej klasy robotniczej"[2].

W teorii i w praktyce ruchu socjalistycznego mieliśmy od wielu lat do czynienia z kwestią postawy socjalistów wobec **patriotyzmu,** tzn. przywiązania, miłości do własnego kraju. Można powiedzieć bez zarozumiałości, że PPS zagadnienie to rozwiązała **pierwsza**, jeszcze w pra-

---

[1] AAN, PPS, 114/I–2, Program PPS, [maj 1920], k. 6.
[2] *Ibidem*, k. 9.

cach naukowych Kazimierza **Kelles-Krauza**[3] i w całej swojej polityce. Takie samo w **zasadzie** rozwiązanie przyjęła cała **Międzynarodówka socjalistyczna**. Rzekome „sprzeczności", dzielące socjalizm od patriotyzmu, zostały usunięte. Patriotyzm, a więc miłość Ojczyzny, przywiązanie do kultury narodowej, dbanie o jej rozwój, obrona niepodległości narodu itd.– to w chwili obecnej niezbędne części składowe ideologii socjalistycznej. Kapitalizm odebrał Ojczyźnie klasę robotniczą, odebrał klasie robotniczej Ojczyznę: socjalizm zwraca ją proletariatowi. A komunizm?

Komunistyczna Partia Polski jest bezpośrednią spadkobierczynią SDKPiL, która ideę niepodległości odrzuciła, przeciwstawiając jej teorię „organicznego wcielenia" i „autonomii Królestwa Polskiego", teorię zbankrutowaną w dotknięciu z rzeczywistością dziejową. Komuniści przed paroma laty pod naciskiem mas robotniczych ogłosili, że stają odtąd na gruncie niepodległości, na gruncie **„niepodległej polskiej Republiki sowieckiej"**. Pozostawiam na uboczu szczerość poszczególnych działaczy komunistycznych. **Zapewne są** wśród nich także ludzie szczerzy. Ale sama zasada organizacji **Związku Republik Sowieckich i Międzynarodówki Komunistycznej** przeczy niepodległości. Wyobraźmy sobie, że Polska stała się Republiką Sowiecką; weszła w skład **Związku Sowieckiego** tak samo, jak Ukraina Sowiecka albo Gruzja Sowiecka. Czy zachowałaby niepodległość państwową? Z pewnością nie. Wszak i Ukraina, i Gruzja są **formalnie** państwami samodzielnymi. **Faktycznie** za to we wszystkich sprawach naprawdę ważnych rozstrzyga **Moskwa**, wcale nie Kijów i nie Tyflis. Zasadą organizacyjną Państwa Sowieckiego i Międzynarodówki Komunistycznej jest **krańcowy centralizm**. Kijów sowiecki osiągnął w najlepszym razie pewien szczupły stopień **autonomii terytorialnej** w stosunku do Moskwy sowieckiej. Próby „niepodległościowe" komunistów gruzińskich zostały zlikwidowane przez Moskwę represjami. Gruzja znajduje się właściwie w stanie **rosyjskiej okupacji wojskowej**. W Polsce mielibyśmy to samo, a r[ok] 1920 dostarczył nam nawet krótkotrwałych doświadczeń; ówczesny „Polski Komitet Rewolucyjny" z pp.[panami] **Dzierżyńskim, Marchlewskim**

---

[3] Kazimierz Kelles-Krauz (1872–1905) – socjolog, wykładowca uniwersytecki, działacz i teoretyk PPS.

i Feliksem **Konem** na czele odgrywał śmieszną rolę „władzy zawieszonej w powietrzu", władzy, której nie słuchał żaden **rosyjski** dowódca jakiegoś pułku kozaków atamana **Gaja**[4] czy **Budionnego**.

Zwycięstwo komunistów w Polsce oznaczałoby **koniec** niepodległości Polski, choćby nawet p. **Warski** usiłował temu przeszkodzić. Bo rozkazy wydawałby nie p. **Warski**, ale **Stalin**, względnie **Trocki**, jeżeli **Trocki** pobije **Stalina**. I dlatego zawarte w programie PPS hasło „utrwalenia niepodległości Polski" stanowi drugą zasadniczą, nie jakąś „taktyczną" różnicę pomiędzy socjalistami u nas a komunistami.

Wymienić by łatwo przyszło mnóstwo dalszych różnic naprawdę tylko **taktycznych**, w praktyce niezmiernie ważnych. Przykładów tych różnic dostarczy bez liku polityka parlamentarna, zagraniczna, narodowościowa, samorządowa, zawodowa itp. Nas obchodzą dzisiaj w pierwszym rzędzie różnice **programowe**. Te, jak widzimy, nie są wcale drobne. Pierwsza ich grupa, omówiona w artykule niedzielnym, obejmuje **całą** Międzynarodówkę socjalistyczną; grupa druga dotyczy bardziej bezpośrednio socjalistów polskich, łotewskich, estońskich, fińskich, litewskich, dotyczy najbezpośredniej socjalistów gruzińskich, ukraińskich, białoruskich.

Wracamy tedy do tego samego wniosku, który sformułowałem w niedzielę: **trzeba wybierać**. Socjalizm albo komunizm. „Kompromisowość" byłaby – powiedzmy otwarcie – czymś „bezpłciowym". Zwycięstwo sprawy robotniczej, sprawy wyzwolenia pracy zależy od zwycięstwa socjalizmu nad komunizmem w duszy, w sercu, w mózgu proletariatu.

I dlatego front komunistyczny podczas wyborów nadchodzących pozostanie jednym z naszych głównych frontów.

Mieczysław Niedziałkowski

Źródło: „Robotnik", 1 XI 1927, nr 300.

---

[4] Gaja Dmitrijewicz Gaj vel Gaj-Chan (właśc. Hajk Byżiszkian) (1887–1937) – działacz bolszewicki ormiańskiego pochodzenia; podczas wojny polsko-bolszewickiej dowódca III Korpusu Kawalerii.

1927 listopad 11, Kraków – Artykuł z „Naprzodu" pt. „Dalsze uchwały Rady Naczelnej¹ PPS" (fragmenty)

Debata polityczna Rady Naczelnej trwała w niedzielę w nocy do 4 godz. Chodziło o to, by możliwie wszyscy towarzysze mogli wypowiedzieć swoje zdanie. Na przekór „rewelacjom" prasy mieszczańskiej o „burzliwości" obrad, mówcy używali **argumentów rzeczowych**, przedstawiali swoje stanowiska w sposób jasny i szczery. Debata wykazała, **że w partii nie ma żadnych różnic programowych, nie ma również różnic co do zasadniczej linii taktycznej** na sytuację obecną. Dlatego zakończono prace Rady nie tylko bez uczucia „rozdźwięku" pomiędzy nami, ale – wręcz przeciwnie – z przeświadczeniem o **wewnętrznej zwartości**.

[...]

Dziesięciolecie bolszewizmu

Rada Naczelna stwierdza w dziesiątą rocznicę przewrotu bolszewickiego **całkowite ideowe bankructwo komunizmu**, który rozpadł się na kilka zwalczających się nawzajem kierunków; kierunki te oskarżają siebie wzajemnie o „kontrrewolucyjność", o „zdradę" o „bonapartyzm" itd. Rada Naczelna poleca organizacjom partyjnym wyjaśniać ogółowi robotniczemu **rozkład ideologii komunistycznej**, aby w ten sposób wzmacniać jedność szeregów proletariatu.

[...]

Źródło: „Naprzód", 11 XI 1927, nr 260.

---

¹ Skład Rady Naczelnej, zob. przypis 1, dok. nr 62.

Nr 79

1928 styczeń 1, Warszawa – Odezwa Centralnego Komitetu Wykonawczego Polskiej Partii Socjalistycznej pt. „Polska Partia Socjalistyczna. Do ludu pracującego miast i wsi!"
(fragmenty)

Do walki o Sejm Ludowy!
Do walki o Rząd robotniczo-włościański! Towarzysze! Robotnicy!
Włościanie!

W dniu 4 marca staniecie – po raz trzeci w Polsce niepodległej – do urny wyborczej[1]. Głos znowu zabierze cały kraj. Weźmiecie na siebie odpowiedzialność za losy Rzeczypospolitej, za własną przyszłość, za własne, uzyskane dotąd zdobycze społeczne i polityczne. Przeżywamy chwile trudne. W ciągu długich miesięcy, które nas dzielą od przewrotu majowego, trwała Polska w położeniu osobliwym, powikłanym, budzącym najdalej idące zastrzeżenia. Utrwalił się
sposób rządzenia państwem,
oparty na **wszechwładzy Rządu,** w praktyce bardzo często na **wszechwładzy wyższej biurokracji,** bez kontroli, osłonięty mgłą tajemnicy co do celów i zamierzeń na jutro.
Pod płaszczem tej tajemnicy podniosła głowę
Reakcja społeczna,
kierowana przez kapitalistów i obszarników, wspierana przez klerykalizm. Rzuciła rękawicę prawom robotniczym, wypowiedziała bój reformie rolnej,
pragnie obalić demokrację parlamentarną,
jako podstawę ustroju Rzeczypospolitej, niektóre jej odłamy głoszą jawnie hasła **monarchii i dyktatury.**

---

[1] Pierwszymi wyborami parlamentarnymi w II RP były wybory do jednoizbowego Sejmu Ustawodawczego, które przeprowadzone zostały 26 I 1919 r. Natomiast 5 i 12 XI 1922 r. odbyły się wybory do dwuizbowego parlamentu, tj. Sejmu i Senatu I kadencji. W pierwszym terminie wybierano skład sejmu, w drugim skład senatu.

[...]

Towarzyszki! Towarzysze!

[...] Polska znalazła się u rozstajnych dróg swoich dziejów. Tak samo, jak cała Europa, jesteśmy w „okresie przejściowym" **pomiędzy kapitalizmem przedwojennym a socjalizmem.** Stary świat wyzysku jest zachwiany. Zanim nowy świat sprawiedliwości społecznej się narodzi, przebyć nam wypadnie drogę długą, najeżoną trudnościami. Wzywać Was będą **komuniści,** byście poszli za nimi, roztoczą przed Wami cały bezmiar demagogii, oszczerstw i obłudy. **Zwycięstwo komunizmu – to śmierć Niepodległości,** to katastrofa socjalizmu i samej **sprawy robotniczej,** to otwarcie wrót – prędzej czy później – dla triumfalnego pochodu faszyzmu.

[...]

Nasza siła – to

solidarność świata pracy,

robotnik fabryczny i robotnik folwarczny, gospodarz małorolny i pracownik umysłowy jednoczą się pod wspólnym sztandarem Polskiej Partii Socjalistycznej, jedynej Partii, **która – wśród chaosu powszechnego – zachowała zwartość swoich szeregów.**

Robotnicy! Włościanie! Pracownicy umysłowi!

Walczyliśmy o Niepodległość na przekór wszelakiej ugodzie. Walczymy o demokrację i o Wasze prawa na przekór wszelakiej reakcji.

Polska się utrzyma, jeśli będzie

Rzecząpospolitą Ludową,

Rzecząpospolitą pracującego człowieka.

Idziemy na zdobycie lepszych warunków życia, idziemy na zdobycie tej Polski bez wyzysku i krzywdy, **Polski wyzwolonej pracy, Polski socjalistycznej.**

Chcemy **Sejmu ludowego!** Chcemy, by Sejm nowy utrwalił pokój na zewnątrz, prawa ludu na wewnątrz kraju! Chcemy, by rząd pracował pod kontrolą przedstawicieli ludowych! Chcemy **rządu robotników, włościan i pracującej inteligencji,** rządu zaufania mas pracujących.

W dniach 4 i 11 marca głosujcie wszyscy na listy Polskiej Partii Socjalistycznej.

Precz z reakcją i precz z komunizmem!

Niech żyje solidarność wszystkich ludzi pracy! Niech żyje nowy Sejm, Sejm Ludowy!
Niech żyje Polska Partia Socjalistyczna!

Centralny Komitet Wykonawczy
Polskiej Partii Socjalistycznej[2]

Głosujcie na PPS

Warszawa, 1 stycznia, 1928 r.

Źródło: AAN, PPS, 114/III–32 k. 1–1a, mps.

---

[2] Skład CKW PPS zob. przypis 1, dok. nr 66.

Nr 80

1928 styczeń, Warszawa – Odezwa Centralnego Komitetu Wykonawczego Polskiej Partii Socjalistycznej pt. „Polska Partia Socjalistyczna. Do ludu pracującego na wsi!" (fragmenty)

Do walki o Sejm Ludowy!

Do walki o Rząd Robotniczo-Włościański!

Robotnicy rolni! Włościanie!

W niedzielę 4 marca wybierać będziecie znowu posłów sejmowych, a w dniu 11 marca – senatorów. Wybieraliście już w Polsce niepodległej dwa razy. Dwa razy wielu spośród Was oddało swoje głosy na listy prawicy, **na listy „Chjeny" albo „Piasta"**; dwa razy zostaliście oszukani. Po raz trzeci nie wolno nikomu powtarzać tego samego błędu.

Przychodzą do Was, jak dawniej, z obietnicami przedstawiciele reakcyjnej prawicy, a – obok nich – agitatorzy

„Bezpartyjnych komitetów współpracy z rządem",

wspomagani przez starostów komendantów policji, a niekiedy i wójtów.

„Komitety" chcą wprowadzić do Sejmu obszarników i wielkich magnatów, fabrykantów i bankierów. Pod płaszczem nazwiska **Piłsudskiego** przygotowują **taką samą** reakcję **jak „Chjena".**

Bo po wyborach posłowie prawicy, skupionej w **„Komitetach Narodowo-Katolickich"** lub **„Ludowo-Katolickich"**, połączą się od razu z posłami, występującymi dziś rzekomo w imię nazwiska **Piłsudskiego**, stworzą wspólnie z nimi

jednolity front reakcji,

przeciwko ludowi wiejskiemu, przeciwko małorolnym i bezrolnym, przeciwko klasie robotniczej.

Przychodzą do Was także **komuniści**, ludzie **Niezależnej Partii Chłopskiej**, oszukańcy wszelakiej „lewicy" chłopsko-robotniczej. Ich przyjaciele mają władzę w Rosji. Zaleli ziemię rosyjską potokiem krwi. Sprzedali ją w niewolę obcemu kapitałowi.

Gdybyście na nich w dniach 4 i 11 marca głosowali[1], zamordowalibyście własne lepsze Jutro i **Niepodległość Rzeczypospolitej Polskiej.** Jesteście największą siłą w kraju. Na imię Wam – **miliony.** Musicie sami postanowić głosowaniem

Kto ma rządzić polską?

Obszarnicy-endecy, obszarnicy, którzy popierają rząd Piłsudskiego, komuniści, piastowcy, Narodowa Partia Robotnicza, **czy też jedyna zorganizowana siła ludowa, Polska Partia Socjalistyczna?**

Włościanie! Robotnicy Rolni!

Od przewrotu majowego upłynęły długie miesiące. Poparliśmy przewrót, bo nie chcieliśmy ani endeków, ani Witosa. [...] Stronnictwa ludowe są rozbite i osłabione. Walka o prawa ludu, walka o demokrację, walka o wolność i sprawiedliwość

spoczęła dziś na sumieniu i na wysiłku Polskiej Partii Socjalistycznej

[...]

Dlatego wzywamy Was raz jeszcze:

W dniach 4 i 11 marca głosujcie tylko na listy nr 2 Polskiej Partii Socjalistycznej!

Do Rządu obecnego **jesteśmy w opozycji**[2], bo osłabił on demokrację, wzmocnił siły obszarników i kapitalistów, dał im nadzieję zwycięstwa przy obecnych wyborach, bo w wielu sprawach działał i działa przeciwko ludowi.

---

[1] Na temat wyników wyborczych partii komunistycznych i prokomunistycznych zob. AAN, MSW, 9/1186, Udział ugrupowań wywrotowych w wyborach do ciał ustawodawczych w Polsce, [1928], k. 1–38.

[2] Na temat stosunku PPS do rządów sanacyjnych zob. W. Suleja, *Polska Partia Socjalistyczna...*, s. 172–174; *Rada Naczelna P.P.S.*, „Chłopska Prawda", 16 I 1927, nr 1; *Rada Naczelna P.P.S.*, „Chłopska Prawda", 12 VI 1927, nr 11; *Rada Naczelna. Uchwały polityczne. Stosunek P.P.S. do rządu*, „Robotnik", 8 XI 1927, nr 307; *Rada Naczelna PPS. Jednomyślna aprobata opozycyjnej polityki partii*, „Naprzód", 9 XI 1927, nr 258; *Uchwały Rady Naczelnej P.P.S. Rada Naczelna aprobuje opozycyjne stanowisko do rządu*, „Dziennik Ludowy", 9 XI 1927, nr 256; *Uchwały Rady Naczelnej PPS*, „Naprzód", 10 XI 1927, nr 259; *Uchwały Rady Naczelnej P.P.S.*, „Chłopska Prawda", 27 XI 1927, nr 24; *Uchwała Rady Naczelnej PPS. PPS pozostaje nadal w opozycji wobec rządu*, „Dziennik Ludowy", 18 IV 1928, nr 89.

Pragniemy **rządu robotniczo-włościańskiego!** Pragniemy **Sejmu Ludowego!** Zwycięstwo zależy od Was samych, towarzysze i obywatele! A więc do walki wyborczej!

Jedność ludu pracującego wsi z klasą robotniczą miast musi być dokonana!

Robotnicy, fornale, bezrolni, małorolni — wszyscy oddadzą swe głosy na „dwójkę"!

Niech żyje sejm ludowy!

Niech żyje rząd robotniczo-włościański!

Niech żyje Polska Partia Socjalistyczna!

**Centralny Komitet Wykonawczy
Polskiej Partii Socjalistycznej[3]**

Warszawa, w styczniu, 1928 r.

Źródło: AAN, PPS, 114/III–32, k. 2–2a, mps.

---

[3] Skład CKW PPS zob. przypis 1, dok. nr 66.

Nr 81

[1928 luty], bm. – Odezwa centralnego Komitetu Wykonawczego Polskiej Partii Socjalistycznej pt. „Polska Partia Socjalistyczna. Ani jednego głosu komunistycznym rozbijaczom. Towarzysze! Robotnicy!"

Towarzysze! Robotnicy!

Podczas akcji wyborczej przyjdą po Wasze głosy **komuniści**. Nieświadomość i ciemnota, tkwiące jeszcze tu i owdzie, są tym czynnikiem, który podtrzymuje w niektórych ośrodkach robotniczych i pracowniczych wpływy komunistyczne. **Demagogia komunistyczna, nielicząca się z interesem mas robotniczych usiłuje wbić klin między szeregi robotnicze**, aby, powodując osłabienie, zniszczyć siłę i odporność robotniczą,
narazić w ten sposób proletariat na większe straty
i wówczas, **w rozgoryczonych szeregach siać większe zwątpienie** w możliwość zwycięstwa pod sztandarem PPS.

Od lat dziesięciu **za rosyjskie pieniądze** komuniści wiele czasu i sił poświęcają swej szkodliwej działalności.

A rezultaty tej działalności?

Nie ma organizacji robotniczej na świecie, nie ma takiej organizacji w Polsce, **gdzie by ta działalność destrukcyjna nie pozostawiła szczerb i wyłomów.**

Robotnicy Włoch, po doświadczeniach komunistycznych, stali się **przedmiotem faszystowskiego ucisku i dyktatury Mussoliniego[1]**, robotnicy Francji do dziś dnia muszą tracić wiele sił i pracy, **aby odbudować rozbite związki zawodowe**. Ileż energii stracili socjaliści w Niemczech, aby związki zawodowe **doprowadzić do siły i jedności**. Rezultatem polityki komunistów w Niemczech, którzy przeciwstawili kandydaturze socjalistycznej swego kandydata, był wybór prezydentem Rzeszy niemieckiej – marsz. Hindenburga, militarysty i reakcjonisty.

---

[1] Benito Mussolini (1883–1945) – polityk, dziennikarz, współzałożyciel i przywódca włoskiego ruchu faszystowskiego; w latach 1922–1943 premier Włoch; od 1943 do 1945 r. premier rządu Włoskiej Republiki Socjalnej.

Źródłem, skąd czerpali komuniści środki do tej pracy była Rosja sowiecka.

Stamtąd czerpali środki pieniężne na swą szkodliwą agitację, stamtąd szły wskazówki i dyrektywy, jak winni pracować komuniści, by najlepiej służyć interesom sowieckiego imperializmu. Nie interes robotnika, nie interes pracującego inteligenta polskiego był wskazaniem działalności komunistycznej. Nie o to bowiem im chodziło. **Na czoło wysuwali oni to, co dogadzało rosyjskiej państwowości.** Aż wreszcie dla wszystkich stało się jasne, iż nie wszystko co jest interesem państwa sowieckiego jest korzystne dla klasy pracującej i socjalizmu!

Przeciw temu stanowi rzeczy protestowali nie tylko bezpartyjni robotnicy. **Zaczęli protestować nawet i robotnicy zorganizowani w partii komunistycznej.** Całe szeregi posłów i radnych miejskich **opuszczało szeregi komunistyczne i wracało pod socjalistyczne sztandary**, jak to np. było w Niemczech. Co uczciwsi wobec własnych sumień działacze nie chcieli być nadal **narzędziami w rękach dyktatorów sowieckich.**

W dobie obecnej ostre rysy powstały w rosyjskiej partii komunistycznej. Na czele tych, którzy potępiali system polityczny dyktatury sowieckiej, kroczą **najwybitniejsi twórcy rewolucji bolszewickiej: Trocki, Zinowiew, Kamieniew[2], Radek, Rakowski[3] i wielu innych.**

„**To, co się dzieje w Rosji dzisiejszej pod butem Stalina nie ma nic, a nic wspólnego z interesami klasy robotniczej, nie ma nic wspólnego z socjalizmem**" – wołają owi przeciwnicy stalinowskiego systemowi rządów.

Rosja sowiecka przekształca się obecnie **na państwo na wskroś kapitalistyczne. Odbudowa kapitalizmu odbywa się pod kłamliwym**

---

[2] Lew Borysewicz Kamieniew (1883–1936) – działacz bolszewicki; przewodniczący CKW RFSRR; od 1919 r. członek Politbiura KC RKP(b), a następnie WKP(b); od 1923 r. wiceprzewodniczący Rady Komisarzy Ludowych; w latach 1927–1928 oraz 1932–1933 usuwany z partii; w grudniu 1934 r. aresztowany, rozstrzelany w 1936 r.

[3] Chrystian Rakowski (1873–1941) – działacz bolszewicki, w WKP(b); krytyk Stalina i zwolennik Trockiego; w 1927 r. usunięty z partii; w 1936 r. aresztowany przez NKWD i w 1938 r. skazany na 20 lat więzienia.

płaszczykiem „dyktatury proletariatu". Hasła praw robotniczych, wolności obywatelskich poszły na śmietnik, jak zmięte łachmany.

O ośmiogodzinnym dniu pracy, o rozbudowie ubezpieczeń socjalnych, o opiece nad rosnącymi wciąż rzeszami bezrobotnych, nikt już dziś w Rosji, pod rządami demagogów, kłamców i oszustów komunistycznych nie mówi i mówić nie może!

Robotnicze protesty uciszane są przez Stalina kolbami karabinów lub kulami mitraljez.

Dziś sybirskimi szlakami kroczą nie tylko socjaliści, lecz i twórcy bolszewickiej rewolucji, którzy ośmielili się buntować przeciw kapitalistycznemu uciskowi w Rosji. A kapitał zagraniczny zachęcony zaproszeniami i ustępstwami obecnego rządu bolszewickiego napływa obficie do Rosji, czerpiąc zyski i bogactwa z krwi i potu rosyjskiego ludu.

Faktycznymi władcami Rosji są dziś „nepman" – rosyjski paskarz i „kułak" – zamożny chłop.

Szalejąca drożyzna, niskie płace robotnicze, wysokie, nadmierne podatki, oto rezultaty dziesięcioletnich rządów nowych bolszewickich „carów moskiewskich".

To, co się dzieje w Rosji powinno otworzyć oczy na „raj bolszewicki" nawet najmniej uświadomionemu robotnikowi. Czas najwyższy, aby jad zarazy komunistycznej został wypleniony!

Dość Kłamstwa i Obłudy, Raz Na Zawsze Dość Demagogii Komunistycznej.

Towarzysze! Robotnicy! Ludu Pracujący!

I teraz przychodzić będą do Was agitatorzy komunistyczni, wzywać Was, byście na komunistyczną lub „czumowską" listę głosowali. Raj na ziemi obiecywać Wam będą owi radykalni agitatorzy, radykalni agenci sztabu Rosji sowieckiej! Nie wierzcie im. Spytajcie, co posłowie komunistyczni robili w Sejmie, który odszedł[4]?

Posłowie komunistyczni uprawiali w Sejmie poprzednim najohydniejszą, najdzikszą demagogię. Niczego nie zdobyli dla klasy robotniczej. W nienawiści do PPS głosowali często przeciw jej wnioskom, tworząc jednolity front z endecją, chadecją i całą reakcją polską! Słuchali instrukcji i zleceń rządu rosyjskiego!

---

[4] Mowa o Sejmie I kadencji (1922–1927).

Robotnik polski nie umie i nie chce być narzędziem rosyjskiego imperializmu! Odrzuci precz zakusy komunistów i rozbijaczy czumowskich, zwących się szumnie „PPS-Lewica"!

Wszyscy pod socjalistyczne sztandary! Pamiętajcie, iż Polska Partia Socjalistyczna walczy: O wprowadzenie konstytucji w życie. O zniesienie reakcyjnego senatu. O utworzenie Izby Pracy. O skrócenie służby wojskowej i pokojową politykę zagraniczną.

Prócz tego wysuwamy żądania:

rozszerzenia praw robotniczych:
a) przestrzegania 8-godzinnego dnia pracy;
b) 6-godzinnego dnia pracy dla robotników młodocianych;
c) polepszenia ustawy o urlopach robotniczych;
d) poprawienia ubezpieczenia od bezrobocia;
e) poprawienia ubezpieczenia na wypadek choroby i od nieszczęśliwych wypadków;
f) ubezpieczenia na starość, ubezpieczenia wdów i sierot dla pracujących fizycznie oraz polepszenia tego ubezpieczenia dla pracowników umysłowych;
g) scalenia i rozbudowy wszystkich ubezpieczeń społecznych w jednym ogólnym Zakładzie Ubezpieczeń Społecznych;
h) przestrzegania ochrony pracy kobiet i młodocianych;
i) pomocy dla bezrobotnych w zasiłkach i w naturze.

W dziedzinie żądań ekonomicznych domaga się PPS:
a) utrzymania ustawy o ochronie lokatorów;
b) podniesienia poziomu płac robotniczych i pracowniczych;
c) polepszenia płacy robotników i urzędników państwowych;
d) walki z drożyzną;
e) pomocy finansowej dla samorządów i spółdzielni na aprowizację ośrodków robotniczych;
f) pomocy finansowej miastom na budowę domów robotniczych i pracowniczych;
g) reorganizacji systemu podatkowego;
h) oparcia dochodów państwa na podatku dochodowym i majątkowym;

i) zniesienia podatku od artykułów pierwszej potrzeby i powszechnego spożycia;

j) powiększenia podatków od zbytku.

W dniach 4 i 11 marca wszyscy świadomi robotnicy i inteligencja pracująca głosują na listę PPS, na 2.

Precz z komunizmem i zdrajcami sprawy robotniczej!

Niech żyje Polska Partia Socjalistyczna!

Centralny Komitet Wykonawczy PPS[5]

Źródło: AAN, PPS, 114/III 32 k. 5–5a, mps.

---

[5] Skład CKW PPS zob. przypis 1, dok. nr 66.

[1928] luty, Warszawa – Odezwa Centralnego Komitetu Wyborczego Polskiej Partii Socjalistycznej pt. „Polska Partia Socjalistyczna. Towarzysze! Robotnicy!"

Towarzysze! Robotnicy!

W dniu 4-tym i 11-tym marca macie głosem swym zdecydować o wartości nowego Sejmu, a z nim

o przyszłości demokracji i socjalizmu w Polsce.

I dlatego w chwili obecnej każdy uświadomiony robotnik i robotnica muszą strzec się podstępu **wrogich klasie robotniczej partii, które** z pięknymi hasłami wyborczymi na ustach dobijać się będą o głosy ludzi pracy.

Strzeżcie się podstępu listy nr 24 i 25, czyli skumanych ze sobą **Bloków Katolicko-Narodowego i Katolicko-Ludowego,** w których zasiadła **Spółka Chjeno-Piastowa,** znana Wam z krwawej rozprawy z walczącymi o prawo do chleba robotnikami Krakowa, Tarnowa, Borysławia i Łodzi.

Strzeżcie się obłudy komunistów z listy nr 13.

Roztaczać będą przed Wami najpiękniejsze obietnice, by się im potem sprzeniewierzyć, a każdy Wasz protest przeciwko oszustwu zdławić. I nie oszczędzą Was, tak jak nie szczędzą swych wodzów, **Trockiego, Rakowskiego i innych,** których dla dogodzenia **nowej burżuazji i bogatych chłopów – ślą na Sybir!**

Więc gdy idzie o trzymanie **robotnika za kark, faszyści i komuniści, Stalin i Mussolini – stanowią dobraną parą.**

Strzeżcie się **umizgów NPR-u, czyli nr 7,** gdyż ta osobliwa partia **jak komediant w bałaganie jarmarcznym** dla niepoznaki rozdzieliła się na prawicę i lewicę.

Prawica NPR-u poszła pod rękę z 24, **Lewica NPR-u przeszła do nr. 1[1], nic nie szkodzi – i tu, i tam z fabrykantami.**

Pędźmy więc od siebie spekulantów politycznych w rodzaju **Czumy i czumowatych, dawno wyrzuconych z PPS i związków zawodowych** – a dzisiaj skomlących o Wasze głosy.

---

[1] Lista wyborcza nr 1 – Bezpartyjny Blok Współpracy z Rządem.

Pamiętajcie, że każdy Wasz głos zmarnowany wzmocni reakcję i zada śmiertelny cios sprawie robotniczej i Waszym dotychczasowym zdobyczom.

Do tego nie dopuście, gdy 4-go i 11-go marca, głosując do Sejmu i Senatu, oddacie Wasz głos na jedynego Waszego obrońcę, stróża i bojownika demokracji i socjalizmu, tj. na Polską Partię Socjalistyczną.

Nr 2

2. Niech żyje lista nr 2.

Centralny Komitet Wykonawczy
PPS[2]

Warszawa, w lutym.

Źródło: AAN, PPS, 114/III–32, k. 6–6a, mps.

---

[2] Skład CKW PPS zob. przypis 1, dok. nr 66.

Nr 83

1928 [luty], Warszawa – Odezwa Warszawskiego Okręgowego Komitetu Robotniczego Polskiej Partii Robotniczej
(fragment)

Głosujcie na listę PPS
Polska Partia Socjalistyczna

Ani jednego głosu prowokatorom i rozbijaczom komunistycznym!

Towarzysze Robotnicy!

Zbliża się dzień 4 marca. Ostateczna rozgrywka o większość w Sejmie za kilka dni się zakończy. W tej rozgrywce wyborczej czynny udział przyjmują komuniści, wstydliwie ukryci pod nazwą „jedności robotniczo-chłopskiej".

Przeszłość komunistycznej partii w Polsce nie pozwala jej wystąpić jawnie i otwarcie pod właściwą nazwą. Gruntowna kompromitacja macherów komunistycznych w ruchu robotniczym zmusza ich nadal do okłamywania klasy robotniczej i występowania pod obłudnym szyldem.

Zróbmy tedy rachunek „zasług" tej partii wobec polskiej klasy robotniczej.

Posłuszne narzędzie w rękach dyktatorów moskiewskich za podatki wyciągane z kieszeni robotników rosyjskich prowadziła partia komunistyczna swoją destrukcyjną robotę w Polsce. Robotnik rosyjski w raju sowieckim ugina się pod ciężarem drożyzny i podatków, a wodzowie bolszewiccy ślą tę krwawicę robotniczą agitatorom komunistycznym w Polsce, aby szerzyli zamęt, niszczyli Polskę. Cóż na komunistach zyskał robotnik polski? W każdej akcji strajkowej o płace robotnicze komuniści uprawiali najdzikszą demagogię. Realne możliwości walki i zdolność bojowa klasy robotniczej nigdy dla nich nie istniały.

Demagogiczna licytacja żądań, wysuwanych przez związki zawodowe była stałą taktyką komunistów.

Miała ona na celu podrywanie zaufania, walczącej masy robotniczej do przywódców i kierowników akcji. Osłabiało to rozpęd walki, wpro-

363

wadzało dezorganizację i niewiarę w zwycięstwo słusznej sprawy. A jednocześnie związki zawodowe przez komunistów wiodły i wiodą żywot suchotniczy. Niektóre związki opanowane przez komunistów nie przeprowadziły ani jednej rozumnej akcji cennikowej. Każda z tych akcji kończyła się albo przegraną zupełnie, albo drobnym sukcesem, który nie zrównoważył poniesionych w strajku ofiar. Nie przyniósł zwycięstwa strajk robotnikom budowlanym, fiaskiem zakończyła się akcja przed trzema laty prowadzona przez komunistów, wbrew związkowi zawodowemu, w tramwajach miejskich. Nie lepiej dzieje się w fabrykach rządzonych przez krzykaczy komunistycznych. **Najniższe płace zarobkowe istnieją w tych fabrykach, gdzie rej wodzą komuniści.**

Budowa parowozów „Pocisk"[1], a do niedawna Lilpop[2] – oto ośrodki największego wyzysku uprawianego przez fabrykantów i robotnikach, a jednocześnie tereny działania partii komunistycznej.

W powyższych fabrykach za to największe triumfy święciła demagogia, prowokacja i łajdactwo komunistyczne.

W „Pocisku" rewolucyjny komunistyczny majsterek tak pięknie się przysłużył robotnikom, że obito go na polu przed fabryką. U Lilpopa komunistyczna delegacja za nadużycia została przepędzona przez robotników. Gdzie indziej znowu komunistyczny prowokator ujadał na PPS, będąc jednocześnie policyjnym ajentem. Przecież z komunistycznych szeregów wyszli znani robotnikom Warszawy tacy prowokatorzy, jak Cechnowski, Orlik[3], Jóźko[4] itp. i to nikogo nie może dziwić. Partia za obce pracująca pieniądze, tylko takich mogła wychować działaczy. Ten, kto swoją „ideologię" sprzedaje za pieniądze, sprzeda ją zawsze lepiej płacącemu. Wczorajszy komunista, będący na usługach rosyjskiego szpiegostwa wojskowego bez trudu zostanie szpiegiem defensywy,

---

[1] Zakłady Amunicyjne „Pocisk" Spółka Akcyjna – upaństwowiona firma produkująca amunicje na potrzeby polskiej armii. Jej główna siedziba mieściła się Warszawie przy ulicy Mińskiej 25. W Rembertowie działała filia zakładu – narzędziownia.
[2] Towarzystwo Przemysłowe Zakładów Mechanicznych Lilpop, Rau i Loewenstein – spółka akcyjna posiadająca największe zakłady przemysłowe w międzywojennej Warszawie, realizująca zarówno zamówienia cywilne, jak i wojskowe.
[3] Postać niezidentyfikowana
[4] Postać niezidentyfikowana.

gdy tylko lepiej mu zapłacą. Takiej partii jak komunistyczna nie obawia się burżuazja polska.

Istnieją w Warszawie dyrektorzy, którzy niechętnie widzą u siebie w fabryce wpływy PPS-u, nie bardzo chętnie tolerują komunistów i świadomie ich hodują. **Komunizm to najlepszy środek na osłabienie siły robotniczej.**

Niedawno zmarły przywódca endecji w sejmie ks. Lutosławski[5] twierdził, że „godnym przeciwnikiem kapitalistycznego ustroju nie jest komunizm, lecz socjalizm" i nie przed komunizmem, lecz przed socjalizmem przestrzegał klasy posiadające publicznie z sejmowej trybuny[6]. I dziś za wskazaniami swego wodza poszła endecja. Przedstawiciele endecji w Głównej Komisji Wyborczej uratowali listę komunistyczną przed unieważnieniem

[...] reakcyjna polityka sowieckich komunistycznych nepmenów zrodziła protest w ciemiężonych masach rosyjskich robotników.

Pierwszy głos protestu podnieśli twórcy rosyjskich rewolucji – Trocki, Radek, Zinowiew, Rakowski – lecz za to powędrowali na Sybir – a prości robotnicy do więzień i na katorgę.

I w szeregach Komunistycznej Partii Polskiej dyktatorzy stalinowscy zrobili porządek.

W Partii Komunistycznej Polski pozostali tylko ci, co chcą nadal być posłusznym narzędziem obcego robotnikowi polskiego rządu.

Ci zaś, którzy pragnęli uniezależnić polską partię komunistyczną od wpływów rosyjskiego rządu i jego polityki, jak Domski, Przybyszewski[7] i inni, śladami Trockiego powędrowali na sybirskie zesłanie.

---

[5] Zmarł 5 I 1924 r. w Drozdowie (pow. Łomża).

[6] Ks. Kazimirz Lutosławski w jednej ze swych publikacji stwierdził, że „socjalizm i bolszewizm – to bracia rodzeni", a socjaliści „to najzawziętsi, najniebezpieczniejsi i najprzebieglejsi wrogowie ludu polskiego, prawdziwi jego truciciele i gorszyciele" (*idem, Trucizna duszy chrześcijańskiej – socjalizm*, Warszawa 1920, s. 6, 10–11). Warto zwrócić uwagę na fakt, że w swoim wystąpieniu sejmowym 14 III 1919 r. ks. Lutosławski przedstawił socjalistów jako ofiary działalności komunistycznej partii w Polsce (zob. *Sprawozdanie stenograficzne z 14. posiedzenia Sejmu Ustawodawczego z dnia 14 marca 1919 r.*, s. 767–768).

[7] Eugeniusz Tytus Przybyszewski (1889–1940) – działacz komunistyczny, nauczyciel, historyk; od 1906 r. członek PPS, a następnie KPRP/KPP, w której

Kto dziś pozostał w szeregach Partii Komunistycznej? Zostali zwolennicy „nowego kapitalizmu sowieckiego". Zostali handlarze i geszeftsmani z Nalewek marzący o rosyjskich interesach i kapitalistycznym geszefcie w Rosji. Zostali ci, co jak masowo w dzielnicach żydowskich podczas wyborów do Rady Miejskiej głosowali na komunistów.

Lecz miejsce robotnika polskiego nie jest w szeregach nepmanów nalewkowskich.

Robotnik polski ma prowadzić w Polsce walkę o zdobycie socjalizmu. Interes drobnego handlarza żydowskiego czy katolickiego nie ma nic wspólnego z interesem robotniczym, z interesem socjalizmu.

Miejsce robotnika polskiego jest pod socjalistycznymi sztandarami, pod sztandarem PPS.

[...]

Okręgowy Komitet Robotniczy PPS

**W dniu 4 marca do Sejmu,
a w dniu 14 marca do Senatu.
Głosujcie na listę PPS**

Źródło: AAN, PPS, 114/XIII-94, k. 3–3a, mps.

---

był m.in. członkiem Centralnego Wydziału Propagandy i Agitacji. Kilkakrotnie aresztowany. W 1927 r., uciekając przed kolejnym zatrzymaniem przez policję, dotarł do Wolnego Miasta Gdańska, skąd KPP wysłał go do Moskwy. Tam początkowo pracował w Polskim Archiwum Komunistycznym przy Instytucie Historii Partii WKP(b). Na łamach „Nowego Przeglądu" w 1930 r. ogłosił tekst pt. *Dwudziestoletni spór z Leninem a najnowsza „samokrytyka" tow. Warskiego,* w którym – w okresie walk frakcyjnych w KPP – jednoznacznie opowiedział się po stronie ultralewicy. W ZSRS atakowany m.in. za prace poświęcone powstaniu styczniowemu, za udział w seminarium doktorskim u prof. Marcelego Handelsmana i opublikowanie (według Przybyszewskiego – bez jego zgody i wiedzy) tekstu jego autorstwa w księdze jubileuszowej dedykowanej prof. Handelsmanowi. W 1937 r. po usunięciu z partii wysłano go z Moskwy do Ałma-Aty na posadę nauczyciela w szkole średniej. Kilka tygodni później został aresztowany. Zmarł w Magadanie w 1940 r. Oficjalną przyczyną śmierci był zawał serca.

Nr 84

1928 kwiecień 24, Lwów – Artykuł z „Dziennika Ludowego" pt. „Polska Partia Socjalistyczna. Do ludu pracującego miast i wsi" (fragmenty)

Niech żyje międzynarodowe święto świata pracy! Niech żyje 1 maj[a]! Towarzysze! Robotnicy! Włościanie!

Wyjdziecie w dniu 1 Maja na ulice miast, na ulice miasteczek i wsi, pod tym samym wszędzie sztandarem czerwonym Polskiej Partii Socjalistycznej i klasowych związków zawodowych. Porzucicie pracę w fabrykach, zakładach i warsztatach, porzucicie pracę po folwarkach i biurach w imię jednego hasła –

socjalizmu,

w imię jednego celu i jednej nadziei –

niepodległej Socjalistycznej Rzeczypospolitej Polskiej.

Ale manifestować będziecie nie tylko na rzecz głównych zadań dziejowych wielkiego naszego ruchu. Wasz tłumny udział w pochodach i w zgromadzeniach, powszechne świętowanie dnia 1 Maja stanowić musi stwierdzenie postawy Polski pracującej wobec spraw, które dzisiaj domagają się rozstrzygnięcia, stanowić musi zarazem oświadczenie jawne i publiczne, że jesteśmy zwarci i solidarni, że jesteśmy gotowi do walki, że mamy wolę zwycięstwa.

Robotnicy! Pracownicy! Włościanie!
Staniecie w dniu 1 Maja w pochodzie socjalistycznym – [...]
Towarzyszki! Towarzysze!
W chwili trudnej niezmiernie obchodzimy w tym roku święto 1 Maja. Rośnie **drożyzna** i trwa **bezrobocie**. Bez dna jest morze krzywdy ludowej. Na rozpaczy ludzkiej żeruje **propaganda komunistyczna** bądź jawna, bądź ukryta pod płaszczykiem różnych „czumowców".

Robotnicy! Włościanie!
Komunizm – **to zdrada Socjalizmu!** Komunizm – **to śmierć Niepodległości i pogrzebanie Demokracji!** Przyszłość nasza zależy

nie od haniebnej demagogii, nie od bezczelnych oszczerstw, nie od „pomocy" obcej. Zwyciężyć możemy tylko **własną siłą** zorganizowaną, tylko własnym wysiłkiem i własną pracą![1]

[...]

Centralny Komitet Wykonawczy
Polskiej Partii Socjalistycznej[2]

Źródło: „Dziennik Ludowy", 24 IV 1928, nr 94.

---

[1] Na temat stosunku kierownictwa PPS w 1928 r. do idei wspólnych obchodów pierwszomajowych z komunistami zob. *Uchwały Rady Naczelnej P.P.S.*, „Dziennik Ludowy", 19 IV 1928, nr 90; *Rada Naczelna P.P.S.* „Robotnik", 20 IV 1928, nr 110; *Uchwały Rady Naczelnej P.P.S.*, „Chłopska Prawda", 1 V 1928, nr 10; K. Sacewicz, *Razem czy osobno...*, s. 29–31.
[2] Skład CKW PPS zob. przypis 1, dok. nr 66.

1928 [kwiecień], Dąbrowa – Odezwa Okręgowego Komitetu Polskiej Partii Socjalistycznej Zagłębia Dąbrowskiego

Polska Partia Socjalistyczna
Proletariusze wszystkich krajów łączcie się
Niech żyje święto 1 Maja!

Towarzysze, Robotnicy, Włościanie i Kobiety Zagłębia Dąbrowskiego Rokrocznie, już od trzydziestu lat zwracamy się do Was w dniu 1 Maja z wezwaniem do świętowania tego dnia solidarności międzynarodowej proletariatu i rokrocznie od trzydziestu lat w Zagłębiu Dąbrowskim, tej kolebce ruchu socjalistycznego – czerwone sztandary PPS w dniu 1 Maja – wyprowadzały na ulicę lud robotniczy, by manifestować swoją siłę, solidarność i gotowość do walki **o wolność, o socjalizm.**

Byliśmy zawsze i jesteśmy na czele walczących.

Nie inne, ale właśnie sztandary PPS zbroczone są ofiarną krwią naszych towarzyszy!

Tylko PPS prowadziła i prowadzi skuteczny bój z wrogami klasy pracującej – rozszerza i umacnia prawa ludu robotniczego!

PPS nigdy nie oszukiwała Was demagogicznymi kłamstwami i złudną nadzieją **na pomoc obcą.**

Ocenialiśmy każdą sytuację jasno i nieomylnie, mówiliśmy zawsze prawdę, chociaż ta prawda była nieraz gorzką, ale nie chcieliśmy usypiać waszej czujności i męstwa rzekomo natychmiastową rewolucją światową i oglądaniem się na pomoc obcą.

„Wyzwolenie robotników musi być dziełem samych robotników".

Jest to prawda, której nic nie zmieni!

Zwyciężyć możemy tylko własną siłą zorganizowaną, tylko własnym wysiłkiem i pracą.

1 Maja jest wielką rewią sił proletariackich, przygotowaniem do walki, świętem pracy i braterstwa ludów. **Tymczasem komuniści w dniu tym starali się jedynie urządzać burdy i nikczemnym, prowo-**

kacyjnym zachowaniem się podczas pochodów i zgromadzeń obniżyć powagę i wielkość majowych manifestacji proletariatu[1].

Ponieważ i w tym roku komuniści zapowiedzieli stosowanie tej samej prowokatorskiej metody, przeto, aby nie obniżać wielkiego znaczenia święta majowego i nie dopuścić w tym dniu do widowiska, które by uradowało wrogów klasy robotniczej – możliwością walki wzajemnej między robotnikami – Okręgowy Komitet PPS postanowił **manifestacji ulicznych nie urządzać w roku bieżącym.**

Natomiast wzywa całą klasę robotniczą na terenie Zagłębia do powszechnego świętowania dnia 1 Maja i do tłumnego udziału w akademiach, odczytach i zgromadzeniach urządzanych przez PPS.

Robotnicy, Włościanie!

Komunizm – to zdrada socjalizmu!

Komunizm to pogrzebanie demokracji, a więc zagłada powszechnych praw obywatelskich!

Zwyciężyć możemy tylko własną siłą zorganizowaną pod sztandarami Polskiej Partii Socjalistycznej!

Niech żyje 1 Maja!

Niech żyje świadomość klasy robotniczej!

Niech żyje socjalizm!

Dąbrowa, kwiecień [1928]

Źródło: AAN, PPS, 114/XIII-120, k. 7, mps.

---

[1] Zob. dok. nr 63.

Nr 86

1928 maj 1, Warszawa – Odezwa Warszawskiego Okręgowego Komitetu Robotniczego Polskiej Partii Socjalistycznej pt. „Polska Partia Socjalistyczna. Do wszystkich robotników Warszawy!"

Towarzysze i towarzyszki!

Robotnice i robotnicy!

W dniu uroczystego święta majowego, w chwili, gdy wielotysięczne tłumy robotnicze poważnie i spokojnie manifestowały na placu Teatralnym, słuchając socjalistycznych mówców, **komunistyczni zdrajcy i rozbijacze klasy robotniczej wywołali krwawe zajścia, których rezultatem są zabici i ranni**[1].

---

[1] W 1928 r. przebieg manifestacji z okazji 1 maja w Warszawie przypominał wydarzenia „krwawej soboty" z roku 1926. Ponownie doszło do zbrojnej konfrontacji pomiędzy bojówkami warszawskiej PPS a komunistami. Podczas starć śmierć poniosły dwie osoby, rannych zaś zostać miało około 200 (A. Tymieniecka, *Warszawska organizacja PPS...*, s. 125). Ówczesna prasa donosiła początkowo o czterech, a następnie trzech zabitych osobach (zob. *Krwawy 1 Maj w Warszawie (telefonem od korespondenta „Naprzodu"), „Naprzód", 4 V 1928, nr 103; Komuniści, „Dziennik Ludowy", 4 V 1928, nr 102). Kwestią, na której wówczas koncentrowała się informacyjno-propagandowa akcja obu partii było wskazanie inicjatorów i faktycznych sprawców krwawych wydarzeń na ulicach Senatorskiej i Bielańskiej. Socjaliści zarówno w prasie, jak i w drukach ulotnych podkreślali prowokatorską rolę kompartii, która celowo, mając pełną świadomość możliwości siłowego starcia, parła do niego i która jako pierwsza rozpocząć miała strzelaninę, zob. *Napad komunistów. Krwawy 1 Maj w Warszawie*, „Naprzód", 4 V 1928, nr 103; *Krwawy 1 Maj w Warszawie (telefonem od korespondenta „Naprzodu")*, „Naprzód", 4 V 1928, nr 103; *Komuniści*, „Dziennik Ludowy", 4 V 1928, nr 102; *Krwawy posiew komunistyczny w Warszawie*, „Dziennik Ludowy", 4 V 1928, nr 102; *„Komuniści – faszyści". Po krwawych wypadkach w Warszawie*, „Naprzód", 6 V 1928, nr 104; *Święto 1-szego Maja*, „Chłopska Prawda", 13 V 1928, nr 11; *CKW PPS o wypadkach 1-szomajowych w stolicy*, „Chłopska Prawda", 27 V 1928, nr 12; AAN, PPS, 114/XIII–94, Do wszystkich robotników Warszawy! Towarzysze i towarzyszki! Robotnice i robotnicy!, Warszawa, 1 V 1928 r., k. 8. Komuniści z kolei o spowodowanie krwawych zajść w stolicy oskarżali socjalistów, zwłaszcza władzę warszawskiego OKR; także AAN, KPP, 158/VI–11 pt. 5, Pod wodzą pepesowskiego

371

Te same krwawe ręce katów moskiewskich, które w Rosji przelewały krew socjalistów rosyjskich, te same krwawe ręce płatnych moskiewskich szpiegów – za Stalinowe złoto – nie zawahały się przed rozlewem krwi robotniczej, byle tylko w ten sposób zamącić powagę socjalistycznej manifestacji.

Krwawą prowokację na placu Teatralnym wszczęła komunistyczna bojówka, strzelając z rewolwerów do bezbronnego tłumu.

Towarzysze! Robotnicy Warszawy!

Zabici i ranni – oto rezultaty komunistycznej prowokacji. Niech wszystkim, obałamuconym, jeszcze otworzą się oczy na to, czym są komuniści – do czego dążą ci płatni agitatorzy czerwonych carów moskiewskich – ci, którzy nie wahają się dla zbrodniczych, demagogicznych celów przelewać krwi robotniczej!

Pochód PPS nie został rozbity jedynie dzięki żelaznej karności i odwadze oraz niesłychanemu oddaniu zorganizowanych w PPS mas robotniczych, a przede wszystkim dzięki porządkowej milicji. PPS tak jak nie pozwalała rozbić swego pochodu faszystom oraz reakcji, tak broniła i nie pozwoliła go rozbić płatnym szpiegom, krwawej, podłej komunie.

Polska Partia Socjalistyczna tak samo jak wyszła cała nierozproszona z komunistycznej prowokacji i olbrzymim pochodem dała dowód swej siły i również tak samo nadal walczyć będzie z partią moskiewskich zaprzańców, partią bandytów i zbrodniarzy, strzelających w zwarty tłum ludzi, do kobiet i dzieci.

---

posła Jaworowskiego bandy bojówkarzy ostrzeliwują robotników warszawskich w dniu 1 Maja, 1 V 1926 r., k. 1; J. Sochacki, *Socjalfaszystowscy mordercy...*, s. 50–67; „Czerwony Sztandar", maj 1928, nr 6. Publicystyka prawicowa poza tym, że krytycznie ustosunkowała się do wydarzeń w stolicy, stwierdzała, że nie jest możliwe ustalenie, która ze stron wywołała strzelaninę. Podkreślała przy tym brutalne działania bojówki PPS oraz prowokacyjne, często agresywne zachowania komunistów (*Święto bratobójstwa. 200 ofiar walk na ulicach Warszawy*, „Gazeta Warszawska", 2 V 1926, nr 134; *Czym jest obecnie specjalistyczne „święto pracy"*, „Gazeta Warszawska", 2 V 1928, nr 134; *Proletariackie święto*, „Walka z Bolszewizmem", maj 1928, z. 5, s. 9).

Precz z komunistyczną zarazą!
Precz z komunistycznymi zbrodniarzami!
Niech żyje socjalizm!
Niech żyje PPS!

**Warszawski Okręgowy Komitet
Robotniczy PPS[2]**

Warszawa 1-go maja 1928 roku

Źródło: AAN, PPS, 114/XIII–94, k. 8, mps.

---

[2] Skład OKR zob. przypis 4, dok. nr 73.

Nr 87

1928 maj 1, Warszawa – Artykuł z „Chłopskiej Prawdy" pt. „Uchwały Rady Naczelnej PPS"
(fragment)

Przeciwko rządowi. Program na przyszłość najbliższą.

Walka z faszyzmem i komunizmem

Dnia 15 i 16 kwietnia odbyło się posiedzenie Rady Naczelnej PPS, na której zapadły następujące uchwały:

[...]

V.

Rada Naczelna stwierdza, że Polska Partia Socjalistyczna nie ustanie w walce z reakcją z jednej i z komunizmem, i ekspozyturami komunizmu w rodzaju tzw. czumowców z drugiej strony. Prądy faszystowskie, klerykalne, nacjonalistyczne ogniskują się zarówno w obozie „jedynki", jak i w obozie narodowo-demokratycznym. W obu wypadkach są dla mas pracujących tym samym wrogiem.

Rada Naczelna stwierdza, że komunizm jest i w Polsce, i w innych krajach sojusznikiem reakcji, której służy, rozbijając ruch robotniczy, podczas gdy stan wewnętrzny Rosji sowieckiej i fakt rozłamu w Międzynarodówce Komunistycznej wskazują – na bankructwo ideologii komunistycznej.

[...]

Źródło: „Chłopska Prawda", 1 V 1928, nr 10.

Nr 88

1928 maj 4, Lwów – Artykuł z „Dziennika Ludowego" pt. „Komuniści"

Nie znamy jeszcze dokładnie wypadków i szczegółów zajść w Warszawie, gdzie ofiarą padło trzech ludzi zabitych, a około trzystu rannych. Wnosząc jednak z prowokacyjnego zachowania się komunistów we Lwowie – przyjąć należy, że mieli rozkaz za każdą cenę rozbijać zgromadzenia wszędzie – to nie może ulegać żadnej wątpliwości, że winnymi tej straszliwej masakry są oni.

Nasuwa się więc pytanie, kim są komuniści, jaki ich program, czego oni chcą? Program ich oficjalny znamy, chcą uchwycić władzę w rękę i urządzić Polskę na sposób sowiecki. Pomijamy już skutki tych urządzeń i rządów w Rosji, znamy je dostatecznie. W Polsce rządy objęliby rosyjscy komuniści, rozpierający się we wszystkich urzędach – w drodze b[ardzo] prostej – przez przyłączenie Polski do Rosji.

Ale nie o program nam tu chodzi, chodzi nam o to, jak ci panowie pragną go wprowadzić w życie. Bo przecież, aby go przeprowadzić, wykonać zamach stanu, to trzeba mieć na to siłę. Wiemy, że bezpośrednio po wojnie, udawało się to w pewnych krajach, np. w Bawarii, na Węgrzech, we Włoszech. Jakie są skutki tych zwycięstw – to wiemy. Dziś jednak w zorganizowanym państwie zrobić zamach stanu to niedorzeczność, a przeciw woli klasy robotniczej, nie szaleństwem nawet [jest], ale jakąś rozpaczliwą prowokatorską robotą.

Na zgromadzeniu majowym, na pl. Gosiewskiego, znalazł się człowiek obcy naszej partii z prowincji, który chciał raz widzieć takie zgromadzenie. Znalazłszy się tuż koło trybuny obserwował dokładnie jego przebieg i był zachwycony. Uczestniczył w całym programie i znalazł się nawet w teatrze na przedstawieniu. W czasie antraktu – przyszedł do piszącego te słowa – by się przedstawić i podzielić wrażeniami. Mówi więc, że po raz pierwszy był na takiej manifestacji i nie może się oprzeć jej urokowi. – Przede wszystkim mówcy – ich szczerość, głębia przekonań i wiara – nie dziwi się więc tym dziesiątkom tysięcy ludzi, którzy zasłuchani, przeistaczają się w oczach, stają się innymi, niż w dniu codziennym ludźmi.
– „Byłem jak w kościele na najbardziej uroczystym nabożeństwie,

nie ośmieliłbym się głębiej odetchnąć, by uszanować nastrój i uczucia drugich".

A tymczasem widział równocześnie niesłychane zachowanie się grupy ludzi, o których nie wiedział, co za jedni, kto oni są. — **„Panie, to jacyś zupełnie obcy ludzie, zupełnie inni, jakieś wyrzutki społeczeństwa, świętokradcy – którzy dla zysków włamali się do świątyni, by tam co najświętsze sprofanować".** Ja sam – mówi – odróżniłbym każdego z nich, wśród tysięcy. Czemu panowie pozwalacie im na zgromadzenie przychodzić – dość wziąć bat i pędzić jak psa z kościoła...

To są komuniści – odpowiadam.

– Komuniści?! Tak wyglądają komuniści?!

Nie mógł pojąć ten, zresztą bardzo inteligentny człowiek, że stronnictwo, partia czy organizacja, chcąca oprzeć się o robotnika, może się tak zachować w czasie takiej uroczystości.

– Tak jest, to są komuniści!

Naturalnie nie możemy pójść za radą tego obcego człowieka, aby biczem, jak psa, pędzić każdego, którego by można wziąć za komunistę. Niemniej jednak wrażenia jego dzieliło tysiące ludzi, patrzących na zachowanie się grupy, której przewodził p. poseł Sochacki. To zaiste „ofiarny" człowiek... Wypoliczkowany w jednym miejscu – biegł na drugie, by krzyknąć „precz z PPS" i spotkać się z taką samą operacją.

Czy więc w taki sposób pociąga się masy, tworzy tę siłę, którą opanowuje się rządy i rządy dusz? Pozostawiamy ocenę tej metody samym komunistom. Robotnik we Lwowie z natury pogodny i wesoły, śmieje się z tych błazeństw – albo nimi gardzi!

Źródło: „Dziennik Ludowy", 4 V 1928, nr 102.

Nr 89

1928 maj 4, Kraków – Artykuł z „Naprzodu" pt. „Napad komunistów.
Krwawy 1 Maj w Warszawie"

W całym kraju i w całym świecie święto robotnicze 1-go Maja miało przebieg uroczysty i podniosły. Tylko w Warszawie rozległy się strzały, polała się krew i trupy padły na bruk uliczny.

Cóż to za dzicz ohydna zbrodnią zamąciła wzniosłą manifestację braterstwa proletariatu, piękny obchód doroczny, z którego klasa robotnicza ma czerpać pokrzepienie serc i otuchę do dalszych prac i walk o wyzwolenie ludzkości? **Komuniści dopuścili się tej nikczemnej zbrodni!**

Z zamiarem rozbicia uroczystego wiecu socjalistycznego wtargnęli oni na plac Teatralny, gdzie zgromadziły się masy robotnicze, zorganizowane w PPS. Napad ten był z góry uplanowany w celu zamącenia święta 1 Maja, w celu zohydzenia zakorzenionej w sercach robotników manifestacji dorocznej. Gdyby nie byli świadomie planowali zdradzieckiego napadu, mogli sobie odbyć swoją manifestację gdzie indziej. Nie PPS szukała komunistów, lecz komuniści wtargnęli na zgromadzenie PPS. Umyślnie tam przyszli, aby je rozbić. Umyślnie tam przyszli, ażeby strzałami z browningów rozpędzić zgromadzonych robotników. Umyślnie przyszli, ażeby dokonać zbrodni!

Browningami wymierzonymi przeciw robotnikom zamanifestowali komuniści, jak oni pojmują „solidarność proletariatu". Dopuścili się tej zbrodni **na rozkaz z Moskwy.** Albowiem Moskwa nienawiścią zieje nie przeciw kapitalizmowi, który zostawia w spokoju, lecz przeciw socjalizmowi, który wszelkimi środkami zniszczyć usiłuje. Z Kominternu wyszło do komunistów wszystkich krajów polecenie zwalczania socjalizmu za wszelką cenę.

Za cenę krwi robotniczej i trupów robotniczych usiłowali wykonać ten rozkaz komuniści w Warszawie. Wybrali sobie ku temu obchód 1-go Maja. **Krew przelana** spadnie na zbrodniarzy. Proletariat stolicy, którego część dała się przed wyborami obałamucić komunistycznym krzykaczom, otrzymał w dniu 1 Maja straszliwą lekcję, która obałamuconych do przytomności przyprowadzi. **Krwawy 1 Maja w Warszawie – to dzień przełomowy, to koniec komunizmu w Polsce!**

Źródło: „Naprzód", 4 V 1928, nr 103.

Nr 90

1928 maj 4, Lwów – Artykuł z „Dziennika Ludowego" pt. „Krwawy posiew komunistyczny w Warszawie"

2 salwy do szeregów P. P. S. – 3 zabitych, około 280 rannych.

Warszawa, 2 maja (tel. wł.). W dniu wczorajszym, od samego rana panował na wszystkich przedmieściach ożywiony ruch, maszerowały szeregi robotników zorganizowanych w poszczególnych związkach i organizacjach ze sztandarami, transparentami i orkiestrami na czele, spiesząc na pl. Teatralny, gdzie o godz. 10.20 miał się odbyć wiec. **Komuniści usiłowali już po drodze rozproszyć pojedyncze pochody.** Między in[nymi] zaatakowali pochód, zdążający z Pragi, jednak zostali odparci, również na ul. Chłodnej usiłowali wedrzeć się w szeregi PPS, co im się nie udało, tak samo w ul. Młynarskiej przypuścili atak na pochód również bez skutku.

O godz. 10-tej pl. Teatralny był szczelnie wypełniony. Było to morze głów, nad którymi powiewały dziesiątki czerwonych sztandarów. Organizacje nasze zajęły cały plac przed ratuszem, pałacem Blanca oraz sięgały głęboko w ul. Nowosenatorską i Senatorską aż do ul. Miodowej. Część placu przed ratuszem, ku wylotowi pl. Bielińskiej, zajęły organizacje i związki Bundu, zaś **część placu przed gmachem Opery** [Narodowej] **i między filarami gmachu zajęli komuniści**, dzieleni od PPS silnym kordonem naszej milicji. Plac był tak przepełniony, że tylko z trudnością można się było przecisnąć. Wiec rozpoczął się o godz. 10.30, mówcy przemawiali z kilku trybun. Między innymi przemawiali tow. tow. pos[eł] Jaworowski, pos[eł] Szpotański[1], pos[eł] Kuryłowicz[2], pos[łanka] Praussowa; radni i szereg innych mówców. Komuniści zachowywali się z początku względnie spokojnie, następnie **zaczęli**

---

[1] Tadeusz Szpotański (1893–1944) – działacz socjalistyczny, najpierw w PPS, a następnie w PPS – dawnej FR; do 1928 r. członek warszawskiego OKR PPS; z ramienia PPS radny m.st. Warszawy; w latach 1927–1934 wiceprezydent stolicy. W marcu 1942 r. razem z Henrykiem Boguckim („Czarny") uciekł z Pawiaka.

[2] Adam Kuryłowicz (1890–1966) – działacz socjalistyczny; członek PPSD, następnie w PPS; poseł na Sejm I i II kadencji oraz w latach 1934–1935 (wówczas objął mandat posła po Liebermanie); w latach 1948–1954 członek KC PZPR.

napierać zwartą masą w kierunku jednej z naszych trybun, która była najbardziej ku nim wysunięta. Plan komunistów polegał na tym, aby przebić się do ul. Nowosenatorskiej i zacząć masakrę od czoła formującego się pochodu. W tym czasie przemawiał do komunistów pos[eł] Warski (koło Opery). Komuniści posiadali bojówkę, którą skompletowali, ściągając bojówkarzy z okolić podmiejskich, jak Pruszkowa, Żyrardowa, Błoni i innych miejscowości.

W chwili, kiedy się wiec kończył i demonstracja poczęła się szykować do pochodu, komuniści zaczęli przeć na naszą milicję, która ich odgradzała od zgromadzenia i równocześnie padła salwa strzałów w kierunku najbliższej trybuny.

Strzały były skierowane do mówcy, na szczęście nie trafiły go, jednak z trybuny posypały się drzazgi. Po tej pierwszej salwie, w której wzięło udział tylko kilka rewolwerów, nastąpiła druga salwa z otoczenia komunistycznego mówcy, jednocześnie wśród komunistów wszczął się popłoch. Impet komunistów popychał naszych towarzyszy w kierunku ratusza, natychmiast jednak milicja PPS zorganizowała odpór. Komuniści rozprószyli się, część przedarła się na Nowosenatorską, strzelając i bijąc po drodze każdego, kto im wpadł pod rękę, reszta w panicznym popłochu runęła w ul. Wierzbową i Senatorską.

Krwawy posiew wydał obfity plon, na placu leżało kilka postaci, rażonych strzałami. W tej chwili zjawiły się oddziały policji, ukryte w sąsiednich ulicach, szarżując na uciekających komunistów.

W tym czasie pochód PPS ustawił się szybko i sprawnie i ruszył ul. Senatorską. Druga część manifestacji, pochód i zakończenie pod lokalem OKR-u odbyła się w największym spokoju.

Po południu odbyły się akademie w Colosseum, na której był obecny marszałek tow. Daszyński, w Zw[iązku] Metal[owców] i Akademia Młodzieży, a wieczorem w salach ZZK wieczornica.

Ofiarą zajść padło życie 3 osób[3], jest 250 z górą rannych od strzałów, szarży policji i stratowanych.

Źródło: „Dziennik Ludowy", 4 V 1928, nr 102.

---

[3] Śmierć poniosły dwie osoby, zob. przypis 1, dok. nr 86.

Nr 91

1928 maj 7, Warszawa – Artykuł z „Dziennika Ludowego" pt. „Do walki z komunizmem!"

Kilka dni już minęło od tragicznych, pełnych zgrozy wypadków l[pierwszo]majowych w Warszawie. Możemy więc teraz pisać o nich spokojniej, bez wpływu piorunującego wrażenia krwawych zajść. Jest to zadanie niełatwe. W obliczu wołającej o pomstę zbrodni trudno zachować spokój.

Komuniści warszawscy spełnili swoje zadanie: oblali bruki Warszawy niewinną krwią robotniczą. Przelali tyle tej krwi, że zapach jej dotarł do czerwonych władców Kremla.

Stała się rzecz straszna, okropna. Stało się coś takiego, iż nie ma dość słów, by opisać zbrodnię i potępić zbrodniarzy. W dziejach ruchu robotniczego l-majowe wypadki warszawskie są unikatem i takim z pewnością na zawsze pozostaną. Nigdzie nie zdarzyło się, by w czasie międzynarodowego święta robotniczego, w czasie zespolenia najświętszych uczuć międzynarodowej klasy pracującej – robotnicy mordowali robotników w taki sposób, jak to się działo w Warszawie. Żaden Judasz nie podjąłby się tej roli. A przecież płynące z Rosji sow[ieckiej] srebrniki judaszowe w Polsce mogły wywrzeć wpływ i wydać taki krwawy plon.

Jakieś fatum ciąży nad polską klasą pracującą, nad proletariatem Warszawy. Dawniej w dniu święta robotniczego lała się krew, padały trupy od kul kozackich, dziś giną robotnicy warszawscy od kul moskiewskich, od kul ludzi, którzy głoszą wyzwolenie proletariatu... Dawniej Moskwa ciążyła na nas, na naszym życiu dyktaturą knuta i nahajki ciemnych hord, dziś ciąży na nas dyktatura hordy, walczącej świadomie poprzez krew i męczeństwo o wszechludzkie ideały.

W istocie nic się nie zmieniło. Obecni wysłannicy Moskwy stosują te same metody, jak ich poprzednicy. Moskwa jest wiecznie niezadowolona. Nie starczy jej krew przelewana przez czerezwyczajki bolszewickie, szuka jej i pragnie ją widzieć poza granicami swego państwa.

Ten sam głód krwi ludzkiej, jaki istniał dawniej w Moskwie – istnieje tam i obecnie. Wiecznie nienasycony Moloch moskiewski szuka ciągle ofiar. I rzecz smutna, znajduje je, a gdy ich znaleźć nie może

– prowokuje. Przez wypadki warszawskie komuniści dodali otuchy burżuazji polskiej. Czego ona nie może dokonać – tego podejmują się komuniści. Okazuje się, ile słuszności mieliśmy zawsze, wskazując, że komuniści wyręczają burżuazję w walce przeciw klasie pracującej, że czynami swymi oddają jej olbrzymie usługi.

Musimy sobie jednak w tym miejscu powiedzieć, że wobec komunizmu nie zajęliśmy takiego stanowiska, jakie zająć należało. Byliśmy wobec nich zbyt tolerancyjni. Walczyliśmy z nimi, ale nie prowadziliśmy pełnej, otwartej, zdecydowanej walki na każdym polu, na każdej pozycji, na każdym miejscu. Dopiero krwawe ofiary warszawskie uprzytomniły nam niebezpieczeństwo nahajki kozackiej w sowieckim wydaniu – pomalowanej na czerwono.

Doświadczenia uczą. Warszawska organizacja PPS na drugi dzień po wypadkach zwołała międzydzielnicową konferencję w celu zajęcia stanowiska wobec tego, co się stało. Postanowiono przystąpić do zdecydowanej walki z komunizmem. Uchwały tej konferencji podajemy w innym miejscu[1]1.

Lwów i Małopolska Wschodnia nie mogą zostać w tyle. I my musimy stanąć do walki. Będzie ona ciężka i trudna. Ale jest **konieczna**.

Walkę z komunizmem uważamy za konieczność dla dobra klasy pracującej, dla jej siły, znaczenia i przyszłości. Nie możemy dłużej pozwolić, by za pieniądze rosyjskie przy pomocy agentów moskiewskich zatruwać klasę pracującą, nie możemy dłużej pozwolić, by hieny żądne krwi żerowały na głodzie i nędzy mas.

Do walki, towarzysze! Raz nareszcie należy oczyścić atmosferę życia robotniczego, raz nareszcie ruch robotniczy musi się oprzeć na zdrowej podstawie. Wszystko, co nie jest naszym – musi się znaleźć poza nami. Walka o duszę robotnika, walka o czystość sprawy i honor klasy pracującej – oto wielkie zadanie, jakie stoi przed nami na najbliższą przyszłość.

Źródło: „Dziennik Ludowy", 7 V 1928, nr 104.

---

[1] Zob. dok. nr 86.

Nr 92

1928 maj 7, Lwów – Artykuł z „Dziennika Ludowego" pt. „Klasa robotnicza Warszawy przystępuje do bezwzględnej walki z komunizmem. Uchwała konferencji międzydzielnicowej Warszawskiej organizacji PPS"

W związku z wypadkami, spowodowanymi przez komunistów, w dniu 1 maja odbyła się konferencja międzydzielnicowa – Warsz[awskiej] Organizacji PPS. Konferencja przyjęła jednomyślnie następującą uchwałę:

Konferencja międzydzielnicowa Organ[izacji] Warsz[awskiej]] PPS, odbyta w dniu 2-gim maja, piętnuje prowokacyjne zachowanie się ajentów komunist[ycznych], którzy wywołali krwawe zajścia w dniu Święta Robotniczego. Komuniści przybyli na plac Teatralny z zamiarem opanowania lub rozbicia manifestacji socjalistycznej. Uzbrojona w kije i rewolwery bojówka komunistycznych faszystów miała stanowić narzędzie do rozbicia pochodu PPS. Atak komunistycznych pałkarzy dał w wyniku przelanie krwi robotniczej, kilku zabitych i kilkuset rannych.

Konferencja pod sąd całego międzynarodowego proletariatu, całej klasy robotniczej polskiej oddaje zachowanie się prowokatorów komunistycznych, ajentów Moskwy i Trzeciej Międzynarodówki.

Na głowy wodzów komunistycznych Sypuły[1], Warskiego, Sochackiego i innych spada krew niewinnie pomordowanych robotników, na ich sumieniach zaciążyć musi ta krew przelana, która stać się winna hasłem do zlikwidowania własnym wysiłkiem robotniczym zarazy komun[istycznej] na terenie Polski.

Konferencja z naciskiem podkreśla, że obowiązkiem każdego zorganizowanego robotnika jest rozpocząć zdecydowaną walkę z komunizmem i jego prowokacyjną taktyką.

Konferencja wzywa wszystkie organizacje partyjne, zawodowe, wszystkie fabryki i całą klasę robotniczą Warszawy, aby rozpoczęto masową likwidację wpływów komunistycznych.

---

[1] Konstanty Sypuła (1882–1937) – komunistyczny działacz polityczny i związkowy; poseł na Sejm II kadencji; członek Klubu Sejmowego Jedności Robotniczo--Chłopskiej.

Wszyscy uświadomieni robotnicy winni usuwać delegacje komunistyczne w fabrykach i zakładach pracy, usuwać ich z reprezentacji organizacji zawodowych, spółdzielczych itp. i w ten sposób rozpocząć w Warszawie likwidację komunizmu, który niedwuznacznie obnażył swoje oblicze, rozbijając solidarność robot[ników], a w swej akcji niszczenia siły klasy robotniczej nie cofnął się przed zbezczeszczeniem Święta Pracy.

Konferencja wybiera komitet opieki nad rannymi PPS-owcami na placu Teatralnym.

Konferencja wzywa Komitety Dzielnicowe, Komitety fabryczne, Związki Zawodowe i wszystkich zorganizowanych towarzyszów oraz masy robotnicze do natychmiastowego zbierania składek w celu zorganizowania pomocy PPS-owcom, ofiarom prowokacji komunistycznej na placu Teatralnym.

Źródło: „Dziennik Ludowy", 7 V 1928, nr 104.

Nr 93

1928 maj 27, Warszawa – Artykuł z „Chłopskiej Prawdy" pt. „CKW PPS o wypadkach pierwszomajowych w stolicy"

CKW PPS[1] na posiedzeniu 16 maja r[oku] b[ieżącego] powziął następującą uchwałę:

„Centralny Komitet Wykonawczy – po wysłuchaniu sprawozdań Prezydium oraz Warszawskiego Okr[ęgowego] Kom[itetu] Rob[otni-czego] o wynikach szczegółowego badania za pośrednictwem organizacji partyjnych i społecznych o przebiegu tragicznych wypadków 1 maja w Warszawie, stwierdza, że wypadki te były wynikiem świadomej i zorganizowanej akcji Komunistycznej Partii Polski, zmierzającej do „opanowania" zgromadzenia i pochodu PPS CKW, stwierdza zarazem, że bardzo znaczna część ofiar wypadków pierwszomajowych poniosła rany i potłuczenia na skutek działalności policji, w szczególności na skutek napadu na socjalistyczne organizacje żydowskie.

CKW oświadcza, że Polska Partia Socjalistyczna w swej walce z wpływami komunistycznymi w masach robotniczych nie posługuje się metodami przemocy fizycznej i przestrzega stanowczo klasę robotniczą przed metodami tego rodzaju; wszelkie próby natomiast zastosowania przemocy fizycznej do robotników socjalistycznych Partia odeprze z całą stanowczością.

CKW wzywa wszystkie organizacje partyjne i całą prasę partyjną do energicznej walki z propagandą i akcją Komunistycznej Partii Polski".

Źródło: „Chłopska Prawda", 27 V 1928, nr 12.

---

[1] Skład CKW PPS zob. przypis 1, dok. nr 66.

Nr 94

1928 czerwiec 15, Warszawa – Artykuł z „Robotnika" pt. „Komuniści przy »pracy« parlamentarnej"

P. poseł **Henryk Bitner**[1] złożył do drugiego czytania budżetu cały szereg wniosków[2], napisanych niezmiernie „inteligentnie", wymagających mniej więcej... pięciu minut czasu. P. **Bitner** skreślił sobie **wszystkie** wydatki **na obronę Państwa**, na administrację państwową itp., a „zwolnionymi" w ten sposób sumami obdarzył łaskawie pozycje niewątpliwie potrzebujące, a więc walkę z chorobami zakaźnymi, oświatę pozaszkolną i in. P. Henryk **Bitner** jest podobno „marksistą". Ale „marksizm" p. **Bitnera** pasuje akurat do **„Cyrulika Warszawskiego"**[3] albo do **„Muchy"**[4].

P. **Bitner** rozumuje tak: pozostawiam ustrój kapitalistyczny bez zmiany; pozostawiam **dochody** państwa na ogół takie same, ale **wydatki** dostosuję do mojej fantazji; oto Polska znajduje się na księżycu jako kraj na księżycu jedyny; w tym właśnie „księżycowym", a **kapitalistycznym** Państwie Polskim pragnę wydawać pieniądze kraju na cele społeczne, ale zawsze w granicach kapitalizmu.

Po co, na co i komu potrzebna była humorystyka budżetowa tego typu, odgadnąć trudno. Rozumielibyśmy jeszcze, gdyby p. **Bitner wykombinował** dla celów agitacyjnych, jakby powinien wyglądać budżet „Polski

---

[1] Henryk Bitner (1887–1937?) – działacz komunistyczny; od 1906 r. członek PPS-Lewicy; uczestnik założycielskiego zjazdu KPRP; kierownik organizacji partyjnej w Zagłębiu Dąbrowskim; od 1923 do 1927 r. członek KC KPRP/KPP; w latach 1928––1929 poseł na Sejm II kadencji, pozbawiony immunitetu sam zrzekł się mandatu poselskiego. W 1934 r. w Moskwie pod pseudonimem „Bicz" opracował i wydał zbiór dokumentów pt. „Rady Delegatów Robotniczych w Polsce 1918–1934".
[2] *Sprawozdanie stenograficzne z 13. posiedzenia Sejmu Rzeczypospolitej z dnia 31 maja 1928 r.,* s. XIII/21–XIII/32; *Przemówienie w sprawie preliminarza budżetowego na rok 1928/1929* [w:] *Posłowie rewolucyjni w sejmie...,* s. 353–366.
[3] „Cyrulik Warszawski" – pismo satyryczne związane ze środowiskiem piłsudczykowskim; w latach 1926–1934 ukazywało się w Warszawie jako tygodnik.
[4] „Mucha" – jedno z najpoczytniejszych pism humorystycznych, redagowane przez Władysława Buchnera; wielkość nakładu pisma kształtowała się w różnych latach od 25 do 50 tys. egzemplarzy.

Sowieckiej". Ale wtedy wydatki na wojsko byłyby – wedle wzorów Rosji Sowieckiej – **trzy razy większe**. P. **Bitner** wolał, naturalnie, uniknąć takiej konsekwencji. I dlatego wybrał swój sposób. Przegrał. Bo przesadził w „gorliwości". Chciał ukuć broń „agitacyjną" przeciwko PPS. Nie udało się. Dla bardzo prostej przyczyny; **najbezczelniejsza demagogia kończy się tam, gdzie zaczyna się śmieszność.** Wnioski p. **Bitnera** wcale nie przerażały burżuazji; weseliły ją.

W ogóle nasi biedni komuniści stoją równie daleko od **Lenina**, jak nie przymierzając – Pacanów od Paryża. P. **Warski** robi na trybunie sejmowej wrażenie poczciwego staruszka, który giędzi zgoła nieszkodliwie o „raju" sowieckim; p. **Sochacki** przypominał zawsze jezuitę od stóp do głowy; a p. **Bitner**? P. **Bitner** wystąpił ze swymi wnioskami doprawdy zbyt „pajacowato".

Gdybyśmy chcieli uczynić p. **Bitnerowi krzywdę**, poradzilibyśmy mu **rzecz** jedną; podróż do Moskwy na Wszechrosyjski Zjazd Sowietów i postawienie na nim takich samych dosłownie propozycji do budżetu ZSRS, ale nie chcemy krzywdy p. **Bitnera**, przeto nie radzimy mu tego doświadczenia; jeśliby je bowiem uczynił, **nie wyszedłby z pewnością nigdy na światło dzienne z kazamat GPU.**

Oj, panie **Bitner**, panie **Bitner**! Czyż rzeczywiście komunizm polski nie potrafił nic mądrzejszego wymyślić niż pańskie wnioski?

Źródło: „Robotnik", 15 VI 1928, nr 165.

Nr 95

1928 lipiec 23, Warszawa – Artykuł z „Robotnika" pt. „Rola komunistów w Polsce"

Moskwa, 22 lipca (PAT)[1]. W referacie, odczytanym na kongresie Kominternu i ogłoszonym w dzisiejszych „Izwiestiach", Bucharin poświęcił dłuższy ustęp stosunkom panującym w polskiej partii komunistycznej. W obecnej sytuacji międzynarodowej – mówił Bucharin – polska partia komunistyczna stoi na wyjątkowo odpowiedzialnej placówce, **a rola, jaka jej przypadnie w udziale na wypadek wojny ze Związkiem Sowieckim, jest bardzo wielka.** W tym wypadku stanie się ona jednym z najgłówniejszych narzędzi, jakimi Komintern będzie rozporządzał. Następnie Bucharin rozwodzi się nad błędami, jakie poszczególne frakcje polskiej partii komunistycznej popełniły w czasie przewrotu majowego.

Źródło: „Robotnik", 23 VII 1928, nr 204.

---

[1] Polska Agencja Telegraficzna (PAT) – agencja powstała w listopadzie 1918 r., podporządkowana Prezydium Rady Ministrów; jako instytucja rządowa miała za zadanie dostarczać zarówno prasie polskiej i zagranicznej komunikaty oraz oficjalne wiadomości rządu polskiego, jak również informować o wydarzeniach za granicą, w tym też celu PAT podpisała umowy o współpracy z najważniejszymi agencjami prasowymi świata (W. Michowicz, *Organizacja polskiego aparatu dyplomatycznego w latach 1918–1939* [w:] *Historia dyplomacji polskiej*, t. 4: *1918– –1939*, red. P. Łossowski, Warszawa 1995, s. 58; A. Paczkowski, *Prasa polska w latach 1918–1939*, Warszawa 1980, s. 312–316).

Nr 96

1928 lipiec 31, Warszawa – Artykuł z „Robotnika" pt. „Spory i kłótnie wśród komunistów"

Moskwa, 30 lipca. (A.W.)[1]. W czasie wczorajszych obrad plenarnych VI kongresu Kominternu z ramienia komunistycznej partii polskiej przemawiał Leszczyński (Leński). Wystąpił on z ostrą krytyką polityki większości C[entranego] K[omitetu] komunistów polskich[2], który dopuścił się szeregu ciężkich błędów, przede wszystkim w zakresie „mylnej oceny dążeń polskiego kapitalizmu do ekspansji w zakresie niedostatecznego brania pod uwagę agresywnych tendencji polskiego faszyzmu w stosunku do Sowietów". Poza tym większość C[entralnego] K[omitetu] komunistycznej partii polskiej dopuściła się złamania dyscypliny w stosunku do Kominternu przy rozwiązywaniu warszawskiego komitetu partii komunistycznej oraz centralnego komitetu polskiego Komsomołu[3]. Powyższe represje organizacyjne, przedsięwzięte były przez władze polskiej partii komunistycznej bez porozumienia z IKKI[4].

---

[1] Agencja Prasowo-Informacyjna „Wschód" (AW) – agencja podporządkowana polskiemu wywiadowi; po 1926 r. specjalizowała się w zagadnieniach gospodarczych, handlowych i finansowych (A. Paczkowski, *Prasa polska...*, s. 317, 318).
[2] Zob. *Stienograficzeskij otczot VI Kongriessa Kominterna*, z. 1, Moskwa–Leningrad 1929, s. 424–428.
[3] W maju 1928 r. zwolennicy „mniejszości", mający w strukturach KW KPP zdecydowaną przewagę, podjęli działania na rzecz przeprowadzenia konferencji dzielnicowych bez udziału przedstawiciela zdominowanego przez „większość" KC KPP. W konsekwencji Sekretariat Krajowy KC zawiesił konferencję, jednak decyzji tej nie podporządkowała się organizacja warszawska. Tożsamą postawę przejawiał zdominowany przez „mniejszość" KC ZMK w Polsce. Zaistniała sytuacja doprowadziła do rozwiązania przez KC KPP Egzekutywy Komitetu Warszawskiego partii, niektórych komitetów dzielnicowych oraz Sekretariatu KC ZMK, a następnie do mianowania nowych organów (zob. B. Kolebacz, *Komunistyczna Partia Polski 1923–1929...*, s. 269; E. Kowalczyk, *Struktura Komitetu Warszawskiego...*, s. 86––87; M. Szumiło, *Komunistyczny Związek Młodzieży w międzywojennej Warszawie* [w:] *Komuniści w międzywojennej Warszawie*, s. 107).
[4] IKKI [Ispołnitielnyj Komitet Kommunisticzeskago Internacjonała] – Komitet Wykonawczy Międzynarodówki Komunistycznej.

Przemówienie Leszczyńskiego, uważanego za przywódcę opozycji w łonie komunistycznej partii polskiej, odsłania ostrość sporów, których terenem od dłuższego czasu jest KPP.

Charakterystyczny jest ustęp przemówienia Leszczyńskiego, w którym zwraca się on przeciwko polityce większości C[entralnego] K[omitetu] komunistycznej partii polskiej, która niedostatecznie zwalczała szowinizm ukraiński Komunistycznej Partii Zachodniej Ukrainy[5].

Źródło: „Robotnik", 31 VII 1928, nr 212.

---

[5] Na temat stosunku Leszczyńskiego do KPZU zob. J. Leński, *Źródła kryzysu w KPZU*, „Nowy Przegląd", listopad–grudzień 1928, nr 25, s. 142–154.

Nr 97

1928 wrzesień 13, Warszawa – Artykuł z „Robotnika" pt. „Komunizm polski przed sądem»Kominternu«. Walki wewnętrzne"
(fragmenty)

Niedawno zamknięty VI Kongres III Międzynarodówki, czyli „Kominternu", trwał długo, bardzo długo[1]; dostarczył jednak bardzo ciekawego materiału, którym warto się zająć. Wewnętrzne sprzeczności i trudności „Kominternu" ujawnić się musiały – i ujawniły się w całej pełni.

Nie będziemy jednak na razie mówili o teoretycznych komplikacjach, w rodzaju tych, że jeszcze na V-tym (poprzednim) Kongresie[2] **Bucharin** stwierdzał „**rozkład**" europejskiego kapitalizmu", a obecnie musiał mówić o jego „stabilizacji" (naturalnie z zastrzeżeniami). Zajmijmy się trudnościami praktycznymi.

Te trudności praktyczne tkwią w tym przede wszystkim, iż rządzący w „**Kominternie**" rosyjski bolszewizm (w zrozumiałym interesie **państwowym**) ciągnie zachodni komunizm za kołnierz ku rewolucji powszechnej, a biedny zachodni komunizm – aczkolwiek zależny i pokorny – nie może nadążyć za moskiewskimi poleceniami, bo – sytuacji rewolucyjnej nie ma... Odwrotnie nawet owa (z zastrzeżeniami) „stabilizacja". W tej „stabilizacyjnej" sytuacji **funkcja**, rola europejskiego komunizmu uległa zasadniczej zmianie – wszędzie, gdzie komunizm ma za sobą jakiekolwiek masy, po prostu stał się opozycyjną partią i nic specjalnie – komunistycznego czy rewolucyjnego nie czyni; tą zmianą funkcji właśnie się trzyma. Ale „tatuś" z „**Kominternu**", bogaty „tatuś", wymyśla co się zowie! I Zjazd „**Kominternu**" stał się **sądem nad zachodnim komunizmem** – za jego „zaniedbany rewolucjonizm".
[...]

Ale główny sąd odbył się nad polską „kompartią"[3].

---

[1] VI Kongres Kominternu obradował w Moskwie od 17 lipca do 1 IX 1928 r.

[2] V Kongres Kominternu obradował w Moskwie od 17 czerwca do 8 VII 1924 r.

[3] Na temat stosunku KW MK do kompartii w Polsce podczas i po VI Kongresie Kominternu zob. *List otwarty Egzekutywy Kominternu do wszystkich członków*

Z punktu widzenia Rosji sowieckiej ma ona szczególnie wielkie zadania do spełnienia: winna bowiem **Polskę wysadzić w powietrze**, ten polski „korek", który zamknął Rosji sowieckiej drogę do Europy. Posterunek może najważniejszy! – z goryczą mówili wodzowie **„Kominternu"**.

Tymczasem polska „kompartia", mimo pewnych sukcesów wyborczych, jest politycznie bezsilna i tylko szarpie się w nieustannych **frakcyjnych walkach wewnętrznych!**

O tych walkach wewnętrznych pełno było gadania na Kongresie. Już w swym referacie wstępnym **Bucharin** z naciskiem stwierdził, iż **polska „kompartia" zjada siebie samą w wewnętrznych sporach.** Przytaczano niedoszły rozłam w Warszawie[4], starcie z organizacją młodzieży itd.[5] Na głowy komunistów polskich wylewano kubły gorzkich wyrzutów. A w końcu „tezy", uchwalone na Kongresie, stwierdziły (teza 49) co do polskiej kompartii, że „największym niebezpieczeństwem jest walka wewnętrzna, nieusprawiedliwiona żadnymi poważnymi politycznymi rozdźwiękami (!) Wobec szczególnego znaczenia polskiej partii (!) oraz szczególnej odpowiedzialności, która spadnie na nią w razie wojny. Kongres żąda stanowczego przerwania walki wewnętrznej oraz udziela

---

KPP, Wilno 1928, s. 3–20; także *List otwarty KW MK do wszystkich członków KPP*, „Nowy Przegląd", listopad–grudzień 1928, nr 25, s. 2–14.
[4]Zob. przypis 3, dok. nr 96.
[5]Podczas walk frakcyjnych KC ZMKwP opowiedział się po stronie „mniejszości". Jednym z przejawów takiego stanowiska była uchwała młodzieżowej organizacji z grudnia 1926 r., w której oskarżano „większość" o doprowadzenie do tzw. błędu majowego, ale także o szereg innych zaniedbań ideologiczno-taktycznych, w tym o brak „w partii polityki organizacyjnej zmierzającej do uaktywnienia dołów partyjnych, wychowania nowych kadr komunistycznych oraz nadania partii zwartości i sprężystości (brak szkół partyjnych, bierność komórek fabrycznych, brak gazet fabrycznych, słabe powiązanie z centrum okręgów)" (K. Sacewicz, *Komuniści „polscy" wobec dzieci, młodzieży szkolnej i akademickiej w świetle materiałów MSW II RP (1918–1938). Zarys problemu* [w:] *Historia i pamięć. Studia z dziejów XX wieku*, red. nauk. W. Gieszczyński, W.B. Łach, K. Sacewicz, Olsztyn 2011, s. 448–449; także AAN, MSW, 9/1188, O ruchu socjalistycznym w ogóle. Organizacje komunistyczne, 1930 r., k. 101–102; B. Kolebacz, *Komunistyczna Partia Polski 1923–1929...*, s. 237, 269; M. Szumiło, *Komunistyczny Związek Młodzieży...*, s. 107).

Egzekutywie specjalnego polecenia w imieniu Kongresu zarządzić co należy"[6].

Tak ścierano, maglowano, krochmalono i prasowano polskich komunistów na kongresie. Cóż na to oni sami? Płakali? Prosili „tatusia" o przebaczenie i przyrzekali poprawę? Owszem, także i to. Ale jednocześnie dali na Kongresie samym doskonały koncert własnej kakofonii wewnątrzpartyjnej, ciskając się frakcyjnie jedni na drugich i odsądzając się wzajemnie od „istinnej" komunistycznej wiary. Warto np. przeczytać zabawny (a zaciekły) dwugłos **Kostrzewa–Leński,** przy czym Kostrzewa reprezentowała „prawicową" większość partii.

Co np. Kostrzewa zarzuca mniejszości „lewicowej"? Straszne rzeczy! („Prawda"[7], 176). Tak np. mniejszość (lewicowa!!) stanęła na stanowisku, że **„przewrót majowy był zwycięstwem drobnej burżuazji, która pod wodzą Piłsudskiego będzie walczyć z wielkim kapitałem".**

Dalej – „partia odrzuciła inne błędne stanowisko mniejszości, która prawdziwych faszystów widziała tylko w endecji i razem z PPS (!) gotowa była przedstawiać Piłsudskiego, jako mniejsze zło".

Jak widzimy, według **Kostrzewy,** „lewica" partii wpada, jeśli nie w piłsudczyznę (!), to w każdym razie w herezję pepeesowską.

Ale to jeszcze nic. Pokazuje się, że mniejszość partii podczas wyborów proponowała, aby partia przeprowadziła od góry **„jednolity front z ugodowcami"** (zapewne z PPS).

Tak koncertowała **Kostrzewa** na kongresie, który potem uchwalił cytowaną „tezę", że w gruncie rzeczy różnic poważniejszych w partii nie ma.

Naturalnie *Leński* nie został dłużnym w odpowiedzi i palnął odpowiednią mówkę ku zbudowaniu całego kongresu. Między innymi pokazało się, że poseł **Warski,** przyjaciel **Kostrzewy,** wpadł w tak grubą herezję, że na serio uwierzył w gotowość PPS walczenia z obecnym politycznym ustrojem Polski.

---

[6] *Tezy i rezolucje VI Kongresu Międzynarodówki Komunistycznej,* z. 1: *Manifest Kongresu i tezy o sytuacji międzynarodowej,* Moskwa 1929, s. 64–65.
[7] „Prawda" – dziennik, organ prasowy KC SDPRR(b), od 1912 r. wydawany poza granicami Rosji; po 1917 r. redakcję pisma umieszczono w Piotrogrodzie, a następnie przeniesiono ją do Moskwy; redaktorami dziennika byli m.in. Włodzimierz Lenin, Wiaczesław Mołotow, Józef Stalin, Nikołaj Bucharin oraz Lew Mechlis.

Tak „koncertowali" sobie **Leński z Kostrzewą** ku oburzeniu kongresu. Z obu mów pokazuje się jasno, iż **oba odłamy są heretyckie i zapadły w pepeesowską herezję.**

[...]

Tak sądzono polską „kompartię" na „Kominternie". Biedna **Kostrzewa** prosiła tylko, aby nie walono wszystkiego na tzw. inteligentów pod pretekstem, że to „inteligenci" winni. Poza tym polecała jako lekarstwo silną władzę, mocną rękę **„Kominternu"**. Jeszcze więc bardziej chce uzależnić swą partię od moskiewskiego dyktatu!

Jak widzimy, VI Zjazd ujawnił wiele **rozdźwięków i bolączek** w **„Kominternie"**, **a najwięcej w polskiej „kompartii"**. Czy jednak mocna ręka pomoże na choroby[8], które tkwią w obiektywnych warunkach – rzecz wątpliwa.

Te warunki jeszcze omówimy.

Kazimierz Czapiński

Źródło: „Robotnik", 13 IX 1928, nr 256.

---

[8] Przedstawiciele zarówno „mniejszości", jak i „większości" w KPP pozytywnie ustosunkowali się do zarzutów oraz wskazań naprawczych KW MK (zob. *O jedność partii*, „Nowy Przegląd", listopad–grudzień 1928, nr 25, s. 14–20; E. Brand, *Komunistyczna partia Polski wobec nowych zadań*, „Nowy Przegląd", listopad––grudzień 1928, nr 25, s. 20–27). Zachowanie delegatów KPP podczas Kongresu, jak również ustosunkowanie się kompartii do nowych założeń programowych komentowano na łamach publicystyki PPS (zob. m.in. *„Czerwone" bagnety rosyjskie jako polska „rewolucja" proletariacka. Z polemik w K.P.P.*, „Robotnik", 6 X 1928, nr 279).

393

Nr 98

1928 wrzesień 19, Warszawa – Artykuł z „Robotnika" pt. „Komunizm przed sądem socjalizmu"
(fragment)

[...] Te myśli podstawowe znalazły, jak wiadomo, wyraz i w **Manifeście** uroczystym, uchwalonym przez Kongres[1]:
„Komunizm rozbija klasę robotniczą, tym samym pomaga burżuazyjnym partiom pozostawać w rządach i wzmacniać formy swego panowania. Jakież to szaleństwo – skupiać nadzieje klasy robotniczej do[o] koła nowej wojny!... Przykład Rosji pokazuje, że dyktatura mniejszości terrorystycznej przeszkadza rozwojowi sił produkcyjnych i nie daje możności robotnikom obrony swych interesów".
Tak po raz pierwszy w dziejach **Międzynarodówki** powojennej kwestia komunizmu została postawiona niemal w całym jej zakresie. [...]

Kazimierz Czapiński

Źródło: „Robotnik", 19 IX 1928, nr 262.

[1] III Kongres Socjalistycznej Międzynarodówki Robotniczej obradował w Brukseli 5–11 VIII 1928 r.

Nr 99

1928 październik 2, Warszawa – Artykuł z „Robotnika" pt. „Stosunek do komunizmu. Po uchwałach VI Kongresu »Kominternu«"

Rada Naczelna zwraca uwagę robotników polskich na uchwały niedawno odbytego VI Kongresu „Kominternu", czyli III Międzynarodówki, zwłaszcza zaś na uchwalony nowy program, obowiązujący oczywiście także komunistów w Polsce[1].

Całą nadzieję uchwały Kominternu pokładają w spodziewanej wielkiej wojnie światowej[2]. Wyraża się w tym oczywiście bankructwo idei powszechnej komunistycznej rewolucji, która dotychczas była osią komunistycznych haseł. Dziś ostatnią nadzieję na przewrót komunistyczny wiąże się z awanturą wojenną. Przy tym uchwalony program ogłasza Rosję sowiecką za „jedyną ojczyznę" proletariatu wszystkich krajów.

Z drugiej strony program i inne uchwały „Kominternu" proklamują nieubłaganą **walkę z socjalizmem**, który uważają za głównego wroga[3]. Program stwarza fantastyczną teorię, jakoby socjalizm reprezen-

---

[1] Zob. *Tezy i rezolucje VI...*, z. 1, s. 1–76; *Tezy i rezolucje VI...*, z. 2: *Przeciw wojnom imperialistycznym*, Moskwa 1929, s. 3–106; *Programma Kommunisiticzeskogo Internacjonała*, 1928; *Główne wytyczne programu Kominternu*, „Walka z Bolszewizmem", 1928, z. 17, s. 20–25; *Statut Kominternu. KPP agenturą Moskwy*, „Walka z Bolszewizmem" 1929, z. 18, s. 13–16; *Strategia i taktyka Międzynarodówki Komunistycznej*, „Walka z Bolszewizmem" 1929, z. 20, s. 81–84.
[2] Zob. *Socjalizm – głównym wrogiem, wojna – główną nadzieją. Nowy program „Kominternu"*, „Robotnik", 3 X 1928, nr 276.
[3] Obradujący w lipcu 1928 r. VI Kongres Kominternu uznawał wszelkie ruchy socjalistyczne oraz socjaldemokratyczne za największego i najniebezpieczniejszego wroga formacji rewolucyjnych, a nawet samej idei rewolucji, widział w nim „ekspozyturę burżuazji imperialistycznej wśród klasy robotniczej" (*Program i statut Międzynarodówki Komunistycznej*, Moskwa 1929, s. 104––116); zob. także *Stenograficzeskij otcziot VI Kongressa Kominterna, w. 6: Tezisy, rezolucji, postanowlienija, wozzwanija*, Moskwa–Leningrad 1929, s. 43–47; *Kommunisticzeskij Internacionał w dokumentach. Resenija, tezisy i wozzwanija kongressow Kominterna i plenumow IKKI 1919–1932*, Moskwa 1933, s. 35–39; *Programma i ustaw Kommunisticzeskogo Internacionala*, Moskwa 1937, s. 56–61;

towniał tylko szczyty proletariatu, podkupione przez imperialistyczną burżuazję, i w ten sposób chce utrwalić istniejący rozłam w proletariacie europejskim. Rada Naczelna stwierdza, że powyższe uchwały pogłębiają reakcyjną rolę europejskiego komunizmu, który stał się według manifestu brukselskiego pomocnikiem faszyzmu. Zarazem wykazują one, iż „Komintern" coraz bardziej staje się narzędziem **państwowej polityki** bolszewickiej Rosji, poszczególne zaś partie komunistyczne, zwłaszcza polska, są powołane do odegrania – w razie wojny – pomocniczej roli przy armii bolszewickiej[4].

Rada Naczelna wskazuje organizacjom partyjnym, że należy spodziewać się nowych wzmożonych ataków komunistycznych na socjalizm polski. „Komintern" bowiem potępił polskich komunistów za wewnętrzne walki, ale wezwał ich do wzmożonej walki z polskim socjalizmem.

Rada Naczelna wzywa organizacje partyjne, aby wyjaśniały masom rolę komunistów w świetle uchwał „Kominternu" i z całą bezwzględnością przeciwstawiły się wszelkim próbom komunistycznym rozszerzania swych wpływów w masach proletariackich.

Źródło: „Robotnik", 2 X 1928, nr 275.

The communist conspiracy. Strategy and tactics of world communism, part 1: *Communism outside the United States*, section C: *The world congresses of the communist international*, Washington 1956, s. 216–220; *Dokumenty z historii III Międzynarodówki Komunistycznej*, Warszawa 1962, z. 1, s. 62–67; J. Ryng, *Program Międzynarodówki Komunistycznej*, „Nowy Przegląd" 1928, listopad––grudzień, nr 25, s. 46–58; K. Sacewicz, *Komunizm i antykomunizm...*, s. 252).
[4] Taką samą ocenę postanowień VI Kongresu Kominternu odnajdujemy na łamach publicystyki środowisk narodowych w Polsce. W miesięczniku „Walka z Bolszewizmem" czytamy: „KPP – to oddział bolszewickiej armii czerwonej, operującej w granicach naszego Państwa. KPP – to partia zdrady i wszelakiej przeciwko Rzeczypospolitej zbrodni" (zob. *Statut Kominternu*, „Walka z Bolszewizmem" 1929, z. 18, s. 13–16).

Nr 100

1928 listopad 6, Warszawa – Artykuł z „Robotnika" pt. „XXI Kongres PPS¹. Drugi dzień obrad"
(fragment)

[...]

Dyskusja ogólna nad sytuacją polityczną

Po sprawozdaniu Komisji Mandatowej, złożonym przez tow. Hausnera, wydrukowanym w sobotnim numerze, rozpoczęła się dyskusja. Tow. Czapiński ostrzega przed wytężoną agitacją komunistyczną. Wysiłki komunistów zdwajają się obecnie na terenie Polski. Polityka rządowa ułatwia komunistom rozszerzenie roboty. Niebezpieczeństwo komunistyczne oparte jest na demagogii i interesie państwowym Rosji sowieckiej. Komunizm bowiem jako ideologia załamał się w zupełności. Uchwały Kominternu dowodzą tego jasno. Podstawą treści uchwał Kominternu jest to, że głównym wrogiem komunizmu nie jest kapitał, lecz socjalizm. W miejsce walki klasowej postawił Komintern awanturę wojenną. Komunistyczna partia polska jest wyrazicielką Rosji sowieckiej i jej państwowych potrzeb. Składam rezolucję, z ramienia CKW, wzywającą do walki z komunizmem. Odpieram oszczerstwa sanacyjne jakoby PPS zmieniła swe zasadnicze stanowisko wobec komunizmu (oklaski).

Tow. Zaremba. Partia nasza ma tę własność, że gdy grozi jej niebezpieczeństwo, najwięcej wewnętrznej okazuje tężyzny. To samo stało się teraz, gdy próbowano nam rozbijać partię, ów tzw. rozłam², a raczej jego próba dodały nam sił wewnętrznie. To podniesienie entuzjazmu winien kongres wyzyskać. Wzrost naszych sił zmusza przeciwników do próby rozbicia nas. Atak odparliśmy. Opinia kongresu jest zwarta. Ale próby do przyłożenia plastra na ropiejącej ranie, próby wpędzania choroby do organizmu byłyby zniszczeniem tych zysków, które teraz zdobyliśmy.

---

¹ XXI Kongres PPS obradował w Sosnowcu 1–4 XI 1928 r.
² Mowa o rozłamowej działalności tzw. grupy Rajmunda Jaworowskiego, która doprowadzi do secesji z PPS jej warszawskich struktur i powstania PPS – dawna FR (A. Tymieniecka, *Warszawska organizacja PPS...*, s. 124–141; W. Suleja, *Polska Partia Socjalistyczna...*, s. 177–179).

Mamy dwóch wrogów: komunizm i sanację. Jesteśmy za to często w pozycji obronnej, a musimy być w pozycji walczącego, nacierającego. Komunizmowi musimy przeciwstawić cel realny. Celem tym musi być rząd robotniczo-chłopski. Tego uzupełnienia wymaga rezolucja CKW. Nie możemy być nadal sektą zamkniętą. Musimy, będąc partią masową, szanować odcienie poglądów i swobodę myśli. Ale to musi być ukoronowane karnością partyjną. W ostatnich latach karność chwiała się. Z tym skończyć trzeba. Partia, przy swobodzie myślenia, musi bezwzględnie przestrzegać karności (oklaski). Omawiane tu wypadki są groźne nie tyle w skutkach, ile w swych przyczynach. Wypadki te nie były dla nas niespodzianką, bo od dawna je przygotowywano. Należało wcześniej rozstrzygnąć sprawę postawienia Moraczewskiego poza nawiasem partii. Mówca poddaje ostrej krytyce stosunki dawnego OKR-u, zarzucając kierownictwu Partii, że o dwa lata za późno rozprawiono się z kliką.

„Nie wolno przebaczyć zdrady w ogniu walki" – czytaliśmy w „Robotniku", a teraz są tendencje „przebaczania" rozłamowcom.

Akceptujemy stanowisko CKW w sprawie rozłamu, ale stwierdzamy, że polityka CKW była zbyt łagodna.

Bierzemy odpowiedzialność za losy Partii, bo ją widzimy teraz wolną od kompromisu (oklaski).

[...]

Źródło: „Robotnik", 6 XI 1928, nr 313.

Nr 101

1928 listopad 7, Warszawa – Artykuł z „Robotnika" pt. „PPS a komuniści. Uchwała jednomyślna XXI Kongresu"

XXI Kongres PPS. zwraca uwagę ludu pracującego Polski na tę ewolucję, jaką przeszedł w ostatnich czasach komunizm, zwłaszcza zaś na uchwały i nowy program, opracowane przez ostatni (VI) Kongres „Kominternu".

Osią ideologii komunistycznej była od początku „światowa rewolucja komunistyczna", która miała nastąpić w bliskim, a nawet może najbliższym czasie. Po 11 latach, które upłynęły do zwycięskiego przewrotu bolszewickiego w Rosji, „Komintern" twierdzi, iż zamiast rewolucji Europa zachodnia przeżywa epokę „stabilizacji", tzn. ustalenia kapitalizmu.

W tej sytuacji, gdy zbankrutowała naczelna idea „Kominternu" i gdy Rosja bolszewicka przeżywa ciężki kryzys (aprowizacyjny, finansowy, gospodarczy) oraz prowadzi nieustanne walki wewnętrzne, do niedawna z „trockizmem", a obecnie z tak zw[anym] „prawicowym niebezpieczeństwem" coraz bardziej tak bolszewickie państwo, jak jego narzędzie „Komintern" zwracają się ku **wojnie**, jako jedynej desce ratunku.

Tak debaty i uchwały ostatniego Kongresu, jak też nowy program „Kominternu" opierają niemal wszystkie swoje nadzieje na przyszłej wojnie europejskiej, która ma stać się rzekomo wstępem do rewolucji. Jednocześnie nowy program ogłasza Rosję za „jedyną ojczyznę proletariatu" całego świata i wzywa ten proletariat, aby starał się spowodować porażkę na rzecz Bolszewii.

W ten sposób cała polityka „Kominternu" oparła się na **awanturze wojennej** i zmierza do straszliwej katastrofy europejskiej. Na miejsce walki klasowej stanęło groźne awanturnictwo. A zarazem jaskrawo uwydatnił się ten fakt, iż cały „Komintern" jest po prostu narzędziem państwowej polityki rosyjskiej i „czerwonego imperializmu"; poszczególne zaś partie komunistyczne świata mają być po prostu ślepym narzędziem dla dyplomacji i wojsk bolszewickich.

Tenże ostatni (VI) Kongres „Kominternu" w swych uchwałach i programie, widząc rozsypywanie się w gruzy dotychczasowych złudzeń związanych z nadzieją na rewolucję komunistyczną, proklamował bezwzględną walkę z socjalizmem jako z głównym wrogiem.

Rozbijając proletariat w obecnej trudnej dlań chwili Komintern staje się – wedle słów manifestu brukselskiego – pomocnikiem reakcji i faszyzmu. Polska jako państwo jest znienawidzona przez Bolszewię, gdyż stoi na drodze do jej ekspansji na zachód. Polska Partia Socjalistyczna zaś jest specjalnie nienawistna Bolszewii, bo jest czynnikiem państwowym i organizując walkę klasową na gruncie demokracji, nie dopuszcza komunistów do wpływów.

Stąd surowe polecenie dane przez Bolszewię „Kominternowi" i „polskim" komunistom, aby przerwać gwałtowne wewnętrzne walki w Komunistycznej Patrii Polski i skierować wszystkie siły ku temu, aby w spodziewanej wojnie poprzeć wojska bolszewickie.

Kongres PPS zwraca uwagę ludności pracującej w Polsce na to wojenne i reakcyjne zwyrodnienie polityki „Kominternu" oraz na miarodajny w komunizmie interes państwowości rosyjskiej i na haniebną rolę, jaką się narzuca z Moskwy komunistom w Polsce.

Kongres wzywa wszystkie organizacje Partii, aby – oświetlając haniebną rolę współczesnego komunizmu w związku z uchwałami ostatniego Kongresu „Kominternu" – przeprowadziły z nim wzmożoną, bezwzględną walkę.

Kongres zwraca jednocześnie uwagę towarzyszy, pracujących na ziemiach wschodnich Rzeczypospolitej, by podkreślali z naciskiem zupełne bankructwo sowieckiej polityki narodowościowej.

Źródło: „Robotnik", 7 XI 1928, nr 315.

Nr 102

1929 luty 10, Warszawa – Artykuł z „Robotnika" pt. „Nowe rozkazy dla komunistów w Polsce. Dyrektywy »Kominternu«"

Pisaliśmy obszernie o tym, jak to VI Zjazd „Kominternu" niedawno odbyty, nie na żarty zaniepokoił się słabością i walkami frakcyjnymi polskiego komunizmu. Udzielił też naszym komitetom surowej nagany.

Obecnie Egzekutywa „Kominternu" nadsyła z Moskwy jeszcze bardziej szczegółowe dyrektywy (wskazówki). Znajdujemy je w nr. 25 „Nowego Przeglądu" wydawanego w Gliwicach w postaci „Listu otwartego" moskiewskiej Egzekutywy do wszystkich członków partii[1].

„Naczalstwo" rozkazuje – trzeba się słuchać! Od niego bowiem zależy wszystko. To też Komitet Centralny Komunistycznej Partii Polski oczywiście całkowicie i natychmiast stanął na gruncie najmiłościwiej udzielonych przez Moskwę dyrektyw. Tym bardziej warto przyjrzeć się tym dyrektywom z bliska.

Na pierwszym planie „naczalstwo", stojąc na gruncie państwowości rosyjskiej, stawia **wojnę**.

Nazywa to naturalnie walką z imperializmem polskim.

„Podstawowe zadanie KPP (t[o] zn[aczy] Komunistycznej Partii Polski – to walka przeciw wojnie z ZSRR)"[2].

Również z Litwą. O tym, że sowiecka Rosja gwałtownie się zbroi i (według nowego programu „Kominternu") wszystkie swe nadzieje wiąże z przyszłą wojną światową – naturalnie ani słowa.

Po tej pierwszej dyrektywie zaraz idzie napaść na PPS, bo „w przygotowaniach imperializmu światowego i faszyzmu polskiego do wojny przeciw Rosji PPS jest psem **łańcuchowym** imperializmu i faszyzmu polskiego"[3]. Stąd druga dyrektywa dla KPP – **złamać PPS**:

---

[1] Zob. *List otwarty KW MK do wszystkich członków KPP*, „Nowy Przegląd", listopad–grudzień 1928, nr 25, s. 2–14.

[2] *Ibidem*, s. 2

[3] *Ibidem*, s. 3.

„Niedopuszczalne są żadne bloki ani porozumienia z tą faszystowską partią socjalzdrajców". Niezbędne jest zaostrzenie walki przeciw PPS w robocie codziennej i w walce strajkowej"[4].

Sensu naturalnie w tym nie ma żadnego, gdyż każdemu wiadomo, że PPS jest główną siłą antyfaszystowską w Polsce. Ciekawe też jest to zaostrzenie międzypartyjnych stosunków w walce strajkowej, kończące się zazwyczaj przegraną strajku samego. Ale moskiewskiemu „naczalstwu" chodzi o co innego, a nie o walkę z faszyzmem lub wygranie strajku.

„Naczalstwo" specjalnie nie lubi CKW, PPS i powiada, że „Opozycjoniści (CKW) są jeszcze niebezpieczniejsi dla sprawy robotniczej (czytaj komunizmu), aniżeli jawni stronnicy faszyzmu, czarno-secińscy Jaworowskiego, którzy mają już za sobą większość najpoważniejszych organizacji PPS (warszawską, łódzką, lubelską)"[5]. Naturalnie jest to łgarstwo co do Łodzi i Lublina, a także co do Warszawy. Ale że „naczalstwo" boi się CKW – to jasne. Naturalnie nie przeszkodzi to „Przedświtowi"[6] dowodzić, iż PPS – to komunizanci i komuniści.

Dalej polecono KPP, aby więcej dbała o **związki zawodowe**:
„KPP powinna wzmóc walkę o związki zawodowe, o zorganizowanie rzeczywistej szerokiej opozycji związkowej itd."[7]

Chodzi więc właściwie o osłabienie i zatrucie prac i walk związków. Dalej polecono zorganizowanie **„masowej samoobrony"**, tzn. organizacji bojowej[8]. Przy tym wszystkim, a niewątpliwie w związku z państwowymi interesami Rosji, poleca się zwrócić szczególną uwagę na fabryczne **warsztaty wojskowe** i „pokryć je siecią swych komórek"[9] Rosji, [co] jako państwu, może się to bardzo przydać. Ciekawą rolę, według dyrektyw Moskwy, ma odegrać ta część polskiej klasy robotniczej,

---

[4] *Ibidem*, s. 5.
[5] *Ibidem*, s. 4–5.
[6] „Przedświt" – dziennik, organ prasowy PPS – dawnej FR, założony w październiku 1928 r. przez Jędrzeja Moraczewskiego.
[7] *List otwarty KW MK do wszystkich członków KPP*, s. 6.
[8] *Ibidem*.
[9] *Ibidem*.

która pozostaje pod wpływem komunizmu – podczas ewentualnej wojny polsko-rosyjskiej.

W końcu dyrektywy zwracają uwagę na pracę wśród chłopów i zwłaszcza na „narodowo-rewolucyjny ruch ukraińskich i białoruskich mas"[10].

Chodzi bowiem o to, aby i ten żywioł wykorzystać dla osłabienia Państwa Polskiego. Dyrektywy polecają KPP, aby „utrwaliła swą hegemonię" w tym narodowo-rewolucyjnym ruchu[11].

Po wykończeniu tych cennych dyrektyw Egzekutywa obszernie zastanawia się nad **własną walką frakcyjną w KPP**. Czytamy dosłownie: „**Walka frakcyjna zadaje silny cios wzrostowi wpływów partii. Partia coraz bardziej traci zdolność prowadzenia szerokich kampanii politycznych"** (str. 9)[12].

Zaniepokojone „naczalstwo" ma słuszność. Istotnie, politycznie KPP od dłuższego czasu jest jak gdyby tknięta paraliżem i nie jest zdolna do czynnych wystąpień.

Ale posłuchajmy tych ciekawych rewelacji rozsierdzonego „naczalstwa".

Zaczęły się socjalistyczne oskarżenia wzajemne i dyskredytowanie się nawzajem, szczucie przeciw sejmowej frakcji komunistycznej, aczkolwiek ta dała wspaniały wzór rewolucyjnej taktyki parlamentarnej. Na gruncie walki frakcyjnej poszły w niepamięć elementarne wymogi konspiracji. Walka frakcyjna doszła do tego, że długo jeszcze po IV Zjeździe utrzymywało się w mocy utrwalenie podziału organizacji okręgowych pomiędzy b[yłą] większością a b[yłą] mniejszością; wydziału Komitetu Centr[alnego] prowadziły samodzielną politykę i faktycznie i powstały dwa ośrodki kierownicze. Rozpoczęło się niepodporządkowanie się Komitetu Warszawskiego partii oraz Kom[itetu] Centr[alnego] Młodzieży dyrektywom Centr[alnego] Komitetu Partii szczucie przeciw Centr[alnemu] Kom[itetowi] przez Komitet Warszawski"[13].

---

[10] *Ibidem*, s. 7.
[11] *Ibidem*.
[12] *Ibidem*, s. 9.
[13] *Ibidem*, s. 8–9.

Słowem prawie formalny rozłam Kom[itetu] Centr[alnego] Partii wobec tego rozwiązał Egzekutywę Komitetu Warszawskiego partii i sekretariat Org[anizacji] Młodzieży, mianował nowy Komitet Warszawski itd. Później ta uchwała została skasowana przez „Komintern". Biedna Egzekutywa „Kominternu" aż szaty drze na sobie z oburzenia i jednako prawie wymyśla i na „większość" i na „mniejszość" partii. Tak np. „większość" nie doceniła racjonalistycznych błędów grupy Wasylkiwa[14] we Wsch[odniej] Małopolsce, który od komunizmu przeszedł do nacjonalizmu (bardzo ciekawe, napiszemy o tym osobno)[15].

Ta sama „większość" „bezkrytycznie poparła" legalną broszurę niejakiego Branda, który wpadł w okropną herezję, bo przecenił wewnętrzny rynek polski dla polskiego kapitału i tym samym nie docenił ekspansji polskiego kapitału na wschód – przeciw Rosji[16]. (Znowu wciąż wraca ten motyw państwowy rosyjski).

Ale i „mniejszość" nie była lepsza. Przy wyborach np. projektowała – ni mniej, ni więcej – „utworzenie jednolitego frontu z góry z PPS". Straszne! „Mniejszość" także nie dopatrzyła tego ważnego faktu, że „kułacy" (bogaci chłopi) na Ukrainie i Białej Rusi idą już za Piłsudskim. Też okropne...

Słowem bałagan jakich mało. „Naczalstwo" wobec tego stwierdza, iż tak „mniejszość", jak i „większość" wpadły w ohydne prawicowe niebezpieczeństwo (str. 11)[17].

Jakie? Obydwa odłamy. To znaczy prawdziwych, czystych, nietykalnych komunistów w ogóle nie ma.

„Podstawowe zło – to wewnętrzna walka frakcyjna". KPP winna złamać wewnętrzne prawicowe niebezpieczeństwo, aby przygotować się „do dojrzewającej sytuacji rewolucyjnej **podczas nadciągającej wojny"**[18].

---

[14] Potoczna nazwa grupy zwolenników Osip Kriłyka-Wasylkiwa.

[15] Zob. *Od komunizmu do nacjonalizmu. Rozłam wśród komunistów ukraińskich w Polsce*, „Robotnik", 15 II 1929, nr 45. Zob. dok. nr 103.

[16] Zob. E. Brand, *Momenty gospodarcze w przewrocie majowym i w polityce obecnego rządu*, Warszawa 1927.

[17] *List otwarty KW MK do wszystkich członków KPP*, s. 11.

[18] *Ibidem*, s. 12.

Tako rzecze „naczalstwo" komunistyczne do swych polskich pod-
władnych. Na początku wojna i na końcu wojna a pośrodku walka frakcyjna. W wolnych zaś chwilach łamanie PPS i Związków Zawodowych.
Dyrektywy jasne i przejrzyste. Posłusznie oddani z KPP postarają
się zrobić z nich użytek o ile potrafią psychologicznie nieco pomniej-
szyć swą rzeź frakcyjną – dość zabawną, skoro się zważy, iż oba odłamy
w końcu się zwaliły w bagno „prawicowego niebezpieczeństwa".
Dyrektywy powyższe odsłaniają nam wyraźnie **istotę polskiego
komunizmu**. Politycznie jest bezsilny i szarpany wewnętrznymi sprzecz-
nościami. Jest igraszką w ręku Stalina i ma służyć narzędziem państwowej polityki Rosji w razie wojny. Poza tym ma przede wszystkim łamać
szeregi socjalizmu polskiego, czyli być **narzędziem reakcji!**

Kazimierz Czapiński

Źródło: „Robotnik", 10 II 1929, nr 40.

Nr 103

1929 luty 15, Warszawa – Artykuł z „Robotnika" pt. „Od komunizmu do nacjonalizmu. Rozłam wśród komunistów ukraińskich w Polsce"

Jak wiadomo, polityka Komunistycznej Partii Polskiej jest zależna nie tylko od potrzeb klasy robotniczej w Polsce lub chociażby jej najbardziej radykalnego odłamu, ile od państwowych potrzeb Rosji sowieckiej. Interes Rosji wymaga rzekomo osłabienia i rozsadzenia Polski jako państwa; stąd płynie dyrektywa (wskazówka) „Kominternu", aby KPP spekulowała na „narodowe ruchu rewolucyjne" w Polsce i starała się w nich zdobyć „hegemonię".

Z drugiej strony wśród mniejszości narodowych w Polsce, niezadowolonych z rządów polskich, zjawia się także prąd, spekulujący na pomoc ze strony obcej. Naturalnie, nie tyle je pociąga socjalna polityka Stalina, ile po prostu nadzieja pomocy ze strony rosyjskiej. Niektórzy zapewne szczerze byli ujęci takimi manewrami Rosji, jak „autonomia" „republik" poszczególnych, jak „ukrainizacja" itp. Obecnie takich szczerych entuzjastów jest niewielu, ale polityków spekulujących na wojnę i rozbicie Polski, jeszcze jest dość spore.

Tak właśnie powstaje tzw. narodowy bolszewizm na naszym wschodzie, w którym oczywiście więcej jest nacjonalizmu niż bolszewizmu. Ale KPP, wraz z swoimi przybudówkami – na rozkaz „Kominternu" – jest zmuszona łączyć się z tym rodzajem nacjonalizmu.

Otóż jedna z takich przybudówek jest tzw. KPZU, tj. Komunistyczna Partia Zach[odniej] Ukrainy, czyli wschodniej Małopolski i Wołynia. Spekulując na nacjonalizmie, przy ostatnich wyborach przelicytowała w nacjonalizmie wszelkich „undowców" (nar[odowych] demokratów) i radykałów ukraińskich.

Rzecz jasna, w tej demagogii „komunistycznej" tkwi wewnętrzna sprzeczność: niepodobna bowiem pogodzić na dłuższy czas ultraklasowość i ultrainternacjonalizm komunistyczny z bezklasowym nacjonalizmem. Ta demagogia musi pęknąć wbrew wszelkim dyrektywom moskiewskiego „naczalstwa".

Toteż pęka... Komunizm (nawet w tej dzikiej formie „nacjonal-bolszewizmu") zanika na wschodzie Małopolski i na Wołyniu; na placu boju zostają dwie realne partie „Undo”[1] i „radykalni”. Nacjonal-bolszewizm (KPZU) kurczył się stopniowo w miarę tego, jak przygasał autorytet Rosji i demaskowały się jej manewry narodowościowe. W końcu KPZU wyłoniła w sobie samej „nacjonalistyczną herezję” Wasylkiwa[2] pękła – i rozłamała się. Na większość (Wasylkiwa część bardziej narodową) i mniejszość, wierną „Kominternowi” i KPP[3]. Ten rozłam jest bardzo ciekawy. Radzimy go przestudiować. Odsłania przeróżne wewnętrzne sprężyny w bolszewizmie. Łączy się z losami i prądami Ukrainy sowieckiej. I tam już od dawna powstał w szeregach ukraińskich bolszewików opozycyjny prąd „szumskizm” (Szumski – były poseł ukraiński w Warszawie)[4]. Szumski bowiem, widocznie nie-

---

[1] UNDO – Ukraińskie Zjednoczenie Narodowo-Demokratyczne – największa ukraińska organizacja polityczna działająca na terytorium II RP. Partia powstała w 1925 r. W swoich dążeniach i celach, tj. utworzenie niepodległego i suwerennego państwa ukraińskiego, reprezentowała antypolskie stanowisko.

[2] Osip Kriłyk-Wasylkiw (1898–1941) – ukraiński działacz komunistyczny; członek KPGW we Lwowie; w 1919 r. działacz zagranicznej grupy KPGW w Wiedniu; w 1921 r. aresztowany przez polską policję i sądzony w tzw. procesie świętojurskim. Był zwolennikiem rozszerzenia autonomii KPGW wobec KPRP i tym samym w 1923 r. doprowadził do przekształcenia KPGW w KPZU. W 1923 r. członek KC KPRP, w 1925 r. na III Zjeździe KPP wybrany na zastępcę członka KC KPP. W 1927 r. jako reprezentant KPZU wszedł do Biura Politycznego KPP. Lider tzw. większości – frakcji w KPZU sprzeciwiającej się KP(b)U i Kominternowi oraz KPP potępienia tzw. nacjonalistycznego odchylenia Aleksandra Szumskiego. Nie zastosował się do decyzji IV Zjazdu KPP ani nie wdrożył jego wytycznych w KPZU. W 1929 r. wydalono go z KPZU. W 1932 wyjechał do ZSRS, gdzie został aresztowany i w 1933 r. zesłany do Karelii. W 1941 r. został rozstrzelany przez NKW.

[3] Szerzej zob. J. Radziejewski, *Komunistyczna Partia Zachodniej Ukrainy 1919–1929. Węzłowe problemy ideologiczne*, Kraków 1976, s. 207 i n.; B. Klebacz, *Komunistyczna Partia Polski 1923–1929...*, s. 263–264.

[4] Ołeksandr (Aleksander) Szumski (1890–1946) – ukraiński działacz komunistyczny. W 1917 r. Ukraińskiej Partii Socjalistów-Rewolucjonistów, od 1920 r. w KP(b) U. W 1919 r. brał czynny udział w powstaniu władzy bolszewickiej na Ukrainie. Od 1919 r. pełnił funkcję ludowego komisarza oświaty w rządzie USRR Christiana Rakowskiego, następnie ludowego komisarza spraw wewnętrznych. Od 1921 r. był połpredem USRR w Polsce. Po powrocie do USRR kierował m.in. Wydziałem Agitacji i Propagandy KC KP(b) oraz ponownie objął funkcję komisarza oświaty. Wszedł w konflikt z ówczesnym sekretarzem KC KP(b)U Łazarem Kaganowiczem.

407

zadowolony z „pseudoukrainizacji" rosyjskiej, rozpoczął frondę (opozycję), ze zrozumiałych względów dość łagodną. Walczył z przemożnymi
wpływami literatury rosyjskiej, ale też zaznaczał, iż także pod względem
gospodarczym centralny rząd bolszewicki krzywdzi Ukrainę.

Ten „szumskizm" oczywiście został ogłoszony za niebezpieczną
herezję. Przerzucił się jednak do Polski, do KPZU, zaczął ją rozsadzać
– aż doprowadził do wspomnianego rozłamu.

Przyczyny rozłamu są jasne. „Komintern" chętnie korzysta z nacjonalizmu jako swego narzędzia, lecz nie może pozwolić [sobie] na rzeczywiście samodzielną myśl narodową, bo inaczej wszystko wymknie się
mu z rąk.

W obozie KPP naturalnie straszne oburzenie i grzmią wyklęcia.
P. Leński w nr. 25 „Nowego Przeglądu" zaczyna swój artykuł o rozłamie
takimi znamiennymi słowami:

„W jaki sposób grupa Wasilkiwa[5], która przez tyle lat stała na czele
kierownictwa KPZU, mogła w r[oku] 1927 zdradzić komunizm i przejść
faktycznie na stronę undofaszystów?"[6]

Stwierdza więc, że kierownictwo komunistycznej partii przeszło
do „faszystów" i nacjonalistów. Ubolewa, tym bardziej że – powiada
– i w Sowrosji (!) wśród ludu są podobne tendencje. Woła więc (str. 146):

„Cała partia od góry do dołu musi uświadomić sobie, że stanowisko
grupy Wasilkiwa w sprawie narodowościowej było faktycznie przystoso-
waniem hasła samookreślenia do ideologii Unda i uczynienie z tego hasła
przykrycia dla kułackich tendencji w Związku Sowieckim"[7].

W 1925 r. zażądał od Stalina usunięcia Kaganowicza i powierzenia funkcji sekretarza
Ukraińcowi. Spotkało się to z odmową Stalina i oskarżeniami o propagowanie
antyrosyjskich oraz nacjonalistycznych nastrojów na Ukrainie. Pomimo złożenia
samokrytyki został w 1927 r. pozbawiony wszystkich funkcji partyjnych. Przebywał
w Moskwie, gdzie w 1933 r. został aresztowany przez OGPU. Skazany na 10 lat
obozu, karę odbywał m.in. na Wyspach Sołowieckich oraz w Krasnojarsku, gdzie
pozostał po zakończeniu wyroku. W 1946 r. zginął w drodze z Saratowa do Kijowa;
na podstawie jednej z wersji dotyczącej okoliczności jego śmierci przyjmuje się, że
został zgładzony na osobiste polecenie Stalina.

[5] Powinno być Wasylkiwa.
[6] J. Leński, *Źródła i charakter kryzysu w KPZU*, „Nowy Przegląd", listopad–grudzień
1928, nr 25, s. 142.
[7] *Ibidem*, s. 146.

Stwierdzając ten fakt „unrowskiej herezji" w KPZU, Leński wzywa swych ludzi z KPP i KPZU (tzn. resztki rozłamowe organizacji), aby na przyszłość żyli w zgodzie i aby zrozumieli (szczególnie robotnicy polscy), że jedynym załatwieniem sprawy ukraińskiej w Polsce jest: „przyłączenie Małopolski Wschodniej, Wołynia i Małej Rusi do Rosji sowieckiej (!)".

Czytamy (str. 153):

„Polskim masom pracującym musimy stale wyjaśniać, że nie może być robotniczo-chłopskiej Polski bez połączenia Ukrainy i Białorusi Zachodniej z Republikami Sowieckimi na Wschodzie"[8].

Chodzi więc nie o niepodległą Ukrainę, lecz o przyłączenie do Rosji. Tu jeszcze raz widać dobrze, jak dalece KPP jest narzędziem państwowej polityki Moskwy.

A cóż na to Wasylkiw i cała większość nieprawowierna KPZU? Naturalnie, ci ze swej strony gwałtownie urągają na „nacjonalizm" KPP.

Oczywiście – nacjonalizm polski... „Wasylkiwowcy" wydają duży miesięcznik „Nasza Prawda"[9]. W sierpniowym numerze za 1928 r. Wasylkiw w art[ykule] „Źródła i przyczyny społecznego rozłamu w KPZU"[10] gwałtownie atakuje KPP i na zarzut, jakoby poszedł do „undowców", a z nim razem kolejno do „faszyzmu" „Piłsudskiego" zjadliwie przypomina, że to nie on, lecz właśnie kierownicy KPP, po przewrocie majowym, zaproponowali Piłsudskiemu – sojusz...

W danym momencie KPZU znajduje się niewątpliwie w stanie rozkładu. Fatalna taktyka powoduje fatalne konsekwencje. Wiejskie grupy, które znajdowały się pod wpływem KPZU, przechodzą często do radykałów i „undowców". Miejskie grupy przeważnie trzymają się Kominternu KPP i prawowiernej cząstki KPZU.

Pozostają wodzowie „Wasylkiwowców". Pod wpływem tego rozkładu oraz nacisku ze strony „Kominternu" widocznie się zachwiali i pragnęliby ponownie nawiązać stosunki z prawowierną częścią KPZU.

---

[8] *Ibidem*, s. 153.
[9] „Nasza Prawda" – organ prasowy KPZU kontrolowany przez frakcje „większości" – zwolenników Osipa Kriłyka-Wasylkiwa.
[10] Zob. *Do dżereł i pryczyn suczasnoho rozłamu w KPZU*, „Nasza Prawda" 1928, nr 3–8.

Przed nami ciekawa ulotka – broszura, wydana przez KPZU, większość, czyli „Wasylkiwowcy", z końca 1928 r.; jest to obszerna odezwa 9-ej konferencji KPZU[11]. Ta odezwa proklamuje połączenie się ponowne z mniejszością, a więc i z „Kominternem" i z KPP. Kończy się słowami: „Za przyłączenie się zachodniej Ukrainy do Ukrainy sowieckiej! Niech żyją KPZU, KPP i Komintern"[12].

[...]

Ciekawa jest ta historia rozłamu w KPZU. Część tej partii – wedle słów Leńskiego – od komunizmu przeszła do nacjonalizmu i nawet – „faszyzmu". To naturalnie już jest przesadą.

W każdym razie mamy przed sobą klęskę komunizmu w Polsce na kresach ukraińskich.

Ani demagogia, ani rozkaz i wpływ „Kominternu" nie mogły zatrzymać naturalnego procesu rozkładowego. Głęboka bowiem nieszczerość, nielogiczność i obcy interes tkwią w kresowej polityce komunizmu w Polsce.

Kazimierz Czapiński

Źródło: „Robotnik", 15 II 1929, nr 45.

---

[11] IX Konferencja obradowała w październiku 1928 r. i była ostatnią w historii KPZU
[12] Zob. *Do wsich partijnych organizacji, do wsich czleniw Komunistycznoj Partii Zachidnoj Ukrainy. Widozwa IX Konferencji KPZU*, Lwów 1928, s. 1–10.

Nr 104

1929 maj 4, Lwów – Artykuł „Dziennika Ludowego" pt. „Krach komunistów"

Komuniści w Borysławiu robili wielkie przygotowania do zakłócenia spokoju naszej demonstracji. W tym celu zorganizowano bojówki ze znanych notorycznych szumowin. Do tej zbieraniny sprowadzili sobie posła z Selrobu lewicy Chama[1]. Pos[eł] Cham chciał się poszczycić w Borysławiu rewolucyjnym wystąpieniem przeciw robotnikom i PPS i zaczął przemawiać o jakieś sto kroków od naszej trybuny, a ponieważ zebrani na placu Wiktorii nie chcieli słyszeć chamskich występów – nasza milicja porządkowa podążyła wytłumaczyć komunistom, że wolno im występować, ale na własny rachunek, a nie na naszym wiecu. Na milicję rzuciła [się] zgraja komunistów [z] kamieniami, zaatakowała laskami, a nawet nożami. Nasi towarzysze milicjanci nie mogli postawić sprawy tak: kto na ciebie kamieniem – ty na niego chlebem – i w obronie powagi zgromadzenia przepędzili komunistów, przy czym dostało się pos[łowi] Chamowi od samych komunistów, którzy rozcietrzewieni w zgiełku rzucali kamieniami we wszystkie strony i ugodzili swojego nietykalnego posła, uciekającego w kierunku płotu. Z naszej strony zostało pokaleczonych od kamieni 3 milicjantów. Jednemu z naszych towarzyszy skradł jeden z komunistów portfel z 20 zł.

Z obrzydzeniem i wstrętem patrzyli robotnicy na chamskie wystąpienie komunistów.

Źródło: „Dziennik Ludowy", 4 V 1929, nr 101.

---

[1] Mikołaj Cham (1898–?) – działacz i jeden z liderów Ukraińskiego Włościańsko--Robotniczego Zjednoczenia Socjalistycznego, zwanego w skrócie Sel-Rob, z ramienia którego (lista nr 19) został wybrany na posła II kadencji Sejmu II RP z okręgu wyborczego nr 59. Za działalność antypaństwową skazany prawomocnym wyrokiem sądowym. Wyjechał do ZSRS. Dalsze losy oraz okoliczności śmierci i data nie są znane.

Nr 105

1929 maj 20, Lwów – Artykuł z „Dziennika Ludowego" pt. „Łajdacka robota komunistów"

„Vorwärts"[1] w artykule pod tyt[ułem]: „Strategia barykadowa"[2] czyni ciężki zarzut inspiratorom moskiewskim i ich służkom, niemieckim komunistom, że krwawą swą imprezę barykadową w najludniejszych ulicach Berlina i strzałami z archaicznej broni zmierzali chyba do sprowokowania policji, a nie mieli na myśli zrealizowania wzniosłych ideałów. Chodziło im o to, by policja poraniła lub zabiła nawet jak najwięcej niewinnych ludzi, niebiorących w walce udziału i w ten sposób wywołać przeciw sobie i socjalnej demokracji olbrzymie oburzenie[3].

Niewiniątka barykadowe wiedzą bowiem, jaka jest różnica między ich „walką" w Berlinie a rokiem 1848, kiedy bojownicy wolności i demokracji ginęli na barykadach, śmiercią swą, okupując upadek systemu absolutystycznego.

Dzisiaj jeden miotacz min jest w stanie znieść spiętrzone do nie wiedzieć jakiej wysokości barykady z kamieni brukowych i rur gazowych, czyż tedy inny niżeli wyżej wspomniany, łotrowski cel, przyświecać mógł komunistom, którzy „zastępy" swoje bez przygotowania wysyłają do „walki" i gotują im jedną po drugiej klęskę?

Oczywiście, że to policji nie usprawiedliwia. Musi ona zachować więcej spokoju, bo zadaniem jej nie jest przelewnie krwi, lecz zapobieganie prowokacjom i niepotrzebnym wojnom domowym, z których „ktoś trzeci korzysta".

Źródło: „Dziennik Ludowy", 20 V 1929, nr 113.

---

[1] „Vorwärts" – założony w 1876 r. centralny organ prasowy Socjaldemokratycznej Partii Robotniczej Niemiec (SADP), a następnie Niemieckiej Partii Socjaldemokratycznej (SDP). Wydawany do chwili obecnej.

[2] Barrikadenstrategie, „Vorwärts", 15 V 1929, nr 222.

[3] W Berlinie 1 V 1929 r. podczas walk ulicznych wszczętych z policją przez ponad 8 tys. działaczy komunistycznych życie straciły 32 osoby, 140 osób zostało rannych, a około 700 aresztowanych. Wydarzenia te komentowała prasa polska różnej proweniencji (zob. *Barykady w Berlinie*, „Republika", 3 V 1929, nr 120; *Rewolta komunistyczna w Berlinie*, „Republika", 4 V 1929, nr 121; *Barykady na ulicach Berlina. Krwawe walki policji z tłumem*, „Dziennik Bydgoski", 3 V 1929, nr 103).

Nr 106

1930 lipiec 14, Lwów – Artykuł z „Dziennika Ludowego" pt. „Bankructwo komunizmu w Polsce"

W organie Kominternu, wychodzącym w Berlinie „Inprekor[ze]" ukazał się w n[ume]rze 16 z dnia 14 lutego br. artykuł Bronkowskiego[1] o kompartii polskiej. Czytamy tam dosłownie: „Opozycyjność socjalfaszyzmu (pepesowców) przy niedostatecznej aktywności naszej partii pozwoliła im (tj. PPS) w niektórych okręgach rozszerzyć swoje wpływy wśród mas pracujących. W wyborach do rad miejskich na Śląsku Cieszyńskim, w Płocku, Sochaczewie, Kutnie, **PPS podwoiła lub potroiła ilość swoich mandatów** (str. 11)"[2]. „W walce o masy socjalfaszyzmu (PPS) pozostaje największym niebezpieczeństwem dla ruchu komunistycznego" (str. 11)[3]. Słowem: nic się nie zmienia w KPP w ciągu lat. Masy robią swoje, a KPP bywa ciągle „zaskoczoną", usta pełne frazesów o hegemonii KPP nad całym ruchem robotniczym i pełne kłamstw wobec mas o sile. W tezach VII Plenum[4] **przyznają się komuniści do swego bankructwa**, ale niestety masy o tym się nie dowiadują. Należałoby naszym górnikom z racji ostatniego strajku powiedzieć, że „wierzchołki" KPP, inaczej myślą niż mówią na wiecach. VII Plenum wierzchołków komunistycznych przyznaje, że:

---

[1] Bronisław Bortnowski-Bronowski (1894–1937) – działacz komunistyczny; od 1912 r. członek SDKPiL. Aresztowany przez władze carskie, został osadzony w Saratowie, gdzie wstąpił do SDPRR(b). W 1917 r. w Piotrogrodzie był redaktorem „Trybuny" – organu SDKPiL. Od 1918 r. pracował w WCzK. W grudniu 1919 r. został skierowany do dowództwa Frontu Zachodniego, gdzie pracował w Wydziale do Spraw Agitacji w Armii Polskiej. Jesienią 1920 r. został mianowany naczelnikiem Zarządu Wywiadu Frontu Zachodniego. Od 1921 r. znalazł się ponownie w strukturach WCzK-a i Armii Czerwonej. Od 1929 r. działał na terenie Polski w strukturach KPP, wpierając frakcje Julina Leszczyńskiego-Leńskiego. Od 1930 r. wybrany do KC KPP oraz do Biura Politycznego. Pełnił m.in. funkcje przedstawiciela KPP przy KW MK.

[2] *VII Plenum KC KPP: Wytyczne sytuacji i zadnia partii (luty 1930 r.)* [w:] *KPP. Uchwały...*, t. 3, s. 49.

[3] *Ibidem*, s. 49.

[4] VII Plenum KC KPP obradowało w lutym 1930 r.

413

„należy wystrzegać się mechanicznego naznaczania terminów strajkowych. Termin tak winien być wyrazem nie tylko nastrojów, ale i opinii mas, wyrażanej na wiecach i konferencjach. Wówczas, gdy termin wysunięty przez PPS jest rzeczywiście popularny w masach, nie należy licytować się z socjalfaszystami" (str. 18)[5].

Jest to odpowiedź „odchyleńcom" lewym, którym VII Plenum „prawowiernych" zarzuca:

„proklamowanie bez należytego przygotowania natychmiastowego strajku na G[órnym] Śląsku i spóźnione podjęcie popularnej w masie daty proklamowanego przez PPS jednolitego strajku" (str. 27)[6].

Jeśli ten błąd nie powtórzy się, przyjdzie inny błąd. Tak np. postanowili komuniści:

„stanąć na Górnym Śląsku na czele walki z uciskiem narodowościowym przeciw represjom faszyzmu wobec szkolnictwa niemieckiego, o samookreślenie G[órnego] Śl[ąska] aż do oderwania" (str. 24)[7].

Staną więc komuniści w jednym **rzędzie z nacjonalistami niemieckimi**. Podczas plebiscytu głosowali za przyłączeniem G[órnego] Śl[ąska] do... Rosji sowieckiej, teraz stali się niepodległościowcami na Górnym Śląsku, gdy i w robocie zawodowej zawiedli się, na grupie Waszaka[8], którą piętnują mianem zdrajców.

VII Plenum polskich komunistów stwierdziło wyraźnie, że:

„między wpływami partii, a ich organizacyjnym ujęciem jest **zatrważająca dysproporcja**" (str. 28)[9]

Znaczy to przetłumaczone na prosty język, że w miarę pogarszania się sytuacji gospodarczej rośnie niezadowolenie w masach, które ulegają nieraz złudzeniu, że komuniści znajdą ratunek na ich biedę. Gdzie jednak zaczyna się walka, a nie nastrój i wpływy coś znaczą, masy zwracają się do socjalistów z całym zaufaniem.

---

[5] *VII Plenum KC KPP. Tezy i uchwały*, Warszawa 1930, s. 18; także *VII Plenum KC KPP: Wytyczne sytuacji i zadnia partii (luty 1930 r.)* [w:] *KPP. Uchwały...* t. 3, s. 59.

[6] *VII Plenum KC KPP. Tezy i uchwały*, s. 27. Zob. także *Uchwały KC KPP*, „Nowy Przegląd", styczeń-luty 1930, nr 31, s. 109.

[7] *VII Plenum KC KPP. Tezy i uchwały*, s. 24. Zob. także *Uchwały KC KPP*, s. 108.

[8] Postać niezidentyfikowana.

[9] *VII Plenum KC KPP. Tezy i uchwały*, s. 28.

Taka jest prawda o „polskim komunizmie" z r[oku] 1930, któremu przeciwstawia się skonsolidowany obóz socjalistyczny, którego jedyną drogą jest walka z ustrojem społecznym, z dyktaturą kapitału w każdej jego formie, a jedynym zagadnieniem jest wyzwolenie klasy robotniczej z dzisiejszej niewoli.

Źródło: „Dziennik Ludowy", 14 VII 1930, nr 158.

Nr 107

1929 sierpień 1, Warszawa – Artykuł z „Robotnika" pt. „Komunistyczny manifest"

Na dzień dzisiejszy komuniści na rozkaz Moskwy uplanowali wielkie demonstracje przeciw wojnie. Komunistyczna Partia Polski również wtrąciła swoje trzy grosze, ogłaszając gadatliwy manifest[1], z którego dowiadujemy się:

1) że 1 Maja r[oku] b[ieżącego] był dniem „rewolucyjnej walki robotników i chłopów polskich i narodów podbitych przeciw dyktaturze faszystowskiej"[2]. Ponieważ pod słowem „rewolucyjnej" rozumieć tu należy „komunistycznej", a nikt tej walki w dn. 1 Maja nie widział, więc jest to pospolite kłamstwo;

2) że wszystkie państwa burżuazyjne, a Polska szczególnie, o niczym innym nie myślą, jak o napadzie na Rosję sowiecką. Ba! „BBS[3] i PPS przygotowują, wraz z całym obozem faszystowskim, wojnę przeciw ZSRR"[4] – woła manifest. Słyszycie, towarzysze? Każdy z was z osobna i wszyscy razem popełniacie codziennie zbrodnię, knując przygotowania wojenne przeciw Rosji sowieckiej! I to nie sami, lecz razem z BBS!!

I takie nikczemne głupstwa czy głupie nikczemności wmawia się polskim robotnikom!

3) że komunizm domaga się „prawa samostanowienia narodów podbitych, aż do oderwania włącznie"[5].

Pięknie! Ale dlaczego prawo to nie obowiązuje w Rosji sowieckiej, która wszak powinna świecić przykładem w urzeczywistnieniu haseł przez nią propagowanych? Jeżeli ktoś głosi zasady, które sam pierwszy

---

[1] Zob. AAN, KPP, 158/VI-12 pt. 6, Do wszystkich robotników, chłopów i żołnierzy! Towarzysze i towarzyszki!, Warszawa, czerwiec 1929 r., k. 2–3a.

[2] *Ibidem*, k. 2.

[3] BBS (Bezpartyjny Blok Socjalistyczny) – potoczna, ironiczna nazwa PPS – dawnej FR. Skrót stosowany przez jej oponentów.

[4] AAN, KPP, 158/VI-12 pt. 6, Do wszystkich robotników, chłopów i żołnierzy! Towarzysze i towarzyszki!, Warszawa, czerwiec 1929 r., k. 3.

[5] *Ibidem*, k. 2.

łamie, to jest zwykłym oszustem. Zwykłe oszustwo popełnia też Rosja sowiecka i komunizm międzynarodowy;

4) że robotnicy winni podjąć walkę przeciw racjonalizacji! Zbawcza rada! Racjonalizacja odbywa się na całym świecie, nie wyłączając Rosji sowieckiej. Nie racjonalizacja jest szkodliwa dla robotników, jeno jej skutki, jak bezrobocie lub marnowanie zdrowia robotnika, o ile nie ma środków ochronnych;

5) że PPS jest „bardziej jeszcze niebezpiecznym agentem faszyzmu" niż BBS⁶;

Nie wiemy, czy to wyróżnienie zmartwi BBS, czy ucieszy. My na to łajanie komunistyczne mamy tylko pogardę;

6) że pięcioletni plan gospodarczy, uchwalony na ostatniej konferencji bolszewików⁷, zrealizuje ideały całych pokoleń robotniczych i chłopskich. A więc „niech żyje 5-letni plan budowy socjalizmu w ZSRR!"⁸ – wykrzykuje manifest. Niech żyje plan!? A jeśli ten plan nie zostanie wykonany, to po 5 latach komuniści będą wołali: precz z 5-letnim planem budowy socjalizmu w ZSRR! Śmierć 5-letniemu planowi budowy?

Podobnej humorystyki dawno już nie było nawet w odezwach komunistycznych.

Razem biorąc: kłamstwo, nikczemność, humor.

Źródło: „Robotnik", 1 VIII 1929, nr 215.

---

⁶ *Ibidem*, k. 3.

⁷ Obradująca w kwietniu 1929 r. XVI Konferencja WKP(b) zatwierdziła założenia realizacji pierwszego planu pięcioletniego. Już w grudniu tego roku podczas zjazdu przodowników pracy padło – zaakceptowane przez Kreml – hasło wykonania pięciolatki w cztery lata. Z kolei w lutym 1931 r. sam Stalin stwierdził, że należy w najistotniejszych branżach gospodarczych państwa wykonać plan pięcioletni w trzy lata. Podczas realizacji założeń planu pięcioletniego Stalin 27 XII 1929 r. ogłosił zakończenie NEP i nakazał rozpoczęcie procesu rozkułaczania oraz doprowadzenia do całkowitej kolektywizacji stosunków społeczno-gospodarczych na sowieckiej wsi (szerzej zob. M. Heller, A. Niekricz, *Utopia u władzy. Historia Związku Sowieckiego od narodzin do wielkości 1917–1939*, Poznań 2016, s. 332–362).

⁸ AAN, KPP, 158/VI-12 pt. 6, Do wszystkich robotników, chłopów i żołnierzy! Towarzysze i towarzyszki!, Warszawa, czerwiec 1929 r., k. 3a.

Nr 108

1930 sierpień 3, Lwów – Artykuł z „Dziennika Ludowego" pt. „Fiasko dnia komunistycznego w całym kraju"

WARSZAWA, 1 sierpnia (tel. wł.). W związku z zapowiedzianymi manifestacjami w dniu 1 sierpnia, władze policyjne w Warszawie zarządziły ostre pogotowie, zmobilizowały rezerwy policji pieszej, konnej i rowerowej. Uzbrojenie policjantów poza hełmami stalowymi, stanowiły ręczne karabiny maszynowe oraz bomby duszące i łzawiące. Zarówno poszczególnym policjantom, jak i dowódcom oddziałów wydano rozkaz bezwzględnego niedopuszczenia do jakichkolwiek zebrań i manifestacji antypaństwowych. Szczególnie silne oddziały policji skonsygnowane były wczoraj w okolicach gmachu Prezydium Rady Min[istrów], na placu Napoleona i przed ministerstwem sprawiedliwości.

Od rana, wśród bezrobotnych przed lokalem Państw[owego] Urzędu Pośr[ednictwa] Pracy, zaczęli grasować agitatorzy komunistyczni, namawiający bezskutecznie robotników do udania się pochodem na plac Teatralny, aby demonstrować przed magistratem.

Luźne grupy wyrostków wałęsające się po ulicach w dzielnicy żydowskiej, nie zdołały się nigdzie zebrać i utworzyć większej grupy.

Do godz. 6-tej nie otrzymaliśmy żadnych wiadomości o zajściach w Warszawie.

Wskazuje to na kompletne fiasko komunistycznych demonstracji w Warszawie.

[...]

Na prowincji również spokój

W Krakowie również cisza. Drobne próby demonstracji szybko zlikwidowano przez policję. Według informacji otrzymanych z poszczególnych miejscowości kraju o przebiegu dnia komunistycznego – nie zauważono nigdzie akcji komunistycznej. Wszędzie panował spokój

W Krakowie grupka komunistów usiłowała rozrzucić odezwy na Podgórzu, jednak organy policji drobny ten incydent natychmiast zlikwidowały.

Źródło: „Dziennik Ludowy" 3 VIII 1930, nr 175.

1930 wrzesień 10, Lwów – Artykuł z „Dziennik Ludowy" pt. „Demonstracje komunistyczne w Warszawie"

WARSZAWA, 8-go września (PAT, „Ekspress Poranny"[1] podaje, że w dniu wczorajszym komuniści usiłowali urządzić w stolicy szereg manifestacji w związku z tak zw[anym] „Dniem młodzieży komunistycznej". W godzinach popołudniowych zebrały się w kilku punktach miasta grupy wyrostków liczące po paręset osób. Zbiegowisko to wkrótce rozproszył[o] się na widok przybywającej policji. Wystąpienia komunistyczne spowodowały aresztowanie przeszło 100 osób za zakłócenie porządku publicznego, stawianie oporu policji itp.

Źródło: „Dziennik Ludowy", 10 IX 1930, nr 206.

---

[1] „Express Poranny" – dziennik, ukazujący się w latach 1922–1939, wydawany przez spółkę Dom Prasy S.A. Od lat trzydziestych organ reprezentował orientację prosanacyjno-rządową.

Nr 110

1929 styczeń 11, Lwów – Artykuł z „Dziennika Ludowego" pt. „Niebezpieczeństwo komunizmu"

Walki ideowe, jakie rozdzieliły proletariat międzynarodowy na dwa zwalczające się obozy, nie ominęły żadnej z form ruchu robotniczego. Zdając sobie sprawę z tego, jak ważne jest wychowanie młodego pokolenia, oba kierunki w ruchu robotniczym usiłowały pozyskać młodzież dla swych haseł. Toteż wszędzie organizacje młodzieży robotniczej przeszły ten sam kryzys, co partie socjalistyczne, a w ostateczności skonsolidowało się to w formie dwóch Międzynarodówek: Socjalistycznej i Komunistycznej.

Obóz socjalistyczny, obóz II Międzynarodówki, grupujący dziś w sobie prawie całą klasę robotniczą, przeciwstawia się jak najostrzej sekcjom Międzynarodówki Komunistycznej. Nie może dziś być dla nikogo żadnych wątpliwości, ile szkód nieobliczalnych przyniósł ze sobą bolszewizm. Wszędzie rozbił lub starał się rozbić jedność ruchu robotniczego, nie szanując nawet jego form zawodowych. Wybitnie reakcyjne oblicze ukazał on w uchwałach Kominternu, który polecił swym partiom wszędzie zwrócić się gwałtownie przeciw socjaldemokracji. Realizowała to francuska partia komunistyczna, która przy wyborach dopuściła się niesłychanej zdrady na ruchu robotniczym, uniemożliwiając w niektórych okręgach przejście socjalistycznemu kandydatowi, a tym samym dopomagając do zwycięstwa reakcji. Te same metody walki chcą komuniści przeprowadzać i na terenie Anglii przy teoretycznych, już bliskich wyborach do parlamentu. Nic dziwnego, że nawet niektórzy komuniści ze wstydem odrzucają te metody walki.

Takie uchwały przedsiębrała Międzynarodówka Komunistyczna, kiedy w tym samym czasie Międzynarodówka Socjalistyczna na kongresie w Brukseli[1], uznając konieczność walki z „rakiem" toczącym klasę robotniczą, przestrzega przed atakowaniem Rosji sowieckiej, wzywa klasę robotniczą do obrony i niedopuszczenia państw imperialistycznych

---

[1] Zob. przypis 1, dok nr 98.

do zbrojnego wystąpienia przeciw Rosji. Tak wygląda walka prowadzona przez socjalistów.

Walkę obydwu kierunków musi bacznie obserwować młodzież, dość łatwo podatna na puste hasła komunistyczne. Nie wolno jej pozostać obojętną, klasa robotnicza przechodzi ciężki kryzys, trzeba wszędzie demaskować obłudę „hyperrewolucjonistów" i wykazać reakcyjną rolę komunizmu, który staje się jawnym wrogiem klasy robotniczej.

Będzie to zadaniem Organizacji Młodz[ieży] TUR[2], która spełnia tę dziejową misję wychowania młodego, zdrowego pokolenia robotniczego, gotowego do objęcia rządów w przyszłym ustroju.

Źródło: „Dziennik Ludowy", 11 I 1929, nr 9.

[2] Organizacja Młodzieży Towarzystwa Uniwersytetu Robotniczego – powstała w 1926 r. z inicjatywy CKW PPS i we współpracy z Zarządem Głównym Towarzystwa Uniwersytetu Robotniczego. Wskutek podatności na komunistyczne koncepcje jednolitofrontowe została w 1935 r. rozwiązana przez władze naczelne PPS, które powołały do istnienia Koła Młodzieży PPS. OM TUR zrzeszała ponad 8 tys. członków.

Nr 111

1931 marzec 20, Lwów – Artykuł z „Dziennika Ludowego" pt. „Front komunistyczny przeciw PPS"

Front komunistyczny niejako już tradycyjnie skierowany jest przeciw socjalizmowi, jakkolwiek ukształtowałby się stosunki w poszczególnych państwach, czy w polityce światowej, ta nieubłagana nienawiść do socjalizmu i bezwzględna z nim walka pozostała niezachwiana. Nie cofają się w tej walce komuniści nawet wówczas, gdy dla ślepego jest widoczne, że korzyści z tej roboty odnosi jedynie ten trzeci, dlatego właśnie rośnie w siły. Komunizmowi zawdzięcza swój rozwój faszyzm, najdzikszy nacjonalizm czerpie swe siły z tej taktyki komunizmu.

Obserwujemy to zjawisko i na terenie Polski. Przyznają to sami komuniści w rezolucji CK ogłoszonej w n[ume]rze 1-szym „Nowego Przeglądu", gdzie czytamy:

„Podczas gdy walka przeciw socjal- i ludowcowo-faszyzmowi objęła szerokie masy robotnicze i chłopskie dając nam poważne sukcesy, to walce przeciw złudzeniom, szerzonym przez rząd Piłsudskiego nie poświęciliśmy dostatecznej uwagi"[1].

We wspólnej walce z sanacją przeciw PPS nie zauważyli tego przeobrażenia, jakie się w Polsce w ostatnich latach dokonały.

W swym zaślepieniu komuniści posuwają się do zwykłego fałszerstwa, gdy np. w „Trybunie Radzieckiej"[2] piszą: „Przedstawiciel PPS Arciszewski w swych nawoływaniach wojennych (w Sejmie) prześcignął nawet oficjalnych przedstawicieli polskiego militaryzmu".

W rzeczywistości w Sejmie przemawiał pułk[ownik] Arciszewski[3], narod[owy] dem[okrata].

---

[1] *Ocena wyborów do sejmu i senatu (Uchwała KC KPP)*, „Nowy Przegląd", styczeń-luty 1931, nr 31, s. 32.

[2] „Trybuna Radziecka" – polskojęzyczny organ komunistyczny wydawany w Moskwie, najpierw w 1927 r. jako tygodnik, a następnie od 1928 r. dwa razy w tygodniu. Od 1931 r. pismo ukazywało się codziennie. Nakład sięgał 15 tys. egzemplarzy. W 1938 r. pismo zlikwidowano.

[3] Franciszek Adam Arciszewski (1890–1969) – poseł III kadencji Sejmu, przedstawiciel Klubu Narodowego, oficer dyplomowany Wojska Polskiego

Ta zaciekłość otworzyła już oczy wielu uczciwszym elementom wśród komunistów, które nie mogą pojąć tych obłąkańczych dyrektyw, patrząc na rozgrywającą się rzeczywistość. W komunizmie polskim tworzy się prawicowa fronda. Utworzyła się „prawicowa" grupa Kostrzewy, Warskiego, Bartoszewicza[4] i Łapińskiego[5]. Wszyscy „starzy" z sumieniem obarczonym „resztkami socjalizmu", buntują się. Dano hasło: bić w buntowników „prawicowców". W tym duchu powziął znane uchwały CK Partii, a „Trybuna" (nr 23) nazywa warszawską rozłamową grupę „łamistrajkami rewolucji" i pisze:

„Zadaniem niecierpiącym zwłoki, jest likwidacja resztek grupy prawicowej, jej destrukcyjnego wpływu na partię i renegackich wystąpień przeciw partii".

Nie wyjaśnia tylko „Trybuna", dlaczego to najstarsi i najzasłużeńsi (dla Kominternu) komuniści, jak Łapiński, Warski, Kostrzewa nagle okazali się „renegatami".

Niektórzy biedacy – „renegaci" próbowali uciec od dzikich dyrektyw politycznych KPP na teren bolszewizmu rosyjskiego.

Od dzikich dyrektyw KPP jedni uciekają na teren partii rosyjskiej, drudzy „milczą", trzeci wpadają w „łamistrajkostwo rewolucyjne".

Nic dziwnego! Skoro się „zapomina" o rzeczywistej walce z faszyzmem i wszystkie wysiłki koncentruje się na walce z PPS; skoro odgrywa się obiektywnie reakcyjną rolę i pomaga się rządzącej reakcji; skoro daje się fantastyczne dyrektywy „dyktatury proletariatu", w chwili gdy trzeba

---

w 1924 r. w randze pułkownika, a w 1964 r. na uchodźstwie awansowany do stopnia generała brygady. Po zamachu majowym przeniesiony w stan spoczynku. W latach 1927–1928 prezes Związku Hallerczyków, zaś od 1936 do 1939 r. prezes Związku Sokolstwa Polskiego. Od 1939 r. pełnił funkcję szefa Gabinetu Wojskowego Prezydenta Rzeczypospolitej, następnie od 1940 r. szefa Polskiej Misji Wojskowej w Kanadzie i w Stanach Zjednoczonych, w 1943 r. objął te same funkcje w Brazylii. W latach 1944–1946 był Inspektorem ds. Zarządu Wojskowego Ziem Okupowanych na Zachodzie. Zmarł w Londynie.
[4] Mowa o Stefanie Królikowskim, który posługiwał się również nazwiskiem-pseudonimem „Bartoszewski".
[5] Paweł Lewinson-Łapiński (1879–1937) – działacz komunistyczny, początkowo w PPS, a następnie w PPS-Lewica i w KPRP. Od 1917 r. członek KPR(b). Pracował w dyplomacji ZSRS. W 1937 r. aresztowany. W więzieniu na Butyrkach popełnił samobójstwo.

walczyć o wolność, musiały nastąpić opisane skutki. Żaden prawdziwy bojownik proletariatu takich „dyrektyw" nie wytrzyma.

Źródło: „Dziennik Ludowy", 20 III 1931, nr 65.

Nr 112

1931 kwiecień 23, Warszawa – Artykuł z „Robotnika" pt. „Polska Partia Socjalistyczna. Tekst uchwały dla zgromadzeń 1-majowych"

Zgromadzeni w dniu 1 maja pod czerwonymi sztandarami socjalizmu w........ Stwierdzają uroczyście swą gotowość do dalszej walki o prawa ludowe, o pokój między narodami, o wolność w Polsce Niepodległej.

Zgromadzeni żądają:
przywrócenia demokracji i prawa;
kontroli nad produkcją;
sprawiedliwej reformy rolnej;
nadzielenia ziemią robotników rolnych, bezrolnych i małorolnych;
rzeczywistej walki z bezrobociem i rzeczywistej pomocy dla bezrobotnych;
pomocy dla drobnego rolnictwa;
sprawiedliwej płacy za pracę ludzką;
demokratycznej polityki narodowościowej.

Zgromadzeni łączą się z międzynarodowym ruchem socjalistycznym we wspólnym wysiłku, skierowanym przeciw kapitalizmowi i militaryzmowi, przeciw dyktaturze faszystowskiej i komunistycznej – we wspólnej walce o nowy ład społeczny, o socjalizm.

Źródło: „Robotnik" 23 IV 1931, nr 147.

Nr 113

1931 maj 31, Kraków – Artykuł z „Naprzodu" pt. „Rezolucja polityczna PPS. Uchwalona przez XXII kongres partyjny"¹
(fragment)

Drukujemy dzisiaj tekst dosłowny uchwały zasadniczej XXII Kongresu, ponieważ tekst ten uległ w „Robotniku" częściowej konfiskacie, ustępy skonfiskowane opuszczamy

[...]

Polska Partia Socjalistyczna w swej walce przeciw dyktaturze dąży konsekwentnie do współdziałania z demokratycznym ruchem włościańskim i do skupienia wszystkich sił demokratycznych kraju; PPS przeciwstawia się z całą stanowczością wszelkim prądom nacjonalistycznym i reakcyjnym oraz zwalcza bezwzględnie zarówno ruch komunistyczny, rozbijający i demoralizujący szeregi robotnicze, jak i drobne grupki niby--robotnicze [...].

Źródło: „Naprzód", 31 V 1931, nr 122.

---

¹ XXII Kongres PPS obradował w Krakowie 23–25 V 1931 r.

Nr 114

1931 lipiec 11, Kraków – Artykuł z „Naprzodu" pt. „Upiór komunizmu"

Równocześnie ze wzrastającą nędzą mas[1] potęguje się strach klas posiadających przed komunizmem, a raczej przed bolszewizmem. Za główne źródło prądów „przewrotowych" uważa burżuazja, zwłaszcza polska, Rosję sowiecką. Jej obawie przed wzrostem prądów komunistycznych daje wyraz p. Adam Piasecki[2] w artykule wydrukowanym w „Słowie" wileńskim i innych pismach pt. „Podwójny tor"[3]. Podwójnym torem, zdaniem autora, toczy się dziś agitacja komunistyczna: pierwszy to granie od dołu na „instynktach" zawiści społecznej i na pustych kiszkach biedoty, drugi to propaganda Sowietów wskazująca na osiągnięte rezultaty w dziedzinie organizacji i postępie pionowej produkcji w Bolszewii. P[an] Piasecki zdaje sobie sprawę z podłoża społecznego, korzystnego dla agitacji bolszewickiej, w dzisiejszym ustroju społecznym i gospodarczym. Autor stwierdza zresztą dawno już przez innych wykazanego bankructwa porządku opartego na haśle: „módl się i pracuj". Dziś „warunki powstały nowe, przyszły powojenne stosunki, złe hasło

---

[1] Według danych Głównego Urzędu Statystycznego liczba zarejestrowanych bezrobotnych w kraju w grudniu 1931 r wynosiła 312 500 osób (AAN, 9/1137, Sprawozdanie Wydziału Bezpieczeństwa MSW o stanie bezrobocia w Polsce, [1936], k. 34–35). W latach trzydziestych nastąpił radykalny wzrost bezrobocia w kraju. O ile w 1929 r. w stosunku do całkowitego zatrudnienia liczba bezrobotnych wynosiła 3%, o tyle w latach 1930–1935 wzrosła drastycznie: w 1930 r. do 10,5%, w 1933 r. do 43,5%, a w 1935 r. wynosiła 39,9%. Jak podają Z. Landau i J. Tomaszewski w 1933 r. co trzeci robotnik w Polsce pozostawał bez pracy (*eidem, Zarys historii gospodarczej Polski...*, s. 219).
[2] Adam Piasecki (1898–1938) – publicysta, ziemianin, polityk; żołnierz Legionów Polskich oraz członek POW. W 1918 r. walczył m.in. pod Lwowem. W latach 1922––1924 pełnił funkcję osobistego sekretarza marszałka Senatu. W 1928 r. z ramienia BBWR uzyskał mandat poselski. W klubie parlamentarnym BBWR pełnił funkcję sekretarza. Pracował w sejmowej komisji konstytucyjnej oraz regulaminowej i nietykalności poselskiej. W 1932 r. został powołany na stanowisko dyrektora Biura Senatu, które sprawował aż do śmierci. W latach 1929–1930 był redaktorem naczelnym „Dnia Polskiego". Publikował na łamach wielu tytułów prasy polskiej.
[3] *Podwójny tor*, „Słowo", 4 VII 1931, nr 150.

427

pracy uczciwej, hasło rodziny staje się dla wielkich odłamów społeczeństwa wyraźnie nie do zastosowania. Znaczny procent mężczyzn zarabia tak mało, że nie jest w stanie utrzymać żony i rodziny" – stwierdza p. Piasecki[4]. A więc bankructwo rodziny w ustroju kapitalistycznym.

Podłożem komunizmu – nędza. A ponieważ tej nędzy złagodzić się nie stara ustrój obecny, więc cóż dziwnego, że oczy wielu zrozpaczonych „desperatów życiowych" zwracają się ku Bolszewii, która może nęcić głodnych i rozgoryczonych jako „raj proletariatu".

Jakież środki zaleca publicysta kapitalistyczny dla położenia tamy komunizmowi? Wywody swoje, niemniej desperackie, kończy autor taką konkluzją:

„Bunt społeczny szuka antytezy. Dlatego świat kapitalistyczny, świat kultury i cywilizacji zachodniej iść musi gwałtownie ku uzdrowieniu swych stosunków przez zbiorową i planową współpracę i przez zorganizowane miłosierdzie – jeżeli chce uniknąć katastrofy. Wszelkie liczenie na to, że komunizm w Rosji się załamie i świat odetchnie od grozy rewolucji, jest dzieciństwem, bo istota rewolucji jest starsza od komunizmu. Może stać się taki paradoks, że gdy Sowiety będą się rozlatywać, jednocześnie któreś państwo zachodnie rzuci się całą siłą w komunizm. Bo w rewolucji jest czynnik zawiści, desperacji i pożądania zmiany, silniejszy niż rozum ludzki"[5].

Zalecane przez p. Piaseckiego „zorganizowane miłosierdzie" nie jest jednak w stanie przeszkodzić wzrostowi nastrojów komunistycznych, a tym mniej powstrzymać bunt społeczny szukający antytezy i zagrodzić drogę rewolucji czynników społecznych dążących do zamiany.

Jeżeli chodzi o to, by ocalić wartości cywilizacyjne, by ochronić ludzkość od wstrząsów gwałtownych, który by zamiast poprawy, przynosiły powszechną ruinę – to nie osiągniemy tego przez „miłosierdzie". Mogło ono „łagodzić" jeszcze biedę w ustroju minionym, którego dewizą było módl się i pracuj, ale nie w ustroju kapitalistycznym, w którym zjawisko nędzy stało się masowe. Droga do poprawy stosunków społecznych, do zabezpieczenia normalnego rozwoju ludzkości ku wyższym i doskonalszym formom bytu, prowadzi przez ukrócenie przywilejów klas posia-

---

[4] *Ibidem.*
[5] *Ibidem.*

dajof cych przez odpowiadajof cof interesowi spolecznemu reorganizacjof systemu produkcji i podzialu dobr ekonomicznych. Klasa robotnicza musi byof dopuszczona do wspoludzialu w kierownictwie i kontroli nad produkcjof i udzial jej w korzystaniu dobr spolecznych musi byof szerszy. P[an] Piasecki mowi o „zorganizowanym milosierdziu". Tym sposobem pragnof lbym uzdrawiaof ustroj kapitalistyczny powszechnie, a wiof c i w Polsce; niepokoi go wzrost rozgoryczenia wsrod mas pracujof cych, obawia siof, ze ulegnof one wplywom komunizmu czy bolszewizmu. Otoz Polska powstala w ogniu rewolucji swiatowej, wobec zwyciof stwa komunistow w Rosji. Masy ludowe polskie byly zgnof bione, glodne, wyczerpane wojnof swiatowof, a jednak na hasla bolszewickie nie poszly, lecz budowaly panstwo wolne, demokratyczne i obronily je w r[oku] 1920 przed zalewem czerwonej armii, ktora miala wlasnie zrealizowaof ow „raj bolszewicki" w Polsce.

W imiof czego bronil lud pracujof cy, chlop i robotnik Rzeczypospolitej Polskiej? Bronil jej, bo wierzyl, ze uzyska reformy spoleczne zabezpieczajof ce mu ludzkof egzystencjof, podnoszof ce go na wyzszy szczebel czlowieczenstwa, ze wolnosci demokratyczne, obywatelskie, ze prawa polityczne zabezpieczajof ce mu wplyw na rzof dy i politykof panstwa, ze to wszystko nie tylko uszanowane i zabezpieczone, ale udoskonalone zostanie. I coz oboz p. Piaseckiego, oboz sanacyjny uczynil z tej Rzeczypospolitej demokratycznej w ciof gu lat pomajowych? Co uczyniono z Konstytucji demokratycznej, z prawami Sejmu ludowego, z godnosciof przedstawicielstwa narodu? Wiemy wszyscy, co uczyniono, wiof c wyliczaof tego nie trzeba. Po prawach demokratycznych, politycznych, przyszla kolej na ustawodawstwo spoleczne i dzis, gdy p. Piasecki pisze o potrzebie „zorganizowanego milosierdzia", jak gdybysmy juz naprawdof byli krajem zebrakow – pojawiajof siof oficjalne zapowiedzi redukcji swiadczen spolecznych, mnozof siof ataki pism rzof dowych na ustawodawstwo spoleczne, na instytucje ubezpieczeniowe. Takie postulaty wysuwa kazda uchwala, kazdy memorial kazdego zgromadzenia czy zrzeszenia przedsiof biorcow, kapitalistow. Obniza siof zasilki bezrobotnym, obniza siof glodowe place pracownikow panstwowych, emerytow, wdow, sierot, inwalidow i robotnikow.

Tak, jest jeszcze trzeci tor prowadzof cy do bolszewizmu, tor najwazniejszy – to gospodarka sanacyjna. I gdy publicysta sanacyjno-kapitalistyczny, pełen troski o „cywilizację", zaniepokojony wzrostem nastrojów komunistycznych, szuka tamy przed jego zalewem – w „miłosierdziu" jego obóz stwarza szerokie podłoże dla tych prądów od wschodu, podrywa wiarę w wolność i demokrację, a **Brześć** wysuwa jako sztandar cywilizacji.

Tak więc w walce z komunizmem mamy mu przeciwstawić system sanacyjny, program antyspołeczny sanacji – Brześć jako symbol cywilizacji pomajowej.

Jeśli was, panowie sanatorzy, niepokoi upiór komunizmu, zważcie, że go sami wywołujecie i przywołujecie i uprawniacie. Przytaczaliśmy już głosy pism sanacyjnych, które uznawały międzynarodówkę moskiewską, równouprawnioną z sanacją do opieki nad klasą robotniczą.

Dziś jednak w Polsce sprawa wygląda tak, że nie komunizm, ale dalsze trwanie bolszewizmu sanacyjnego jest ogromnym niebezpieczeństwem dla bytu Rzeczypospolitej i narodu i dla jego cywilizacji.

Źródło: „Naprzód", 11 VII 1931, nr 155.

Nr 115

1931 wrzesień 15, Kraków – Artykuł z „Naprzodu" pt. „Aresztowanie komitetu redakcyjnego partii komunistycznej w Warszawie"[1]

W ub[iegły] czwartek[2] koło godziny 7 wiecz[orem] policja polityczna ustaliła, iż komitet odbywa posiedzenie w lokalu jednego ze swych członków, Izaaka Lwa[3], przy ul. Żurawiej 25. Gdy policja wkroczyła do elegancko umeblowanego, 5-pokojowego lokalu, zastano tam wszystkich członków komitetu przy pracy. Aresztowano: Jana Hempla[4], Władysława Broniewskiego[5], Mojżesza Nowogródzkiego[6],

---

[1] Mowa o aresztowaniu redakcji „Miesięcznika Literackiego", który ukazywał się w latach 1929–1931. Redakcję pisma współtworzyli m.in.: Aleksander Wat, Władysław Broniewski, Jan Hempel, Stanisław Ryszard Stande oraz Andrzej Stawar. Z czasopismem współpracowało wielu ówczesnych twórców, publicystów i literatów związanych m.in. z tzw. lewicą sanacyjną, a także z socjalistami i komunistami. Po aresztowaniu w 1931 r. składu redakcji i wydaniu nr. 20 pismo zamknięto.

[2] 10 IX 1931 r.

[3] Izaak Lew – właściciel lokalu.

[4] Jan Hempel (1877–1937) – publicysta, filozof, działacz socjalistyczny, a następnie komunistyczny. W swojej publicystyce i piśmiennictwie filozoficznym propagował m.in. idee antychrześcijańskie. Był założycielem Towarzystwa Teozoficznego. W pierwszych latach XX w. związał się z anarchosyndykalistami. Od 1920 r. członek PPS, a następnie w PPS-Opozycja; od 1922 r. w KPRP. W 1931 r. po aresztowaniu przez policję został zwolniony za kaucją. Wyjechał do Niemiec, a następnie do ZSRS. Publikował na łamach prasy sowieckiej. W 1937 r. po aresztowaniu przez NKWD został rozstrzelany 2 września tego roku.

[5] Władysław Broniewski (1897–1962) – poeta, żołnierz Legionów Polskich i członek POW; w okresie międzywojennym współpracownik komunistycznych i komunizujących czasopism, w tym „Dźwigni", „Kultury Robotniczej" oraz „Miesięcznika Literackiego". Od września 1939 r. przebywał w okupowanym przez Sowietów Lwowie. W 1940 r. po aresztowani przez NKWD został uwięziony na Łubiance. Po podpisaniu układu Sikorski–Majski wstąpił do formowanej przez gen. Andersa Armii Polskiej w ZSRS. Po wojnie powrócił do rządzonego przez komunistów kraju.

[6] Mojżesz Nowogródzki (1903–1941) – działacz komunistyczny żydowskiego pochodzenia. W 1922 r. współtworzył Związek Młodzieży Komunistycznej w Polsce, w którym pełnił m.in. funkcję kierownika Sekretariatu KC. Wielokrotnie

Aleksandra Elię Chwata[7], Edwarda Janusa[8] i Izaaka Lwa, właściciela lokalu.

Z notatek znalezionych u uczestników zebrania okazało się, iż komitet zajęty był debatami nad perspektywą strajku pracowników samorządowych oraz kwestią bezrobocia, przy czym szczególny nacisk miał być skierowany na stolicę Zagłębia. Znaleziono również list pisany do moskiewskiego „Kominternu", w którym komitet żali się na zbytnią, jego zdaniem, obojętność władz sowieckich wobec sprawy propagandy komunizmu w Polsce, a zwłaszcza w stolicy. W liście tym jest takie zdanie: „Bo największe nawet zdobycze rewolucji, uzyskane na prowincji, nie dadzą rezultatu, o ile nie będą przeprowadzone przede wszystkim w stolicy". Cała korespondencja komitetu prowadzona jest z „Kominternem" w językach rosyjskim i niemieckim.

---

aresztowany i więziony za działalność komunistyczną, wywrotową. W latach trzydziestych aktywnie działał w KC KPP. W 1939 r. zamieszkał w zajętym przez Sowietów Białymstoku. Zginął w czerwcu 1941 r.

[7] Aleksander Wat (właśc. Aleksander Chwat) (1900–1967) – pisarz, tłumacz literatury, współtwórca futuryzmu polskiego; sympatyzował i współpracował z komunistami. Pisał na łamach wielu polskich i zagranicznych czasopism. W latach 1921–1922 był redaktorem naczelnym pisma „Nowa Sztuka", a od 1929 do 1931 r. „Miesięcznika Literackiego". Po wybuchu wojny przebywał na terenie okupacji sowieckiej. Od października 1939 r. rozpoczął pracę w redakcji polskojęzycznej sowieckiej prasy „gadzinowej" we lwowskim „Czerwonym Sztandarze". Podpisał oświadczenie polskich pisarzy popierających przyłączenie tzw. Ukrainy Zachodniej do Ukrainy Sowieckiej. W 1940 r. aresztowany przez NKWD. Do kraju powrócił w 1946 r. Później wyjeżdżał do Francji, Włoch i Stanów Zjednoczonych, gdzie pracował twórczo oraz naukowo. W 1967 r. popełnił samobójstwo.

[8] Andrzej Stawar (właśc. Edward Janus) (1900–1961) – publicysta, krytyk literacki, działacz komunistyczny. Od 1923 r. członek KPRP. Pracował m.in. w Centralnej Redakcji KC KPRP oraz w sekretariacie Komunistycznej Frakcji Poselskiej. Od 1925 do 1927 r. był redaktorem odpowiedzialnym „Jednodniówki NPCh". W 1927 r. został sekretarzem redakcji związanego z KPP miesięcznika „Dźwignia". Według Aleksandra Wata był jednym z pomysłodawców powstania „Miesięcznika Literackiego". 10 IX 1931 r. został aresztowany wraz z całym zespołem redakcyjnym miesięcznika. Podczas wojny przebywał na Węgrzech, gdzie zaangażowany był w działalność konspiracyjną.

Co wykryła rewizja?

Przeprowadzona w lokalu tym rewizja ujawniła wiele materiału obciążającego. Znaleziono cały szereg ulotek kolportowanych następnie masowo. Znaleziono również list otwarty do polskiego oddziału PEN-Clubu w sprawie więźniów politycznych, podpisany przez członków komitetu oraz działaczy zachodnio-ukraińskich. W kuchni wykryto 2 walizki, w których znajdowała się część archiwum komitetu redakcyjnego oraz wydziału propagandowo-agitacyjnego, rękopisy wszystkich prawie ulotek komunistycznych oraz pisma z zagranicy, niemające debitu w Polsce. Podczas dalszych poszukiwań zaleziono instrukcję „Kominternu", dotyczącą konieczności zwiększenia akcji prasowej. Przy instrukcji tej, pisanej w języku rosyjskim, znajdował się specjalny kwestionariusz, w którym „Komintern" domaga się przedstawienia mu szczegółowego projektu propagandy prasowej, która ma być rozwinięta jesienią br. w związku z wprowadzeniem nowego regulaminu więziennego oraz zagadnieniem bezrobocia.

Zestawienia kasowe

Z zestawień kasowych sporządzonych dla „Kominternu" wynika, iż komitet dysponował budżetem, wynoszącym około 100 000 zł miesięcznie. W czerwcu, kiedy wybuchł w stolicy strajk tramwajarzy, wydatkowano 270 000 zł.

Rewizje w mieszkaniach aresztowanych

Rewizje, przeprowadzone w mieszkaniach prywatnych, członków komitetu ujawniły obfity materiał dowodowy. Znaleziono liczną korespondencję z „Kominternem". Wszystkich aresztowanych osadzono w więzieniu, sprawę całą zaś przekazano **sędziemu Demantowi**[9].

Źródło: „Naprzód", 15 IX 1931, nr [210].

---

[9] Jan Demant – sędzia śledczy, a następnie sędzia śledczy apelacyjny. Podczas rewolucji bolszewickiej – według doniesień „Robotnika" oraz „Gazety Robotniczej" (styczeń 1931 r.) – miał pełnić w Kazaniu funkcję zastępcy komisarza politycznego. Do kraju powrócił dopiero po zakończeniu wojny polsko-bolszewickiej. Pracował jako sędzia śledczy do spraw wyjątkowego znaczenia przy sądzie apelacyjnym w Warszawie. Prowadził dochodzenie przygotowawcze do procesu brzeskiego, w ramach którego przesłuchiwał m.in. Wincentego Witosa oraz Adama Pragiera.

Nr 116

1931 wrzesień 20, Kraków – Artykuł z „Naprzodu" pt. „Z komunistami dyskutować nie można, życie ludzkie to »drobiazg« dla komunisty"

W poniedziałek 14 bm. odbyło się w Berlinie w olbrzymiej sali pałacu sportowego kolosalne zgromadzenie, na którym miała się odbyć rzeczowa dyskusja między socjalistami i komunistami[1]. Na to się przynajmniej zgodziła partia komunistyczna i przyjęła kilka tysięcy zaproszeń na zgromadzenie do rozdania między komunistów oraz wyznaczyła jednego ze swoich przywódców Heinza Neumana na koreferenta. Umówiono się, że po przemówieniu socjalistycznego referenta tow. Künstlera[2] i komunistycznego koreferenta Neumana, odbędzie się swobodna dyskusja.

Taka była umowa, ale gdy nadszedł poniedziałek już o godzinie 12 w południe ukazały się przed pałacem sportowym tłumy bezrobotnych komunistów z zaproszeniami i bez zaproszeń, aby „obsadzić" salę. Gdy okazało się, że lokal będzie otwarty dopiero o godzinie 7 wieczorem, a policja udaremniła próby wtargnięcia przemocą, komuniści zmienili taktykę o tyle, że przysłali na miejsce tylu bezrobotnych, ilu ich mogli zmobilizować z poleceniem obsadzania ulicy przed wejściem do pałacu sportowego i niedopuszczenia robotników socjalistów, gdy ci wieczorem nadejdą. Tak też się stało. Robotnicy socjaliści musieli sobie drogę torować siłą, gdyż komuniści usiłowali ich zatrzymać pięściami i laskami i tylko dlatego nie udało im „zapewnić" komunistycznej większości w sali, że wielotysięczny tłum socjalistów zgniótł tę bojówkę komunistyczną po prostu swoją przewagą liczebną. [...].

Tow. Künstler wygłosił swój referat, w którym naszkicował dobitnie rolę komunistów w czasie ostatniego głosowania ludowego, [...] i stwier-

---

[1] Zob. *Die niederlage der RPD. Die kommunistischen Fuhreh jammern über Pogromheke*, „Der Abend", 15 IX 1931, nr 432.

[2] Franz Künstler (1888–1942) – niemiecki działacz związkowy i socjaldemokratyczny; członek SPD, od 1924 r. z jej ramienia zasiadał w Reichstagu. Po dojściu Hitlera do władzy wielokrotnie zatrzymywany i aresztowany. Przymusowo wcielony do armii we wrześniu 1939 r.

dził, że jeśli w ciągu ubiegłego roku faszyzm nie zapanował w Niemczech, to jest to wyłącznie zasługa partii socjalistycznej. [...] Neumann mówił dosyć dużo, powtarzając do znudzenia zwykłe frazesy komunistyczne. [...] Skończywszy ten koreferat Neumann opuścił pospiesznie salę, oświadczając, że zrzeka się prawa do repliki po wyczerpaniu dyskusji. Motywy tego „gestu" wyjaśniły się natychmiast, gdy przewodniczący chciał otworzyć dyskusję. Wszyscy obecni na sali komuniści podnieśli przeraźliwy ryk i nie chcieli go w żaden sposób przerwać. Po kilkunastu minutach stało się jasne, że jest to akcja planowa, aby nie dopuścić do dyskusji.

Projektowana dyskusja międzypartyjna nie mogła się oczywiście odbyć w takiej sytuacji i po wyrzuceniu wrzaskunów przez straż porządkową przewodniczący zamknął zgromadzenie, stwierdzając, iż cały przebieg udowodnił, że partia taka jak komunistyczna, która zobowiązała się do rzeczowej dyskusji tylko po to, aby zorganizować dziką awanturę, żadna dyskusja nie jest możliwa. Prawdę tych słów potwierdzało zachowanie się niewpuszczonych na salę komunistów przed gmachem. Powybijali oni szyby znajdujących się w pobliżu sklepów i szamotali się z policją, raz jeszcze udowodniając, że komuniści do niczego, prócz bezmyślnych awantur, nie są zdolni.

Źródło: „Naprzód", 20 IX 1931, nr 215.

Nr 117

1932 kwiecień 7, Kraków – Artykuł z „Naprzodu" pt. „Komunizm i faszyzm"

Z mowy śp. Filipa Turatiego[1] na Kongresie Międzynarodówki w Wiedniu[2]

„...Pytacie mnie, jaki jest stan istotny ruchu komunistycznego we Włoszech? Kochani przyjaciele, jeżeli Wam idzie o siłę organizacyjną komunizmu – to jest ona słabą; jeżeli zaś myślicie o sile potencjalnej, to jest ona ogromną. **Bo między komunizmem a faszyzmem istnieje stały „most łączności".** W r[oku] 1922 komuniści przechodzili masowo do szeregów faszystowskich. Po katastrofie faszyzmu nastąpi taki sam pochód w kierunku odwrotnym. U źródeł psychologicznych faszyzmu i komunizmu leżą wszak te same pragnienia duszy ludzkiej: **nienawiść do demokracji, wolności i prawa, brutalność wobec słabszych i cynizm wobec idei, tchórzostwo wobec mocnych i cynizm wobec zwyciężonych.** Poskrobcie skórę faszysty, a znajdziecie gotowy materiał na komunistę; poskrobcie komunistę – zobaczycie faszystę. Mówię, naturalnie, o średnim stanie obydwu obozów.

Źródło: „Naprzód", 7 IV 1932, nr 78.

---

[1] Filippo Turati (1857–1932) – włoski polityk socjalistyczny, publicysta, politolog; jeden z twórców Partii Robotniczej, w 1895 r. – Włoskiej Partii Socjalistycznej. W październiku 1922 r. w wyniku tarć frakcyjnych został z niej usunięty. W odpowiedzi, jeszcze w tym samym miesiącu założył Jednościową Partię Socjalistyczną. Przeciwnik faszystowskich rządów Mussoliniego. Aresztowany, represjonowany; w grudniu 1926 r. podjął udaną próbę ucieczki z Włoch na Korsykę. Przebywał na emigracji we Francji, gdzie m.in. w 1927 r. współtworzył Konfederację Antyfaszystowską.

[2] Mowa o założycielskim kongresie Międzynarodowej Wspólnoty Pracy Partii Socjalistycznych zorganizowanym w Wiedniu od 22 lutego do 27 II 1921 r.

Nr 118

1933 luty 16, Lwów – Artykuł z „Dziennika Ludowego" pt. „Rozłamy i »herezje« po VI Zjeździe Komunistycznej Partii Polski"

Niedawno odbył się VI zjazd KPP (Komunistycznej Partii Polski)[1].

Sporo informacji o zjeździe oraz uwag oświetlających powzięte uchwały, znajdziemy w n[ume]rze 9–10 komunistycznego „Nowego Przeglądu", zwłaszcza w artykułach **Leńskiego i Bronkowskiego**[2]. Cóż dał ten nowy zjazd KPP, który się odbył w chwili dla proletariatu tak trudnej i odpowiedzialnej?

Żadnych nowych myśli nie widzimy. Widzimy natomiast na każdym kroku stary duch taktyki rozłamowej i sekciarstwa!

Pierwszą troską zjazdu było, naturalnie, napiętnowanie PPS i zwalanie na nią winy za wszystko. **Leński** pisze:

„Szczególną trudność w rozwoju walk klasowych stanowi zręczne manewrowanie socjal-faszyzmu (PPS), starającego się ułatwić burżuazji kapitalistycznej wyjście z kryzysu pod osłoną frazesów o wyjściu demokratycznym"[3].

Zjazd przyznał, że PPS stoi mocno i nie poddaje się komunistycznej demagogii.

Cóż wobec tego jest najpilniejszego do roboty? Oczywiście, zwalczać PPS:

„Partia winna systematycznie demaskować i zawczasu paraliżować manewry socjal- faszystowskie w praktyce codziennej walki"[4].

Innymi słowy, na pierwszym planie stanie nie walka z faszyzmem, lecz walka z ruchem socjalistycznym, zwalczającym ten faszyzm.

Naturalnie chodzi nie tylko o PPS, ale także i o inne partie socjalistyczne, np. o „Bund". I bundowców trzeba „dusić", ile się da:

---

[1] VI Zjazd KPP obradował we Wiedniu w listopadzie 1932 r.

[2] J. Leński, *VI Zjazd Komunistycznej Partii Polski*, „Nowy Przegląd", listopad–grudzień 1932, nr 9–10, s. 3–10; B. Bronkowski, *VI Zjazd w walce z okupacją i uciskiem narodowym*, „Nowy Przegląd", listopad-grudzień 1932, nr 9–10, s. 27–37. Zob. także *VI Zjazd K.P.P.*, Warszawa 1932, s. 2–33.

[3] J. Leński, *VI Zjazd Komunistycznej...*, s. 6.

[4] *Ibidem.*

„Walka przeciwko elementom separatyzmu w stosunku do pracy na terenie żydowskim wiąże się ściśle z walką przeciw naciskowi ideologii bundowskiej i Poale-syjonistycznej na nasze szeregi. Zjazd zaostrzył czujność partii w stosunku do przejawów przemycania do naszych szeregów tej wrogiej nam ideologii"[5].

I tu więc zjazd „zaostrzył"... Słowem, systematycznie zaostrza się i pogłębia się rozłam w szeregach proletariackich. To jest troska główna. Ale może przynajmniej na terenie zawodowym zjazd zrozumiał konieczność solidarności proletariackiej w epoce kryzysu i faszyzmu? Nic podobnego:

„Rozbudowa sieci związków klasowych, fabrycznych grup lewicy związkowej i zacięta walka o masy w związkach zawodowych reformistycznych (PPS), chrześcijańskich itd. staje się niezbędnym warunkiem"[6].

Oto więc **główna dyrektywa zjazdu: „łamać", „niszczyć", osłabiać szeregi proletariackie w obliczu silnego potężnie uzbrojonego wroga faszyzmu.**

Przyznać trzeba atoli, że zjazd nie oszczędza także własnych szeregów. Zjazd występuje przeciwko „odchyleniom" we własnym obozie, zwłaszcza przeciwko takim „odchyleniom", które zmierzają do jednego frontu z PPS. Leński pisze:

„W dziedzinie walki z odchyleniami zjazd zaostrzył uwagę partii na konkretnych przejawach najbardziej niebezpiecznego oportunizmu prawicowego, zwłaszcza w stosunku do manewrów socjal-faszystowskich"[7].

Znowu więc zjazd „zaostrzył" coś. Tym razem – **rozłam** we własnych szeregach. Przy tym pokazuje się, że rozłam w KPP **jest faktem dokonanym**. Albowiem **Leński** oświadcza:

„Zjazd podkreślił wzmożone niebezpieczeństwo trockizmu, wyrastającego w Polsce na gruncie zbankrutowanej ideologii kostrzewizmu i rosnących trudności"[8].

Jak widać, mimo ciągłej walki z „heretykami", niebezpieczeństwo się „wzmogło", a ustawiczne „zaostrzanie" sekciarskiego stanowiska do niczego nie prowadzi. Czytamy dalej:

---

[5] B. Bronkowski, *VI Zjazd w walce...*, s. 35.
[6] J. Leński, *VI Zjazd Komunistycznej ...*, s. 8.
[7] *Ibidem*, s. 9.
[8] *Ibidem*.

„Prawicowi dwulicowcy stali się kontrabandystami wewnątrz partii. Platforma grupy trockistowskiej, która postawiła siebie poza obręb partii, wyobraża mieszaninę wszelkich koncepcji prawicowych i zbieżnych z nimi poglądów trockistowskich"[9].

Toteż grupa „kostrzewo-trockistów" jest uznana przez zjazd za „agenturę socjal- faszyzmu", która „idzie na rękę defensywie w jej walce z KPP; moralno-polityczną odpowiedzialność za tę grupę ponoszą Warski i Kostrzewa, którzy do tej chwili nie skapitulowali przed partią"[10].

Oto do jakich szaleństw, głupstw i skandalicznych bredni dogadała się KPP. Ci nawet we własnych szeregach, którzy próbują stawiać opozycję **Stalinowi**, są piętnowani jako „defensywiacy" – nawet tacy starzy i zasłużeni działacze, jak **Warski i Kostrzewa**.

Taki był ten szczególny zjazd. Łamał bez skrupułów i opamiętania nawet własne szeregi. Jest coś po prostu nieprzytomnego i nieprawdopodobnego w tym scholastycznym sekciarstwie i w tej rabiej pokorze wobec formuł stalinowskich. Życie i troski proletariatu są tym niewolnikiem formuły i rozkazu – obce.

Cóż jeszcze uchwalił zjazd? Oto zmienił program narodowościowy, wracając – jak powiadają komentatorzy – do „starej leninowskiej formuły" prawa narodów do samookreślenia – aż do oderwania się od Polski. A czy dotychczas tego nie było? Właśnie — powiada **Bronkowski** – to hasło było ograniczone przez łączenie go z hasłami „połączenia z Białorusią i Ukrainą sowiecką". Najsilniej (właśnie w dobie hitleryzmu) zjazd podkreśla „prawa" Górnego Śląska i Pomorza do oderwania się od Polski. **Bronkowski** z ubolewaniem pisze:

„Hasło – prawo do samookreślenia Górnego Śląska, aż do oderwania od Polski – nie było faktycznie hasłem dla codziennej mobilizacji mas, do walki, lecz raczej formalnie doczepiane było do naszych wydawnictw i odezw"[11].

Ciekawe hasło „mobilizacji" znalazł zjazd dla ludu górnośląskiego. Takie samo hasło znalazł teraz **Hitler**... Tymczasem KPP kładzie wielki nacisk na to „hasło". W „Nowym Przeglądzie" znajdujemy obszerną

---

[9] *Ibidem.*
[10] *Ibidem.*
[11] B. Bronkowski, *VI Zjazd w walce...*, s. 31.

odezwę Komitetu Centralnego KPP w tej sprawie; w tej odezwie partia nawołuje do walki o „zburzenie traktatu wersalskiego, o samookreślenie dla Górnego Śląska i Korytarza Gdańskiego, aż do oderwania od Polski"[12]. Nie tak dawno, przed kilku laty, KPP rzucała inne hasła: walki o polskość Śląska; teraz wciąż zmieniając swoje hasła, przeszła na stanowisko oderwania Śląska i Pomorza od Polski?

Jak widzimy rezultaty VI Zjazdu są wcale „obfite". Cóż jeszcze nowy program partii, w którym atoli niewiele jest nowego. Ciekawe jest tylko – obok rzucenia cytowanego hasła narodowościowego – także hasło zdobywania chłopstwa i to bynajmniej nie tylko biednego, lecz także „średniaka" – jak to obszernie wywodzi w tymże „Nowym Przeglądzie" o. Jeż[13]. Poza tym program z pogardą odrzuca „prawicową" teorię dwóch etapów, to znaczy przypuszczenie, że rewolucja burżuazyjno-demokratyczna może być chociażby „prawdopodobnym" etapem do rewolucji socjalnej.

Widzimy więc cały plon VI Zjazdu. W obecnej tak trudnej dla proletariatu chwili dziejowej, obca życiu partia umie tylko pogłębiać rozłam w proletariacie, walczyć z „herezjami" we własnych szeregach i powtarzać stare zbankrutowane formuły. Staje się wobec tego – jak słusznie powiada **Kautsky** – faktyczną **sojuszniczką reakcji i faszyzmu**.

Kazimierz Czapiński

Źródło: „Dziennik Ludowy", 16 II 1933, nr 38.

---

[12] [Do walki z uciskiem narodowym...], „Nowy Przegląd", listopad–grudzień 1932, nr 9–10, s. 100.
[13] H. Jeż, *Program KPP*, „Nowy Przegląd", listopad–grudzień 1932, nr 9–10, s. 38–43.

Nr 119

1934 czerwiec 16, Warszawa – Artykuł z „Robotnika" pt. „Piętnaście lat komunizmu w Polsce. Smutny bilans"

Piętnaście (przeszło) lat upłynęło od chwili, gdy powstała Komunistyczna Partia Polski, w swoich początkach nazywała się nieco inaczej, ale to nie zmienia istoty rzeczy. Powstała w grudniu 1916 roku[1] na pierwszym swoim zjednoczeniowym zjeździe – zjednoczenia się esdeków (SDKPiL) i Lewicy PPS. Piętnaście lat! To kawałek czasu i drogi w tych pośpiesznych i gorączkowych dziesięcioleciach powojennych. Jaki taki bilans trzeba już ułożyć. Co partia zdobyła? Jakie rzuciła hasła? Do czego prowadziła? Jakie były skutki?

Bilans to fatalny. Fatalny w całym tego słowa znaczeniu. Po 15 latach ruch komunistyczny osłabł znacznie. Zwłaszcza ostatnie lata były b[ardzo] smutne dla komunizmu w Polsce. Zacna rola komunizmu w dojściu do władzy Hitlera w Niemczech zrobiła wielkie wrażenie w kołach robotniczych. Niegdyś znaczne wpływy komunistów wśród Ukraińców podupadły ogromnie, głównie pod wpływem rusyfikacji polityki na Ukrainie sowieckiej. Komintern sroży się na KPP – dlaczego UOW[2] stanęła na czele ukraińskiego ruchu rewolucyjnego, a nie komuna? Ale nic wskórać nie może. Na Białej Rusi – ten sam proces. „Trockiści" podnoszą głowę, domagają się jedności ruchu klasowego. Odłupują się coraz to nowe grupy (czytajmy „Pod Prąd"[3]) narzekające na teorię „socjalizmu" oraz na komunistyczne hasło – jakoby demokracja i faszyzm stanowiły niemal jedno. Tegoroczny 1 maja i wybory samorządowe[4] potwierdziły stopniowy zanik wpływów.

Dziwić się nie ma czemu. Cały atrakcyjny wpływ, który wywiera Rosja sowiecka, jest neutralizowany, niszczony, przekreślony

---

[1] Powinno być w 1918 r.
[2] UOW – Ukraińska Organizacja Wojskowa.
[3] „Pod Prąd" – dwa zbiory artykułów wydane przez opozycyjną – względem stalinowskiego modelu komunizmu - grupę intelektualistów skupioną przy KPP. Tom pierwszy ukazał się w 1934 r., tom drugi w 1936 r.
[4] Wybory samorządowe odbyły się 27 V 1934 r.

przez ustawiczne walki klik w KPP; przez ustawiczne walki wewnętrzne, przez ciągłą zmianę „ekip", przez niemądre i wciąż zmienne hasła polityczne; przez obcość środowiskom polskim i oczywistą całkowitą zależność od Rosji.

Ta walka „ekip" i kierunków po prostu zżarła partię, mimo gniewów i stałych interwencji Kominternu, ustanawiającego raz po raz osobne „polskie komisje" i wprowadzającego nawet swych ludzi (Rosjan) do Centr[alnego] Komitetu, aby zatamować to żarcie się wewnętrzne. Obraz po prostu straszny.

Oto np. II Zjazd KPP wybiera do CK[5] „ekipę" prawicową (Warski--Wera, Kostrzewa) – rok 1923, „Lewica" (Leński, Domski) rozpoczęła gwałtowną walkę wewnętrzną, zarzucając CK „trockizm" itp. W rezultacie po kilku miesiącach „Komintern" usuwa kierownictwo „trzech W" (Warski, Wera, Walecki) i władzę w KPP oddaje „Lewicy" (Domski). Na III Zjeździe (1925) Domski, popierany przez „Komintern", oczywiście staje się dyktatorem w partii, rozpoczyna się terrorystyczna robota w kraju (Hübner). Ale i Domski nie potrafi nic zrobić. Po upływie półrocza „Komintern" wzywa Domskiego do Moskwy i posyła go nad Wołgę. IV konferencja KPP (1925, grudzień) nie ma kogo wybrać do CK, skoro prawica i lewica się skompromitowały. Wybiera z „Lewicy" Leńskiego, z prawicy Warskiego (koalicja). Gen[eralny] CK podczas przewrotu majowego gwałtownie poparł Piłsudskiego[6]. Stalin się wściekł na KPP. „Komintern" tworzy nową „komisję polską". Zaczyna się 3-letni okres dzikich walk klik dookoła CK. Tworzy się słaba „większość" i „mniejszość"[7]. Toteż IV Zjazd (1927) trwa aż 4 miesiące, starcia gwałtowne. „Komintern" interweniuje i ustala wewnętrzny stosunek frakcji w CK 8:7. Naturalnie, nic to nie pomaga! Na Ukrainie (w Polsce) w r[oku] 1928 wybucha całkowity rozłam (w KPZU). W Warszawie (!) powstają aż dwa komitety KPP[8]. Bałagan całkowity. Wściekły „Komintern" usuwa niektórych członków CK i przysyła swoich kontrolerów. „Komintern" pełen gniewu ogłasza list otwarty do KPP, oświadczając,

---

[5] Powinno być KC – Komitet Centralny.
[6] Szerzej zob. K. Sacewicz, *Komunizm i antykomunizm...*, s. 244–247.
[7] Szerzej zob. B. Kolebacz, *Komunistyczna Partia Polski 1923–1929...*, *passim*; H. Cimek, *Komuniści...*, *passim*.
[8] J.A. Reguła, *Historia Komunistycznej Partii Polski...*, s. 180–183.

że skutkiem wewnętrznych walk – KPP przestaje być zdolna do szerszych kampanii[9], a tu tymczasem Polska przygotowuje wojnę. Nie bardzo to pomogło. Na VI Plenum CK (1929 r.) znowu rozprawiono się z nieśmiertelną prawicą („pepesowskie odchylenie")[10]. V Zjazd (1930 r.) znów gwałci nieszczęsną prawicę, prawicowcy muszą się kajać; z CK usuwa się wszystkich niemal prawicowców. Wreszcie VII Zjazd (1932 r.) walki z „trockistami" i tzw. markowcami[11].

Taka jest krótka historia zaciętej walki „ekip", trwającej jeszcze obecnie. Z walki „ekip" wynika walka haseł. Cóż to za (drogi!) bałagan. Przeciw niepodległości czy za niepodległością Polski? Tworzenie własnych związków zawodowych czy udział w „reformistycznych"[12]? Przeciw „zbrodniczemu" traktatowi wersalskiemu (niegdyś) czy raczej za jego utrzymanie (dziś)? Czym jest PPS – „drobnomieszczańską" grupą, walczącą z faszyzmem, czy też najgorszym gatunkiem faszyzmu? Czy wolno zwracać się („z jednym frontem") tylko do „dołów" pepesowskich czy także do „góry" organizacyjnej? Czy Śląsk ma zostać przy Polsce, czy też powinien się oderwać od Polski?[13] Czy brać udział w wybo-

---

[9] *List otwarty KW MK do wszystkich członków KPP*, „Nowy Przegląd", listopad––grudzień 1928, nr 25, s. 2–14.

[10] Zob. *VI Plenum Komitetu Centralnego KPP*, „Nowy Przegląd", maj–lipiec 1929, nr 3, s. 3–9. Decyzje VI Plenum sprowadzały się do jeszcze ostrzejszego i wyraźniejszego, chociażby w stosunku do retoryki V Plenum, podkreślenia, że PPS jest „największym niebezpieczeństwem dla klasy robotniczej". W KPP wskazywano wówczas na konieczność odrzucenia jakichkolwiek form akceptowania „antyfaszystowskiej opozycji PPS i drobnomieszczaństwa", gdyż ta w opinii Plenum KC była jedynie szkodliwym frazesem uspokajającym masy zamiast ich rewolucjonizowania (zob. *Jeszcze o błędach prawicowych na wsi*, „Gromada", listopad 1929, nr 9; także szerzej K. Sacewicz, *Komunizm i antykomunizm...*, s. 285––286).

[11] Mianem „markowców" określano zwolenników frakcji Alfreda Lampego ps. „Marek".

[12] Kwestii tej były poświęcone m.in. obrady V Plenum KC w grudniu 1928 r. i początkach stycznia 1929 r., VI Plenum KC z czerwca 1929 r. oraz VII Plenum KC ze stycznia 1930 r. (zob. K. Sacewicz, *Komunizm i antykomunizm...*, s. 284–288; idem, *Kilka uwag...*, s. 313–321).

[13] Szerzej zob. *Rezolucja KC KPP w sprawie Górnego Śląska*, „Nowy Przegląd", czerwiec 1934, nr 3, s. 84–86; H. Cimek, *Komuniści...*, s. 91–95.

rach do Sejmu, czy też nie (bojkot Sejmu)? Czy demokracja ma jakieś znaczenie (Warski dawnej pisał, że duże), czy też nie? Czy ziemię oddać chłopom, czy też raczej zachować ją w rękach państwa? Chaos, ciągłe zmiany, kalejdoskop. A ostatnio całkowita konsternacja; wiadomo było dobrze jedno: że Polska z „Ententą" przygotowuje wyprawę przeciw ZSRR. Tymczasem Stalin zawiera porozumienie z Polską[14], a Francja staje się sojusznikiem[15]. Co o tym myśleć? A zagadkowa sprawa wybitnych, najwybitniejszych ludzi w partii? Co się stało z Sochackim[16]? Co było z Purmanem[17]? A całkowita zależność od „Kominternu" i od interesu państwowego ZSRR? To, naturalnie, nie wszystko. A hasło „socjal-faszyzmu" rozbijające ruch robotniczy? A podważanie każdej akcji proletariackiej, jeśli została wszczęta nie przez komunę? Nie będziemy się więc dziwili tezom KPP. Piętnaście lat – to dzieje chaosu, „ekip" i haseł, to dzieje rozbijania klasy robotniczej; to dzieje

---

[14] Mowa o zawarciu polsko-sowieckiego paktu o nieagresji (25 VII 1932 r.) oraz o prolongowaniu jego ważności 5 V 1934 r. na okres 10 lat (zob. *Źródła do historii powszechnej okresu międzywojennego*, oprac. S. Sierpowski, t. 2: *1927–1934*, Poznań 1992, s. 323–326; W. Materski, *Na widecie...*, s. 386–393, 443–446).

[15] W listopadzie 1932 r. został zawarty francusko-sowiecki pakt o nieagresji. Stanowił on niejako podstawę do układu o wzajemnej pomocy zawartego 2 V 1935 r. pomiędzy Francją a ZSRS. Był on w pewnym sensie następstwem nieudanego francuskiego projektu tzw. Paktu Wschodniego, zakładającego stworzenie regionalnego systemu bezpieczeństwa w Europie Środkowo-Wschodniej (zob. W. Materski, *Na widecie...*, s. 447–462; H. Batowski, *Między dwiema wojnami...*, s. 218–222, 225–226).

[16] Na temat sprawy Czeszejko-Sochackiego zob. AAN, KPP, 158/VI-16 pt. 9, Komunikat Komitetu Centralnego Komunistycznej Partii Polski, Warszawa, październik 1933 r., k. 3; H. Cimek, *Komuniści...*, s. 113–114; K. Sacewicz, *Komunizm i antykomunizm...*, s. 273.

[17] Leon Purman (1895–1933) – działacz komunistyczny; początkowo w PPS-Lewica i Socjaldemokratycznej Partii Niemiec, od grudnia 1918 r. w KPRP; od 1920 r. w KC KPRP, następnie od 1927 r. zastępca członka KC KPP, przedstawiciel partii przy KW MK. Po aresztowaniu przez OGPU Czeszejko-Sochackiego i zapoznaniu go z możliwymi zarzutami kierowanymi pod jego adresem we wrześniu 1933 r. popełnił samobójstwo w jednym z moskiewskich hoteli.

żabiej zależności od Kominternu i ZSRR; to dzieje obłędnej dzikiej nienawiści do PPS[18]. To dzieje oszczerstw i klęsk. To dzieje stopniowego zaniku organizacyjnego i odrywania się coraz to nowych grup. Dziś jeszcze na wojnę liczy KPP jako na ostatnią kartę, gdy Litwinow[19] w Genewie[20], w sojuszu z Francją, gorączkowo montuje pokój.

Kazimierz Czapiński

Źródło: „Robotnik", 16 czerwca 1934, nr 216.

---

[18] Szerzej zob. K. Sacewicz, *Komunizm i antykomunizm...*, s. 199–278; *Polska Partia Socjalistyczna wobec Komunistycznej Partii Robotniczej Polski..., passim.*

[19] Maksim Litwinow (1876–1951) – w latach 1930–1939 kierował Ludowym Komisariatem Spraw Zagranicznych ZSRS.

[20] Czytaj w Lidze Narodów, której oficjalnym członkiem 18 IX 1935 r. został ZSRS, uzyskując jednocześnie status stałego członka Rady Ligii. W pierwszym przemówieniu na forum Zgromadzenia Litwinow mówił o konieczności walki o pokój (zob. H. Batowski, *Między dwiema wojnami...*, s. 224).

Nr 120

1934 sierpień 22, Warszawa – Okólnik Warszawskiego Okręgowego Komitetu Robotniczego Polskiej Partii Socjalistycznej

Warszawski Okręg[owy] Komitet Robotniczy PPS
Warszawa, Długa 21
Warszawa, dnia 22 VIII 1934

Okólnik Nr 8

W sprawach: a) jednolitego frontu
b) organizacyjnych

Szanowni Towarzysze

Do wszystkich organizacji dzielnicowych Polskiej Partii Socjalistycznej w Warszawie i organizacji Młodzieży TUR zwracają się komuniści o stworzenie jednolitego frontu z dołu[1]. Już w miesiącu czerwcu rb.[roku bieżącego] (patrz nr 6 z dnia 23 czerwca rb.) WOKR[2] dał wskazówki, jaką dzielnicę dać winny odpowiedź, poza tym WOKR, dał odpowiedź publiczną w prasie i specjalnej ulotce, odbitej w gestetnerze[3] – Warsz[awskiej] Komun[istycznej] Partii Polski. Obecnie przesyłamy dzielnicom tekst okólnika CKW w tej sprawie i zaznaczamy, że dzielnice nie mogą prowadzić w tej sprawie żadnych pertraktacji. Komitety nie mogą dopuścić, by na zebraniach dzielnicowych komuniści występowali,

---

[1] Zob. *Jednolitofrontowe koncepcje komunistycznej Partii Robotniczej Polski/ Komunistycznej Partii Polski w świetle dokumentu Ministerstwa Spraw Wewnętrznych z 23 listopada 1936 roku*, oprac. K. Sacewicz, „Echa Przeszłości" 2016, t. 17, s. 257––258; K. Sacewicz, *Komunizm i antykomunizm...*, s. 270–278.

[2] Warszawski Okręgowy Komitet Robotniczy. W styczniu 1934 r. okręgowa konferencja partyjna wybrała nowy skład OKR, do którego weszli m.in: Tomasz Arciszewski, Norbert Barlicki, Antoni Baryka, Władysław Baranowski, Jan Maurycy Borski, Ludwik Chon, Bolesław Dratwa, Józef Dzięgielewski, Zenobiusz Duda, Antoni, Fotek, Stanisław Garlicki, Władysław Piontek, Adam Próchnik oraz Józef Zalewski.

[3] Maszyna kopiująca – powielacz.

siejąc ferment w szeregach sympatyków. CKW jest powołana do tego, by zajmowała się tą sprawą. CKW stawia wyraźne warunki, które muszą być przez stronę drugą wypełnione. To jest nasze stanowisko i wszelkie gadanie na ten temat jest skończone.

Okólnik CKW nr 11 z dnia 21 sierpnia r[oku] .... brzmi: Nasze stanowisko w sprawie komunistycznych propozycji jednolitego frontu.

Od dłuższego czasu Komunistyczna Partia Polski reprezentująca oficjalny kierunek polityki stalinowskiej w Międzynarodówce Komunistycznej – a zatem popierająca między innymi politykę zagraniczną Sowietów pełną umów i paktów nawet z podstawami faszystowskimi, zasypuje nasze komitety propozycjami wspólnego frontu. Zdajemy sobie sprawę z nieszczerości i obłudy prowodyrów komunistycznych, którzy nie od dziś głoszą hasło jednolitego frontu, a jednocześnie z zaciekłością atakują i rozbijają ruch socjalistyczny. Toteż, jak zawsze, tak i dziś traktujemy ich listy otwarte jako wybieg, by zdjąć z siebie wszelką odpowiedzialność za katastrofalne skutki własnej zgubnej polityki, dzięki której faszyzm mógł dokonać podboju większości państw Europy. Byliśmy, jesteśmy i pozostaniemy wierni hasłu jedności mas robotniczo-chłopskich i dlatego wraz z całą Międzynarodówką Socjalistyczną dążymy do skupienia ich pod sztandarem socjalizmu. Międzynarodówka Socjalistyczna już niejednokrotnie zwracała się do Kominternu z propozycją jednolitego frontu, ale wszędzie napotykała na wykrętny opór kierownictwa Kominternu. Dopiero pod parciem dołów komunistycznych, które jak we Francji wyłamały się z dyscypliny – Komintern dla zamydlenia oczu wysunął hasło częściowych, a nie powszechnych porozumień z socjalistami, którym, a także PPS, nadal wymyśla się od socjal-faszystów i piętnuje zdrajcami sprawy robotniczej. Czy taką drogą można dojść jedności. Toteż jeżeli komuniści nie zaprzestaną tej opętańczej akcji – jeżeli szczerze i bez żadnych oszustw nie przystąpią do realizacji z kierownictwem Partii Socjalistycznych i to wszędzie – jedności proletariackiej, to w takim razie nie może być mowy o porozumieniu. Jasne jest, że takie porozumienie musi się dokonać jedynie za wiedzą i zgodą CKW, a nie poza nią, jak to zwykli robić komuniści, zwracając się do naszych Komitetów, że są warunki które stawiamy wraz z całą Międzynarodówką Socjalistyczną i od nich nie odstąpimy. W tym stanie rzeczy nasze Komitety nie powinny pod żadnym pozorem wdawać się w pertraktacje, a w stosunku do jednolitego frontu mają zajmować stanowisko zgodne z treścią niniejszego okólnika.

Podając powyższe do Waszej wiadomości i przestrzegania, pozostajemy z socjalistycznym pozdrowieniem

Sekretariat Generalny CKW PPS[4]

(–) Pużak

Źródło: AAN, PPS, 114/XIII-90, k. 10–13, mps.

---

[4] CKW, wybrany w lutym 1934 r. podczas obrad XXIII Kongresu PPS, tworzyli wówczas: Aleksy Bień, Kazimierz Czapiński, Dorota Kłuszyńska, Adam Kuryłowicz, Jan Kwapiński, Mieczysław Niedziałkowski, Kazimierz Pużak, Antoni Szczerkowski, Zygmunt Zaremba, Zygmunt Żuławski (*Zakończenie Kongresu. Uchwały. Nowa Rada Naczelna. Kierownictwo Partii*, „Robotnik", 5 II 1934, nr 47).

Nr 121

1935 marca 7, Robotnik – Artykuł z „Robotnika" pt. „Manewry, manewry – bez końca... Rezolucja KPP"

Cały „Komintern" jest na rozdrożu. Statutowo kongres „Kominternu" winien odbywać się co dwa lata[1] (pierwsze cztery kongresy odbywały się nawet co rok[u], poczynając od roku 1919)[2], tymczasem kongresu nie było od r[oku] 1928. Siedem lat od kongresu! Rzecz zrozumiała; osiągnięć żadnych, za to sporów taktycznych i ideologicznych bez liku. Podobno jednak odkładany bez końca kongres przecież się odbędzie... KPP (Komunistyczna Partia Polski) przygotowuję się do tego kongresu. CK[3] tej partii w swojej uchwale (patrz „Rundschau" Nr 10) poleca lokalnym organizacjom z racji zbliżającego się (pono[ć]) VII Kongresu „Kominternu" przygotować się ideologicznie i gruntownie przedyskutować wszystkie bieżące zagadnienia partyjne. Dla ułatwienie pracy CK w swej decyzji wylicza po prostu te kwestie, którymi należy się zająć. Cała niesłychanie długa – przydługa „speiskarta" zagadnień i postulatów. Ta ankieta partyjna odsłania niejako tajemnice laboratorium partyjnego, wewnętrzne życie partii[4].

Cóż widzimy w tej kuchence partyjnej? – zapyta siebie obiektywny czytelnik okólnika – ankiety CK. Czy jest coś nowego? Czy widać świadomość powagi chwili dziejowej, czy widać świadomość tych naprawdę dramatycznych wielkich zagadnień, które stoją przed proletariatem Europy? Czy CK zdaje sobie sprawę z całej odpowiedzialności kierownictwa współczesnego ruchu komunistycznego wobec zagadnienia faszyzmu?

---

[1] Zob. *Program i statut Międzynarodówki Komunistycznej*, Moskwa 1929, s. 142; *Programma i ustaw Kommunisticzeskogo Internacionała*, Moskwa 1934, s. 104.

[2] Kongresy Kominternu odbywały się w następujących latach: I Kongres – 2–6 III 1919 r., II – 19 VII–7 VIII 1920 r., III – 21VI–12 VII 1921 r., IV – 5 XI––5 XII 1922 r., V – 17 VI–8 VII 1924 r., VI – 17 VIII–1IX 1928 r., VII – 25 VII––21 VIII 1935 r.

[3] KC – Komitet Centralny.

[4] Zob. *W sprawie kampanii przygotowawczej do VII światowego Kongresu Międzynarodówki Komunistycznej (rezolucja KC KPP)*, „Nowy Przegląd", luty 1935, nr 2, s. 195–200.

Nie. Znowu drobne, małe, chytrawe zagadnienia manewrów, sposobików taktycznych sztuczek – zwłaszcza wobec PPS. Na VI Kongresie „Kominternu" wydano (w rezolucji) ostry wyrok na KPP za jej słabość i nieustanną walkę frakcyjną. Czy dużo się zmieniło?

[...] To samo! A nawet gorzej. Wielkie zagadnienia gubią się w sztuczkach i chytrostkach. Przytoczymy z ankiety szereg „kwestii", poleconych do omówienia.

„Rola partii opozycyjnych jako przeszkody w dojrzewaniu kryzysu rewolucyjnego? Rola partii socjalistycznych i reformistycznych zawodowej biurokracji? Wewnętrzny stan w PPS, w Bundzie? Symptomaty rozkładu (w PPS) i stosowane środki zaradcze? Metody stosowane wobec strajków przez kapitalistów, a także PPS i biurokracji zawodowej? Doświadczenia w pracy na terenie związku bezrolnych Kwapińskiego? Jak masy przyjmują wystąpienia PPS przeciw jednemu frontowi i jak reagują na dowody, że komuniści stosują manewry i napaści? Wyniki jednego frontu w związkach? Środki wzmocnienia pracy w reformistycznych związkach? Popularyzowanie akcji za hasłem prawa mniejszości narodowych do samookreślenia, aż do oderwania od Polski? Walka kompartii z odchyleniami? Jakie wątpliwości żywią towarzysze w sprawie jednego frontu? W czym wyrażają się odchylenia lewicowe i prawicowe? Jakie nastroje budzą te tendencje?"[5].

Takie są (wśród wielu innych) główne troski „Kompartii" w obliczu zbliżającego się (pono[ć]) VII Kongresu „Kompartii" i, Broń Boże, żeby w „odchylenie" nie wpaść! Broń Boże, żeby PPS, gdzieś nie skorzystała! I nade wszystko – kiedyż wreszcie uda się PPS rozsadzić – za pomocą jednego czy dwóch frontów?

Taki jest „poziom" (używając terminów cytowanej ankiety) – „biurokracji" „kompartyjnej" zapatrzonej w rozkazy swego „naczalstwa" kominternowskiego. Oj, wielka tam władza centrali w tym „Kominternie" i marny jest los nieszczęsnego „odchyleńca", który odważy się spojrzeć prawdzie w oczy i mieć (trochę) własne zdanie. Nic zresztą nie pomoże; VII Kongres zbeszta zapewne KPP, jeśli nie za „odchylenia", to za słabość i niedbalstwo – jak to uczynił ostatni VI-ty.

---

[5] *Ibidem*, s. 196–199.

Ta ankieta przedkongresowa jest ciekawa – pokazuje nastawienie „Kompartii". Gubi się wśród naiwnej scholastyki różnych magicznych formuł taktycznych, manewrów, odchyleń, zaklinań i potępień.

Jak gdyby nie było nad wyraz poważnej i odpowiedzialnej sytuacji – tak w wielu krajach Europy, jak i u nas, w Polsce!

Kazimierz Czapiński

Źródło: „Robotnik", 7 III 1935, nr 75.

Nr 122

1935 maj 19, Warszawa – Artykuł z „Robotnika" pt. „Komuniści w przymierzu z Hitlerem"

Nasi komuniści są chyba jedynymi wśród komunistów świata ze swoim programem i ze swoją taktyką. Przed wojną zasadniczą częścią ich programu była walka z dążeniami niepodległościowymi polskiego proletariatu. Chociaż – co prawda – sam Lenin, ten genialny myśliciel i taktyk, nazwał przeciwstawienie się polskich komunistów dążeniom niepodległościowym ludu polskiego głupstwem[1], nie mogą się ani rusz wyleczyć z antyniepodległościowego obłędu. Swego czasu, kiedy Hitler był już blisko władzy, wydali nasi komuniści – zdaje się na rozkaz niemieckich komunistów – odezwę do górnośląskich robotników z wezwaniem do rozpoczęcia walki o „samookreślenie się Górnego Śląska, a do oderwania się od Polski"[2]. Głupawe to wezwanie potraktowali

---

[1] W początkowym okresie istnienia KPRP partia ta w kwestii odrodzenia państwa polskiego bazowała na antyniepodległościowych koncepcjach luksemburgizmu, co konfliktowało z ówczesną polityką Lenina, gwarantującą narodom prawo do samostanowienia. W przypadku Polaków oznaczało to poparcie ich dążenia do odtworzenia niepodległej Polski. Nie przeszkodziło to jednak bolszewikom już w 1918 r. rozpocząć realizację planu „Wisła", tj. militarnego planu podboju Polski (zob. W. Materski, *Przewrót listopadowy 1917 r. w Rosji a hasło bolszewików prawa narodów do samostanowienia*, „Dzieje Najnowsze" 2017, nr 4, s. 7–28).
[2] 29 I 1933 r. w Gliwicach KPP i KPN zorganizowały tzw. górnośląski kongres antyimperialistyczny. W oficjalnym piśmie powitalnym KC KPP, skierowanym do uczestników spotkania, stwierdzono, że „Komunistyczna Partia Polski oświadcza obecnie po 11 latach okupacji polskiej na Górnym Śląsku wobec ludu górnośląskiego, wobec narodu całej Polski i Niemiec, wobec narodów całego świata: zwycięski proletariat polski po obaleniu panowania klasowego imperialistycznej burżuazji polskiej przekreśli wszystkie orzeczenia Traktatu wersalskiego w stosunku do Górnego Śląska i do Korytarza Pomorskiego i zapewni ludności tych ziem prawo samookreślenia aż do oderwania od Polski" (*Górnośląski kongres walki przeciw hecy nacjonalistycznej i wojnie imperialistycznej*, „Nowy Przegląd", styczeń–luty 1933, nr 1–2, s. 112). Zob. także J.A. Reguła, *Historia komunistycznej Partii Polski...*, s. 251–253; *Rezolucja KC KPP w sprawie Górnego Śląska*, „Nowy Przegląd", czerwiec 1934, nr 3, s. 84–86; AAN, KPP, 158/V-2 t.19, Komunikat KC KPP.

robotnicy śląscy tak, jak na to zasługiwało. Każdemu, kto nie postradał rozsądku zdawało się, że to komunistyczne żądanie oderwania Górnego Śląska od Polski było tylko jakimś wykolejeniem się kierowników, w chwili jakiegoś zamroczenia umysłowego. Niestety! Jak widzimy antyniepodległościowy bzik polskich komunistów stał się nieuleczalną chorobą.

Bo oto w czasie, kiedy w Niemczech panuje Hitler, a komuniści i socjaliści są po prostu mordowani jak dzika zwierzyna na łowach lub maltretowani w więzieniach i obozach koncentracyjnych, wydają polscy komuniści przed 1 maja odezwę do robotników górnośląskich, w której poza sakramentalnie obowiązującymi obelgami pod adresem kierowników klasowych związków i PPS oraz poza litanią różnorodnych postulatów, utrzymywanych na poziomie właściwej komunistom demagogii, wzywają robotników śląskich do walki o „samookreślenie się Górnego Śląska drogą plebiscytu, aż do oderwania się".

W imię tego hasła zwracają się komuniści w tej odezwie do klasowych Związków Zawodowych i PPS o stworzenie „jednolitego frontu" i o rozpoczęcie wspólnej walki. Przecieramy oczy... i nie wiemy co nas ma więcej oburzać: głupota czy cynizm propagatorów tego „samookreślenia się Górnego Śląska, aż do oderwania".

O polityce i taktyce naszych komunistów, o ich etyce i uczciwości w stosunku do nas – robotników, mamy już dawno wyrobiony właściwy sąd. Nie posądzamy jednak mimo wszystko naszych komunistów, aby wzywając robotników do plebiscytu na rzecz oderwania Górnego Śląska od Polski, byli aż tak – przepraszam – bezgranicznie głupi i wierzyli, że oderwany od Polski Śląsk będzie sobie samodzielnym górnośląskim państwem. Nie! Tacy głupi wszak nie są! Wzywając robotników do walki o oderwanie Górnego Śląska od Polski wiedzą, że robią – jota w jotę – tę samą robotę na Górnym Śląsku, za jaką Hitler płaci swoim faszystowskim agitatorom i wydaje na propagandę za oderwaniem Górnego Śląska od Polski duże miliony. Nawet bardzo ograniczeni komuniści wiedzą, że Śląsk oderwany od Polski może się stać tylko niemiecką prowincją.

Odprawa socjalimperialistom (w sprawie samookreślenia Górnego Śląska i Korytarza), Warszawa, sierpień 1933 r., k. 2–3.

I wyobraźmy sobie na chwilę, co by się stało z polską ludnością, z polskimi robotnikami, gdyby się owo hitlerowsko-komunistyczne dążenie ziściło? Terrorem i gwałtem oczyściłby Hitler Górny Śląsk z polskiego ludu. Ziemię zajęliby niemieccy chłopi, fabryki i kopalnie – niemieccy robotnicy, biura i wolne zawody – „Kulturträgerzy". Hitlerowcy nie kierowaliby się przy wytępieniu ludności polskiej Górnego Śląska żadnymi względami i prawami. Najwyższym ich prawem byłoby: **wytępić, wypędzić** polską ludność z roli, z fabryk, kopalń i biur, osadzić niemieckich chłopów na roli, zatrudnić w fabrykach i kopalniach niemieckich bezrobotnych robotników, z nadmiarem których Hitler ma tyle kłopotu. A wreszcie, zetrzeć raz na zawsze z oblicza ziemi śląskiej polskość, by się już nigdy, nigdy nie powtórzył nowy – na korzyść Polski – plebiscyt ludu polskiego na Górnym Śląsku.

Nie wiemy, czy się nasi komuniści zastanowili w ogóle nad tym, jaki zgotowaliby los polskim robotnikom i chłopom, gdyby ci byli tak naiwni i dali posłuch obłędnym podszeptom. Możemy ich jednak zapewnić, że daremnie się trudzą. Lud śląski odrzuca z całą bezwzględnością tę głupią i zarazem cyniczną agitację za pójściem pod jarzmo hitlerowskie. Lud śląski nie odda Górnego Śląska Hitlerowi... Tak, jak przez wieki walczył o polskość Śląska, tak będzie walczył i obecnie razem z całą polską klasą robotniczą z wyzyskiem kapitalistycznym w Polsce. Dążyć będzie do przebudowy Polski kapitalistycznej na Polskę socjalistyczną – na Polskę, która zapewni polskiemu ludowi na Górnym Śląsku pracę, dobrobyt i wolność.

My zaś – polscy socjaliści – będziemy walczyć z całą bezwzględnością przeciw jakiejkolwiek, a więc i komunistycznej propagandzie za oddaniem Górnego Śląska „Trzeciej Rzeszy", dążąc jednocześnie wszelkimi siłami do zjednoczenia ludu śląskiego z całą polską klasą robotniczą w walce o Polskę ludową, Polskę **socjalistyczną**, o prawdziwą Ojczyznę polskiego ludu.

Jan Stańczyk

Źródło: „Robotnik", 19 V 1935, nr 152.

Nr 123

1935 maj 22, Warszawa – Artykuł z „Robotnika" pt. „Czy »Komintern« jeszcze istnieje?"

Na to pytanie trzeba odpowiedzieć: formalnie tak, ale w rzeczywistości – już nie. Wprawdzie Międzynarodówka Komunistyczna nadal prowadzi swą propagandę, nadal drukuje moc wydawnictw w najróżniejszych językach, nadal głosi jednolity front i... szkaluje socjalistów. Ale to wszystko się dzieje jakby siłą bezwładu; nie wypada przecież od razu z dnia na dzień likwidować instytucji, która miała kierować ewolucją międzynarodową. W rzeczywistości jednak „Komintern" stracił wszelki grunt pod nogami i wisi w powietrzu. A wprawił go w to położenie nikt inny jak – Rosja sowiecka. Rosja bowiem krzyżuje akcje Kominternu i podważa je. Rosja stopniowo likwiduje „Komintern".

Dla udowodnienia słuszności naszego twierdzenia nie trzeba sięgać daleko. Można przejść do porządku nad niektórymi wystąpieniami Litwinowa w Genewie, choć np. jego przemówienie po plebiscycie w Saarze[1] winno było wzburzyć krew w każdym komuniście. Można wybaczyć konieczność czy obowiązki dyplomatyczne jako rzeczy drobne, formalne, nieistotne.

Już nie tak niewinnie przedstawia się przesadna „gościnność" Sowietów, gdy Litwinow, żegnając w Moskwie konserwatywnego ministra angielskiego Edena[2], zapewnia go, że każde zwycięstwo rządu angielskiego będzie zwycięstwem Sowietów. Chodziło tu o zwycięstwo polityki pokojowej. Ale takie celujące świadectwo, wystawione

---

[1] Plebiscyt został przeprowadzony 13 I 1935 r. Miał zadecydować o dalszych losach Zagłębia, które na podstawie zapisów traktatu wersalskiego znajdowało się od 1920 r. pod protektoratem brytyjsko-francuskim. W plebiscycie oddano 528 005 głosów, z czego za przyłączeniem do Niemiec 477 119 głosów, za utrzymaniem protektoratu brytyjsko-francuskiego 46 513, za przyłączeniem do Francji 2124 głosy i 2249 głosów nieważnych. 17 I 1935 r. do Zagłębia wkroczyły wojska niemieckie (zob. *Wynik plebiscytu w Saarze*, „Kurier Poznański", 16 I 1935, nr 25).
[2] Anthony Eden (1897–1977) – brytyjski polityk, minister spraw zagranicznych oraz premier Wielkiej Brytanii, przywódca i lider Partii Konserwatywnej.

przez Sowiety rządowi konserwatywnemu Anglii, zwalczanemu przez całą angielską klasę robotniczą za jego reakcyjną politykę wewnętrzną, imperializm i zbrojenia, odbiera komunistom angielskim wszelką broń propagandową, rozbraja ich. Bez porównania gorzej wygląda zawarcie przez Rosję układu handlowego z Niemcami hitlerowskimi[3]. Układ ten wzmaga zbrojenia hitlerowskie i w dalszej perspektywie może okazać się szkodliwym dla samej Rosji. Na razie zaś jest jednym z czynników przedłużających życie hitleryzmowi, paraliżuje robotę podziemną komunistów niemieckich, przeciwdziała tej robocie.

Najbardziej jaskrawym przykładem sprzeczności, zachodzących między „Kominternem" a Moskwą jest następujący ustęp z urzędowego komunikatu, ogłoszonego w Moskwie o wizycie m.in. Lavala[4]:

„Oni (obradujący w Moskwie politycy) stwierdzają dalej, że przede wszystkim jest ich obowiązkiem nie dopuścić do tego, by środki ich obrony narodowej osłabły. Z tego względu Stalin rozumie i pochwala całkowicie politykę obrony narodowej, prowadzoną przez Francję w celu utrzymania swej siły zbrojnej na poziomie, jakiego wymaga jej bezpieczeństwo".

W ten sposób Stalin nie tylko spełnił żądanie Francji, by Rosja nie popierała komunizmu we Francji, ale po prostu wymierzył policzek partii komunistycznej Francji. Partia ta bowiem w ostatnich miesiącach prowadzi energiczną kampanię przeciw 2-letniej służbie wojskowej,

---

[3] Pomimo antykomunistycznej retoryki w 1933 r. III Rzesza podpisała umowę kredytową z ZSRS w wysokości 105 mln marek. Kolejny układ kredytowy zawarto w kwietniu 1935 r. Na jego podstawie Moskwa miała do 1937 r. otrzymać od Berlina pożyczkę w wysokości 200 mln marek. 22 XII 1938 r. podpisano trzecią umowę kredytową opiewającą na kwotę 200 mln marek. Dla III Rzeszy rynek sowiecki był doskonałym obszarem eksportowym, co nie pozostawało bez znaczenia dla kondycji niemieckiej gospodarki wychodzącej z wielkiego światowego kryzysu (zob. B. Musiał, *Na zachód po trupie Polski*, Warszawa 2009, s. 322; S. Słucz, *Długa droga Stalina do ugody z Hitlerem*, „Pamięć i Sprawiedliwość" 2009, t 1, s. 32 i n.).

[4] Pierre Laval (1883–1945) – francuski polityk, minister spraw zagranicznych oraz przewodniczący parlamentu. W maju 1935 r. odbył wizytę do Moskwy, gdzie spotkał się bezpośrednio ze Stalinem. Po kapitulacji Francji stanął na czele rządu Vichy. Po wojnie osadzony i skazany na karę śmierci za zdradę ojczyzny. Wyrok wykonano.

świeżo uchwalonej przez parlament; oprócz tego uważa propagandę anty-militarną – także w wojsku – za jedno z najważniejszych swych zadań.

Partia francuska – po części zapewne dzięki jednolitemu frontowi z socja-listami – osiągnęła w ostatnich czasach znaczne sukcesy. A oto spada na nią bezlitosny rozkaz Stalina – wodza komunizmu rosyjskiego i świa-towego! – podrywający najważniejszą działalność komunizmu francu-skiego i ośmieszającą go w opinii całego kraju. To, co dotąd uchodziło za zdradę proletariatu, za wysługiwanie się imperializmowi itp. staje się naraz najczystszej wody rewolucyjnością.

Taktyka Stalina wynika konsekwentnie z jego polityki „budowania socjalizmu w jednym kraju" z koniecznością obrony Rosji od napadów z zewnątrz. Z tego punktu widzenia nikt nie będzie mu czynił zarzutu, że stawia interesy Rosji wyżej od interesów „Kominternu".

Inna wszakże rzecz, czy Stalin nie posuwa się już zbyt daleko w swej jednostronności, czy nie zagalopował się już zanadto, poświęcając komu-nizm światowy, a przede wszystkim europejski na ołtarzu Rosji sowiec-kiej, czy ta ofiara nie odbije się szkodliwie na samej Rosji.

Jedynym wyjściem z dwuznacznej sytuacji byłoby szczere i uczciwe postawienie sprawy i przyznanie się, że polityka zagraniczna Rosji z poli-tyką „Kominternu" pogodzić się nie da. Gdyby to nastąpiło, to by się skończyły manewry z „jednolitym frontem" i klasa robotnicza siłą rzeczy odbudowałaby swą jedność na platformie socjalistycznej.

(JMB)

Źródło: „Robotnik", 22 V 1935, nr 156.

Nr 124

1935 sierpień 9, Warszawa – Artykuł z „Robotnika" pt. „VII Kongres »Kominternu«. Dyskusja nad referatem Dymitrowa. Mowa Thoreza – Delegaci angielscy i niemieccy – Mowa Leńskiego"

Na Kongresie „Kominternu" toczyła się dyskusja nad referatem Dymitrowa[1] o faszyzmie[2].

[...]

Zabiera głos **Leński**, wódz polskiej „Kompartii". Na razie mamy jego mowę tylko w streszczeniu „Zwiestij"[3]. Mówca krytykuje „sekciarskie" błędy swej partii; szereg towarzyszy dotychczas po „sekciarsku" zaopatruje się na front „jeden" i na „front ludowy"[4]. (Pozwolimy sobie przypomnieć mówcy własne jego artykuły i broszury, pisane bardzo niedawno – K. Cz.). Popełniono błędy w kwestii obrony resztek burżuazyjnej demokracji; przyczyną tych błędów był lęk przed demokratycznymi złudzeniami w masach.

Szeroki front antyfaszystowski w Polsce niewątpliwie poczynił postępy, ale należytego związku, łączności pomiędzy np. ruchem bezrobotnych, ruchem chłopskim, radykalnym ruchem narodowościowym itp.

---

[1] Georgi Dymitrow (1882–1949) – bułgarski komunista; w 1923 r. po nieudanych próbach przeprowadzenia zbrojnego zrywu rewolucyjnego uszedł do Niemiec, skąd w 1934 r. został wydalony do ZSRS. W tym samym roku objął stanowisko sekretarza generalnego Kominternu, którą sprawował do rozwiązania międzynarodówki w 1943 r. Po wojnie pełnił m.in. funkcję sekretarza generalnego KC Komunistycznej Partii Bułgarii oraz premiera. Zmarł w ZSRR w 1949 r.

[2] Zob. *Ofensywa faszyzmu i zadania Międzynarodówki Komunistycznej w walce o jedność klasy robotniczej przeciw faszyzmowi. (Referat t. Dymitrowa na VII Kongresie Światowym Międzynarodówki Komunistycznej 2 sierpnia 1935 r.)* [w:] J. Dymitrow, *Klasa robotnicza przeciw faszyzmowi*, Warszawa 1935, s. 14–73.

[3] „Izwiestija" – dziennik wydawany w Rosji od 1917 r.; jedno z naczelnych ogólnopaństwowych pism ZSRS.

[4] Hasło Dymitrowa „Nie ma wroga na lewicy, jedynym wrogiem jest faszyzm" rozpowszechniła m.in. uchwała V Plenum KC z lutego 1937 r., jak również artykuł Juliana Leszczyńskiego-Leńskiego pod tym właśnie tytułem, który ukazał się na łamach pierwszego numeru „Przeglądu" w styczniu–lutym 1937 r. (*Nie ma wroga na lewicy* [w:] *Julian Leński. O front Ludowy w Polsce...*, s. 270–279).

jeszcze nie ma. W „wyborach" do Sejmu i Senatu „Kompartia" zajęła stanowisko „aktywnego bojkotu". W sprawach polityki zagranicznej partia bezwzględnie występuje przeciwko prohitlerowskiej polityce.

Tyle Leński. Jak widzimy, zmiana stanowiska ogromna. Problem faszyzmu jest obecnie traktowany daleko bardziej realistycznie.

Kazimierz Czapiński

Źródło: „Robotnik", 9 VIII 1935, nr 244.

Nr 125

1935 październik 2, Warszawa – Okólnik Sekretariatu Generalnego Centralnego Komitetu Wykonawczego Polskiej Partii Socjalistycznej

Polska Partia Komunistyczna   Warszawa, 2 października 1935 r.
Centralny Komitet Wykonawczy
Sekretariat Generalny

Do wszystkich komitetów PPS
Okólnik Nr 34
[...]
II. Instrukcja w sprawie tzw. jednolitego frontu

Wobec stale powtarzających się propozycji jednolitofrontowej ze strony komunistów[1], CKW podaje następującą uchwałę do wiadomości wszystkich Komitetów partyjnych i członków organizacji:

„Stojąc na stanowisku jedności klasy robotniczej CKW dążyć będzie i nadal konsekwentnie do usunięcia z ruchu robotniczego wszystkich przejawów wzajemnej napaści i oszczerczych kalumnii i agitacji. Nade wszystko zaś wszelkie zgromadzenia klasowe publiczne i poufne muszą cieszyć się tolerancją wszystkich klasowych odłamów politycznych i nie mogą być pod żadnym pozorem zmącone, czy też co gorsze, rozbijane. Tak samo wszelkie dywersje planowo organizowane i próby tworzenia tzw. jaczejek na terenie organizacji – nie mogą odtąd mieć miejsca i w działalności muszą być wyrugowane. CKW jest przekonany, że wszystkie organizacje istotnie robotnicze, a wśród nich i komuniści, w interesie powodzenia walki z faszyzmem, kapitalizmem i nacjonalizmem staną na gruncie powyższej zasady i zwalczać będą każde jej naruszenia, jako akt warcholstwa i dywersji, godzących w całość i jedność ruchu robotniczego i jego organizacji".

W związku z tą uchwałą ostrzegamy Komitety Partyjne przed jakimkolwiek porozumieniem się z różnymi „delegatami" nachodzącymi nasze organizacje i domagającymi się odpowiedzi na różne listy „otwarte".

---

[1] Szerzej na ten temat zob. K. Sacewicz, *Komunizm i antykomunizm...*, s. 270 i n.

W tej chwili ta akcja „chodzenia" do komitetów i związków ma charakter b[ardzo] niebezpieczny, gdyż nie wiadomo, kto za nią naprawdę stoi. **I dlatego w interesie bezpieczeństwa organizacji należy z całą stanowczością** odgrodzić się od różnych delegatów jednolitofrontowych, tym bardziej że od samego początku sprawę tę traktowaliśmy, traktujemy i będziemy traktować jako należącą wyłącznie do kompetencji CKW a zatem Komitety nie maja żadnej potrzeby do niej się angażować.

[...]

Podając powyższe do wiadomości i wykonania naszym Komitetom Partyjnym pozostajemy z socjalistycznym pozdrowieniami

Sekretarz Generalny   Centralny Komitet Wykonawczy PPS[2].
K[azimierz] Pużak   Przewodniczący:
                                        T[omasz] Arciszewski

Źródło: AAN, PPS, 114/III-16, k. 10, mps.

---

[2] Zob. przypis 4, dok. nr 120.

1936 listopad 12, Warszawa – Okólnik Sekretariatu Generalnego Centralnego Komitetu Wykonawczego Polskiej Partii Socjalistycznej

Polska Partia Socjalistyczna   Warszawa, dn. 12 listopada 1936 r.
Centralny Komitet Wykonawczy
Sekretariat Generalny
Warszawa, Warecka 7

**Do wszystkich Komitetów i Wydziałów PPS
Okólnik nr 61
(zawiera uchwały Rady Naczelnej)**

Szanowni Towarzysze!
    Dnia 7-go i 8-go listopada br. obradowała Rada Naczelna naszej Partii[1].
    W wyniku dwudniowych obrad przyjęto następujące uchwały, które poniżej zamieszczamy.
    [...]
    Stosunek do Komunizmu
    Rada Naczelna wyraża słuszność powziętej już poprzednio decyzji odrzucającej możliwość współpracy PPS z partią komunistyczną. Stosunek komunistów do frontów ludowych w ogóle, a do socjalistów w szczególności pozostał nadal stosunkiem nieszczerym, nieraz w istocie wrogim. Komuniści stosują wciąż swoje metody dywersji w ruchu socjalistycznym, nie cofając się przed podrywaniem autorytetu organizacji i kierowników socjalistycznych czy zawodowych. W tych warunkach hasło komunistyczne „jednolitego frontu" – wszędzie, tylko w Rosji, współpraca z socjalistami wszędzie – a w Rosji prześladowania i więzienia, i zbiorowy mord dokonywany na socjalistach i opozycji komunistycznej – musi być traktowana jako frazes, w którym kryje się zamiar rozsadzenia ruchu robotniczego i socjalistycznego, i osłabienia go w nadziei,

---

[1] Na temat pełnego składu ówczesnej rady naczelnej PPS zob. *Nowa Rada Naczelna Polskiej Partii Socjalistycznej*, „Robotnik", 5 II 1934, nr 47.

że wówczas podda się on komendzie komunistycznej. Dlatego PPS, stojąc na stanowisku istotnej jedności klasy robotniczej, jej jedności politycznej i zawodowej, przeciwstawia się hasłu „jednolitego frontu", utrzymującego w praktyce dalszy rozłam polityczny klasy robotniczej. Partia wierna swoim zasadom prowadzić będzie do zjednoczenia polskiej klasy robotniczej w PPS i krajowych organizacjach zawodowych pod własnym jedynie sztandarem, wbrew komunistom[2].

[...]

Podając powyższe uchwały i wystąpienia Rady Naczelnej PPS do wiadomości Komitetów Partyjnych i poinformowania ogółu członków organizacji partyjnej – pozostajemy z socjalistycznymi pozdrowieniami.

Centralny Komitet Wykonawczy PPS[3]
Przewodniczący (–) Tomasz Arciszewski

Źródło: AAN, PPS, 114/III-17, k. 20–20a, mps.

---

[2] Zob. też *Położenie kraju i najbliższe zadania polskiego ruchu socjalistycznego. Uchwały Rady Naczelnej PPS,* „Robotnik", 10 XI 1936, nr 346,
[3] Skład CKW zob. przypis 4, dok. nr 120.

1937 luty 4, Warszawa – Artykuł z „Robotnika" pt. „XXIV Kongres Polskiej Partii Socjalistycznej! Debata nad sprawozdaniem Centr[alnego] Komitetu Wykonawczego
(fragmenty)

[...]
Nie – jednolity front, jedność ruchu robotniczego

Tow. Józef Dzięgielewski[1] zajmuje się przede wszystkim naszą działalnością na wsi, stawiając kilka wniosków, dotyczących organizacji partyjnych na wsi.

Staje na gruncie jedności ruchu robotniczego i wypowiada się przeciw idei tzw. jednolitego frontu. Stwierdza obłudę komunistów, dzisiaj „broniących" demokracji i nawet niepodległości. Stwierdza szkodliwą rolę komunistów w ruchu zawodowym.

[...]
„Jednolity front" pogrzebany w masach

Tow. Artur Hausner[2] [...]

---

[1] Józef Dzięgielewski (1895–1952) – działacz socjalistyczny. W 1917 r. wstąpił do POW, a następnie do PPS. Organizował struktury Pogotowia Bojowego PPS w powiatach: płockim, sierpeckim i rypińskim. Aresztowany przez władze niemieckie i skazany na karę śmierci. Uwolniony z więzienia w listopadzie 1918 r. Uczestnik wojny polsko-bolszewickiej. Po jej zakończeniu osiadł na Polesiu. W 1922 r. poseł na Sejm; w 1928 r. członek Rady Naczelnej PPS; w latach 1931–1934 zastępca członka Rady. Od 1934 r. do wybuchu wojny był sekretarzem warszawskiego OKR. Pełnił również funkcję komendanta Milicji PPS w stolicy. Na XXIV Kongresie został wybrany do składu Centralnego Sądu Partyjnego. W 1939 r. obrońca Warszawy, a po kapitulacji stolicy współorganizator PPS-WRN. Był m.in. dowódcą warszawskiego Zgrupowania Gwardii Ludowej PPS-WRN. Uczestnik powstańczych walk w Warszawie w 1944 r. Po wojnie pozostał w kraju. Represjonowany i więziony przez władze komunistyczne.

[2] Artur Hausner (1870–1941) – działacz socjalistyczny; od 1892 r. związany z ruchem socjalistycznym w Galicji Wschodniej; od 1906 r. przedstawiciel lwowskich środowisk socjalistycznych we władzach PPSD. W latach 1914–1915 – jako reprezentant PPSD – przebywał w Stanach Zjednoczonych z tajną misją polityczną. Po powrocie służył w I Brygadzie Legionów Polskich. W 1918 r. uczestniczył

Poruszając zagadnie tzw. jednolitego frontu, stwierdza, że jest on w masach już pogrzebany. Zatrzymuje się dłużej nad ostatnimi wypadkami w Rosji sowieckiej, wyciągając z nich wnioski walki z komunizmem.

Demokracja maską niepodległościowości – manewrem komunistów

Tow. Stanisław Garlicki[3]. Musimy podkreślić w naszych uchwałach hasło uczciwych i nowych wyborów. Przewrót to długotrwała wojna domowa. Przeprowadzenie wyborów, to szansa ocalenia kraju przed wojną domową. Ale jeśli egoizm i ślepota rządzących będą tak wielkie, że nie pozwolą na swobodne rozstrzygnięcie przez masy o swoich losach, wtedy klasa robotnicza nie cofnie się przed żadną ewentualnością.

W walce należy oprzeć się na chłopach, reprezentowanych przez Stronnictwo Ludowe. Komuniści, jako kontrahenci, mniej warci niż przypuszczamy. Pokażcie akcję, którą by samodzielnie przeprowadzili. Ich „niepodległościowość" jest zwykłym manewrem. Demokracja – maską. Demokracja to wolność. A co dzieje się w Rosji?
[...]

Źródło: „Robotnik", 4 II 1937, nr 36.

---

w obronie Lwowa. Członek Tymczasowej Komisji Rządzącej we Lwowie. Był posłem Sejmu Ustawodawczego oraz posłem na Sejm I i III kadencji. Od 1918 r. założyciel i wydawca „Dziennika Ludowego". Od 1925 do 1939 r. członek Rady Naczelnej PPS. W 1939 r. aresztowany przez Sowietów we Lwowie.
[3] Stanisław Garlicki (1902–1972) – działacz socjalistyczny, adwokat; od 1917 r. w PPS. Uczestnik pierwszego powstania śląskiego oraz wojny polsko-bolszewickiej. Jeden z przywozów OM TUR, współorganizator Czerwonego Harcerstwa. Od 1928 r. uczestniczył w kongresach PPS jako przedstawiciel warszawskiego OKR. W 1938 r. wszedł do Rady Miejskiej w Warszawie. Związany z lewicowym skrzydłem w PPS. Brał udział w walkach obronnych w 1939 r. – służył pod komendą gen. Franciszka Kleeberga. Dostał się do niewoli i wiosną 1945 r. powrócił do kraju. Zaangażowany w działalność polityczno-organizacyjną koncesjonowanego PPS. W 1948 r. po usunięciu z partii poświęcił się pracy adwokackiej.

Nr 128

1937 luty 5, Warszawa – Artykuł z „Robotnika" pt. „XXIV Kongres PPS. Dokończenie debaty nad sprawozdaniami Centralnego Komitetu Wykonawczego"
(fragment)

Kończymy dziś sprawozdania z przebiegu dyskusji na plenum Kongresu nad sprawozdaniami CKW. Musieliśmy oczywiście streścić przemówienia poszczególne. Mamy jednak wrażenie, że oddajemy ich treść dokładnie. Red[akcja]

[...]

Komuniści są elementem rozkładowym
Tow. Stanisław Perczyński[1]. Klasa robotnicza Warszawy nie życzy sobie współdziałania w jakiejkolwiek formie z komunistami, którzy są elementem rozkładowym w ruchu. Wypowiada się za rezolucją polityczną Rady Naczelnej z listopada 1936 r.
Tow. **Władysław Piątek**[2]: przypomina rolę komunistów w ruchu zawodowym. Jesteśmy stale pod ich obstrzałem. Jedynie rozumną polityką jest odgrodzenie się od komunistów. [...]
Tworzymy jeden front walki z faszyzmem
Tow. Stanisław Dubois[3] zajmuje się na wstępie zagadnieniami wewnątrzorganizacyjnymi Partii.

---

[1] Stanisław Perczyński – działacz socjalistyczny; od 1934 r. w Okręgowym Komitecie Robotniczym w Warszawie. Na XXIV Kongresie PPS został wybrany do składu Centralnego Sądu Partyjnego.
[2] Powinno być Władysław Piontek – działacz związkowy i socjalistyczny; od 1934 r. członek warszawskiego Okręgowego Komitetu Robotniczego; od 1936 r. w egzekutywie OKR; w 1939 r. przewodniczący Robotniczego Komitetu Pomocy Społecznej.
[3] Stanisław Dubois (1901–1942) – działacz socjalistyczny, adwokat; od 1918 r. w PPS; uczestnik I i III powstania śląskiego oraz wojny polsko-bolszewickiej. Od 1922 do 1939 r. pracował w redakcji „Robotnika". Współtwórca i jeden z liderów OM TUR oraz Czerwonego Harcerstwa. Poseł na Sejm II kadencji. W 1930 r. został aresztowany i osadzony w twierdzy brzeskiej. W tzw. procesie brzeskim skazany

Przechodząc do oceny sytuacji w Polce i stanowiska Partii, wyraża obawę, iż nastawienie Kongresu jest zbyt optymistyczne. Na płaszczyźnie czysto socjalistycznej porozumienie z chłopami będzie trudne. Podstawą porozumienia winna być walka z faszyzmem. Walka ta dotychczas nie jest prowadzona należycie. W zagadnieniu tzw. jednolitego frontu nie chodzi o zawarcie paktu z komunistami. A staje przed nami konieczność rozszerzania platformy walki na wszystkich wrogów reakcji. Nie można rozproszkowywać. Dlatego też nie czas na rozprawę z komunistami. Twórzmy jeden front walki z faszyzmem.

[...]

Źródło: „Robotnik", 5 II 1937, nr 37.

na trzy lata więzienia z zaliczeniem aresztu śledczego, z którego został zwolniony na jesieni 1934 r. Związał się z lewym skrzydłem partii. Opowiadał się za współpracą jednolitofrontową z komunistami. Członek Rady Naczelnej PPS. Uczestnik walk w 1939 r., a następnie zaangażowany w działalność konspiracyjną – w tym czasie wydawał pismo „Barykada Wolności". W sierpniu 1940 r. został aresztowany przez gestapo i osadzony w niemieckim obozie koncentracyjnym Auschwitz.

Nr 129

1937 luty 5, Warszawa – Artykuł z „Robotnika" pt. „XXIV Kongres PPS. Położenie wewnętrzne Polski i położenie międzynarodowe. Platforma polityczna"
(fragment)

[...]

Stosunek do Kominternu

Kongres stwierdza słuszność powziętej już poprzednio decyzji, odrzucającej możliwość współpracy PPS z partią komunistyczną[1]. Stosunek komunistów do frontów ludowych w ogóle, a do socjalistów w szczególności pozostał i nadal [jest] stosunkiem nieszczerym, nieraz w istocie wrogim. Komuniści stosują wciąż swoje metody dywersji w ruchu socjalistycznym, nie cofając się przed podrywaniem autorytetu organizacji i kierowników socjalistycznych czy zawodowych. W tych warunkach hasło komunistyczne „jednolitego frontu" – wszędzie, tylko nie w Rosji, współpraca z socjalistami wszędzie, a w Rosji prześladowania i więzienia, i zbiorowy mord dokonywany na socjalistach i opozycji komunistycznej – musi być traktowane jako frazes, za którym kryje się zamiar rozsadzenia ruchu robotniczego i socjalistycznego, i osłabienia go w nadziei, że wówczas podda się on komendzie komunistycznej. Dlatego PPS, stojąc na stanowisku istotnej jedności klasy robotniczej, jej jedności politycznej i zawodowej, przeciwstawia się hasłu „jednolitego frontu", utrzymującego w praktyce dalszy rozłam polityczny klasy robotniczej. Partia, wierna swoim zasadom, prowadzić będzie dzieło zjednoczenia polskiej klasy robotniczej w PPS i klasowych organizacjach zawodowych pod własnym jedynie sztandarem.

[...]

Źródło: „Robotnik", 5 II 1937, nr 37.

---

[1] Kongres potwierdził i powielił uchwałę Rady Naczelnej PPS. Zob. dok. nr 126.

Nr 130

1937 maj 1, Warszawa – Artykuł z „Robotnika" pt. „Walka z komunizmem"

Od czasu powstania niepodległego państwa polskiego całe społeczeństwo i wszystkie dotychczasowe rządy prowadzą bez przerwy walkę z komunizmem. Zakazy, prześladowania, aresztowania stały się codziennym chlebem – i należałoby się spodziewać, że po tej blisko dwudziestoletniej działalności komunizm został już w Polsce wytępiony doszczętnie, a przynajmniej bardzo poważnie osłabiony.

Tymczasem nie tylko w prasie wszystkich obozów, lecz również w oficjalnych enuncjacjach i w półurzędowym organie: „Gazecie Polskiej"[1] – czytam, że dziś komunizm staje się coraz poważniejszym niebezpieczeństwem i wymaga coraz ostrzejszych środków zwalczania.

Mam wrażenie, że w takich warunkach, jeśli ktoś poważnie traktuje niebezpieczeństwo komunistyczne, nie może przejść do porządku dziennego nad tymi negatywnymi dotychczas rezultatami antykomunistycznej akcji w Polsce. Jeśli bowiem dotąd wszystkie prześladowania i wszystkie próby wytępienia komunizmu siłą i zakazami nie dały innego rezultatu, prócz stwierdzanego dziś oficjalnie dalszego wzrostu komunizmu i coraz liczniejszego zapełniania komunistami więzień, aresztów i Berezy Kartuskiej[2] – i to, kto ma prawo spodziewać się, że przy tej samej metodzie prześladowań, naraz komunizm cofnie się zatrwożony – i powstrzymany zostanie jego dalszy wzrost na skutek rozwiązania paru jeszcze oddziałów związkowych, paru jeszcze nowych aresztów, nowych procesów, nowych wyroków i nowych wywiezień do Berezy Kartuskiej?

Trzeba sobie zdać sprawę z faktów i z ich logiki – i trzeba mieć odwagę spojrzeć w oczy rzeczywistości. Albo komunizm rośnie dla-

---

[1] „Gazeta Polska" – dziennik informacyjno-polityczny; wydawany w latach 1919––1939 był *de facto* organem prasowym obozu sanacyjnego. Redaktorem naczelnym pisma był Adam Koc.

[2] W latach 1934–1939 w Berezie Kartuskiej istniało miejsce odosobnienia – obóz, w którym przetrzymywano oponentów politycznych, jak również ukraińskich nacjonalistów i komunistów.

tego, że jest potężną ideą wolności i sprawiedliwości społecznej i wtedy będzie rósł i zwycięży mimo wszystkich lig antykomunistycznych i Berezy, albo rośnie mimo swej małej ideologicznej wartości, dlatego jedynie, że dotychczasowe metody zwalczania go były złe, fałszywe i bezcelowe.

Jestem głęboko przekonany i wierzę mocno, że komunizm, który jest zespoleniem wielkiej socjalistycznej idei sprawiedliwości społecznej z ohydną, sprzeczną z naturą ludzką zasadą niewolnictwa nie może stać się ideą przyszłości i dźwignią trwałego przeobrażenia społeczeństwa ludzkiego. Że tak jest dowodem tego są dzisiejsze Sowiety, tamtejsze procesy, prześladowania i wieczny strach ich dyktatorów przed socjalizmem, przed Trockim, przed każdą samodzielną myślą o wolności; dowodem tego jest, że idea komunistycznej dyktatury, która stała się nieszczęściem ludzkości i źródłem wszystkich innych, dalszych dyktatur – od faszyzmu Mussoliniego, Hitlera[3] aż do hiszpańskiego gen. Franco[4] – jednoczy dziś przeciwko sobie coraz bardziej cały kulturalny świat demokracji w obronie wolności ducha.

Tylko ludzie mali i ludzie małej wiary mogą bać się i ze strachu stosować prześladowania wobec swych ideowych przeciwników, wszystko jedno, czy to będzie w Rosji, w Niemczech, we Włoszech, czy w Polsce, wierząc, że w ten sposób obronią się przed niebezpieczeństwem jakiejś idei.

Twierdzenie, że ta bezcelowa taktyka prześladowań podyktowana jest koniecznością ze względu na sąsiedztwo z Rosją i łatwość „przenikania" jej idei – to tylko wybieg, bo Szwecja i Finlandia nie są przecież dalsze od Sowietów, a nie boją się ich „przenikania" i nie stosują wobec swych obywateli o przekonaniach komunistycznych metod Berezy i kar kilkuletniego więzienia.

---

[3] Adolf Hitler (1889–1945) – wódz i kanclerz III Rzeszy, przywódca i główny ideolog NSDAP.
[4] Francisco Franco (1892–1975) – hiszpański generał polityk. W 1936 r. zorganizował i przewodził buntowi wojskowemu przeciw republikańskim rządom w Hiszpanii. Po wygranej w wojnie domowej sprawował dyktatorskie rządy, pełniąc przy tym liczne funkcje, m.in. regenta Królestwa Hiszpanii, szefa państwa, naczelnego dowódcy Sił Zbrojnych Hiszpanii.

Niemniej również wybiegiem jest argument, że ta taktyka prześladowań stosowana jest z powodu złej sytuacji gospodarczej, która musi sprzyjać agitacji komunistycznej i w której zwłaszcza robotnicy bardzo łatwo ulegać mogą wpływowi komunizmu. Ale znowu życie i rzeczywistość świadczą o czymś odmiennym. Wpływy komunistyczne szerzą się wśród różnych warstw społecznych, niezależnie od ich sytuacji ekonomicznej, a jeśli chodzi o robotników, to właśnie przeciwnie – garną się oni coraz gromadnie do socjalistycznych partii politycznych i do klasowych związków zawodowych. Zresztą, wedle opinii p[ana] ministra Kwiatkowskiego, sytuacja ekonomiczna Polski, chociaż nadal jest ciężką – polepsza się stale, a wedle głosów prasy – od „Gazety Polskiej" aż do „Małego Dziennika"[5] – stale rośnie niebezpieczeństwo komunizmu.

Trzeba więc mieć odwagę stwierdzić, że jeśli komunizm w Polsce rośnie – to nie na skutek sąsiedztwa z Sowietami, nie na skutek złej koniunktury ekonomicznej i nie na skutek siły przyciągającej samego komunizmu jako wielkiej idei, lecz na skutek wadliwej taktyki i wadliwych metod jego zwalczania: na skutek prześladowań politycznych jego zwolenników, uznania go nielegalnym i wreszcie – na skutek agitacji za zasadą dyktatorskiego rządzenia, za faszyzmem i „totalizmem".

Jeszcze przed kilku laty przy wyborach do Sejmu pewien radykalny kandydat w jednym z największych miast w Polsce otrzymał dosłownie 48 głosów, a dziś, gdy ktoś wymienia nazwisko tego człowieka, obecnie więzionego i prześladowanego, natychmiast wybucha burza oklasków i okrzyków na jego cześć. I tak jest nie tylko z nim; tak jest ze wszystkimi, których masy, wrażliwe na krzywdę i niesprawiedliwość, bardzo chętnie pasują na bohaterów tylko dlatego, że stali się ofiarami prześladowań.

Zupełnie tak samo jest z nielegalnością. Każda nielegalność, zwłaszcza w zaborze rosyjskim, ma pewien pociągający posmak tajemniczości i uniemożliwia szczerą i otwartą dyskusję. Ale niech ktoś odejmie komunizmowi ten jego urok tajemniczości i niech postawi go na płaszczyźnie równej walki argumentów, a od razu komunizm staje się mały i nie może wytrzymać w walce ideowej o zasady.

---

[5] „Mały Dziennik" – pismo katolickie, wydawane od 1935 r. przez franciszkanów w Niepokalanowie.

Kiedy w roku 1919, w okresie wielkich nadziei, związanych jeszcze z komunizmem, łączyliśmy klasowe robotnicze związki zawodowe ze związkami komunistycznymi, nie lękaliśmy się ani ich siły przyciągającej, ani ich świeżości, ani poparcia materialnego komunizmu, a już po paru miesiącach opanowaliśmy całą wspólną organizację; wielu zaś komunistycznych sekretarzy, postawionych wobec konieczności rozwiązywania praktycznych zagadnień walki, bardzo szybko porzuciło swe dawne idee i stało się zagorzałymi bojownikami przeciwko komunizmowi i idei dyktatury proletariatu.

Wreszcie, jeżeli ktoś chce zwalczyć komunizm i idee „dyktatury proletariatu", musi stanąć na stanowisku demokracji. Nie można propagować, że „demokracja się przeżyła i że faszyzm, państwo totalne i dyktatura elity są koniecznością dziejową" – tylko nie dyktatura proletariatu, lecz burżuazji i biurokracji. Gdy raz ktoś podważy wiarę w słuszność demokracji i wpoi przekonanie o słuszności dyktatorskiego rządzenia, siłą rzeczy otwiera wrota propagandzie za hasłami komunistycznej dyktatury proletariatu. Jeszcze w roku 1927 Komisja Centralna Związków Zawodowych w osobnej rezolucji, wzywającej do obrony demokracji i jej urządzeń, wskazała, że „w razie obalenia zasad demokracji klasa robotnicza ponad dyktaturę jednostki przełożyć by musiała dyktaturę swą własną".

Z tych wszystkich względów, walcząc szczerze z komunizmem – nie dla samej walki, lecz dla osiągnięcia odpowiednich pozytywnych rezultatów i wytępienia idei komunizmu – musimy żądać zaprzestania bezcelowych prześladowań, więzień, wyroków i Berezy Kartuskiej; musimy żądać zalegalizowania partii komunistycznej[6] oraz zaprzestania oficjalnego popierania walki z demokracją i propagandy za faszyzmem i państwem totalnym. Kto postępuje inaczej, robi tak, jak strażak, który chce gasić płomień sikawką, napełnioną oliwą; może lać strumienie, a pożar będzie ogarniać coraz dalsze obszary.

A jeśli to wszystko, co się pisze o wzroście komunizmu i o wciskaniu się go w całe życie społeczne kraju jest nieprawdą i celową prze-

---

[6] Partia komunistyczna w międzywojennej Polsce nie została nigdy zdelegalizowana (K. Sacewicz, *Komunizm i antykomunizm...*, s. 127–130).

sadą, w takim razie po co te krzyki i strachy, i wyjątkowe środki walki; po co prześladowania, więzienie i Bereza Kartuska?

Zygmunt Żuławski

Źródło: „Robotnik", 1 V 1937, nr 127.

Nr 131

1937 maj 4, Warszawa – Artykuł z „Robotnika" pt. „Bezdroża komunizmu w Polsce. Uchwały V-go Plenum Centr[alnego] Komitetu KPP"

Przed nami niewielka broszurka w niebieskawej okładce, wydana w Brukseli. Zawiera głośne już dziś uchwały tzw. V-go plenarnego posiedzenia Centralnego Komitetu Kom.[unistycznej] Partii Polski[1]. Pisała o nich obszernie „Gazeta Polska" przed paru tygodniami.

Z ciekawością czytamy obszerne uchwały. Jest to bowiem nowy etap w pstrej, zmiennej, kameleonowatej ewolucji polskiego komunizmu. Wraz z całym Kominternem wciąż szuka on, nerwowo szuka „filozoficznego kamienia" **drogi do mas**, zaufania wśród mas; ciska się **we wszystkie strony**, wciąż zmienia swe hasła. Ale nic (lub bardzo mało) z tego nie wychodzi, gdyż – mimo całej pstrocizny wciąż zmieniających się haseł — **zasadniczy błąd trwa**. A jest nim zależność od Moskwy, niewolnicza zależność od państwowego interesu i rozkazów ZSSR.

Uchwały V Plenum można podzielić na **trzy** grupy: 1) hasła partii na chwilę bieżącą; 2) zarzuty pod adresem PPS (i ludowców); 3) krytyka własnej, komunistycznej roboty[2].

Pierwsza grupa – hasła własne. Naturalnie, na pierwszym planie – **demokracja**; trzeba domagać się „wolnych i powszechnych wyborów"; trzeba łączyć się we wspólnej walce o demokrację nie tylko z socjalistami i ludowcami, lecz nawet **dotychczasowymi zwolennikami sanacji i endecji** (!), których zawiodły rządy faszystowskie i kramarska demagogia"; trzeba popierać „każdy rząd demokratyczny", który będzie prowadził politykę pokoju, który przeprowadzi socjalne reformy itd.

Ze zdumieniem czytamy tę **apologię** (obronę) **demokracji**. Gdyby przed dwoma lub trzema laty jakiś komunista ośmielił się rzucić te demokratyczne hasła, zostałby chyba ukamienowany jako ostatni „zdrajca proletariatu", jako ten „lokaj rekinów kapitału"! Wszak czytamy wyraźnie

---

[1] Zob. *O wspólną walkę robotników, chłopów i wszystkich ludzi pracy. Uchwały piątego Plenum Komitetu Centralnego Komunistycznej Partii Polski*, [Warszawa] 1937.

[2] Zob. *O podstawowych brakach partii* [w:] *KPP. Uchwały...*, t. 3, s. 570–589.

w programie Kominternu (jeszcze chyba obowiązującym!), że demokracja – to najpaskudniejsze burżuazyjne „**oszustwo**" i że tylko nędzni socjalfaszyści (socjaliści) mogą stać na gruncie demokracji! Ta agitacja antydemokratyczna była prowadzona z taką furią, że (w ów czas) nawet w naszym obozie zdarzały się jednostki pośród młodzieży, które sceptycznie deliberowały na temat „formalnej" (!) demokracji... Od tego czasu zmieniło się dużo. Obradował VII Kongres Kominternu (jesień 1935 r.) i na rozkaz **ZSSR, zagrożonego przez Hitlera** i Japonię, a ku zdumieniu kom-naiwniaczków, rzucił hasło demokracji i „frontów ludowych". Potrzebne to było przede wszystkim ze względu na Francję, aby tam nie utworzył się rząd, powolny Hitlerowi i niechętny ZSSR. Kongres Kominternu tak samo **jednomyślnie** uchwalił demokrację, jak przed kilku laty (1928) – walkę z demokracją. Własnej woli i opinii komunistyczne partie nie mają. W Kominternie panuje zasada „wództwa" (Stalin).

I wszystko, cały mechanizm nastawiono na demokrację. Czy można, bodaj na chwilę, wierzyć w **szczerość** takiej taktyki? Wszystko to są **manewry** – dziś takie, jutro inne. Przyglądamy się uważnie decyzjom „V Plenum" i widzimy to jasno. Dlaczego np. w Rosji sowieckiej nie zastosowano tej demokracji, którą tak obecnie wychwalają cytowane uchwały?

Żeby przekonać się, jak pokornie KPP powtarza dyrektywy Stalina, wystarczy przeczytać uchwały w sprawie nowej sowieckiej konstytucji i trockistów. Znana, dobrze znana – z „Prawdy" i „Izwiestii" – frazeologia! Uchwała (w sprawie konstytucji) poręcza, że nowa sowiecka konstytucja – to „**najdemokratyczniejszy na świecie ustrój**". Są to chyba kpiny z czytelnika! Nigdy nie było takiego masowego wykrywania herezji „odchyleń" w ZSSR, jak właśnie obecnie, po wprowadzeniu „najdemokratyczniejszej" konstytucji – i to w filozofii, prawie, naukach, literaturze! A socjaliści wciąż siedzą w kryminałach i na zesłaniach! Zresztą wiadomo, że art. 141 konstytucji zezwala tylko komunistycznym organizacjom na stawianie kandydatur[3], a art. 126, owszem, uznaje „wolność"

---

[3] Andriej Wyszyński (1883–1954) – w latach „wielkiego terroru" w ZSRS oskarżyciel w licznych procesach pokazowych, pełnił funkcję prokuratora generalnego ZSRS.

stowarzyszeń, ale tylko dla prawowiernych komunistów[4]. A obszerna rezolucja KPP o procesach trockistowskich „**wita z uznaniem słuszny wyrok na zdrajców** sprawy robotniczej, renegatów socjalizmu i **dywersantów faszystowskich**". Dalej uchwała powiada, że programem trockistów jest „**wydanie Ukrainy na łup Niemiec**, a prowincji Nadmorskiej i Nadamurskiej na **łup Japonii**". Wszystko tak, jak Stalin i prokurator Wyszyński każą...

Przejdźmy jednak do drugiej grupy uchwał – **zarzutów przeciw PPS**. Tak, tych zarzutów mnóstwo. „Socjalfaszyzmu" już nie ma (gdzie się podział? dlaczego przestaliśmy być pomocnikami faszystów? czy przedtem oszukiwano robotników hasłem „socjalfaszyzmu" tak samo, jak hasłem walki z demokracją?), ale zarzutów cała kupa. Przede wszystkim KPP, widocznie zmierzając do rozbijania PPS, wszędzie prawi o „**prawicowych przywódcach PPS**"[5]. Nie tyle więc PPS winna, ile ci „prawicowi przywódcy"; robotnicy socjalistyczni, walczcie więc ze swoimi przywódcami! Stary trik!

Poza tym czytamy: „Kongres PPS **nie stanął na stanowisku konsekwentnej obrony pokoju**" (!)[6]. Jest to jakiś nonsens, a przy tym oszczerstwo. Radom[7] wyraźnie potępił obecną zagraniczną politykę Polski i zażądał współdziałania z zespołem państw pokojowych i demokratycznych. Uchwały radomskie są wyraźne i mocne. Ale czytajmy dalej:

---

[4] W art. 126 czytamy: „Zgodnie z interesem ludu pracującego i w celu rozwoju działalności organizacyjnej samych mas ludowych oraz ich aktywności politycznej, zapewnia się obywatelom ZSRR prawo zrzeszania się w organizacje społeczne: związki zawodowe, zrzeszenia spółdzielcze, organizacje młodzieży, organizacje sportowe i obronne, stowarzyszenia kulturalne, techniczne i naukowe, najbardziej zaś aktywni i uświadomieni obywatele spośród klasy robotniczej i innych klas ludu pracującego łączą się we Wszechzwiązkową Komunistyczną Partię (bolszewików), będącą czołowym oddziałem mas pracujących w ich walce o umocnienie i rozwój ustroju socjalistycznego oraz stanowiącą kierownicze jądro wszystkich zarówno społecznych, jak państwowych organizacji ludzi pracy" (*Źródła do historii powszechnej okresu międzywojennego*, t. 3: *1935–1939*, oprac. S. Sierpowski, Poznań 1992, s. 186).

[5] *O podstawowych brakach partii* [w:] *KPP. Uchwały...*, t. 3, s. 576.

[6] *Ibidem*, s. 571.

[7] XXIV Kongres PPS (31 stycznia–2 II 1937 r.) odbył się w Radomiu.

„kierownicy PPS i stronnictwa ludowego podchwycili oszczerczą kampanię przeciw ZSSR"[8] itd.; wciąż interes ZSSR jest na **pierwszym** planie. Ale i to nieprawda! Kongres stanął na gruncie ostrej wałki z agresją hitlerowców przeciw państwom Wschodu i Zachodu. Ale naturalnie, prawa krytyki polityki bolszewickiej nie zrzekniemy się! Bo właśnie prawo do krytyki jest prawem demokracji.

Zjazdy socjalistów i ludowców, powiadają uchwały, są „**przepojone duchem jątrzenia**"[9]. „Prawicowi wodzowie tych partii rozpoczęli **nagonkę na komunistów**"[10]. Otóż każdy uczciwy komunista przyzna, że PPS w swej krytyce nigdy ani w **drobnej części** nie prowadziła takiej straszliwej „nagonki", jaką prowadzili komuniści przeciw socjalistom, mieszając ich z **gnojem i błotem** – jeszcze bardzo niedawno. Z prawdziwą goryczą czytamy te najnowsze pochwały KPP dla demokracji: gdyby to stanowisko (obrona demokracji i współdziałanie demokratów) było zajęte w r.[oku] 1933 w Niemczech, kto wie, jakby wypadły ataki hitlerowców! Ale wówczas głównym wrogiem dla komunistów była – socjalna demokracja...

Czy komuniści zrezygnowali z akcji **dywersyjnej** w socjalistycznych organizacjach? Zapewne ją zmodyfikowali, ale rezygnacji nie widać. Czytamy: „Żadna siła nie jest w stanie izolować komunistów od mas i od ich braci klasowych, sojuszników w walce, jakimi są **szeregowcy**, aktywiści – działacze PPS lub Stronnictwa Ludowego"[11]. A więc dalej ma być prowadzona **podstępna** gra w celu zawichrzenia organizacji socjalistycznych: trzeba widocznie izolować tzw. prawicowych przywódców. Ta dywersyjna gra wprawdzie się nie udaje, ale wywołuje wielką **radość reakcji** polskiej i gdzieniegdzie utrudnia pracę organizacyjną. Z tą grą musimy raz skończyć! I właśnie to stwierdził Radom.

O trzeciej grupie uchwał („samokrytyka")[12] napiszemy w drugim artykule. Obecnie stwierdzamy, że uchwały KPP są ułożone według dyrektyw Kominternu i potrzeb ZSSR. Jakiekolwiek jednak usłyszymy

---

[8] *O podstawowych brakach partii* [w:] *KPP. Uchwały…*, t. 3, s. 571.
[9] *Ibidem*, s. 574.
[10] *Ibidem.*
[11] *Ibidem*, s. 576.
[12] Zob. *ibidem*, s. 578–583.

jeszcze tyrady w obronie demokracji, to jednak między nami (socjalistami a komunistami) – pozostaną **trzy główne różnice:**

1. **całkowita zależność i ślepe posłuszeństwo KPP wobec Kominternu i państwowego interesu ZSSR;**
2. **zasada „wództwa" w Kominternie, w którym żadnej demokracji nie ma. Jedynym rozkazodawcą jest Stalin;**
3. **pojmowanie dyktatury proletariatu wedle rosyjskiego wzoru.**

Naturalnie to nie wszystko. Ale są to rzeczy główne. Nie jest to żadna „nagonka" „prawicowych przywódców", lecz zwyczajne stwierdzenie faktów. „Patriotyczne" hasła ostatniej doby (o których napiszemy) nic tu nie pomogą. Dokładniej jeszcze wyjaśnimy nasze stanowisko w drugim artykule.

K[azimierz] **Czapiński**

Źródło: „Robotnik", 4 V 1937, nr 129.

Nr 132

1937 maj 7, Warszawa – Artykuł z „Robotnika" pt. „Bezdroża polskiego komunizmu. Samokrytyka. Słabość »komuny«. Wewnętrzne przeobrażenia"

W pierwszym artykule sprzed dwóch dni o „V Plenum Centralnego Komitetu KPP"[1] omówiliśmy pozytywne wskazania (programowe i taktyczne) KPP na chwilę bieżącą oraz ataki na PPS. Ale pozostała jeszcze trzecia, dość ciekawa „grupa uchwał", mianowicie krytyka pod własnym adresem, słowem „samokrytyka"[2].

Warto uważnie się przyjrzeć tym wewnętrznym dyrektywom. Braki w KPP są liczne powiada Centr[alny] Komitet. Przede wszystkim organizacje **za mały nacisk** (!) położyły na stanowisko niepodległościowe, **narodowe** (!). Zwrot w kierunku patriotycznym w organizacjach był niewystarczający. Niedostateczny był wysiłek, aby przekonać masy ludowe, że partia komunistyczna **najkonstruktywniej** (!) wyraża zarówno socjalne, jak i **narodowe** interesy ludu polskiego, ukraińskiego i białoruskiego. Za mało „zapału"! Za wiele „sekciarstwa"!

Tak kompartia gwałtownie każe swym organizacjom – z zapałem! – uderzyć w nutę patriotyczną. Ale czy to można uczynić na zawołanie. Skąd nagle wydobyć „zapał". Przecież nie tak dawno zapamiętale walczono z „socjalpatriotyzmem" PPS. Czy masy pracujące nie wyczują natychmiast **fałszu**. Z haseł niepodległościowych niepodobna robić demagogii na użytek chwili.

Drugi zarzut – organizacje KPP nie potrafiły „z niezbędną energią i rozmachem wysunąć spraw powszechnych i równych **wyborów**". Ale znowu skąd to organizacje – chociażby najposłuszniejsze – mogły rozentuzjazmować dla jakichś „wyborów", skoro od r[oku] 1919 uczono je w Kominternie, że demokracja to „oszustwo" – to bluff. Wszak komuniści, szeregowcy i nie tylko szeregowcy, czują chyba, że Komintern i Komitet Centr[alny] KPP ciągną ich w stronę pozycji soc[jal]demo-

---

[1] *Bezdroża komunizmu w Polsce. Uchwały V-go Plenum Centr[alnego] Komitetu K.P.P.*, „Robotnik", 4 V 1937, nr 129.
[2] *O podstawowych brakach partii* [w:] *KPP. Uchwały...*, t. 3, s. 578–583.

kracji, przyznając, że w sprawie niepodległości i demokracji **rację miała** PPS.

Ale mamy taktykę rewolucyjną, myślą sobie kompartyjniacy. „V Plenum" **ostrzega** swe organizacje przed lekkomyślną „rewolucyjnością". To po prostu „szkodnictwo" – powiada uchwała. Przeczytajmy uważnie: „Należy z całą stanowczością karcić jako szkodnictwo forsowanie **ostrych**, awangardystycznych form walki, wykorzeniać sekciarskie przeciwstawianie ich rzekomo niższym formom i schematyczne poszukiwanie tzw. wyższych form". Bardzo znamienne! Głos rozczarowania w taktyce lekkomyślnych „puczów" i zarazem świadomość własnej **słabości**.

Czwarta krytyczna uwaga: za mało było **współdziałania** z innymi organizacjami np. z PPS. Uchwała objaśnia to „wzmożonym naciskiem prawicowych kierowników innych partii", nie brakło atoli także „sekciarskich nastrojów" w KPP oraz „cofania się przed zwiększonymi trudnościami". A więc znowu (pośrednio) przyznanie się do własnej słabości – do tego, że podminować PPS nie udało się.

Cóż jeszcze? Poza tym uchwały zarzucają organizacjom brak **inicjatywy**, nieumiejętność skorzystania z akcji górniczej i z akcji pomocy zimowej dla bezrobotnych itd. Należy także **oczyścić partię** „od zakapturzonych trockistów". Wracając znowu do bardzo widocznie niepokojącej KPP kwestii narodowej, uchwały żądają zerwania z nihilizmem narodowym i **„przejścia do konkretnej, realnej polityki narodowej"** (!)

To już wszystko. Pozostaje tylko sprawa związków zawodowych. Uchwała stoi na stanowisku jedności związków, ale wypowiada się przeciw „próbom narzucania **monopolu partyjnego** związków zawodowych" (widocznie chodzi o PPS). A poza tym należy bezwarunkowo usunąć „trockistowską bandę zdrajców, zabójców i podżegaczy wojennych".

Teraz już wszystko. Znamy wszystkie ważniejsze uchwały „V Plenum". Teraz rzućmy okiem na całość, na wszystkie te 3 kategorie uchwał (pozytywne, krytyka PPS, „samokrytyka"). „Gazeta Polska" – w wiadomych celach rozpoczęła **wielki hałas** dookoła tych uchwał. „Popatrzcie" – wołała – komuniści wpychają się wszędzie. Komuniści podminowują organizacje itd. Wszystko to są metody „goebbelsowsko-endeckie": **straszenie społeczeństwa** „komuną".

Uchwały KPP świadczą o słabości polskiego komunizmu – tej słabości, którą widzieliśmy w dniu 1-go maja. Słabości zresztą nie tylko organizacyjnej, ale także **ideologicznej**. Widzieliśmy przed chwilą, jak KPP we wszystkich najważniejszych sprawach cofa się na pozycję socjalnej demokracji (demokracja, niepodległość, wyrzeczenie się „puczów" itd.). Ale to tylko chwilowy chwyt taktyczny – zawoła „Gazeta Polska". Możliwe, ale w procesie tych zmian Kompartia musi sama się zmienić. Sztaby mogą sobie wykonywać posłusznie te ideologiczne manewry, ale masy dokładnie teraz widzą, że wszystkie poprzednie, tradycyjne hasła KPP, zbankrutowały.

Synteza uchwał – w tym, iż wyrażają słabość polskiego komunizmu. Cofania się w ideologii i taktyce. Atrakcyjna siła komunizmu w Polsce szybko **maleje**, jest to zresztą w ścisłym związku z niektórymi interesującymi procesami w ZSRR.

Ale jeśli „Komuna" jest słaba, jeśli ideologicznie i taktycznie się cofa, więc to cofanie się na pozycje niepodległości, demokracji, współdziałania z partiami demokratycznymi itd. może stwarza przesłanki do współdziałania z PPS? – pomyśli może sobie ktoś. Otóż pozostają 3 wiadome główne różnice: 1) zależność KPP od państwowej polityki ZSRR (ośrodek dyspozycji w Moskwie); 2) zasada „wództwa" w Kominternie; 3) odmienne zgoła pojmowanie dyktatury. To są rzeczy zasadnicze, ale jeszcze nie wszystkie.

„Gazeta Polska" i cała prasa „narodowców" starała się wykorzystać uchwały „V Plenum" **przeciw demokracji w Polsce**. Dlatego tak długo i starannie wałkowano te uchwały. Tymczasem ta cała gra reakcji jest grą **fałszywą**. Uchwały – powtarzamy raz jeszcze – świadczą tylko o słabości kom-obozu, a 1 maj to potwierdzi.

K[azimierz] Czapiński

Źródło: „Robotnik", 18 listopada 1937, nr 347.

Nr 133

1938 sierpień 20, Warszawa – Artykuł z „Robotnika" pt. „Polska Partia Socjalistyczna. Centralny Wydział Młodzieży¹ PPS" (fragmenty)

Młodzi! Towarzyszki! Towarzysze!

Dorocznym zwyczajem PPS ogłosiła miesiąc wrzesień jako „Miesiąc Młodzieży".

Będzie to próba sprawności zorganizowanych kadr młodzieży, będzie to jednocześnie apel do tych, którzy jeszcze z dala od szeregów naszych stoją.

Masy chłopskie i robotnicze toczą bój nieustanny z siłami reakcji i wstecznictwa w Polsce. Toczą bój o złamanie przywileju pieniądza, o położenie kresu wyzyskowi, stosowanemu przez kapitał, o wyrwanie społeczeństwa całego z chaosu i kryzysu gospodarczego, w jaki wtrącił je dzisiejszy ustrój!

W kraju, w którym tyle potrzeb niezaspokojonych, w którym brak dróg, szkół, mieszkań, w którym milionowe masy nie dojadają, w tym kraju jednocześnie setki tysięcy ludzi znaleźć nie mogą pracy.

Młodzi!

Wy przede wszystkim jesteście ofiarami dzisiejszego ustroją gospodarczego.

Przed Wami zatrzaśnięte są wrota fabryk, warsztatów, biur i urzędów. Dla Was nie ma miejsca na przeludnionej wsi polskiej.

Musimy przebudować Polskę. Ten kraj bogaty i piękny, obfitujący w surowce i bogactwa naturalne, mający żyzną ziemię i chętnych do pracy ludzi – z łatwością wykarmić może wszystkich swych obywateli.

---

¹ W 1937 r. podczas obrad XXIV Kongresu PPS wybrano władze CWM, w ich skład weszli m.in.: Kazimierz Pużak, Stanisław Garlicki, Stanisław Niemyski, Zygmunt Ładkowski, Stefan Kobrzyński, Antoni Rubinstein, Edward Hryniewicz, Bolesław Dratwa, Lucjan Brus, Adolf Ruga, Aleksander Papier, Henryk Szewczyk, Kazimierz Kołaczyk, Józef Janta (E. Rudziński, *„Młodzi idą"* – *organ prasowy Centralnego Wydziału Młodzieży PPS (październik 1936–sierpień 1939)*, „Rocznik Historii Czasopiśmiennictwa Polskiego" 1963, t. 2, s. 272).

Ale bogactwa tego kraju zazdrośnie zamknęła w swej dłoni garstka uprzywilejowanych, wielkich obszarników, bankierów, fabrykantów itd. Ich panowanie musimy złamać. Lud pracujący musi stać się gospodarzem własnego Państwa. Praca musi być wolna. Wyzyskowi kres położyć należy!

Towarzyszki! Towarzysze!

To wielkie żądanie **wyzwolenia pracy**, przebudowy ustroju społecznego, walki o sprawiedliwość społeczną, o pracę dla wszystkich i chleb dla wszystkich **wziął na swe barki socjalizm**. O te żądania niezłomną walkę toczy PPS. Prowadziła ją niegdyś na barykadach, w ogniu kul carskich satrapów. Prowadzi ją dzisiaj przeciwko rodzimej reakcji, przeciwko wyzyskiwaczom i kapitalistom.

Młodzi!

Wzywamy Was do tej walki, wzywamy Was do tej wielkiej pracy **o budowę Polski socjalistycznej, Polski wolnej pracy.**

Polską rządzić musi lud pracujący. Nie ustaniemy w walce, dopóki nie obejmie on władzy w kraju.

Walczymy o **wolność polityczną**. Walczymy o **Polskę demokratyczną**, walczymy o **powszechne czyste wybory do ciał ustawodawczych, do samorządów i instytucji ubezpieczeń.**
[...]

Młodzi!

Wasze miejsce nie jest w OZN czy Związku Młodej Polski. Nie z nimi wiedzie droga ku Polsce Wolności i Sprawiedliwości.

Czyż trzeba Wam mówić dzisiaj o komunistach, o tej partii, którą tak stoczył rak rozkładu i prowokacji, że sam Stalin kazał ją w Polsce rozwiązać.

Komuniści – to bankruci polityczni i **młodzież pracująca z bankrutami losów swych wiązać nie będzie.**

Młodzi!

PPS idzie konsekwentnie i wytrwale drogą walki o Socjalizm, o Wolność, o Pracę.

Żądamy pracy dla młodzieży!

Żądamy szkół i nauki dla młodych, chłopów i robotników!

Żądamy ochrony pracy młodocianych!

Żądamy pełni praw politycznych dla młodzieży!

Towarzyszki! Towarzysze!

Pokażmy całej Polsce, pokażmy naszym braciom robotnikom i chłopom, że młodzież pracująca masowo stoi pod sztandarami PPS.

[...]

Centralny Wydział Młodzieży

Warszawa, w sierpniu 1938 r

Źródło: „Robotnik", 20 VIII 1938, nr 231.

Nr 134

1938 sierpień 31, Warszawa – Artykuł z „Robotnika" pt. „Co się stało z KPP?"

O komunistycznej partii Polski kursują najrozmaitsze pogłoski. Prasa zagraniczna i częściowo krajowa podała niedawno wiadomość o **rozwiązaniu** tej partii przez Komintern[1] – pono[ć] w związku z ujawnieniem wielkiej liczby prowokatorów etc. Nie podawaliśmy tych pogłosek i wiadomości, nie mając pewności co do ich ścisłości.

Dziś przed nami odezwa, wydana przez „robotników i chłopów, solidaryzujących się z uchwałą Kominternu w sprawie **rozwiązania KPP**"[2]. Czytamy o wodzach KPP, że to są prowokatorzy:

„Tak mniej więcej wyglądała »rewolucyjna działalność« większości kierownictwa krajowego, która rzecz jasna tę haniebną robotę kontynuowała pod opiekuńczymi skrzydłami Sochackich, Żarskich, Leńskich, Bronkowskich, Henrykowskich, Rwalów[3] i innych pozostających już od lat w kontakcie z defensywą i międzynarodowym faszyzmem".

Jeszcze bardzo niedawno Leński, Henrykowski, Rwal byli wodzami...

O „Rwalu" pisała „Gazeta Polska" w związku z międzynarodowymi oddziałami w Hiszpanii[4].

---

[1] 16 VIII 1938 r. prezydium KW MK podjęło uchwałę o rozwiązaniu KPP. Dokument był niemal wiernym odtworzeniem projektu wysłanego w listopadzie 1937 r. do Stalina; szerzej na temat rozwiązania KPP zob. H. Cimek, *Komuniści...*, s. 112–133, 162–169.

[2] Był to referat opracowany w lipcu 1938 r. przez Pinkusa Kartina (Andrzej Szmidt), wyznaczonego przez Komintern likwidatora partii (zob. L. Hass, *Reakcje komunistów w Polsce na rozwiązanie KPP (1938)*, „Dzieje Najnowsze" 1990, nr 2, s. 160–161).

[3] Gustaw Reicher (1900–1938) – działacz komunistyczny, używał m.in. pseudonimu „Rwal". W 1916 r. wstąpił do SDKPiL, następnie w KPRP i KPGŚ. Podczas walk frakcyjnych w KPRP/KPP przeciwnik grupy „3W". Członek Sekretariatu KC KPP, pracownik KW MK, członek KC KP, KC KPZB i KC KPZU. W 1938 r. aresztowany przez NKWD w ZSRS i tam stracony.

[4] W 1937 r. Reicher był przedstawicielem KC KPP przy Komunistycznej Partii Hiszpanii.

Dalej odezwa uprzedza, że każdy, kto będzie bronił starego kierownictwa lub pracował w ramach starej organizacji partyjnej, jest „**prowokatorem**":

„Ostrzegamy więc wszystkich uczciwych i byłych członków partii na całym terenie Polski i szerokie rzesze bezpartyjnych mas robotniczych, chłopskich i inteligencji pracującej przed podobnymi prowokacyjnymi wystąpieniami i oświadczamy, w myśl uchwały Kominternu, że każdy, **kto będzie prowadził jakąkolwiek robotę w ramach dawnej organizacji, będzie uważany za prowokatora**"[5].

Nie wiemy naturalnie dokładnie, kto wydał tę odezwę. Czy istotnie pozostali jeszcze przedstawiciele Kominternu w Polsce?

Ale **chaos** i **rozkład** w KPP [jest] zupełny. Przewidywaliśmy to i pisaliśmy o tym.

Niektórzy twierdzą, że ostatnie zarządzenia w Kominternie są wstępem do rozwiązania Kominternu. Konkluzja, jak sądzimy, chyba przedwczesna, bo np. kompartia Francji Stalinowi jeszcze jest potrzebna.

Źródło: „Robotnik", 31 VIII 1938, nr 243, mps.

---

[5] W referacie powtórzono „ostrzeżenie" zawarte w sierpniowej uchwale Prezydium KW MK (zob. H. Cimek, *Komuniści...*, s. 169).

Nr 135

1938 wrzesień 2, Warszawa – Artykuł z „Robotnika" pt. „Losy Kompartii Polski. Chaos i rozkład"

Przed paru dniami podaliśmy nader ciekawą treść odezwy, wydanej przez grupę polskich komunistów, która pozostała wierną Kominternowi i broni jego decyzji[1]. Decyzja ta rozwiązuje kompartię Polski, a odezwa z góry uważa za „prowokatora" każdego, kto zechce pracować w ramach starej partyjnej organizacji (!) „Wodzowie" partii – Leński, Rwal, Henrykowski, Bronkowski – są ogłoszeni jako „prowokatorzy"... W ten sposób partia właściwie przestaje istnieć. **Rozkład całkowity...** Przepowiadaliśmy go bardzo kategorycznie jeszcze po sławetnym VII (ostatnim) kongresie Kominternu. Wówczas nasze – poważnie umotywowane – przepowiednie wydawały się „przesadne" – niektórym... Ale fakty usprawiedliwiły nasze przewidywania całkowicie.

Możemy tylko zaznaczyć, że chociaż całkowity rozkład kompartii przewidywaliśmy dokładnie, ale nie przewidywaliśmy (wówczas, przed laty), że ten rozkład odbędzie się **w tak ohydnych, odstraszających formach!** Dopiero głośne „procesy" z ich nieprawdopodobnymi „metodami", dopiero ostatnie „czystki" pokazały, do czego jest zdolny stalinizm. Kompartia Polski stała się po prostu **piekłem** dla członków i „wodzów". Samowładca w Kremlu (i jego przybliżeni) czynił z nią, co chciał! Ileż to **tragedii,** strasznych tragedii spowodowała ta nieludzka, azjatycka metoda – ogłaszanie nieposłusznych itp. za „prowokatorów", rozstrzeliwanie za każdy prawdziwy czy urojony „grzech"... A przecie w kompartii byli także ludzie ofiarni i oddani swej (błędnej) ideologii. Co przeżywają obecnie, jeśli jeszcze nie są fizycznie unicestwieni?

Czy zostanie dokonana próba reorganizacji kompartii Polski? Nie wiemy. Bardzo być może. Kursują wprawdzie pogłoski o likwidacji Kominternu, ale wydają się przedwczesne, bo Stalin potrzebuje agentur w takich krajach, jak Francja i Czechosłowacja. Ale „zreorganizować" partię nie będzie rzeczą łatwą! Komintern nie ma tak wielu „garniturów"

---

[1] Zob. dok. nr 137.

(kompletów) ludzkich dla centrali! A poza tym urok Rosji sowieckiej – po procesach, czystkach itd. – prysł.

W ten sposób załamał się jeden z głównych argumentów naszej reakcji, szermującej stale rozsiewaniem sztucznych strachów wobec rzekomo wzmagającej się tzw. **żydokomuny**". Pada zarazem fantastyczna i szkodliwa „koncepcja tych (bardzo nielicznych zresztą) jednostek na lewicy, które łudziły się, że możliwą jest jakakolwiek „współpraca" z kompartią. Pozostaje zagadnienie **przyczyn**.

„Oficjalna" konwersja, jeśli się nie mylimy, polega na tym, że „prowokatorzy" i „trockiści" opanowali kompartię. Możliwe, że po części to wersja słuszna. Ale tłumaczy niezbyt wiele. Bo przecie żadni „prowokatorzy" nie są w stanie zniszczyć partii żywej, żywotnej, zdrowej. Jeśli „prowokatorzy" i „heretycy" dali sobie z nią rady, znaczy to, że rdzeń tej partii już był w stanie **schorzałym**. Dopiero na osłabiony, niezdrowy organizm rzucają się pasożyty, opanowują go i niszczą.

Przyczyna realna tkwi przede wszystkim w tym, że ideologia Kominternu (tak jak ją sformułował VI kongres Kominternu w programie) była **obcą** zachodnioeuropejskiej (i polskiej oczywiście) rzeczywistości. Ta ideologia była stworzona na gruncie rosyjskiej rzeczywistości roku 1917. Ale zachodnia rzeczywistość była inna – wystarczy wymienić inną postawę chłopa i wojska. W rezultacie metody rosyjskie na zachodnim terenie dały rezultaty odmienne – krach rewolucji i wzmocnienie reakcji (np. po rewolucjach na Węgrzech i w Bawarii). Po przyjściu Hitlera do władzy (1933 rok), Stalin zaczął radykalnie zmieniać ideologię Kominternu; VII kongres w roku 1935 dokonał całkowitego przewrotu w zasadach ustalonych na VI kongresie, np. w tzw. socjalfaszyzmie. Ale już było za późno. Zresztą nowe hasła były niejako sztucznie zaszczepione i były nieszczere (obrona niepodległości, demokracja, ludowy front). Każdy niemal spostrzegł, że były podyktowane **przez państwowy interes ZSSR**.

Właśnie. Ten państwowy interes ZSSR był co prawda zawsze miarodajny dla Kominternu. Ale dopóki w Kominternie szczerze wierzono w rychłą międzynarodową rewolucję światową, nie był tak oczywisty. Ostatnio zaś ujawnił się w całej pełni. Rzecz prosta, że **dla polskiego robotnika** taka „ideologia" i taka „taktyka" były nie do przyjęcia. Ani też – „Führerprinzip" (osobista dyktatura Stalina) w Kominternie.

Zresztą ten państwowy interes ZSSR i ta osobista dyktatura samowładcy przybierały stopniowo jakiś potworny, patologiczny charakter – rozstrzeliwań, okrutnych czystek, oszczerczych oskarżeń o „trockizm" i prowokację. To już było nie do wytrzymania nawet dla najbardziej oddanej komunizmowi zachodnio-europejskiej psychiki. Już od kilku lat trwa coraz liczniejszy „exodus" – z kompartii Polski – tak inteligencji, jak robotników.

Te podstawowe przyczyny – państwowy interes ZSSR i osobista dyktatura Stalina – spowodowały kolejno takie objawy, jak **zakłamanie ideologiczne, zmianę ekip**.

We Francji wódz kompartii Thorez nagle oświadczył (w niedawno wydanej autobiografii), że kompartia prowadzi swój rodowód nie tylko od Marksa, ale od kard. Richelieu i Joanny d'Arc. A w Polsce po VII kongresie Kominternu kompartia nagle wpadła w tonację ultraniepodległościową. Wraz z tym Komintern wciąż zmieniał kierownicze „ekipy" w kompartiach, poszukując „opatrznościowych" ludzi. A stara ekipa szła na szmelc! Ewentualnie była ogłaszana za „zdrajców", „trockistów" i w ogóle „prowokatorów".

Tu trzeba szukać groźnej choroby Kominternu. Tu tkwią istotne przyczyny stanu patologicznego. A prawdziwi prowokatorzy są raczej objawem wtórnym.

Rozkład całkowity. Jakakolwiek „regeneracja" będzie nader trudna[2].

K[azimierz] **Czapiński**

Źródło: „Robotnik" 2 IX 1938, nr 245.

---

[2] Przyszłość pokazała, że „regeneracja" była jednak możliwa, zależała tylko i wyłącznie od woli oraz potrzeb Stalina, który to bezpośrednio nakreślił charakter, przeznaczenie i nazwę nowej komunistycznej partii – Polskiej Partii Robotniczej (szerzej zob. P. Gontarczyk, *Polska Partia Robotnicza. Droga do władzy 1941–1944*, Warszawa 2003 i n.).

BIBLIOGRAFIA

Archiwa i biblioteki

Archiwum Akt Nowych w Warszawie
Biblioteka Sejmowa w Warszawie – Czytelnia Wydziału Zbiorów
   Historii Społecznej
Biblioteka Narodowa w Warszawie

Prasa

„Centralizacja Rad. Organ Centralnego Komitetu Akcji Górnego Śląska
   („Komitet 21")" (1924)
„Chłopska Dola" (1918–1919)
„Chłopska Gazeta" (1922)
„Chłopska Prawda" (1924–1928)
„Czerwony Sztandar" (1920, 1928)
„Der Abend" (1931)
„Dziennik Bydgoski" (1929)
„Dziennik Ludowy" (1920–1928)
„Gazeta Poranna Warszawska" (1925, 1927)
„Gazeta Warszawska" (1919–1928)
„Głos Komunistyczny" (1923–1924)
„Gromada" (1918–1919, 1929)
„Kurier Poznański" (1935)
„Monitor Polski. Dziennik Urzędowy Republiki Polskiej" (1919)
„Naprzód" (1918–1928)
„Nasza Prawda" (1928)
„Nowy Przegląd" (1921–1938)

„Przegląd Robotniczy" (1904–1905)
„Przegląd Socjaldemokratyczny" (1908)
„Przełom" (1919)
„Republika" (1929)
„Robotnik Budowlany" (1919)
„Robotnik" (1918–1938)
„Słowo" (1931)
„Sztandar Socjalizmu" (1918–1919)
„Vorwärts" (1929)
„Walka z Bolszewizmem" (1927–1929)
„Wiadomości Rady Delegatów Robotniczych m. Warszawy" (1918)
„Więzień polityczny. Organ Komitetu Centralnego Czerwonej Pomocy w Polsce (MOPR)" (1925)

Wydawnictwa źródłowe

II Zjazd Komunistycznej Partii Robotniczej Polski (19 IX–2 X 1923). Protokoły obrad i uchwał, oprac. G. Iwański, H. Malinowski, F. Świetlikowa, Warszawa 1968.
II Zjazd KPP. Sprawozdanie z obrad, Warszawa 1925.
VII Kongres kommunisticzieskogo internacjonała i borba protiw faszyzma i wojny. Sbornik dokumentow, red. K.K. Szirina, Moskwa 1975.
VII Plenum KC KPP. Tezy i uchwały, Warszawa 1930.
Antologia polskiej myśli politycznej okresu dwudziestolecia międzywojennego, oprac. G. Radomski i in., Toruń 2015.
B.W.R.K.P. jako agentura Kominternu, Warszawa 1930.
Bełcikowska A., *Stronnictwa i związki polityczne w Polsce. Charakterystyki, dane historyczne, programy, rezolucje, organizacje partyjne, prasa, przywódcy*, Warszawa 1925.
Do wsich partijnych organizacji, do wsich czleniw Komunistycznoj Partii Zachidnoj Ukrainy. Widozwa IX Konferencji KPZU, Lwów 1928.
Dokumenty i materiały do historii stosunków polsko-radzieckich, oprac. W. Gostyńska i in., t. 3: *Kwiecień 1920–marzec 1921*, Warszawa 1964.

Dokumenty Komunistycznej Partii Polski 1935–1938, red. Z. Szczygielski, Warszawa 1968.

Dokumenty z historii III Międzynarodówki Komunistycznej, z. 2, Warszawa 1962.

Druk sejmowy nr 3074, 4 XI 1921 r.

Jednolitofrontowe koncepcje Komunistycznej Partii Robotniczej Polski/ Komunistycznej Partii Polski w świetle dokumentu Ministerstwa Spraw Wewnętrznych (23 listopada 1936 r.), oprac. K. Sacewicz, „Echa Przeszłości" 2016, t. 17.

Komintern protiw faszyzma. Dokumenty, red. N.P. Komołow, Moskwa 1999.

Kommunisticzeskij Internacionał w dokumentach. Reszenija, tezisy i wozzwanija kongressow Kominterna i plenumow IKKI 1919–1932, Moskwa 1933.

Komunikaty Informacyjne Komisariatu Rządu na m.st. Warszawę, t. 4, z. 1: *3 lipca 1929–30 września 1929 r.*, Warszawa 1996.

Komunizm wobec parlamentaryzmu. Przyczynki i dokumenty do dziejów komunizmu międzynarodowego i polskiego, oprac. A. Bełcikowska, Warszawa [1922].

KPP. Uchwały i rezolucje, t. 1: *I–II Zjazd (1918– 1923)*, oprac. F. Kalicka, S. Zachariasz, Warszawa 1954.

KPP. Uchwały i rezolucje, t. 2: *III–IV Zjazd (1924–1929)*, oprac. F. Kalicka i in., Warszawa 1955.

KPP. Uchwały i rezolucje, t. 3: *V–VI Zjazd (1929–1938)*, oprac. F. Kalicka i in., Warszawa 1956.

List otwarty Egzekutywy Kominternu do wszystkich członków KPP, Wilno 1928.

Mały rocznik statystyczny, Warszawa 1931.

Materiały Egzekutywy Międzynarodówki Komunistycznej w sprawie KP polskiej, [Moskwa 1925].

Międzynarodowy ruch robotniczy w świetle dokumentów 1918–1943, red. A. Reiss, J. Teleszyński, Warszawa 1981.

O wspólną walkę robotników, chłopów i wszystkich ludzi pracy. Uchwały piątego Plenum Komitetu Centralnego Komunistycznej Partii Polski, [Warszawa] 1937.

Ofensywa faszyzmu i zadania Międzynarodówki Komunistycznej w walce o jedność klasy robotniczej przeciw faszyzmowi. Rezolucja do refe-

ratu tow. *Dymitrowa przyjęta przez VII Kongres Międzynarodówki Komunistycznej dnia 20 sierpnia 1935 r.* [w:] *Rezolucje VII Światowego Kongresu Międzynarodówki Komunistycznej*, Warszawa 1935.

Organizacja i działalność ruchu komunistycznego w Polsce w latach 1918–1925 w świetle raportu Wydziału Bezpieczeństwa Ministerstwa Spraw Wewnętrznych, oprac. K. Sacewicz, „Echa Przeszłości" 2009, t. 10.

Oświadczenie. Do Centr. Kom. Wyk. P.P.S., Warszawa, 8 III 1921 r.

Partiâ socialistov-revolûcionerov: dokumenty i materialy: 1900––1925 gg., oprac. N.D. Erofeev, t. 3, cz. 2: *Oktâbr' 1917–1925*, Moskva 2000.

Polska Partia Socjalistyczna wobec Komunistycznej Partii Robotniczej Polski/Komunistycznej Partii Polski. Wypisy z prasy i dokumentów, t. 1: *1918–1928*, oprac. K. Sacewicz, Olsztyn 2014.

Posłowie rewolucyjni w sejmie (lata 1920–1935). Wybór przemówień, interpelacji i wniosków, red. T. Daniszewski i in., Warszawa 1961.

PPS Lewica 1926–1931. Materiały źródłowe, oprac. L. Hass, Warszawa 1963.

Program i statut Międzynarodówki Komunistycznej, Moskwa 1929.

Programma i ustav Kommunističeskogo Internacionala, Moskwa 1937.

Programma Kommunisiticzeskogo Internacjonała, 1928.

Protokoły V Zjazdu SDKPiL (1906 r.) [w:] *Archiwum Ruchu Robotniczego*, t. 4, red. F. Tych, Warszawa 1981.

Przeniosło M., *KPP wobec poleceń III Międzynarodówki prowadzenia akcji wywiadowczej w Polsce*, „Kieleckie Studia Historyczne" 1995, t. 13.

Rady Delegatów Robotniczych w Polsce 1918–1919. Materiały i dokumenty, oprac. A. Reiss, J. Teleszyński, Warszawa 1981.

Rady Delegatów Robotniczych w Polsce 1918–1919. Materiały i dokumenty, t. 1: *Warszawska Rada Delegatów Robotniczych*, oprac. H. Buczek, Z. Szczygielski, Warszawa 1962.

Rady Delegatów Robotniczych w Polsce 1918–1919. Materiały i dokumenty, t. 2, oprac. A. Tymieniecka, Warszawa 1965.

Rady Delegatów Robotniczych w Polsce 1918–1919. Materiały i dokumenty, oprac. S. Zachariasz, J. Kowalski, Warszawa 1955.

Rady Delegatów Robotniczych w Polsce w 1918–1919 r., red. H. Bicz, Moskwa 1934.

Socjaldemokracja Królestwa Polskiego i Litwy. Materiały i dokumenty,
t. 1, cz. 1, oprac. H. Buczek, F. Tych, Warszawa 1957.

Socjaldemokracja Królestwa Polskiego i Litwy. Materiały i dokumenty,
t. 2: *1902–1903*, red. F. Tych, Warszawa 1962.

Spisek niemiecko-bolszewicki. Dokumenty dotyczące związku bolszewików z niemieckim naczelnym dowództwem, wielkim przemysłem i firmami, Warszawa 1919.

Sprawa polska na V Kongresie Międzynarodówki Komunistycznej, b.m. i r.w.

Sprawozdanie stenograficzne z 13. posiedzenia Sejmu Rzeczypospolitej z dnia 31 maja 1928 r.

Sprawozdanie stenograficzne z 14. posiedzenia Sejmu Ustawodawczego z dnia 14 marca 1919 r.

Sprawozdanie stenograficzne z 17. posiedzenia Sejmu Ustawodawczego z dnia 21 marca 1919 r.

Sprawozdanie stenograficzne z 260. posiedzenia Sejmu Ustawodawczego z dnia 15 listopada 1921 r.

Sprawozdanie stenograficzne z 311. posiedzenia Sejmu Rzeczypospolitej z dnia 25 stycznia 1927 r.

Sprawozdanie stenograficzne z 65. posiedzenia Sejmu Ustawodawczego z dnia 8 lipca 1919 r.

Sprawozdanie z Rady Partyjnej. Maj 1921, Warszawa 1921.

Stienograficzeskij otczot VI Kongriessa Kominterna, z. 1, Moskwa––Leningrad 1929.

Stronnictwa, partie, unie, federacje, kluby polityczne na ziemiach polskich i ich programy w r. 1921. Na podstawie źródeł sejmowych, urzędniczych i prasowych, oprac. J. Bełcikowski, Warszawa 1921.

Tezy i rezolucje VI Kongresu Międzynarodówki Komunistycznej, z. 1: *Manifest Kongresu i tezy o sytuacji międzynarodowej*, Moskwa 1929.

Tezy i rezolucje VI Kongresu Międzynarodówki Komunistycznej, z. 2: *Przeciw wojnom imperialistycznym*, Moskwa 1929.

Tezy o organizacyjnej budowie partii komunistycznych, o metodach i treści ich pracy przyjęte przez III-ci Kongres Międzynar[odówki] *Komunistycz*[nej], Warszawa, październik 1921.

The communist conspiracy. Strategy and tactics of world communism, cz. 1: *Communism outside the United States*, section C: *The world congresses of the communist international*, Washington 1956.

Uchwały II-go Zjazdu Komunistycznej Partii Robotniczej Polski, Warszawa, wrzesień 1923.

Załącznik do Nru 3074: Ustawa w sprawie tymczasowych zarządzeń w przedmiocie zwalczania knowań przeciwpaństwowych (projekt), 4 XI 1921 r. *Zjazd KPP. Sprawozdanie z obrad*, Warszawa 1925.

Zjazd Komunistycznej Partii Robotniczej Polski (19 IX–2 X 1923). Protokoły obrad i uchwał, oprac. G. Iwański, H. Malinowski, F. Świetlikowa, Warszawa 1968.

Źródła do historii powszechnej okresu międzywojennego, t. 2: *1927––1934*, oprac. S. Sierpowski, Poznań 1992.

Wspomnienia, relacje i publicystyka polityczna

Brand E., Walecki H., *Der Kommunismus in Polen*, Hamburg 1922.

Julian Leński. O front Ludowy w Polsce 1934–1937. Publicystyka, Warszawa 1956.

Koszutska M., *Pisma i przemówienia*, t. 2: *1919–1925*, oprac. N. Gąsiorowska, Zatorski, A. Żarnowska, Warszawa 1961.

Lauer-Brand H., *Pisma i przemówienia*, Warszawa 1970.

Lenin W. I., *Dzieła*, t. 2, Warszawa 1951.

Lenin W. I., *Lenin o Polsce i polskim ruchu robotniczym*, Warszawa 1954.

Lenin W. I., *O społecznym i narodowym wyzwoleniu*, Warszawa 1987.

Lenin W. I., *Od pokoju brzeskiego poprzez komunizm wojenny do nowej polityki ekonomicznej (1918–1923)*, z. 1: *Komunizm wojenny i zwrot ku nowej polityce ekonomicznej*, przekł. z ros. i przypisy S. Borski, Moskwa 1927.

Łańcucki S., *Wspomnienia*, Warszawa 1957.

Norbert Barlicki. Muszą zamilknąć spory na lewicy. Wybór pism, oprac. J. Tomicki, Warszawa 1980.

Sochacki J., *Socjalfaszystowscy mordercy. O bojówkach PPS*, Warszawa 1928.

Walecki H., *Wybór pism*, t. 1: *1905–1918*, red. J. Kancewicz, Warszawa 1967.

Wasilewski H., *Stracenie Engela*, Mińsk 1925.

Opracowania

Ajnenkiel A., *Historia sejmu polskiego*, t. 2, cz. 2: *II Rzeczpospolita*, Warszawa 1989.

Andrusiewicz A., *Stanisław Łańcucki*, Warszawa 1985.

Antykomunizm Polaków w XX wieku, red. P. Kardela, K. Sacewicz, Białystok–Olsztyn–Warszawa 2019.

Balukiewicz B., *Rynek pracy. Stan rynku pracy*, „Statystyka Pracy" 1927, z. 1.

Batowski H., *Między dwiema wojnami 1919–1939*, Kraków 2001.

Bazylow L., Wieczorkiewicz P., *Historia Rosji*, Wrocław–Warszawa– –Kraków 2006.

Bezrobocie w Polsce 1925–1936, oprac. M. Drozdowski, „Najnowsze Dzieje Polski 1918–1936" 1961, t. 4.

Borek P., *Działalność KPP w garnizonie siedleckim w latach 1927–1938*, „Szkice Podlaskie" 2007, z. 15.

Borek P., *Komunistyczna Partia Polski w garnizonie bialskim (1927– –1938)*, „Podlaski Kwartalnik Kulturalny" 2005, nr 4.

Chamisso A. von, *Człowiek, który sprzedał swój cień*, tłum. S. Ogonowski, Boroszów 1925.

Charakterystyki i programy stronnictw politycznych na terenie Rzeczypospolitej Polskiej. Z uwzględnieniem stronnictw: żydowskich, ukraińskich, niemieckich, litewskich, białoruskich i rosyjskich na ziemiach polskich. Przewodnik praktyczny dla obywatela, oprac. J. Bełcikowski, Warszawa 1923.

Chełstowski J. J., *Styczniowy zamach stanu 1919 r.*, „Dzieje Najnowsze" 1975, nr 3.

Cimek H., *Komuniści – Polska – Stalin 1918–1939*, Białystok 1990.

Cimek H., *Koncepcje i problemy sojuszu robotniczo-chłopskiego w ruchu rewolucyjnym w Polsce (1918–1939)*, Warszawa 1980.

Cimek H., *Sel-Rob na Lubelszczyźnie (1926–1932)*, „Echa Przeszłości" 2000, t. 1.

Cimek H., *Sojusz robotniczo-chłopski*, Warszawa 1989.

Cisek M., *PPS przed rozłamem 1892–1921. Ustrój gospodarczy w programach*, Tyczyn 2002.

Czubiński A., *Komunistyczna Partia Polski (1918–1938)*, Warszawa 1988.

D'Abernon E., *Osiemnasta decydująca bitwa w dziejach świata*, Warszawa 1990.

Die Weimarer Republik 1918–1939. Politik – Wissenschaft – Gesellschaft, red. H. A. Jacobsen, Bonn 1987.

Dymek B., *Niezależna Partia Chłopska 1924–1927*, Warszawa 1972.

Garlicki A., *Józef Piłsudski: 1867–1935*, Warszawa 1990.

Garlicki A., *Przewrót majowy*, Kraków 1987.

Gontarczyk P., *Polska Partia Robotnicza. Droga do władzy 1941–1944*, Warszawa 2003.

Gruda H., *Sprawa polska na V Kongresie Międzynarodówki Komunistycznej*, „Z Pola Walki" 1962, nr 4.

Hass L., *Organizacje zawodowe w Polsce 1918–1939. Informator*, Warszawa 1963.

Heller M., Niekricz A., *Utopia u władzy. Historia Związku Sowieckiego od narodzin do wielkości 1917–1939*, Poznań 2016.

Historia Drugiej Międzynarodówki, t. 1, Warszawa 1978.

Historia Polski w liczbach, t. 2: *Gospodarka*, red. F. Kubiczek, oprac. A. Wyczański, Warszawa 2006.

Holzer J., *Mozaika polityczna drugiej Rzeczypospolitej*, Warszawa 1974.

Iwański G., *Powstanie i działalność Związku Proletariatu Miast i Wsi 1922–1925*, Warszawa 1974.

Jachymek J., *Myśl polityczna PSL Wyzwolenie 1918–1931*, Lublin 1983.

Jankowski S. (Glass H.), *Metody ekspansji komunizmu. Dzieje ukształtowania systemu w latach 1919–1932*, Londyn 1982.

Jarecka S., *Niezależna Partia Chłopska*, Warszawa 1961.

Kaczmarek Z., *Obóz Wielkiej Polski – geneza i działalność społeczno-polityczna*, Poznań 1980.

Kalicka F., *Z zagadnień jednolitego frontu KPP i PPS w latach 1933––1934*, Warszawa 1967.

Kałuża A., Poprawska S., *Rady Delegatów Robotniczych w Zagłębiu Dąbrowskim 1918–1919*, Katowice 1961.

Kazimierski J., *Ruch strajkowy w Warszawie w latach 1921–1939*, „Rocznik Warszawski" 1966, t. 7.

Keller-Gryff A., *Komunizm*, Warszawa 1926.

Kleszczyński L., *Ruch strajkowy w Warszawie w latach 1918–1939* [w:] *Warszawa w polskim ruchu robotniczym*, red. J. Kazimierski, Warszawa 1976.

Kochański A., *SDKPiL w latach 1907–1918*, Warszawa 1971.

Kolebacz B., *Komunistyczna Partia Polski 1923–1929. Problemy ideologiczne*, Warszawa 1984.

Kołodziej E., *Komunistyczna Partia Robotnicza Polski w ruchu zawodowym 1918–1923*, Warszawa 1978.

Korkuć M., *W II Rzeczypospolitej* [w:] *Komunizm w Polsce. Zdrada, zbrodnie, zakłamanie, zniewolenie*, Kraków 2005.

Kowalczyk E., *Struktura Komitetu Warszawskiego KPRP/KPP* [w:] *Komuniści w międzywojennej Warszawie*, red. E. Kowalczyk, Warszawa 2014.

Kowalski J., *Zarys historii polskiego ruchu robotniczego w latach 1918––1939*, cz. 1: *1918–1928*, Warszawa 1962.

Kozyra W., *Polityka administracyjna ministrów spraw wewnętrznych Rzeczypospolitej Polskiej w latach 1918–1939*, Lublin 2009.

Krzemień L., *Związek Młodzieży Komunistycznej w Polsce. Pierwsze dziesięciolecie (1918–1928)*, Warszawa 1972.

Krzysztofiński M., *Działalność Wydziałów Wojskowych Komunistycznej Partii Polski i Komunistycznej Partii Zachodniej Ukrainy na terenie Dowództwa Okręgu nr X w Przemyślu w latach 1924–1938*, „Glaukopis" 2007/2008, nr 9/10.

Krzysztofiński M., *Komuniści na Rzeszowszczyźnie 1918–1944/1945*, Rzeszów 2010.

Kuligowski P., *Jak nie postępować? Polscy socjaliści międzywojnia wobec fenomenu bolszewizmu*, „Ogrody Nauk i Sztuk" 2013, t. 3.

Kuncewicz J., *SDKPiL wobec zagadnień wojny, rewolucji i niepodległości Polski w latach 1914–1917* [w:] *Ruch robotniczy i ludowy w Polsce w latach 1914–1923*, red. A. Kozłowski, Warszawa 1961.

Kuruliszwili S., *Gruzja pod jarzmem bolszewickim*, Warszawa 1922.

Landau Z., Tomaszewski J., *Zarys historii gospodarczej Polski 1918––1939*, Warszawa 1999.

Lavrov V. M., *Partiâ Spiridonovoj: (Mariâ Spiridonova na levoèserovskih s'ezdah)*, Moskva 2001.

Leczyk M., *Zarys historii III Międzynarodówki 1919–1943*, Warszawa 1971.

Lewandowski J.F., *Wojciech Korfanty*, Katowice 2009.

Lista zarejestrowanych w Państwowych Urzędach Pośrednictwa Pracy (tabela), „Statystyka Pracy" 1927, z. 1.

Ławnik J., *Bezrobocie w Warszawie w okresie międzywojennym (na tle bezrobocia w kraju)*, „Z Pola Walki" 1968, nr 2.

Ławnik J., *Działalność PPS w województwie kieleckim w latach 1918––1939. Część pierwsza 1918–1930*, Kielce 2003.

Ławnik J., *Represje policyjne wobec ruchu robotniczego 1918–1939*, Warszawa 1979.

Ławnik J., *Ruch strajkowy w Warszawie okresu międzywojennego w świetle statystyki*, „Kwartalnik Historii Ruchu Zawodowego" 1968, nr 1.

Maj E., *Upadek partii politycznej na przykładzie Związku Ludowo Narodowego (1919–1928)*, „Annales Universitatis Mariae Curie-Skłodowska" 1995/1996, sec. K.

Maj E., *Związek Ludowo-Narodowy 1919–1928. Studium z dziejów myśli politycznej*, Lublin 2000.

Malinowski H., *Powstanie i pierwszy okres działalności KPP*, Warszawa 1958.

Markow G., *Zamachy, przemoc i polityka w Bułgarii 1887–1947*, Sofia 2003.

Materski W., *Na widecie. II Rzeczpospolita wobec Sowietów 1918–1943*, Warszawa 2005.

Materski W., *Przewrót listopadowy 1917 r. w Rosji a hasło bolszewików prawa narodów do samostanowienia*, „Dzieje Najnowsze" 2017, nr 4.

Materski W., *Wymiana więźniów politycznych pomiędzy II Rzecząpospolita a Sowietami w okresie międzywojennym (kontekst warszawski)* [w:] *Komuniści w międzywojennej Warszawie*, red. E. Kowalczyk, Warszawa 2014.

Michalski R., *Socjalizm a niepodległość w polskiej myśli socjalistycznej (1878–1918)*, Toruń 1988.

Michałowski S., *Idea niepodległego państwa w myśli politycznej Polskiej Partii Socjalistycznej (1892–1923)*, „Rocznik Lubelski" 1991–1992, t. 33–34.

Michałowski S., *Myśl polityczna Polskiej Partii Socjalistycznej (1918––1939)*, Lublin 1994.

Michowicz W., *Organizacja polskiego aparatu dyplomatycznego w latach 1918–1939* [w:] *Historia dyplomacji polskiej*, t. 4: *1918– – 1939*, red. P. Łossowski, Warszawa 1995.

Michta N., *Julian Marchlewski. Polska – Naród – Socjalizm*, Warszawa 1975.

Michta N., *Mąż stanu, wybitny polityk, przywódca ruchu ludowego: w 60-tą rocznicę śmierci Wincentego Witosa (1945–2005)*, Warszawa 2005.

Michta N., *Rozbieżności i rozłam w SDKPiL*, Warszawa 1987.

Międzynarodowy ruch robotniczy, t. 1: *Wiek XIX–1945*, red. I. Koberdowa, Warszawa 1976.

Mikulicz S., *Od Genui do Rapallo*, Warszawa 1966.

Muszyński W. J., *Między geopolityką a ideologią. Polski ruch narodowy w II Rzeczypospolitej wobec komunizmu i komunistów – zarys problematyki na przykładzie warszawskim* [w:] *Komuniści w międzywojennej Warszawie*, red. E. Kowalczyk, Warszawa 2014.

Myśliński J., *Swobody, fabryk i ziemi! Początki polskiego ruchu socjalistycznego pod zaborami* [w:] *Ruch robotniczy na ziemiach polskich*, red. S. Sierpowski, Warszawa 2002.

Najdus W., *Ignacy Daszyński 1866–1936*, Warszawa 1988.

Olszewski M., *Porankiewicz Czesław*, „Polski słownik biograficzny", Wrocław–Warszawa–Kraków–Gdańsk–Łódź 1983, t. 27.

Paczkowski A., *Prasa Polska w latach 1918–1939*, Warszawa 1980.

Pawluczuk Z., *Konspirator i prezydent. Rzecz o Stanisławie Wojciechowskim*, Lublin 1993.

Pawłowski I., *Polityka i działalność wojskowa KPP 1918–1928*, Warszawa 1964.

Pepłoński A., *Likwidacja organizacji komunistycznej w 16. Pułku Ułanów Wielkopolskich*, „Słupskie Studia Historyczne" 2001, nr 9.

Pepłoński A., *MSZ, Oddział II oraz formacje ochrony granic wobec ruchu komunistycznego w Polsce (1918–1926)*, „Z Pola Walki" 1985, nr 1.

Pepłoński A., *Zwalczanie działalności wywrotowej w wojsku polskim w latach 1918–1939*, „Przegląd Wschodni" 2000, t. 7.

Pipes R., *Rewolucja rosyjska*, Warszawa 2006.

Pipes R., *Rosja bolszewików*, Warszawa 2005.

Piskała K., *Ku Rzeczypospolitej Socjalistycznej. Studium z dziejów myśli politycznej PPS (1929–1939)*, mps rozprawy doktorskiej, Łódź 2017.

Próchnik A., *Ignacy Daszyński. Życie – praca – walka*, Warszawa 1934.

Przeniosło M., *Partie polityczne II Rzeczypospolitej wobec komunistów polskich w latach 1918–1921*, „Czasy Nowożytne" 1999, t. 7.

Przeniosło M., *Stosunki PPS–KPRP w pierwszych latach Drugiej Rzeczypospolitej na przykładzie województwa kieleckiego*, „Kieleckie Studia Historyczne" 1995, t. 13.

Radlak B., *Socjaldemokracja królestwa Polskiego i Litwy w latach 1893––1904*, Warszawa 1979.

Radziejowski J., *Komunistyczna Partia Zachodniej Ukrainy 1919–1929. Węzłowe problemy ideologiczne*, Kraków 1976.

Rechowicz H., *Sejm Śląski 1922–1939*, Katowice 1965.

Reguła J.A., *Historia Komunistycznej Partii Polski w świetle faktów i dokumentów*, Toruń 1994.

Rogowski B., *Działalność KOP w świetle cyfr* [w:] *Korpus Ochrony Pogranicza w pierwszą rocznicę objęcia służby na wschodniej granicy Rzeczypospolitej*, Warszawa 1925.

Rudziński E., *„Młodzi idą" – organ prasowy Centralnego Wydziału Młodzieży PPS (październik 1936–sierpień 1939)*, „Rocznik Historii Czasopiśmiennictwa Polskiego" 1963, t. 2.

Sacewicz K., *Antykomunistyczne inicjatywy parlamentarne Związku Ludowo-Narodowego (1919–1927). Zarys problemu* [w:] *Komuniści w II Rzeczypospolitej. Ludzie – struktura – działalność*, red. M. Bukała, M. Krzysztofiński, Rzeszów 2015.

Sacewicz K., *Centralna prasa Polski Podziemnej wobec komunistów polskich 1939–1945*, Warszawa 2009.

Sacewicz K., *Kilka uwag na temat stosunku KPRP/KPP wobec PPS w międzywojennej Warszawie* [w:] *Komuniści w międzywojennej Warszawie*, red. E. Kowalczyk, Warszawa 2014.

Sacewicz K., *Komuniści „polscy" wobec dzieci, młodzieży szkolnej i akademickiej w świetle materiałów MSW II RP (1918–1938). Zarys problemu* [w:] *Historia i pamięć. Studia z dziejów XX wieku*, red. W. Gieszczyński, W.B. Łach, K. Sacewicz, Warszawa 2011.

Sacewicz K., *Komunizm i antykomunizm w II Rzeczypospolitej. Państwo – – społeczeństwo – partie*, Olsztyn 2016.

Sacewicz K., *Ruch komunistyczny na ziemiach polskich w latach 1918– –1923 w świetle materiałów operacyjnych i opracowań agend Ministerstwa Spraw Wewnętrznych II RP*, „Echa Przeszłości" 2012, t. 13.

Sacewicz K., *Sprawa tzw. rosyjskiej delegacji Czerwonego Krzyża w świetle publikacji prasy komunistycznej w Polsce (1918–1919)*, „Przegląd Wschodnioeuropejski" 2014, t. 5, nr 1.

Sacewicz K., *Taktyka komunistycznego frontu ludowego i antyfaszystowskiego w świetle publicystyki Centralnego Porozumienia Organizacji Współdziałających w Zwalczaniu Komunizmu – przyczynek do rozważań nad zorganizowanymi społecznymi postawami antykomunistycznymi w międzywojennej Polsce*, „Echa Przeszłości" 2019, t. 20.

Sacewicz K., *Wojna na lewicy – pierwsze starcia. Walka o hegemonię w warszawskich radach delegatów robotniczych pomiędzy KPRP a PPS (1918–1919)* [w:] *Komuniści w międzywojennej Warszawie*, red. E. Kowalczyk, Warszawa 2014.

Sikorski C., *Cienie NEP-u: sprzeczności budownictwa socjalizmu w ZSRR w latach 1921–1929*, Warszawa 1986.

Skrzypek J., *Zamach stanu płk. Januszajtisa i ks. Sapiehy 4–5 stycznia 1919 r.*, Warszawa 1948.

Słucz S., *Długa droga Stalina do ugody z Hitlerem*, „Pamięć i Sprawiedliwość" 2009, t. 1.

Smoleński W., *Konfederacya targowicka*, Kraków 1903.

Starodworski A., *Istota i cechy komunistycznej polityki ekonomicznej*, Warszawa 1927.

Suleja W., *Józef Piłsudski*, Wrocław–Warszawa–Kraków 1995.

Suleja W., *Polska Partia Socjalistyczna 1892–1948. Zarys dziejów*, Warszawa 1988.

Szczygielski Z., Tymieniecka A., *Z dziejów Rad Robotniczych*, Warszawa 1960.

Szumiło M., *Komunistyczny Związek Młodzieży w międzywojennej Warszawie* [w:] *Komuniści w międzywojennej Warszawie*, red. E. Kowalczyk, Warszawa 2014.

Świetlikowa F., *Centralne instancje partyjne KPP*, „Z Pola Walki" 1969, nr 4.

Tomicki J., *Norbert Barlicki 1880–1941. Działalność polityczna*, Warszawa 1968.

Tomicki J., *Polska Partia Socjalistyczna 1892–1948*, Warszawa 1983.

Toporowicz W., *Lenin a powstanie państw narodowych w latach 1918––1919*, Wrocław 1971.

Trembicka K., *Komuniści o II Rzeczypospolitej (1918–1938)*, „Res Historia" 2004, z. 16.

Trembicka K., *Między utopią a rzeczywistością. Myśl polityczna Komunistycznej Partii Polski (1918–1938)*, Lublin 2007.

Trembicka K., *Poglądy Komunistycznej Partii Polski w kwestii władzy państwowej*, „Annales Universitatis Mariae Curie-Skłodowska. Sectio K. Politologia" 1995/1996, t. 2/3.

Trembicka K., *Problem autonomii Królestwa Polskiego w myśli politycznej Róży Luksemburg*, „Annales Universitatis Mariae Curie-Skłodowska. Sectio K. Politologia" 1998, t. 5.

Trembicka K., *Środowisko komunistów wobec odzyskania niepodległości przez Polskę i wojny polsko-bolszewickiej* [w:] *Komuniści w międzywojennej Warszawie*, red. E. Kowalczyk, Warszawa 2014.

Trochimiak J., *Obóz Wielkiej Polski*, Warszawa 1997.

Tych F., *Rok 1905* [w:] *Ruch robotniczy na ziemiach polskich*, cz. 3, red. S. Sierpowski, Warszawa 2002.

Tymieniecka A., *Warszawska organizacja PPS 1918–1939*, Warszawa 1982.

Tyszkiewicz A., *Obóz Wielkiej Polski w Małopolsce 1926––1933*, Kraków 2004.

Wincenty Witos 1874–1945, tekst i dobór ilustracji T. Bereza, M. Bukała, M. Kalisz, Rzeszów 2010.

Winkler H.A., *Długa droga na Zachód. Dzieje Niemiec 1806–1933*, Wrocław 2007.

Wrona J., *Socjaliści wobec komunistów w okresie II wojny światowej* [w:] *Polska Partia Robotnicza–Gwardia Ludowa/Armia Ludowa na ziemiach polskich 1942–1944/1945*, red. K. Kaczmarski, M. Krzysztofiński, Rzeszów 2013.

Zamach stanu Józefa Piłsudskiego 1926 roku, red. M. Sioma, Lublin 2007.

Zand H., *Z dziejów wojny domowej w Rosji: mieńszewicy i eserowcy w latach 1917–1920*, Warszawa 1973.

Zaporowski Z., *Legalna działalność nielegalnej Komunistycznej Partii Polski w Warszawie* [w:] *Komuniści w międzywojennej Warszawie*, red. E. Kowalczyk, Warszawa 2014.

Ziaja L., *Ewolucja założeń programowo-politycznych KPP (1918–1938)*, „Z Pola Walki" 1985, nr 3.

Zieliński K., *O Polską Republikę Rad. Działalność polskich komunistów w Rosji Radzieckiej 1918–1922*, Lublin 2013.

Żarnowska A., *Geneza rozłamu w Polskiej Partii Socjalistycznej 1904––1906*, Warszawa 1965.

Żenczykowski T., *Dwa komitety 1920, 1944. Polska w planach Lenina i Stalina. Szkic historyczny*, Paryż 1983.

Żuławnik M., *Eksplozja w Cytadeli 13 X 1923 r. Przyczynek do działalności komunistów w garnizonie Warszawa* [w:] *Komuniści w międzywojennej Warszawie*, red. E. Kowalczyk, Warszawa 2014.

WYKAZ WAŻNIEJSZYCH SKRÓTÓW

AAN — Archiwum Akt Nowych
BN — Biblioteka Narodowa
BS — Biblioteka Sejmowa
CKW — Centralny Komitet Wykonawczy
GPU — Gosudarstwiennoje Politiczeskoje Uprawlenije (Państwowy Zarząd Polityczny)
IKKI — Ispołnitielnyj Komitiet Kommunisticzeskiego Internacyonała (Komitet Wykonawczy Międzynarodówki Komunistycznej)
KC — Komitet Centralny
KC KP(b)U — Komitet Centralny Komunistycznej Partii (bolszewików) Ukrainy
KPD — Komunistische Partei Deutschlands
KPGŚ — Komunistyczna Partia Górnego Śląska
KPGW — Komunistyczna Partia Galicji Wschodniej
KPP — Komunistyczna Partia Polski
KPRP — Komunistyczna Partia Robotnicza Polski
KPZB — Komunistyczna Partia Zachodniej Białorusi
KPZU — Komunistyczna Partia Zachodniej Ukrainy
KW KPRP/KPP — Komitet Warszawski Komunistycznej Partii Robotniczej Polski/Komunistycznej Partii Polski
KW MK — Komitet Wykonawczy Międzynarodówki Komunistycznej
MK — Międzynarodówka Komunistyczna
MOPR — Międzynarodowa Organizacja Pomocy Robotnikom
MSW — Ministerstwo Spraw Wewnętrznych
NEP — Nowa Ekonomiczna Polityka
NKWD — Narodnyj Komissariat Wnutriennich Dieł (Ludowy Komisariat Spraw Wewnętrznych)

507

NPR	– Narodowa Partia Robotnicza
NZR	– Narodowy Związek Robotniczy
OKR	– Okręgowy Komitet Robotniczy
OM TUR	– Organizacja Młodzieży Towarzystwa Uniwersytetu Robotniczego
PKL	– Polska Komisja Likwidacyjna
PPS-Lewica	– Polska Partia Socjalistyczna – Lewica
PPS	– Polska Partia Socjalistyczna
PSL-Piast	– Polskie Stronnictwo Ludowe – Piast
PSL-Wyzwolenie	– Polskie Stronnictwo Ludowe – Wyzwolenie
PZPR	– Polska Zjednoczona Partia Robotnicza
RKP(b)	– Rosyjska Komunistyczna Partia (bolszewików)
RN	– Rada Naczelna
SADP	– Niemiecka Partia Socjaldemokratyczna
SChN	– Stronnictwo Chrześcijańsko-Narodowe
SDKP	– Socjaldemokracja Królestwa Polskiego
SDKPiL	– Socjaldemokracja Królestwa Polskiego i Litwy
SDP	– Niemiecka Partia Socjaldemokratyczna
SDPRR	– Socjaldemokratyczna Partia Robotnicza Rosji
Sel-Rob	– Ukraińskie Włościańsko-Robotnicze Zjednoczenie Socjalistyczne
SL	– Stronnictwo Ludowe
TKRP	– Tymczasowy Komitet Rewolucyjny Polski
UNDO	– Ukraińskie Zjednoczenie Narodowo-Demokratyczne
UOW	– Ukraińska Organizacja Wojskowa
WCzK	– Wsierossijskaja Czriezwyczajnaja Komissija po bor'bie s kontrriewolucyjej, spiekulacyjej i priestupleniami po dołżnosti (Wszechrosyjska Komisja Nadzwyczajna do Walki z Kontrrewolucją, Spekulacją i Nadużyciami Władzy)
WKP(b)	– Wszechzwiązkowa Komunistyczna Partia (bolszewików)
ZLN	– Związek Ludowo-Narodowy
ZMKwP	– Związek Młodzieży Komunistycznej w Polsce
ZPMiW	– Związek Proletariatu Miast i Wsi
ZPPS	– Związek Polskich Posłów Socjalistycznych
ZSRS	– Związek Socjalistycznych Republik Sowieckich

INDEKS OSOBOWY

A

Adamek Józef 180, 222
Ajnenkiel Andrzej 124, 205, 342
Amsterdam Saul zob. Henrykowski Gustaw
Andrusiewicz Andrzej 132, 200, 201
Anhalt-Zerbst Zofia Augusta ks. zob. Katarzyna II
Anlauf Paul 295
Antoni 446
Arciszewski Franciszek Adam 422
Arciszewski Tomasz 45, 84, 129, 134, 180, 206, 222, 303, 446, 461, 463
Aronsztama Łazarz 316

B

Bagiński Walery 262, 270, 271
Balukiewicz Brunon 126, 243, 288
Bałachowicz-Bułak Józef 258
Bałachowicz-Bułak Stanisław 258
Baraniecki Stefan 131
Baranowski Władysław 145, 146, 446
Barlicki Norbert 42, 47, 129, 134, 180, 206, 222, 236, 303, 314, 446
Baryka Antoni 312, 337, 446
Batowski Henryk 181, 444, 445
Bazylow Ludwik 88, 204

Bełcikowska Alicja 32, 33, 91, 97, 104, 105, 121, 133, 139, 140, 201, 314, 315
Bełcikowski Jan 86, 87
Berger Bolesław 303, 337
Bernstein Mieczysław 316
Beseler Hans Hartwig von 70
Biały Wiktor 239
Bicz Henryk zob. Bitner Henryk
Bień Aleksy 222, 303, 448
Bierzin Karłowicz Jan 116
Biniszkiewicz Józef 26, 134, 180, 206, 222, 236, 303
Bitner Henryk (Bicz Henryk) 385, 386
Błażejewski Aleksander 194
Bobiński Stanisław Feliks 116
Bobrowski Emil 129
Bobrowski Mieczysław 145, 222, 303
Bogucki Henryk („Czarny") 378
Bogucki Walery 296
Boncz-Brujewicz Michaił 84
Borski Jan Maurycy (właśc. Jan Maurycy Essigman) 158, 446
Borski Stefan 204
Bortnowski-Bronowski Bronisław 413
Botwin Izaak Naftali 261, 272, 280

Brand Ernest zob. Lauer Henryk
Branicki Franciszek Ksawery 119
Broniewski Władysław 431
Bronsztejn Lejba Dawidowicz zob.
    Trocki Lew
Brus Lucjan 482
Brusiłow Aleksiej Aleksiejewicz 155,
    175, 204, 214
Bucharin Nikołaj Iwanowicz 296,
    298, 299, 334, 387, 390–392
Buchner Władysław 385
Buczek Hanna 19, 21, 57, 67
Budionny Siemion Michajłowicz 116,
    118, 155, 175, 189, 214, 348
Bukała Marcin 30, 75

C
„Cat" zob. Mackiewicz Stanisław
„Czarny" zob. Bogucki Henryk
Całuń Tomasz Wilhelm 129
Cankow Cołow Aleksandyr 293, 294
Cechnowski Józef 261–263, 266, 272,
    280, 286, 364
Cereteli Iraklij Gieorgijewicz 217
Cezar Włodzimierz 153
Chałupka Piotr Edmund zob. Kwapiń-
    ski Jan
Cham Mikołaj 411
Chamisso Adelbert von 157
Chełstowski J. J. 61
Chon Ludwik 446
Cichowski Kazimierz 316
Cimek Henryk 26, 42, 50, 204, 218,
    219, 253, 285, 315, 442–444,
    485, 486
Cisek Marek 16

Ciszewski Józef 18, 59
Cupiał Jan 222
Czajor Antoni 129
Czapiński Kazimierz 33, 38, 43, 75,
    76, 129, 134, 167, 180, 206, 222,
    236, 314, 393, 394, 397, 405,
    410, 440, 445, 448, 451, 459,
    478, 481, 489
Czarkowski Bolesław 337
Czerniewski Artemiusz Ludmił 124
Cziczerin Gieorgij 71, 181
Czuma Andrzej 324, 327

D
D`Abernon Edgar 127
Dąbal Tomasz 177, 190, 200
Dąbrowski Edward 337
Dąbrowski Włodzimierz 59
Danieluk Aleksander 316, 331
Daniszewski Tadeusz 91, 285
Daszyński Ignacy Edward 31, 129,
    134, 146, 177, 180, 189, 206,
    222, 270, 303, 314, 379
Demant Jan 433
Dewódzki Piotr 222, 303, 337
Diamand Herman 129, 134, 180, 206,
    222, 236
Dmitrijewski Piotr Aleksandrowicz
    72
Dmowski Roman 158, 309
Dobrowolski Kazimierz 111, 129,
    206, 222, 303
Dolecki Jakub 116
Domski-Stein Henryk 253, 285,
    291, 293–296, 298–300, 365,
    442

Downarowicz Medard 312, 337
Downarowicz Stanisław Józef 179, 283
Dratwa Bolesław 446, 482
Drobner Bolesław 305, 324, 325
Drozdowski Marian 289
Dubois Stanisław 42, 158, 466
Duda Zenobiusz 446
Duracz Teodor 276
Dutlinger Jakub 201
Dymek Benon 315
Dymitrow Georgi 41, 42, 458
Dymowski Tadeusz Mścisław 124
Dzięgielewski Józef 47, 446, 464
Dzierżyński Feliks 69, 72, 116–
–118, 127, 175, 196, 204, 298, 347
Dziuba 303
Dżugaszwili Józef Wissarionowicz zob. Stalin Józef Wissarionowicz

E
Eberhardt Julian 81
Eden Anthony 455
Engel Samuel 270
Engels Fryderyk 345, 259
Erofeev Nikolaj Dmitrievič 88
Essigman Jan Maurycy zob. Borski Jan Maurycy

F
Fidziński Edward 199, 337
Fiedler Franciszek 59
Fijałkowski Józef 180
Foch Ferdinad 160
Fotek 446

Franco Franciso 470
Franz Künstler 434

G
Gaj Gaja D. vel Gaj-Chan (właśc. Hajk Byżiszkian)
Gardecki Zygmunt 129, 180, 199, 222, 224, 312
Garlicki Andrzej 16, 35
Garlicki Stanisław 47, 312, 337, 446, 465, 482
Gąsiorowska Natalia 291
Gieorgijew Kosta 297
Gieszczyński Witold 50, 391
Glass Henryk 181
Gliszczyńska Stefania 337
Głowacki 303
Gontarczyk Piotr 186, 489
Gostyńska Weronika 119
Grabski Stanisław 235
Grabski Władysław 276
Graeser Konstanty 44
Grossfeld Ludwik Otto 222
Gruda Helena 253, 290, 291
Gruszko Bolesław 337
Grylowski Stanisław 129, 180
Grzecznarowski Józef 303
Grzeszczak-Grzegorzewski Franciszek 253, 290

H
Hacker Emil 149
Hajczyk Mieczysław 266
Hajk Byżiszkian zob. Gaj Gaja D. vel Gaj-Chan
Hanecki Jan 116

511

Hartelb Tadeusz 337
Hass Ludwik 79, 104, 105, 113, 141, 145, 191, 324, 338, 485
Haupa Stefan 312
Hauser Artur 47
Heller Michał 417
Helphand Aleksander Izrael („Parvus") 83
Heltman Stefan 116
Heltmanowa Jadwiga 116
Hempel Jan 431
Henrykowski Gustaw 316, 331, 485, 487
Hibner Władysław 261, 266, 275, 276
Hindenburg Paul von 293, 297, 356
Hirsch Paul 227
Holzer Jerzy 87, 97, 202, 218, 314, 315
Hołowacz Feliks 321
Hołówko Tadeusz 134, 180, 222, 236, 303
Hoover Herbert 203
Horwitz Maksymilian (Henryk Walecki) 16, 18, 59, 158–162, 184, 200, 214, 219, 251, 291, 442
Hryniewicz Edward 482

I
Iwański Gereon 201
Izydorczyk Jan 44

J
Jabłoński Adam 116
Jachymek Jan 315
Jacobsen Hans Adolf 205

Jagiełło Eugeniusz 91
Janaszewski 303
Jankowski Stanisław zob. Glass Henryk Janta Józef
Januszajtis Marian 61, 67
Jarecka Stanisława 315
Jaroszewski Bolesław 180
Jasiński Jan 222
Jaszuński Salomon 44
Jaworowski Rajmund 30, 100, 101, 102, 106, 111, 158, 180, 199, 206, 222, 224, 236, 303, 312, 314, 337, 372, 378, 397, 402
Józefowicz Józef 116
Juchelek Jan 303

K
Kaczmarek Zygmunt 344
Kaczmarski Krzysztof 49
Kaganowicz Łazar 407, 408
Kalicka Felicja 18, 40, 49, 50, 59, 213
Kałuża Adam 49
Kałużyński Franciszek 222
Kamieniew Lew Borysewicz 182, 334, 357
Kamiński Antoni 266
Kancewicz Jan 16
Kantor Jerzy 129
Kapp Wolfgang 156
Kardela Piotr 16
Karłowicz Jan 58
Kărolyi Mihăly 93
Kartin Pinkus (Szmidt Andrzej) 485
Katarzyna II (właśc. Zofia Augusta ks. Anhalt-Zerbst) 115
Katz Iwan 294

Kautsky Karl 344, 440
Kazimierski Józef 108, 126
Keller-Gryff Adam 140
Kelles-Krauz Kazimierz 347
Kiereński Aleksander 124, 217
Kiermas Antoni 222
Kieszczyński Lucjan 108, 126
Klemensiewicz Zygmunt 222, 303
Klempiński Jan 337
Kłuszyńska Dorota 129, 222, 303, 448
Kniewski Władysław 261
Koberdowa Irena 153
Kobrzyński Stefan 482
Koc Adam 469
Kochański Aleksander 285
Kolebacz Bogdan 37, 218, 251, 253, 285, 290–293, 331, 388, 391, 442
Kołaczyk Kazimierz 482
Kołczak Aleksander Wasiljewicz 93, 127
Kołodziej Edward 50, 151, 191
Komołow N.P. 41
Kompało Władysław 312, 337
Kon Feliks 116–118, 125, 175, 204, 348
Konopacki S. 337
Korfanty Wojciech 215
Korkuć Maciej 251, 253
Korniłow Ławr Gieorgijewicz 124
Kossakowski Józef Kazimierz 119
Kossobudzki Czesław 222, 303
Kostrzewa Wera zob. Koszutska Maria
Koszutska Maria (Wera Kostrzewa) 18, 59, 251, 290, 291, 316, 331

Kowalczyk Elżbieta 15, 311, 388
Kowalew Sofroniusz 199, 224, 337
Kowalski Józef 213, 247
Kowalski Kazimierz 337
Kozłowski A. 92
Kozyra Waldemar 179, 187
Krajewski Antoni 253
Krajewski Władysław 290
Kriłyk-Wasylkiw Osip 404, 407, 409
Królikowski Stefan 18, 59, 63, 209, 241, 285, 292, 423
Kruk Herman (Hersz) 305
Krzemień Leszek 266, 276
Krzysztofiński Mariusz 30, 49, 75, 186
Krzywy Antoni 194
Kubiczek Franciszek 163
Kuligowski Piotr 15
Kuna Béla 204
Kuncewicz Jan 92
Kunicki Ryszard 129, 133
Kunowski Włodzimierz Ksawery 83
Kuruliszwili Sergo 197
Kuryłowicz Adam 129, 222, 303, 378, 448
Kwapiński Jan (właśc. Piotr Edmund Chałupka) 30, 44, 129, 134, 180, 206, 222, 230, 236, 448, 450
Kwiatkowski Wacław 316, 471

L
Lampe Alfred („Marek") 443
Landau Zbigniew 244, 288, 427
Lauer Henryk (Ernest Brand) 91, 184
Lavrov V. M. 88
Leczyk Marian 140

Leder Zdzisław 122
Lenartowski Józef 253
Lenga Wacław 337
Lenin Włodzimierz Iljicz (właśc. Włodzimierz I. Uljanow) 58, 72, 83, 85, 88, 119, 127, 156, 164, 166, 182, 204, 214, 225, 254, 386, 392, 452
Leszczyński-Leński Julian 41, 253, 291, 331, 388, 389, 413, 468
Leviné Euglen 204
Lew Izaak 432, 434
Lewinson-Łapiński Paweł 423
Lieberman Herman 129, 163, 180, 303, 378
Litwinow Maksim 445, 455
Litwiński Robert 54
Lubliniecki Jan 316
Ludendorff Erich 156, 160
Luksemburg Róża 18, 57, 116, 122, 123, 156, 268, 275
Luksemburg Stanisław 133
Lutosławski Kazimierz 77, 142, 365
Lwow Gieorgij Jewgienjewicz ks. 217

Ł
Łach Wiesław Bolesław 50
Ładkowski Zygmunt 482
Łagowski Franciszek 337
Łańcucki Stanisław 107, 132, 137, 154, 163, 192, 200, 201, 209, 241, 322
Ławnik Józef 261, 266, 276, 289
Łohinowicz-Korczyk Józef 253, 316, 331

Łokietek Józef 337
Łossowski Piotr 387
Łuczak Edward 266, 270

M
„Marek" zob. Lampe Alfred
Machej Józef 180, 222
Machno Nestor 258
Mackiewicz Stanisław („Cat") 344
Maj Ewa 124, 344
Majski Iwan 67, 431
Malinowski Henryk 59, 201
Malinowski Marian 80, 87, 129, 180, 206, 222, 303
Manuilski Dimitrij (właśc. Dmytro Manujilśkyj) 292
Marchlewski Julian (właśc. Julian Rückersfeldt) 57, 116, 122, 124, 127, 175, 196, 204, 347
Markow Georgi 297
Markowska Jadwiga 222, 303
Marks Karol 34, 259, 297, 345, 489
Marx Wilhelm 297
Materski Wojciech 71, 247, 271, 276, 283, 444, 452
Matuszewski Wincenty 122
Mechlis Lew Zacharowicz 392
Mertens Stanisław (Stefan Skulski) 290, 253, 285, 291, 295
Michalski Ryszard 19, 57, 268
Michałowski Stanisław 16, 17, 50
Michowicz Waldemar 387
Michta Norbert 18, 57, 122, 268
Mikołaj II Romanow 115
Mikulicz Sergiusz 181

Milutin Nikołaj Aleksiejewicz 118
Mirbach-Harff Wilhelm Graf von 71, 84, 98
Misiołek Leon 129
Mołotow Wiaczesław 392
Moraczewski Jędrzej 19, 20, 28, 61, 66, 71, 80, 84, 124, 129, 134, 198, 222, 236, 237, 314, 398, 402
Morawski Edmund 111
Mościcki Ignacy 342
Muraszka Józef 270, 271
Mussolini Benito 356, 361, 436, 470
Mützenmacher Józef zob. Reguła Jan Alfred
Myśliński Jerzy 16

N

Napiórkowski Aleksander 129, 134
Narutowicz Gabriel 309
Nehring Stanisław 303
Neuman Heinz 295, 434, 435
Niedziałkowski Mieczysław 24, 28, 42, 44, 64, 125, 128, 129, 134, 135, 180, 183, 206, 217, 222, 236, 303, 314, 345, 348, 448
Niekricz Aleksander 417
Niemyski Stanisław 482
Niewiadomski Eligiusz 309
Niklewicz Mieczysław 65
Nowicki Marian 207, 222, 303
Nowogródzki Mojżesz 431

O

Ochman 222
Odrobina Józef 337

Ogonowski Stefan 157
Olszewski Marian 134
Ormowski 266

P

Packan Jan 303
Paczkowski Andrzej 387, 388
Paderewski Ignacy Jan 20, 81, 109, 124, 174, 187
Painlevé Paul 292
Pająk Antoni 129, 222, 303
Papier Aleksander 482
Papuga Jan 145
Paskiewicz Iwan 117
Pasternak Leon 255
Paszyn Jan 316, 331
Pawluczuk Zdzisław 261
Pawłowski Ignacy 186
Pepłoński Andrzej 185
Perl Feliks ("Res") 19, 23, 24, 28– –30, 34, 59, 64, 94, 125, 129, 179, 180, 206, 222, 236, 303, 314
Petlura Semen 258
Petruszewycz Jewhen 258
Pękosławski Jan 142
Piasecki Adam 427–429
Pilarczyk Franciszek 266
Pilawski Stanisław 116
Piłacki Marceli 312, 337
Piłsudski Józef Klemens 20, 35, 70, 71, 101, 121, 189, 313–315, 317, 319, 325, 326, 331, 353, 354, 392, 404, 409, 422, 442
Piontek Władysław 446
Piotr III 115

Pipes Richard 65, 71, 85, 138, 181, 197, 203, 217

Piskała Kamil 47

Pluskowski 222

Pławski Stanisław 222

Podniesiński Antoni 337

Poincaré Raymond 292, 294

Poprawska Stanisława 49

Porankiewicz Czesław 129, 132, 133, 134

Potocki Stanisław Szczęsny 119

Pragier Adam 180, 222, 237, 303, 433

Prauss Zofia 129, 134, 180, 206, 222, 237, 314, 378

Preis Wacław 337

Prentki-Damowski Ludwik 253

Próchniak Edward 106, 116, 122, 311, 316, 331

Próchnik Adam 42, 76, 446

Przeniosło Marek 15, 50, 169

Pugaczow Jemieljan Iwanowicz 256

Purman Leon 253, 290, 444

Pużak Kazimierz 42, 134, 180, 206, 222, 237, 301, 303, 314, 448, 461, 482

Pytlik Jan 145

R

„Res" zob. Perl Feliks

Raczkiewicz Władysław 266, 267

Radek Karol (właśc. Karol Sobelsohn) 220, 357, 365

Radić Stjepan 257

Radlak Bronisław 16, 18, 57

Radomski Grzegorz 27

Radomyslski Owsoej-Gerszen A. Radomyslski zob. Zinowiew Grigorij

Radwański Tadeusz 116

Radziejowski Janusz 315

Rakowski Chrystian 357, 361, 365, 407

Rapalski Stanisław 180

Rathenau Walther 181

Razin Stiepan 256, 258, 259

Rączkowski Józef 194

Rechowicz Henryk 205

Reger Tadeusz 222

Reguła Jan Alfred (właśc. Józef Mützenmacher) 313, 316, 442, 452

Reicher Gustaw 485

Reiss Antoni 140, 337

Rosenberg Arthur 294

Roszkowski Wojciech 342

Różycki-Rosenzweig Albin 325

Rubinstein Antoni 482

Rückersfeldt Julian zob. Marchlewski Julian

Rudnicki Lucjan 67, 68

Rudziński Eugeniusz 482

Ruga Adolf 482

Rumpfeld Wiktor 129, 303

Rutkowski Henryk 261

Rwal 487

Rybacki Szczepan 201

Rykow Aleksij 296, 334

Ryng Jerzy 37, 116

Rzewuski Seweryn 119

S

Sacewicz Karol 16, 18–23, 25, 26, 29–31, 33–40, 42–45, 49, 50, 64,

66, 71, 75, 81, 95, 102, 126, 135, 136, 139, 150, 183, 201, 213, 239, 311, 317, 335, 368, 391, 396, 442–446, 460, 472
Sadzewicz Antoni 65
Sapieha Eustachy ks. 67
Scholem Wener 294
Semard Pierre 295
Serrati Giacinto Menotti 137
Siemiątkowski Łukasz 337
Sierpowski Stanisław 16, 19, 57, 444, 476
Sikorski Cezary 204
Sikorski Władysław 67, 431
Sioma Marek 35
Skalak Bronisław 222, 303
Skrzyński Aleksander 236, 237
Skrzypek Józef 61
Skulski Stefan zob. Mertens Stanisław
Słucz Siergiej 456
Smilga Ivar Tenisowicz 168, 188
Smoleński Władysław 119
Sobelsohn Karol zob. Sochacki-Czeszejko Radek Karol Jerzy
Spiridonowa Maria 72, 98
Stalin Józef Wissarionowicz (właśc. Józef Wissarionowicz Dżugaszwili) 58, 182, 214, 235, 285, 291, 296, 299, 334, 348, 357, 358, 361, 372, 392, 405, 406, 408, 417, 439, 442, 444, 456, 457, 475, 476, 478, 483, 485–489
Stańczyk Jan 129, 144–148, 180, 222, 229, 303, 454
Starodworski Antoni 203

Stawar Andrzej (właśc. Edward Janus) 431, 432
Stinnes Hugo 138
Stołypin Piotr Arkadiewicz 242
Sukiennik A. 242
Suleja Włodzimierz 17, 28, 35, 44, 50, 54, 61, 121, 125, 175, 282, 302, 354, 397
Suwała Józef 145
Suworow Aleksander 117
Sypuła Konstanty 382
Szałaśny Jan 129, 180
Szczerkowski Antoni 28, 30, 129, 134, 180, 206, 222, 237, 303, 314, 448
Szczygielski Zbigniew 21, 46, 49, 67
Szczypiorski Adam 111, 180, 199, 222, 303, 312, 337
Szewczyk Henryk 482
Szirina Krilla Krilovic 41
Szpotański Tadeusz 222, 303, 312, 337, 378
Szpruch Franciszek 145
Szulc Stefan 111, 337
Szumiło Mirosław 338, 391
Szumski Ołeksander (Aleksander) 407

Ś
Śniady Ludwik 129, 180, 222, 303
Świetlikowa Franciszka 201
Świrski Władysław 194

T
Taraszkiewicz Bronisław 321

Tatarek 303
Teleszyński Janusz 140
Teller Andrzej 153
Tomaszewski Jan 244, 288, 427
Tomicki Jan 16, 17, 28, 42, 47
Tomski Michaił 334
Topinek Wilhelm 222, 303
Toporowicz Wiesław 156
Trembicka Krystyna 19, 26, 40, 41, 50, 91, 127, 186, 201, 209, 219, 248, 253, 266, 293
Trochimiak Jan 344
Trocki Lew (właśc. Lejba Dawidowicz Bronsztejn) 58, 72, 83, 85, 111, 119, 123, 127, 175, 182, 196, 220, 223, 241, 334, 348, 357, 361, 365, 470
Trojanowski Czesław 270
Tropszo Tadeusz 32
Trusiewicz-Zalewski Stanisław 122
Trutoń 303
Tuchaczewski Michaił Nikołajewicz 127
Turati Filippo 436
Turek Konstanty 312
Tych Feliks 18, 19, 57, 58, 91, 121, 122, 268, 282, 285
Tymieniecka Aleksandra 25, 35, 43, 48–50, 95, 111, 176, 199, 308, 310, 312, 335, 337, 371, 397
Tyszka Jan 122, 123
Tyszkiewicz Adrian 344

U
Uljanow Włodzimierz I. zob. Lenin Włodzimierz Iljicz

Unszlicht Józef 116, 122, 175, 253, 291, 298
Unszlicht-Osińska Zofia 253
Uziemiło Władysław 222

V
Vacetisa Ioakima 71

W
Walecki Henryk zob. Horwitz Maksymilian
Warski Adolf zob. Warszawski Jerzy
Warszawski Jerzy (Adolf Warski) 251
Wasilewski Henryk 270
Wat Aleksander (właśc. Aleksander Chwat) 432
Wieczorkiewicz Antoni 270, 271
Wieczorkiewicz Paweł 88, 203, 204
Wielopolski Aleksander 262
Wierbiński Stanisław 129, 180
Wilhelm II Hohenzollern 71
Winkler Heinrich August 181, 204, 216, 297
Witos Wincenty 52, 202, 215, 220, 319, 254, 433
Wittek Stanisław 129
Wojciechowski Czesław 111, 199
Wojciechowski Stanisław 187, 264, 270
Wojewódzki Sylwester 315, 322
Wojnarowska Cezaryna 122
Wolicki Stanisław 303
Wołyniec Stefan 253
Woszczyńska Stanisława 129, 337
Woźniak Józef 308
Wrona Janusz 49

Wyczański Andrzej 163
Wysocki Władysław 337
Wyszyński Andriej 475, 476

Z
Zachariasz Szymon 59, 213
Zaks Bernard 116
Zand Helena 71, 88
Zalewski Józef 446
Zaporowski Zbigniew 201
Zaremba Zygmunt 22, 28, 29, 34, 45, 61, 68, 74, 105, 129, 180, 222, 303, 314, 397, 448
Zatorski Aleksander 291
Zawadzki Edward 337
Zdziechowski Jerzy 61
Zeigner Erich 216
Ziaja Leon 201, 253
Zieliński J. 131
Zieliński Konrad 115, 116, 119

Ziemięcki Bronisław 21, 28, 129, 134, 180, 206, 222, 237, 303
Zinowiew Grigorij (właśc. Hirsz Apfelbaum; Owsiej-Gerszen A. Radomyslski) 138, 181, 201, 334, 357, 365
Ziółkowski Wincenty 199, 337

Ż
Żarnowska Anna 16, 291
Żenczykowski Tadeusz 116, 119
Żerkowski Jan 111, 199
Żuchowski Władysław 337
Żuławnik Mariusz 262, 271
Żuławski Zygmunt 44, 104, 129, 180, 206, 222, 237, 303, 314, 448, 473
Żurawski Tadeusz 312
Żyżyn Władimir 243